민족사학술총서 69

한암선사연구

漢岩禪師研究

한암사상연구원

윤창화, 김광식, 김호성, 고영섭, 인경, 김종진, 이상하, 변희욱

민족사

2015

漢岩禪師研究

이 책은『한암사상』
제1집에서 제4집에 수록된 논문을 중심으로 재수록한 것임.
수록 순서는 발표 순으로 하였음.

발 간 사

한암선사(漢岩禪師)는 전형적인 선승이었지만 교학과 계율도 중시했던 근현대 한국불교의 사표적인(師表的)인 선승입니다. 또한 선사(禪師)께서는 근대 혼란한 시기에 한국불교를 이끌어 오신 고승(高僧)으로서 1929년 조선불교 선교(禪教) 양종(兩宗) 승려대회에서 교정(教正=宗正)으로 추대된 이후, 1941년 조계종 창종(創宗) 때에는 초대 종정(宗正)으로 추대되었고, 열반하실 때에는 대한불교조계종 교정(教正, 종정)을 지내는 등 모두 네 차례에 걸쳐 종정(宗正)을 역임하셨습니다.

사상적으로는 정혜쌍수(定慧雙修)와 선교융합(禪教融合)을 강조하셨으며, 수행면(修行面)에서는 계정혜(戒定慧) 삼학(三學)을 겸수(兼修)할 것을 제창함으로써, 각자(覺者)는 곧 전인적(全人的)인 인격 완성자가 되어야 함을 강조하셨습니다. 계행을 닦지 않으면 사표(師表)가 될 수 없고, 선정(禪定)을 수행하지 않으면 여래(如來)의 원각경계(圓覺境界)로 들어갈 수가 없으며, 지혜를 닦지 않으면 불법(佛法)에 대한 정견(正見)과 정안(正眼)을 가질 수 없다고 보셨기 때문입니다. 선사께서는 항상 철저한 수행과 엄격한 계율(戒律)로 후학과 중생을 제도하셨으며, 돈오견성(頓悟見性)의 경지에서 벽안납자(碧眼衲子)를 지향하셨고, 자비(慈悲)와 엄격한 계율정신(戒律精神)을 바탕으로 중생의 등불이 되셨습니다.

선사께서는 1925년에 서울 봉은사 조실(祖室)로 계시다가, "내 차라리 천고에 자취를 감춘 학이 될지언정 말 잘하는 앵무새는 되지 않겠노라(寧爲千古藏踵鶴, 不學三春巧語鸚)"는 말씀을 남기신 채, 오대산(五

4

臺山) 상원사(上院寺)에 주석(住錫)한 이래 27년 간 일체의 출입을 금하시고 오직 수행정진(修行精進)과 후학양성(後進養成)에만 진력(盡力)하셨고, 여러 차례 종정에 추대 되셨지만 그 신념(信念)은 굴하지 않으셨습니다.

또 6·25 동란에도 위법망구(爲法忘軀)의 정신으로 상원사를 지키셨고, 좌탈입망(坐脫立亡)하신 일화는 수행자들에게 만고의 표상이 아닐 수 없습니다. 선사께서는 허명(虛名)을 멀리하고 난설(亂舌)을 경계하셨습니다. 老老師의 문하에는 항상 佛敎의 大義를 묻는 雲水衲子들의 발길이 끊이지 않아서, 그 회상에서 효봉, 탄옹, 청담, 고암, 서옹, 석주, 고송, 월하 스님 등 근현대 한국불교를 이끌었던 많은 고승들이 수행했으며, 직계 문하로 난암, 보산, 보문, 탄허(呑虛) 스님 등 훌륭한 제자들이 배출되었습니다.

근래 10여 년 사이에 한암선사의 사상과 가르침, 그리고 그 정신을 연구하는 학술세미나가 여러 차례 열렸습니다. 그때마다 여러 편의 논문이 발표되었으나, 학술서로 발간된 바가 없어서 일회성을 벗어날 수 없었습니다. 이에 선사(禪師)의 사상과 가르침을 계승하고 발전·진작토록 하기 위해 그동안 발표된 논문들을 다시 증보·보완하여 《漢岩禪師硏究》를 간행하게 되었습니다. 그간 많은 지도와 노력을 아끼지 않으신 문도 스님들께 감사의 말씀을 올립니다. 또 훌륭한 연구집이 될 수 있도록 노력하시고 논문수록에 협력해 주신 윤창화, 김호성, 김광식, 고영섭, 김종진, 변희욱, 이상하, 인경스님의 노고에 감사의 말씀 올립니다. 이 책이 한국 불교의 발전과 종단의 앞날에 밝은 등불이 되기를 간절히 바랍니다.

불기 2559년(2015년) 4월
월정사 주지 退宇 正念 합장

5

차 례

7

5. 漢岩禪師의 서간문 고찰 ················· 윤창화

6. 寒巖禪師의 「參禪曲」 ················· 김종진

7. 漢巖禪師의 看話禪思想 ················· 인경

8. 漢巖의 宗祖觀과 道義國師 ················· 김광식

14. 漢巖과 呑虛의 불교관 …………………………… 고영섭

漢岩의 자전적 구도기 「一生敗闕」

윤창화

※ 이 논문은 『한암사상』 1집(2006년)에 발표했던 것을 수정, 보완하여 재수록
한 것이다.

[요약문]

    새로 발견된 「一生敗闕」은 漢岩선사의 생애와 선사상, 그리고 悟道과정을 알 수 있는 중요한 자료이다. 이 자료에는 그가 24세 때 신계사 보운강회에서 보조국사의 「修心訣」을 읽다가 교학에서 禪으로 전환·발심한 뒤 4차에 걸쳐 깨달음을 얻는 과정과, 그리고 스승 경허와의 관계 등이 자세히 기록되어 있다. 24세부터 37세까지 약 13년간의 구도과정을 서술하고 있는 이 자료는 '솔직 담백한 자전적 구도기' 또는 '고백록'이라고 할 수 있다. 이것은 근현대 여타 선승들이 자신의 悟道과정을 실제 이상으로 과장·윤색하는 것과는 매우 대조적이다. 이런 면에서 이 자료가 갖는 의의는 크다.

    또 이 자료는 그의 제자 呑虛스님이 지은 「漢岩碑銘」과는 전반적으로는 맥락을 같이 하면서도 몇 군데 相異한 부분이 있다. 이 자료를 기준할 경우 지금까지 알려진 한암의 생애와 悟道과정, 年譜 등은 상당부분 다시 수정하지 않으면 안 된다. 본 논문은 「일생패궐」의 발견 경위와 자료적 가치, 意義, 그리고 新資料를 판독, 분석하고 그 내용을 고찰한 것이다.

I. 서두

漢岩禪師(1876~1951)는 한말에 태어나서 조선조의 國亡과 일제 식민지, 그리고 해방과 6·25라는 역사적 소용돌이를 살다간 고승이다. 그가 주로 활동했던 시기는 개화기에서 해방기까지로, 그는 이 시기에 네 차례나 宗正을 지내는 등 숫생애를 통틀어 시종 한국불교의 정점에 있었다.

근대불교사에서 이처럼 중요한 위치를 차지하는 인물임에도 불구하고 그의 생애와 사상, 수행과정, 悟道세계 등에 대한 연구는 거의 이루어지지 않고 있는 실정이다. 이는 경허, 용성, 만공, 만해 등 근대의 여타 고승들과 비교해도 미미하기 그지없다.[1]

漢岩선사의 생애 및 선사상에 대한 자료로는 법어집, 비문 등이 있다. 비문은 嗣法제자 呑虛(1913~1983)스님이 撰한 것으로, 한암선사가 열반한 지 8년 만인 1959년 直弟子들에 의해 세워졌고, 법어집 『한암일발록』은 1995년 문도들에 의해 간행되었다. 현존하는 자료로

---

1) 한암선사의 생애와 사상에 대한 연구는 대략 다음과 같다.
　金呑虛, 「現代佛敎의 巨人-方漢岩」『한국의 인간상』 제3권, 1965. 서울 신구문화사. ; 김호성, 『조계종 초대종정 방한암선사』, 1995, 서울 민족사. ; 김호성, 「해동화엄의 근대적 계승과 한암」『아세아에 있어서 화엄의 位相』, 대한전통불교연구원. ; 김호성, 「한암의 道義-普照法統說」『보조사상』 제2집, pp.403~416. 1988, 보조사상연구원. ; 이재창, 「오대산의 맑은 연못 한암스님」『늘 깨어 있는 사람들』, 1984, 홍사단출판부. ; 김호성, 「漢岩禪師-보조선 계승한 宗門의 善知識」『한국불교인물사상사』 pp.462~473. 1990, 민족사. ; 임혜봉, 「종정을 네 차례나 역임한 최고의 선승 한암중원」『종정열전 2 : 천고에 자취를 감춘 학처럼』 pp.199~291. 1999, 가람기획. 그 외에도 단편적인 글은 여러 편 있으나 대부분 위의 글을 참고하여 쓴 것들로서 대동소이하므로 낱낱이 열거하지 않는다.

서 비문과 법어집은 그의 생애와 사상을 연구하는 데 있어서 매우 중요한 자료라고 볼 수 있다.

그런데 최근(2001년) 漢岩선사의 생애와 사상, 悟道과정 등을 자세히 알 수 있는 새로운 자료가 발견되어 주목을 끌고 있다. 「一生敗闕」이라는 특이한 제목이 붙여진 이 자료는 두루마리 형태의 필사본으로, 크기는 폭 20cm 길이 120cm 가량이며, 내용은 비교적 긴 편에 속한다. 이 자료에는 그가 입산 후 금강산 신계사 보운강원에서 경전을 열람하다가 禪으로 전향하는 과정과 4차에 걸쳐 깨달음을 얻는 과정이 섬세한 필치로 기술되어 있다.

또 이 자료는 그의 제자 呑虛스님이 지은 「漢岩碑銘」과는 전반적으로는 맥락을 같이 하면서도 몇 군데 相異한 부분이 있다. 이 자료를 기준할 경우 지금까지 알려진 한암의 생애와 悟道과정, 年譜 등은 상당부분 다시 수정하지 않으면 안 된다.

본고에서는 이러한 여러 가지 문제들 중에서도 주로 「일생패궐」의 발견 경위와 자료적 가치, 意義, 그리고 新資料를 판독하여 그 내용을 고찰하는 데 중점을 두고자 한다. 아울러 呑虛 撰 「漢岩碑銘」과의 대조도 필자의 능력이 미치는 데까지는 고찰해 볼 생각이다. 다만 연보를 재정리하여 생애를 고증하는 문제는 다음 기회로 미룬다.

II. 자료의 발견 경위

이 자료는 漢岩의 생애와 사상, 悟道과정 등이 서술되어 있는 자료로서 한암 자신이 짓고, 그의 嗣法弟子 呑虛가 필사한 것으로 보인다. 앞에서 간략히 언급한 대로 이 자료는 純漢紙에 만년필로 쓰인 두루마리 형태의 필사본이다. 크기는 상하 폭 약 20cm 가로 길이는 120cm 가량이며, 약 1,118여 字가 수록되어 있다. 서체는 草書體로서 내용은 비교적 긴 편에 속한다.

그런데 이 자료가 어떤 경로와 과정을 거쳤는가는 자세히 알 수 없으나, 필사의 당사자이며 동시에 傳法의 실질적인 수제자라고 할 수 있는 탄허스님의 유품이나 手中에는 전혀 남아 있지 않고, 오직 동문 수학한 普門[2]스님의 遺品(선어록)에 남아 있었다. 한암이 오대산 상원사에서 입적한 것이 6·25 동란 다음 해인 1951년 봄이므로, 시기적으로 보아 그다지 오래된 것도 아니며, 또 스승(한암)의 생애와 관련된 자료라면 탄허스님의 입장에서는 자신의 遺品이나 글 어디쯤에는 흔적을 남겨 둘 가능성도 있으나 전혀 단서를 발견할 수가 없다.

普門스님이 1956년 4월 6일(음) 持病으로 대구에서 입적(51세)하자, 당시 보문스님을 모시고 있던 草雨스님(전 통도사 주지)이 유품 가운데 몇 종류의 禪語錄을 소장하고 있다가, 45년이 지난 최근(2001년) 다시 옛 책들을 열람하던 중 우연히 『御選語錄』속에 들어 있는 「一生敗闕」을 발견하게 된 것이다. 초우스님이 대략 내용을 읽어보니 한암스님과 관련된 자료라고 판단되어, 당시 월정사 주지로 있던 玄海스님에게 기증하게 되었다. 현재 이 자료의 원본은 월정사 박물관에 소장되어 있다.

---

2) 普門스님은 한암스님의 제자로서 탄허스님과는 사형사제간이다. 37세 경에 입산하여 1956년 음력 4월 6일 입적했다. 탄허스님보다 입산은 늦었지만 나이는 위이다. 불교에서는 세속의 나이보다는 입산년도를 우선하므로 엄격히 말한다면 보문스님은 탄허스님의 사제가 된다. 그러나 탄허스님은 늘 사형으로 예우했다고 한다. 1948년 봉암사 禪院 結社 때 悅衆을 맡았다. 禪旨가 매우 밝았다고 한다.

Ⅲ.「一生敗闕」의 作者와 筆寫者

1. 作 者

이 자료에는 작자도 필사자도, 그리고 저술시기나 필사시기에 대해서도 전혀 기재되어 있지 않다. 그러나 서술된 내용이나 문체·글의 제목, 그리고 序頭가 1인칭인 "余二十四歲 己亥七月日"로 시작되고 있는 것으로 보아, 이 자료의 작자는 漢岩스님이라고 본다. 만일 제자가 지은 것이라면 '師 二十四歲'라고 하여 2인칭으로 시작해야 할 것이며, 또 타인이 지은 것이라면 '禪師', 또는 '和尙' 등으로 시작해야 할 것이다. 또 이 글의 내용이 솔직 담백하고 한암의 생애와 일치하고 있으므로, 이 자료는 漢岩의 自傳的 求道記라고 할 수 있다.

또 이 글의 제목인 「一生敗闕」[3] 역시 作者(한암)가 아니고는 붙이기 곤란한 제목이다. '敗闕'이란 일반적으로 '허물', '실패', '잘못됨' 등을 뜻하는데, 여기서는 '허물'이 가장 적합할 것이다. 따라서 「一生敗闕」이란 고백록의 성격으로 '나의 일생의 허물' 정도의 의미라고 할 수 있다. 표면적으로는 '자신의 허물'을 가리키고 있지만, 역설적인 표현이며, 謙辭로 보아야 할 것이다.

漢岩 撰「일생패궐」은 그의 나이 24세(1899, 옛 나이 기준) 때부터 37세(1912) 때까지 약 13년 동안의 수행 및 悟道과정을 기록한 '자전적 구도기'이자 '고백록'이다. 이 글을 한암이 언제 지은 것인 지는

---

3)「一生敗闕」이라는 말은『大慧書狀』「曾侍郎」章에 나온다. "今幸私家, 塵緣都畢, 閑居他無事, 正在痛自鞭策, 以償初志, 第恨未得親炙敎誨耳. 一生敗闕, 已一一呈似, 必能洞照此心, 望委曲提警"(탄허 현토역해,『書狀』, p.20. 교림출판사)

자세히 알 수 없다. 다만 글 속에서 경허가 입적(1912년 4월 25일)한 사실을 전하고 있고, 또 맹산 우두암에서 마지막으로 깨달음을 얻은 (1912년 봄, 37세) 뒤에 이 글을 쓰고 있는 것으로 보아,[4] 1912년 말경에 지었을 것으로 추정되지만, 한암이 1931년에 지은 「先師 鏡虛 和尙 行狀」[5]에서 "경허의 입적(1912년 壬子 4월 25일) 사실을 1년도 훨씬 넘은 1913년(癸丑) 7월 15일에야 비로소 만공, 한암 등을 비롯한 문도들이 알게 되었다"는 사실을 밝히고 있음을 고려해 볼 때, 한암이 이 글을 지은 시기는 그보다 1-2년 후일 수도 있다.

2. 筆寫者

다음 이 글의 筆寫者에 대한 문제이다. 먼저 결론적으로 말해 이 글은 펜(붓)을 오른쪽으로 눕혀 쓰는 특이한 書法과 필체 등으로 보아 필사자는 呑虛스님이다. 즉 漢岩의 自書自筆本을 어느 시기에 呑虛가 필사한 것이라고 보인다. 물론 고승들의 법어집이 대부분 제자들의 기록에 의해 성립되는 경우가 많으므로, 이 자료 역시 제자인

---

4) 秋來孟山牛頭庵, 過寒際. 而翌年春(1912년), 同居闍梨, 包粮次出去, 余獨在廚中着火, 忽然發悟, 與修道開悟時, 少無差異. 而一條活路, 觸處分明. 嗚呼. 啞吟聯句(「일생패궐」2-8)
　　時當末葉, 佛法衰廢之甚, 難得明師印證. 而和尙, 長髮服儒, 來往於甲山江界等地, 是歲(1912년 봄)入寂, 餘恨可旣. 故, 書這一絡索葛藤, 自責自誓(「일생패궐」3-1)

5) 漢岩, 「先師鏡虛和尙行狀」. "和尙, 長髮服儒, 往來於甲山江界等地, 或村齋訓蒙, 或市街御盃, 壬子春, 在甲山熊耳坊道下洞書齋, 入寂云. 慧月萬空兩師兄, 直入其地, 奉枸, 就蘭德山闍維, 得臨終時, 書偈以還, 卽和尙, 入滅後, 翌年, 癸丑 七月 二十五日也.(『鏡虛集』, p.353. 1990, 극락선원) 경허가 입적한지(1912년 壬子 4월 25일) 1년도 훨씬 넘은 1913년(癸丑) 7월 15일에야 비로소 만공과 한암을 비롯한 문도들이 경허의 입적사실을 알게 되었다는 것이다.

탄허스님이 한암의 口述을 받아 적은 것으로 추정해 볼 수도 있지만, 여러 정황으로 보아 이 자료의 필사자는 呑虛스님임에는 의문의 여지가 없다.

呑虛스님이 언제 이 자료를 필사했는지는 자세히 알 수 없다. 대략 추측컨대 1940년에서 1956년 사이일 것으로 추정된다. 필자가 이와 같이 추정하는 근거는 앞에서 간략히 언급한 대로 이 자료는 붓글씨가 아닌 만년필로 필사되어 있는데, 탄허스님이 만년필을 사용하기 시작한 것은 해방 이전부터이다.[6) 또 탄허 필사본을 끝까지 소장하고 있던 이는 普門스님인데, 보문스님이 입적한 해가 1956년 음력 4월 6일이므로 하한선은 1956년 봄으로 보인다. 말하자면 이 시기(1940-1956) 어느 때, 즉 6·25를 기점한 전후 어느 시기에 필사하여 사형사 제간인 보문스님에게 준 것이라고 보여 진다.

필자의 1차적인 견해로는 6·25 이후에 筆寫한 것이 아닐까 하는 생각이 든다. 그러나 문제는 6·25 이후라고 한다면 筆寫本의 원본이라고 할 수 있는 한암의 自筆自書本이 상원사 寺中이나 한암스님의 유품, 또는 탄허스님에게는 남아 있을 수 있는데, 현재는 존재하지 않는다.

또는 1947년 봄 上院寺가 火災로 전소될 때 필사본 법어집이라고 할 수 있는 『一鉢錄』도 함께 불에 타 버렸고(상원사는 그해 재건됨), 또 6·25 와중에 입적한 정황들을 감안해 본다면, 현존 필사본의 저본이라고 할 수 있는 한암의 自筆自書本이 아무 탈 없이 온전히 전해

---

6) 탄허스님의 맏상좌 寶鏡(喜泰)스님과 통화한 결과 탄허스님이 만년필을 사용하기 시작한 것은 해방 훨씬 이전이라고 한다. 해방 전부터 보통 때는 만년필을 사용했다고 한다.

지기란 어려웠을 것 같다. 따라서 필사시기는 1947년 상원사가 전소되기 이전일 가능성도 있다.

IV. 「一生敗闕」全文 판독

1. 原文(*문단 번호와 괄호는 역자가 편의상 삽입한 것임)

1-1. 余二十四歲, 己亥七月日, 在金剛山神溪寺普雲講會.[7] 偶閱普照國師修心訣,[8] 至"若言心外有佛, 性外有法, 堅執此情, 欲求佛道者, 縱經塵劫, 燒身煉臂, 云云. 乃至轉讀一大藏敎, 修種種苦行, 如蒸沙作飯, 只益自勞"[9]處, 不覺身心悚然, 如大恨[10]當頭.

1-2. 又聞, 長安寺 海雲[11]庵, 一夜燒盡, 尤覺無常如火, 一切事業,

---

7) 普雲講會는 신계사 산내 암자인 보운암에 설치되어 있던 일종의 講院이었다. 당시는 상당히 유명한 강원이었다고 한다.

8) 한암의 생애와 사상을 다루고 있는 모든 글에서는 대부분 한암이 '보조국사의 『수심결』을 읽다가 처음 깨달았다'고 기술하고 있다. 그러나 이 부분은 당연히 교학에서 선으로 旋回, 발심하는 부분으로 보아야 한다. 처음 깨달음을 얻은 것은 청암사 수도암에서 경허화상의 『금강경』 법문(凡所有相, 皆是虛妄, 若見諸相非相, 卽見如來.)을 들었을 때이다.

9) 知訥 著, 「修心訣」. "若言心外有佛, 性外有法, 堅執此情, 欲求佛道者, 縱經塵劫, 燒身煉臂, 敲骨出髓, 刺血寫經, 長坐不臥, 一食卯齋, 乃至轉讀一大藏敎, 修種種苦行, 如蒸沙作飯, 只益自勞爾".(『한국불교전서』 4권, p.708 b)

10) 본 자료에서는 '大恨'이지만 呑虛 撰 「漢岩碑銘」에는 "如大限當頭"라고 하여 '大限'으로 씌어져 있다. '大恨'은 '후회'를 뜻하고 '大限'은 '죽음'을 뜻한다. 의미상으로는 '大限'이 더 좋을 것 같다.

11) 본 자료에서는 '해雲암'이지만, 탄허 찬 「한암비명」과 『유점사 본말사지』 p.330의 「금강산 장안사 사적」에는 "寺之左便, 建海恩庵二十間, 皆公之願堂也. 庵以海恩者, 盖恩君之恩, 深於海者也"라고 하여 '해恩암'으로 되어 있다. 두 자료를 중시하여 '海恩庵'으로 읽고자 한다.

皆是夢幻.

2-1. 解夏後, 與同志含海禪師, 束裝登程, 漸次南行, 至星州青岩寺修道庵. 參聽鏡虛和尙, 說, "凡所有相, 皆是虛妄, 若見諸相非相, 卽見如來"[12] 眼光忽開, 盖盡三千界, 拈來物物, 無非自己.

2-2. 留一宿, 隨和尙, 陜川海印寺路中, 問余曰. "古云, '人從橋上過, 橋流水不流'[13] 是甚麼意志?". 余答云. "水是眞, 橋是妄, 妄則流而眞[14]不流也". 鏡虛和尙, 曰. "理固如是也. 然, 水是日夜流, 而有不流之理, 橋是日夜立, 而有不立之理". 余問. "一切萬物, 皆有終始本末, 而我此本心, 廓然, 無始終本末, 其理畢竟如何?" 和尙, 答云. "此是圓覺境界. 經云. '以思惟心, 測度如來圓覺境界, 如取螢火, 燒須彌山, 終不能着'"[15] 又問. "然則如何得入?". 答. "擧話頭究之, 畢竟得入." (又問)"若知是話頭亦妄如何?". 答. "若知話頭亦妄, 忽地失脚, 其處卽是仍看無字話."

2-3. 過寒際於海印寺禪社, 一日作一偈云. "脚下青天頭上巒, 快活男兒到此間,[16] 跛者能行盲者見, 北山無語對南山." 和尙, 見而笑曰.

---

12) 『금강경』「如理實見品」에 있는 사구게.

13) 古人은 善慧大士(傅大士)를 가리킨다. 이 게송은 부대사의 게송 중 3, 4구만 인용된 것이다. 게송 전체는 다음과 같다. "空手把鋤頭, 步行騎水牛, 人從橋上過, 橋流水不流"(『전등록』 27권, 善慧大士偈. 『대정장』 51권, 사전부 3, p.430 b)

14) 현재의 草書상태로는 眞인지, 其인지 불명하다. 그러나 문장상으로 보아 당연히 '眞'자로 보아야 할 것 같다.

15) 『圓覺經』「보안보살장」의 글(『大正藏』, 17권, p.915 c)

16) 金呑虛, 「現代佛敎의 巨人-方漢岩」(『한국의 인간상』 제3권, 1965. 서울 신구문화사)에는 두 번째의 句가 '本無內外亦中間'으로 되어 있다. 이 자료가 발견되기 이전까지, 그리고 탄허스님의 이 글 이후, 한암의 생애를 다루고 있는 모든 글은 한결같이 '本無內外亦中間'으로 표기하고 있다. 앞뒤 게송으로 보아 '快活男兒到此間'보다는 더 좋다고 생각된다. 특히 이 부분은 경허화상이 보고 틀렸다고 한 부분(和尙, 見而笑曰. 脚下青天與北山無語句, 是. 而快活男

"脚下靑天'與'北山無語'句, 是. 而'快活男兒'與'跛者能行'句, 非也."

2-4. 過寒際後, 和尙發行, 向通梵等寺, 余則仍留, 而偶得病, 幾死僅生. 過夏後, 卽發程, 到通度寺白雲庵. 留數朔, 一日入禪次, 打竹篦, 又有開悟處.[17)]

2-5. 而爲同行所牽, 往梵魚寺安養庵, 過冬. 翌春, 又到白雲庵. 過夏次, 和尙住錫於靑岩寺祖堂, 馳書招余, 余卽束裝, 進謁. 過一夏, 秋, 又來海印寺禪院. 至癸卯夏, 自寺中, 請邀和尙, 和尙, 時在梵魚寺, 來到, 而禪衆二十餘人, 同結夏矣.

2-6. 一日喫茶次, 有僧, 擧禪要云.[18)] "'如何是實參實悟底消息?' 答. '南山起雲北山下雨'. 問, '是甚麼意旨?'"[19)] 和尙, 答. "譬如尺蠖虫 一尺之行一轉." 仍問大衆. "此是甚麼道理?". 余答. "開牖而坐, 瓦墻

兒與跛者能行句, 非也.)이므로, 훗날 당연히 수정했을 것이다. 누가 수정했는지는 알 수 없다. 만일 한암스님이 수정했다면 시기적으로 보아 해인사 선원에서 게송을 지어 바쳤던 그 때, 즉 25세 때에서 그다지 멀지 않은 시기일 것이다. 그렇다면 13년(38세) 이후에 지은 「일생패궐」에서도 수정되어 있어야 할 것이다. 한편 탄허스님이 스승의 게송에 대한 경허의 평을 보고 수정했을 수도 있을 것이다. 그렇다면 필사본에서도 수정되어 있어야 할 것이다. 그러나 필사본에는 수정되어 있지 않다. 이 문제는 좀더 고증이 필요한 부분이다.

17) 「한암碑銘」에서 悟道부분은 모두 수록하고 있으나 통도사 백운암에서 죽비 소리를 듣고 깨닫는 부분은 빠져 있다.

18) 呑虛 撰, 「漢岩碑銘」(원본 및 『한암일발록』441쪽)에는 이 부분을 "和尙擧 禪要云"이라고 하여, 경허가 『禪要』의 문구를 인용하여 대중에게 물은 것으로 되어 있다. "一日, 侍和尙喫茶次, 和尙, 擧禪要云. '如何是實參實悟底消息?' 答. '南山起雲北山下雨'語. 問大衆云. '是甚麼道理?' 師(한암), 答日. '開牖而 坐, 瓦墻在前.'" 그러나 이것은 납자가 물은 것이다.

19) 高峰, 『禪要』, 「晚參」 其十. "且道. '如何是實參實悟底消息'? 良久云. '南山 起雲北山下雨'". '南山起雲北山下雨'는 원래 고봉화상의 말이 아니라 雲門의 말이다. 『雲門廣錄』(中卷)과 『從容錄』(31칙), 『碧巖錄』(83칙)에는 약간씩 字 句의 出入이 있다. 여기서는 편의상 『從容錄』 31칙만 인용한다. "雲門垂語云. 古佛與露柱相交, 是第幾機, 衆無語. 自代云. '南山起雲北山下雨'"(『대정장』 48권, p.248a)

在前". 和尙, 翌日, 陞座, 顧大衆曰. "遠禪和, 工夫, 過於開心. 然雖如
是, 尙未知何者爲體, 何者爲用." 又擧洞山云. "'夏末秋初, 兄弟家, 各
自散去, 向萬里無寸草處去'[20]. 余則不然, 夏末秋初, 兄弟家, 各自散
去, 路上雜草, 一一踏着, 始得. 與洞山語, 是同是別". 衆皆無對, 和尙
云. "衆旣無對, 余自對去". 遂下堂, 歸方丈.

2-7. 解夏後, 和尙, 過梵魚寺, 衆皆散去, 而余病, 不能適他. 一日,
看傳燈錄, 至"藥山對石霜(頭)云, 一物不爲"處,[21] 驀然心路忽絶, 如
桶底脫相似. 而其冬, 和尙, 入北地潛跡, 更不拜謁矣.

2-8. 甲辰坐通度寺, 得錢治病, 而病亦不愈, 隨緣度了六年光陰. 而
庚戌春, 入妙山, 過熱際於內院(庵). 秋, 往金仙臺, 過熱寒二際. 而秋
來孟山牛頭庵, 過寒際. 而翌年春, 同居闍梨, 包粮次出去, 余獨在廚
中着火, 忽然發悟,[22] 與修道開悟時, 少無差異. 而一條活路, 觸處分
明. 嗚呼. 喎吟聯句.

3-1. 時當末葉, 佛法衰廢之甚, 難得明師印證. 而和尙, 長髮服儒,
來往於甲山江界等地, 是歲入寂, 餘恨可旣.[23] 故, 書這一絡索葛藤,

---

20) 이것은 洞山화상이 하안거 해제 때 한 법어이다. 『洞山良介禪師語錄』에는
   다음과 같이 나와 있다. "師, 示衆云. 兄弟, 秋初夏末, 東去西去, 直須向萬里
   無寸草處去, 始得"(대정장 47권, p.523b)
21) 『전등록』 14권(대정장 51권, p.311b). 『전등록』에는 "一切不爲"라고 나오며,
   『五燈會元』에는 "一物不爲"라고 나온다.
22) 탄허 撰, 「한암비명」(한암일발록 p.442)에는 "而一條活路, 觸處分明, 卽師之
   三十五世時也"라고 하여 맹산 우두암에서 마지막으로 깨달은 해를 35세로 기
   록하고 있다. 그러나 「일쇄패궐」 3-1에 "時當末葉, 佛法衰廢之甚, 難得明師
   印證. 而和尙, 長髮服儒. 來往於甲山江界等地. 是歲入寂"이라는 문구가 있
   는 것으로 보아 한암스님이 우두암에서 깨달은 해는 경허가 입적하던 1912년
   즉 한암의 나이 37세 때이다.
23) 초서에서는 '嘅' '旣' '免'로 볼 수 있다. 문장상으로는 '免'자가 더 어울리지만,
   탄허스님의 초서 필체로 볼 땐 '嘅'(탄식할 개)에 더 가깝다. 그런데 吞虛 撰,
   「漢岩碑銘」(『한암일발록』 p.442)에는 "師平素不喜著述, 所著者, 有一鉢錄

自責自誓. 期其一着子明白. 咄. 是何言歟.

　3-2-1. 着火廚中眼忽明 從玆古路隨緣淸
　　　　　若人問我西來意 岩下泉鳴不濕聲.

　3-2-2. 村尨亂吠常疑客 山鳥別鳴似嘲人
　　　　　萬古光明心上月 一朝掃盡世間風.

2. 飜譯(*괄호는 필자의 보충어임)

　1-1. 내가 스물네 살 되던 己亥年(1899) 7월 어느 날 금강산 신계사 普雲講會(보운강원)에서 우연히 보조국사의「修心訣」을 읽다가, "만약 마음 밖에 따로 부처가 있고 성품 밖에 법이 있다는 생각에 굳게 집착하여 불도를 구하고자 한다면, 비록 티끌과 같은 한량없는 세월(劫) 동안 몸과 팔을 태우며 云云, 내지 모든 경전을 줄줄 읽고 갖가지 고행을 닦는다고 하더라도, 그것은 마치 모래로써 밥을 짓는 것과 같아서 한갓 수고로움만 더할 뿐이다."는 대목에 이르러, 나도 모르게 온 몸이 떨리면서 마치 죽음이 당도한 것 같은 느낌이었다.

　1-2. 게다가 長安寺 海恩庵이 하룻밤 사이에 全燒되었다는 말을 듣고는 더욱더 無常한 것이 마치 타오르는 불과 같았다. (그리하여) 모든 것이 다 헛된 일임을 절감하였다.

一卷, 而上院寺, 丁亥回祿時, 幷入灰塵, 恨何可旣"라고 하여 '旣'로 되어 있고, 또 한암스님이 지은「先師鏡虛和尙行狀」(『경허집』 p.352. 원본 확인됨)에도 "歸寂之日, 又未得參決後事, 如古道人, 入滅之時, 餘恨可旣"라고 하여 '旣'로 쓰고 있으므로 필자 역시 '旣'로 읽고자 한다. 그 경우 훈독은 '다할(旣) 수' 있겠는가(可)'로 번역하는 것이 타당할 것이다. 또 한암 撰「경허행장」의 번역문이 『불교』지 95호(1932년 5월호)에 실려 있는데, 거기에도 "餘恨을 다하지 못하는 것과 같도다"(『불교』지 95호, 25쪽 상단, 3행)라고 번역하고 있다.

2-1. (신계사 강원에서) 하안거를 마친 뒤 도반 含海禪師와 함께 짐을 꾸려 행각 길에 올라 점점 남쪽으로 내려가 성주 靑岩寺 修道庵에 이르러, 鏡虛和尙의『금강경』설법 가운데, "무릇 모습을 갖고 있는 것은 다 허망한 것이다. 만일 모든 형상이 相이 아님을 간파한다면 곧바로 여래를 볼 수 있을 것이다."라는 대목에 이르러, 문득 眼光이 확 열리면서 삼천대천세계가 눈 속으로 들어오니, 모든 사물이 다 자기 아님이 없었다(한암의 첫번째 깨달음, 1899년 가을-필자 註. 이하 같음).

2-2. (수도암에서) 하룻밤을 묵고 나서 (다음 날) 경허화상을 모시고 합천 해인사로 가는 도중에 (문득 화상께서) 나에게 물으셨다. "古人이 말씀하시기를 '사람이 다리 위를 지나가네. 다리가 흐르고 물은 흐르지 않네'라는 말이 있는데, 이것이 무슨 뜻인지 아는가?" 내가 답하였다. "물은 眞이요, 다리는 妄입니다. 妄은 흘러도 眞은 흐르지 않습니다."

경허화상께서 말씀하셨다. "이치로 보면 참으로 그렇지만, 그러나 물은 밤낮으로 흘러도 흐르지 않는 이치가 있고, 다리는 밤낮으로 서 있어도 서 있지 않는 이치가 있는 것이네."

내가 다시 여쭈었다. "일체 만물은 다 시작과 끝, 本과 末이 있습니다. 그러나 우리의 이 본래 마음은 탁 트여서 始終과 本末이 없습니다. 그 이치가 결국은 어떠한 것입니까?"

경허화상이 말씀하셨다. "그것이 바로 圓覺境界이네.『經』에 이르기를 '思惟心(사량분별심)으로 如來의 원각경계를 헤아리고자 한다면, 그것은 마치 반딧불로써 수미산을 태우려고 하는 것과 같아서 끝내는 태울 수 없다'고 하였네."

내가 또 여쭈었다.

"그렇다면 어떻게 해야만 여래의 원각경계를 깨달을 수 있습니까?"

"화두를 들어서 계속 참구해 가면 끝내는 깨달을 수 있게 된다네."

"만약 화두도 훗이라는 사실을 알았다면 어떻습니까?"

"화두도 훗이라는 것을 알았다면, 문득 실각(忽地失脚[24])한 것이니, 그 곳에서 바로 '無'자 화두를 참구하게(其處即是仍看無字話).[25]"

2-3. 해인사 선원에서 동안거를 보내고 있던 중 하루는 게송을 하나 지었다.

"다리(脚) 밑에는 푸른 하늘이요 머리 위에는 땅이 있네.

쾌활한 男兒가 여기에 이른다면

절름발이도 걷고 눈먼 자도 볼 수 있으리

北山은 말없이 南山을 마주하고 있네."

---

24) '失脚(却, 卻)'은 두 가지로 해석할 수 있다. (1) (識心이) 打破됨 (2)잘못됨, 실각함.
(1)의 예는, 대혜 『書狀』「答 呂舍人 居仁章」 2, 끝 부분의 "若信得及, 請依此注脚, 入是三昧, 忽然從三昧起, 失却(脚)孃生鼻孔, 便是徹頭也."이다. 安震湖스님은 현토주해 『書狀』 p.146, 「答 呂舍人 居仁章」의 注에서 "失脚孃生鼻孔者는, 鼻孔은 識心也요 失脚은 如去打破也"라고 하여 '孃生鼻孔'을 '識心'으로 보았고, '失脚'을 '打破'로 보았다. 그런데 이 문장은 '失脚'에 이어 '孃生鼻孔'이라는 목적어가 있다. 忽地失脚과 동일하게 볼 수 있을지는 의문이다.
(2) '잘못됨', '실각함'으로 사용된 예는, 『書狀』「答 聖泉珪和尙章」 끝 부분의 "若是見伊, 遲疑不薦, 便與之下注脚, 非但瞎却他眼, 亦乃失却(脚)自家, 本分手段"이다.
(1)로 해석하면 識心, 분별심, 망상이 타파된 것으로 보아야 하고, 그것은 곧 깨달음을 뜻한다. (2)로 해석하면, 화두를 훗으로 본다면(물론 화두는 眞이 아니지만 참구자로서), 그것은 잘못된 것(失脚)이므로(화두를 활구가 아닌 死句로 참구할 경우), 그 자리에서 그대로 무자화두를 참구하라고 한 것이 됨.
25) 即是는 '곧…이다.'이다.
예 : 現今即是 更無時節 / 지금이 바로 그 때로 더 이상 다른 시절은 없다.
　　杜門即是深山 / 문을 닫아 걸면 곧 깊은 산중.
　　一念即是無量劫 / 일념이 곧 무량겁.

경허화상께서 이 게송을 보시고는 웃으시면서 말씀하시기를, “脚下靑天과 北山無語’ 이 두 句는 옳지만 ‘快活男兒와 跛者能行’句는 틀렸다.” 하시었다.

2-4. (해인사에서) 동안거를 지낸 뒤 화상께서는 통도사와 범어사로 떠나셨지만, 나는 그대로 남아 있다가 우연히 병에 걸려 거의 죽을 뻔하다가 살아났다. (해인사에서) 하안거를 마치고 곧바로 만행 길에 올라 통도사 백운암에 이르러 몇 달 있던 중, 하루는 입선을 알리는 죽비소리를 듣고 또다시 개오처가 있었다(한암의 두번째 깨달음).

2-5. (그 뒤) 同行하는 스님에게 이끌려 범어사 안양암에서 동안거를 지내고, 다음 해 봄에 다시 백운암으로 돌아와 하안거를 보내고 있었다. 당시 경허화상께서는 청암사 조실로 계셨는데, 급히 편지를 보내 나를 부르셨다. 나는 행장을 꾸려 가지고 청암사로 가서 화상을 뵈었다. 청암사에서 하안거를 지낸 다음 가을에 다시 해인사 禪院으로 왔다. 계묘년(1903) 여름, 寺中(해인사)으로부터 和尙을 (조실로) 모시고자 청하였다. 그 때 화상께서는 범어사에 계시다가 해인사 禪院으로 오시어 선원 대중 20여 명과 함께 하안거 結制를 하셨다.

2-6. 하루는 (대중들과 함께) 차를 마시던 중 어떤 수좌가 『禪要』에 있는 구절을 가지고 경허화상에게 여쭈었다.

“(고봉화상의 『禪要』에 보면) 어떤 것이 진정으로 참구하는 것이며, 진정으로 깨닫는 소식인고? 답하기를 南山에서 구름이 일어나니 北山에서는 비가 내리도다.” 이런 말이 있는데, 묻겠습니다만 “이것이 무슨 뜻입니까?”

화상께서 말씀하셨다.

“비유한다면 그것은 마치 자벌레가 한 자를 가고자 할 때 (완전히)

한 바퀴 굴러야 하는 것과 같은 것이다.”하시고는, 대중들에게 “이것이 무슨 도리인고?”하고 물으셨다.

내가 답하였다.

“창문을 열고 앉으니 담장이 눈앞에 있습니다.”

화상께서 다음 날(하안거 해제일) 법상에 올라 대중들을 돌아보시면서 말씀하셨다.

“遠禪和(漢岩 重遠)의 공부가 開心의 경지를 넘었도다. 그러나 아직은 무엇이 體고 무엇이 用인지 잘 모르고 있도다.”

이어 洞山화상의 법어를 인용하여 설하셨다.

“여름 끝 초가을에(해제 후) 사형사제들이 각자 흩어져 떠나되, (곧바로) 一萬里 풀 한 포기도 없는 곳(번뇌망념이 없는 곳)으로 가라'고 했지만 나는 그렇게 말하지 않겠노라. 나라면 '늦여름 초가을 사형사제들이 각각 흩어져 떠나되, 길 위의 잡초를 낱낱이 밟고 가야만 비로소 옳다'고 말하리니, 나의 이 말이 동산의 말과 같은가 다른가?”.

대중들이 아무 말이 없자 화상께서 말씀하셨다.

“아무도 대답하는 사람이 없으니 내 스스로 답하겠다.” 하시고는 아무런 말씀도 없이 마침내 그냥 법상에서 내려오시어 방장실로 돌아가셨다.

2-7. (해인사에서) 하안거를 지낸 뒤 화상께서는 범어사로 떠나셨다. 대중들도 모두 흩어졌으나 나는 병에 걸려 그곳으로 갈 수가 없었다. (그런데) 하루는『전등록』을 보다가 약산화상과 석두화상의 대화중에 “한 물건도 作爲하지 않는다(一物不爲)”고 하는 대목에 이르러 문득 心路(망심, 중생심)가 뚝 끊어지는 것이 마치 물통 밑이 확 빠지

는 것과 같았다(한암의 세 번째 깨달음).

(그리고) 그해(1903~4) 겨울 경허화상께서 북쪽(갑산)으로 잠적하신 뒤로는 더 이상 볼 수가 없었다.

2-8. 甲辰年(1904)에 다시 통도사로 가서 돈이 생겨 병을 치료했지만 고치지도 못한 채 인연을 따라 6년 세월을 보냈다. 庚戌年(1910) 봄 묘향산 내원암에서 하안거를 보냈다. 가을엔 금선대로 가서 겨울과 여름 두 철을 지내고, 가을(1911)엔 맹산 우두암으로 가서 겨울을 지냈다. 다음 해(1912) 봄 어느 날 함께 지내고 있던 도반(사리)이 식량을 구하러 밖으로 나간 사이에, 혼자 부엌 아궁이에 불을 붙이다가 홀연히 發悟하니, 처음 수도암에서 開悟할 때와 더불어 조금도 다름이 없었다. 한 줄기 활로(활구)가 부딪치는 곳마다 분명했다(한암의 네 번째 깨달음, 확철대오). 그리하여 '아!' 하고 다음과 같은 聯句의 게송을 읊었다.

3-1. 하지만 말세를 당하여 불법이 매우 쇠미하여 明眼宗師의 印證을 받기가 어려웠다. 그리고 경허화상께서도 머리를 기르고 유생의 옷을 입고서 갑산 강계 등지를 왔다 갔다 하다가, 이 해(1912)에 입적하셨으니 어찌 餘恨을 다 말할 수 있으리오?

그래서 이 한 편의 글을 써서 스스로 꾸짖고 스스로 맹서하노니, 한 소식 명백하기를 기약하노라.

咄(쯧쯧)! 무슨 소리를 하고 있나?

3-2-1. 부엌에서 불을 붙이다 홀연히 눈이 밝았네.
　　　이로부터 본래 길(古路)은 인연을 따라 淸淨했네.
　　　만일 누가 나에게 달마 西來意를 묻는다면
　　　'바위 밑 물소리, 그 소리에 젖지 않는다'하리

3-2-2. 삽살개는 나그네가 수상쩍어 짖어대고
　　　 산새는 사람을 조롱하듯 지저귀고 있네.
　　　 만고에 빛나는 마음 달(지혜광명)이여
　　　 하루아침에 세간의 風塵을 다 떨쳐버렸네.

V. 「一生敗闕」의 내용 분석과 漢巖의 悟道과정

　漢岩의 「일생패궐」을 분석·고찰해 본다면 몇 가지 방향에서 분석
해 볼 수 있을 것이다.

　첫 번째는 시기적 연대적으로 분류하여 그의 생애를 다시 고찰해
보는 것이고, 두 번째는 呑虛 撰 「漢岩碑銘」과 대조 고증해 보는 것
일 것이고, 세 번째로는 「일생패궐」의 내용을 분석하여 그의 수행과
정과 悟道과정, 선사상 등을 고찰해 보는 것일 것이다. 그러나 이 모
든 것을 한번에 다 고찰하기에는 무리이다. 본고에서는 개략적으로
일별하는 線에서 고찰해 보고자 한다.

　「일생패궐」을 내용적인 측면에서 고찰해 본다면 크게 1) 發心부분
2) 開悟부분 3) 餘恨부분, 이렇게 3장으로 나누어 볼 수 있다. 먼저
全文을 3장으로 분석하여 도표를 제시한 다음 구체적으로 내용을
고찰해 보고자 한다.

一生敗闕 科文

第一. 發心(1-1~2단) ── ┌ 1. 閱 修心訣 1-1단(內的 발심 동기)
　　　　　　　　　　　 └ 2. 燒 海恩庵 1-2단(外的 발심 동기)

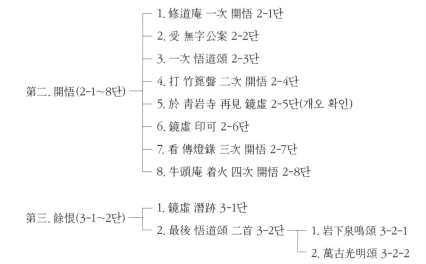

第二. 開悟(2-1~8단) ┬ 1. 修道庵 一次 開悟 2-1단
       ├ 2. 受 無字公案 2-2단
       ├ 3. 一次 悟道頌 2-3단
       ├ 4. 打 竹篦聲 二次 開悟 2-4단
       ├ 5. 於 靑岩寺 再見 鏡虛 2-5단(개오 확인)
       ├ 6. 鏡虛 印可 2-6단
       ├ 7. 看 傳燈錄 三次 開悟 2-7단
       └ 8. 牛頭庵 着火 四次 開悟 2-8단

第三. 餘恨(3-1~2단) ┬ 1. 鏡虛 潛跡 3-1단
       └ 2. 最後 悟道頌 二首 3-2단 ┬ 1. 岩下泉鳴頌 3-2-1
                 └ 2. 萬古光明頌 3-2-2

위의 도표에서 볼 수 있듯이 1-1단에서 1-2단까지는 교학에서 선으로 발심·전환하는 부분이고, 2-1단에서 2-8단까지는 4차에 걸쳐서 開悟하는 부분이며, 3-1단에서 3-2단은 餘恨과 최후 悟道頌 부분이다.

도표와 같이 「일생패궐」을 분석해 볼 때 漢岩은 신계사 보운강회에서 普照知訥의 『修心訣』을 읽다가 선으로 방향을 바꾼 이래 모두 4차에 걸친 오도과정을 체험하고 있다. 최초의 오도는 그의 나이 24세 때 청암사 수도암에서 경허화상의 『금강경』 설법을 듣는 순간이고, 최후의 悟道는 37세 때 맹산 우두암에서 혼자 아궁이에 불을 붙이다가 깨달음을 얻는 때이다.

그러면 먼저 발심부분(1-1~2단)부터 검토해 보도록 하겠다. 발심부분은 거의 비슷한 시기에 內的인 발심과 外的인 발심을 동시에 체험하고 있다.

內的인 발심(1-1단) 동기는 신계사 보운강원에서 우연히 보조지눌의 『修心訣』을 읽다가 "만일 마음 밖에 따로 부처가 있고 성품 밖에 법이 있다'는 생각에 굳게 집착하여 불도를 구하고자 한다면, 그것은 아무리 수많은 세월동안 燒身 연비하며, 모든 경전을 줄줄 외우고 갖가지 고행을 닦는다고 하더라도, 마치 모래로써 밥을 짓는 것과 같아서 헛수고에 불과할 뿐이다."고 하는 대목에 이르러, 그는 교학을 탐구하고자 했던 생각을 바꾸어 禪으로 전환하게 된다.

한암은 장안사에서 落髮한 이후 곧바로 인근 신계사 보운강원에서 경전을 보고 있었다. 山內에 마하연과 같은 禪院이 있었지만 普雲講會에서 경전을 보게 된 것은, 입산 이전에 이미 儒家의 經書를 수학했기 때문에 자연스럽게 교학 쪽을 더 선호하게 되었던 것 같다. 그러나 『수심결』을 읽는 순간 자신의 생각이 한낱 어리석은 생각에 지나지 않는다는 사실을 발견하게 된 것이다. 즉 교학공부로는 깨달을 수 없다고 판단한 것이다. 그는 당시의 느낌을 "자기도 모르는 사이에 身心이 悚然(전율)해지면서 죽음을 맞이하는 듯한 느낌을 받았다(不覺身心悚然 如大恨/限當頭)"고 술회하고 있다.

外的인 發心(1-2단) 동기는 다름 아닌 이웃 장안사 암자인 해은암이 하룻밤 사이에 불에 타 잿더미가 되었다는 소식을 듣고서였다. 이 사건은 이미 內的인 발심 동기로부터 크게 분발하고 있던 그로 하여금 완전히 禪으로 전향하게 하는 계기가 되었다. 해은암의 全燒사건이 왜 그토록 충격적으로 다가왔는가는 자세히 알 수는 없으나, 버젓한 건물이 하룻밤 사이에 불에 타 없어졌다는 사실에서 극도의 무상관을 실감하게 되었던 것 같다. 그는 결제가 끝나자마자 도반 함해선사와 함께 곧장 행장을 꾸려 가지고 당대의 선승인 경허가 있는 청암

사 수도암으로 향했는데, 이런 점에서도 그의 發心의 强度가 어느 정
도였는지 충분히 짐작할 수 있다.

內的인 발심은 본격적으로 禪으로 전향하는 결정적인 계기가 되
었고, 外的인 발심은 有形의 모든 존재는 다 허망한 것이라는 사실
을 실감하게 하는 계기가 되었다.

2-1~8단까지는 開悟가 시작되는 부분이다. 「일생패궐」 전문에 나
타난 한암의 悟道과정을 본다면 모두 4차에 걸쳐서 이루어지고 있
다.

1차 개오(2-1단)는 청암사 수도암에서 경허가 설한 『금강경』의 경
구를 듣고서이다. 한암은 『금강경』의 名句인 "무릇 형상을 갖고 있는
모든 존재는 다 허망한 것이다. 만일 모든 형상이 相이 아님을 직시
한다면 그는 여래를 친견할(곧 깨달음을 얻을) 것이다"[26)는 대목에서
개오한다. 이것이 한암의 1차 개오이다.

그런데 경허가 설하는 『금강경』의 一句를 듣고 깨달은 것은 이미
앞의 두 사건 즉 1-1단(閱 수심결)과 1-2단(燒 해은암)에서 크게 느
낀 바가 있었기 때문이었다. 특히 장안사 해은암 전소사건은 더욱더
그로 하여금 존재의 무상함을 실감하게 했던 것이다. 물론 여기엔 경
허의 존재도 상당한 영향을 미치고 있다고 본다. 한암은 당시의 광경
을 다음과 같이 적고 있다.

> 문득 眼光이 확 열리면서 삼천대천세계가 모두 눈 안으로 들어오니,
> 眼耳鼻舌身意에 와 닿는 事物마다 모두 자기 아님이 없었다.[27)

---

26) 『金剛經』 「如理實見品」의 四句偈. "凡所有相, 皆是虛妄, 若見諸相非相, 即
見如來".
27) 眼光忽開, 盖盡三千界, 拈來物物, 無非自己(「일샐패궐」 2-1단)

현상계는 각양각색을 이루고 있지만 한암의 心眼에 들어온 세계는 똑같은 세계, 차별 없는 萬物一体, 萬法一如의 세계였다. 眼耳鼻舌身意에 들어온 현상계, 頭頭物物은 청정한 불국정토를 형성하고 있었던 것이다. 진정으로 開眼하는 순간이었고, 자신의 진실상을 발견하는 순간이었다. "삼라만상 모두가 자기 아님이 없다"고 하는 표현이 이를 잘 말해주고 있다고 하겠다.

2-2단은 스승 경허로부터 '無'字 화두를 받는 부분이다. 또한 이 단락에서 경허와 한암 두 사람은 서로 師弟之間의 인연을 맺음과 동시에 知音者를 얻는 부분이다. 그 외에도 실로 많은 대화가 이 단락에서는 오가고 있다. 사제지간의 대화는 棒이 오가는 덕산풍도 아니고, 고함(喝)이 오가는 임제풍도 아니다. 조용하고 은근한 趙州風의 대화이다. 경허의 파격적인 모습은 조금도 찾아볼 수 없다. 禪風으로 보면 경허는 덕산이나 임제풍에 가깝고 한암은 조주풍에 가깝지만, 진지한 수좌 한암을 만나 경허는 전례 없는 모습을 보이고 있다. 물론 한암의 정서를 감안한 경허의 隨機法談일 테이지만, 그 속엔 한암의 고결한 인품이 이미 경허를 감동시키고 있음도 부인할 수는 없다.

경허와 함께 청암사 수도암에서 해인사까지 오는 도중에서 주고 받은 대화는 양자 모두 진술한 대화이다.[28] 이 자리를 통하여 한암은 자신의 疑團을 하나하나 풀어가고 있다.

사실 이 단락에서 주고 받은 法談은 4차에 걸치는 悟道 못지않게 중요한 부분이다. 좀 길지만 대화의 중요 부분을 다시 한번 읽어보도

---

28) 청암사에서 해인사까지 소요시간은 도보로 약 10시간가량 걸린다. 이 길은 국도나 지방도로가 아니라 몇 개의 산과 마을을 넘어가는 지름길이다. 필자가 해인사 강원에 있을 무렵(1972년경) 몇몇 학인들과 왕복한 적이 있었다. 당시 수도암에는 현재 종정이신 법전스님이 계셨다.

록 하겠다. 먼저 경허가 古人(善慧大士, 傅大士)의 말을 인용하여 넌
지시 말을 걸고 있다.

〈경허〉
"'어떤 사람이 다리 위를 지나가고 있네, 다리가 흐르고 물은 흐르지
않네' 라는 게송이 있는데, 혹 이 말이 무슨 뜻인지 아는가?"
〈한암〉
"물은 眞이요, 다리는 妄입니다. 妄은 흘러도 眞은 흐르지 않기 때문입
니다."
〈경허〉
"이치로 보면 진정 그럴 듯하지만, 그러나 물은 밤낮으로 흘러도 흐르
지 않는 이치가 있고, 다리는 밤낮으로 서 있어도 서 있지 않는 이치가
있는 법이네."

다리(橋)란 고정된 성격의 물체이다. 그리고 물은 항상 흐르는 성
격을 갖고 있는 動的인 존재이다. 그런데 여기서는 정반대로 不動의
물체인 다리가 흐르고 있고, 動的인 존재인 물은 흐르지 않고 그 자
리에 그대로 서 있는 것이다. '다리가 흐르고 물은 흐르지 않는다'는
말은 완전히 우리의 상식적인 思考를 뛰어 넘는 말이다. 이것은 '東山
이 물 위로 간다'는 '東山水上行'과도 같은 말이라고 할 수 있다.
그런데 한암은 '다리가 흐르고 물은 흐르지 않는다'고 하므로, 물
을 '眞', 다리를 '妄'으로 보아, "妄(다리)은 흘러도 眞(물)은 흐르지 않
는다"고 답한 것이다. 경허도 "이치로 보면 맞지만"이라고 하여 한암
의 논리적인 답을 긍정하고 있다. 그러나 경허는 "물은 밤낮으로 흘러
도 흐르지 않는 이치가 있고, 다리는 밤낮으로 서 있어도 서 있지 않
는 이치가 있는 법"이라고 하여, 곧바로 한암으로 하여금 사물을 眞

과 妄의 구조, 혹은 분별심으로 나누어 보지 말 것을 주문하고 있다. 眞妄不二, 眞妄二元의 관점에서 사물을 보라는 것이다. 妄은 물론 眞이 아니지만 그렇다고 眞은 참으로 眞인가. 眞妄總不眞인 동시에 眞妄總不妄인 것이다.[29]

물과 다리를 주제로 한 경허와 한암의 1차 문답은 여기서 끝나지만, 상식과 논리를 초월한 경허의 파격적인 논법에 한암은 내심 明眼의 스승을 만났음을 반가워하고 있다. 한암의 질문이 계속되고 있기 때문이다. 다시 한암이 물었다.

〈한암〉
"일체 만물은 다 始와 終, 本과 末이 있습니다. 그러나 우리의 이 본래 마음은 탁 트여서 始終도 本末도 없습니다. 어째서입니까?"
〈경허〉
"그것이 바로 圓覺境界이네. 『원각경』에 이르기를 '思量分別心'으로 如來의 원각경계를 헤아리고자 한다면, 그것은 마치 반딧불로써 수미산을 태우려고 하는 것과 같아서 끝내는 태울 수 없다'고 하였네."
〈한암〉
"그렇다면 어떻게 해야만 여래의 원각경계를 깨달을 수 있습니까?"
〈경허〉
"화두를 들어서 계속 참구해 가면 끝내는 깨닫게 되는 것이네."
〈한암〉
"만약 화두도 (眞이 아닌)妄이라는 사실을 알았다면 어떻게 해야 합니까?"
〈경허〉

---

29) 경허의 게송 가운데, "摘何爲妄摘何眞, 眞妄由來總不眞, 霞飛葉下秋容潔, 依舊靑山對面眞"이 있다. 즉 무엇을 거짓이라 하고 무엇을 참이라 하는가? 참과 거짓 본래 참이 아니로다. 안개 걷히고 나뭇잎 떨어져 가을모양 깨끗하고, 청산은 변함 없이 眞을 대면하고 있네.

"화두도 妄이라는 것을 알았다면, 문득 실각(忽地失脚)한 것이니, 그곳에서 곧장 그대로 '無'자 화두를 참구하게(其處卽是仍看無字話)."[30]

비교적 긴 이 대화에서 경허는 한암에게 사량분별심, 즉 知解(알음알이)로 如來의 圓覺境界를 이해하려고 하지 말고, 實參을 통하여 분별심을 떠난 절대의 경지에서 여래의 세계를 보라고 권하고 있다. 중생심으로 여래의 세계를 헤아리고자 한다면 그것은 마치 반딧불로써 수미산을 태우려고 하는 것과 같이 어리석은 일임을 주지시키고 있다.

그런데 경허와 한암의 대화에서 무엇보다도 중요한 것은 "화두도 거짓(妄)이라는 사실을 알았을 때엔 어떻게 합니까?"라는 한암의 질문과, "화두도 妄이라 것을 알았다면, 문득 실각(忽地失脚)한 것이니, 그곳에서 곧바로 그대로 '無'자 화두를 참구하게(其處卽是仍看無字話)."라는 경허의 답이다.

화두는 당연히 眞이 아니고 妄이다. 入道의 방편이고 문을 두드리는 기왓장에 불과하다. 그런데 왜 경허는 그대로 '무자화두'를 참구하라고 말한 것인가? '무자화두'는 妄이 아니고 眞인가?

앞의 주24)에서 고찰한 바와 같이 참구자로서 화두를 妄으로 파악했다면 그것은 두 가지 가운데 하나라고 할 수 있다. 즉 화두를 타파한 것이 아니라면, 화두를 분별심이나 死句나 참구한 경우이다. 그런데 경허화상이, 宗門의 第一關으로써 義理가 접근할 수 없는 무자화두를 참구하라고 했고, 또 앞에서 사량 분별심으로 여래의 원각경계를 헤아리고자 한다면 그것은 잘못된 것이라고 주의를 주고 있는 것

---

30) 이 단락의 "忽地失脚, 其處卽是仍看無字話"에 대해서는 주 24), 25) 참조.

으로 보아, 여기에서 말하고 있는 홀지실각(忽地失脚)은 후자(사구 참구)에 속한다고 보여 진다. 그래서 그 자리에서 곧장 그대로 무자화두를 참구하라(其處即是仍看無字話)"고 한 것이 아닌가 생각된다.

경허를 만나기 이전(24세) 漢岩이 어떤 화두를 참구했는지 알 수는 없다. 그러나 경허로부터 무자를 받았으므로 그 후에는 '無'자 화두를 참구했다고 보여 진다. 이후 한암에게 무자화두는 의단 덩어리가 되었다고 생각된다.

2-3단은 경허와 함께 해인사 선원에서 동안거(1899년 계묘년 동안거)를 보내고 있던 중에 읊은 게송이다. 한암의 禪旨가 표출되어 있는 게송이라고 할 수 있다.

경허는 7언 4구로 된 이 게송을 보고 첫 句인 '脚下青天'과 마지막 句인 '北山無語'는 悟道의 세계를 표현한 禪句로 좋지만, 중간의 '快活男兒'와 '跛者能行' 두 句는 부족하다고 평했다. 경허는 절반만 인정하고 절반은 인정하지 않은 것이다. 왜 이 두 句는 틀렸다고 한 것일까?

첫 句의 '脚下青天頭上巒'과 마지막의 '北山無語對南山'은 모두 如如不動한 무심의 세계, 萬法一如의 경지를 나타내고 있다. 상식적으로 보면 푸른 하늘은 당연히 머리 위에 있어야 하고, 나지막한 봉우리(巒, 땅)는 발 아래에 있어야 할 터이지만, 선은 통속적인 관념의 벽을 허물고 있다. '北山無語對南山'는 無念無心의 경지를 가리킨다. 탈속한 선승에 어울리는 경지이다.

그러나 경허는 '快活男兒(快活男兒到此間)'와 '跛者能行(跛者能行盲者見)'句는 禪句로 보기엔 미흡하다고 한 것이다. 한암은 수도암에서 1차 개오한 후 5개월 만에 이 게송을 지었는데, 그는 이 때에 이르러 더욱 벅찬 禪의 法悅 속에 있었다. 그 환희는 마치 절름발이도 걸을 수 있고 눈 먼 소경도 볼 수 있었던 것이다. 그러나 여전히 미진한 '나(我)'라는 존재가 남아 있기 때문에, 경허가 틀렸다고 한 것이 아닌가 생각된다. 경허는 男兒 대장부의 기개가 한껏 서려 있는 詩라면 훌륭한 게송이라고 할 수 있지만, 탈속한 禪者의 게송이라고 보기엔 미흡하다고 본 것이 아닌가 생각된다.

그런데 이 게송에 대하여 하나 짚고 넘어가야 할 것은, 탄허스님이 쓴 「현대불교의 거인-方漢岩」에는 두 번째 句, 즉 '快活男兒到此間'이 '本無內外亦中間'으로 교체되어 있다.[31] 앞뒤 句로 보아 '快活男兒到此間'보다는 '本無內外亦中間'이 훨씬 더 禪旨에 합한다.[32]

2-4단은 통도사 백운암에서 入禪을 알리는 죽비소리를 듣고 두 번째로 개오하는 부분이다. 1차 때엔 청암사 수도암에서 경허의 『금강경』 법문을 듣고 諸相이 非相깨임을 달았다면, 여기서는 '죽비 소리'라는 機緣을 통하여 깨달은 것이다. 1차 때의 오도세계를 다시 한번 확인하는 과정이라고 보여 진다. 이것이 한암의 2차 개오에 해당된다.

2-5단은 경허의 부름을 받고 다시 청암사로 가서 경허를 배알하는 부분이다.

한암은 당시 젊은 수좌로서 도반과 함께 범어사 안양암에서 동안

---

31) 呑虛, 「現代佛敎의 巨人-方漢岩」 『한국의 인간상』 제3권, 1965. 서울 신구문화사. 여기에는 두 번째 句가 '本無內外亦中間'으로 되어 있다. 탄허스님의 이 글 이후, 한암의 생애를 다루고 있는 크고 작은 모든 글은 한결같이 '本無內外亦中間'으로 표기하고 있다.

32) 이 두 句가 언제 修訂된 것일까? 경허가 틀렸다(和尙, 見而笑曰. 脚下靑天與北山無語句, 是. 而快活男兒與跛者能行句, 非也)고 했으므로 곧바로 수정했을 것이다. 그런데 「일생패궐」(38세 이후 作)에는 수정되어 있지 않다. 왜일까? 이 문제는 좀더 구체적인 고찰이 필요하다.

거를 마친 뒤, 다시 통도사 백운암으로 돌아와 하안거를 맞이하고 있었다. 그때 경허는 청암사 조실로 있었는데, 결제 중임에도 불구하고 급히 편지를 보내 한암을 불렀고, 한암 역시 황급히 짐을 챙겨 청암사로 갔는데, 이러한 정황으로 미루어 보아 무언가 특별한 일이 있었을 법도 한데, 자료 속에는 더 이상 이렇다 할 이야기는 보이지 않는다. 경허의 거침없는 성향으로 보아 무언가 긴하게 하고 싶은 말이 있었는데, 며칠 경과하는 사이에 심경의 변화가 있었다든가, 아니면 '유마의 一黙' 같은 '무언의 설법'을 한 것이 아닌가 생각된다. 이렇게 보는 것은 경허는 이미 한암을 知音者로 생각하고 있었기 때문이다. 어찌되었든 결제 중에 급히 편지를 보내 한암을 불렀던 것 자체가 예사일이 아님을 보여주는 부분이다.

그리고 이 단락에서 또 하나 중요한 것은, 이듬 해(1903년) 해인사 선원의 하안거 결제 때, 한암이 경허를, 해인사 선원의 조실로 모시는 일에 중추적인 역할을 하고 있다는 점이다. 역시 좀 무리한 추단일지는 모르겠으나 당시 이미 경남 일대의 선원에서는 경허의 제자로 한암이 인정받고 있었던 것이 아닌가 하는 추측도 가능하게 한다.

2-6단은 대단히 중요한 부분이다. 한암의 입장에서 볼 때, 이 단락은 당대 최고의 禪匠 경허로부터 자신의 開悟處가 이미 開心의 경지를 넘었음을 공식적으로 印可받는 부분이다.[33] 구체적인 장면은 조금 후에 고찰해 보고자 한다.

또 이 단락에서 경허는 대중들에게 活句消息[34]을 보여주고 있다.

---

33) 和尙, 翌日 陞座 顧大衆曰. "遠(漢岩重遠)禪和, 工夫, 過於開心"(「一生敗闕」 2-6단)
34) 衆旣無對, 余自對去, 遂下堂, 歸方丈(「一生敗闕」 2-6단)

그리고 이 단락 가운데, "一日喫茶次, 有僧, 擧禪要云. 如何是實參實悟底消息? 答, 南山起雲北山下雨. 問, 是甚麼意旨?"는, 그의 제자 呑虛가 지은 「漢岩碑銘」에는 "和尙擧禪要云"이라고 하여 話者가 뒤바뀌어 있다. 이 부분은 이미 앞의 注 18에서 이미 고찰한 부분이므로 여기서는 생략한다.

한암이 당대의 禪匠 鏡虛로부터 인가를 받는 때는 그의 나이 28세 되던 해(1903년, 癸卯年)이다. 그 해 여름 경허와 함께 해인사 선원에서 하안거를 보내고 있었다. 해제를 하루 앞두고 경허는 선원 대중들과 함께 차를 마셨다. 이런 것을 小參, 또는 소참법문이라고 하는데, 쭉 둘러앉은 자리에서 어떤 수좌가 대뜸 경허에게 물었다.

"高峰和尙의 『禪要』에 보면 '어떤 것이 진정으로 참구하는 것이며 진정으로 깨닫는 것인고?' 답하기를 '남산에는 구름이 일고 북산에는 비가 내리도다'는 대목이 있는데 이것이 무슨 뜻입니까?"[35]

젊은 납자가 조실 경허에게 법거량을 한 것이다. 이것은 '佛法의 大義(근본정신)를 어떻게 해야만 체득할 수 있는가?'라는 질문과 같은 말이며, 동시에 경허 당신의 견처를 좀 보여 달라는 말이기도 하다. 경허는 곧바로 "자벌레가 한 자를 가고자 한다면 완전히 한 바퀴 굴러야만 한다"고 답한 뒤, 이어 대중을 향하여 "이것이 무슨 뜻인지 아는가?" 하고 되물었다.[36] 아무도 대답하는 사람이 없었다. 한암은 즉시 "창문을 열고 앉으니 담장(瓦墻)이 눈앞에 있다(開牖而坐 瓦墻

---

35) 一日喫茶次, 有僧, 擧禪要云. "如何是實參實悟底消息?" 答. "南山起雲北山下雨". 問. "是甚麼意旨?"(「一生敗闕」2-6단)

36) 和尙, 答. "譬如尺蠖虫一尺之行一轉". 仍問大衆. "此是甚麼道理?"(「一生敗闕」2-6단)

在前)"고 답했다.

『禪要』의 구절 "南山起雲, 北山下雨"는 원래 『雲門廣錄』에 있는 말이다. 남산과 북산은 본래 무심이다. 如如한 무심의 경지를 표현한 말로서, 目前의 事象을 가지고 본래면목의 當體(핵심)를 보인 것이다.

납자의 질문에 대하여 경허는 즉시 "자벌레가 한 자를 가고자 한다면 완전히 한 바퀴 굴러야만 한다"고 하여, 관념을 버리고 상식의 틀에서 완전히 180도로 전환할 것을 요구하고 있다. 즉 깨달음으로 들어가는 禪의 一轉語이다.

경허의 일전어에 대하여, 한암은 이번엔 "창문을 열면 전면에 기와가 덮여 있는 담장이 보인다"고 하여 무심의 경지로 답하고 있다. 담장이나 나무, 돌(石), 露柱, 燈籠 등은 모두 무심을 뜻한다.

경허는 다음 날 해제를 맞이하여 대중들이 운집한 공식적인 상당 법어에서 '한암의 공부가 開心의 경지를 넘었다'고 하여 그가 상당한 경지에 이르렀음을 인가한 것이다. 그러나 아직은 무엇이 体이고 무엇이 用인지 모르고 있다고 하여, 開心, 開眼(깨닫기는)은 했지만, 좀 더 보임할 것을 주문하고 있다.

이어 경허는 한암을 비롯한 여러 대중들에게 "夏末秋初, 兄弟家, 各自散去, 向萬里無寸草處去"라는 洞山良介화상의 法語[37] 一段을 인용하여 법문을 한 다음, 아무도 대답하는 사람이 없자 그대로 법상에서 내려와 방장실로 돌아갔는데, 歸方丈 그 자체가 하나의 활구

---

37) 又擧洞山云. "夏末秋初, 兄弟家, 各自散去, 向萬里無寸草處去". 余則不然, "夏末秋初, 兄弟家, 各自散去, 路上雜草, 一一踏着始得. 與洞山語, 是同是別?"(「一生敗闕」 2-6단)

법문이다. 또 歸方丈은 歸家穩坐處로서 본래면목, 진여, 불성을 뜻한다.

'夏末秋初'는 하안거 후 즉 해제 후를 가리킨다. '兄弟家'는 '사형사제' 즉 함께 하안거를 마친 대중들을 가리킨다. '無寸草處'는 '번뇌망념이 하나도 없는 곳'을 가리킨다. 즉 3개월간 공부를 했으므로 해제 후엔 대중 모두가 당연히 번뇌 망념일랑 하나도 없는 無念의 세계로 가야만 되고, 또 그런 곳으로 가야만 비로소 깨달음을 얻을 수 있다는 뜻일 것이다. 그러나 경허는 "나(我)라면 '길 위의 잡초를 낱낱이 밟고 가야만 옳다(路上雜草 一一踏着 始得)'고 말할 것이니, 자신의 이 말이 동산의 견해와 같은지 다른지 구별해 보라"고 하여 역설적인 법거량을 던지고 있는데, 여기서 경허화상의 기질을 엿볼 수 있다.

경허가 던진 이 트릭 같은 公案은 무어라고 말해도 틀린 답일 터이지만, 경허는 약간 다른 각도에서 반문하고 있는 듯하다. 즉 본색납사로서 굳이 번뇌 망념을 피할 필요가 있느냐는 것이다. 어차피 번뇌를 타파해야 하는 것이 납자의 입장이고, 또 깨달은 뒤에는 入塵垂手해야 하는 것이 선승의 입장이라면 장부답게 낱낱이 밟고 가라는 것이다. 문을 열고 나가면 사방 천지가 잡초요, 耳目口鼻가 열리면 그 순간부터 보고 들리는 것이 온통 번뇌 망상의 사바세계인데 '無寸草處'가 어디에 있을 수 있는가? 마음에 번뇌가 있으면 그것이 풀밭인 것이 아닌가? '번뇌즉보리'라는 말도 있지 않던가? 무엇을 취사선택할 것인가?

2-7단은 혼자 전등록을 읽다가 약산화상과 석두화상의 대화 가운데 "한 물건도 작위함이 없다(一物不爲)"는 대목에 이르러 또다시 크게 開悟한다. 이것이 한암의 세 번째 깨달음에 해당된다. 한암은 '한

44

생각(一物)'을 일으키면(作爲) 그것이 곧 중생이고 일으키지 않으면 부처라는 사실을 徹悟한 것이다. 여기서 말하는 '一物'이란 '번뇌', 즉 '한 생각'을 가리킨다. 따라서 '一物不爲'란 바로 '한 생각(번뇌)도 일어나지 않는 경지', '無念의 경지'를 가리킨다. 한암은 그 순간을 이렇게 간단하게 적고 있다.

> "하루는 전등록을 읽다가 약산화상이 석두에게 말한 一物不爲處에 이르러 문득 心路가 확 끊어지는 것이 마치 물통 밑이 확 빠져버리는 것 같았다.[38]

말하자면 이것은 크고 작은 疑團이나 미세한 망념들이 완전히 녹아 없어진 상태로서 대오를 가리키는 말임에는 두말할 나위 없다. 한암의 4차에 걸친 悟道 가운데 유일하게 조사어록을 보다가 깨달은 부분이다.

그런데 한암의 생애와 사상을 기술하고 있는 글이나 연보에서는 대부분 '心路가 끊어져서 迷路를 헤매게 되었다'고 쓰고 있다. 이것은 오류라고 본다. "驀然心路忽絶, 如桶底脫相似"란 당연히 識心이 끊어진 확철대오로 해석해야 할 것이다.

2-8단은 맹산 우두암에서 혼자 부엌에서 (아궁이에) 불을 붙이다가 다시 한번 깨닫는 부분이다. 기록상으로는 한암의 마지막 깨달음에 해당된다. 이때 그의 나이는 37세였다. 청암사 수도암에서 경허의 법어를 듣고 처음 개오한지 13년만의 일이고, 해인사에서 경허와 작별한지(1903년 28세) 9년만(1912년)의 일이다. 한암은 이때의 감상

---

38) 一日, 看傳燈錄, 至藥山對石寶云. "一物不爲"處, 驀然心路忽絶, 如桶底脫相似(「一生敗闕」2-6단)

을 차분한 어조로 담담하게 적고 있다.

> "내가 혼자 부엌에서 불을 붙이다가 문득 發悟하니 수도암에서 開悟했을 때와 조금도 차이가 없었다. 그러나 한가닥 活路가 부딪치는 곳마다 분명했다. 그래서 아, 하고 聯句를 읊었다.[39]

'한가닥 활로가 부딪히는 곳마다 분명했다'는 것이 무슨 말인가? 悟處가 더욱 확실하고 분명해졌다는 말일 것이다. 한암에게 있어서 맹산 우두암은 衲僧으로서 본분사를 마친 곳이며, 일대사인연을 마무리한 장소라고 할 수 있다.

3-1단은 鏡虛의 三水 甲山 潛迹으로 다시 그를 만나볼 수 없게 되었음을 長歎하는 부분이다.

한암은 맹산 우두암에서 마지막으로 깨달음을 확인한 뒤 明眼宗師를 만나 법담을 해 보고 싶었다. 그가 바로 경허화상이었는데, 경허화상은 우두암에서 마지막 깨달음을 얻던 그 해(1912년) 봄, 朴蘭洲라는 이름으로 강계와 갑산 등지를 전전하다가 웅이방 도하동에서 막 입적한 때였다. 해인사에서 '개심의 경지를 넘었다'고 인가해 준 이가 경허였다. 한암의 마지막 悟道(1912년 봄)는 경허의 입적(1912년 4월 25일)과 우연이지만 비슷한 시기이다.

당시 한암은 경허의 입적 소식을 곧바로 듣지는 못했던 것 같다. 경허의 입적 소식이 수덕사 만공에게 전해진 것은 그로부터(경허의 입적) 1년도 넘은 그 이듬해(1913년) 7월 25일이었다. 한암은 자신이 쓴 『先師경허화상행장』에서 당시의 전말을 애잔하게 전하고 있다.

---

39) 余, 獨在廚中着火, 忽然發悟, 與修道開悟時, 少無差異. 而一條活路, 觸處分明. 嗚呼. 喎吟聯句(「일생패궐」 2-단)

46

"화상께서 머리를 기르시고 속복을 입으신 뒤, 강계와 갑산 등지를 왕래하시면서 서당 훈장도 하시고 저잣거리에서 술도 드시고 하다가 壬子년(1912년) 봄 甲山 熊耳坊 道下洞 서당에서 입적하시었다. (다음 해 이 소식을 듣고) 혜월과 만공 두 師兄이 곧바로 그곳으로 달려가서 棺을 모셔다가 蘭德山에서 茶毗에 붙인 다음 임종하실 때 남긴 書偈를 가지고 돌아왔으니, 이 때가 바로 和尙께서 入寂하신 다음 해인 癸丑년(1913년) 7월 15일이었다."[40]

경허의 입적 소식을 들은 한암의 낙심은 이만저만한 것이 아니었다. 우선은 함께 깨달음의 세계를 논해 볼 知音者가 사라져 버린 것이다. 悟道의 세계에 대하여 대화할 지음자가 없다는 것은 '悟道者의 孤獨'이 아닐 수 없다. 당시의 심경을 한암은 자신의 자전적 구도기 「일생패궐」에서 다음과 같이 적어 내려가고 있다.

"당시는 末世여서 佛法이 매우 衰廢하여 明眼宗師의 印證을 받기가 어려웠다. 그리고 화상께서도 머리를 기르고 儒生의 옷을 입고서 갑산 강계 등지를 전전하다가 이 해(1912)에 입적하시니 어찌 여한을 다 말할 수 있으리오. 그래서 이 한 편의 글을 써서 스스로 꾸짖고 스스로 맹서하노니 한 소식 분명하기를 기약하노라.
咄(쯧쯧)! 무슨 소리를 하고 있나?"[41]

선승의 삶은 무집착이라고 하지만 인간의 도리마저 망각해서는 안

---

40) 漢岩 撰, 「先師鏡虛和尙行狀」. "和尙, 長髮服儒, 往來於甲山江界等地, 惑村齋訓蒙, 惑市街御盃, 壬子春, 在甲山熊耳坊道下洞書齋, 入寂云. 慧月萬空兩師兄, 直入其地, 奉柩, 就蘭德山闍維, 得臨終時, 書偈以還, 卽和尙, 入滅後, 翌年, 癸丑 七月 二十五日也"(『鏡虛集』, p.353. 1990, 극락선원)
41) 時當末葉, 佛法衰廢之甚, 難得明師印證. 而和尙, 長髮服儒, 來往於甲山江界等地, 是歲入寂, 餘恨可旣. 故書這一 絡索葛藤, 自責自誓. 期其一着子明白. 咄. 是何言歟?(「일생패궐」, 3-1단)

된다. 짧은 몇 줄의 글에서 경허에 대한 한암의 심경이 한 폭의 그림 처럼 선명하게 드러나 있다. 또한 이 글 속에서는 명안종사가 없는 황량한 조선불교의 상황이 잘 전달되어 있다.

당시 禪佛敎를 본다면 盲眼의 宗師는 있어도 明眼宗師는 드물었던 것이다. 이러한 사실은 한암의 윗글에서도 충분히 느낄 수 있지만, 경허가 자신의 「悟道歌」에서 "사방을 돌아보아도 사람이 없구나. 衣鉢(법)을 누구에게 전수받을꼬? 衣鉢을 누구에게 전할꼬?"라고 반복하여 탄식하고 있는 점에서도 어느 정도 짐작할 수가 있다.

3-1단 끝부분의 '餘恨可旣'는 스승이자 지음자였던 경허에 대한 흠모와 아쉬움이 인간적인 색채를 통하여 잘 노정(露呈)되어 있다. 경허의 문하에서 침운, 慧月, 滿空, 漢岩 등이 나왔는데, 경허를 근대 禪의 중흥조라고 평가하는 이유도 바로 여기에 있다.

3-2단은 최후의 悟道頌 부분이다. 오도송은 岩下泉鳴頌과 萬古光明頌 두 句로 이루어져 있다. 이 두 구는 모두 우두암에서 마지막으로 깨달은 뒤에 읊은 게송이다.

> 부엌에서 불을 붙이다 홀연히 눈이 밝았네.
> 이로부터 옛 길(古路)은 인연을 따라 淸淨했네.
> 만일 누가 나에게 西來意를 묻는다면
> '바위 밑 물소리, 젖지 않는다'하리.
> 着火廚中眼忽明　從玆古路隨緣淸
> 若人問我西來意　岩下泉鳴不濕聲
>
> 삽살개는 어지럽게 나그네를 짖어대고
> 산새는 사람을 조롱하듯 지저귀고 있네.
> 만고에 빛나는 마음 달이여

하루아침에 世間의 風塵을 다 떨쳐버렸네.

村尨亂吠常疑客　山鳥別鳴似嘲人

萬古光明心上月　一朝掃盡世間風

　　첫 게송 가운데 1句는 깨달음을 얻게 된 機緣을 말하고 있고, 2구
는 깨달음을 얻은 후의 자신의 경지에 대하여 말하고 있다. 본래면목
(古路)의 자리에 앉으니 어느 때 어디에서든지 인연 따라 적응해도
물들지 않더라(隨緣淸)는 것이다. 3구와 4구는 조사서래의에 대한
질문과 답이다. 자문자답인데 不濕聲이란　處染常淨으로 번뇌에 끄
달려 가지 않는 자신의 경지를 詩的으로 읊은 것이다.

　　두 번째 게송의 1, 2구는 法爾然의 이치, 일상 속의 無心, 無念의
경지를 말하고 있다. 개가 짓고 산새가 지저귀는 것은 개와 산새의 본
연이다. 3구는 無始無終하면서도 맑고 청정한 마음, 즉 마음의 지혜
광명을 둥글고 밝은 달에 비유하고 있다. 시간과 공간을 초월하여 영
원히 빛나는 마음 달, 그것은 중생심으로 물든 달이 아니라 佛心으로
로 정화된 청정한 보름달이다. 4구는 현재 자신의 세계를 말하고 있
다. 청정한 자신의 마음 달은 世間風,[42] 즉 세간의 모든 번뇌 망념을
다 제거했음을 말하고 있다.

---

42) 세간의 8가지 번뇌, 즉 1)利(이익), 2)衰(손실), 3)毁(불명예), 4)譽(명예), 5)
　　稱(칭찬), 6)譏(비난), 7)苦(괴로움), 8)樂(즐거움). 이것을 八風이라고 한다. 이
　　것은 모두 우리의 마음을 뒤흔드는 것이므로 風이라고 한다.

VI. 呑虛 撰「漢巖碑銘」과의 相異點

한암의 자전적 구도기「일생패궐」과 제자 탄허스님이 지은「漢巖碑銘」과 대조·비교할 경우 몇 곳에서 중요한 상이점을 발견할 수 있다.

1) 첫째로 가장 크게 차이가 나는 곳은 2-6단에서 話者가 바뀌어져 있다는 것이다.「일생패궐」의 2-6단의 첫 부분인 "一日喫茶次, 有僧, 舉禪要云"이라고 하는 부분이, 비문에서는 "一日侍和尙喫茶次, 和尙, 舉禪要云"이라고 하여, 경허화상의 말로 잘못 기술되어 있다[43]는 것이다. 다시 말하면 어떤 수좌가『선요』의 구절을 인용하여 경허에게 물은 내용이, 마치 경허화상이『선요』의 구절을 인용하여 물은 것으로 뒤바뀌어져 있다.

2) 다음 2-3단에서 동안거 중 하루는 한암이 "脚下靑天頭上巒, 快活男兒到此間, 跛者能行盲者見, 北山無語對南山"라는 게송을 지어서 경허에게 보여 주었는데, 경허가 보고 앞 구와 뒷 구인 '脚下靑天'과 '北山無語'句는 맞지만 '快活男兒'와 '跛者能行'句는 틀렸다고 한 부분이 있는데, 이 부분에서 제2구인 '快活男兒到此間'이 呑虛가 쓴「現代佛敎의 巨人-方漢岩」,『한국의 인간상』제3권에서는 '本無內外亦中間'으로 되어 있다. 경허화상이 보고 틀렸다고 한 부분이므로 훗날 수정했을 것임은 당연한 일인데, 이 역시 새로운 자료이다.

다음, 2차 悟道과정, 즉 1900년 가을, 통도사 백운암에서 입선을 알리는 죽비소리를 듣고 깨달았다는 내용은「碑文」에는 들어 있지

---

43) 呑虛 撰,「漢岩碑銘」"一日, 侍和尙喫茶次, 和尙, 舉禪要云. '如何是實參實悟底消息?' 答. '南山起雲北山下雨'語. 問大衆云. '是甚麼道理?' 師(한암), 答曰. '開牖而坐, 瓦墻在前'"(원본 및『한암일발록』p.441)

않다. 이것은 일반적으로 고승의 비문을 기록할 때 보통 3차 悟道로 정리하고 있으므로 비문의 撰者(탄허)가 생략한 것이라고 생각된다.

3) 다음, 한암이 맹산 우두암에서 마지막으로 悟道했을 때, 당시 그의 나이는 37세로서 1912년 壬子년 봄이었다. 또 그 해는 스승 경허가 갑산에서 입적하던 해이기도 하다. 「일생패궐」 3-1단에서도 "時當末葉, 佛法衰廢之甚, 難得明師印證. 而和尙, 長髮服儒. 來往於甲山江界等地. 是歲入寂"라고 하여 경허가 입적하던 해임을 밝히고 있다. 그런데 탄허 撰 「한암비명」(한암일발록 p.442)에는 "而一條活路, 觸處分明, 卽師之三十五世時也"라고 하여 35세로 기록하고 있다.

그리고 이것은 「비문」과는 관련이 없는 별개 문제이지만, 기존의 한암의 생애를 다룬 여러 글이나 연보에서는, 해인사에서 『傳燈錄』을 보다가 깨달음을 얻은 부분을 "心路가 끊어져서 迷路를 헤매게 되었다"고 쓰고 있다. 이것은 誤謬이다. 그 부분의 원문은 다음과 같다. "一日, 看傳燈錄, 至藥山對石竇云, 一物不爲處, 驀然心路忽絶, 如桶底脫相似.(「一生敗闕」 2-6단)" 여기서 "驀然心路忽絶, 如桶底脫相似"란 당연히 識心이 완전히 끊어진 心行處滅의 경지로 해석해야 한다.

新자료 「일생패궐」을 기준할 경우 지금까지 알려진 年譜 역시 상당부분 수정해야 한다. 그러나 이 문제는 추후 더 고증 고찰한 이후의 과제로 남겨둔다.

VII. 맺는말

지금까지 漢岩의 생애와 사상, 그리고 悟道과정에 대하여 좀더 자세히 알 수 있는 새로운 자료(「一生敗闕」)가 발견되어 소개했다. 그리고 해당 자료의 발견 경위와 作者·筆寫者 草書자료의 판독과 내용, 각 단락에 대한 분석·자료의 사료적 가치와 의의, 그리고 呑虛 撰「漢岩碑銘」과의 대조 등에 대하여 살펴보았다.

1)「일생패궐」의 자료적 가치와 의의 :

이 자료는 漢岩의 생애와 선사상, 그리고 悟道과정을 알 수 있는 중요한 자료이다. 이 자료에는 그가 24세 때 신계사 보운강회에서 보조국사의 「修心訣」을 읽다가 교학에서 禪으로 전환·발심한 뒤 4차에 걸쳐 깨달음을 얻는 과정과, 그리고 스승 경허와의 관계 등이 자세히 기록되어 있다. 24세부터 37세까지 약 13년 간의 구도과정을 서술하고 있는 이 자료는 '솔직 담백한 자전적 구도기' 또는 '고백록'이라고 할 수 있다. 이것은 근현대 여타 선승들이 자신의 悟道과정을 실제 이상으로 과장·윤색하는 것과는 매우 대조적이다. 이런 면에서 이 자료가 갖는 의의는 크다고 본다.

대표적인 예로(2-3단) 한암이 해인사 선원에서 동안거 중 조실 경허화상에게 '脚下靑天頭上巒, 快活男兒到此間, 跛者能行盲者見, 北山無語對南山'이라는 7언 4구의 게송을 지어 바쳤다. 경허화상이 이를 보고 평하기를 "脚下靑天과 北山無語句는 맞지만(是) 快活男兒와 跛者能行句는 틀렸다(非也)"고 했는데, 이러한 부분을 한암은 아무런 변명도 수정도 없이 솔직하게 그대로 적고 있다.

또 2-6단에서 "경허화상이 법상에 올라가서 '遠禪和(한암중원)의 공부가 開心을 지났다. 그러나 아직은 무엇이 体이고 무엇이 用인지 모르고 있다'"[44]고 하는 부분도 매우 정직한 자기 고백이다. 사실 다른 선승들이라면 이런 것을 기록하지 않았을 것이다. 2-2단에서 경허와 함께 청암사에서 해인사까지 오는 도중에 주고받은 이런 저런 法談도 솔직담백하다. 한암의 자전적 구도기인 「일생패궐」은 우리로 하여금 다시금 자신을 반조하게 하는 글이다.

2) 한암의 惡道과정 :

「일생패궐」을 통하여 본 한암선사의 오도과정은 다음과 같다. 1차 悟道는 그의 나이 24살 되던 1899년 초가을이며, 장소는 청암사 수도암이고, 機緣은 경허의 『금강경』 법문을 듣고서였다. 2차 悟道는 1년 후인 1900년 가을, 통도사 백운암에서 入禪을 알리는 죽비소리를 듣고서였다. 3차 오도는 1903년 해인사 선원에서 하안거를 마치고 혼자 『전등록』을 읽다가 '一物不爲'라고 하는 대목에 이르러서였고, 마지막 4차 悟道는 1912년 봄 맹산 우두암에서 혼자 부엌에서 아궁이에 불을 붙이다가 오도했음을 알 수 있다.

4차에 걸친 悟道의 차이점은 機緣만 좀 다를 뿐 내용적인 면에서 큰 차이는 없다. 다만 2, 3, 4차 깨달음은 1차 깨달음을 보다 분명히 확인하는 과정이라고 할 수 있다.

---

44) 和尙, 翌日, 陞座, 顧大衆日: "遠禪和, 工夫, 過於開心. 然雖如是, 尙未知 何者爲體, 何者爲用"(「일생패궐」 2-6단)

〈부록〉「一生敗闕」年譜

(*이 자료가 옛 나이를 기준하고 있으므로 본 年譜도 옛 나이를 기준함)

1876년 丙子 1세 : (음) 3월 27일 강원도 화천에서 태어나다.

1884년 甲申 9세 : 史略을 읽다가 盤古氏 이전에는 누가 있었는지 의문을 품다.

1897년 丁酉 22세 : 금강산 장안사로 출가하여 行凜(름)화상을 은사로 득도하다.

(이상은 기존 연보를 따랐고 이하부터 「一生敗闕」에 의하여 작성함).

1899년 己亥 24세 : 하안거. 금강산 神溪寺 普雲講會에서 우연히 보조국사가 지은 『修心訣』을 읽다가 "若言 心外有佛, 性外有法, 堅執此情, 欲求佛道者, 縱經塵劫, 燒身煉臂 云云, 乃至轉讀一大藏敎, 修種種苦行, 如蒸沙作飯, 只益自勞"라는 곳에 이르러 발심하여 교학에서 禪으로 전향하다(內的인 발심). 이 해 여름 장안사 해은암이 하룻밤 사이에 전소되었다는 소식을 듣고, 더욱 무상한 것이 모든 일이 몽환처럼 느껴졌다(外的인 발심).

1899년 己亥 24세 가을 : 신계사 보운강회에서 하안거를 마친 뒤 가을에 도반 含海禪師와 함께 행장을 꾸려가지고 경허화상을 만나러 청암사 수도암으로 가다. 거기서 경허가 설하는 『금강경』「如理實見分」의 법문(凡所有相, 皆是虛妄, 若見諸相非相, 卽見如來)을 듣고 크게 개오하다(한암의 1차 悟道).

1899년 己亥 24세 가을 : 수도암에서 하루 밤을 묶고 다음날 경허화상과 함께 산을 넘어 해인사로 오다. 도중에 많은 法談을 나누다. 이때 法嗣 경허로부터 '無'자 화두를 받다.

1899년 己亥 24세 가을-1900년 25세 겨울 : 해인사 선원에서 경허화상을 모시고 동안거를 맞이하던 중 하루는 '脚下青天頭上巒, 快活男兒到此間, 跛者能行盲者見, 北山無語對南山'이라는 게송을 지어 바쳤다. 그러나 경허는 웃으면서 말하기를 "'脚下青天'과 '北山無語'句는 옳지만 '快活男兒'와 '跛者能行'句는 틀렸다"고 하다. 이것이 한암의 첫 悟道頌이다.

1900년 庚子 25세 봄 : 해인사에서 동안거를 마치고 해제 중에 병에 걸려 거의 죽을 뻔하다가 살아나다. 해인사에서 하안거를 마치고 통도사 백운암에서 정진 중 入禪을 알리는 죽비소리를 듣고 또다시 開悟하다(한암의 2차 悟道). 이 해 겨울에서 다음 해(1901년 26세) 봄까지 범어사 안양암에서 동안거를 보내다.

1901년 辛丑 26세 봄 : 다시 통도사 백운암으로 돌아와 하안거 결제를 하다. 당시 경허화상은 청암사 조실로 있었는데, 안거 중임에도 불구하고 급히 한암을 부르므로 청암사로 가서 경허화상을 배알하다. 가을에 다시 해인사 선원으로 가서 2년간을 보내다.

1903년 癸卯 28세 여름 : 하안거를 맞이하여 해인사 寺中에서 경허화상을 조실로 모시고자 하므로 그 일을 담당하여 경허화상을 조실로 모시다.

1903년 癸卯 28세 여름 : 경허화상이 해인사 선원 하안거 해제법어

席上에서 "遠禪和(한암중원)의 工夫가 過於開心"이라고 하여 한암의 悟道를 정식으로 인가하다.

1903년 癸卯 28세 가을 : 해인사 선원에서 하안거를 마치고 지내던 중, 하루는 『전등록』을 보다가 藥山화상의 법어 '一物不爲'處에 이르러 또다시 開悟하다(한암의 3차 悟道). 이해 가을 경허화상이 해인사에서 떠나 北으로 잠적하다.

1904년 甲辰 29세~1910년 庚戌 35세 : 6년 동안 통도사에서 머물다.

1910년 庚戌 35세 봄 : 묘향산 내원암으로 가서 하안거를 보내다. 가을에 다시 금선대로 가서 다음 해(1911년 辛亥 36세) 여름 安居를 맞이하다.

1911년 辛亥 36세 가을 : 맹산 우두암으로 가서 동안거를 보내다.

1912년 壬子 37세 봄 : 맹산 우두암에서 어느 날, 혼자 부엌에서 불을 붙이다가 홀연히 또다시 개오하다. 한암의 4차 悟道. 오도송은 다음과 같다. 着火廚中眼忽明, 從玆古路隨緣淸, 若人問我西來意, 岩下泉鳴不濕聲. 村尨亂吠常疑客, 山鳥別鳴似嘲人, 萬古光明心上月, 一朝掃盡世間風. 이해 4월 25일 스승 경허가 갑산 웅이방 도하동에서 입적하다. 이때 경허의 나이는 67세(1846~1912)였고 한암의 나이는 37세였다.

〈참고〉

1913년 癸丑 음 7월 25일 : 수덕사 滿空이 경허가 입적한 지 1년 만에 스승의 입적 소식을 듣고 도하동으로 가서 遺體를 모아 茶毘하다.

1951년 辛卯 76세 봄 : 음 2월 14일 漢巖이 오대산 상원사에서 입적하다.

一生敗闕

(1)

余二十四歲己亥七月日在金剛山神溪李華
雲講會偶閱普照國師修心訣至若言心外有
佛性外覓法堅執此情欲見佛道者縱經塵劫
燒身煉臂…乃至轉讀一大藏教修種
種業行如蒸沙作飯只益自勞云云不覺
心恍然如…頓覺又閱此…李海雲庵一

(2)

夜燒盡炬殘兒無常如火一切事業皆是夢
幻鮮感後恰閱志公海禪師東裝燈錄漸次
南行至…諸菴參聽鏡虛和尚說
法其相皆是…若見相即…如來
眼光忽開蓋三千界…現前自己
…一宿隨…州海印寺…中間…
云入從橋上過橋流水不流其趣甚麼意志衣

(3)

答云水是真橋是…則流而反不流也鏡差
和尚…如此然水是…流而有不流
之理橋是…流而有不立之理余閱一切
万物皆有終始本末兩我本心廓然空寂本
末其理畢竟如何終若参會如界廓然本
經云以思惟心測度如來圓覺境界如
火燒海…終不能着又閱然則如何得…答

(4)

舉話豈究竟畢竟如何若知是誤誤是如
何答義知誤前安慰地快脚其妄即是如
熊字誤過寒深北海印寺禪社一日任一僧
脚下青天頭上密枝活男兒到此間跛者能
行首者見北山無誤句是兩快活男兒無跛脚
下青天臨北山無誤句對南山和尚見兩笑回脚
跛行句非色過寒深沾却…行向這裡著

(5)

寺余則行單偶得菴寮先住遲佳過夏次
印裝程到□度李伯雲菴留數朝一□久禪次
打竹篾又右開愧私□為同行所辭往楞嚴
李家菴過夏□聖春又到□雲菴過
夏次初□佳□拈□巖李祖堂馳書拟余之印
□次初□諭過一春秋又來海印寺禪院主嘆
卯署□團中請邀初光和尚在楞嚴寺李

(6)

到南禪又二十餘人同結夏美一□喫茶次坐
備舉禪要云如何是宗乘中底消息春南
山起雲北山下澗問曇廬意吉秋坐答
聲如又蠁出一尺生伊一轉仍問大眾此
是甚麼道理余答開牖喚坐風牆任意
當聖□薩座觀大眾口遠禪和工夫過打開
心然□□如吾當來知何吾為休何吾為用又樂

(7)

洞山守夏末秋初先弟家□自敢去住百里
玩寸單乘去去余則不赴夏末秋初先華
宗友留敢若□上雜單一、踏著坭與泅
山諕曇同是別念茶禁對初光云久院先對余
自對玄遲下堂愣方丈愣夏次新書室種
為孝又昭知南余者不能通他一□首燃鑁
蓋葉山村石寶云一物不為求蕩然心破思

(8)

紹如稿鹿脫相似而苦又新為入北地溪疏更
不拜論笑甲辰暗通廬李□錢諸老廬□薴薴
愿隨偬廬了六年先陰兩東□入妙香
山過□陳折田院結全仙臺過熱寒
二陳南秋來孟山午顏菴過寒陳□靈
年春同廬開梨句糧次吃去策羅住廚
中著火□然發愝惇微道□懷時少究

2
方漢岩과 曹溪宗團

김광식

※ 이 논문은 『한암사상』 1집(2006년)에 발표했던 것을 수정, 보완하여 재수록한 것이다.

[요약문]

　본 고찰은 근현대기 고승, 선지식, 큰스님 등으로 명망이 높은 방한암과 조계종단과의 관련성을 정리한 글이다. 지금껏 방한암은 선승, 선사, 도인의 이미지로 널리 알려졌다. 그러면서 그의 선사상, 불교사상 등이 연구되었다. 그러나 한암이 생존, 활동하였던 그 당대에도 사찰, 종단, 교단이 있었고, 한암도 그에 소속되었음은 물론이다. 그래서 본 고찰에서는 특히 한암이 그 당대 종단의 종정으로 피선, 활동한 전후 사정을 정리하고, 그에 담긴 성격을 추출하고자 한다.

　한암은 1929년 1월 3~5일, 승려대회에서 조선불교 선교양종의 교정으로 선출되었다. 교정은 지금의 종정과 같은 지위이었다. 승려대회에서는 7인의 교정이 선출되었는데, 그 일원이었다. 그러나 한암은 전후 사정을 보건대 실질적인 활동은 하지 않았다. 당시 한암의 세납이 53세이었음을 볼 때 주목되는 일이었다. 그리고 한암은 1935년 3월, 선학원에서 개최된 수좌들이 주도한 대회에서 종정으로 선출되었다. 수좌들은 조선불교 선종이라는 별도의 종단을 출범시키면서 한암, 만공, 혜월 3인을 종정으로 선출했다. 그러나 한암은 이번에도 실질적인 활동은 하지 않았다.

　한암이 실질적인 활동을 하던 시점은 1941년 4월 이후이다. 이때,

조선불교 조계종이 출범하였는데, 한암은 1인으로 지정된 종정으로 선출되고, 종정 역할을 수행했다. 그러나 그는 불출산 조건으로 그 임무를 수행했다. 1945년 8월 해방되는 그날까지 그 역할을 오대산에 은둔하면서도 수행하였다. 그리고 한암이 교정 역할을 다시 하게 된 것은 1948년 4월 해방공간 1세 교정인 박한영이 입적한 이후, 그를 계승하여 2세 교정으로 1948년 6월에 다시 추대되었다. 이때에도 한암은 오대산에서 그 소임을 다했는데, 입적하였던 1951년 3월 그날까지 역할을 하였다.

이런 한암의 교정, 종정을 네 차례나 선출되고 수행한 것은 유례를 찾을 수 없는 행적이다. 이런 행적에서 주목할 측면을 보면 조계종단 차원에서 결코 간과할 수 없는 고승이라는 점, 그렇게 네 차례나 선출된 내면의 사정(위상, 사상, 수행성 등)을 검토해야 한다는 점, 한암이 은둔적인 행보에서 소극성만을 주목했으나 적극성인 행보를 주목해야 한다는 점, 지금껏 한암을 주목하지 않은 종단 내부 풍토 및 저간의 사정을 찾아야 한다는 점 등이라 하겠다.

그래서 필자는 이 고찰을 통해 고승, 큰스님 연구의 시야를 새롭게 해야 한다고 제언한다. 즉 지금까지 고승 연구에 있어서 수행 및 사상의 측면과 본사 및 종단의 측면을 별개로 하였다. 이제부터는 이런 양 측면의 개별화를 극복하고, 양 측면의 종합화를 통해 연구의 질과 깊이를 심화시켜야 할 것이다. 추후에는 한암과 오대산 불교문화, 월정사 전통, 한암사상의 계승 등 다면적인 연구가 필요함을 재삼 강조한다.

I. 서언

근현대 한국불교사에는 고승, 큰스님, 선지식으로 불리는 수많은 승려들을 찾아볼 수 있다. 이들은 각처의 사찰에서 혹은 선원 및 강원에서 불교의 정수를 익힌 후에는 후학을 가르치고, 혹은 중생을 교화하면서 자신의 본분을 다하였다. 그리하여 그들은 상구보리, 하화중생을 하면서 자신에 주어진 사명을 마다하지 않았기에 그들의 고뇌와 행적은 역사에 남기도 하고 후학 및 후대의 사람들에게 큰 영향력을 끼쳤다. 그런데 그러한 인물 중 역사에 남을 만한 행적과 사상을 갖고 있었음에도 불구하고 역사에서 소홀히 인식되거나 심지어는 배척받은 경우도 적지 않다. 이 경우 그 원인은 다양한 요인에서 찾아볼 수 있지만 자료의 절대 부족 혹은 후학·후대의 계승의식에서도 비롯된다.

본 고찰의 대상 인물인 방한암의 경우가 바로 위와 같은 실례이다. 필자가 근현대 불교를 연구한 결과에 의하면 방한암은 근현대 불교사에서 결코 간과할 수 없는 '큰스님'이다. 그의 행적, 고뇌, 사상, 종단사적인 위상 등을 종합하여 살펴보아도 그는 근현대 불교의 거목이었다. 그럼에도 불구하고 그에 대한 객관적인 자료 정리나 관련 연구는 거의 황무지와 같은 지경이다. 이런 현실하에서 한암문도회의 『한암일발록』과 김호성의 『방한암선사』가 방한암 이해의 교과서 역할을 하였을 뿐이다.[1] 이러한 문제는 후손들의 계승의식, 종단 차원의 조

---

1) 월정사 및 한암문도회에서 1995년에 펴낸 『한암일발록』(민족사)이 유일하다. 그 밖에 그의 행장을 정리한 글, 회고적인 글 등이 간혹 있었다. 그리고 김호성

계종사 정리 및 이해의 미숙, 특정 승려에게 경도된[2] 현대 불교사상의 이해 등이 어우러져 나온 결과이다.

이 같은 배경하에서 본 고찰은 방한암과 조계종단과의 관련을 집중 조명하고자 한다. 방한암에 대한 접근·연구는 생애 및 행적, 수학 및 이력과정, 교학 및 선, 사상의 구조, 계정혜 삼학으로 요약되는 그의 사상적 특성, 종단 내의 위상 등 다양한 방면에서 가능할 것이다. 필자는 현대 한국불교의 대표 종단으로 칭하고 있는 조계종단에서 그가 갖고 있는 위상과 관련하여 종정을 4차례나 역임한 사례를 갖고 그 전후 사정을 정리하고자 한다. 종단의 종정이라 하면 해당 종단의 상징적인 승려임은 상식적인 이해일 것이다. 상식적이라 하면, 해당 종단의 종지 및 종풍을 대변하고, 인격 및 도덕적인 면에서도 구성원(승려, 신도)들에게 존경을 받는 인물이 대상이라고 봄이 자명하다는 것이다. 그런데 방함암이 4차례나 종정을 역임한 배경을 보면 대부분이 중요한 시기에, 역사적으로 의미가 있는 시점에 종정에 추대되었다. 그리고 그는 스스로 종정에 오르겠다는 의사를 표시한 적이 일체 없었다. 요컨대 그의 종정 취임은 당 시대를 대표하는 최고의 인격자, 수행자임을 단적으로 말하는 것이다.

이에 필자는 위와 같은 방한암의 종정 취임 배경과 전후 사정을 정리함으로써 현재 조계종단에서의 방한암의 위상을 점검하고자 한다. 이러한 정리는 방한암 연구에 새로운 시각을 제공할 수 있다고 필자

이 방한암에 대한 자신의 글을 모아 간행한 『방한암선사』(민족사, 1995)가 그간 방한암에 대한 응답 역할을 하였다.

2) 이는 성철스님 중심의 이해를 말하는 것으로 한국 현대불교사에서 성철의 위상은 신드롬적인 현상을 띨 정도로 성철불교가 조계종단, 한국불교의 중심 테제이다.

는 본다. 나아가서는 조계종단사의 심화에도 일정한 기여할수 있다고 여기는 바, 미흡한 점은 지속적인 연구를 통하여 보완하고자 한다.

II. 조선불교 禪敎兩宗의 교정(1929)

방한암이 최초의 종정으로 추대된 시점은 1929년, 당시 그의 속납 53세 때이었다. 방한암은 1925년에는 봉은사 조실로 있다가 오대산 월정사로 들어와사, 산내 암자인 상원사 선원의 조실로 있었다. 그런 데 당시 그를 종정으로 추대한 종단은 조선불교 선교양종이었다. 그 러나 이 선교양종은 일제가 한국을 강탈한 후 한국불교를 사찰령이 라는 법령으로 통제, 장악하였을 때 일제가 강압적으로 만든 종명이 었다. 일제는 사찰령을 갖고 불교를 장악하면서, 한국불교의 자생적 인 종단인 원종, 임제종을 부인하고, 나아가서는 자주적인 종단의 설 립을 불허하였다. 이에 한국불교 구성원들은 일시적으로 종단 건설 에 나섰지만 일제의 외압으로 소기의 성과를 기하지는 못하였다.

그러나 1928년 초반 1920년대 전반기 불교청년운동의 주역들이 서울에 집결하면서 점차 한국불교의 모순을 개혁하기 위한 활동에 나섰다. 당시 불교청년, 청년승려들은 한국불교의 근본적인 개혁을 기하기 위해서는 불교계의 자율적인 통제의 틀이 절대적으로 필요하 다는 것을 절감하였다. 당시 불교계는 일제가 정한 사찰령에 의해 식 민지 불교 체제의 구도에 구속되면서, 그 내적으로는 사법의 틀 아래 서만 운용되었기에 불교계 전체의 차원에서는 일체의 규율, 내규 등 이 부재하였다. 이에 그 정황은 31본산이 군웅할거 하는 봉건 체제와 흡사하다는 비판을 받기에 이르렀다. 이에 청년승려들은 그 대안을 불교계의 자율적인 운용의 틀인 종헌의 제정으로 표현하였던 것이다. 즉 종헌 제정을 통하여 불교계 운용의 기틀을 만들고, 그 후에는 그 종헌에 의거 교단을 만들려고 노력하였다. 즉 불교계 통일운동이 강력하게 추진되었다. 이러한 배경하에서 나온 것이 1929년 1월 3~5일, 각황사(지금의 조계사)에서 개최된 조선불교 선교양종 승려대회였다.[3] 당시 그 대회는 전국 각처에 있었던 불교계 대표 107명이 참가한 가운데 진행되었다.

대회에서는 종헌을 제정한 이후 중앙교무원칙, 교정회법, 법규위원회법, 종회법 등이 심의 통과되었다. 그리고 교육·포교·사회사업 등에 대한 근본책을 강구하였다. 이어서 종헌에서 규정한 종무원의 선거를 하였다. 종무원 선거에서는 우선적으로 종정을 선출하였다. 그러나 당시는 종정이라는 표현 대신 '敎正'이라고 하였다. 당시 종헌에서는[4] 교정을 조선불교 선교양종의 "중요한 교무를 재정하기 위하여 교정을 둔다"고 하였다. 그 자격은 "본 양종 재적 승려중으로부터 行解가 구족하여 불교에 공헌이 있는 자로 한다"고 하였다. 그런데 당시 규정에는 교정을 1인으로 제한치 않고, 교정은 "人數와 임기를 정하지 않고 교무원 각 부장 및 이와 동수의 종회 전형위원으로부터 전형하여 종회의 협찬을 거치도록" 하였다. 이렇게 교정은 다수를 둘 수 있도록 하였기에 敎正會를 두어 종무에 임할 수 있는 조직을 만들었던 것이다.[5]

---

3) 이 대회에 관련된 제반 개요는 졸고, 「조선불교선교양종 승려대회의 개최와 성격」(『한국근대불교사연구』, 1996, 민족사)을 참고할 것.
4) 『불교』 56호, 「승려대회 회록」 중 종헌 참조.
5) 그 근거로써 교정회 規約을 제정하였다.

이러한 배경하에서 당시 대회에서는 대회 3일째인 1929년 1월 5일, 교정을 선출하였다. 즉 교정을 선출하는 전형위원 11인을 무기명 투표로 선거한 후, 그 전형위원이[6] 다음과 같은 7인의 승려를 교정으로 선출하였다.[7]

김환응, 서해담, 방한암, 김경운, 박한영, 이용허, 김동선

즉 방한암은 7인의 교정에 선출되었다. 당시 그의 속납은 53세이고 법랍은 22세이었다.[8] 즉 그는 입산, 출가 20여 년이 지난 시점에서 교정에 추대되었다. 법랍이 22세이면서 일제하 한국불교를 대표하는 교정에 추대되었음은 그의 수행 이력과 깊이가 간단치 않았다고 볼 수 있다. 예컨대 1910년대 중반에 이미 통도사에서 대선사 법계를 받았음은 그 예증인 것이다.[9] 한편 교정이 1인이 아니고 다수였다는 것, 교정회가 있었다는 것을 고려하여 방한암은 지금과 같은 종정이 아니라고 볼 수도 있다.[10] 그러나 당시 종헌에는 교정 이외의 상위의 직급 승려가 없었다. 현재 조계종단의 종정이 상징적인 존재이면서 중요 종무를 보고 받고, 지침을 내리는 정황을 보면 종정이라고 실무에 완전 개입치 않는 것은 아니다. 1970년대 중반, 종정중심제와 총무원장 중심제 논란에서 보이 듯 종정도 실무, 종무의 총책임자임은 분명하다.

요컨대 필자는 1929년 교정을 현재의 종정과 유사한 것으로 보고

6) 전형위원은 김포광, 오리산, 김운악, 권상로, 백성욱, 이고경, 최인택, 황경운, 이대련, 김정해, 김해은 등이다.
7) 위의 「승려대회 회록」.
8) 그는 21세 때인 1887년에 금강산 장안사에서 출가 득도하였다.
9) 『조선불교총보』 3호, p.54.
10) 예컨대 김호성은 『방한암선사』 연보에서 이를 원로기관으로 보았다.

자 한다. 다만 당시에는 종무 행정이 미분화된 상황이었음을 고려해야 할 것이다. 그리고 위에서 방한암과 같이 교정에 선출된 당사자들은 박한영을 제외하고는[11] 대부분 각 산문에서 수행에만 전념하였던 강백, 선사, 율사들이었다.[12]

그러나 방한암을 교정으로 선출한 승려대회에서 정한 종헌 실행의 구도가 정상적으로 이행되지 않아 방한암이 어떤 활동을 하였는지는 알 수 없다.[13] 종헌 체제는 1932년까지는 어느 정도는 이행되었지만 1934년에 접어들면서 종헌 체제는 거의 종말을 고하였다. 이에 방한암의 교정으로서의 활동은 큰 의미를 갖지는 못하였다.[14] 더욱이 당시 일제 및 일부 본산주지들은 종헌 체제를 부인, 배척하였음도 고려해야 한다. 간혹 당시 『불교』지에 방한암을 교정으로 소개한 경우도 나오지만,[15] 방한암은 그 교정에 대한 직책을 적극 수용하지는 않은 것 같다. 방한암은 『불교』지 70호(1929.4)에 「海東初祖에 대하야」라는 글을 기고하였다. 당시 그 기고문에는 필자를 '敎正 方寒巖'으

---

11) 박한영은 1926년부터 개운사에 강원을 차리고 후학을 지도하면서 중앙불전(동국대)에서 강의를 하였다.
12) 김법린은 추대된 교정들을 "一大의 師表이시며 그 학덕의 高邁하심은 宗門의 共仰하는 바"라 하였다. 김법린, 「제5회 종회 앞에 놓인 통제교정의 확립 문제」『불교』105호(1933. 3.), p.17.
13) 위의 김법린의 글에서는 교정회가 1회도 개최되지 못하였음을 개진하고 불교 교정의 통제를 기하기 위해서는 교정회의 활성화, 상임 교정의 선출을 주장하였다.
14) 그러나 교정은 당시 불교계에서 어느 정도는 보편화된 호칭이 아닌가 한다. 예컨대 박한영의 지방을 가면 조선불교의 교정으로 소개를 하였다는 구전, 그리고 『불교시보』10호(1936. 5.1) 9면의 「圓寂界」에 신계사의 金東宣의 입적 광고에서 조선불교의 교정이라는 표현을 한 것이 단적인 실례이다. 김경운의 입적을 보도한 『불교시보』17호(1936.12.1), p.7. 「원적계」에서도 그를 조선불교 선교양종 교정이라고 광고하였다.
15) 「五臺山釋尊頂骨塔廟讚仰會 發起人」『불교』81호(1931.3), p.14.

로 기재하였다. 그러나 다음호인 『불교』 71호(1929.5)의 7쪽에는 다음과 같은 '正誤'가 게재되었다.

> 本誌 七十號(前月號)에 記載한 「海東佛教 初祖에 對하야」의 題下에 教正 方漢巖이라 쓴 肩書의 「教正」 二字는 本社에서 任意로 書入한 것임으로 그 責任은 本社에 있습니다.

즉 방한암은 그 글을 기고하면서 자신의 법명만 기재하였는데 불교사에서 임의로 '교정'을 추가하여 삽입하였다는 것이다. 누구인가 그것을 항의하여 불교사에서는 그 사정을 해명하고 '正誤'문을 낸 것이다. 그러면 누가 그것을 이의 제기하였는가? 현재로서는 글을 쓴 당사자인 방한암으로 보는 것이 순리일 것이다.[16] 이러한 측면에서 볼 때 방한암은 공명심, 명예와는 거리가 먼 행보를 갔다고 생각하고자 한다.

Ⅲ. 朝鮮佛教 禪宗의 종정(1935)

1935년 방한암을 종정에 추대한 모체는 선학원이었다. 주지하는 바와 같이 선학원은 1921년 12월에 창건되었는데, 창건의 취지는 일

---

16) 혹시, 그 이의는 당시 교단이 불안하여 교정이라는 직책이 종단 내부에서 정상적으로 이행되지 않은 것의 산물일 수도 있다. 그러나 그 정오를 게재한 『불교』지 71호 11쪽에는 「故教正幻應大禪師 追悼辭」가 실려 있다. 그 추도사를 소개한 내용에는 제2회 종회 개회 벽두에 선운사(장성)에서 열반한 교정 환응 대선사의 추도식을 거행하였기에 그 전문을 기재한다는 것을 보면 교정은 관행적으로 호칭된 것이 분명하다. 그리고 다른 교정인 박한영에 대한 당시의 기록에서도 교정으로 기록하고, 호칭한 것을 필자는 여러 사례를 보았다.

제 사찰 정책에 저항하면서 한국불교의 전통을 보호하려는 수좌들의 선풍 진작이었다. 창건 직후인 1922년 봄, 각처의 수좌들은 한국 전통선을 계승하고, 수좌들을 보호하려는 자생 조직체인 선우공제회를 조직하였다. 선학원을 본부로 하고, 전국 각처의 선원을 지부로 한 선우공제회는 선풍을 진작하려는 노력을 전개하였다. 이에 각처 수좌 365명이 회원으로 가입할 정도로 일정한 위세를 갖고 있었으며, 수좌들의 본부격으로 선학원은 1920년대 중반 불교계에서 일정한 역사성을 갖고 있었다.[17]

그러나 창건 직후부터 제기된 재정의 어려움을 이겨내지 못하고 1925년 경에는 그 본부를 직지사로 이전하였지만 1926년에 이르서는 중도하차 하였다. 이에 선학원은 범어사 경성포교당으로 전환되었던 것이다. 그 후 선학원은 1931년에 가서야 김적음의 헌신적인 노력에 의해 재건되었다. 재건된 선학원은 이전의 경험을 고려하는 가운데 선풍의 대중화를 기하면서 그 기반 확충에 진력하였다. 이에 범어사에서 보조를 받기도 하였고, 당시 종단에도 지원 요청을 하는 등 자립적 기반 구축에 유의하였다. 마침내 선학원은 재정자립을 추구한 결과 1934년 12월 5일에는 재단법인 조선불교 선리참구원으로 전환케 되었다. 즉 법인체로서 새출발을 하였던 것이다.

이처럼 선리참구원으로 새로운 출발을 기하였던 선학원 계열의 수좌들은 더욱더 자신들의 역사인식을 분명히 하였다. 즉 자신들을 한국불교의 정통 승려라 인식하고, 한국불교의 전통으로서의 선풍을 확대하겠다는 의사 표시를 하였다. 이러한 의사 표시가 조선불교 선종을 표방함과 동시에 그를 이행하는 조직체인 선종종무원을 조직하

---

17) 졸고, 「일제하 선학원의 운영과 성격」『한국근대불교사연구』, 1996, 민족사.

였다. 이러한 선종 표방과 종무원의 조직은 기존 종단 조직 및 노선과는 별개의 움직임이었다. 그러면 당시 그 수좌들이 표방한 조선불교 선종의 실체 및 내용을 이해하기 위하여 수좌들이 작성한 것으로 보이는[18] 종헌의 선서문을 제시하겠다.

선 서 문

大聖께서 示滅하신지 때가 오래며 邪魔는 强力하고 正法은 微弱하와 悲運에 헤매는 少福少智한 저의 正統修道僧徒들은 敎團의 傳統을 붓잡으며 末世正을 살리기 위하여 惶恐하옵게도 本師 釋迦牟尼 世尊님과 아울러 十方에 常主하시는 三寶님 前에 삼가 誓願을 올리오니 구벼 愛恤히 여기사 바다 匡明하옵소서

생각하옵건 朝鮮에 佛敎가 輸入된 邇來 일천육백년 이래 悠久한 歷史를 가졌습니다. 일찍이 三國을 統一하고 千餘年의 文治로 찬란한 新羅 文化는 드디어 建全無比한 民族魂을 이루었던 것이다. 其後 오랜동안 槿域 三千里 福祉社會를 建設한 業績은 實로 釋迦世尊의 大慈悲 法力이 아니면 不可能한 일인 것입니다. 國師三의 高僧大德이 繼繼傳承하야 大小國難때마다 그를 퇴치하며 救國安民의 先鋒이 되매 四海에 佛日이 빛나드니 國運이 불행하든 李朝오백년 간의 排佛壓政하에서도 우리들은 그 傳統을 死守하였으며 亦是나 救國安民에는 그 선봉이 되고 있었습니다. 그러나 近者에 新文明 暴風에 쓰러져 가는 다수 僧徒들이 肉食飮酒하며 私淫娶妻를 恣行하면서 "중도 사람이다"라는 口號를 앞세우고 莫行莫食하며 破戒 雜行으로 大乘佛敎 修道相이며 傳道行인양으로 宣傳함으로서 우리 敎團의 嚴肅 淸淨하든 傳統은 드디어 무너지기 始作하였습니다. 그리하여 還俗한 徒輩들이 僧侶인양 自處하매 神聖不可侵의 修道場인 寺院은 家庭化 料亭化 함으

---

18) 그런데 이 작성과 관련된 구체적인 전후 사정을 알려주는 기록이 없는 것이 아쉽다.

로 말미암아 寺刹 淨財는 날로 還俗者들의 生活에만 낭비되고 各處의 修道 機關은 廢止되여 가고 있습니다. 이에 우리 正統 僧徒들은 奮然히 蹶起하여 京城내에 禪學院을 創建하고 敎團의 傳統을 死守하며 그 腐敗의 淨化를 謀議하는 根據處로 삼으며 이를 財團法人으로 만들었습니다. 그리고 傳統死守와 敎團復興을 꾀하는 이 憲章을 制定 公布하옵고 滿天下의 四部大衆과 이에 다같이 同心 合力하여 末世正法을 復興하며 苦海 衆生을 濟度함으로서 크게 佛恩 갚고저 하는 바입니다. 우러러 뵈온건대 十方 三寶께옵서는 틈없이 護念하시오며 끝까지 거두어 주시옵서.

檀紀 四二六七年 十二月 三十日

佛紀 二九六七年 一月 五日

全國首座大會 朝鮮正統修道僧 一同

선종종헌 공포에 관한 절차

一, 四二六七年 十二月 三十日 조선불교선종 종헌 제정 통과

二. 四二六七年 十二月 三十日 종정 재가

三, 四二六八年 一月 五日 선종 종헌 공포 시행

조선불교선종 대표 종정 송만공 인

副書

종무원장 정운봉 인

총무부장 김적음 인

교무부장 하동산 인

재무부장 김남천 인

선종 壇 副書 初代

조선불교 종정 종무원장 정운봉 인

수석종정 만공 대선사 총무부장 김적음 인

수월 대선사 교무부장 하동산 인
혜월 대선사 재무부장 김남천 인
한암 대선사

이러한 종헌 선서문에서 유의할 점은 다음과 같다. 우선 선학원 계열 수좌들 자신이 정통 수도승도라고 자부하였다는 것이다. 수좌들은 교단의 전통을 계승하겠다는 염원을 구현하였는 바, 여기에서 여타 승려들은 일본불교에 경도된 대처승이기에 한국불교의 전통에서 이탈하였다고 보았다. 나아가 이들은 그 대처승들에 의하여 청정한 교단 전통이 무너져, 사원이 가정화, 요정화되었다고 비판하면서 자신들이 선학원을 창건할 수밖에 없음을 지적하였다. 이에 선학원에서 부패의 정화를 모의하는 근거처로 삼고 재단법인으로 만들었음을 인식하였다. 즉 전통 사수와 교단 부흥을 꾀하기 위하여 조선불교 선종을 내세우고 그 근거로 종헌을 제정하였음을 밝혔다.[19]

그런데 바로 이 종헌 선서문에 종정으로 피선된 인물이 만공, 수월, 혜월, 한암이었음이 제시되었다. 이 종헌은 1934년 12월 30일에 제정되었으며, 그 시행은 1935년 1월 5일에 단행되었다고 한다. 방한암은 이미 선리참구원이 재단법인으로 등장한 직후에 부이사장으로 추대되었기에[19] 종정으로 선출된 것은 자연스럽게 납득할 수 있다. 이런 배경하에 1935년 3월 7~8일, 선학원에서 조선불교 수좌대회가 개최되고, 그를 보도한 『동아일보』에 의하면 약간의 변동은 있었던 것으로 보인다.

---

19) 졸고, 「조선불교선종 종헌과 수좌의 현실인식」『한국 근대불교의 현실인식』, 1998, 민족사.

조선불교 수좌대회(首座大會)는 七, 八 양일 간에 긍하야 시내 안국동 사십번지에 잇는 조선불교선리참구원(朝鮮佛教禪理參究院) 대법당에서 열리엇는데 의장 기석호씨 사회로 조선불교선종 종무원 원규(宗務院 院規)를 비롯하야 六종의 규약을 통과한 후 아래와 같이 임원선거를 하엿다고 한다.

종정 신혜월·송만공·방한암, 원장 오성월, 부원장 설석우, 이사 김적음·정운택·이올연, 선의원 기석호·하용택·황용음 외 十二人[20]

즉 기존 종정은 다시 유임되었지만 종정으로 추대된 수월은 제외되었던 것이다. 요컨대 방한암은 종정으로 재선임되었다. 이러한 결정을 한 것은 선학원을 재단법인 선리참구원으로 전환시킨 주도자 중심으로 조선불교 선종을 내세우고, 선종 종헌을 제정하고, 종정 및 종무원 간부들을 출범시켰지만 전국 각처에 있었던 수좌들에게 그 경과 보고 및 결정사항의 추인이 필요하였던 것에서 나온 것으로 이해된다. 그리고 위의 기사에서 선종 종무원 원규를 비롯한 6종의 규약이 통과되었음을 보면 조선불교 선종은 정식으로 태동된 것이라 하겠다. 이러한 내용은 당시 선학원의 기관지였던 『선원』지에서도 찾아볼 수 있다.

지난 삼월의 전선수좌대회에서 선종의 자립과 전선 선원의 통일기관으로 중앙에 종무원을 설치키로 결의되어 동사무소를 경성부 안국동 중앙선원에 두고 원장 오성월(吳惺月) 화상이 취임하야 우로 세분의 종정을 모시고 아래로 삼 이사를 거느리여 선종의 확립과 선원수 증가와 각 선원의 내용 충실을 도모한바 불과 반년에 선원수가 십여개소이고 전문으로 공부하는 수좌 수효 가 삼백명을 초과하게 되었습니다.[21]

20) 「재단법인 선리참구원 인가」 『불교시보』 1호(1935.8.3). 이사장은 만공이었다.
21) 「불교수좌대회」 『동아일보』, 1935.3.13.

여기에서도 수좌대회에서 선종의 등장, 선원의 통일기관으로 종무원이 출범되었음을 알 수 있다. 그리고 종정은 3인이었음이 언급되었는데 이는 송만공, 방한암, 신혜월이었음을 말하는 것이다. 요컨대 방한암은 1935년 초반에 등장한 선리참구원, 전국 선원, 수좌들이 주도한 조선불교 禪宗의[22) 종정으로 추대되었음이 분명하다.

그런데 조선불교 선종의 종정으로 추대된 방한암의 활동, 수용 여부 등에 대한 기록은 거의 없어[23) 더 이상의 내용은 추론키 어렵다. 이처럼 1930년대 중반에도 수좌들 사이에서는 방한암의 수행력, 위상, 학식 등이 분명하게 각인되었다고 볼 수 있다. 더욱이 조선불교 선종의 종정으로 추대된 3인 승려중, 1929년 승려대회에서 선출된 교정은 방한암이 유일하다. 이처럼 방한암을 선종을 내세운 수좌들이 종정으로 추대하였다는 것에서 그의 실참실수에 대한 수행력, 선사상의 깊이와 함께 당시 불교계에서 일정한 영향력과 위상을 점하고 있었던 사례로 볼 수 있는 것이다.

IV. 조선불교 조계종의 종정(1941)

방한암을 종정으로 추대케 한 또 하나의 사실은 1941년 4월 23일에 등장한 조선불교 조계종의 성립이었다. 이는 일제하 공식적, 합법적인 종단에서의 추대로서 한암은 일제가 패망하는 그날까지 종정

---

22) 「중앙종무원」『禪苑』4호, pp.29~30.
23) 조선불교 선종이라는 여타 기록은 「선원소식」『불교시보』54호(1940.1.1)에서도 찾을 수 있다.

으로 재임하였다. 조선불교 조계종은 1929년의 승려대회에서 태동한 종단 건설운동이 좌절되고, 수좌들이 추구한 조선불교 선종도 제도권 불교에서 제 역할을 하지 못한 상황을 극복한 산물이었다. 즉 1930년대 초반 불교계에서는 종단 건설의 대안으로 총본산 건설운동이 자생적으로 일어나고 있었다. 31개 본산 중 하나의 본산 혹은 모든 본산이 동의할 수 있는 역사적으로 권위 있는 사찰에 전불교계를 통할할 수 있는 권한을 부여하자는 방안이었다.[24] 이에 그 본산 및 사찰에 전불교계의 인사권, 재산권 등을 부여함으로써 차선의 종단을 건설하자는 것이었다. 이 운동은 1937년부터 본격화되어 태고국사 계승의식에 의거 북한산에 있던 태고사를 지금의 조계사의 전신인 각황사로 이전하는 형식을 취하는 방법으로 변용, 진행되었다. 즉 기존 각황사를 조계사로 명칭을 전환하였다. 그리하여 각황사를 새롭게 이전, 건축하여 현재의 조계사 터에 자리잡게 하고, 그 이름을 태고사로 하였는데 이는 당시 불교계의 태고 보우국사의 문손이라는 역사의식을 현실에 맞게 조정한 것이다.

그 후에는 기왕에 문제시되었던 조선불교 선교양종이라는 종단 명칭을 한국불교의 역사, 전통에 맞게 재조정하자는 여론에 의거 조선불교 조계종이라는 종명을 취득케 되었다. 이 같이 불교도들이 추진한 총본산 건설운동, 태고사 사명 취득, 조계종으로의 개종 등 일련의 일들이 전개되었으며 그를 총독부에서도 승인케 되었다. 마침내 사찰령 시행규칙을 개정하여 태고사가 총본산으로서의 사격을 갖추게 되었다. 즉 총본산(사) 태고사가 전불교계를 통할할 수 있는 행정

---

24) 다만 『선원』 4호(1935.10.15)에 기고된 「年年更有新條在하야 惱亂春風卒未休라」의 글의 필자명이 '宗正 方漢岩'이라는 것이 유일하다.

적 권한을 갖게 되었다. 그리하여 태고사 사법은 당시 한국불교가 실질적으로 종단의 역할을 할 수 있는 내용을 담게 되었다. 구체적으로는 태고사 주지가 조계종의 종정이었으며, 태고사에는 종단의 기능을 할 수 있는 종무원을 두도록 하였다. 이러한 내용을 갖고 있는 총본사 태고사 사법이 1941년 4월 23일부로 인가되었다.[25]

마침내 1941년 6월 15일 31본사 주지들은 태고사에 모여 주지총회와 동시에 임시종회를 개최하였다. 이 주지 총회에서 본사주지들은 조계종의 종정을 선출하였다.[26] 당시 그 과정, 결과를 보도한 기사를 살펴보자.

> 本月 五日 府內 壽松町 總本寺 太古寺에서 諸位가 모여서 宗正 卽 太古寺 住持를 投票 選擧하얏는데 方漢巖 十九點, 張石霜 六點, 朴漢永 一點, 渭原馨一 一點, 李鍾郁 一點 多點에 의하야 方漢巖 大禪師가 太古寺住持로 當選되셧는데 會順은 다음과 같다.[27]

즉 방한암이 압도적인 다수에 의하여 종정(태고사 주지)으로 선출되었던 것이다. 방한암을 종정으로 선출한 종단 집행부는 방한암에게 그 사실을 알려주고 동의를 받기 위해 이종욱(월정사 주지), 안향덕(마곡사 주지), 원보산(마하연 주지) 3인을 교섭위원으로 지정하였다. 이에 그들은 6월 9일 서울을 출발하여 6월 11일 오대산 상원사에 도착하였다.

---

25) 졸고, 「일제하 불교계의 총본산 건설운동과 조계종」『한국근대불교사연구』, 1996, 민족사.
26) 졸고, 「조선불교조계종의 성립과 역사적 의의」『새불교운동의 전개』, 2002, 도피안사.
27) 태고사법에는 종정의 자격을 55세 이상, 승납 40년 이상, 안거 10하안거 이상, 법계 1급 등으로 제시하였다. 그리고 태고사법에서는 총본사 주지(종정)는 본사 주지의 선거로 선출하도록 정하였다.

六月 五日에 31본산 주지가 方漢巖大禪師를 총본사주지 즉 宗正으로 투표하야 추대케 되엇스나 禪師의 승낙이 업시는 인가수속을 하기가 持難한 고로 마곡사주지 안향덕화상과 월정사주지 광전종욱화상이 교섭위원으로 지정되야 마하연주지 원보산화상과 가치 3인이 六月 九日에 京城을 출발하야 十一日에 오대산 상원사에 가서 방한암대선사의게 三十一본사주지회 석상에서 선사를 투표하야 총본사주지 즉 宗正으로 추대한 전말을 보고하고 조선불교를 위하야 승낙 부임하심을 懇願한즉 선사께서는 세상만사를 일체 망각하고 浮雲流水로 벗을 삼는 일개 雲水衲僧인 나의게 그러한 重任이 千萬不當하고 또는 나의 曲解인지는 모르나 나의 影子를 오대산 洞口 밧게 내보내지 안코 餘年을 마치랴는 것이 나의 信條요 내가 그러케 心約한 바이라. 절대로 赴任할 수 업다고 고사하시는 것을 안향덕 화상과 원보산 화상이 지극히 권고하야 內諾을 하시게 된바 경성 총본사 태고사에는 부임치 안으시고 상원사에 기시면서 조선불교의 一切 宗務를 監察하실 것 이로써 條件附로 하시고 快諾하섯는데 교섭위원이 사루되 認可되신 후에 一次는 京城까지 上城하서서 晉山式을 보시고 歸山함이 엇더하시냐고 한즉 一次를 나가면 二次 나갈 일이 생기고 三次 나갈 일이 생기는 고로 當初부터 一次도 아니 나가야 나의 本願을 이룬다고 하서서 그대로 承諾을 밧고 와서 認可 手續의 서류를 當局에 제출하엿다.[28]

그러나 방한암은 종정으로의 추대를 강력히 반대하였다. 그 이유는 운수납승인 당신에게 그 중책은 어울리지 않으며, 더욱이 오대산 밖으로는 자신의 그림자도 내보내지 않겠다는(洞口不出, 不出山) 자신의 신조를 지키기 위한 것이었다.[29] 이에 안향덕, 원보산이 강력하

---

28) 「총본사 태고사주지 선거」『불교시보』71호(1941.6.15).
29) 「조선불교총본사 제일세 주지선거회 방한암대종사 당선」『경북불교』48호 (1941.7), p.3. 이 내용에는 1941년 6월 5일, 오전 10시, 태고사 대웅전에서 선거가 있었다고 전한다. 당시 투표권자 30명 중 용주사와 기림사 주지는 참가하지 않아 28명이 투표에 임하였다고 한다.

게 요청하여, 서울의 태고사(종무원)에는 부임치 않는 조건부로 승인을 하였다. 이 과정에서 오대산 밖을 나가지 않겠다는 자신과의 약속을 지키기 위해 서울에서의 취임식에도 가지 않겠다는 굳은 의지를 보였다.

그러면 여기에서 당시 본사주지들은 방한암의 어떤 면모를 인정하여 절대 다수결로 방한암을 종정으로 추대한 것일까? 즉 당시 불교계에서는 방한암을 어떻게 인식하였는가. 먼저 조계종을 창건한 주역이며, 20년 간 방한암을 보좌한 월정사 주지인 이종욱의 언급을 살펴보자.

> 종정에 선임된 방한암 노사의 애제 월정사 주지 광전종욱(廣田鍾郁)씨는 기쁨에 넘치는 얼굴로 다음과 가티 말한다.
> 방스님이야말로 우리 불교계에서 가장 중망이 노프신 어른이신만큼 스님이 종정의 자리에 계신다면 우라 불교계의 압날은 새광명을 마지한 것과 다름이 업습니다. 스님은 금년에 예순여섯이시고 월정사에 오시기는 한 二十年전입니다. 그전에는 평남 맹산(孟山)의 우두암(牛頭庵)에서 수도하시엿고 十九세시의 득도하신 분으로 정말 도인(道人)이십니다. 방스님은 계정혜(戒定慧)의 단가(檀家)의 삼학(三學)을 구비하신 분으로 조선불교계에서 장래를 총망바들만한 절문 승도들은 모다 즉접 간접으로 스님의 제자 안인 사람이 업습니다.[30]

이종욱은 방한암이 종정으로 선출된 직후, 방한암을 도인으로 평가하면서 계정혜 삼학에 투철하며, 장래를 촉망받는 젊은 승려들 대부분이 방한암의 제자가 아닐 사람이 없을 정도로 불교계에서 중망이 높은 어른으로 개진하였다. 그리고 방한암이 종정에 선출된 것에

---

30) 「방한암대선사 종정 추대의 승락」, 『불교시보』 71호, p.5.

대하여서는 김대은과 이능화의 당시 평가도 주목된다.

> 선사께서는 을축년에 광주군 봉은사조실에 기시며 납자를 제접하시
> 다가 距今 17년전에 강원도 평창군 오대산 상원사로 가서서 근 20년
> 간을 不出洞口하고 長座不臥 午後不食 單擧話頭 焚香默禱 堤接衲
> 子 이러한 공부만을 힘써 오신 故로 戒定慧 三學이 禪師가치 具足한
> 분이 업다. 그런 고로 선사의 道譽가 천하에 널리 기리게 되야 雲水衲
> 子가 겨자가치 모히고 本府의 要路大官이 선사를 참방한 일이 不少하
> 며…(중략)…
> 선사는 방금 66세의 耆宿 長老로서 47년간을 수도하신 분이라 선사
> 를 뵈옵기만 하여도 (중략) 선사는 일견에 白髮道顔에 慈悲가 흐르
> 고 靑蓮紺目에 智光이 빗나기시는 전형적 道人이라 누구든지 稽首瞻
> 禮치 아니할 수가 업는 어른이다. 그런고로 이와가치 人天의 大導師의
> 자격을 자격을 가진 선사가 총본사 태고사의 제1세 주지로 추대되심
> 은 時宜에 適할 뿐 아니라 조선불교를 중흥 진작하는데 잇서서 큰 영
> 광을 어든 바이며 따라서 조선인사도 선사에 대한 촉망이 多大하리라
> 고 밋는 바이다.[31]

> 금일 禪界를 冷眼으로써 관찰하야 보면 見性의 美名만을 貪著하고
> 持戒의 苦行은 厭避하는 弊風惡法이 一世에 彌滿하다. 그런대 方漢
> 巖禪師는 梵行이 淸淨하고 定慧가 具足하니 師는 비록 出山치 안코
> 佛界를 座鎭하더래도 師의 高風을 듯는 자는 누구나 다 自肅自淨한
> 다. 是는 禪宗의 頹風을 挽回하는 것이며 불교의 생명을 更新하는 것
> 이다.[32]

---

31) 방한암의 不出山에 대한 정신은 이능화가 『불교시보』 73호(1941.8.15.), p.12.
   에 기고한 「한암종정과 焚修報國」의 내용을 참조할 것.
32) 「종정에 方漢巖老師」『매일신보』, 1941.6.6. 이 기사에서는 종정을 조선불교
   의 최고 통수권자로, 방한암이 절대다수의 신임을 받고 종정에 선출되었다는
   표현을 하였다.

이 글을 쓴 김대은과 이능화는 당대 최고의 학자, 지식인이었다. 그들은 당시 불교계를 누구보다도 객관적으로 이해한 당사자라고 볼 수 있는 바, 그들의 방한암에 대한 위와 같은 평가는 비교적 신뢰할 수 있는 내용들인 것이다. 우선 김대은은 방한암이 계정혜 삼학이 구족한 고승, 전형적인 도인, 만나기만 하여도 저절로 고개가 숙여지는 대도사로 표현하였다. 이능화는 방한암을 범행이 청정하고, 정혜가 구족하며, 그의 풍문을 듣는 사람들은 절로 자숙자정한다고 하면서 방함암의 행적과 지향 자체가 선종 및 불교를 갱신하고 있다고 단정하였다.

이렇듯 방한암은 1941년 6월, 당시 불교계의 여론 및 본사 주지의 결정에 의거 한국불교를 대표하는 종정으로 추대되었다. 이에 조계종 단에서는 총독부에 방한암의 불출산의 조건부 종정 취임 승낙을 통보하였고, 총독부도 그를 인가하겠다는 의사를 표시하였다. 6월 23일부로 총본사 태고사에서는 방한암 종정 취임에 관한 행정 신청을 하였고, 이에 대하여 일제도 8월 4일부로 정식인가를 하였던 것이다. 요컨대 방한암은 1941년 중반부터 일제가 패망하는 그날까지 종정으로 재임하였다. 그러나 그는 서울, 태고사, 종무원에는 일체 나오지 않고 상원사에서 종정 역할을 하였다. 한암이 이 기간에 어떻게 종무에 임하였는가는 더욱 자세한 기록, 증언이 요청된다. 그리고 이 기간에 그가 종단 기관지격인 『불교』지에 기고한 몇 편의 시국에 관한 글의 성격, 책임 등에 관련된 문제는 신중을 기하여 접근할 문제라는 점만 개진한다.

우리가 여기에서 유의할 것은 1941년 조선불교 조계종은 일제하 한국불교로서는 공권력이 인정한 최초의 종단이었다는 점이다. 때문에 그 종단에 초대종정으로 재임한 종정의 위상은 재론의 여지가 없는 것이다. 다만 그 종단이 불가피하게 일제에 협조, 좌절한 부끄러운 행적이 있지만 그에 대한 논란, 도덕적 책임은 본고에서 제외하고자 한다. 필자의 관심을 끄는 대목은 당시 불교계에서는 방한암에 대한 위상이 여타 승려의 추종을 불허할 정도였으며 그의 인격, 사상적 깊이, 수행, 계정혜 삼학의 균형 등이 다방면에서 균일하였다는 점이다. 당시에도 수많은 선지식, 고승, 수좌, 강백, 율사가 있었지만 방한암의 경우와 같이 그 다방면의 내용이 균형적으로 조화된 경우는 필자가 이 시기 불교를 공부한 한도 내에서는 흔하지 않다고 본다.

V. 대한불교의 종정(1948)

일제의 패망을 가져온 8·15 해방은 불교계에도 큰 영향을 끼쳤다. 불교계에서는 우선 일제하 종단 집행부가 전원 퇴진하고, 그에 대신하여 과도적인 조선불교 혁신준비위원회가 등장하였다. 이 위원회가 새로운 집행부가 들어서기 이전에 과도종단의 역할을 하였다. 즉 위원회는 1945년 9월 전국승려대회를 준비, 개최하여 새 집행부를 출범케 하였다. 이 같은 신 집행부의 등장에 발맞추어 새로운 교단의 근거를 마련하였으니 그는 교헌이었다. 당시 교헌에서는 종명을 표방치 않고 대한불교라 칭하였다.[33] 그런데 이 같은 해방, 교단 집행부의 교체에 즈음하여 등장한 불교계의 흐름은 과거의 사찰령 체제를 극

---

33) 김소화(김대은), 「대도사 방한암선사를 종정으로 마지며」 『불교시보』 72호, 1941.7.15.

복하고 새로운 시대에 맞는 불교 발전을 추구하는 것이었다. 그러나 그 과제를 이해함에 있어 현실인식, 추진방법 및 범위를 놓고 교단 집행부와 재야 혁신단체 간에 이견이 등장하였다. 전자는 보수적인 방법으로, 후자는 급진적이며 근본적인 노선에 서게 되면서 양측의 대응은 심각하였다. 그 대응의 저변에는 대처승 및 사찰 토지개혁의 문제가 자리잡고 있었는데, 마침내 1946년 11월 혁신단체가 조선불교 혁신총연맹을 만들면서 교단은 분열적인 상황으로 나아갔다.[34]

이러한 배경 하에서 일제 말기 조선불교 조계종의 종정이었던 방한암도 자연 종정을 사임케 되었다. 이에 대한 구체적인 내용은 전하지 않는다. 그런데 새로운 집행부가 등장하면서 대한불교의 교정(종정)으로 박한영이 추대되었다. 박한영은 당시 내장사에 머물렀지만 일제하에는 개운사에서 후학을 가르치며 중앙불전의 교장을 역임하고, 1929년에는 방한암과 같이 교정에 추대된 강백이었다. 그러나 교정을 역임하였던 박한영이 1948년 4월 8일(음력, 2월 25일), 내장사에서 입적하였다.[35] 이에 종단 집행부에서는 그해 6월 30일, 후임 교정으로 방한암을 다시 추대하였다.[36] 그렇지만 필자는 방한암이 다시 교정으로 추대된 과정, 전후사정, 수락 내용 등에 관한 자료는 확인·열람치는 못하였다.

그러면 방한암이 다시 교정에 추대된 연유, 의미를 어떻게 이해할 것인가. 현재로서는 방한암의 학식, 사상, 수행력 등이 탁월한 위상을 갖고 있었으며, 그를 당시 불교도들이 인정한 결과의 산물이라고 볼

---

34) 無能 이능화, 「조선불교조계종과 초대종정 방한암선사」 『불교시보』 72호 p.8.
35) 「조계종보」, 「지시」 『불교』 신34집, 1942.3.
36) 총본사 주지 즉 종정은 임기가 3년이었다. 한암은 재임하였다고 볼 수 있다.

수 있는 정도이다. 추측건대 방한암이 입적도 하기 이전에 8.15해방이라는 돌변적인 상황하에서 종정을 사임한 방한암에 대한 위상을 다시 인정해야 된다는 여론에 힘입은 것이 아닌가 한다.

방한암이 교정에 추대된 이후 재임과정에서의 활동도 우리가 주목할 수 있지만 그에 대한 정황의 자료도 파악키 힘들다. 그런데 당시 총무원장인 박원찬이 총무원장에 취임하면서(1948. 12. 26) 인사차 오대산 상원사를 가서 종정인 방한암에게 인사를 한 내용의 편린이 전한다.

> 작년 12월 30일, 신임 총무원장 박원찬은 오대산 상원사에 계신 교정 방한암 예하를 배알하고 6일만에 귀원하였는데 교정 예하의 안부와 □□에 보내는 예하의 말씀을 박원장은 다음과 같은 담화로써 발표하였다.
> 漢巖老師께서는 古稀의 고령이신건만 극히 좋은 건강을 유지하고 계십니다.
> 해방 전에 뵈옵던 그때나 지금 뵈옵는 요사이의 尊顔이 조금도 틀리지 않습니다. 그런데 부단히 강행하시는 勇猛精進의 탓인지 몸이 조금 파리하신 것만이 눈에 띠우드라. 해방된 뒤에 이 산을 나스신 일이 없이 回祿된 뒤에 곧 복구된 淸楚閑寂한 上院 禪院에서 雲水 衲子 30명을 提接하시며 끊임없이 민족 국가의 번영을 기원하시며 정진을 □□하시고 계십니다. 老師께서는 특히 나에게 命하시여 몇마디 말씀을 교계 여러분에게 전달하라고 말씀하시었습니다.
> 『僧家란 원래 和合이 爲主니 우리 僧團 전체는 서로서로 合心하고 和協하게 지내야만 할 것이다. 가끔 들리는 말에는 서로 뜻이 안 맞는 일이 있는 듯이 전해지는데 이럴 때마다 너무 섭섭한 것이 느끼었다. 老小나 上下가 서로 同心 合力하야써 지금 위기에 처해 있는 우리 敎의

慧命을 이여 가기를 老僧은 빌고 바랄뿐이다』[37]

이와 같은 박원찬 총무원장의 담화는 우리에게 귀한 정보를 준다. 우선 당시 방한암의 건강이 비교적 좋다는 것을 알려주는데, 그래도 그 고령에도 상원선원에서 운수납자를 제접한다고 하였다. 그러면서 한암은 승단에 대한 우려를 하면서 승가의 화합을 강조하고 교단구 성원 간의 合心과 和合을 당부하였던 것이다. 비록 산중에 있지만 승 단에 대한 애정과 불교 발전에 대한 정성이 지극함을 엿볼 수 있다. 필자는 이 대목에서 특기하고 싶은 것은 방한암 그가 종정으로서 종 단에 대한 진정성 뿐만 아니라 민족 국가의 번영을 기원하고 있었다 는 내용이다. 누구나, 어느 종정도 그러할 수 있지만 방한암은 불교만 을, 조계종만을 유의하지 않고 나라 발전에도 유의하였음은 중생교 화, 나아가서는 불교 밖의 공동체에 대하여도 큰 관심을 갖고 있음을 지적하려는 것이다.

방한암의 이러한 종단관을 단적으로 알 수 있는 사건이 1949년 9 월 29일 종단, 총무원에서 발생하였다. 그런데 당시 발생한 종단 내 폭력사건에 대한 방한암의 입장 표명을 한 특명서가 전하고 있다. 이 사건은 종단의 종권을 두고 갈등을 벌이던 재야의 승려, 청년들이 총 무원 청사를 습격하고, 총무원장을 감금한 내용을 말한다.[38] 당시 그 를 주도한 승려는 유엽, 한보순, 장도환, 이덕진 등이었는데 이들은 그 들의 지지자 40여 명을 이끌고 종단 사무소를 진입하여 총무원장의 사표를 받아내고 종단의 현금을 접수하기도 하였다. 사건의 명분은

---

37) 졸고, 「8·15해방과 불교계의 동향」『한국근대불교의 현실인식』, 1998, 민족사.
38) 졸고, 「불교혁신총연맹의 결성과 이념」『한국근대불교의 현실인식』, 1998, 민 족사.

종단 내에 사회주의자가[39] 있어, 이를 색출하고, 그를 방임한 총무원장의 축출을 기도하는 것이었지만 그 이면에는 종권의 장악이라는 흐름이 있었다고 보여진다. 사건 주도자들은 해방 직후 종단의 간부들이었는데, 이들은 종권을 상실한 이후 후임 집행부에 대한 불만을 갖고 있었다. 이에 그 불만 노출이 폭력 사태로 나아갔던 것이다. 방한암은 사건을 10월 10일경 전해 듣고 그에 대한 대응책의 교시를 발표하였다. 우선 그 전후 과정을 보도한 신문 기사를 보자.

> 교단에 뜻하지 않은 一대 불상사가 돌발되자 그의 수습이 매우 근심되어 교단의 장내를 걱정하는 선배들과 기타 여러 사람들은 오직 우리 교단의 최고 영도자이신 교정 방한암(敎正 方漢巖) 큰스님의 태도 표명에만 모든 관심을 집중하고 있었는데 지난 十월 十일에 총무원 불상사의 보고를 받고 아뢰 우려고 간 총무원 직원 박성도(朴聖道) 씨에게 별항과 같은 중앙교무회의장에게 나리시는 특명서(特命書)를 보내 왔다. 그 문구는 매우 간단한 말로 되어 있으되 요사이 같이 혼란 무질서한 이 때에 우리의 흥분되고 착난한 머리를 시켜주시는 一대 청량제(淸凉劑)임을 다시금 음미(吟味)하게 된다. 이에 뒤지기 四일만인 十월 十四일에 교정스님에게 총무원 사건 보고와 금후수에 대하여 품청(稟請)간 황태호(黃泰鎬) 씨 등 세분에게도 모든 일은 대회에 가서 『서로 다투지 말고 청정 자비로써 행하라』는 몇마디 말슴을 나리시어 분주 혼란한 교단 질서 정비에 커다란 광명을 주었다.[40]

즉 방한암은 교정으로써 그 사건을 보고받고 지금의 종회 의장과 같은 중앙교무회의 책임자에게 사건 해결의 지침인 특명서를 내렸다.

---

39) 「明星落地! 朴漢永老師 入寂」, 「圓寂界」(교정 박한영대종사 음력 2월 25일 입적)『불교신보』, 1948.6.17. 박한영의 47재는 내장사에서 5월 25일 총무원장, 각도 교구 종무원장, 고승대덕 등 사부대중 천여 명이 참가한 가운데 거행되었다.
40) 이철교, 「한국불교총람」의 부록 「한국불교사 연표」, p.1360.

당시 종단 간부와 불교언론에서는 이를 사건 해결의 청량제로 평가하였으며, 그 해결을 위한 집회에서도 청정, 자비로 행하라는 지침을 주었는데 교단 간부들은 이를 교단의 질서 정비에 광명을 준 것으로 인식하였다는 것이다. 그러면 이런 전후 사정을 갖고 있는 방한암의 특명서의 전문을 소개한다.

特 命 書

示 中央教務會議議長 郭 基 琮
今次 十一月 召集 教務會議가 當頭 故로 玆以 告示하오니 當 其時 如法 公儀하시와 佛祖의 正法을 善解 受持하시와 未來 際가 盡토록 切勿 口諍嫌猜하야 敎內에 汚點이 無하고 淸淨 慈悲로 實行하심을 切望함.

右 特命 檀紀 四二八二年 十月 十日
朝鮮佛敎 敎正 方 漢 巖[41]

즉 사건 발생으로 기해 열리는 중앙교무회의에서 문제 해결의 지침, 원칙을 제시하였던 것이다. '如法 公儀'로 문제 해결에 임하라고 단호한 입장을 개진하면서, 불조의 정법으로 언쟁, 시기와 혐오가 일체 없어야 한다고 하였다. 이에 교단 내에 오점이 없도록 문제를 해결하고 청정 자비로 추진할 것을 거듭 강조하였던 것이다.

그런데 방한암의 특명서가 내려진 중앙교무회의의 내용, 사건 해결의 추이 등에 대한 구체적인 사정은 알 수 없다. 다만 사건에 연루된 박원찬 총무원장을 비롯한 교단 집행부는[42] 해임되었고, 총무원장에

---

41) 박원찬, 「敎正 方漢巖猊下 近況 – 朴總務院長의 談話」『佛敎公報』창간호 (1949.5.4.), p.1.
42) 「총무원 불상사 사건 진상」『불교신보』36호, 1949.10.15.

새로 선임된 인물은 김구하였다. 그리고 방한암이 교정으로서 행한 더 이상의 역할 및 내용은 알 수 없다.[43) 방한암의 교정으로서의 역할은 그의 입적으로써 마감되었다. 그는 6·25 전쟁 기간중인 1·4후퇴 직후인 1951년 3월 22일(음력, 2월 14일)에 그의 칩거처였던 상원사 선원에서 좌탈입망의 자세로 입적하였다. 그의 입적은 그의 교정으로써 뿐만 아니라 승려로서, 한 인간으로서의 삶을 마치게 된 것이다. 6·25전쟁 기간이었기에 종단에서는 그에 대한 적절한 조치를 취할 수 없었다. 다만 그의 49재를 맞아 1951년 5월 8일(음력 4월 3일), 부산 묘심사에서 故敎正方漢巖大宗師奉悼法會가 개최되었다.[44)

VI. 한암의 종정에 나타난 성격

본장에서는 앞에서 살펴본 방한암의 교정, 종정을 역임한 사례에서 나타난 성격 및 유의할 점을 대별하여 제시하겠다. 이러한 분석은 방한암을 더욱 연구하기 위한 사전 검토로 보아도 좋을 것이다.

첫째, 근현대 불교사에서 방한암은 결코 간과할 수 없는 대상임이 분명하게 밝혀졌다고 본다. 이에 근현대 불교 및 조계종단의 역사 및 흐름을 검토할 경우 방한암은 반드시 유의할 대상 승려이다. 지금껏 방한암은 근현대 불교사와 조계종단사에서 적절하게 검토되지 않았다. 비판적으로 보면 홀대받았다고 보는 것이 타당할 것이다. 특히 그

---

43) 그는 곽서순을 말한다. 당시 사건 주도자들은 곽서순 사건에 관련하여 총무원 직원들이 연루되었다는 좌익 프락치 설이 있어 그를 사전에 해결하기 위함이라고 하였다.
44) 위의 「대회소집을 특명」 『불교신보』.

는 근대불교와 현대불교의 가교 역할을 한 것으로 필자는 보고 싶다. 이로써 그에 대한 탐구는 더욱더 흥미로운 것이다.

둘째, 방한암의 사상, 도덕, 수행관, 계정혜 삼학에 대한 검토가 시급하다. 교정, 종정을 4차례나 역임한 것은 간단한 것이 아니다. 그러한 결과는 그럴만한 원인이 있을 것이다. 이는 현재의 승려상에 대한 하나의 전범의 역할도 제공할 수 있는 것이다. 다시 말하자면 흔히 말하는 선지식의 모범 사례로도 인식할 경우라는 것이다. 방한암의 사례를 통하여 우리는 수좌연구도 심화시킬 수 있다고 본다.

셋째, 방한암의 행적을 유의깊게 살피면 그는 결코 소극적이거나 배타적인 입장을 견지하지 않았다. 비록 오대산이라는 깊은 산중에 칩거하였지만 교정, 종정이라는 직위를 무조건 배척하지 않았다. 이는 자신의 소신과 철학을 견지하면서 그가 속한 종단에서 부여한 책임을 마다하지 않은 것이다. 요컨대 그의 행적은 적극성, 소임에 대한 봉사성이 나타난다는 것이다. 그는 산중에 있었지만 『불교』지와 『선원』지 등에 자신이 생각하는 입장을 개진하였다. 그 소재는 종조, 선, 스승인 경허의 행장 등이었다. 추후에는 이러한 개별적인 글을 분석하여야 할 것이다.

넷째, 그러면 어떤 연고로 그가 근현대 불교, 조계종단의 역사에서 소홀하게 인식되었는가에 대한 물음에 답변을 해야 한다고 본다. 여기에는 우선 그가 머물던 사찰인 오대산 월정사의 내부 문제, 조계종단 내부의 수행풍토 변질 및 사상적 흐름 등이 분석되어야 할 것이다. 필자가 보건대 방한암의 선, 강백, 계율 등 각 분야에서 그의 정신과 지향이 올곧게 계승되었다고 보기는 어렵다. 왜 이런 현상이 나타났는가에 대한 적절한 분석이 뒤따라야 한다.

다섯째, 추후에는 방한암의 행적, 고뇌, 수행 이력, 사상적 구조 및 특성 등이 종합적으로 연구되어야 한다. 이를 위해서는 그에 대한 자료 수집이 선행되어야 할 것이다. 그의 문집이『방함록』으로 발간되었지만 더욱더 다양한 자료를 수집해야 한다고 본다.

　이상 필자가 생각하는 방한암의 연구를 진일보하기 위한 입장에서 그 내용을 대별하여 보았다. 지금껏 고승에 대한 연구, 분석, 서술은 역사 및 사상, 그리고 종단사 등이 조화·종합되지 않고 개별적으로 진행되어 왔음을 부인키 어렵다. 필자는 방한암 연구에 있어서는 분산적, 고립적, 미시적, 제한적인 접근을 극복하고 다원적인 시각을 갖으면서도, 그 다면적인 측면을 종합, 회통할 수 있는 연구가 필요함을 역설하는 것이다.

VII. 결어

　지금까지 정리하고 분석한 내용을 다시 요약함과 동시에 그 의미를 짚어 보는 것으로 맺는 말을 대신하고자 한다.

　근현대 불교의 교단사에서 방한암은 간과할 수 없는 고승임은 분명하다. 그를 단적으로 말해주는 것이 방함암이 조계종단에서 종정을 다수 역임하였다는 사실이다. 우선 그 최초의 선출은 1929년 1월의 승려대회에서 이루어졌다. 이 대회는 일제의 사찰령 체제를 극복하려는 자각의식하에 불교의 자율적인 질서인 종헌을 제정하기 위해서 개최되었다. 이에 각처 불교계 대표가 참여한 가운데 각황사에서 개최된 그 대회에서 방한암은 7인의 교정으로 피선되었다. 당시 그의 속랍으로 53세였을 때 교정에 선출됨은 그의 계정혜 삼학에 대한 명망이 교단에 널리 알려짐에서 가능한 것이 아닌가 한다. 방함암의 두 번째의 종정 추대는 1935년 초반이었는 바, 이는 수좌들의 중앙근거처인 선학원이 재단법인 선리참구원으로 전환되었던 사실과 연계되어 있다. 수좌들은 선리참구원을 재단법인체로 전환시키면서 한국불교의 전통은 선종임을 표방하면서 불교정화의 기치를 표방하고, 기존 교단과의 차별성을 극명하게 내세웠는데 그는 조선불교선종이었다. 방한암은 이 선종의 3인 종정의 한 사람으로 추대되었다. 이처럼 수좌들이 주도하는 선종 및 선리참구원에서 종정으로 추대되었음은 방한암이 전국 선원 및 수좌들 사이에서 인망이 상당하였음을 알수 있는 단서라 하겠다.

방함암이 종정으로 추대된 것은 1941년 조선불교 조계종이 창립되었을 때였다. 조계종의 창립은 일제하 불교계의 종단 건설의 움직임인 총본산건설운동과 일제의 식민지 불교정책이 조율된 산물이었다. 당시 방한암은 불교계 대표들의 구성체인 종회에서 민주적인 투표에서 거의 만장일치의 성격으로 종정에 추대되었다. 이때의 종정 추대는 일제하 최초의 종단인 조계종의 초대 종정이었다는 측면에서 이전의 종정 추대와는 약간의 차별성을 갖는다. 즉 완전한, 합법적인 제도권 불교에서의 추대였다. 이로써 방한암의 당시 불교에서의 위상은 의심받을 수 없었다 하겠다. 한암은 일제 말, 일제 패망시까지 종정을 역임하였다. 그러나 해방이 되자, 자연적으로 종정을 사임하였다. 한암의 후임은 내장사에 주석하였던 대강백 박한영이 추대되었다. 그러나 박한영은 1948년 입적하자, 당시 교단 간부들은 그 후임으로 방한암을 또 다시 추대하였다. 이에 방한암은 그가 입적하였던

1951년 3월까지 종정으로 재직하였다.

　이와 같은 방한암의 종정 추대의 전후 사실에서 한암은 근현대불교, 조계종단사에서 간과 할 수 없는 대상이라는 것을 파악하였다. 그러나 추후에는 한암 연구의 필요성이 강하게 요청된다. 이는 한암의 사상, 수행을 이해하기뿐만 아니라 당시 불교계 동향 및 정서를 파악하기 위한 차원에서 시급한 과제라 하겠다. 다음으로는 그가 수행한 월정사, 상원사를 비롯한 한암 일생에 대한 전모가 구체적으로 분석, 정리되어야 한다.

　본 고찰에서 필자는 방한암의 일제하의 불교, 조계종단에서 종정을 역임한 사례를 소개, 분석을 하였을 뿐이다. 추후에는 이러한 측면뿐만 아니라 그의 사상, 수행 등 종합적인 연구를 심화시키고 그 전제하에서 교단사, 근현대 불교와 연계된 연구의 다각화를 추진해야 한다고 본다.

3

한암의 건봉사결사와 念佛參禪無二論[1)]

-『寒巖禪師法語』를 중심으로-

김호성

[요약문]

근대 한국불교의 대표적 선승 한암은 1921년 겨울로부터 1922년 봄에 이르는 동안 금강산 건봉사에서 선회를 주관하였다. 이는 한암이 중심이 되어서 행해진 하나의 결사였다.

그런데 건봉사가 원래는 염불만일결사가 행해졌던 염불의 도량(道場)이 아니었던가. 왜 염불의 결사도량에서 수선(修禪)의 결사도량으로 바뀌었던 것일까?

한암은 당시 염불만일결사에서 행해지던 염불에 어떤 문제점이 있었던 것으로 보았다. 우선 큰 소리를 내서 하는 염불만을 극칙(極則)

---

1) 이 글은 「바가바드기타와 관련해서 본 한암의 염불참선무이론」(『한암사상연구』 제1집, pp.55~147. 2006, 한암사상연구원.)으로 발표되었다. 애당초 그 글은 전체가 5장으로 구성되었다. 그 중에 Ⅱ장을 따로 떼어내어서 이 장의 본론을 구성하였다.(물론, 내용적으로도 다소 수정과 보완을 하였다.) 이 글의 「맺음말」은 그 글의 「맺음말」을 줄인 것이지만, 「머리말」은 이 글에 맞게 전면적으로 새로 쓴 것임을 밝힌다. 그 글의 Ⅲ장은 힌두교 성전인 『바가바드기타』에서의 지혜와 믿음의 상호관련성을 살핀 것이고, Ⅳ장은 『바가바드기타』의 입장에서 볼 때 한암의 염불참선무이론을 어떻게 평가할 수 있는지를 생각해 본 것이다. 이 글은 『한암사상연구』를 편집하면서 편집진으로부터의 요청에 따라서 『바가바드기타』와의 관련성을 삭제하고, 한암의 건봉사결사에만 초점을 맞추었다. 그러다 보니, 애당초 『바가바드기타』의 입장에서 한암의 염불참선무이론을 어떻게 평가할 수 있는가 하는 부분 역시 말할 수 없게 되어버렸다. 그 점이 아쉬운 독자는, 『한암사상연구』 제1집에 실린 글을 참조할 수 있을 것이다.

으로 삼고 있을 뿐만 아니라 부처와 중생, 정토와 예토를 서로 다른 것으로 인식하는 이원적인 분별 속에서 행해졌다는 점이다. 안으로 자기가 곧 부처임을 보지 못하고 밖에 저 부처를 놓아두고서, 큰 소리를 내서 그 부처를 부르는 것만으로 왕생을 구한다는 것은 올바른 염불이라 할 수도 없고, 올바른 수행이라 할 수도 없을 것이다. 그런 까닭에 염불원을 폐하여 선회를 개설했다는 것이다.

그렇다고 해서 한암은 염불과 선을 본질적으로 다른 것으로 보는 것은 아니다. 여전히 염불과 참선의 둘이 아니라는 입장을 제시한다. 그리고 그렇게 둘이 아닐 수 있는 가능성 조건을 태고나 나옹이 말했던 것과 같은 자성미타설(自心彌陀說)에서 찾는다. 이로써 한암의 건봉사결사가 염불마저 선의 입장에서 포섭해 버렸던, 선 중심의 수행결사였음을 알게 된다.

I. 머리말

한암중원(漢岩重遠, 1876~1951)의 삶에 있어서 '결사'의 문제는 일찍부터 의식되고 있었을 법한 문제이다. 그 이유의 하나는 그가 존숭(尊崇)했던 분이 보조지눌(普照知訥, 1153~1210)인데, 『정혜결사문』을 통해서 보조의 결사운동에 대해서 익히 알고 있었을 것이다. 또 하나는 바로 그의 스승 경허성우(鏡虛惺牛, 1846~1912) 역시 결사와 깊은 인연을 맺고 있었다는 점에서이다.

경허는 해인사를 '결사의 본부(結社所)'[2]로 삼아서 전국적 규모의 결사를 구상했던 것이고, 그러한 결사에서는 수행만이 아니라 승려들의 간병, 노후대책, 그리고 상장례(喪葬禮)의 문제까지 함께 하자[3]고 제안했던 만큼 사실 단순한 결사라고만 보기는 어렵다. 이러한 특성은 우리나라 결사불교사(結社佛敎史)에서도 경허에게서 비로소 보이는, 경허결사의 특유한 면모라고 생각되는 점이다. 이에 나는 감히 그러한 경허의 결사에는 '개종(開宗)'과 같은 의미가 있는 것이 아닐까 평가[4]해 보기도 하였다. 그렇게 볼 수 있다면, 경허는 근대 한국

---

2) 경허의 결사를 해인사결사라 하는 것은 경허의 취지에 비추어 볼 때 맞는 이야기는 아닌 것 같다. 비록 실제로는 해인사에서만 행해지고 말았던 것이지만 말이다. 적어도 구상 자체는 해인사결사로만 머물지 않았다. 이는 「정혜계사 규례」 제10조에 잘 나타나 있다.

3) 경허의 「정혜계사 규례」 제14조, 16~19조. 이러한 점으로 인해서, 경허는 결사를 조선 후기로부터 당시까지 유행해오던 하나의 '계', 즉 복지공동체로도 의식하고 있었음을 알 수 있게 된다. 그래서 그는 '結社'가 아니라 '稧社'라 했던 것이다. 이 점은 보조지눌의 결사는 물론, 다른 어떤 결사와도 그의 결사가 달라지는 또 하나의 특징이다. 내가 그의 결사운동에서 '개종'을 느낀 것 역시 이러한 데에도 하나의 이유가 있었다.

4) 바로 이러한 관점으로부터 이룩된 "경허의 얼굴"(鏡虛像)을 제시해 보기도 했

선불교의 개조(開祖)로 볼 수도 있는 것이 아닐까 싶기도 하였다.

이렇게 내가 경허를 감히 '근대 한국 선불교의 개조'라고 평가하게 된 결정적인 근거는 바로 그가 해인사에서 행했던 결사운동에서 구할 수 있는 것이었다. 그런데 바로 그 결사에 한암은 참여하고 있었다. 당시의 「선중방함(禪衆芳啣)」에, "書記 重遠"[5]이라는 흔적을 남기고 있는 것이다. 그런 만큼 한암은 경허의 결사에 대해서 잘 알고 있었을 것이다.

그런데 어째서인지, 그가 남긴 글에서는 그 어디에서고 해인사를 본부로 한 경허의 결사에 대한 언급이 없다. 물론 그에 대한 언급은 있지만, 그것을 '결사'로서 의식하고 있는 것은 없다는 말이다. 물론 경허는 '결사'라는 말 대신에 '계사(稧社)'[6]라는 말을 썼지만 말이다. 결사가 되었든지 계사가 되었든지, 한암은 스승 경허가 그토록 힘주어서 그의 꿈을 걸었던 결사운동에 대해서는 결사로서 받아들이지 못했던 것이다. 「선사경허화상행장」이나 「일생패궐」에서나, 해인사 시절을 이야기하기는 하지만 그것을 '결사운동'으로 받아들이고 있다는 의식은 내보이지 않는다.

그럼에도 불구하고, 한암의 삶 중에서 직접 결사의 맹주(盟主)가 된 일이 있었다. 바로 1921년 겨울부터 1922년 봄까지에 걸쳐서 금강산 건봉사에서 결사를 하고 있는 것이다. 이는 본론의 Ⅱ장과 Ⅲ장에서 자세히 살펴보겠거니와, 염불만일회라는 염불결사의 전통이 있는

다. 김호성, 『경허의 얼굴』, pp.39~42. 2014, 불교시대사.
5) 사진 자료이기 때문에 무엇보다도 신빙성이 높다고 할 수 있다. 경허성우선사법어집간행회, 『경허법어』, p.46. 1981, 인물연구소.
6) 이에 대해서, 흔히 '계사'를 '결사'로 옮기고 마는 경우가 있다. 예컨대, 위의 책, p.228. 물론, 나 역시 이러한 차이를 주의하지 못한 적이 있다. 김호성, 「결사의 근대적 전개양상」 『보조사상』 제8집, 1995, 보조사상연구소.

도량에서 염불원을 폐지하고 선회(禪會)를 열었던 결사였다.

이는 공동체운동이라는 의미는 물론이지만, 보다 중요하게는 수행운동이라는 의미가 있는 것이었다. 염불에서 선으로라는 수행법의 개혁이지만, 그것자체가 교단의 어떤 문제를 윤리적 차원에서 개혁하자는 결사는 아니었다. 그런 점에서 노동이나 윤리적인 문제에 초점을 두고 일어났던 학명(鶴鳴, 1867~1929)의 결사나 퇴옹(退翁, 1912~1993)의 봉암사결사와는 차이가 있다. 오히려 앞서 언급한 복지공동체운동이라는 점을 제외한다면, 수행운동이라는 점에서는 경허의 결사와 공통점이 있다. 경허의 경우는 미륵신앙을 말하는 것 같지만, 실제로는 도솔상생의 원(願)만을 가슴에 품고서 정혜를 닦으라[7]고 말한다.

이러한 특성은 결국, 한암의 건봉사결사는 교단사적인 의미가 있는 개혁운동으로서의 성격은 현저히 약하다는 점이다. 그보다는 오히려 선적인 수행운동이라는 점에 중점이 있었다. 이러한 점은 오히려 제자의 탄허(呑虛, 1913~1983)의 수도원운동이나 역경결사 등에서 보는 것과 일맥상통하는 바 있다. 탄허 역시 교단사적인 문제의식이 없지는 않았으나, 기본적으로는 교육결사였기 때문이다.

바로 이러한 관점으로부터 이룩된 "경허의 얼굴"(鏡虛像)을 제시한 것이다. 특히 참조. 결국 우리나라 근대 결사불교의 역사에서 한암의 결사는 수행결사의 하나로서 그 의미가 주어질 것인데, 특히 선과 염불의 무이론(無二論)을 표방하지만 사실상 선 위주의 결사였고, 선의 입장에서 염불을 섭수해 버리는 논리를 제시한 결사였다.

---

7) 경허의 결사에서 정혜와 도솔상생의 관계에 대해서는 김호성, 『경허의 얼굴』, pp.167~181. 참조. 2014, 불교시대사.

이렇게 한암이 결사를 했다는 사실, 그리고 그의 결사가 염불과 참선은 다르지 않다고 하면서도 사실상으로는 염불원을 폐지하고서 선회를 열었던 결사라고 하는 점 등 그 모든 것을 알려준 것은 바로 『한암선사법어』의 존재였다. 그러므로 우리는 다음 장에서 이 『한암선사법어』라는 문헌 자체에 대한 탐색부터 행해가야 한다. 그런 다음에 결사의 전개과정(Ⅲ), 선과 염불의 관계에 대한 한암 특유의 논리(Ⅳ)를 자세하게 살펴보고자 한다.

Ⅱ. 『寒巖禪師法語』의 사료적 가치

한암은 "筆者는 本來 저술에 能치 못하고 또 知識이 淺短하야 스스로 愚魯를 지키며 아무 마음 쓸 것이 없"[8]었다고 겸양하고 있다. 그러나 선사이면서도 그는 글에 능한 분이셨다. 평소 인연따라 저술된 여러 장르의 글들이 모여진 것으로 생각되는 『일발록(一鉢錄)』이라는 문집을 생전부터 갖고 있었을 정도였다. 아쉽게도 이 『일발록』은 1947년에 일어났던 상원사의 화재로 말미암아 소실되고 말았다. 이후 한동안, 한암에 관한 자료로서는 탄허(呑虛, 1913~1983)에 의해서 저술된 「대한불교조계종종정한암대종사부도비명병서(大韓佛教曹溪宗宗正漢岩大宗師浮屠碑銘幷序)」[9]와 「현대불교의 거인 ---

---

8) 한암, 「일진화(一塵話)」 『선원』 창간호, 1931, 선학원. ; 한암대종사문집편찬위원회, 『수정증보판 한암일발록』, p.97. 1996, 오대산 월정사. ; 한암대종사문집편찬위원회, 『정본 한암일발록 상권』, p.49. 2010, 오대산 월정사.
9) 한암대종사문집편찬위원회, 『수정증보판 한암일발록』, pp.441~443. 참조. 1996, 오대산 월정사. ; 한암대종사문집편찬위원회, 『정본 한암일발록 하권』, pp.491~494. 참조. 2010, 오대산 월정사.

方漢岩 ---」[10] 밖에 존재하지 않는 것으로 알려졌다. 이렇게 제한된 자료 속에서는 한암에 대한 이야기가 더 이상 증폭될 수 없었다.

그러나 한암선(漢岩禪)의 되살아남을 위한 시절인연이 도래(到來)했음인지 한 편 두 편 묻혀 있던 글들이 빛을 보게 된다. 이러한 자료의 발굴·출현[11]은 한암선의 되살아남을 위한 계기가 되었다. 그 결과의 집성이 한암대종사문집편찬위원회에서 편찬한『한암일발록』[12]의 출판이라 할 수 있다. 찬탄해 마지 않아야 할 성스러운 불사였다 하겠다.

그런데 이『한암일발록』의 편집 중에 주목해야 할 귀중한 자료가 입수된다. 그것은 바로『寒巖[13]禪師法語』라고 제목이 붙어져 있는, 노트로 된 필사본이었다. 동국대 출판부가『한국불교전서』를 편집하기 위한 자료를 수집하는 과정에서 묵담(黙潭, 1896~1981)[14]스님이

---

10) 탄허,「현대불교의 거인 --- 방한암 ---」『한국의 인간상』제3권, 1965, 신구문화사. ; 한암대종사문집편찬위원회,『수정증보판 한암일발록』, pp.449~462. 참조. 1996, 오대산 월정사. ; 한암대종사문집편찬위원회,『정본 한암일발록 하권』, pp.156~171. 참조. 2010, 오대산 월정사.
11) 이러한 자료의 출현사(出現史)에 대해서는 김호성,『방한암선사』, pp.205~213. 1995, 민족사. 하지만, 이는 1995년까지 발견된 자료에 대해서 밖에는 다루지 못한 한계가 있었다.
12) 초판의 출판 년도는 1995년이며, 증보수정판의 그것은 1996년이고, 정본의 출판 년도는 2010년이다. 이『증보수정판 한암일발록』이후에 출현한 주요 자료로서는 한암 스스로 그의 구도 역정을 기록한「일생패궐(一生敗闕)」이 있다. 이에 대해서는 윤창화,「한암의 자전적 구도기, 일생패궐」『불교평론』제17호, pp.294~306. 참조. 2003, 만해사상실천선양회.
13) 이 글에서는 '한암'의 한자 표기가 漢岩·寒巖·漢巖·寒岩 등으로 혼용될 것이다. 나로서는 스님의 친필 서장 등에 남아있는 대로 漢岩을 선호하고 있으나, 인용의 경우에는 존중하여 그대로 쓰기로 한다.
14) 한암대종사문집편찬위원회,『수정증보판 한암일발록』, pp.1~30. 1996, 오대산 상원사. ; 한암대종사문집편찬위원회,『정본 한암일발록 하권』, pp.13~64에는 한암이 묵담에게 써준「直截法門 --- 寒山詩抄 ---」라는 진적(眞蹟)이 전한다. 그런 인연이 있었던 분으로서, 후에 태고종 종정을 역임하였다. 우리에

주석했던 담양 용화사에서 찾아낸 것이었다. 그 표지에는 "84. 7. 14" 라고 수집일자가 기입(記入)되어 있다. 『한암선사법어』에 수록된 글의 필체로 보아서 동일인에 의한 필사라고 보기는 어렵다. 두 가지 이상의 서로 다른 필체가 보이기 때문이다.

이 『한암선사법어』는 1993년 12월부터 1994년 3월에 이르기까지 김두재(金斗再)에 의한 번역이 『대중불교』를 통하여 발표된다. 1984년 7월 14일의 발견으로부터 근 10년 세월을 더 묻혀 있게 된 것이다. 다만 『대중불교』를 통한 발표 역시 한암의 저술·법어를 알리는 데 초점을 두었을 뿐, 『한암선사법어』의 모습을 그대로 전하는 것은 아니다. 하여튼 매우 안타까운 일이 아닐 수 없었다. 그러다가 『한암일발록』을 편집하면서 이 『한암선사법어』 속에 있었던 한암의 저술·법어 등은 모두 전재(轉載)·수록된다. 새로운 번역 역시 이루어져 있다. 중생들에게 널리 읽히게 되었으니 만시지탄(晚時之歎)이 있으나마 불행 중 다행이었다.

그러나 나로서 아쉽게 생각하는 것은 『대중불교』에서의 번역이나 『한암일발록』에서의 번역이나 공히 원래의 『한암선사법어』 그대로의 모습이 아니라는 점이다. 그것은 완벽하게 해체되어 버렸다. 『한암선사법어』라고 하는 형태의 책이 애시당초의 상태 그대로 이 세상에 알려지는 것이 필요하고도 뜻있는 일이라 나는 생각하고 있다. 왜냐하면 『한암선사법어』는 단순히 한암의 저술·법어의 모음집이라는 성격 이상의 것을 우리에게 말해주고 있기 때문이다. 거기에는 1921년 겨울에서 1922년 봄 사이에 한암을 중심으로 건봉사에서 행해졌던 하나의 결사에 대한 증거들이 제시되어 있는 것이다.

게 『한암선사법어』를 전해준 공덕주(功德主)이다.

그 당시의 결사가 어떤 역사적 의미를 갖는다고 한다면, 그러한 史實을 증거하고 있는『한암선사법어』역시 사료로서의 가치를 가지게 될 것이다. 그런 점을 생각할 때 한암의 저술·법어만을 추출하여 옮겨실음으로써 그 나름의 편집 체계를 갖춘『한암선사법어』자체의 생존 사실마저 망각되어 버렸다는 것은 아쉬운 일이 아닐 수 없다. 또 한암의 글은 아니지만, 당시의 상황을 알려주는 다른 필자의 글들이 사라지게 되었다는 것은 큰 오류라 아니할 수 없다. 절반은 얻고, 절반은 잃어버린 셈이 되었던 것이다.

이러한 아쉬움을 극복하기 위한 하나의 노력으로서 나는 여기서 그 내용의 목차만이라도 정리·기록해 두고자 한다.

①「佛紀二九四八年冬十月十五日禪敎兩宗大本山金剛山乾鳳寺禪院安居」(錦菴宜勳, 이하「禪院安居」로 약칭함.)

②「金剛山乾鳳寺萬日院新設禪會後禪衆芳啣錄序」(이하,「芳啣錄序」로 약칭함.)

③「禪院規例并引」

④「二十一問」[15]

⑤「參禪曲」[16]

⑥「第一回禪衆芳啣并任員」

⑦「擧話方便」(七日加行精進中 小參)

⑧「軵靑庵和尙」

---

15) 한암대종사문집편찬위원회,『수정증보판 한암일발록』, pp.37~63. 1996, 오대산 상원사. ; 한암대종사문집편찬위원회,『정본 한암일발록 상권』, pp.151~182에서는「禪問答 二十一條」라고 개제(改題)하였다.

16) 제목 밑에 "發起人 河淡"이라 되어 있으나, 이 노래의 말미에 "蓬萊山寒巖重遠, 著于甘露峰下乾鳳寺禪院室中"이라는 署名이 있으므로, 저자는 한암이 맞다. 河淡은『한암선사법어』에 수록된 ⑥「제일회동안거선중방병임원」에 등장하는 "知殿 河淡啓惺"이라는 분을 가리킨다. 아마도 추측컨대, '발기인'이라는 말의 의미는 이 노래를 짓도록 청하신 분이라는 의미가 아닐까 한다.

⑨「答蔚山林火蓮居士」

⑩「達摩大師折蘆渡江圖賛」

⑪「書信問答」

⑫「編者의 一言」(尾友)

⑬「紀念할 今冬의 安居」(咸東)

우선 이러한 『한암선사법어』의 체제를 다시 생각해 볼 필요가 있다. 이 목차를 다시 다음과 같은 과목(科目)으로 재분류해 볼 수 있을 것이다.

```
┌ 서문 : ①
├ 한암의 저술·법어 : ②~⑤
├ 결사 대중의 명단 : ⑥
├ 한암의 저술·법어 : ⑦~⑪
├ 편자 후기 : ⑫
└ 후서/발문 : ⑬
```

이렇게 과목을 나누어 놓고 보면 『한암선사법어』는 그 나름대로 정연한 체제를 갖추고 있었음을 알 수 있을 것이다. 다만 결사 대중의 명단이라 할 수 있는 ⑥「제일회선중방함병임원」이 중간에 삽입되어 있어서 한암의 저술·법어를 그 전후로 나누고 있다는 점에 다소 혼란된 모습을 보이고 있을 뿐이다. 한 겨울의 결사 중에서 이러한 법어가 편찬되고 있다는 것은 그 결사의 내실이 어떠하였는지를 전하고도 남음이 있다 할 것이다.

그런데 한암의 저술·법어를 법어·게송·서간문·행장 및 기타의 넷으로 구분해서 수록한 『한암일발록』의 편집 체제에 비추어 볼 때에는 당연한지도 알 수 없지만 ① 서문, ⑫ 편자 후기, 그리고 ⑬ 후서/

발문의 세 편은 한암과 관련한 2차 자료를 모으고 있는 「부록」에서 마저 누락되고 있다. 그런 점은 장차 새롭게 『한암일발록』의 수정증 보판을 출판할 때에는 보유(補遺)되어야 할 것으로 생각되거니와, 여기서는 널리 공표되지 못했다는 점까지 감안하여 편자 후기라고 할 수 있는 「編者의 一言」을 전재[17]해 둔다. 구두점은 임시로 내가 붙인 것이다.

漆夜三更이 暗黑에 極하였다. 그러나 此暗黑裡에는 能히 千日을 爍破할만한 光明이 있다하면 誰何나 驚疑할지며 紅塵萬丈의 熱炎이 亘天하야 空界를 抑塞케 하는도다. 그러나, 一塵이 大千經卷을 演出한다 하면 何人을 勿論하고 咳笑치 아니하랴. 噫라, 果然인가? 果然이면 비록 大疎網을 高峰頂上에 張한 寒巖老人이라도 苦哉苦哉를 叫치 아니치 못하리로다. 아-, 曠野無依에 孤獨과 飢寒을 泣하는 兄弟여, 來하라. 長子의 大施門을 開하야 壅塞함이 없다. 萬里長堤에 芳草를 踏賞코져 하는 諸君이여, 來하야 杖子의 分付를 請하라. 曾히 浪藉하였던 偏憐은 客의 老婆이어라. 不完全한 速寫이지만은 同志에게 一覽을 供함은 光明한 福城畔에 共進하는데 紹介가 될가하는 熱望下에 自拙을 不顧하노라. 尾友[18]

편자 미우는 ⑥ 「제일회동안거선중방함병임원」에 의하면 열중(悅衆) 소임을 맡고 있는 尾友李礫[19]임을 알 수 있다. 한암의 결사가 칠

---

17) 3편 중 나머지 2편, 즉 서문에 해당하는 ①과 후서/발문에 해당하는 ⑬은 이 논문의 말미(末尾)에 그 전문을 부록해 두기로 한다. 자료를 제공한다는 뜻에 서이다. 한암 관련 자료를 모아놓은 한암대종사문집편찬위원회, 『정본 한암일 발록 하권』에도 이 두 편의 글은 편집되지 못했기 때문이다.

18) 김두재, 「한암스님 유고 발굴자료 2」『대중불교』, p.52. 참조. 1994년 1월호, 대원정사. 매우 유려한 번역인데, 다만 '大千經卷'을 '6천여 권의 경전'으로 옮긴 것은 오역이다. "一塵이 大千經卷을 연출한다"는 것은『화엄경』여래출현품 의 비유이다. 이때 大千은 三千大千世界의 의미이다.

19) 李礫에 대하여 김두재, 「한암스님 유고 발굴자료 3」, p.82. 참조.『대중불교』,

야와 같은 어둠을 깨뜨릴 광명이라 전제한 뒤, 한암의 법문은 장자
(長者)의 대시문(大施門)이므로 광야에서 헤매는 고독하고 춥고 배
고픈 중생들에게 어서 와서 주장자의 분부(分付)를 청하라는 권유
이다. 그리하여 저 선재(善財)동자와 같이 깨달음을 향해 나아감에
있어서 자량이 될 수 있었으면 좋겠다는 열망으로, 한암의 저술·법
어를 속사(速寫)하여 『한암선사법어』를 편집케 되었다는 이야기다.
과연 금암의훈의 ① 「선원안거」에 의하면, 이 『한암선사법어』의 편집
은 바로 편자인 열중 미우가 발문(發問)한 ④ 「이십일문(二十一問)」
이 계기가 되었음을 알 수 있게 한다.

> 이에 妙法을 연설하셔서 그 本願에 응답하셨다. 마침 悅衆 李礫이 스
> 스로 二十一問을 발하였으니 모두 禪家의 要節이었고, 禪師가 그 條
> 項에 따라서 대답하셨으니 땔나무를 쪼개고 燈燭을 잡아서 장래의
> 眼目으로 삼고자 하였다. 누가 그 미증유한 일을 찬탄하지 않으리오.

그러니, 미우야말로 『한암선사법어』의 산파역을 담당하기에 가장
적절했을지도 모른다.

Ⅲ. 건봉사, 염불결사에서 수선결사로

『한암선사법어』에 수록되어 있는 ② 「방함록서」에는 한암이 건봉

1994년 2월호. "이 역은 참선 거사인 듯하나 아직 알아내지 못하였다. 무차선
회(無遮禪會, 귀천·상하를 막론하고 평등하게 참여할 수 있는 禪會)였으므로
거사의 입방(入房)이 허락되었을 것이다."라고 하였으나, 완벽한 오해이다. 尾
友李礫은 출가하신 스님이었으며, 건봉사의 결사에서 재가자가 함께 참여했다
는 증거는 어디에도 없다.

사에 오게 된 인연을 말하는 부분이 그 모두(冒頭)에 나온다.

> 달마대사가 짚신 한 짝을 둔 뒤 1385년이 되는 辛酉年 가을 9월 상순
> 에 乾鳳寺 주지 李大蓮, 監務 李錦菴, 前住持 李雲坡와 온 산의 대중
> 이 한 마음으로 협의하여 예전의 萬日院 念佛會를 革罷하고 새롭게
> 禪會를 설치키로 하고 諸方의 마음 공부하는 사람들을 초빙하여 安居
> 修道케 함으로써 나라를 복되게 하고 세상을 도우고자 하니, 실로 한
> 시대의 盛事였다. 나 역시 內金剛 長安寺로부터 이러한 초청에 응하여
> 외람되게도 會席을 주관하게 되었다.[20]

이를 통하여 우리가 알 수 있는 것은 이 건봉사의 선회(禪會)가 주
지·감무·전(前)주지를 비롯한 건봉사 대중들이 먼저 발기하였으며,
이를 주관해 주도록 한암에게 요청하여 이루어졌다고 하는 사실이
다. 그 전에 한암은 내금강 장안사에 주석하고 있었는데, 이러한 건봉
사 대중들의 뜻에 한암 역시 호응케 되었던 것이다.

이러한 사실은『한암선사법어』의 서문으로 생각되는 금암의훈의 ①
「선원안거」에서도 그대로 드러난다. 이 금암의훈은 한암을 청하러 장
안사를 찾아갔던 감무(監務) 이금암(李錦菴, 1879~1943)[21]을 가리

---

20) "達摩祖師, 隻履存後, 一千三百八十五年辛酉九月上澣, 乾鳳寺住持李大蓮
   ·監務李錦菴·前住持李雲坡, 與一山僉衆, 團心協力, 革舊萬日院念佛會, 爲
   新設禪會, 招諸方心學者, 安居修道, 以資福國祐世, 實一代盛事也. 余自內山
   長安寺, 亦赴是請, 而濫主會席矣." 한암대종사문집편찬위원회,『수정증보판
   한암일발록』, p.338. 1996, 오대산 상원사. ; 한암대종사문집편찬위원회,『정
   본 한암일발록 상권』, p.410. 2010, 오대산 상원사. 나 역시 이「芳啣錄序」를
   표점을 찍어서 그 전문을 김호성,「결사의 근대적 전개양상」『보조사상』제8집,
   p.162. 1995, 보조사상연구원에 수록하였다.

21) 이홍섭은 錦菴과 한용운, 그리고 독립운동의 관계에 대하여 다음과 같이 말
   한다. "한용운과 관련하여 주목되는 스님은 한용운과 동갑인 금암(錦巖)스님
   (1879~1943)이다. 속명이 이교재(李敎宰)인 금암스님은 1879년 황해도 금천
   군 좌면 만호리에서 이기준의 장남으로 출생했으며 한학을 수학한 뒤 대한제
   국 윤참위의 천거로 군에 복무하던 중 군대 해산으로 의병에 가담했다. 이후

키고 있는 것은 확실한데, 그는 저간의 사정을 다음과 같이 전한다.

> 아, 寒岩대선사가 內金剛에 주석하여 교화를 떨치고 계셨으니 연이어
> 서 세 번 청한 뒤에야 來臨하여서 結社하고 安禪하시니, 諸方의 禪德
> 들이 도량에 모이기를 목마른 자가 물에 나아가는 것과 같았다.[22]

이렇게 두 번 세 번 청하여 한암을 모시고 시작된 건봉사의 선회를
나는 '결사'로 평가한다. 과연 그렇게 볼 수 있는 근거는 어디에 있는
것일까? 나는 『한암선사법어』를 처음 정대(頂戴)하게 되었을 때[23],
한암의 건봉사 선회는 물론 안거이지만 거기에는 한 철 안거 그 이상
의 의미가 내포되어 있음을 인식할 수 있었다. 그의 스승 경허의 결사
와 함께, 공히 보조의 정혜결사를 계승한 것이라 보았던 것이다. 그렇
게 평가할 수 있는 근거를 확보하기 위하여, 나는 역사 속에 등장하

이인영 대장의 휘하에서 전투에 참여하다 의병 투쟁이 한계에 이르고, 부친이
일본 왜경을 살해한 사건에 연루되어 고문 끝에 숨지자 금암으로 개명하고 금
강산 건봉사로 출가했다. (……) 당시 건봉사의 감무를 맡은 금암은 조선 최고
의 사찰로 부유했던 건봉사의 재산을 독립운동에 적극 활용했던 것으로 보인
다. (……) 독립정신을 고취하다 만해보다 일 년 앞선 1943년, 65세의 나이로
숨겼다." 이홍섭, 「조선불교유신론에 담긴 한용운의 세계관과 건봉사와의 영향
관계」『불교문학연구의 모색과 전망』, pp.251~252. 2005, 역락. 錦巖이 감무
를 맡았다 하니, 錦菴과 동일인으로 판단된다. 또한 이종수는 "봉명학교는 金
巖宜勳(1879~1943)의 주도로 설립되어 운영되었는데, 금암의훈의 『건봉사
본말사적』에는 金巖宜重이라는 이름으로 나오며 1918년에 제5차 만일회를 개
설한 인물이다. 1918년 만화관준의 입적 이후 곧바로 제5차 만일회를 개설했
던 점에서 볼 때, 금암의훈은 만화관준의 제자였던 것으로 생각된다."라고 하
였다. 이종수, 「19세기 건봉사 만일회와 불교사적 의미」『동국사학』 제49집,
p.313. 각주 44. 2010, 동국사학회.
22) "於是乎! 寒岩大禪師, 住錫振化于內金剛已, 連次三請, 末後來臨, 結社安
禪, 諸方禪德, 來聚道場, 如渴赴飮."
23) 나는 1994년 말 경, 당시 동국대 도서관에 근무하던 이철교(李哲敎) 선생으
로부터 필사본의 복사를 법공양 받았다. 필사본 자체의 복사본을 내가 갖고 있
지 못했다고 한다면, 이 글은 쓰여질 수 없었을 것이다. 다시 한번 감사드린다.

는 개별적인 결사들을 검토하여, 그러한 결사들을 포괄하는 하나의 일반적인 정의를 내리고자 시도하였다. 그 결과 불교의 결사에는 수행운동·개혁운동·이념운동·공동체운동이라는 네 가지 특징이 나타나 있는 것으로 평가하였다. 즉 결사는 이념을 같이하는 사람들이 먼저 스스로 수행을 하면서 불교교단을 새롭게 개혁하고자 실천한 공동체운동이라[24]고 정의할 수 있었다.

이 같은 결사의 일반적 정의에 비추어 볼 때, 한암의 선회/안거는 명백히 결사임을 알 수 있게 된다. 우선, 수행운동이면서 공동체운동이라는 것은 더 이상 설명이 필요하지 않으리라. 첫째 특징인 이념운동에 대해서는 이 글에서 주로 밝혀야 할 것으로서 다음 장(章)에서 자세히 논의하게 될 것이다. 그리고 둘째 특징인 개혁운동이라는 점 역시 염불이라는 수행법을 개혁하려 했다는 점에서, 또 그러한 잘못된 염불수행에 대한 보조의 비판[25]이 『정혜결사문』에서도 나타난다는 점을 감안할 때 한암의 결사에서도 개혁운동으로서의 성격은 인정될 수 있을 것으로 본다. 이 점 역시 뒤에서 다시 논술하게 될 것이다.

이념운동의 내포를 이루고 있는 염불참선무이론의 내적인 논리구조에 대해서는 다음 절(節)로 미룬다고 하더라도, 여기서는 적어도 한암의 건봉사 결사에서 염불과 참선의 관계정립이 그 이념운동으로서의 성격과 관련해서 핵심적인 문제를 이루고 있다는 점만은 지적되

---

24) 결사의 일반적 정의에 대해서는 김호성, 「결사의 근대적 전개양상」 『보조사상』 제8집, pp.135~142. 참조. 1995, 보조사상연구원. 이러한 나의 결사 정의는 이후 다소 변화를 겪게 되지만(김호성, 「결사의 정의에 대한 재검토」 『보조사상』 제31집, pp.217~220. 참조. 2009, 보조사상연구원), 한암의 건봉사 결사와는 관계가 없다.
25) 김호성, 「보조의 정토수용에 대한 재고찰」 『한국철학종교사상사』, pp.449~460. 참조. 1990, 원광대 종교문제연구소.

어야 할 것이다. 이 과정에서 한암의 선회를 결사로 평가하게 되는 또다른 이유가 부각될 것이기 때문이다. 그런 점에서 ②「방함록서」의 모두에 있는 다음과 같은 언급은 다시 한번 더 주목할 만한 가치가 있다.

> 乾鳳寺 주지 李大蓮, 監務 李錦菴, 前住持 李雲坡와 온 산의 대중이 한 마음으로 협의하여 예전의 萬日院 念佛會를 革罷하고 새롭게 禪會를 설치키로 하고

염불원이 있었는데, 그 염불원을 없애고 그 대신 선원을 새로이 열었다는 것이다. 이는 예사 일은 아니다. 염불원 역시 불교의 중요한 수행인 염불을 행하는 도량이기 때문이라는 점에서만은 아니다. 건봉사 만일원이 갖는 의미는 남다른 바가 있다는 점을 간과해서는 아니된다. 건봉사는 신라시대 발징(發徵)화상과 31인이 염불만일결사를 하여 함께 허공으로 날아서 왕생하였다는 신앙사(信仰史)를 갖는 염불행자들의 성지(聖地)이기 때문이다. 그리고 그 중심에 놓여 있는 것이 바로 만일원인 것이다.

발징화상의 왕생에 대한 이야기는 그 전부터 사람들의 심성 속에 자리를 잡아왔을 것이지만, 만일원이 발징화상의 계승자들에게 중심도량이 되었던 것은 1800년부터라고 한다. 1800년에 만일염불도량이 개설되고, 1802년부터 만일회를 결사[26]했던 것이다. 이후 한암의 결사가 있기 13년 전인 1908년에는 금암에 의해서 다섯 번째 만일염불

---

26) 근래 이종수는 종래 1802년의 제2차 염불만일회는 1802년이 아니라 1801년에 시작된 것이고, 그 회주 역시 碩롱이 아니라 福仁이라고 주장하였다. 이종수, 「19세기 건봉사 만일회와 불교사적 의미」『동국사학』제49집, pp.301~303. 참조. 2010, 동국사학회.

결사가 개설되었다[27]고 한다.

그러니까 만일원 염불회를 혁파하고 새롭게 한암을 모시고 선회를 시작했다는 것은 제5회 만일염불결사 중의 일이었으며, 그로써 제5회 만일염불결사는 일단 중지되었을 것으로 보인다. 더욱이 1908년에 시작된 제5회 염불만일결사의 회주(會主) 금암과 한암을 청해 모시는 데 함께 했으며, 『한암선사법어』에 그 서문으로서 ① 「선원안거」를 쓴 금암의훈이 동일인이었다고 한다면, 그 변화의 의미는 더욱 크다고 아니할 수 없을 것이다. 금암 역시 ① 「선원안거」에서 발징화상의 염불결사를 언급하고 있는 것이다.

> 신라 경덕왕 16년 무술에 發徵화상이 彌陀禪院을 창건하시어 三十一人과 함께 結社하여 安居한 뒤에 오늘에 이르기까지 천여 년 동안 여러 대종사들이 繼繼承承하여 부처님의 교화를 드날리셨으나, 우리들 중생의 업식은 가이없어서 가히 의거할 근본이 없으니 가히 탄식할 일이로다.[28]

문맥에 숨어 있는 의미는 발징화상 이후의 여러 대종사(大宗師)들, 즉 염불만일결사를 통해서 염불을 권해 온 대종사들이 교화를 떨치셨으나 여전히 "중생의 업식은 가이없어서 가히 의거할 근본이 없으니 가히 탄식할 일"이라는 것이다. 염불만일결사를 행해왔으나 염불이라는 수행 방편에 뭔가 문제가 있어서 새로운 돌파구를 찾아

---

27) 한보광, 『신앙결사연구』, p.218. 2000, 여래장.
28) "新羅景德王十六年戊戌, 發徵和尙, 創彌陀禪院, 與三十一人, 結社安居後, 至今千有餘年, 諸大宗師, 繼繼承承, 闡揚佛化, 而我等衆生, 業識茫茫, 無本可據, 可勝嘆哉." 戊戌은 신라 경덕왕 17년(758)이다. 한보광은 발징화상을 『삼국유사』 욱면비염불서승조에 나오는 棟梁 八珍으로 비정(比定)한다. 위의 책, p.144.

야 했던 것처럼 말하고 있다. 이 당시 한암의 결사에서 염불과 참선의 문제, 혹은 발징화상의 결사와 한암의 결사 사이의 동이(同異)를 좀더 분명히 의식하고 있는 것은 "伽凌精舍 主人 咸東 序"라 되어 있는 『한암선사법어』의 후서/발문이라 할 수 있는 ⑬「紀念할 今冬의 安居」이다.

> 千古以前에 發徵和尙이 三十一人으로 더불어 亥安居를 成就하였고 千古以後 今冬에 寒巖長老가 三十二人으로 더불어 冬安居를 성취하였다. 千古前後에 遙遙相符한 今日을 吾人은 紀念할지며, 此土의 苦를 厭하고 彼岸의 樂을 欲하며 自己의 萬能인 靈性을 埋沒하고 盲目的으로 彼佛의 他力을 慕仰하든 醜傀的 權敎를 破脫하고 卽指人心見性成佛하는 正信的 實際에 入하게 된 今日을 吾人은 永久히 紀念할지며

당시 결사에 참여한 대중들의 고양된 분위기를 느낄 수 있는 글이다. 여기에는 천고 이전의 발징화상과 천고 이후의 한암선사의 안거/결사가 시간적으로는 천고의 전후로 나뉘어져 있지만, 먼 시간을 사이에 두고 서로 부합하고 있음을 지적한다. 이는 수행운동과 공동체운동의 특징을 갖는 결사로서의 동질성을 지적함과 동시에 차안과 피안의 고락을 나누어 보고, 자기가 갖고 있는 영성(靈性)은 매몰한 채 저 부처님의 타력만을 우러러 보는 것을 권교(權敎), 즉 방편의 가르침으로 평가/교판(敎判)한 뒤, 그로부터 벗어나기 위하여 한암의 결사가 이루어졌다고 말한다.

그러므로 그것은 역사적으로 기념해야 할 쾌거라는 것이다. 발징화상의 염불만일회가 하나의 결사였다고 하는 점에서, 동참대중들은 그를 대체하는 선회/안거 역시 하나의 결사로서 자연스럽게 인식할

수 있었을 것이다. 건봉사라는 공간이 주는 역사적 배경(context)이 한암의 선회/안거를 결사로 승화시켜 가는 하나의 요인이 되었던 것으로 나는 평가한다.

뿐만 아니다. 결사에 있어서 중요한 또 하나의 요소는 바로 동참 대중들이 그것을 결사라고 의식하고 있는가 하는 점이다. 금암의 ①「선원안거」에서는 분명히 "發徵화상이 미타선원을 창건하시어 三十一人과 함께 結社하여 安居한 뒤에"라고 함으로써 발징화상의 염불만일회를 결사로 보고 있음은 물론, "세 번 청한 뒤에야 來臨하여서 結社하고 安禪하시니"라고 하면서 한암의 선회 역시 결사로서 평가하고 있음을 보여준다.

이상의 여러 요소들을 종합하여 볼 때, 나는 1921년 건봉사에서 행해진 한암의 선회/안거는 하나의 결사라고 평가해도 무리는 없는 것으로 본다. 그의 결사에 있어서 ②「방함록서」는 보조의 정혜결사에서 『정혜결사문』이 담당했던 기능인 결사의 논리를 담고 있는 선언문이라 할 수 있으며, ③「禪院規例并引」은 결사에 참여한 대중들의 공동체 생활을 "각기 소임을 나누어서 경영하"[29]기 위한 청규(淸規)로서 보조의 정혜결사에서 『계초심학인문(誡初心學人文)』이 담당했던 기능과 유사한 기능을 했을 것으로 추정된다. ④「二十一問」과 ⑤「參禪曲」은 결사에서 수행의 지침서/교과서 역할을 담당했던 것이니, 보조의 정혜결사에서는 『수심결(修心訣)』이나 『절요(節要)』가 담당했던 역할을 담당했던 것으로 나는 평가한다.

이렇게 볼 때, 한암의 선회는 단순히 한 철의 안거로 머무는 것이 아니라 뚜렷한 이념이나 윤리, 그리고 수행의 지침서까지 갖추고서

---

29) "各隨所任而經營之." 보조지눌, 『보조전서』, p.7. 1989, 보조사상연구원.

행해진 결사운동으로 보기에 충분하다. 그리고 그러한 역사적 결사에 동참한 대중들의 이름이 ⑥「第一回禪衆芳啣并任員」인 것이다. 이러한 모든 정보를 고스란히 담고 있는 영원히 기념할 사료(史料)가 『한암선사법어』라고 나는 평가한다.

IV. 염불과 참선의 둘이 아닌 관계

텍스트에는 거의 반드시 컨텍스트가 반영된다는 좋은 사례가 한암의 ②「방함록서」일 것이다. 만약 건봉사가 아니라 다른 도량에서 열린 결사/선회였다고 한다면 그의 방함록서에는 분명 다른 이야기가 담겼을 것이다. 그러나 한암은 건봉사에서 수선(修禪)의 결사를 주관하였던 것이다. 유서 깊은 염불만일결사를 수선의 결사로 변경하여 실천하지 않았던가. 당연히 그 대중 중에서나 선객들 중에서는 문제를 제기할 수 있었을 것이다. 도대체 염불과 참선의 관계가 어떠하기에 새삼스럽게 만일염불결사의 도량을 수선의 도량으로 변혁했는가 하는 점이다. 아마도 실제 한 객(客)이 한암과 교환했을 것으로 생각되는 문답으로부터 「芳啣錄序」는 본격적인 논의를 행해간다. 모두 여섯 가지 문제에 대해서이다. 그 중에 첫 번째 문답을 읽어본다.

> 어느 날 한 客이 나에게 물었다 : "古人이 '염불과 참선은 본래 둘이 아니다'라고 했는데, 이제 念佛會를 폐하여 坐禪院으로 삼으셨으니 무엇 때문입니까?"
> 내가 말했다 : "그대는 다만 그 둘이 아니라는 말만을 들었을 뿐 그 둘이 아니라는 뜻을 알지 못하고 있으니, 과연 어떻게 말할 수 있겠는가."[30]

그렇다. 실로 염불과 참선이 둘이 아니라고 한다면, 염불회 그대로 두었다 한들 무슨 문제가 있겠는가. 그러니 염불회를 폐하여 좌선원으로 바꾼 것은 바람이 없는데 파도를 일으킨 것이 아닌가 하는 의문이다. 이 물음에 대하여 만약 한암이 "그것은 그렇지 않다. 염불과 참선은 둘이 아닌 것이 아니라 둘이다. 서로 다르다. 염불은 선에 미치지 못하고, 선만이 깨달음으로 이끌게 한다. 그런 까닭에 염불회를 혁파(革罷)하고 좌선원을 신설(新設)하였다"라고 했다면, 우리로서는 그것을 이해함에 아무런 어려움이 없었을 것이다. 그러한 입장은 선 중심의 교판(敎判)으로서 흔히 들을 수 있는 말이기 때문이다. "마음을 관찰하는 한 가지가 모든 수행을 다 포섭한다"[31]는 선가(禪家)의 말은 오직 선 하나만 행하면 되지 다른 수행은 하지 않아도 된다는 입장에 다름 아니기 때문이다. 순선(純禪)이라 이름하는 이러한 입장은 선가(禪家)에서 드물게 보는 것은 아니다.

그런데 한암의 입장은 그렇지 않다. 그는 회통론자로서 선(禪)과 교(敎)를 함께 아우르고 있는 분이 아니던가. 그런 만큼 염불과 참선이 둘이 아니라는 회통론의 입장에 서서 행해진 질문에 대하여, 교판론(敎判論)의 입장에서가 아니라 마찬가지로 회통론의 입장에 서서 답하고 있다는 점은 우선 주목되어야 한다. 그 대답의 내용을 우리가 쉽게 이해할 수 없는 점이 바로 거기에 있다. 회통론자의 입장에서 주어진 물음에 대하여 똑같이 회통론자의 입장에서 주어진 대답이기

---

30) 日, 有一客問余日 : "古人云, '念佛參禪, 本無有二', 今廢念佛會, 而爲坐禪院, 何也?" 余日 : "子, 但聞其無二之言, 而不知其無二之意旨, 果如何道得也?" 김호성, 「결사의 근대적 전개양상」,『보조사상』 제8집, p.162. 1995, 보조사상연구원. ; 한암대종사문집편찬위원회,『수정증보판 한암일발록』에서는 "果如何道得也" 부분의 번역을 빠뜨리고 있다.
31) "觀心一法, 摠攝諸行".『血脈論』

때문이다. 그 첫 번째 물음에 대한 첫 번째 대답의 취지를 나는 다음과 같이 추측해 본다.

> 그대가 말하는 것처럼 염불과 참선은 둘이 아니다. 그렇지만, 그대가 그렇게 둘이 아니라는 입장을 내세워서 염불회를 폐지하여 좌선원으로 바꾼 일이 염불과 참선이 둘이 아니라는 이치에 어긋나는 것이 아니냐라고 묻는 것을 보니, 그대야말로 염불과 참선이 둘이 아니라는 말의 참된 뜻을 모르고 있구나.

이러한 취지의 첫 번째 대답에 대하여, 객은 정확히 그 의미를 파악하지 못한다. 우리와 마찬가지의 어려움을 겪고 있는 것이다. 이 어려움은 다시 우리로 하여금 언어로 이해할 수 있는 부분[32]인 두 번째 문답과 세 번째 문답을 세밀하게 분석해 보기를 요구한다.

1. 염불과 참선에 대한 정의

두 번째 물음에 대한 두 번째 대답에서는 염불과 참선에 대한 한암의 정의가 제시된다. 이를 일단 옮겨서 읽어보기로 하자.

> 객이 말하였다 : "무엇을 말씀하시는 것입니까?"
> 내가 말하였다 : "염불은 저 부처님을 염하여 청정한 세계에 태어남을 구하는 것이다. 청정한 세계가 있기 때문에 더러운 땅이 있다. 저 부처를 염하여 (자기가 본래 부처임을) 보지 못하는 까닭에 스스로 이미 범부였다(고 보게 된다.) 범부와 부처가 이미 둘이고, 청정한 세계와 더러운 땅이 이미 둘이니 곧 좋아함과 싫어함, 취함과 버림의 마음이 일

---

[32] 여섯가지 문답 중에서 전반의 세 가지 문답만 우리의 학문적 분석을 허용한다. 그 이후는 선문답으로서 사량분별(思量分別)을 허용하지 않는다.

어나지 않을 수 없다. 그럼으로써 千差萬別이 언제나 日用의 事物 위에 나타나는 것이다. 參禪은 初發心할 때에 곧 자기 마음이 부처임을 믿고서 한 생각에 기틀을 돌이키면 曠劫의 무명도 곧바로 얼음 녹듯이 소멸되며, 곧 범부와 성현, 깨끗함과 더러움, 좋아함과 싫어함, 취하고 버림의 마음이 다시 어느 곳에 安着하겠는가? 이로 미루어서 관찰해 보면, 참선과 염불의 두 가지 길은 그 거리가 하늘의 구름과 땅의 진흙처럼 멀어질 것이니, 어찌 (그 두 가지가) 하나를 이룸을 알겠는가?"³³⁾

이 두 번째 대답에는 각기 염불과 참선에 대한 한암의 관점/정의가 제시되어 있다. 그런데 나로서는 한암의 관점 자체가 다소 공정하지 않아 보인다. 염불은 그 단점을 지적하고 참선은 그 장점을 지적하고 있기 때문이다. "염불은 저 부처님을 염하여 청정한 세계에 태어남을 구하는 것이다."라는 것은 염불의 정의로서 틀렸다고 할 수는 없다. 그러나 염불에는 그러한 차원의 염불만이 존재하는 것은 아닐 것이다. 부처를 염하는 가운데 범부와 부처가 둘이 아니고, 정계(淨界)/정토(淨土)와 예토(穢土)가 둘이 아닌 경지 역시 존재할 수 있기 때문이다. 염(念)을 합일 이전에 행해지는 인위적 노력으로 볼 수 있지만,

---

33) 客曰：“何謂也?” 余曰：“念佛者, 念彼佛而求生淨界也. 有淨界故, 有穢土. 念他佛而未見故, 自已元是凡夫. 凡夫與佛既二, 淨界與穢土既二, 則欣厭·取捨之心, 不得不生而千差萬別, 常現於日用事物上矣. 參禪者, 初發心時, 卽自心是佛, 一念回機, 曠劫無明, 當下氷消, 則凡聖·淨穢·欣厭·取捨之心, 更何處安着乎? 推此觀之, 參禪念佛, 兩箇路頭, 相去雲泥之遠, 如何知會得成一耶?” 김호성,「결사의 근대적 전개양상」, 앞의 책, p.162. ; 한암대종사문집편찬위원회,『수정증보판 한암일발록』, p.335. ; 한암대종사문집편찬위원회,『정본 한암일발록 상권』, p.410에서는 “念他佛而未見故, 自已元是凡夫”의 번역을 “부처를 생각하면서 찾기 때문에 자기가 본래 범부라고 생각하게 되는 것이다.”라고 옮기고 있다. ‘而未見故’ 부분을 옮기지 않고 있기 때문에 생긴 오역이다.

완전한 합일로서의 무위의 경지에 들어가 있는 것 역시 염이라 볼 수 있기 때문이다.

물론 그러한 염/염불의 차원을 한암은 모르지 않았을 것이다. 또 한암은 "저 부처님을 염하여 청정한 세계에 태어남을 구하는" 염불, 즉 타방정토(他方淨土)에의 왕생(往生)을 부정/불신하고 있었던 것일까? 선사이므로 자심(自心) 속에서 정토를 인정하는 유심정토(唯心淨土)만을 수용하고 타방정토의 실재(實在)나 "나무아미타불" 염불을 하면 사후에 왕생극락할 수 있다고 하는 왕생신앙(往生信仰)은 부정하고 있었던 것일까?

이러한 물음에 대해서 우리가 갖고 있는 또 다른 자료가 있다. 하나는 제자인 탄허가 「대한불교조계종종정한암대종사부도비명병서」에서 전하는 바이다. 한암은 삭발염의(削髮染衣)하여 입산(入山)함에 있어서 첫째는 참다운 성품을 보고, 둘째는 부모님의 은혜를 갚고, 셋째는 극락에 왕생하고자 했다[34]는 것이다. 이러한 언급을, 그가 입산 당시에는 아직 불법의 큰 이치를 깨닫지 못해서 그랬다고 할 수 있을까? 그렇지 않다. 그렇게 볼 수 없게 하는 또 하나의 증거가 건봉사 결사시절에 지어진 ⑤ 「참선곡」 안에 등장한다. 앞에서도 언급하였지만, 이 ⑤ 「참선곡」은 당시의 결사 대중에게 참선에 대한 발심을 일으키고, 어떻게 선을 수행해 갈 것인가 하는 방법을 쉽게 전하는 매우 좋은 교재였던 것이다. 그 중에 다음과 같은 구절이 있다.

오호라, 이내몸이 믿을것이 바이없네

---

34) 至二十二歲丁酉, 入金剛山長安寺, 依行凜老師祝髮, 而乃自誓曰 : "旣爲削髮染衣入山中, 見眞性 ; 報親恩, 往極樂." 한암대종사문집편찬위원회, 1996, p.441.

풀끝에 이슬이오 바람속에 등불이라
아침나절 성턴몸이 저녁나절 병이들어
애고애고 고통소리 사지백절 오려낸다
천당갈지 지옥갈지 앞길이 망연하다
十念往生 일렀으나 아픈생각 앞을가려
염불생각 아니나니 臨渴掘井 하릴없네[35]

임종을 앞둔 중생들에게 "나무아미타불"을 십념(十念)하게 되면 왕생극락한다고 일러주었다는 것이다. 그렇게 하면 왕생할 수 있다는 입장을 한암이 긍정하고 있음을, 또 서방정토(西方淨土)의 실재를 한암이 믿고 있었음을 알 수 있게 한다. 그러니까 비록 그가 위의 인용문에서와 같이, 염불의 단점을 지적하고 있다고 해서 서방정토를 불신(不信)하고 십념왕생(十念往生)을 부정하기 때문이라 생각해서는 아니된다. 만약 그런 입장에서 염불 비판을 했다고 한다면, 차라리 그 논리를 이해하는 것은 어려운 일이 아닐지도 모른다. 하지만 평소 예부터 내려오는 전통에 대해서 경건하게 수용하려는 입장을 취해온 한암은 그렇게 하지 않았다. 그러면서도 염불을 비판하고 있다. 그 이유는 어디에서 찾을 수 있을까?

여기에는 두 가지 이유를 생각해 볼 수 있을 것이다. 하나는 한암 당시의 염불, 즉 건봉사에서의 만일염불결사에서의 염불을 비판하고 있는 것으로 볼 수 있다는 점이다. 타방정토에의 왕생을 희구하는 염불수행의 문제점은 정토와 예토, 범부와 부처 사이에 분별(分別)을

---

35) 한암대종사문집편찬위원회, 『수정증보판 한암일발록』, p.164. ; 한암대종사문집편찬위원회, 『정본 한암일발록 상권』, pp.246~247. "臨渴掘井 할 수 없네"라고 옮기고 있다. 원문에는 "臨渴掘井 할 일업네"로 되어 있다. 臨渴掘井해봐야 늦었으니, 아무 효과도 없다는 의미이다. 그래서 나는 "臨渴掘井 하릴없네"라고 옮겨 적었다.

행한다는 데 있다. 이 세상은 예토이고, 우리 스스로는 범부라고 하는 인식이다. 그리하여 현실에 대해서는 외면한 채 내세와 다른 국토에 대해서만 그리워하는 것은 현실을 충실히 살아가고자 하는 입장에서 본다면 비판하지 않을 수 없었을 것이다.

그렇게 현실 속에서 불성을 실현하고, 현실 속에서 정토를 구현해가는 것이 선(禪)의 입장이라고 한다면, 그러한 선의 입장에 서 있는 사람에게 당시의 염불이 좋게 보이지는 않았을 것이다. 이것이 또 하나의 이유일 수 있다. 타방정토에의 왕생을 위한 염불을 비판했던 보조 역시 그의 정혜결사의 논리를 표방하는 선언문이라고 할 수 있는 『정혜결사문』에서 "근래 대개 義學沙門들이 이름을 버리고 道를 구한다고 하지만 모두 外相에 집착하여 얼굴을 西方으로 향하여 소리를 높여서 부처를 부르는 것으로 道行을 삼고 있다"[36]고 비판하고 있다. 한암과 동일한 입장을 취하고 있음을 알 수 있다.

그런데 참선의 경우에는 자심시불(自心是佛)을 믿고 일념회기(一念回機)하는 것이므로 이원적인 분별대립이 존재하지 않는다. 그러니 이원(二元)을 넘어서 평등심에 이른 선과 이원의 분별대립을 낳는 염불의 차이는 하늘과 땅의 차이라고 말하는 것이다. 쉽게 그 둘이 아닌 이치를 깨닫지 못함도 무리는 아닐 것이다.

2. 염불과 참선의 무이론(無二論)

(1) 자성미타와 염불선

---

36) "近世, 多有義學沙門, 捨名求道, 皆着外相, 面向西方, 揚聲喚佛, 以爲道行." 보조지눌, 『보조전서』, p.24.

이상에서 살펴본 한암의 관점에 따르면, 염불과 참선은 둘이 아닌 것이 아니라 둘이며 서로 우열이 명백한 것처럼 보인다. 그러므로 객역시 한암의 논리에 따른다면 염불참선이 둘이 아니라고 했던 옛사람의 말씀은 잘못된 것이 아닌가라는 세 가지 물음을 제기하게 되었을 것이다. 이에 대해서도, 한암이 만약 "그렇다. 염불과 참선은 앞서 설명했던 것처럼 구름과 진흙 차이만큼 서로 다르다."라고 했다면, 문제는 끝나는 일일지도 모르는데 그렇게 말하지 않는다. 오히려 세 번째 대답에서는 비록 앞서 구름과 진흙의 거리만큼이나 멀다고 했으나, 그럼에도 불구하고 염불과 참선이 둘이 아닌 경지가 따로이 있다는 것이다.

> 객이 놀라면서 일어나 말하였다 : "스님의 말씀을 들으니 '염불과 참선은 둘이 아니라'는 말은 망녕되군요."
> 내가 말하였다 : "이 말은 망녕된 것이 아니다. 그대가 실로 그 도리를 알지 못하는구나."[37]

앞서 언급된 염불과 참선의 차이, 혹은 현재 행해지는 염불의 행태에서 볼 때 염불과 참선 사이에 구름과 진흙의 거리만큼 멀다고 하더라도 염불과 참선이 둘이 아닌 경지/도리는 따로이 있다라는 것이다. 그러면서 한암은 태고보우(太古普愚, 1301~1382)와 나옹(懶翁, 1320~1376)의 말을 인용함으로써 염불참선무이론의 이치를 확인코자 한다. 그것은 앞서 옮긴 세 번째 대답의 부분에 이어지고 있는데,

---

37) 客瞿然而起曰 : "聽師之言, 念參無二之云云, 是妄也." 余曰 : "此言非妄也, 子實不知其道理也." 김호성, 「결사의 근대적 전개양상」, p.162. ; 한암대종사문집편찬위원회, 『수정증보 한암일발록』, p.339. ; 한암대종사문집편찬위원회, 『정본 한암일발록 상권』, pp.410~411.

다음과 같다.

太古화상은 "곧바로 自性彌陀를 염하여 十二時中 四威儀 내에 마음과 마음이 상속하고 생각과 생각이 어둡지 않아서 조밀하게 염하는 자가 누구인가를 돌이켜 관찰한다. 이렇게 오래하여 功을 이루면 잠깐 사이에 心念이 끊어지고 아미타불의 眞體가 두렷이 나타나게 된다." 고 하셨다. 또 懶翁조사가 누이에게 부친 편지에서 "아미타불이 어디에 있는가 / 마음 머리를 잡고서 간절히 잊지 말기를 / 생각 생각이 생각없는 곳에 이르면 / 六門에서 언제나 紫金光을 놓으리라"고 하셨다. 염하는 자가 누구인가를 돌이켜 관찰하는 것이 一念에 機를 돌이키는 것이 아니며, 생각 생각이 생각없는 곳에 이르는 것이 曠劫의 무명이 곧바로 얼음 녹듯 하는 것이 아니겠는가. 이것이 곧 염불과 참선이 둘 아닌 취지인 것이다.[38]

한암이 인용한 태고와 나옹은 공히 자성미타를 말하고 있다. 태고와 나옹은 단순히 "자심이 곧 아미타불이라"고만 말하는 것이 아니라, 정토가의 염불수행과는 다른 선적인 염불수행법을 제시한다. 겉으로 보았을 때 공히 "나무아미타불"을 외친다고 하더라도, 속으로 그 수행법은 한암이 비판한 착상(着相)의 염불법(念佛法)과는 차이가 있다. 염불을 하면서도 염의 대상이 되는 부처를 자기 마음 밖에서 찾지 아니하고, 그 부처와 합일하려고도 하지 않으며, 그렇게 아미타불을 염하는 자가 누구인가를 다시 묻고 있는 것이다.

이러한 것이 염불선(念佛禪)의 하나가 아닐까 한다. 나는 염불선에

---

38) 太古和尙云 : "直下念自性彌陀, 十二時中, 四威儀內, 心心相續, 念念不昧, 密密返觀, 念者是誰, 久久成功則, 忽爾之間, 心念斷絕, 阿彌陀佛, 卓爾現前." 又懶翁祖師寄妹氏書云 : "阿彌陀佛在何方, 着得心頭切莫忘, 念到念窮無念處, 六門常放紫金光." 返觀念者誰, 非一念回機乎 ; 念到念窮無念處, 非曠劫無明, 當下氷消乎. 此乃念佛參禪無二之意也. 上同 ; 上同.

세 종류가 있는 것으로 본다. 첫째는 염불과 선을 겸수(兼修)하는 선정쌍수(禪淨雙修)의 염불선이다. 정토사상가 중에서 이런 방식의 염불선을 주장한 경우가 있을 것이다. 둘째는 선만이 있고 염불은 사라지는 염불선이다. 지금 한암이 예로서 드는 태고의 자성미타설은 이 범주이다. 셋째는 염불을 하면서 그 속에서 선을 행하는 방법이다. 이는 '불'보다 '염'에 초점을 두는 수행법인데, 이에 대한 한 사례를 보조의 『수심결』에서 찾아볼 수 있다. "염불하는 자가 누구인가를 되돌아보는(返觀念者誰)"의 방법에 대한 이해를 돕기 위하여 그 부분을 인용해 보기로 한다.

> "그대는 저 까마귀 우는 소리와 까치 지저귀는 소리를 듣는가?"
> "예, 듣습니다."
> "그대는 듣는 성품을 돌이켜 보아라. 거기에는 무슨 소리가 들리는가?"
> "거기에 이르러서는 일체의 소리와 일체의 분별이 없습니다."
> "기특하고 기특하다. 이것이 바로 관세음보살이 진리에 들어간 문이다."[39]

여기서 말하는 "듣는 성품을 돌이켜 보라"는 것은 반문문성(返聞聞性)을 말하는 『능엄경』을 연상시키기도 하지만, 동시에 "관음입리(觀音入理)"라고 말함으로써 관음신앙과도 연관된다. "관세음보살 되기로서의 관음신앙"이 가능해지는 공간이다.[40] 그런 측면에서 염의 대상이 관음에서 미타로 바뀌었을 뿐, 마찬가지 논리가 적용된다. 바

---

39) "汝還聞鴉鳴鵲噪之聲麼?" 曰：“聞.” 曰：“汝返聞汝聞性, 還有許多聲麼?.” 曰：“到這裏, 一切聲；一切分別, 俱不可得.” 曰：“奇哉奇哉！此是觀音入理之門.” 보조지눌, 『보조전서』, p.36.

40) 나는 이를 禪에서 말하는 觀音信仰으로 위치지었다. 김호성, 「관음신앙의 유형에 대한 고찰」『천태학연구』 제7호, pp.301~302. 참조. 2005, 천태불교문화연구원. ; 김호성, 『천수경의 새로운 연구』, pp.112~114. 참조. 2006, 민족사.

로 이러한 관점/수행론에 따른 염불을 말할 때 비로소 염불참선무이를 말할 수 있다는 것이다. 한암이 인용한 나옹조사의 게송에 들어있는 염불선은 이 세 번째 경우로 판단된다.

그러므로 앞서 행했던 것과 같은 착상(着相)의 염불을 비판한다고 해서 염불 안에 선과 하나로 이어질 수 있는 가능성이 사라지는 것은 아니라는 입장이다. 그렇기에 한암은 착상염불(着相念佛)에 대한 비판으로 인하여 곧바로 염불과 참선이 둘이 아니라는 옛사람의 말을 망녕된 것으로 불신하려고 했던 객에게 "망녕된 것이 아니라(非妄)"고 했던 것이다.

(2) 고성염불 비판

바로 이와 같은 맥락에서 진정한 염불참선무이이론을 위해서는 '염불회 → 좌선원'으로의 변화는 불가피했다는 것이다. 그것은 바로 건봉사의 염불, 즉 만일염불결사 그 자체에 문제가 있었기 때문이었다. 그 이야기를 직접 한암은, 위에서 인용한 문장에 이어서 다음과 같이 말하고 있는 것이다.

> 대개 이 乾鳳寺는 發徵화상이 원력으로 生을 받아서 三十一人이 몸을 버리고 왕생한 뒤 오늘에 이르기까지 천여년 동안 法道는 衰廢하여서 정토의 원을 발하는 자는 대개 高聲念佛로써 極則을 삼았으며, 저 自性彌陀를 돌이켜 관찰하는 眞宗의 教法에는 전적으로 어두웠다. 普照국사가 말씀하신 "見愛의 情을 가지고 저 부처님의 상호를 관찰하고, 저 부처님의 이름을 염하여 날이 오래고 해가 깊어질수록 魔魅가 요란하는 바 되어서 顚倒되어서 미친 듯이 내달리면서 공부에 헛수고를 하는 자가 많다"고 한 말이 이것이다. 어찌 애통하지 않겠는가!

그러므로 古德이 "천리를 가고자 할 때는 첫걸음이 올발라야 한다"고 말씀하셨던 것이다. 道를 배우는 사람은 최초에 분명히 決擇하지 않을 수 없으니 이치를 깨닫고서 마땅히 닦을지어다. 이러한 때를 당하여 만약 舊習을 改革하여 바른 길을 開示하지 않는다면, 장차 무엇을 가지고서 大法을 유지하여 무궁토록 流通하겠는가. 이것이 이른바 예전의 염불회를 폐하여 좌선원으로 삼는 것이 老婆心이 간절해서이니라.[41]

여기서 한암이 드는 건봉사의 염불 전통에 문제가 된다는 점은 고성염불을 극칙(極則)으로 삼는다는 것이다. 한편 이렇게 염불만일결사의 도량 건봉사에서 염불원을 폐지하고 선회를 설치했던 한암의 입장은 그보다 11년 전에 저술된 만해 한용운(1878~1944)의 『조선불교유신론』의 입장 역시 생각나게 한다. 그 역시 "거짓 염불을 폐지하고 참다운 염불을 닦게 하겠다"[42]고 말한다. 그의 입장을 좀더 들어보기로 하자.

그러므로 참다운 염불이 아님을 두려워 하여 이를 폐지하자고 주장하는 것은 거짓된 염불의 모임을 겨냥한 발언일 뿐이다. 동일한 불성(佛性)을 지닌 엄연한 칠척(七尺)의 몸으로 대낮이나 맑은 밤에 모여 앉

---

41) 蓋此乾鳳寺, 發徵和尙, 願力受生, 三十一人, 捨身往生後, 至今千有餘年, 法道衰廢, 發淨土願者, 擧皆
以高聲念佛, 爲極則, 而全昧其返觀自性彌陀之眞宗敎法. 普照國師所謂 : "將見愛之情, 觀彼佛相 ; 念彼佛名, 日久歲深, 多爲魔魅所擾, 顚狂浪走, 虛勞工夫者, 此也. 豈不痛傷! 故古德云 : "欲行千里, 初步要正", 學道人, 不可不決擇分明, 悟理應修也. 當此之時, 若不改革舊習, 開示正路則, 將何以維持大法, 流通無窮哉. 此所謂廢舊念佛會, 爲坐禪院之老婆心切也. 김호성, 「결사의 근대적 전개양상」, pp.162~163. ; 한암대종사문집편찬위원회, 『수정증보판 한암일발록』, p.339. ; 한암대종사문집편찬위원회, 『정본 한암일발록 상권』, p.411.
42) 한용운, 「조선불교유신론」 『한용운전집 2』, p.59. 1980, 신구문화사.

아 찢어진 북가죽을 치고 굳은 쇳조각을 두들겨 가며, 의미 없는 소리로 대답도 없는 이름을 졸음 오는 속에서 부르고 있으니, 이는 과연 무슨 짓일까. 이를 가리켜 염불이라 하다니, 어찌 그리 어두운 것이랴.[43]

여기서 우리는 그의 염불 비판이 당시 행해지던 염불의 모습에 대한 비판임을 짐작하기 어렵지 않게 된다. 한암이 고성염불을 극칙으로 삼는다고 했을 때와 같은 맥락이다. 더욱이 이홍섭은, 이렇게 "한용운이 비판적으로 묘사한 염불 모임은 아미타불을 부르며 극락왕생을 기원하는 (乾鳳寺의 --- 인용자) 염불만일회의 모습에 가깝다"[44]고 추정한다.

또 당시 건봉사의 염불만일회의 염불 모습을 유추해 볼 수 있는 또 다른 정황증거가 있다. 1921년에 행해진 한암의 개혁이 계속 이어지지 못하고, 그 이후 건봉사는 다시 염불의 도량으로 돌아가게 된다. 그때의 모습을 통하여 우리는 한암 이전의 모습 역시 유추해 볼 수 있으리라 보는데, 태고종 종정을 역임한 鄭斗石 스님의 증언이다.

1. 만일을 기하여 염불을 하되 한 사람이 만일간을 계속하는 것이 아니라 만일원에서의 염불은 만일간 계속하되 염불승은 바뀌어진다.
2. 하루의 염불시간은 오전에 10시부터 12시까지 오후에 3시부터 5시까지 4시간 정도 한다.
3. 염불의 방식은 굉쇠와 북을 치면서 그 장단에 맞추어 나무아미타불을 큰 소리로 염불한다.
4. 일제 말기 만일원에서 염불수행을 하는 승려는 불과 3,4명에 지나

43) 上同.
44) 이홍섭, 「조선불교유신론에 담긴 한용운의 세계관과 건봉사와의 영향관계」 『불교문학연구의 모색과 전망』, p.262. 2005, 역락.

지 않았으나 하루도 염불을 중지하지는 않았다.[45]

이 중에 1, 2, 4는 염불만일결사를 하는 방식을 말하는 것이며, 3
은 구체적으로 그 염불의 방식이 칭명의 고성염불임을 나타내고 있
다. 3에서 보이는 이러한 일제 말기의 염불의 모습이 한암이 비판하
는 그것과 같음을 말하고 있다. 여기서 우리는 고성염불에 어떠한 문
제가 있는지 세밀하게 관찰해 볼 필요가 있을 것 같다.

우선 위에서 인용한 한암의 글 중에서, 보조국사의 말로 나오는 부
분은『정혜결사문』의 글이다.[46] 나는 일찍이『정혜결사문』에 나오는
보조의 정토관은 근기에 따른 시설(施設)이라 하면서, 당시 보조가
고려한 근기를 최상승(最上乘) 근기, 상근(上根), 중근(中根) 중의 비
원(悲願)이 무거운 자, 정예(淨穢)와 고락(苦樂)과 흔염(欣厭)의 마
음이 무거운 자, 그리고 최하근(最下根)의 다섯으로 나눈 바 있다.[47]

이러한 다섯가지 근기에 따른 정토신앙을 말하는 중에 보조는 다
섯째 최하근에 대한 정토법문 중에서 한암이 인용하고 있는 "將見愛
之情……"의 문장을 설하고 있는 것이다. 따라서 우리는 다시 보조의
『정혜결사문』속으로 들어가서, 정확히 그 의미를 파악해 볼 필요가
있을 것이다. 보조는 다섯 번째 최하근에 대해서 다음과 같이 말한다.

　　만약 최하근의 사람이 어두워서 지혜의 눈이 없고, 부처님의 명호를

45) 홍윤식,「건봉사가람의 성격」『건봉사지지표조사보고서』, p.43. 재인용. 1990,
　　고성군.
46) 보조지눌,『보조전서』, p.27.
47) 이렇게 보조가 근기를 고려하고 있었다는 나의 이해는, 비록 영향관계를 밝히
　　고 있지 않으나 다시 그 이후 한보광이 최상승근기를 제외한 네 부류로 설정하
　　는 데(한보광,『신앙결사연구』, pp.381~388. 참조.)에 영향을 미친 것으로 보
　　인다. 한보광은 그의 책에서 김호성,「보조의 정토수용에 대한 재고찰」을 읽었
　　음을 밝히고 있기 때문이다.

칭하는 것만을 알아서 그 희유함을 찬탄한다고 하면, 어찌 부처님의 뜻을 모르고 수행하는 허물이 되지 않겠는가. 혹은 어떤 수행자는 감수작용의 힘이 강대하고, 대상에 대한 집착이 매우 깊어서 이러한 심법(心法)을 듣더라도 뜻을 어디에 두어야 할지 모를 수 있다.[48]

　보조는 최하근의 사람이 부처님의 명호를 칭하는 칭명염불은 부처님의 뜻을 모르고서 수행하는 것으로서 잘못이라 말한다. 그렇게 되는 이유는 외부로부터의 감각을 받아들이는 감각작용의 힘이 강하고 대상에 대한 집착이 깊기 때문에, 심법(心法)/선법(禪法)을 들어도 그것을 실천하지 못한다는 것이다. 일단 보조는 최하근이 하는 칭명염불 수행에 대해서 이와 같이 비판하고 있다. 그렇지만 보조는 칭명이라는 염불의 수단을 전면적으로 부정하는 것은 아니다. 위의 인용문 바로 뒤이어서 다음과 같이 말하고 있기 때문이다.

　　그러나, 능히 저 부처님의 백호에서 나오는 광명을 관찰할 수 있거나, 혹은 범자(梵字)를 관찰하거나, 혹은 경을 읽고 염불하는 등의 이러한 수행을 오롯이 정미롭게 하여 어지럽지 않는다면, 능히 망상을 조절하여 미혹의 장애를 입지 않으며, 범행(梵行)을 이룰 수 있을 것이다. 이 사람은 처음에는 사(事)로부터 행하여서 감응도교(感應道交)하여 마침내는 유심삼매(唯心三昧)에 들어가기 때문에 역시 부처님의 뜻을 잘 아는 자이다.[49]

---

48) "若是最下根人, 盲無慧目, 而知稱佛號, 則歎其希有, 豈以不知佛意修行, 爲過哉. 或有行者, 受氣剛大, 情緣最深, 聞此心法, 不知措意之處." 보조지눌, 『보조전서』, p.26.

49) "然, 能觀彼佛白毫光明 ; 或觀梵字, 或誦經念佛, 如是行門, 專精不亂, 能調妄想, 不被惑障, 梵行成建.
此人, 初從事行, 感應道交, 終入唯心三昧故, 亦是善知佛意者也." 위의 책, pp.26~27. 참조.

고성염불을 한다고 해서 안 되는 것은 아니다. 처음에는 그러한 일(事)로부터 들어가더라도 마침내 유심삼매에 들어갈 수 있다는 것이다. 문제는 고성염불이어서는 안 된다는 점에 있지 않다. 고성염불을 하더라도 하나의 원칙만 지킨다면 된다고 보조는 말한다. 그에 대하여, 보조는 비석화상(飛錫和尙)의 『고성염불삼매보왕론(高聲念佛三昧寶王論)』의 다음과 같은 말을 계속 인용하고 있는 것이다.

> 큰 바다에 목욕을 하면 이미 백 개의 시냇물을 이용한 것이 되며, 부처님의 이름을 염하면 반드시 삼매를 이룬다. 또한 마치 맑은 구슬을 흐린 물에 넣는 것과 같아서, 흐린 물은 맑아지지 않을 수 없는 것이다. (그와 마찬가지로) 염불을 어지러운 마음에 던지면, 어지러운 마음이 부처가 되지 않을 수 없다. 이미 계합한 뒤에는 마음과 부처를 둘 다 잊는다. 둘 다 잊는 것은 선정이며, 둘 다 비추는 것은 지혜이다. 정과 혜가 이미 가지런하다면 무슨 마음인들 부처가 아니며 무슨 부처인들 마음이 아니겠는가. 마음과 부처가 이미 그렇다고 한다면, 곧 만 가지 대상과 만 가지 인연이 삼매가 아님이 없을 것이니, 누가 다시 마음을 일으키고 생각을 움직여서 고성으로 부처를 칭명하는 것을 근심하겠는가.[50]

요컨대 중요한 것은 염불을 어지러운 마음에 투하(投下)하는 것이다. 염불하는 방법에 있어서 무턱대고 칭명하면서 저 부처님만을 찬탄하는 것이 아니라, 염불하는 스스로의 어지러운 마음을 맑혀가는 것이 중요하다고 말한다. 그런데 건봉사의 염불만일결사의 염불, 즉 한암으로부터 비판 받은 염불의 문제점은 바로 이 비석화상의 가르

---

[50] "浴大海者, 已用於百川 ; 念佛名者, 必成於三昧. 亦淸珠下於濁水, 濁水不得不淸 ; 念佛投於亂心, 亂心不得不佛. 旣契之後, 心佛雙亡, 雙亡定也 ; 雙照慧也. 定慧旣均, 亦何心而不佛 ; 何佛而不心. 心佛旣然, 則萬境·萬緣, 無非三昧, 誰復患之於起心動念高聲稱哉." 보조지눌, 『보조전서』, p.27.

침을 알아서 실행하지 못했던 데에서 일어난다. 그렇게 되면, 한암이 지적한 문제점이 일어난다. 『정혜결사문』은 바로 이어서 한암이 인용한 구절을 말하고 있는 것이다.

> 이러한 뜻을 이해하지 못한 자는 "견애(見愛)의 정(情)을 가지고 저 부처님의 상호를 관찰하고, 저 부처님의 이름을 염하여 날이 오래고 해가 깊어질수록 마매(魔魅)가 요란하는 바 되고 전도(顚倒)되어서 미친 듯이 내달리면서 공부에 헛수고를 하면서 일생을 기울어지게 하는 자가 많다.(밑줄 --- 인용자)[51]

한암의 인용구는 바로 "이러한 뜻을 이해하지 못한 자(不了此意者)"를 위해서 하는 말이다. 바로 앞서 말한 비석화상의 『고성염불삼매보왕론』의 취지를 알지 못하는 자에게서 일어나는 마사(魔事)를 말하는 것이다. 중요한 것은 한암이 큰 소리로 염불을 하는 것 자체를 문제 삼는 것이 아니라, 그렇게 소리만 크게 낼 뿐이지 염불을 난심(亂心) 속에 투하하여 유심삼매로 이끌어가지 못하는 점에 있는 것으로 판단된다는 점이다. 그러니 그러한 구폐(舊弊)를 안고 있는 염불을 그냥 계속해서는 대법(大法)을 유지·계승하기가 어렵다고 판단하지 않을 수 없었을 것이다. 그렇기에 염불과 참선이 둘이 아니라는 이치를 제대로 실천하기 위해서라도 염불회(念佛會)를 폐하고 선회를 신설할 수밖에 없었던 것이지, 염불과 참선이 서로 달라서 그랬던 것은 아니라는 뜻이다.

---

51) "不了此意者, 却將見愛之情, 觀彼佛相 ; 念彼佛名, 日久歲深, 多爲魔魅所攝, 顚狂浪走, 虛勞功夫, 傾覆一生." 上同. 밑줄 부분은 한암이 인용하지 않은 부분이다.

V. 맺는말

근대 한국불교의 대표적 선승 한암은 1921년 겨울로부터 1922년 봄에 이르는 동안 금강산 건봉사에서 선회를 주관하였다. 이 때의 상황을 전해주는 자료가 그 당시에 열중 소임을 맡아서 동참한 미우이력(尾友李礫)이 편찬한 『寒巖禪師法語』이다.

이 자료를 세밀히 분석해 본 결과, 나는 당시의 선회가 곧 한암이 중심이 되어서 행해진 하나의 결사였던 것으로 판단할 수 있었다. 그 중에는 결사의 논리를 담고 있는 「방함록서」, 결사의 청규인 「선원규례병인」, 그리고 결사의 교과서 역할을 해 준 「참선곡」과 「이십일문」이 포함되어 있었다. 뿐만 아니다. 금암의훈의 「선원안거」나 「편자의 일언」, 그리고 「금동(今冬)의 기념할 안거」 역시, 당시 결사의 면목을 우리에게 전해주고 있는 기초 사료가 되는 것으로 보았다.

이러한 건봉사의 결사가 어떤 이념에 의해서 행해졌던가를 알려주는 것이 한암의 「방함록서」인데, 그 내용/텍스트의 이해를 위해서도 그 배경/컨텍스트의 이해가 매우 중요하게 된다. 그것은 바로 결사가 행해졌던 건봉사가 원래는 염불만일결사가 행해졌던 염불의 도량(道場)이었다는 점이다. 그러니까 건봉사는 염불의 결사도량에서 수선(修禪)의 결사도량으로 그 성격이 바뀌었음을 알게 된다. 그것은 범상한 일이 아니다. 그것도 그 당시의 건봉사에는 1908년에 시작한 염불만일결사가 행해지고 있었음에랴. 그 이유는 무엇일까?

한암은 당시 염불만일결사에서 행해지던 염불에 어떤 문제점이 있었던 것으로 보았다. 우선 큰 소리를 내서 하는 염불만을 극칙(極則)으로 삼고 있을 뿐만 아니라 부처와 중생, 정토와 예토를 서로 다른 것으로 인식하는 이원적인 분별 속에서 행해졌다는 점이다. 이는 선사인 한암에게는 용납되기 어려운 논리였던 것이리라. 선은 자기가 본래 부처임을 믿고 깨닫자는 것에 다름 아니기 때문이다. 자기가 곧 부처라는 논리를 우리의 환경에 확대시켜 가면, 우리가 살아가는 이 세상이 곧 바로 극락정토가 된다.

그러니, 안으로 자기가 곧 부처임을 보지 못하고 밖에 저 부처를 놓아두고서, 큰 소리를 내서 그 부처를 부르는 것만으로 왕생을 구한다는 것은, 올바른 염불이라 할 수도 없고, 올바른 수행이라 할 수도 없을 것이다. 그런 까닭에 염불원을 폐하여 선회를 개설했다는 것이다.

그렇다고 해서 한암은 염불과 선을 본질적으로 다른 것으로 보는 것은 아니다. 현실적으로는 건봉사의 만일염불결사에서 행해지던 염불이 잘못된 것이라 비판하면서도 여전히 염불과 참선의 둘이 아니라는 입장을 제시한다. 그리고 그렇게 둘이 아닐 수 있는 가능성조건을 태고나 나옹이 말했던 것과 같은 자성미타설(自心彌陀說)에서 찾는다. 그렇게 자기 마음이 곧 미타임을 알고 깨닫는 것이야말로 동시에 선이기도 하며, 또한 동시에 염불이기도 하다는 논리에서이다.

우리는 이러한 한암의 염불참선무이론을 통하여, 한암의 건봉사결사가 선의 입장에 철저했던 수행결사였음을 알게 된다. 비로 그가 회통론자로 알려져 있지만, 어쩌면 이 시절의 한암에게는 선사로서 선에 철저한 것이 중요했던 것이 아니었을까 싶다. 그것이 결국에는 염불에마저 적용될 수 있는 근본임을 그는 강조하고 싶었던 것이다. 그런 까닭에 염불원을 폐하고 선회를 개설하고자 하는, 어떻게 보면 건봉사의 역사와는 다른 개혁을 행하고자 하는 흐름에 동참하면서 앞에서 이끌 수 있었던 것으로 나는 평가한다.

[참고문헌]

경허성우선사법어집간행회, 『경허법어』, 1981, 인물연구소.

김두재, 「한암스님 유고 발굴자료 2」 『대중불교』, 1994년 1월호, 대원정사.

-----, 「한암스님 유고 발굴자료 3」 『대중불교』, 1994년 2월호, 대원정사.

김호성, 「보조의 정토수용에 대한 재고찰」 『한국철학종교사상사』, 1990, 원광대 종교문제연구소.

-----, 『방한암선사』, 1995, 민족사.

-----, 「결사의 근대적 전개양상」 『보조사상』 제8집, 1995, 보조사상연구원.

-----, 「관음신앙의 유형에 대한 고찰」 『천태학연구』 제7호, 2005, 천태불교문화연구원.

-----, 『천수경의 새로운 연구』, 2006, 민족사.

-----, 「봉암사결사의 윤리적 성격과 그 정신」 『봉암사결사와 현대 한국불교』. 2008. 조계종출판사.

-----, 「결사의 정의에 대한 재검토」 『보조사상』 제31집, 2009, 보조사상연구원.

-----, 「탄허의 결사운동에 대한 새로운 조명」 『한암사상』 제3집, 2009, 한암사상연구원.

-----, 「학명의 선농불교에 보이는 결사적 성격」 『한국선학』 제27호, 2010, 한국선학회.

-----, 『경허의 얼굴』, 2014, 불교시대사.

보조지눌, 『보조전서』, 1989, 보조사상연구원.

윤창화, 「한암의 자전적 구도기 일생패궐(一生敗闕)」 『불교평론』 제17호, 2003, 만해사상실천선양회.

이종수,「19세기 건봉사 만일회와 불교사적 의미」『동국사학』제49집, 2010, 동
국사학회.

이흥섭,「조선불교유신론에 담긴 한용운의 세계관과 乾鳳寺와의 영향관계」
『불교문학연구의 모색과 전망』, 서울 : 역락.

탄허,「현대불교의 거인 --- 方漢岩」『한국의 인간상』제3권, 1965, 신구문
화사.

한보광,『신앙결사연구』, 2000, 여래장.

한암,「一塵話」『禪苑』창간호, 1931, 禪學院.

한암대종사문집편찬위원회,『수정증보판 한암일발록』, 1996, 오대산 월정
사.

------,『정본 한암일발록 상권』, 2010, 오대산 월정사.

------,『정본 한암일발록 하권』, 2010, 오대산 월정사.

한용운,「조선불교유신론」『한용운전집 2』, 1980, 신구문화사.

홍윤식,「건봉사 가람의 성격」『건봉사지지표조사보고서』, 1990, 고성군.

〈부록〉 한암의 결사 관계 자료

① 「佛紀二九四八年冬十月十五日禪敎兩宗大本山金剛山乾鳳寺
　禪院安居」

竊聞, 禪者, 世尊開示衆生, 佛之知見, 祖師直指人心, 見性成佛者,
而若據衲僧家本分正令則, 如是說, 早是錯了也. 然而佛祖, 以大慈
悲, 無方活用, 平等饒益一切衆生, 有無量恒河沙方便故. 新羅景德王
十六年戊戌, 發徵和尙, 創彌陀禪院, 與三十一人, 結社安居後, 至今
千有餘年, 諸大宗師, 繼繼承承, 闡揚佛化, 而我等衆生, 業識茫茫,
無本可據, 可勝嘆哉. 噫! 這箇道理, 一切衆生, 本自具足, 圓融無碍,
箇箇丈夫, 片片黃金, 百億活釋迦, 醉舞春風端, 雖然如是, 若無人說,
何以知其然而照明悟修哉. 於是乎! 寒岩大禪師, 住錫振化于內金剛
已, 連次三請, 末後來臨, 結社安禪, 諸方禪德, 來聚道場, 如渴赴飮.
於是, 演說妙法, 酬其本願, 有悅衆李礫, 自發二十一問, 皆禪家要節,
而禪師逐條報答, 如析薪秉燭, 以爲將來眼目. 孰不歎其未曾有哉. 無
限淸風大伽藍；無邊光明大法衆；一一堂堂大道場；一一建設大法
會. 摠是正念又一曲, 哩囉囉 哩囉囉 囉哩.

佛紀二千九百四十九年元月十五日,

錦菴宜勳 謹識.

가만히 듣자오니, 선은 세존이 중생의 불지견을 열어 보인 것이고,
조사가 사람의 마음을 바로 가리켜서 성품을 보고서 부처를 이루게
하는 것이다. 그런데 만약 衲僧家의 本分正令에 의거한다면 이러한

이야기가 이미 오류를 범한 것이 된다. 그렇지만 부처님과 조사스님들은 큰 자비로써 모남이 없이 活用하시니 평등하게 일체중생을 이익케 함에 한량없는 恒河沙의 방편이 있기 때문이다. 신라 경덕왕 16년 무술에 發徵화상이 彌陀禪院을 창건하시어 三十一人과 함께 結社하여 安居한 뒤에 오늘에 이르기까지 천여 년 동안 여러 대종사들이 繼繼承承하여 부처님의 교화를 드날리셨으나, 우리들 중생의 업식은 가이없어서 가히 의거할 근본이 없으니 가히 탄식할 일이로다. 아, 이 도리는 일체중생이 본래 스스로 갖추고 있으며 원융하여 걸림이 없으니 한 사람 한 사람이 大丈夫이고 조각조각마다 황금이니 백억의 살아있는 석가가 봄바람 끝에서 춤을 추는도다. 비록 그러하나, 만약 다른 사람에게 설하지 않는다면 어찌 그러한 까닭을 알아서 깨닫고 닦음을 비출 수 있겠는가. 아, 한암대선사가 內金剛에 주석하여 교화를 떨치고 계셨으니 연이어서 세 번 청한 뒤에야 來臨하여서 結社하고 安禪하시니 諸方의 禪德들이 도량에 모이기를 목마른 자가 물에 나아가는 것과 같았다. 이에 妙法을 연설하셔서 그 本願에 응답하셨다. 마침 悅衆 李礂이 스스로 二十一問을 발하였으니 모두 禪家의 要節이었고, 禪師가 그 條項에 따라서 대답하셨으니 땔나무를 쪼개고 燈燭을 잡아서 장래의 眼目으로 삼고자 하였다. 누가 그 미증유한 일을 찬탄하지 않으리오.

> 한없이 맑은 바람이 부는 大伽藍이며
> 한없이 밝은 빛이 비추는 大法衆이로다
> 하나하나가 당당한 大道場이니
> 하나하나가 大法會를 건설하누나.

모두가 正念이나 다시 一曲이 있도다. 리라라 리라라 라리.

佛紀二千九百四十九年 元月 十五日

錦菴宜勳 謹識

(김호성 옮김)

⑬「紀念할 今冬의 安居」

今日을 紀念하야 明日의 向上을 促進하나니 紀念二字는 實로 向上의 前提가 되난도다. 그러함으로 吾人은 今冬에 安居를 永久히 紀念할 必要가 있다. 千古以前에 發徵和尙이 三十一人으로 더불어 亥安居를 成就하였고 千古以後 今冬에 寒巖長老가 三十二人으로 더불어 冬安居를 성취하였다. 千古前後에 遙遙相符한 今日을 吾人은 紀念할지며, 此土의 苦를 厭하고 彼岸의 樂을 欲하며 自己의 萬能인 靈性을 埋沒하고 盲目的으로 彼佛의 他力을 慕仰하든 醜傀的 權教를 破脫하고 卽指人心 見性成佛하는 正信的 實際에 入하게 된 今日을 吾人은 永久히 紀念할지며 車前馬後에 奴를 認하여 郞을 作하는 者와 湘南潭北에 名을 執하야 寶를 삼는 者와 門頭戶口에 光影을 認識하야 作家를 自任하든 半島의 心學界는 頗히 呶呶吶吶하야나도 栗木이라 하는 外評을 禁키 不能하였다. 그러나 山鳴谷應의 一巨鐘에 三七問答으로부터 出生한 今日이다. 吾人은 今日을 强烈히 紀念하지 아니치 못할 今日이라 하노라. 그러나 그 紀念코져 하나 紀念키 不能한 곳도 有할지라 此를 如何히 하야사 可하리오. 切須記取記取어다.

伽凌精舍 主人 咸東 序.

4

漢巖의 一鉢禪[1)]

- 胸襟(藏蹤)과 把拽(巧語)의 응축과 확산 -

고영섭

※ 이 논문은 『한암사상』 2집(2007년)에 발표했던 것을 수정, 보완하여 재수록
한 것이다.

[요약문]

이 논문은 한암 중원(漢巖重遠, 1876~1951)의 살림살이를 은 일반선풍으로 파악한 글이다. 그는 평생을 발우 하나만을 들고 맨발로 탁발을 나아가 비구를 상징하는 '일발의 선풍'을 떨쳤다. 한암은 자신의 어록 제목을 '일발록'(一鉢錄)이라고 붙일 정도로 생평을 비구 수행자로서 절도 있는 삶으로 일구어 나갔다. 그에게 있어 '일발'(一鉢)은 최소한의 소유를 나타내는 기물이자 탁발 즉 걸식이라는 하심의 삶을 상징하고 있다.

---

1) 漢巖 重遠(1876~1951)은 鏡虛 惺牛(1846~1912)에게서 본래 '寒巖'이라는 법호를 받았다. 하지만 그는 이름이 너무 차다고 여겨 건네받은 '찰 한'(寒)자를 스스로 고쳐 '한수 한'(漢)자로 썼다. 또 한암은 자신이 평생에 걸쳐 쓴 글을 모아 '一鉢錄'이라고 제목을 붙였다. 인도 근본불교의 律藏 이래 '네 가지 의지해야 할 법'(四依法)인 糞掃衣와 乞食 및 樹下住와 陳棄藥 등과 같은 최소한의 소유물만이 인정되었던 출가수행자의 不所有 혹은 無所有라는 투철한 수행 정신의 상징이 '一鉢'이라고 할 수 있다. 선종사에서 '一鉢'은 수행자의 최소한의 소유와 중국 이래 心印 傳授의 상징, 그리고 禪家의 禪農一致 정신을 보여주는 것이다. 한암은 여타의 고승처럼 독방살이를 하지 않고 평생을 대중방에서 대중들과 함께 생활하였다고 전한다. 이는 한암이 특히 강조한 參禪, 念佛, 看經, 禮式, 伽藍守護의 僧伽五則과 禪院規例에도 잘 나타나 있다. 그는 중국 간화선의 정초자인 大慧 宗杲처럼 '조석禮佛'과 '대중運力' 등을 대중들과 함께 하며 살았다. 하여 '一鉢'은 한암의 살림살이를 가장 잘 드러내는 기호이며 한암의 가풍을 상징하는 사상적 벼리라고 할 수 있다. 그것은 언어의 세계를 넘어선 선법을 상징하는 '자취를 감춘[藏蹤] 천고의 학'과 언어의 세계로 드러낸 교법을 상징하는 '말 잘하는[巧語] 삼춘의 앵무새'와 함께

140

한암은 자신의 살림살이를 참여와 침묵, 흉금과 파예의 두 구도를 통해 소유와 집착 및 분별을 넘어서는 일발선풍으로 펼쳐내었다. 나아가 그는 법화(法化)와 행리(行履)의 수렴과 장종과 교어의 윤활을 통해 일발선풍으로 전개하였다. 한암은 '비법'(非法)의 상대로서의 '법'을 넘어 '묘법'(妙法)으로 열어감으로써 법화와 행리의 소통의 장을 마련하였고 그 스스로 그러한 모습대로 살았다. 그의 살림살이는 흉금(胸襟)과 파예(把拽)의 선풍을 넘어 활발발한 일발의 선풍으로 응축되고 확산되었다. 그리고 그것은 한암 자신의 가슴 속에서 우러나오는 흉금의 언어와 고삐를 당길 때를 정확히 아는 파예의 언어를 통해 이루어졌다.

그는 스승 경허와 헤어질 때와 봉은사를 떠나 오대산에 입산할 때를 알았다. 동시에 두 차례의 교정과 종정으로 나아갈 때와 상원사의 소각을 막아낼 때를 알았다. 역사 속에 참여할 때나 침묵할 때에도 한암의 일발 정신은 한 치도 흔들림이 없었다. 스승 경허와 헤어질

그가 평생을 보여주었던 律師로서의 모습을 보여주는 코드이기도 하다. 일찍이 한암이 1921년 겨울에서 1922년 봄에 이르기까지 금강산 건봉사에서 禪會를 주관했던 상황을 담은 자료가 당시 悅衆 소임을 맡았던 尾友 李礎이 편찬한 『漢巖禪師法語』와 한암이 몸소 집성한 『一鉢錄』에서도 한암의 一鉢가풍이 확인된다. 하지만 『일발록』은 1947년에 제자 呑虛 宅城(1913~1983)이 보겠다고 하여 가져다 놓고 어느 암자에 간 사이에 불의의 화재를 당한 상원사와 함께 불타 버렸다. 그가 입적한 뒤 40여 년 만에 鏡峰 靖錫(1892~1982)의 상좌인 明正에 의해 『漢巖集』(통도사 극락선원, 1990)이 간행되었다. 한암문도회에서는 이것을 더욱 증광하여 『漢巖一鉢錄』으로 집성하였다(민족사, 1995; 수정증보판, 1996). 이후 다시 『定本漢巖一鉢錄』上下(민족사, 2010) 2책으로 증보하여 출판하였다. 따라서 논자는 한암의 생평을 드러내는 살림살이를 '一鉢禪'이라는 이름으로 재구성해 보려고 한다. 한암에게 있어 '一鉢'은 다시 '胸襟(藏蹤)과 '把拽'(巧語)를 통해 역동적으로 살아나는 개념이기 때문이다. 그는 단지 몇몇 글들을 남겼을 뿐이지만 선법과 교법을 둘로 보지 않았으며 선법에 대한 강조 못지않게 교법의 중요성을 역설하고 있다.

때와 봉은사를 떠나 오대산에 들어올 때, 그리고 두 차례의 종정과 교정을 나아갈 때와 상원사의 소각을 막기 위해 온몸을 던질 때에도 그러하였다. 그는 그때를 알고 있었고 그때에 맞춰 살았다. 그는 시중(時中)의 도리를 알았고 그 도리에 자신을 맞출 줄 알았다.

한암은 흥금과 파예의 소식을 알았고 장종과 교어의 마찰을 넘을 줄 알았다. 따라서 '흥금'((藏從)과 '파예'(巧語)의 두 기호로 표출되는 한암의 선풍은 평생을 무소유 혹은 불소유 정신을 견지하면서 자연스럽게 우러나온 일발의 살림살이라고 할 수 있다.

I. 문제와 구상

한암 중원(漢巖 重遠, 1876~1951)은 조선 말기와 대한 초기(1897~)의 격변기에 출가하여 치열한 수행력을 바탕으로 대한불교의 자존을 지킨 고승으로 평가받고 있다. 그는 서당에 다니던 어린 시절부터 세계의 근원에 대한 문제의식이 투철했던 것으로 알려져 있다. 아직 구체적으로 손에 잡히고 눈에 보이지 않아 애매하고 모호하기는 하였다. 하지만 '근원' 또는 '궁극'에 대한 중원의 문제의식은 쉽게 사라지지 않고 출가하기까지 내면 속에 잠복해 있었던 것으로 보인다.

한암이 출가할 즈음 세계 열강들은 제국의 영향력 확대와 상품의 판매력 확장을 위해 조선의 항구들을 넘나들기 시작하였다. 특히 일본은 강화도 앞바다에서 수심을 조사한다며 접근하였고 조선 정부는 이에 대해 소극적으로 대응하다가 강제로 문호개방을 당하기에 이르렀다. 이 시기 조선 정부는 승려들의 도성출입금령 폐지안에 대해 몇몇 차례 논의를 거치기에 이르렀다. 하지만 갑오경장과 동학혁명 및 갑신정변을 거치고 나서도 아직 실현을 보지 못하고 있었다.

때마침 일본 일련종의 승려 사노 젠레이(佐野前勵)의 요청을 계기로 도성출입 해금령(1895)을 반포하였다. 용주사의 석상순(釋尙順, 崔就墟) 등 일부 승려들은 종교침략의 술책인 줄 모르고 일황의 만수무강과 일본 승려에 대한 감사까지 보임으로써 조선 승려로서의 자존심을 내팽개칠 정도의 추태를 보였다.[2] 이러한 일련의 모습은 그

---

2) 강석주·박경훈, 『불교근세백년』(서울: 민족사, 2002), pp.17~22. "대조선국 경기 수원 화산 용주사 승 석상순은 삼가 배례하고 치하하나이다. 대일본의 尊

동안 조선 승려들에게 도성출입금령의 해제가 얼마나 큰 열망이었던 가를 보여주는 것이라고 할 수 있다.

희유한 일이지만 한암의 스승 경허 성우(鏡虛 惺牛, 1846~1912[3])는 일찍이 일부 조선 승려들의 비굴한 모습과 달리 '나에게는 서원이 있으니 발이 경성의 땅을 밟지 않는 것[4]'이라고 할 정도로 조선불교의 자존을 토해내었다. 젊은 비구 중원은 도성출입 해금 이후 경허에 의해 해인사 등지에서 본격적인 수선결사가 시작(1899)되는 불교계의 개벽 시기에 처음으로 개오(開悟)를 얻게 되었다.

師각하. 우리는 지극히 비천하여 서울에 들어가지 못하기를 지금까지 5백 년이라 항상 울적하였습니다. 다행히 交隣이 이루어져 대존사 각하께서 이 만리 타국에 오시어 널리 자비의 은혜를 베푸시니 본국의 僧徒로 하여금 5백 년래의 억울함을 쾌히 풀게 하셨습니다. 이제부터는 王京을 볼 수 있으니 이는 실로 이 나라의 한 승려로서 감사하고 치하하는 바입니다. 이제 성에 들어가면서 감히 소승의 얕은 정성으로나마 배례하나이다." 그는 『조선불교월보』 1호인 1912년 2월 25일자에 기고한 「法類兄弟의게 顯祝홈」에서도 여전히 일본 '天皇陛下의 聖德과 總督閣下의 明政'을 기리고 있다. 이러한 상순 못지 않게 각지의 많은 승려들이 다투어 사노에게 감사하였고, 이를 계기로 사노는 1895년 5월 고종의 聖壽無疆을 빌며 동시에 불교의 中興維新의 대업을 축원하면서 도성출입을 풀어 준 皇恩에 보답한다는 韓日僧侶合同無遮大法會를 열었고, 이 기도회에 화계사, 백련사, 용주사 및 금강산의 승도 3백여 명과 外部, 學部, 農商工部 대신 및 김홍집 총리대신의 대리 등 20여 명의 조정 고관이 참석하기에 이르렀다.

3) 논자는 경허의 가풍을 '尾塗禪' 혹은 '曳尾禪' 또는 '照心學'이라는 기호로 조명해 본 적이 있다. 졸론, 「경허의 尾塗禪: 法化외 行履의 마찰과 윤활」, 졸저, 『한국불학사: 조선·대한시대편』(서울: 연기사, 2005); 졸고, 「경허의 照心學 : 중세선의 낙조와 근세선의 개안」 『제1회 조계종 근현대사상 학술세미나-해방 이전의 선사상을 중심으로』, 2004, 조계종 불학연구소. 『선문화연구』 제7집, 2009, 한국선리연구원.

4) 漢巖, 「先師鏡虛和尙行狀」 『漢巖一鉢錄』(서울: 민족사, 1996), p.320. ; 『定本漢巖一鉢錄』上卷(민족사, 2010), p.477. "吾有誓願, 足不踏京城之地." 한암은 '누가 큰 도시로 나아가서 교화하기를 권하면' 경허는 이렇게 대답하였을 정도로 당시의 승려들과 달리 '탁월하고 특출함이 대개 이와 같았다'고 기술하고 있다.

이즈음 불교계에 대한 정부의 통제는 급변하기 시작했다. 먼저 정부는 사찰과 승도들을 관리하고자 소흥사(紹興寺) 터에 원흥사(元興寺)를 지었다(1899). 뒤이어 정부는 대한사찰령을 공포(1902.4)한 뒤 사사관리세칙(寺社管理細則)에 의거하여 원흥사에 사사관리서를 두었다(1902). 이로 인해 대한불교는 다시 정부의 통제 속으로 편입되어가고 있었다.[5]

광무 정부는 원흥사를 대법산(大法山) 국내수사찰이라 일컫고 전국의 16개 사찰을 중법산(中法山) 도내수사찰로 삼아 불교계를 관리하였다. 하지만 사사관리서와 대법산제는 2년 만에 모두 폐지되었다. 뒤이어 봉원사의 이보담(李寶潭)과 화계사의 홍월초(洪月初) 등은 원흥사에다 정토(淨土)를 종지로 한 불교연구회를 결성하였다. 이들은 원흥사 경내에 명진학교(1906)를 건립하고 원종(圓宗)이라는 새로운 종단을 창종(1908)하였다. 동시에 중앙교육기관으로서 명진학교를 세우고 각 지역 사찰에는 지방교육기관으로서 각종 학교를 설치하기 시작하였다.

때마침 원종 종무원 대종정이었던 회광 사선(李晦光 師璿, 1862~1933)이 일본 조동종의 다케다 한지(武田範之)와 함께 일본에 건너가 조동종 관장 이시가와(石川素童)와 함께 연합(합병) 조약을 체결하였다(1910.10). 이에 용운 봉완(韓龍雲 奉玩, 1879~1944)과 진응 혜찬(陳震應 慧燦, 1873~1941) 등은 격분하여 매종된 원종에 맞서 범어사에서 임제종을 창종(1910.10.5 광주; 1911.1.15 부산)하였다. 북쪽의 원종과 남쪽의 임제종이 서로 정통성을 주장하며 길항하

---

5) 高榮燮, 「東大 '全人 교육' 백년과 '佛敎 연구' 백년: 치밀한 사고력·활달한 문장력·넘치는 인간미」『불교학보』제45집, 2006. 8, 동국대학교 불교문화연구원.

였지만 불교를 교두보로 한 일본의 종교침략을 막아내지는 못하였다. 결국 나라를 잃게 되면서부터 그리고 총독부가 사찰령을 반포(1911)하면서부터 대한불교계는 주체적인 의결권을 상실하고 말았다.

이후 남쪽의 불교계는 총독부와의 관계 설정에 있어 혼미를 거듭하였고 원종을 기반으로 한 북쪽의 불교계는 서서히 친일의 분위기로 기울어 갔다. 결국 북쪽을 기반으로 하는 원종과 남쪽을 기반으로 하는 임제종은 총독부와의 친소 관계 설정에 있어서 그 입장이 달랐으나 두 종단 모두 총독부 치하에서 사라지고 말았다. 결국 조선총독부 아래에 이름뿐인 30본산 회의소가 설치되기에 이르렀다.

이에 30본산 주지들이 회합하여 다시 30본산에 연합사무소를 두었다(1915). 하지만 본사주지가 종래의 공의적인 사원 운영을 무시하고 독단으로 운영을 전횡하였다. 그러자 일본 유학승과 젊은 승려들 및 서너 개의 본말사 주지들이 들고 일어나 조선불교 선교 양종 중앙총무원을 각황사(태고사, 조계사)에 설치하였다(1922.1) 이와 달리 나머지 본말사 주지들 역시 각황사에다 조선불교 선교양종 중앙교무원을 설치하였다(1922.5). 이들 두 종단은 약 2년간 대립하다가 조선불교중앙교무원으로 가까스로 통합되었다. 조선 말 대한 초기에 출가를 단행했던 한암 중원이 불교계의 대표적 수행자로 이름이 드러나기 시작한 시기[6] 역시 바로 이때 즈음이었다.

---

6) 한암에 대한 논구로는 다음의 몇몇 논구를 참고할 수 있다: 김호성, 「한암선사-보조선을 계승한 종문의 선지식」『한국불교인물사상사』(서울: 민족사, 1990), pp.462~473. ; 김호성, 「영원한 구도자, 漢巖스님」, 일타스님 외, 『현대고승인물평전』하(서울: 불교영상, 1994), pp.38~51. ; 종범, 「한암선사의 선사상」『한암사상연구』제1집(평창: 한암사상연구원, 2006), pp.15~46. ; 김호성, 「『바가바드기타』와 관련해서 본 한암의 염불참선무이론」『한암사상연구』제1집(평창: 한암사상연구원, 2006), pp.55~148. ; 김광식, 「방한암과 조계종

1. '반고씨 이전'과 '참다운 성품'

강원도 화천에서 태어난(1876) 그는 어릴 때부터 할아버지 밑에서 공부를 하면서부터 총기를 드러내었던 것으로 알려져 있다. 서당에서 중국 역사책인 『사략』(史略)을 읽다가 '태고에 천황씨(天皇氏)가 있었다'로 시작되는 첫 구절을 보던 중원이 스승에게 '태고에 천황씨가 있다고 했는데, 그렇다면 천황씨 이전에는 누가 있었습니까?'라고 질문했다. 당돌한 질문에 놀란 훈장은 얼른 '천황씨 이전에는 반고씨(盤古氏)라는 임금이 있었지'라고 대답했다. 그러자 소년 중원은 '그렇다면 반고씨 이전에는 누가 있었습니까?'라고 집요하게 질문을 던졌다.

'반고씨 이전'과 같은 세계 성립의 최초의 동인(動因, moving, arche)에 대한 물음은 철학과 종교 분야의 공통된 화두라 할 수 있다. 유학에서는 이것을 '통체일태극'(統體一太極)이라 하고, 도가에서는 '천하모'(天下母)라 하며, 불교에서는 '최청정법계'(最淸淨法界)라 하고, 선리(禪理)로는 '최후일구자'(最後一句字)를 뜻한다. 이러한 질문에 대해 서당 훈장은 더 이상의 대답을 해 줄 수가 없었다. 그러자 아홉 살의 중원은 '반고씨 이전에는 누가 있었는가'라는 문제의식을 가지기 시작했다.

단」『한암사상연구』 제1집(평창: 한암사상연구원, 2006), pp.155~190. ; 윤창화, 「자료발굴: 한암의 자전전 구도기 『一生敗闕』」 『불교평론』 통권 17호, pp.294~306. 2003년 겨울. ; 윤창화, 「자료발굴: 한암의 자전전 구도기 『일생패궐』」 『한암사상연구』 제1집(평창: 한암사상연구원, 2006), pp.201~270. ; 박재현, 「구한말 한국 선불교의 간화선에 대한 한 이해: 송경허의 선사상을 중심으로」 『철학』 제89호, 2006, 한국철학회. ; 박재현, 「방한암의 禪的 지향점과 역할의식에 관한 연구」 『철학사상』 제23호, 2006, 서울대 철학사상연구소.

여기서 '반고씨 이전'은 근원에 대한 문제의식이라 할 수 있다. 이 세계의 최초 원인은 무엇인가. 그리고 나의 참다운 성품[svabhāva, 自性, 眞性]은 무엇인가. 이처럼 근본적 물음에 대한 집요한 탐구의 습관은 이후 출가의 가풍 속에까지 깊이 투영되었던 것으로 보인다. 수제자 탄허의 글에 의하면 출가하면서 보인 세 가지 맹세는 한암의 문제의식을 잘 보여주고 있다. 그 중에서도 첫 번째 맹세는 '반고씨 이전'이라는 문제의식과 통하는 것이라고 할 수 있다.

> 1) 자기 마음의 진성(眞性)을 찾아보자.
> 2) 부모의 은혜를 갚자.
> 3) 극락으로 가자.[7]

여기에서 두 번째의 부모의 은혜를 갚자는 것과 세 번째의 극락으로 가자는 것은 출가수행의 결과라고 할 수 있다. 하지만 첫 번째의 자기 마음의 진성을 찾아보자는 것은 출가수행의 동기라고 할 수 있다. 물론 처음부터 한암이 '진성'이라는 문제의식을 가지고 출가하였다고 보기는 어려울 것이다. 9살 때의 '반고씨 이전'의 문제의식은 가난한 살림살이 속에서 이내 묻혀 버렸던 것으로 보인다.[8] 이것은 중

---

7) 呑虛, 「現代佛敎의 巨人」, 『漢巖一鉢錄』(서울: 민족사, 1996), p.451.
8) 일반적으로 한암의 출가년은 그의 제자인 呑虛가 지은 「漢巖大宗師浮屠碑銘并序」에 근거하여 22세 되던 1897년으로 비정하고 있다. 하지만 강원도 경찰부장 야마시타 진이찌(山下眞一)가 기록한 『조선불교』 제101호(1934, pp.81~85)의 「이케다 경무국장, 방한암 선사를 만나봄」이라는 제목의 글에는 '이케다 경무국장을 수행하면서'라는 부제를 붙이고 두 사람의 대화를 자세히 기록하고 있다. 여기에 따르면, 1934년 6월 9일 조선총독부 경무국장이었던 이케다(池田淸) 국장과 『조선불교』 발행인 나카무라(中村健次郎)가 상원사에 주석하던 한암을 찾아왔다. 이때 이케다가 한암에게 "스님은 이곳에 오신 지 벌써 몇 년이 되십니까?"하자 한암은 "9년이 됩니다. 10여 년 전 경성에 대수해가 있었을 때(1925년의 수해를 가리킴)는 뚝섬 건너편의 봉은사에 있었습니다."라고 하였다. 이케다가 "9년 동안 몇 번 하산했습니까?"라고 하자 한암은

148

원이 이러한 문제의식을 더 깊게 불살라 곧바로 출가하지 못했던 사실에서 확인된다.

9살의 의문 이후 13년 동안 중원은 일상 속에 살면서 '반고씨 이전'이라는 문제의식은 내면 속에 가라앉아 있었을 뿐 겉으로 드러나지 않았다. 그리고 집안 형편이 어려워 이러한 문제의식을 깊이 있게 성숙시켜 내지 못하였다. 스무 살이 넘어 결혼 문제가 오고 가는 와중에서 '돈이 없는 사람은 살아가기 어렵구나'라는 현실적인 문제의식이 출가를 재촉했던 것으로 보인다. 22살이 되자 중원은 출가를 결심하게 되었고 강원도 내금강 장경봉 아래의 장안사로 가서 금월 행름(錦月行凜) 노사를 은사로 하여 머리를 깎았다.

아마도 출가 이후 '반고씨 이전'이라는 근원에 대한 문제의식이 다시 솟아나기까지 중원에게는 어느 정도 시간이 필요했던 것으로 보

"경주 불국사에 참예한 일, 이가 아파서 그 치료차 경성에 갔던 일 등 전후 2회입니다."라고 하였다. 이케다가 "몇 살 때 승적에 들어가셨습니까?"라고 하자 한암은 "9세 때 금강산 장안사에서 삭발하고 그로부터 해인사·통도사·평북의 묘향산, 다시 통도사·봉은사 등지에서 10년 내외 가량 있다가 이곳에 왔습니다."라고 수행의 기록을 남기고 있다. 또 "응답하는 사이 한암 선사의 얼굴에는 법열의 모습이 빛나고 눈빛이 반짝거리는 가운데에서 자비의 눈물을 참는 것처럼 느껴졌다. 꾸밈이 없고 말이 없는 농촌의 농부와도 같은 풍채에 누구도 넘보기 어려운 데에 감동되어지는 것은 9세 때부터 61세(사실은 59세)의 이날까지 50년이 넘는 오랫동안 수련의 결과가 아니고 무엇이랴."라고 적고 있다. 이 기록에 따르면 한암은 '반고씨 이전에는 누가 있었습니까?'라는 의문을 지닌 9세에 출가한 것이 분명하다. 임혜봉 역시 이 기록에 근거하여 한암의 출가 시기에 대한 재검토의 필요성을 제기하고 있다. 임혜봉, 「한암 중원」『종정열전 2: 천고에 자취를 감춘 학처럼』(서울: 가람기획, 1999), pp.232~242. 이와 달리 박재현은 탄허의 연보나 비명에 의거하면서도 "'반고씨 이전에는 누가 있었을까?'라는 의문은 분명 난해한 문제지만, 왠지 책상 위에서 구성된 문제의식처럼 보여서, 출가를 단행하기까지 무려 13년을 버텨낼 정도의 중량감이 느껴지는 의심덩어리 같지는 않아 보인다."고 지적하고 있다. 박재현, 「방한암의 禪的 지향점과 역할의식에 관한 연구」『철학사상』 제23호, pp.307~308. 2006, 서울대 철학사상연구소.

인다. '반고씨 이전'의 문제의식은 중원의 발심으로 환기되었고, 그
와중에서 그의 내면 속에서 오랫동안 숙성되고 발효되어 '참다운 성
품'[眞性]이라는 불교 개념으로 자리 잡은 것으로 보아야 할 것이다.
탄허가 기술한 세 가지 맹세는 처음부터 생겨났던 문제의식이기보다
는 출가하면서 서서히 확립되기 시작했던 것으로 보인다.

2. 천고의 학과 삼춘의 앵무새

출가한 이후 치열하게 수행했던 한암이 맞이했던 오도의 계기는

최근 한암의 조카인 방진성 옹은 한암이 어렸을 적에는 할아버지 밑에서 공부
를 하다가 스무 살 무렵에 장가를 가려고 집안끼리 약혼을 하자 한암이 그 여
자의 집에 가서 '내가 집안이 어려워서 돈이 없는데 어떻게 생각하느냐'고 의
중을 물었더니 그 여자가 단호히 거절을 하여 '돈이 없는 세상은 살기 어렵구
나 생각하고 금강산 구경갔다가 그만 입산 출가하였다고 증언하고 있다. 한암
문도회·김광식, 『그리운 스승 한암스님: 한국불교 25인의 증언록』(평창: 오대
산 월정사, 2006), pp.356~357. 한암의 또 다른 조카인 방문성 옹 역시 최근
한암의 부친은 초시(初試)에 합격하고서는 늘 서울의 남산에 와서 샌님과 진
사들과 놀고 지내며 남 퍼주길 좋아해서 가산을 탕진할 정도로 지냈고, 한암
은 성격이 강직하여 불의를 참지 못하였으며 결혼에 대한 말만 왔다 갔다 했다
고 증언하고 있다. 한암문도회, 같은 책, p.366. 이들의 증언을 종합해 볼 때 집
안이 가난했던 것은 분명한 것 같다. 하지만 "조선인에게는 정신상의 안식처가
없었다. 각지에 잔존하고 있는 書院에는 현대 청년의 마음을 끌만한 활동이
없고, 寺院은 오랫동안 소외 압박에 餘命을 유지하면서 일반 민중의 정신생활
과는 멀리 동떨어져 있다"고 당시의 조선의 정신계를 얕잡아보는 편견의 시각
과 몇몇 기록상의 오류를 감안해 볼 때 야마시타 진이찌의 기록을 전적으로
믿기는 어렵다. 더욱이 한암 주변에 대해 비교적 자세히 알고 있었을 한암의
직계 조카들의 증언을 감안해 볼 때 시점과 직함 및 전후 사정 등에 대한 몇몇
서술 상의 오류를 보이고 있는 야마시타 진이찌의 기록에 의존하는 것 역시 문
제가 있어 보인다. 따라서 논자는 야마시타 진이찌의 기록인 9세 출가설과 증
언과 비문의 22세 출가 주장에 대한 기록이 서로 충돌하고 있어 확정하기 쉽
지 않지만 한암 조카들의 증언과 제자 탄허의 비문에 의거하여 22세 출가설
이 더 정합성을 얻는 주장이라 보고 싶다.

다섯 차례[9]가 된다. 한암은 불교의 교리를 좀더 깊게 공부하기 위해 신계사의 보운강회(普雲講會)에 나아갔다. 어느 날 우연히 목우자 지눌(牧牛子 知訥, 1158~1201)의 『수심결』을 읽어 가다가 아래의 대목에서 크게 깨달았던 것으로 보인다.

> 만일 자기 마음 밖에 부처가 있고, 자기 성품 밖에 법이 있다고 집착하여 불도를 구하고자 한다면, 헬 수 없는 오랜 세월 동안 몸을 태우고 팔을 태우거나(燒身煉臂), 뼈를 부수고 골수를 내오거나, 피를 뽑아 경을 베끼거나, 하루 한 끼만 먹거나, 내지 일대의 장경을 모조리 읽고 외우거나, 갖가지 고행을 닦는다 하더라도 이는 마치 모래를 쪄서 밥을 지으려는 일과 같아 다만 수고로움을 더할 뿐이다.[10]

한암은 지눌이 모색했던 '자성이 곧 법성'[自性是法性]이며, '자심

---

9) 김호성은 지눌의 『수심결』을 보다가 경험한 轉機를 '초견성'(初見性)으로 보고 있으나, 윤창화는 이를 1차로 보지 않고 청암사 수도암에서 경허의 『금강경』 강의를 계기로 개안한 것으로부터 1차 깨달음으로 셈하고 있다. 이럴 경우 한암은 3차(김호성) 전기 내지 4차(윤창화) 전기를 맞이한 것이 된다. 한암의 전기는 금강산 신계사 보운강회(보운강원)에서 지눌의 『수심결』을 보면서 얻은 1차 깨달음(1899. 7), 성주 수도암에서 경허의 『금강경』 강의를 들으면서 얻은 2차 깨달음(1899년 하안거 뒤), 통도사 백운암에서 '참선 도중 죽비 치는 소리'를 듣고 얻은 3차 깨달음(1901년 하안거 뒤), 범어사에서 『전등록』을 보다가 '일물무위'(一物無爲)에서 얻은 4차 깨달음(1902년 하안거 뒤), 맹산 우두암에서 아궁이에 불을 때다가 얻은 5차 깨달음(1912년 봄)의 다섯 차례가 된다. 다만 그가 손수 지은 자서전 「一生敗闕」에서 마지막으로 우두암에서 깨달으면서 '수도암에서 깨달은 것과 조금도 다름이 없었다'는 구절을 염두에 둔다면, 그리고 스승 경허의 문하에서 깨달은 것부터 셈하여 본다면 4차 전기로 볼 수 있다. 한암이 간화선를 추구하고 있고 반드시 눈 밖은 선지식에게서 인가를 받아야 한다는 간화선의 수행론에 근거해 본다면 4차 전기로 셈하는 것은 설득력이 있어 보인다. 하여튼 그 전기를 4차로 보든 5차로 보든 간에 한암의 開悟處가 모두 禪籍에 있었다는 점이 지눌과 상통하며 그 역시 지눌처럼 頓悟漸修論을 견지했다는 것은 주목되는 대목이다.

10) 知訥, 『修心訣』(『韓佛全』제4책, 708중 면). "若言心外有佛, 性外有法, 堅執此情, 欲求佛道者, 縱經塵劫, 燒身煉臂, 敲骨出髓, 刺血寫經, 長坐不臥, 一食卯齋, 乃至 轉讀一大藏敎, 修種種苦行, 如蒸沙作飯, 只益自勞耳."

이 곧 불심'[自心是佛心]이라는 이문(二門) 진심(眞心)의 구도[11]를 체득하였다. 그는 '자기 마음이 곧 부처이며, 자기 성품이 곧 진리의 성품'임을 체인하였다. 이 구절을 본 한암은 홀연히 몸과 마음이 송연하여 마치 죽음의 시각(大限)이 박두하는 극한의식을 느꼈던 것으로 알려져 있다. 때마침 그는 장안사의 해은암(海恩庵)이 하룻밤 사이에 불이나 잿더미가 되었다는 소식을 접하였다. 그 순간 한암은 가없는 무상(無常)을 뼛속 깊이 몸으로 느꼈다. 이것이 한암의 1차 깨달음의 전기(轉機)였다.

바로 그 해에 한암은 해인사 퇴설선원에 방부를 드렸다. 이때의 기록은 해인사 퇴설선원 동안거 방함록에 자세히 실려있다. 당시 경허는 조당(祖堂)으로 올라 있고 한암은 서기(書記, 1899년 동안거)를 맡았다.[12] 방부 첫 해 동안거 중 어느 날 게송 하나를 지었다.

> 다리 밑 푸른 하늘 머리 위 작은 산은
> 쾌활한 남아가 여기에 이른다면*(본디 안과 밖과 중간도 없는 것이네)
> 절름발이도 걸을 수 있고 소경도 볼 수 있으니
> 북쪽 산은 말 없이 남쪽 산을 대하네.[13]

경허는 한암의 게송을 보고서 웃으며 말하였다. "'각하청천'(脚下青天)과 '북산무어'(北山無語) 두 구는 옳지만 '쾌활남아'(快活男兒)와 '파자능행'(跛者陵行) 두 구는 옳지 않다." 그의 게송은 해인사 동안거 첫 방부 때 스승 경허에게 아직 미진하다 반려되었다. 뒷날 한

---

11) 高榮燮, 『한국불학사: 고려시대편』(서울: 연기사, 2005), pp.226~251.
12) 대한불교조계종 교육원 불학연구소, 『근대 선원 방함록』(2006), pp.13~37.
13) 呑虛, 「漢巖大宗師浮屠碑銘幷序」『漢巖一鉢錄』(서울: 민족사, 1995; 1996, 개정증보판). "脚下青天頭上巒, 快活男兒到此間(자서전 「一生敗闕」; 「현대불교의 거인」: 本無內外亦中間), 跛者能行盲者見, 北山無語對南山."

암은 이 구절을 '본디 안과 밖과 중간도 없는 것이네.'[14)로 바꾸었다.

아마도 이 구절을 바꿀 즈음 한암은 부자유한 삶에 매여 있는 이들의 경계인 안과 밖, 가장자리와 중간, 주체와 객체 등의 이항을 넘어 버렸던 것으로 추정된다. 그는 언어와 분별이 만들어 낸 이항 속의 절름발이, 소경을 넘어 자유롭게 걷는 절름발이와 자유롭게 보는 소경을 만났다. 그리하여 그는 이미 한 경계를 넘어 버렸다.

하루는 한암이 여러 대중들과 경허를 모시고 차를 마시게 되었다. 이 자리에서 경허는 고봉 원묘의 『선요』한 구절을 인용하였다. "어떤 것이 진실로 구하고 진실로 깨닫는 소리인가. 남쪽 산에 구름이 일어나니 북쪽 산에 비가 내린다." 다시 경허는 대중을 향해 물었다. "이것이 무슨 소리냐?" 한암이 대답했다. "창문을 열고 앉으니 담장(瓦墻)이 (눈)앞에 있습니다."

경허는 다음날 법상에 올라가 대중을 돌아보면서 말하였다. "원선화(한암)의 공부가 개심(開心)의 경계를 넘었구나. 하지만 비록 그 경지가 이와 같지만 아직도 무엇이 몸체[體]이고 무엇이 몸짓[用]인지는 모르는구나."[15) 아직 완벽해 보이지는 않지만 경허는 한암의 경계를 어느 정도 인정하였던 것이다.

이후 한암은 뜻이 같은 도반 함해(含海)선사와 남쪽으로 구름처럼 떠돌아다니다 경북 성주(김천) 청암사 수도암(修道庵)에서 경허(鏡虛)화상을 다시 만나게 되었다. 그들은 경허를 만나자마자 높은 설법을 청하였다. 경허는 먼저 『금강경』 사구게를 인용하며 법을 설하기

---

14) 呑虛, 「現代佛敎의 巨人」 앞의 책, p.453. 여기에는 두 번째 구절이 "本無內外亦中間"으로 적혀있다.

15) 漢巖, 「一生敗闕」, 윤창화 역, 「한암의 자전적 구도기 '일생패궐'」『불교평론』 17호, p.302. 2003년 겨울.

시작하였다.

> 무릇 모습이 있는 것은
> 모두 허망한 것이니
> 만일 모든 모습이 (진실한) 모습 아님을 본다면
> 곧 여래를 보느니라.[16]

그러자 마치 혜능(慧能, 638~712)이 그러했듯이 『금강경』사구게를 들은 한암의 눈빛이 홀연히 열렸다. 한 눈에 우주 전체가 환히 들여다 보였다. 듣는 것과 보는 것 모두가 그 자신이 아님이 없었다.[17] 9살 때의 '반고씨 이전'의 의문이 아침 안개 걷히듯이 풀려버렸다. 이때가 그가 입산한 지 3년째 되는 24세 가을이었다.

청암사에서 하룻밤을 묵고 경허화상을 따라서 합천 해인사로 가는 도중 화상께서 문득 이렇게 물으셨다. "옛 사람(東山 良价)이 이런 말을 하였네. '사람이 지나 가네. 다리만 흐르고 물은 흐르지 않네.' 이것이 무슨 뜻인지 아는가?" 내가 답하였다. "물은 진(眞)이요, 다리는 망(妄)입니다. 망은 흘러도 진은 흐르지 않습니다." 경허 화상께서 말씀하셨다. "이치로 보면 참으로 그와 같지만, 그러나 물은 밤낮으로 흘러도 흐르지 않는 이치가 있고 다리는 밤낮으로 서 있어도 서 있지 않는 이치가 있는 것이네." 내가 여쭈었다. "일체 만물은 다 시작(始)과 끝(終), 본(本)과 말(末)이 있습니다. 그러나 우리의 이 본래 마음은 탁 트여서 시작과 끝, 본과 말이 없습니다. 그 이치가 결국은 어떠한 것입니까?" 경허화상께서 답하셨다. "그것이 바로 원각경계이네. 『(원각)경』에 이르기를 '사유심으로 여래의 원각경계를 헤아리고자 한다면 그것은 마치 반딧불로써 수미산을 태우려고 하는 것과 같아서 끝내 태울 수가 없

---

16) 『金剛經』「如理實見分」제5, "凡所有相, 皆是虛妄, 若見諸相非相, 即見如來."
17) 呑虛, 「현대 불교의 거인: 방한암」 『한국의 인간상』 제3책(서울: 신구문화사, 1965), p.335.

다'고 하였네." 내가 또 여쭈었다. "그렇다면 어떻게 해야만 깨달을 수
있습니까?" 화상께서 답하셨다. "화두를 들어서 계속 참구해 가면 끝
내는 깨닫게 되는 것이네." 내가 또 여쭈었다. "만약 화두도 진실이 아
니라는 것을 알게 될 때엔 어떻게 해야 합니까?" 화상께서 답하셨다.
"화두도 진실이 아니라고 알았다면 그것은 잘못된 것이네. 그러므로
그 자리(잘못된 그곳)에서 즉시 '무'(無)자 화두를 참구하게."[18]

하안거를 마친 경허가 범어사로 떠났고 대중들도 흩어졌으나 한암
은 병이 나서 다른 곳으로 갈 수 없었다. 하는 수 없이 한암은 해인사
에 머물며 지전(知殿, 1901년 동안거), 전다(煎茶, 1902년 하안거)와
채두(菜頭, 1903년 하안거) 및 열중(悅衆, 1903년 동안거)의 소임[19]
을 맡으며 정진했다. 그곳에 머물며 『전등록』을 보던 어느 날이었다.
  마침 약산 화상이 석두화상에게 설한 법어 가운데에서 "한 물건도
작용하지 않는다"[一物無爲]고 하는 대목에 이르러 몰록 마음길[心
路]이 끊어지며 물통 밑이 확 빠지는 것 같았다. 네 차례의 전기를 경
험할 즈음(1903~1904) 경허는 북쪽의 갑산으로 잠적하였고 한암은
다시 그를 만나지 못하였다.
  한암은 통도사에서 지내다가 마침 돈이 생겨 병을 치료했지만 고
치지 못했다고 「일생패궐」에서 적고 있다. 이 병이 어떤 병인지 알

---

18) 漢巖, 「一生敗闕」, 윤창화 역, 「한암의 자전적 구도기 '일생패궐'」, 『불교평론』
  17호, pp.299~300. 2003년 겨울호. 여기서 "물은 밤낮으로 흘러도 흐르지 않
  는 이치가 있고, 다리는 밤낮으로 서 있어도 서 있지 않는 이치가 있는 것이
  네."라는 경허의 답변은 본디 『禪門拈頌』1429칙에 있는 '空手'란 공안에 대한
  古則이다. 이 『禪門拈頌』에 說話를 붙인 眞覺 慧諶의 『禪門拈頌說話會本』
  (『韓佛全』 제5책, 907상)에는 이렇게 되어 있다. "부대사 송(傅大師頌): "빈 손
  으로 호미를 들었고[空手把鋤頭] / 걸으면서 물소를 탔도다[步行騎水牛] /
  사람이 다리 위를 걷지만[人從橋上過] / 다리는 흘러가도 물은 멈췄네[橋流
  水不流]."
19) 대한불교조계종 교육원 불학연구소, 『근대 선원 방함록』(2006), pp.13~37.

수 없지만 경허의 동행 제안에 응하지 못했던 것 역시 이 병 때문이 아니었나 추정된다. 이후 6년 가까이를 남쪽에서 지내다가 경술년 (1910) 봄 묘향산의 내원암에서 하안거를 보냈다. 이 해 가을에 다시 금선대로 가서 겨울과 여름 두 철을 지낸 뒤 가을(1911)에는 맹산 우두암에서 겨울을 지냈다.

이듬해(1912) 봄이 오자 함께 지내던 도반(사리)이 식량을 구하러 밖으로 나가자 한암은 혼자 부엌에 앉아 아궁이에 불을 붙였다. 홀연히 환해졌는데 그것이 수도암에서 개오할 때와 조금도 다름이 없었다. 한 줄기 활구 소식이 부딪히는 곳마다 분명했다. 한암은 곧 바로 연구(聯句)의 게송을 읊었다.

> 부엌에서 불붙이다 홀연히 환해지니
> 이로부터 옛길이 인연 따라 맑아지네
> 누군가 내게 서쪽에서 온 뜻 묻는다면
> 바위 밑 우물 소리에 젖는 일 없다 하리.[20]
>
> 삽살개는 나그네가 수상쩍다 짖어대고
> 산새는 사람을 조롱하듯 울어대네
> 만고에 빛나는 마음의 달빛이
> 하루아침 세상 번뇌 다 쓸어버렸네.[21]

한암은 최후의 깨달음을 얻었으나 이때는 이미 말세여서 불법이 쇠미하여 있었다. 눈 밝은 종사[明眼宗師]의 인증을 받을 수 없었다. 경허 화상 역시 이미 머리를 기르고 유생의 옷을 입은 박난주(朴蘭

---

20) 呑虛, 「漢巖大宗師浮屠碑銘幷序」 앞의 책, p.442. "着火廚中眼忽明, 從玆 古路隨緣淸, 若人問我西來意, 庵下泉鳴不濕聲."
21) 呑虛, 「漢巖大宗師浮屠碑銘幷序」 앞의 책, p.442. "村尨亂吠常疑客, 山鳥別 鳴似嘲人, 萬古光明心上月, 一朝消盡世間風."

洲)가 되어 갑산과 강계 등지를 오가다가 이 해에 입적(1912)하였다. 한암은 탄식하지 않을 수 없었다. 하는 수 없이 한암은 전국을 떠돌며 자신의 깨달음을 성숙시켜 갔다.

이 기간은 자신의 깨달음을 실험하는 과정이었고 동시에 많은 선지식들과 법거량하는 기회를 확보할 수 있었다. 이후 그는 전국의 선방을 넘나들며 선풍을 드날렸다. 서울 봉은사의 조실로 있을 즈음 한암은 당시 불교계의 사판을 책임지고 있는 지암(智庵 鍾郁, 1884~1969)의 방문을 받게 되었다.

당시 월정사는 오대산 나무를 담보로 일본 식산은행에서 10만원을 대출을 받은 적이 있었다. 나무로 수레바퀴를 만들어 판매된 값으로 환산하는 조건으로 빌렸는데 이내 30만원으로 빚이 늘어나자 해결할 수가 없게 되었다. 지암은 도인을 모셔다 놓고 뭔가를 해결해야겠다고 궁리22)를 하고 한암을 오대산으로 주석처를 옮길 것을 제안했다. 한암은 지암의 제안을 수용하면서 상원사로 거처를 옮겨갔다.

이때 한암이 50세(乙丑)에 상원사로 가면서 "차라리 천고에 자취를 감춘 학이 될지언정[[寧爲千古藏蹤鶴], 삼춘에 말을 잘하는 앵무새는 배우지 않겠다[不學三春巧語鸚]."고 스스로 맹서23)한 일할은 그의 살림살이를 그대로 드러내 주고 있다.24) 이 구절은 단지 오대산

---

22) 한암문도회·김광식 편, 『그리운 스승 한암스님』(서울: 민족사, 2006), 천운스님 증언편, p.142.

23) 呑虛, 「漢巖大宗師浮屠碑銘幷序」 앞의 책, p.442. "又自誓曰: 寧爲千古藏蹤鶴, 不學三春巧語鸚, 入于五臺山, 二十七年, 不出洞口而終焉, 享年七十六, 法臘五十四也."

24) 오대산 상원사에 주석한 이래 초기(12년 내)에 치아 치료를 위해 서울에 한 번 올라왔고, 이어 경주에 한 번 출타한 일 이외에는 27년간 오대산을 떠나지 않았다고 알려져 있다.

으로 떠나는 자신의 가풍을 합리화하는 문구에서만이 아니라 이후 전개될 그의 가풍을 압축적으로 보여주는 구절이라는 점에서도 그 상징성이 매우 크다고 할 수 있다.

한암의 어록이었던 『일발록』에서처럼 그가 보여준 '일발'의 가풍 속에는 '자취를 감춘'[藏蹤] 천고학(千古鶴)과 '말을 잘하는'[巧語] 삼춘앵(三春鸎)의 양면성이 투영되어 있다. 그는 스승 경허와 헤어질 때와 오대산으로 들어갈 때를 알았다. 동시에 두 차례의 교정과 종정으로 나아갈 때와 상원사의 소각25)을 막아낼 수 있는 때를 알았다. 하여 그는 자기의 가슴 속에서 우러나오는 '흉금'(胸襟)의 소식과 물러날 때와 나아갈 때를 정확히 아는 '파예'(把拽)의 중도 가풍을 보여주었다. 그것은 곧 흉금(/장종)과 파예(/교어)의 응축과 확산을 통해 자신의 일발선풍으로 드러났다.

---

25) 상원사 법당의 소각 저지 과정에 대해서는 당시 소대장이었던 소설가 선우휘 (1922~1986)의 『상원사』라는 소설에 잘 드러나 있다. "해방이 되고 1950년 6 ·25사변이 났다. 1·4후퇴 때였다. 오대산 내의 모든 승려는 남쪽으로 피난을 떠났다. 그러나 한암만은 시자 두세 명과 함께 상원사에서 한 발짝도 움직이지 않았다. 1·4후퇴 직전 월정사와 상원사를 포함한 오대산 내의 모든 사람과 민가들이 우리 국군의 작전상 소각의 대상이 되었다. 적군이 머무를 수가 있기 때문이었다. 당시의 이야기, 야밤에 대원들을 이끌고 상원사를 찾아온 장교는 절을 소각한다고 알렸다. 한암은 잠깐 기다리라 이르고 방에 들어가 가사와 장삼으로 갈아입고 나와 법당으로 들어가 불상 앞에 정좌하고 난 뒤 합장하며, 장교에게 이제 불을 질러도 좋다고 말하였다. 장교는 놀라면서 '스님 이러시면 어떡합니까?'라고 말하자, 한암은 '나는 부처님의 제자요. 부처님은 이런 경우 이렇게 하라고 말씀하셨소. 당신은 어서 불을 지르시오.'라며 조금도 자세를 흐트러트리지 않았다. 그 장교는 한암의 인격과 거룩한 모습에 압도되고 감동이 되어 한참을 생각하다가 제 나름으로 결단을 내렸다. 그는 부하들에게 명령하여 법당의 문짝만을 떼어내 마당에서 불사르게 하고는 그대로 돌아가 버린 것이다. 이로 인해 상원사는 소실을 면했고, 가장 오래된 동종인 국보 36호인 상원사 동종도 살아 남을 수 있었던 것이다." 이재창, 「오대산의 맑은 연꽃」 앞의 책, pp.470~471. ; 홍신선, 『할: 마음의 문을 여는 한암대종사설법』, pp.12~13. 2003, Human&Books.

158

한암은 다섯 차례의 전기를 통해 깨달음을 숙성시켰다. 그의 내면에서 발효된 깨달음은 온전히 자기 몸을 타고 우러나왔다. 때문에 그가 여러 차례의 전기를 경험하면서 발효시킨 돈오점수(頓悟漸修) 가풍에는 한암의 치열한 살림살이가 배어 있다. 따라서 한암의 가열찬 구도 의지와 이후의 보림에는 그의 진한 일발선풍의 가풍이 새겨져 있다.

종래 선행 연구자들은 한암의 선사상의 요체를 '돈오견성(頓悟見性)의 선지(禪旨)'와 '무념정행(無念淨行)의 선풍(禪風)'[26] 혹은, '자성미타설에 입각한 염불참선무이론'(念佛參禪無二論)[27] 또는 '선과 교학 및 기도와 염불까지 아우르려는 종합주의적 태도와 선적 깨침의 사회적, 외형적 범형의 수립에 따른 투철한 역할의식'[28]으로 파악하기도 했다. 논자는 한암의 살림살이가 담긴 『한암일발록』을 통해 그의 가풍을 '흥금'(장종)과 '파예'(교어)의 두 측면으로 응축되고 확산되는 '일발선'풍의 기호로 탐구해 보고자 한다.

II. 율사와 선사의 살림살이

1. 質直한 성품과 高明한 학문

한암은 선사로서의 이미지 못지 않게 율사와 강사의 이미지도 강하게 가지고 있다. 그는 고전주석학인 경학을 특히 강조하였고, 엄정

---

26) 종범, 앞의 글, p.37.
27) 김호성, 앞의 글, p.141.
28) 박재현, 앞의 글, pp.307~327.

한 지계의 가풍과 치열한 수행의 면모도 아울러 보여주었다. 한암이 특히 강조한 승가오칙(僧伽五則)과 선원규례(禪院規例)에 나오는 것처럼 그는 염불 수행과 의례 수지까지도 가벼이 여기지 않았다. 때문에 그의 풍모에는 율사로서의 이미지[29]와 선사로서의 이미지가 강하게 드러나고 있다.

한암의 성품과 학문에 대해서는 스승 경허의 평가에서 잘 드러나고 있다. 경허의 4대 고족에 들면서도 경허 문하의 세 달(月)인 수월(水月, 1855~1928)과 혜월(慧月, 1861~1937)과 만공(月面, 1871~1946)과 달리 그는 전적(典籍, 禪籍)에 의지하여 깨닫는 독자적인 가풍을 세워나갔다. 경허에 의해 한암은 '지음'(知音)이라 인정받았을 정도로 두 사람의 관계는 특별했다. 한암의 전별시(餞別詩)에는 병 때문에 스승과 함께 떠나지 못하는 안타까움이 배어 있다. 이전별시는 스승 경허에 대한 한암의 절대적 신뢰와 믿음을 보여주고 있다. 그리고 경허에 못지 않는 한암의 철저한 살림살이가 배어 있다.

> 나는 천성이 인간 세상에 섞여 살기를 좋아하고, 아울러 꼬리를 진흙 가운데 끌고 다니기를 좋아하는 사람이다. 다만 스스로 절룩거리며 마흔 네 해의 세월을 지내다가 우연히 해인정사(海印精舍, 海印寺)에서 원개사(遠開士, 漢巖 重遠)를 만났는데 성품과 행동이 꾸밈없이 곧고(質直) 묻고 배움이 높고 밝았(高明)다. 일년을 같이 지내는 동안에도 평생에 처음 만난 사람같이 생각되었다. 그러다가 오늘 서로 이별하는 마당을 당하게 되니, 아침 저녁의 연기와 구름과 산과 바다의 멀고 가까움이 진실로 맞고 보내는 회포를 뒤흔들지 않는 것이 없다. 하물

---

29) 한암문도회·김광식 편, 『그리운 스승 한암스님』(평창: 오대산 월정사, 2006), p.269. 창조스님 증언편. 한암은 대중들과 꼭 같이 수행을 하였고 계행이 청정하였다고 한다. 특히 아침 예불에 절대 빠지는 일이 없었고 공양도 늘 대중공양을 함께 하였으며 모든 행사를 마칠 때까지 꼭 지켜보았다고 한다.

며 덧없는 인생은 늙기 쉽고 좋은 인연은 다시 만나기 어려운즉, 이별
의 섭섭한 마음이야 더 어떻다고 말할 수 있으랴. 옛날 사람이 말하기
를 '서로 알고 지내는 사람은 천하에 가득 차 있지만, 진실로 내 마음
을 알고 있는 사람은 과연 몇이나 되랴'고 하지 않았는가. 과연 원개사
가 아니면, 내가 누구와 더불어 마음이 통하는 친한 벗(知音)이 되랴!
그러므로 여기 시 한 수를 지어서 뒷날에 서로 잊지 말자는 부탁을 하
노라.

　　　　북쪽 바다를 높이 나는 붕새 같은 포부
　　　　변변치 않은 데서 몇 해나 묻혔던가
　　　　이별은 예사라서 어려운 게 아니지만
　　　　뜬 생이 흩어지면 또 볼 기회 있으랴.[30]

　경허의 전별시(餞別詩)를 받아 읽은 한암은 그 자리에서 아래와
같은 시 한 수를 적어 화답한다. 아마도 이 당시 한암은 자신의 몸이
성치 않아서 경허의 제안을 받아들이지 않고 이렇게 화답한 것으로
보인다.[31] 하지만 한암이 때마침 몸이 좋지 않아서 함께 떠날 수 없
었다는 사실은 거의 알려지지 않고 있다. 단지 일부에서는 '법화'(法
化)보다 '행리'(行履)로 널리 알려진 경허의 가풍과 행리보다 '법
화'(法化)로 널리 알려진 한암의 가풍 차이로만 보려는 경향이 있다.
물론 이 부분을 그렇게만 읽어도 크게 문제가 되지는 않는다. 아래의

---

30) 鏡虛, 「與法子漢巖」 『鏡虛集』(『韓佛全』 제11책, p.639상). "捲將窮髮垂天
　　翼, 謾向搶揄且幾時, 分離尙矣非難事, 所慮浮生渺後期."
31) 한암의 자전적 구도기인 「一生敗闕」에는 '(해인사의 1903년) 하안거를 끝내
　　고 (경허)화상께서는 범어사로 떠나셨다. 대중들도 모두 흩어졌으나 나는 병이
　　나서 다른 곳으로 갈 수가 없었다'는 구절과 '갑진년(1904) 통도사에서 지내던
　　중 마침 돈이 생겨 병을 치료했지만 고치지 못했다'는 구절이 나온다. 아마도
　　경허가 동행을 요구했을 때 한암은 병중이어서 함께 떠날 수 없었던 것으로 추
　　정된다. 윤창화, 「한암의 자전적 구도기 '일생패궐'」, p.302.

화답시는 그렇게 읽을 수도 있기 때문이다.

> 서릿 국화 눈 속 매화 겨우 지나갔는데
> 어찌하여 오랫동안 모실 수가 없는지요
> 만고에 변치 않는 마음의 달 비치는데
> 뜬 세상 뒷날을 또 기약하여 무엇하리.[32]

이 화답시를 통해 우리는 한암이 경허의 제안을 거절한 것으로 볼 수도 있다. 동시에 한암의 길과 경허의 길은 달랐다고도 말할 수 있다. 즉 진흙 속에서 꼬리를 끄는 거북처럼 산 경허의 생평과 달리, 이후 한암은 깊은 산에서 자취를 감춘 학처럼 살았기 때문이다. 다시 말해서 사바세계를 뒹굴며 이류중행하는 거북이처럼 머리와 가슴을 넘어 온몸을 던져 산 경허와 달리 한암은 이후 오대산 깊은 산 속으로 자취를 감춘 천고의 학처럼 고고한 자태를 뿜어내었기 때문이다.

하지만 그럼에도 불구하고 한암에게 있어 경허는 이미 '만고에 변치 않는 마음의 달'(萬古心上月)로서 자리 잡고 있었다. 때문에 경허가 제안한 '뜬세상 뒷날 기약의 아득함'[浮生杳後期]의 염원을 받아들일 필요를 느끼지 못하였던 것으로 보인다. 경허의 행리에 대한 세간의 평가가 심하다 하더라도 그의 법화(法化)에 대한 한암의 투철한 믿음은 변치 않았다. 비록 병이 있어 경허를 따라가지는 못했지만 이러한 신뢰가 있었기에 그의 가풍에는 경허와 연속되는 지점과 불연속 되는 지점이 공존하고 있었다고 말할 수 있다.

이러한 대목에서 성품과 행동이 꾸밈없이 곧고 물음과 배움이 높

---

32) 呑虛, 「漢巖大宗師浮屠碑銘幷序」 『漢巖一鉢錄』(서울: 민족사, 1995; 1996, 개정증보판). "霜菊雪梅纔過了, 如何承侍不多時. 萬古光明心上月, 一朝掃盡世間風."

고 밝은 한암의 살림살이가 돋보이고 있는 것이다. 이 점은 경허에게서는 찾아보기 어려운 한암의 독특한 가풍이라 할 수 있다. 따라서 경허와 한암의 다른 가풍은 결국 서로를 지음으로 생각하는 근거가 되었고 동시에 동행의 불필요성에 대한 근거가 되었다. 나아가 경허나 그의 삼대 고족(수월, 혜월, 만공 등)과 달리 경학을 강조한 그답게 깨달음의 전기들을 모두 선적(禪籍)에 의지하였던 점 역시 한암의 독자적 살림살이라고 할 수 있을 것이다.

2. 유장한 선풍과 활달한 교풍

한암의 선풍은 주체적인 선사답게 철저한 정통의식에 기초하고 있다. 그러한 의식 위에서 그의 선풍은 유장하게 전개되고 있다. 또 그의 선풍에 대응하는 교풍 역시 선풍 못지 않게 활달하게 전개되고 있다. 한암의 선풍과 교풍에는 역사와 사회에 대한 뚜렷한 주체의식이 투영되어 있다. 이러한 주체의식은 '해동 선풍의 원류가 왜 도의(道義)여야 하는가'를 밝히는 데서 잘 드러나고 있다.

> 신라 도의(道義)대사가 선풍을 우러러 보고서 서쪽으로 바다를 건너가 서당 지장(西堂 智藏)화상을 배알하시고 법인을 얻어 동토로 돌아오신 것이 전기에 분명하니, 그러면 달마가 중국의 초조가 되신 것 같이 도의가 해동의 초조가 됨은 지혜 있는 자가 아니더라도 쉽게 알 수 있는 일이 아닌가. 뿐만 아니라 홍척(洪陟)·혜철(惠哲)은 함께 서당에게, 범일(梵日)은 염관에게, 무염(無染)은 마곡에게, 철감(澈鑒)은 남전에게, 현욱(玄昱)은 장경에게, 법을 얻은 선후는 차이가 없지 않으나 모두가 동일하게 마조 휘하의 선지식에게 심인(心印)을 얻어 왔으니 다

육조의 5세손이다.[33]

한암은 달마가 중국의 초조가 된 것처럼 도의가 해동의 초조가
됨을 정당하게 입론하고 있다. 중국 선종으로부터 법맥을 받았음
은 분명하지만 가풍에 있어서는 그들에게 맞설 수 있는 대등한 의식
이 있었음을 밝혀주고 있다. 그래서 '조선불교 조계종의 종명'을 제정
(1941)할 때에도 중국에도 없고 일본에도 없는 독자적인 조계종명을
찾아내도록 지침을 주었던 것이다. 그는 조계종의 연원에 대해서도
다음과 같이 역설하고 있다.

> 도의대사가 육조를 경앙하여 조계종이라 칭할 때에 홍척·혜철 등 모
> 든 대사들도 따라서 한마음으로 경앙한 것은 정한 이치가 아닌가. 또
> 한『불교』지 58호에 퇴경화상의 조계종에 대한 변론을 살핀 즉 「조사
> 예참문」 중에 '가지산 조사 해외전등 도의국사'(迦智山祖師海外傳燈
> 道義國師)라 칭한 것과, 「가영」 중에 '조계문선시수개'(曹溪門扇是誰
> 開)라는 구절과『삼국유사』에 '조계종가지산하'(曹溪宗迦智山下)라 칭
> 한 글 등이 유력하게 증명되어 조계종은 도의국사로부터 창립된 것이
> [을] 조금도 의심할 여지가 없다. 서당이 이미 육조의 4세손인즉 그 문
> 하에 법을 얻은 자가 그 위대하신 조사의 성덕을 어찌 사모하고 경애
> 하지 아니하였으리오. 사모하고 경애하는 절절한 마음에서 조계종이
> 라는 명칭이 자연히 나왔을 것이다.[34]

그는 조계종의 연원을 '조계'를 사용한 용례를 들이대며 실증적으
로 논증하고 있다. 나아가 보조국사 역시 '나이 겨우 8세에 조계운손
종휘선사(曹溪雲孫宗暉禪師)에게 귀의하여 삭발하고 구족계를 받

---

33) 漢巖, 「海東初祖에 대하여」『佛敎』 제70호, 1930.4. ;『한암일발록』(서울: 민
    족사, 1996), pp.74~89. 한암문도회.
34) 漢巖, 위의 글, 위의 책, p.77. 한암문도회.

았다'는 「비명」을 근거로 "종휘가 이미 조계운손이라 하였은즉 계승 연원이 단절되지 아니한 것도 가히 미루어 짐작해야 할 것이다. 이로부터 뒷날 진각·자명 등 16국사가 계속 계승되었기 때문에 도통연원(道統淵源)의 광명정대함이 서천 28조와 당토 5종(唐土五宗)과 비교된다 할 것이다"[35]로 역설하고 있다. 이어서 일부에서 주장하고 있는 태고초조설의 부당함을 낱낱이 역설하고 있다.

> 근래 문학상(上)에 태고 보우(太古普愚)국사를 해동 초조로 정하는 일이 간혹 나타나니, 이는 스스로 위배됨이 극심하다 하겠다. 태고가 중흥조(中興祖)라 함은 혹 가할지는 모르나 어떻게 초조가 되겠는가. 태고의 도덕이 광대하고 고명하나 초조라는 '초'(初)에는 적당하지가 않다. 신라의 모든 국사들이 처음 조문에 들어가서 법을 얻어 동(東)으로 돌아오신 것이 오늘날 태고가 초조라는 주장 때문에 허황하게 되었으니, 어찌 애석하지 아니하겠는가. 또한 연원계통을 정직하게 가릴 것 같으면 오늘날 우리 형제가 태고 연원이 아님을 단언하는 바이다. 왜 그러냐 하면 구곡 각운(龜谷覺雲)선사가 조계종 제13국사 각엄(覺儼)존자의 손제자가 됨은 분명히 이능화 선생이 저술한『불교통사』에 기재되어 있는데 태고국사의 손제자라는 문구는 고래로부터 전해오는 기록이나 또는 비명에도 도무지 없다고 하였은즉 무엇을 근거로 하여 태고를 구곡의 스승으로 했는지 생각해 볼 일이다.[36]

한암은 도의로부터 비롯된 해동 선맥의 독자성을 또렷하게 주장하고 있다. 그는 "당당한 해동 조계종 제13국사의 손제자인 구곡이 다시 임제종의 후손인 석옥에게 법을 얻어 온 태고의 손제자가 될 필요가 있겠는가. 그러면 뒷사람이 태고 문하에 구곡을 계승한 이유가 무

---

35) 漢巖, 앞의 글, 앞의 책, p.78. 한암문도회.
36) 漢巖, 앞의 글, 앞의 책, p.79. 한암문도회.

엇인가. 이에 대하여 근거가 적은 사량으로 생각해 보자. 고려가 이미 망하고 이조가 처음 세워짐에 고려 때 사람을 숭앙한다면 어떤 일을 막론하고 필연적으로 저해했을 것이다"[37]라고 역설하고 있다.

동시에 "벽계 정심선사가 임제 후손 총통(總統)화상에게 법을 얻어 왔음에도 다시 구곡을 멀리 계승[遠嗣]함은 반드시 이유가 있다. 구곡이 심인을 전하지 못하고 천화하심으로 해동 조계종의 연원이 단절됨을 애석히 여겨 구곡이 제13국사 각엄존자의 손제자였던 까닭에 그를 멀리 계승하여 조계연원을 부활하게 하심은 사실이다"[38]라고 덧붙이고 있다.

이러한 뚜렷한 주체의식은 독자적 가풍을 획득한 선사들에게서 발견할 수 있는 것이다. 한암은 해동의 조계종이 도의 이래 이 땅에서 성취한 동국 선풍의 독자성을 계승해 왔다고 자부하고 있는 것이다. 그리하여 "지금으로부터 도의국사를 초조로 정하고, 그 다음에 범일국사, 그 다음에 보조국사로, 제13국사 각엄존자에 이르러서 졸암 온연·구곡 각운·벽계 정심 등으로 연원을 정하여 다시 해동 조계종을 부활하는 것만이 정당하다"[39]고 주장한다.

그러면서도 "만일 그렇지 아니하고 옛 사람이 이미 오랫동안 시행한 것을 갑자기 개정하기 어렵다 하여 태고국사를 계승한다 하더라도, 초조는 반드시 도의국사로 정하고, 그 다음 동시에 법을 얻어 오신 홍척·혜철·범일 등 여러 국사로, 그 다음에 보조국사로, 내지 16국사로 으뜸을 삼고, 그 다음에 조계종 대선사를 봉한 차서로 태고

---

37) 漢巖, 앞의 글, 앞의 책, p.79. 한암문도회.
38) 漢巖, 앞의 글, 앞의 책, p.80. 한암문도회.
39) 漢巖, 앞의 글, 앞의 책, p.81. 한암문도회.

국사를 계승하여 태고·환암·구곡·벽계·벽송 등으로 계통을 정하여 해동 조계종 연원을 정당하게 드러내어서 억 백 세에 정법이 무궁하도록 유통하기를 바라고 바라는 바이다"[40] 라고 마무리 짓고 있다.

'억 백 세에 정법이 무궁하도록 유통하기를 바라'는 그의 정통의식과 주체의식은 화두 참구와 견성에 대한 대목에서도 강하게 드러나고 있다. 중봉의 글을 인용한 것이기는 하지만 도심(道心) 견고(堅固)와 화두(話頭) 의심(疑心)을 하려면 반드시 견성이 필요하고 생철을 씹듯이 철저한 몰입이 필요하다고 한암은 역설하고 있다.

> 도심이 견고하려면 반드시 견성이 필요하며
> 화두를 의심하려면 생철을 씹는 듯해야 한다
> 오래 앉아 정진하되 자리에 눕지 말며
> 불조의 말씀을 살펴보아 늘 절로 부끄러워 하라
> 계체는 청청히 하여 신심을 더럽히지 말고
> 위의는 고요 고요하되 난폭하고자 말지니라
> 작은 소리로 낮게 말하며 소리 내어 웃기를 좋아하지 말라
> 남의 믿음은 못 얻더라도 남의 비방은 받지 말아라
> 늘 빗자루를 들고 법당과 요사의 먼지를 닦으며
> 도 닦음을 게을리 하지 말고 음식을 배불리 먹지 말라.[41]

선에 대한 이러한 투철한 인식은 교에 대한 의식에도 그대로 배어 있다. 한암은 『금강경오가해』를 현토하여 간행하고 그 서문에서 독송을 적극 권장하고 있다.

---

40) 漢巖, 앞의 글, 앞의 책, p.81. 한암문도회.
41) 中峰, "道心堅固, 須要見性, 疑着話頭, 如咬生鐵, 長坐蒲團, 莫脇著席, 看佛祖語, 常自慙愧. 戒體清淨, 莫穢身心, 威儀寂靜, 莫慾暴亂, 小語低聲, 莫好戲笑, 雖無人信, 莫受人謗, 常携笤소, 掃堂舍塵, 道行無惓, 莫飽飮食."

대개 위없는 보리심을 발하여 부사의삼매(不思議三昧)에 들려고 하는 자는 이 경을 버리고 어찌하리오. 내가 이 때문에 심히 만나기 어려운 뜻을 알아서 매번 함께 사는 도반들에게 권하여 수지독송케 하였으나, 경의 뜻이 깊어 통인달사(通人達士)의 소석(疏釋)이 아니면 그 심오한 뜻을 깨닫기 어려워 오가해(五家解)를 함께 독송케 하였더니, 모든 도반들이 나에게 경에 토를 달고 해석하여 읽는 데 편리하도록 청하는지라, 내가 그 성의를 기쁘게 여겨서 스스로 문리에 충실치 못함을 돌아보지 않고 문득 이를 허락하였다.[42]

한암은 매양 도반들에게 경전 읽기를 권하였고 좌선의 여가에는 대중들과 매일 조금씩 강하고 외워(講誦) 여름과 겨울을 보냈다. 중간(重刊)은 보산 천일(寶山天一) 법사의 보시의 계기로 이루어진 것이었지만 이 서문에는 평소 경학에 대한 깊은 관심을 보이며 현토와 강독에 몰입하였던 그의 모습이 잘 나타나 있다.

선의 정통의식에 투철했던 한암은 특히 보조 지눌의 선법에 대한 깊은 관심과 이해가 있었다. 이미 그의 「해동초조에 대하여」에 드러나 있는 것처럼 한암은 보조선풍의 연속에 대한 나름대로의 자의식이 있었던 것으로 보인다. 이러한 면모는 그가 『보조어록』에 현토를 붙여 독자의 편의를 덧붙인 것에서나 찬집 중간 서문에 나온 글에서 배어나고 있다.

보조선사께서 후학을 연민히 여기시어 경책하여 분발시키심이 매우 간절하시기에 그 연민과 경책 그리고 분발의 의지를 뜻이 같은 이들과 생각을 함께 하여 몇 편의 법어를 편찬하는데 스스로의 아는 바 얕음도 잊어버리고 감히 토를 달아 함께 사는 도반에게 주려고 했더니, 혹

---

42) 漢巖, 「金剛般若波羅密經重刊緣起序」『漢巖一鉢錄』(서울: 민족사, 1995; 1996, 개정증보판), p.329.

자가 "서쪽에서 온 은밀한 뜻은 문자에 관계없거늘 요즈음 마음 닦는 학자들로 하여금 말이나 기억하고 구절이나 좇아서 무명(無明)을 조장 시킴이 옳은 일이겠는가?"라고 하였다.

나는 "다만 글과 말에만 집착하고 성실하게 참구(參究)하지 않는다면 비록 대장경을 모조리 열람하더라도 오히려 도깨비 장난에 지나지 않겠거니와, 만일 본을 갖춘 사람이 말의 낙처(落處)를 알아 정안(正眼)이 활연히 열리면 길거리에 흘러다니는 이야기와 재잘거리는 여느 소리라도 훌륭한 법요(法要)를 설함이 되거늘 하물며 우리 조사께서 바로 끊는 법으로 꾸짖어 경책함일까 보냐"라고 말하였다. 이러한 까닭으로 남이 비방하고 싫어함에도 불구하고 이 일에 주력하여 함께 수선(修禪)하는 이들로 하여금 수시로 열람하여 깊은 뜻을 체득해서 입도(入道)의 종안(宗眼)을 삼게 하려던 차에 보산 천일(寶山天一) 법사가 널리 배포하기를 원을 세워서 다시 출간할 자금을 모으니 그 공덕이 또한 크도다. 그 사유를 책머리에 간략히 적어서 뒷날의 귀감을 삼게 하노라.[43]

한암의 교에 대한 활달한 인식은 그의 문하에서 공부했던 상좌 및 손상좌들의 증언에서도 확인되고 있다. 한암은 상원사 청량선원에서 이통현 장자의 『화엄경합론』을 북경 출판사에서 주문하게 하였다. 그리고 대중들이 죽 둘러 앉은 사이에서 날마다 탄허가 새기고 의심나는 것이 있으면 한암이 답하는 형식으로 진행되었다. 강론은 오랫동안 지속되었다. 탄허는 "한문의 문리에 합당해야 한다"고 하였고 한암은 "불교는 인도에서 시작되어 중국을 거쳐서 한문으로 번역되었기에 유교와는 다르다"며 불교의 진언이나 다라니의 번역을 금하였고 그 의미와 맥락을 주요시했던 대목에서 한암과 탄허의 가풍이 확인된다.

---

43) 漢巖, 「普照禪師語錄纂集重刊序」 『漢巖一鉢錄』(서울: 민족사, 1995; 1996, 개정증보판), pp.331~332.

그런데 이따금씩 이렇게 선방에서 계속 경을 읽자 수좌들이 일어나 "이게 강당이지 선방이냐"며 비판이 생겨나기 시작했다. 그때마다 한암은 "참선을 하더라도 남을 가르치려면 한문을 알아야 한다"며 무마하였다 한다. 그러면서 여전히 수좌들에게 예식도 가르치고 오전 강의와 오후 참선을 병행하였기에 상원사 출신 승려들은 선방 수좌이지만 어디 가도 주지할 자격이 있다고 모두 다 대우를 받았다 하였다.[44] 이러한 분위기는 아래의 증언에서도 확인된다.

> 우리 스님 회상인 오대산 선원은 오직 선만을 할 뿐, 다른 것이 없는 순수한 선 도량이었지만 점심 공양 후 차 마시는 시간은 또한 각별한 가풍이 있었다. …… 차 시간이면 조사어록을 들고 나와 법문을 계속하였다. 나는 이 시간에 정말 많은 것을 배웠다. 오늘에 사집(四集)이라고 하는 어록들을 그때 우리 스님에게서 모두 배웠으며 사교과(四教科)인 『법화경』 『기신론』 『원각경』은 그 뒤에 중대(사자암)에서 스님을 시봉하고 지내면서 배웠던 것이다.[45]

이처럼 한암은 선사로서의 가풍만이 아니라 경학을 강조한 강사로서의 이미지도 가지고 있었다. 선학과 교학을 아우르는 이러한 전통은 이미 지눌 이래 한국불교의 주요한 전통으로 자리해 왔었다. 따라서 한암은 불교의 참다운 모습을 회복하기 위해 지눌이 주도한 정혜결사를 의식하며 한국불교의 새로운 가풍을 확립하려고 했음이 분명하다. 그가 상원사에다 강원도 삼본사 수련소를 세워 수련생들을 적극적으로 지도한 것에서도 이런 점은 확인된다.

1936년 일제 총독부는 '한국인을 현실에 순응하게 유도하여 일제

---

44) 한암문도회·김광식 편, 앞의 책, pp.75~76.
45) 조용명, 「우리 스님 한암스님」 『불광』 1980년 5월호.

의 식민통치를 철저히 관철[46]하려고 불교를 통한 심전개발운동에 박차를 가하였다. 한암은 심전개발운동을 위해 자신을 찾아온 강원도청 담당관 홍종국의 제안을 거절하다가 선발된 승려들의 상원사 내 훈육만을 승낙하였다.[47] 당시 강원도 내 삼본산 수련소의 개설은 '승려안거법회 개최'라는 기획으로 추진되었고 당시 『매일신보』에 자세히 보도되었다.[48]

그 뒤 삼본산 수련소[49]는 월정사 내 정화운동 등 여러 가지 우여곡절 끝에 폐지되었다. 오랫동안 이 수련소가 유지될 수 있었던 것은 한암의 이러한 승려교육에 대한 남다른 열정과 교학에 대한 깊은 이해 및 탄허라는 제자가 있었기에 가능했던 것이었다. 이 기간 내에 드러난 한암의 풍모는 선사이면서 율사였고 강사이면서 의례사였다고 할 수 있다. 따라서 이러한 다면적 풍모가 가능할 수 있었던 근거는 그의 치열한 수행자 정신이라 할 수 있다.

3. 守拙의 살림살이

한암은 계정혜 삼학(三學)의 체계를 누구보다 철저히 확립해온 수행자라 할 수 있다. 계에는 구속의 의미만 있는 것이 아니라 자유의

---

46) 津田榮, 「심전개발의 근본적 의의」 『조선』 제250호, 1936.3.
47) 김광식, 「김탄허의 교육과 그 성격」 『정토학연구』 제6집, p.218. 한국정토학회.
48) 「불교를 중심으로 심전개발에 매진」 『매일신보』 1936.1.30.
49) 정화운동이 일단락되자 탄허에 의해 오대산 수련원으로 개설되었다. 하지만 월정사에서 비구와 취처 승려 사이의 심각한 갈등으로 자진 해체하였다 (1957.11·12). 다시 탄허의 제자 曉泰가 주지로 있었던 삼척의 영은사에서 오대산 수련원이 되었다(1959.11). 처음부터 삼본산 수련원은 한암의 관심과 격려 및 탄허의 보조 위에서 유지될 수 있었다.

의미도 있다. 마찬가지로 의지한다는 것에는 매임만 있는 것이 아니라 벗어남이라는 의미도 있다. 한암은 스승 경허의 행장에서 스승의 행리(行履)를 법화(法化)와 대비하여 평가한 대목에서도 그의 살림살이가 유감없이 드러나고 있다.

> 법(法)에 의지한다는 것은 진정한 묘법(妙法)에 의지한다는 것이다. 사람에 의지하지 않는다는 것은 율의(律儀)와 비율의(非律儀)에 의지하지 않는다는 것이다. 또한 의지한다는 것은 스승으로 모시고 본받는 것이며, 의지하지 않는다는 것은 얻음[得]과 잃음[失], 옳음[是]과 그름[非]을 보지 않는 것이니 도를 배우는 사람은 필경에는 법도 능히 버리거늘 하물며 사람의 얻음과 잃음, 옳음과 그름이겠는가.[50]

일찍이 지눌은 "정과 혜 두 글자는 삼학의 약칭이며 갖추어 말하면 계정혜이다"[51]고 했다. 정과 혜에는 이미 몸가짐으로서의 계가 전제되어 있다는 것을 우리는 붓다의 가르침 곳곳에서 확인할 수 있다. 계가 전제되지 않고서는 정과 혜를 나란히 닦을 수 없는 것이다. 한암은 '비법'의 상대로서의 '법'을 넘어선 '묘법'으로 열어감으로써 스승 경허에 대한 세간의 평가에 새로운 활로를 제시하였다. 법도 하물며 버려야 되는 것인데 그 법에 매여 옳고 그름과 얻음과 잃음을 제시할 수 없다는 것이다. 하여 '비법'의 상대로서의 '법'을 넘어선 '묘법'으로 열어가는 대목에서 한암의 살림살이가 극명하게 드러나고 있다.

한암의 생평에서 보조의 생평이 연상되는 것은 매우 자연스럽다. 그러나 그렇다고 해서 한암과 보조가 동일한 살림살이를 가졌다고

---

50) 漢巖, 「鏡虛和尙行狀」 『漢巖一鉢錄』(서울: 민족사, 1996), p.321.
51) 知訥, 『勸修定慧結社文』(『韓佛全』 제4책, p.700하). "定慧二字, 乃三學之分稱, 具云戒定慧."

단언할 수는 없다. 지눌은 그 나름대로의 역사인식이 있었고 그 위에
서 정혜결사를 정초하여 실행하였다. 한암 역시 오대산을 무대로 자
신의 가풍을 확산시켰고 삼본사 수련소 및 두 차례의 교정과 종정
소임,[52] 그리고 상원사 소각을 막아내면서 그 나름대로 역사 속에 깊
이 참여하였다.

　그가 1인 종정과 교정이었을 때 그 자리의 책임자로서 의사표시를
분명히 해 왔다.[53] 그는 오대산 입산 이후 대중들과 함께 생활하면서
스승 경허의 평가대로 '질직한 성품' 그대로 살았고 '고명한 학문'의
분위기 속에서 살았다. 이러한 한암의 가풍은 그의 문하에서 영향을
받은 수좌들에게서 '수졸'(守拙)의 살림살이로 평가되고 있다.

> 우리 한암 조실스님께서 보조스님을 숭상하긴 하였지만 거기서 보조
> 스님과 좀 다른 것은 당신을 스스로 졸(拙)하다고 생각하여 수졸(守
> 拙)을 하셨던 점이다. 보조스님은 선종도 일으키셨고 불교 교단을 위
> 하여 많은 일을 하셨다. 그렇지만 우리 스님은 먼저 자기 힘의 확충을
> 제일 요건으로 삼았다. 힘이 확충되지 못하였을 때는 힘을 확충하는
> 데 온 힘을 써야 한다. 결코 지나치거나 넘어가거나 과장하는 것과는

---

52) 한암은 1929년 3월 7~8일에 선학원에서 이루어진 조선불교 수좌대회에서 조
　선불교 선교양종의 교정(金幻應, 徐海曇, 方漢巖, 金擎雲, 朴漢永, 李龍虛,
　金東宣 7인), 1935년 선학원에서 이루어진 조선불교 선종의 종정(송만공, 방한
　암, 신혜월 3인), 1941년 4월 23일에 이루어진 조선불교 조계종의 종정(단독),
　1948년 대한불교의 교정(단독)으로 추대되어 교정 두 차례와 종정 두 차례를
　역임하였다. 단독으로는 교정 1회와 종정 1회를 역임하였다. 김광식, 「방한암과
　조계종단」『한암사상연구』제1집, 2006, pp.152~190. 한암사상연구원.
53) 한암문도회·김광식 편, 앞의 책, 천운스님 증언편, p.143. "지암스님이 종단을
　운영한 것이 아니라 실제로는 한암스님의 운영법으로 한 것이고, 종단의 방향이
　상원사에서 다 나왔다." 보경스님 증언편, 80면. "종정이 되시고 한 달에 한번
　총무원에서 두 부장이 한 보따리씩 서류를 갖고 오면 결재를 꼬박꼬박 하셨어
　요. 밤새 검토하셔서 아주 제쳐 놓은 것도 있고, 수결을 하신 것도 있고, 이것은
　수정해 가지고 오라고 하시면 다음 달에 가지고 와서 결재 받고 그랬지요."

천리만리였다. 성실하시고 늘 고인들이 힘을 확충하는 것을 기다려 교화하신 것을 거울로 삼으셨다. 그래서 당신께서는 졸하게 지내는 것이 당신의 분에 맞는다 하였다.[54]

'졸'(拙)이란 본디 지나치거나 과장하지 않은 질박함을 일컫는다. 그리고 '수졸'(守拙)은 더 이상의 무엇을 바라지 않고 스스로 처해 있는 분복(分福)에 만족함을 말한다. 이러한 질박함은 자연성을 나타냄과 동시에 불교가 역설하는 비실체성의 세계관에 부합하는 것이다. 즉 뭇 인연에 의해 생겨난 모든 존재들의 본래성은 본디 졸(拙)하고 질박한 것이다. 그러므로 있는 그대로의 모습을 잘 가다듬고 갈무리하는 노력이 바로 힘을 확충하는 과정이라 할 수 있다.

한암은 조석 예불과 사시 불공 및 각종 시식(齋)에서부터 대중 운력에 이르기까지 빠짐없이 참여하면서 솔선수범(率先垂範)하였다. 저술과 출판 및 윤독과 강의를 통하여 후학의 양성에 전력투구하였다. 그에게서 어떤 권위의식 같은 것은 드러나지 않았다. 때문에 권위로부터 벗어난 수졸의 살림살이는 '오대산 호랑이'처럼 대중들의 통솔과 편달에 강력한 힘으로 되살아났다. 따라서 한암은 이러한 수졸의 가풍을 통해 천고의 말없는 학처럼 질박하게 자신의 살림살이를 열어갈 수 있었다. 그리고 그것은 '홍금'(장종)의 침묵과 '파예'(교어)의 참여를 통섭하는 일발선풍의 살림살이로 자리잡았다.

---

54) 조용명, 앞의 글 『불광』, 불광출판부, 1980년 5월호~1980년 11월호.

Ⅲ. 일발선풍의 지형도

1. 一鉢의 함의

초기 석존 교단의 기본적 생활방침은 사의법(四依法) 즉 분소의 (糞掃衣)와 걸식(乞食) 및 수하주(樹下住)와 진기약(陳棄藥) 네 가지에 집약되어 있다. 이 사의법은 일반사회로부터 특별한 원조를 받지 못했을 경우에 승단이 자주적으로 선택해야 할 유일한 생활 형태였다. 때문에 재가자들이 지속적으로 많은 기부(물자 등)를 할 수만 있다면 사의를 반드시 고수할 필요는 없었다. 출가자들에게는 단지 수행을 위하여 고요한 생활을 유지할 수만 있으면 되었던 것이다.[55]

사의법의 걸식에서 특히 일발(一鉢)은 출가자의 정신을 상징적으로 보여주는 기호라 할 수 있다. 일발은 최소한의 소유를 나타내는 기물이면서 걸식이라는 하심(下心)의 삶의 방식을 뿜어내고 있다. 한암이 자신의 어록 제목을 '일발록'이라 붙인 것은 바로 이러한 삶의 방식을 평생 견지하겠다는 의지의 표현이라 할 수 있다. 초기 율장에서 보이는 것처럼 발우 하나만을 들고 맨발로 탁발을 나아가는 비구 수행자의 절제 있는 삶의 방식은 한암의 의식 속에 영원한 출가수행자 상으로 깊이 각인되어 있었음에 틀림없다고 해야 할 것이다.

한암은 출가에서부터 깨달음을 얻는 과정 그리고 그 이후 자신의 살림살이를 한동안 시험해 왔다. 그것은 수행의 팽팽한 긴장의 표상인 '일발'의 정신으로 표출되었다. 이 같은 출가자의 무소유 혹은 최

---

55) 사사키 시즈카, 원영 역;『출가: 세속의 번뇌를 놓다』(서울: 민족사, 2007), p.158.

소한의 소유 정신은 그의 생평을 지탱해온 사상적 근거라 할 수 있다. 봉은사 조실로 머물다 지암의 제안을 받아들여 상원사로 들어선 뒤로부터는 이러한 무소유의 정신은 여러 형태로 변용되었다.

새벽 세 시에 침구에서 일어나 예불을 하고 다섯 시에는 늘 죽으로 아침 공양을 하였다. 열한 시에 점심 공양을 하고 다섯 시에 저녁 공양을 하였다. 그 외에는 운력과 의례 및 강의와 참선 등의 일과를 다 하였다. 절 살림이 부족하던 때이기도 했지만 이러한 절도 있는 살림살이는 이후 한암의 주요한 가풍이 되었고 상원사 주석 이래 대중생활을 해 왔던 한암을 따르는 많은 제자들의 삶의 방식이 되었다. 그의 대표적 청규라 할 수 있는 승가오칙(僧伽五則)은 이러한 과정 속에서 입론된 것이라 할 수 있다.

그리고 이러한 한암의 일발선풍은 「해종초조에 대하여」와 몇몇 잡지에 기고한 선화들 및 선의 본질과 수행방법을 구체적으로 제시하고 있는 「선문답 21조」와 「참선곡」 및 경봉 등과 주고받았던 여러 서간문에서 집중적으로 발견되고 있다. 따라서 그에게서 일발은 그의 가풍 전모를 상징적으로 담고 있는 개념이자 그의 사상의 벼리라 할 수 있다. 이러한 벼리는 물러나는 참여와 나아가는 침묵이라는 역설 혹은 반어의 언어로 전개되고 있다.

2. 물러나는[藏蹤] 참여

금강산 만일암에 선원이 개설되자 한암은 조실로 추대받았다. 결제 정진 중에 열중(悅衆) 소임을 맡은 이력(李礫)의 질문에 응답해주었던 「선문답 21조」는 한암의 일발선풍의 한 축을 보여주고 있다.

이력은 제1문에서 '참선이 인생과 어떠한 관계가 있습니까?'라는 질문을 던진다. 이에 대해 한암은 달마의 말을 인용하면서 '선이란 곧 중생의 마음'이므로 "무루진여의 본성에 합하여 청정한 마음을 보양하고 바깥을 치달려 구하지 않음"이라고 답하고 있다.

제2문에서 '참선자가 일단대사(一段大事)의 인연을 밝히고자 한다면 자신의 마음이 부처이자 법이어서 구경(究境)과 다름이 없음을 믿어 철저하게 의심이 없어야 한다고 역설한다. 동시에 스스로 깨닫고 스스로 닦아서 스스로 불도를 이루는 것이 제일의 요체임을 알아야 한다고 강조한다. 이력은 다시 제3문에서 '이미 초발심의 마음을 지녔다면 어떻게 공부하여야 진실한 참구가 됩니까'라고 묻고 있다. 이에 대해 한암은 "조사들의 맛이 없는 말을 의심하고 또 의심하여 이 화두를 끊임없이 들어 마치 모기가 무쇠소에 앉아 주둥이를 박지 못할 곳에 몸까지 몰입하듯 하여야 한다"고 강조하고 있다.

한암은 나옹의 말을 인용하여 "한 생각이 일어나고 한 생각이 멸하는 것을 생사라 하고, 생사의 즈음에 당하여 힘을 다해 화두를 들면 생사가 곧 다할 것이니 생사가 곧바로 다한 것을 '적'(寂)이라고 한다며 '공적영지'(空寂靈知)가 부서짐이 없고 혼잡됨이 없으면 곧바로 이루어진다"고 역설한다. 이력이 제10문에서 "간화(看話)와 반조(返照)는 어떠한 차이가 있습니까"라고 묻자 "큰 코끼리가 강을 건넘에 흐르는 물을 가로지르니 토끼와 물이 밑바닥에 닿지 못함을 관계치 말라"고 답하고 있다.

이 문답의 가장 핵심이자 제일 긴 답변을 보여주고 있는 것이 이 제10답이다. 한암은 참선을 하는 도인은 "다만 한 생각이 앞에 나타나 투철하게 관조하여 남음이 없으면 백천법문과 무량한 묘의를 구하지 않고서도 원만하게 얻어서 여실히 보고 여실히 행하며 여실히 써서 생사에 큰 자재를 얻을 수 있을 것이니 오로지 모든 생각이 여기에 있기를 바란다"고 힘주어 답변하고 있다. 그 요체는 활구를 참구하되 반조와 간화를 막론하고 여실히 참구하라는 것이다.

제11문부터 제21문까지는 나옹의 문목을 재인용하여 간명직절한 착어로 답변하고 있다. 이 「선문답 21조」에서 한암의 주조는 '참선'과 '간화'는 상호보완적인 관계에 있는 것이므로 이 둘의 분별이 무의미함을 각별한 마음으로 일깨워 주려 애쓰고 있다. 참선에 대한 한암의 생각은 「참선에 대하여」란 글에서 좀더 구체적으로 드러나고 있다.

> 우리가 평소에 선에 대하여 말하지 않는 것은 선을 알지 못하기 때문이다. …… 이제 말의 허물이 없는 소식을 가지고 한 줄기 도를 통하려 한다. 이 소식은 온전히 일체 중생의 보고, 듣고, 느껴 아는 알음알이가 아니며, 또한 보고, 듣고, 느껴 아는 것을 떠나서 따로 있는 것도 아니다. ……56)

한암은 '말의 허물이 없는 소식을 가지고 한 줄기 도를 통하는 것'이 참선의 요체임을 역설하고 있다. 그리고 또 한암은 가장 평범 용이하면서도 간명 직절하게 선의 진면목을 설파한 「일진화」란 글에서는 다음과 같이 말하고 있다.

> 대저 참선이라 하는 것은 군중을 놀라게 하고 대중을 동요시키는 별별 이상한 일이 아니다. 다만 자기의 눈앞의 한 생각[現前一念]에서 흘러나오는 마음을 돌이켜 비추어 그 근원을 명백하게 요달하여 다시 바깥 경계에 끄달리지 않고, 안으로 헐떡이는 생각이 없어 일체 경계를 대함에 움직임이 없음이 태산 반석과 같고 청정하고 광대함은 태허공

---

56) 漢巖, 「참선에 대하여」『한암일발록』, pp.115~116.

과 같아서 모든 인연법을 따르되 막힘도 걸림도 없으며 종일 담소하되 담소하지 아니하고, 종일 거래하되 거래하지 아니하여, 상락아정(常樂我淨)의 무위도(無爲道)를 미래제(未來際)가 다하도록 무진장으로 수용하는 것이니, 이것은 억지로 지어서 하는 것이 아니라 사람마다 평등하게 본래 가지고 있는 일이니 누가 들어올 수 있는 분(分)이 없으리오. 어질고 어리석거나 귀하고 천하거나 늙고 젊거나 남자와 여자거나 다 분(分)이 있는 것입니다.[57]

이 글에서 '자기의 눈앞의 한 생각[現前一念]서 흘러나오는 마음을 돌이켜 비추어 그 근원을 명백하게 요달'하여 '일체 경계를 대함에 움직임이 없는 것'이 참선임을 힘주어 설하고 있다. 한암은 이 법어는 1935년 7월 19일 오대산 상원사에 수행납자 백여 대중을 위하여 상단설법한 내용이다. 이 법어는 그 해 8월 3일자『불교시보』에「무설무문(無說無聞)이 진설진문(眞說眞文)」이란 제목으로 실렸다.

'따로 설할 법이 없고 따로 들을 법이 없다'는 제목의 뜻처럼 이 법어는 언제나 머물며 법을 설하고[常住說法] 계신 붓다처럼 끊임없이 정진하라는 불교의 본지를 드러낸 법문이다. 끊임없이 정진하는 공간은 산속에만 있지 않다. 역사 속 어느 곳이든 수행처가 될 수 있는 것이다. 이러한 선지의 면목은 한암이 추구했던 일발선풍의 한 측면이 된다. 따라서 한암은 오대산에 입산하면서 역사 바깥으로 나아간 것이 아니었다. 오히려 역사를 향해 보다 더 강력히 참여하고 발언하기 위해 물러났던 것이라고 할 수 있다. 이것을 우리는 일발선풍의 한 축인 '물러나는[藏蹤] 참여'라고 말할 수 있을 것이다.

---

57) 漢巖,「一塵話」『한암일발록』, pp.94~95.

3. 나아가는[巧語] 침묵

한암은 의기투합할 수 있는 당대의 도반들과 서신으로 법거량을 하면서 침묵을 통해 역사 속에 참여하고 발언하였다. 그는 드물게 많은 고승들과 서간을 주고받으며 역사에 참여하였고 잡지에 글을 쓰면서 발언하였다. 한암의 서간은 지금까지 고스란히 남아 있어 그의 가풍을 보여주고 있다. 잡지 글은 시의성에 맞추어 자기의 주장을 분명히 독자들에게 드러내는 의도적인 양식이라 할 수 있다. 이와 달리 서간문은 자신의 속내를 진솔하게 드러내는 일상적인 양식이라 할 수 있다.

서간문에는 역사 속으로 참여하고 발언하는 사실이 잘 드러나지 않는다. 뒷날 그들 서간문이 공간되기 전까지는 여전히 침묵 속에서 자리하게 된다. 그것은 일대 일의 관계 속에서 이루어지는 서간의 사적인 속성 때문이라고 할 수 있을 것이다. 일찍이 퇴계와 고봉이 사단칠정에 대한 7년 간[58]의 논변을 서신을 통해 깊이 있게 논구하였던 적이 있었다. 이러한 교유는 문생들에 의해 널리 공유되고 난 이후 그 의미가 증폭되어 하나의 사상적 논의의 물꼬가 되었다. 이처럼 우리나라 지식사회에서 서간문은 오래 전부터 이미 대표적인 교유 수단이 되어 왔다고 할 수 있다.

하지만 사적인 이 형식이 출가자인 한암에게는 오히려 침묵의 형식으로 역사로 나아가는 기제가 되었다고 할 수 있다. 특히 경봉과 주

---

58) 최근 퇴계의 일생을 그와 관련된 전 자료의 분석을 통해 일지형식으로 재구한 정석태의 연구에 따르면 퇴계와 고봉간의 사단칠정논변은 8년이 아니라 2년간이었다고 밝혀지고 있다. 정석태, 『퇴계선생연표월일조록』(退溪先生年表月日條錄, 4권), 『조선일보』, 2006년 5월 1일자.

고 받은 많은 서간들 속에는 역사 속으로 나아가는 한암의 침묵이 그대로 반추되고 있다. 사적인 서간문뿐만 아니라 한암은 간간히 공적인 잡지에 글을 실음으로써 역사 속에 참여하고 발언하였다. 그것은 나아가는[巧語] 침묵이기는 했지만 침묵의 무게는 결코 적지 않았다.

경봉 정석(鏡峰 靖錫, 1892~1982)이 자신의 서신과 오도송을 보내오자 한암은 우러러 찬탄하면서 보림을 위한 일구를 주었다. 한암은 경봉의 오도송 4편에 대해 아래와 같이 답신을 보내고 있다.

이렇게 깨달은 사람의 분상에는 비유하면 커다란 불덩어리와 같아서 무엇이든지 닿기만 하면 타버리니 어찌 한가로운 말과 방편으로 지도할 수 있겠습니까. 그러나 깨달은 뒤의 조심은 깨닫기 전보다 더 중요한 것입니다. 깨닫기 전에는 깨달을 분(分)이라도 있지만 깨달은 뒤에 만일 수행을 정밀히 하지 않고 게으름을 피우면 여전히 생사에 유랑하여 영영 헤어 나올 기약이 없는 것입니다. 흔히 고인네들이 깨달은 뒤에 자취를 감추고 이름을 숨겨서 물러나 성태(聖胎)를 오래오래 기르는 것이 바로 이것이니 어쩌다 사람을 대하면 지혜의 칼을 휘둘러서 마군을 항복받으며 어쩌다 사람이 오면 벽을 보고 돌아앉습니다. 그렇게 하기를 삼십 년 사십 년 내지 평생토록 영영 산에서 나오지 않기도 하였으니 예전에 상상(上上)의 큰 기틀을 지닌 분들도 그렇게 하였거늘 하물며 말엽(末葉)의 우리들이겠습니까?

대혜(大慧)화상이 말하기를 간혹 근기가 날카로운 무리들이 많은 힘을 들이지 않고 이 일을 판단하여 마치고는 문득 쉽다는 생각을 해서 닦아 다스리지 않다가 오랜 세월이 지남에 영영 마군에게 포섭된다 하니 이와 같이 뒷날 중생들을 위하여 고구정녕하게 지도하여 삿된 그물에 걸리지 않게 하신 말씀을 일일이 들어서 다 말할 수가 없습니다.[59]

59) 漢巖, 「答鏡峰和尙書 二十四」篇『漢巖一鉢錄』, p.230.

이 서신에는 '깨닫기 전에는 깨달을 분상'이라도 있지만 '깨달은 이후에 게으름을 피우면 생사에 유랑하여 헤어 나올 기약이 없다'는 일구를 내려주는 한암의 애정 어린 노파심이 드러나 있다. 한암은 계속하여 대혜 종고와 보조 지눌의 선서를 벗으로 삼을 것을 주문함으로써 이들 선서를 주축으로 하는 자신의 살림살이를 보여주고 있다.

> 만일 일생의 일을 원만하고 구족하게 하고자 한다면 옛 조사의 방편어구로써 스승과 벗을 삼아야 합니다. 제일 요긴한 책은 대혜의 『서장』과 보조의 『절요』와 『간화결의』입니다. 이 활구법문을 항상 책상 위에 놓아두고 때때로 점검해서 자기에게 돌리면 일생의 일이 거의 어긋남이 없을 것입니다. …… 만일 한때 깨달음에 만족하여 뒤에 닦음을 거두어 치우면 영가(永嘉)께서 말한 '활달한 채 공연히 인과를 무시하고 어지러이 방탕하여 재앙을 초래하게 되오니 간절히 세상 천식배들처럼 인과를 무시하여 죄와 복을 배척하는 이가 되지 마소서. 만일 활구를 들어 살피지 않고 문자만 볼 것 같으면 의리에 걸려서 도무지 힘을 얻지 못하며 말과 행동이 서로 어긋나서 증상만인(增上慢人)을 면치 못하리니 간절히 모름지기 뜻에 두소서.[60]

한암은 자신이 경봉보다 16년의 연상이고 종문의 선배이면서도 늘 '문제'(門弟)라고 쓸 정도로 경봉에게는 호형호제의 미덕을 베풀었다. 총 24편의 서간에서 한암은 귀종화상과 석공화상의 점수법과 혹자와의 물음에 나타난 돈수법을 융합한 자신의 사상적 편린을 보여주고 있다. 이러한 한암의 살림살이는 '흥금'과 '파예'의 활구에서 확연히 드러나고 있다.

---

60) 漢巖, 앞의 글, 앞의 책, p.233.

4. 胸襟과 把捉의 활구

한암의 일발선풍은 물러나는 참여와 나아가는 침묵의 회통 속에서 이루어지고 있다. 천고 속으로 자취를 감춘 학의 침묵이나 삼춘으로 나아간 앵무새의 참여가 마찰을 넘어 윤활하고 있다. 그는 오대산으로 물러가면서도 역사 속에 깊이 참여했으며, 대중 속으로 나아가면서도 침묵을 통해 발언하였다. 이러한 그의 참여와 침묵은 그의 존재감을 더욱 높였으며 한국 불교의 자존을 드높이기에 이르렀다.

이러한 한암의 가풍은 경봉의 은사인 성해(聖海)선사의 영정을 모실 때 영찬을 부탁받아 쓴 '흉금'(胸襟)이라는 말 속에 잘 드러나고 있다.[61]

> 암두(巖頭)가 할을 하면서 말하였다. "그대는 듣지 못했는가. 문으로 좇아 들어오는 것은 집안의 보배가 아니니라." 설봉(雪峰)이 말하였다. "다음날 큰 교법을 퍼뜨리고자 한다면 일일이 자기의 가슴[胸襟]에서 나와야 나와 더불어 하늘과 땅을 덮으리라." 설봉이 이 말을 듣고 크게 깨달았다 한다.[62]

여기서 '명월흉금'(明月胸襟)이란 구절은 경봉의 은사인 성해사숙[63]에 대한 찬에 그치는 것이 아니다. 그가 보여준 평생의 살림살이는 '자기의 가슴'에서 우러나온 활발발한 언어였기 때문이다. 그가 봉은사 조실을 떠나 오대산 상원사로 들어갈 때에 "차라리 천고에 자취를

---

61) 釋明正 편, 『火中蓮華消息』(서울: 미진사, 1984), "勤護三寶, 一片赤心, 參尋祖意, 透脫古今, 來也去也, 明月胸襟, 靈鷲山屹, 洛東江深."
62) 釋明正 편, 『화중연화소식』(미진사, 1984), pp.37~40.
63) 鏡峰의 恩法師인 聖海선사는 한암의 은사인 石潭의 師兄이기에 '師叔'이라 칭한 것이다.

감춘 학이 될지언정, 삼춘에 말 잘하는 앵무새는 배우지 않겠다."고 토해 낸 사자후 역시 자신의 가슴에서 나온 활발발한 언어였던 것이다. 때문에 한암에게 있어 '홍금의 활구'는 곧 자신의 살림살이의 정수요 고갱이라 할 수 있다.

가슴에서 우러나오지 않은 이야기는 결코 자신의 보배가 될 수 없는 것이다. 남의 보배는 여전히 남의 보배일 뿐이다. 집안의 보배는 결코 문 안으로 들어오지 않는다. 그것은 누가 전해주거나 땅에서 주울 수 있는 것이 아니다. 오직 자신이 부딪치고 깨어지면서 터득한 것이 될 때 비로소 자신의 살이 되고 피가 되어 가슴에서 우러나오는 보배가 되는 것이다. 상원사를 소각으로부터 벗어나게 할 수 있었던 지혜 역시 바로 자신의 가슴에서 우러나온 진실의 힘에 기초했기 때문에 나올 수 있었던 것이다. 한암의 '홍금'의 소식은 다시 '파예'의 기호로 증폭된다.

> 석공(石鞏)화상이 마조(馬祖)화상에게 참례하여 법을 얻은 뒤 삭발을 하고 시봉할 때였다. 하루는 부엌에서 일을 하다가 문득 하던 일을 잊고 망연히 앉아 있었다. 마조가 물었다. "여기서 무엇을 하고 있는가?" (석공이 말하였다.) "소를 먹이고 있습니다." (마조가 물었다.) "소를 먹이는 일은 어떻게 하는가?" (석공이 말하였다.) "한 번이라도 소가 풀밭에 들어가면 고삐를 끌어당깁니다[把拽]." (마조가 말하였다.) "네가 소를 잘 먹일 줄 안다." 여기서 '파예' 두 글자를 자세히 알면 오후(悟後)의 생애를 남에게 물을 필요가 없습니다.

여기서 파예란 '소치는 일'이다. 송나라 곽암 사원(廓庵師遠) 선사의 「십우도」에 나오는 것처럼 소치는 일에도 도가 있다. 풀밭에 들어간 소는 고삐를 끌어 당겨야 한다. 그것도 고삐를 당길 때와 놓아 줄 때를 잘 아는 것이 중요하다. 그때를 놓치면 이미 어긋나 버리는 것이다. 붓다의 중도(中道) 역시 거문고 줄을 너무 팽팽히 당겨서도 아니되고 너무 느슨하게 해서도 아니되는 것처럼 말이다.

한암은 스승 경허와 헤어질 때와 오대산에 들어갈 때를 정확히 알았다. 동시에 교정과 종정으로 참여할 때와 상원사를 소각으로부터 구할 수 있는 때를 알았다. 그때를 안 그는 오대산을 살리고 한국 불교의 자존을 살렸다. 그것은 오직 그가 '무소유' 혹은 '불소유'라 할 수 있는 '일발의 선풍'을 생평 내내 견지했기 때문에 가능했던 것이라 할 수 있다. 그것은 곧 나아갈 때와 물러날 때를 정확히 안 지혜로운 그의 걸음걸이에서 이루어질 수 있었던 것이다.

결국 한암의 일발 가풍은 바로 이 자기의 가슴에서 우러나오는[胸襟] 언어와 고삐를 정확히 잡아당기는[把捉]) 언어의 두 축으로 이루어졌다. 그것으로 그는 천고 속으로 '물러나며'[藏蹤] 참여할 수 있었고, 삼춘으로 '나아가며'[巧語] 침묵할 수 있었다. 바로 이 침묵과 참여를 아우른 살림살이를 한암의 일발선풍이라 할 수 있다. 따라서 '장종'과 '교어'가 마찰을 넘어 일발(一鉢)로 윤활되고, '흉금'과 '파예'가 응축을 넘어 일발(一鉢)로 확산되는 역동적 지점 위에서 한암의 일발선풍이 확립되었다고 할 수 있다.

IV. 정리와 맺음

1. 법화와 행리의 응축

사형 만공(滿空 月面, 1871~1946)으로부터 자신의 스승 경허의 행장을 써 달라는 부탁을 받은 한암은 세간의 평가에 개의하지 아니하고 '행리'와 '법화'의 잣대를 사용하여 스승 경허를 살려내었다. 한암이 사용한 '행리'와 '법화' 두 잣대는 단지 스승의 행장에만 한정되는 것이 아니라 그 자신의 역사관과 세계관을 보여주는 기호로도 읽어낼 수 있다.

한암은 '비법'의 상대로서의 '법'을 넘어서 '묘법'으로 열어감으로써 법화와 행리의 소통을 장을 마련하였고 그 스스로 그러한 모습대로 살았다. 그의 살림살이는 흥금과 파예의 선풍을 넘어 활발발한 일발의 선풍으로 응축되고 확산되었다. 그리고 그것은 한암 자신의 가슴속에서 우러나오는 흥금(胸襟)의 언어와 고삐를 당길 때를 정확히 아는 파예(把拽)의 언어를 통해 이루어졌다. 그는 스승 경허와 헤어질 때와 봉은사를 떠나 오대산에 입산할 때를 알았다. 동시에 두 차례의 교정과 종정으로 나아갈 때와 상원사의 소각을 막아낼 때를 알았다.

다섯 차례의 깨달음의 전기를 경험하면서 한암의 돈오점수의 가풍은 자연스럽게 확립되었다. 지눌과 대비되는 수졸의 살림살이 역시 한암의 독자성을 보여주고 있다. 지눌의 정혜결사에 대응되는 삼본산 수련원의 시설이나 대중과 함께한 그의 생활은 그의 일발선풍으로 드러나고 있다.

따라서 참여와 침묵, 흥금과 파예의 두 축이 응축되는 한암의 살림살이는 다시 무소유와 무집착과 무분별에 입각한 일발선풍으로 확산되었다. 그리고 법화와 행리의 수렴은 다시 장종과 교어의 윤활을 통해 일발 선풍으로 전개되었다.

2. 장종과 교어의 확산

봉은사 조실로 있던 한암은 지암의 제안을 받고 오대산으로 입산하였다. 이때 그는 "차라리 천고에 자취를 감춘 학이 될지언정 삼촌에 말을 잘하는 앵무새는 배우지 않는다."고 했다. 여기서 자취를 감춘 '장종'과 말 잘하는 '교어'는 그의 만년을 잘 보여주는 기호가 된다. 즉 그는 물러가면서 참여하였고 나아가면서 침묵하였다.

한암은 선사이면서도 경학을 강조하였고 율사이면서 염불을 권장하였다. 그는 어느 한 경계에만 매이지 않았다. 이러한 그의 살림살이는 그가 집성한 '일발록'의 명명에서도 잘 드러나 있다. 한암은 나아가면서도 물러갈 줄 알았고 물러나면서도 나아갈 줄 알았다. 한암은 '일발'의 정신으로 평생을 견지하였기에 나아가는 '침묵'과 물러나는 '참여'를 한 몸둥어리 속에 통섭할 수 있었다.

한암은 역사 속에 참여할 때나 침묵할 때에도 일발의 정신은 한 치도 흔들림이 없었다. 스승 경허와 헤어질 때와 봉은사를 떠나 오대산에 들어올 때, 그리고 두 차례의 종정과 교정을 나아갈 때와 상원사의 소각을 막기 위해 온몸을 던질 때에도 그러하였다. 그는 그때를 알고 있었고 그때에 맞춰 살았다. 그는 시중(時中)의 도리를 알았고 그 도리에 자신을 맞출 줄 알았다.

한암은 어린 시절 서당에서 훈장에게 '반고씨 이전'이라는 근원에 대한 물음을 던졌었다. 그때 그는 바로 그 지점을 염두에 두었는지는 알 수 없다. 다만 이후 한암의 밝은 안목으로 미루어볼 때 전혀 연속성이 없다고만 단정하기는 어려울 것이다. '반고씨 이전'은 그에게 공안으로 다가와 흥금과 파예의 기호로 다가왔다. 결국 한암은 흥금과 파예의 소식을 알았고 장종과 교어의 마찰을 넘을 줄 알았다. 따라서 '흥금'(장종)과 '파예'(교어)의 두 기호로 표출되는 한암의 선풍은 평생을 무소유 혹은 불소유 정신을 견지하면서 자연스럽게 우러나온 일발의 살림살이라고 할 수 있다.

5

漢岩禪師의 서간문 고찰

윤창화

※ 이 논문은 『한암사상』 2집(2007년)에 발표했던 것을 수정, 보완하여 재수록한 것이다.

[요약문]

　본고는 한암스님의 서간을 분석 고찰한 것이다. 한암선사가 만공스님 등 당시 고승들, 그리고 제자, 거사, 여성신도들과 주고 받은 서간은 약 45편이 된다. 서간을 가장 많이 주고 받은 선승은 경봉스님(24편)으로 약 24편이다. 서간문은 주로 일상적인 것을 이야기하고 있지만, 한암선사의 서간 속에는 수행과 관련된 것이 많다. 서간문 가운데 선수행, 선사상적으로 가장 주목해야할 점은 悟後修行論이라고 할 수 있다. 깨달은 이후에도 더 수행해야 한다는 것으로 보임(保任)을 뜻한다. 한암선사는 그것을 '悟後修行' '悟後保任', '悟後生涯' 등으로 표현하고 있다. 한암선사는 인과를 무시하고 함부로 행동하는 것, 방탕한 행위에 대하여 매우 경계했다. 특히 오늘날 무애행이라는 미명 아래 계행을 파괴하는 한국 간화수행자들에게는 깊이 참고해야 할 서간들이다.

I. 서두

漢岩禪師(1876-1951)는 근대 한국불교를 대표하는 고승이다. 그는 전형적인 선승이었지만 제자들에게는 참선 외에도 경전과 어록을 볼 것을 권장했으며, 가람수호와 염불은 물론 계율을 준수할 것을 강조했다. 경전과 계율을 소홀히 했던 여타 선승들과 비교할 때 매우 다른 점으로 교단사적으로 새롭게 인식, 조명할 필요가 있다.

특히 대부분의 선승들이 지나치게 禪의 우월주의에 빠진 나머지 결과적으로 한국불교를 '無知한 禪'으로 만들었으며, 마치 음주식육의 막행막식이 선승의 무애자재한 경지인양 호도시켰다는 점에서 볼 때, 한암선사의 家風은 교단의 귀감이자 師表가 아닐 수 없다.

본고는 한암선사가 여러 선승들과 주고 받은 書簡文을 고찰하여, 그 의의와 그리고 서간문에 나타난 수행방법, 선문답 등에 대하여 분석해 보고자 한다. 悟道頌, 法語, 게송, 禪論 등이 있음에도 불구하고 서간문을 고찰하는 이유는, 본 서간문의 내용이 기존의 글에서는 거의 볼 수 없는 내용들이기 때문이다. 특히 '悟後修行', '悟後保任'에 대하여 구체적으로 언급하고 있는 두 세편은 매우 중요하다고 할 수 있다. 서간문의 종류와 성격, 서간문의 수신자, 보낸 날짜, 중요 내용 등을 고찰한 다음 서간문에 나타난 선문답의 유형, 그의 선사상의 일단, 그리고 '悟後修行', '悟後保任', '悟後生涯' 등의 문제에 대하여 고찰해 보고자 한다.

Ⅱ. 서간문의 개요와 성격

한암선사의 서간이 상당량 존재하고 있다는 사실이 처음으로 紙上을 통하여 알려진 것은 그리 오래되지 않았다. 통도사 극락선원에서 경봉스님(1892~1982년)이 소장하고 있던 근대 고승 서간집인 『火中蓮華消息)』(통도사 극락암, 1984)이 간행된 이후이다.[1] 이 책은 친필 원본과 脫草, 그리고 번역과 간단한 註를 붙여서 간행한 것으로서, 한암선사의 면모와 선의 세계를 연구하는 데 매우 중요한 자료이다. 법어집 『한암일발록』(1995년)에 수록된 자료도 대부분 이것을 바탕으로 하여 간행된 것이다.

현존하는 한암선사의 서간문은 모두 45편이다. 경봉스님과 주고받은 것이 24편, 제자 탄허에게 답한 것이 2편(탄허스님은 약 30여 편을 왕래했다고 하나, 현존하는 것은 2편뿐이다), 칠보사 昔珠스님에게 답한 것이 2편, 통도사 오해련스님에게 답한 것이 2편, 그리고 쌍계사 陳震應스님, 曉峰스님, 望月寺조실 용성스님, 寶月화상, 그리고 만공스님의 법거량에 답한 것이 1편씩이다. 거사로는 조창환선생에게 답한 것이 5편, 임화련거사 1편, 불화 佛化 李載丙(이재열거사) 1편, 최태규 선생에게 답한 것이 1편이다. 여성 불자에게 보낸 것으로는 한서운 보살에게 보낸 것이 2편, 묘련심보살에게 보낸 것이 1편이다.

내용별로 분류해 본다면, 대략 법어, 법거량 등 禪과 관련된 것이 19편으로 가장 많고, 후학을 啓導하는 글이 1편, 위로의 글이 2편,

---

1) 그 밖에 석명정 역주, 근세한국 고승서간집 『삼소굴소식』(1997, 극락선원)이 있다. 여기엔 경봉스님과 한암스님이 주고 받은 서간은 물론이고, 근현대 고승들의 서간과 기타 사회 유명 인사들과 왕래한 서간문도 상당량 실려 있다.

일상적인 안부를 묻는 서간 등 기타가 23편이다. 일상적인 서간도 단순히 안부를 묻는 데서 그치는 것이 아니고 귀감이 될 만한 말씀을 남기고 있다.

한암의 서간문은 대부분 상대방이 보낸 서간에 대한 答信이 태반이며, 45편 중 한암스님 자신이 보낸 것은 6통으로 전체량의 10% 남짓이다. 그만치 외부와의 관계, 세속사에는 관심을 두지 않았다고 할 수 있다. 오로지 자신의 수행과 수좌들과 후학지도에 많은 힘을 할애했던 것이다. 반면 경봉스님은 많은 서신을 보내왔는데, 다행히 그 덕택에 오늘날 한암의 서간 상당편이 남아 있을 수 있었다. 또 그 서간을 통하여 한암스님의 자상한 모습과 덕망, '悟後生涯' 등 수행 일단을 볼 수 있는 것은 다행한 일이 아닐 수 없다.

한암선사가 서간에서 쓰고 있는 문체는 순 한문체와 국한문체, 한글체 3가지이다. 순 한문체는 경봉스님 등 주로 스님들과 왕래한 서간에서 사용하고 있는 문체이고, 국한문체는 거사들과 왕래한 서간에서, 그리고 여성신도들에게 보낸 편지는 한글체이다. 또 서간 속에는 한암선사 자신이 토(吐)를 붙인 곳도 있고, 백문(白文, 無吐)도 있다.

서간을 가장 많이 왕래한 이는 통도사 극락암에 주석하고 있던 경봉스님이다. 24편으로 전체 서간의 약 50%를 차지한다. 그 내용도 禪과 관련된 것들이 대부분이어서 후학들에게 적지 않은 귀감, 지침이 되고 있다. 두 고승은 서간문을 통해서도 本分事 즉 선, 깨달음, 수행이라는 주제에 매진했다. 또 한암선사는 경봉보다 16세 年上이지만, 항상 '아우[弟]'라고 겸사했던 지음자 사이이다. 이렇게 두 선승이 많은 서간을 주고 받았던 것은 한암선사가 오대산 상원사 선원의 조실로 27년간이나 두문불출하자 서로 만날 수가 없게 되었고, 이에 경봉스님은 무려 24편에 달하는 많은 편지를 보냈던 것이다.

Ⅲ. 각 서간문 고찰

서간문 45편 가운데 먼저 경봉스님과 주고 받은 서간부터 고찰해 보고자 한다. 서간을 소개, 검토한 다음 각 서간문의 내용과 중요 주제, 특징을 살펴보고자 한다.

■ 서간(書簡) 〈1〉

서간 〈1〉은 鏡峰스님에게 보낸 答書이다. 경봉스님과 왕래한 서간 24편 중 첫 서간으로 깨달은 이후의 수행 즉 悟後修行의 중요성에 대하여 논하고 있다. 내용으로 보아 경봉스님이 한암선사에게 오도송 4수와 함께 대장부가 해야 할 일을 마쳤으므로(깨달음 성취) 요즘엔 무애자재하게 지내고 있다는 내용의 편지를 보낸 듯하다.

한암선사는 경봉스님이 보낸 서간과 오도송을 읽고 난 후 조금은 자부하고 있는 경봉스님의 모습[2]에서 悟道한 후에도 방심하지 말고 더욱더 수행과 보임에 힘쓸 것을 당부하고 있다.

　　"이와 같이 깨달은 사람의 分上에는, 비유하자면 마치 커다란 불덩어리

---

2) 경봉대선사 日記인 『三笑窟日誌』1927년 12월12일(음력 11월 19일)자에는 "이 날은 대오를 성취한 날이다"라고 쓰고 있고, 또 12월 13일자에는 "오전 2시 30분에 祖師禪義를 깨닫다"라고 기록되어 있다. 그리고 1928년 1월 3일자에는 "화엄산림을 회향하다"고 쓰여져 있는데, 아래 註에 "화엄산림 도중(21일간) 경봉스님께서는 悟道하셔서 화엄설법을 하시는데 탕탕무애하게 걸림없이 고함도 지르고, 또 달밤에 삼소굴 뒷 뜰에서 막 뛰고 춤도 추었다"는 것이다. 이 무렵 경봉스님은 한암선사에게 오도송과 편지를 보냈다고 보여진다.

와 같아서 무엇이든지 닿기만 하면 곧 타버리는데, 어찌 부질 없는 말로 指導할 방편이 있겠습니까. 비록 그렇지만 깨달은 뒤에 주의하는 것이 깨닫기 전보다 더 중요합니다. 깨닫기 전에는 깨달을 가능성이라도 있지만, 깨달은 뒤에 만일 수행을 정밀하게 하지 않아 게으름에 빠진다면, 여전히 生死에 流浪하여 영영 헤어 나올 기약이 없게 됩니다. 그러므로 옛 사람들이 깨달은 뒤에 자취와 이름을 숨기고서 물러나 성태(聖胎)를 오래오래 길렀던 것은 이 때문이었습니다.[3]"

한암선사는 깨닫기 이전보다 더 중요한 것은 깨달은 이후라고 말하고 있다. 즉 깨닫기 전에는 깨달아야 한다는 명제가 있어서 한 길로 매진할 수 있지만, 깨닫고 난 뒤에는 그런 명제가 없게 되므로 자칫 나태함에 빠져서 悟後의 수행, 悟後의 보임(保任)을 소홀히 할 수 있다고 말한다. 悟後의 수행을 게을리 하다가는 영영 다시 지혜가 昧(어두워져서)하여 번뇌 망념의 생사 속을 유랑하게 된다는 것이다. 한암선사가 말하는 '生死에 流浪'이란 흔히 말하는 생사윤회를 뜻하는 것이 아니다. 여기서 말하는 생사윤회란 번뇌망념의 起滅, 즉 번뇌 망념이 일어났다가 사라지는 것을 말한다.

이어 한암선사는 귀종화상과 어느 僧과의 문답, 석공화상과 마조선사 사이에 있었던 이야기 一段을 인용하여 거듭 오후수행의 중요성을 역설하고 있다. 이 一段은 참으로 주목해야 할 부분이다.

어떤 스님이 歸宗和尙에게 물었습니다. "어떤 것이 부처입니까?" "네가 바로 부처니라." "(그렇다면) 어떻게 保任해야 합니까?" 귀종화상이 말

---

3) 如此悟人分上에난 警如一團火相似하와 物觸便燒어니 有何閑言語, 指導方便之爲哉릿가 雖然, 悟後注意가 更加於悟前이오니 悟前則將有悟分이어니와 悟後에 若不精修하야 墮於懈怠 則依前流浪生死, 永無出頭之期. 故, 古人悟後, 隱跡逃名, 退步長養者, 以此也.

씀하기를 "티끌이 하나라도 눈에 끼이면 허공 꽃이 어지러이 떨어지게 된다."고 하셨으니, 이 법문에 대하여 '翳(티끌)'라는 한 글자의 뜻을 자세히 이해한다면 悟後의 生涯가 자연히 만족하게 될 것입니다(翳之一字, 詳細知得, 悟後生涯, 自然滿足).[4]

이 문답은 『전등록』 10권(216단) 芙蓉靈訓章)[5]에 실려 있는데, 부용산 靈訓선사가 처음 귀종화상을 참방했을 때에 주고받은 문답이다. 귀종화상이 말한 一翳在眼, 空花亂墜라는 한마디에 영훈은 그 자리에서 大悟했는데, 한암스님은 이 가운데서도 '예(翳, 티끌, 가릴 예)'라는 한 글자에 특히 주목할 것을 강조하고 있다. '예(翳)'자의 뜻을 확실히 파악한다면 '悟後수행'의 문제는 걱정할 것이 없다는 것이다. 여기서 말하는 '翳(티끌, 가릴 예)'란 마음으로부터 일어나는 번뇌 망념을 가리킨다. 오후수행이란 다름 아닌 눈에 낀 작은 티끌까지도 제거하는 과정이라는 것이다.

한암선사는 또 석공화상과 그의 스승 마조 사이에 오고간 禪話 하나를 더 인용하여 예를 들고 있다.

또 石鞏和尙이 馬祖를 참례하여 법을 얻은 뒤 삭발, 시봉하고 있었는데, 하루는 부엌에서 일을 하다가 문득 하던 일을 잊고 앉아 있었습니다. 그때 스승 마조가 보고 묻기를, "여기서 무엇을 하고 있는가?" "소를 먹이고 있습니다." "소 먹이는 일을 어떻게 하고 있는가?" "한 번이라

---

4) 僧問, 歸宗和尙. 如何是佛. 宗云, 卽汝是. 僧云, 如何保任하리잇고 宗云, 一翳在眼, 空花亂墜라하셧씨니 此法門에 對하야 翳之一字를 詳細知得하오면 悟後生涯가 自然滿足이올씨다. 이하 서간의 원문은 본 도록에 수록된 서간 참조.
5) 福州 芙蓉山 靈訓禪師, 初參歸宗, 問, 如何是佛. 宗曰, 我向汝道, 汝還信否. 師曰, 和尙發誠實言, 何敢不信. 宗曰, 卽汝便是. 師曰, 如何保任. 宗曰, 一翳在眼, 空花亂墜.「芙蓉靈訓章」『전등록』 10권.

도 소가 풀밭으로 들어가면 고삐를 끌어 당깁니다" 마조화상이 말하기를 "네가 소를 잘 먹이고 있구나."고 하셨으니, 여기에서 '파(把)' '예(拽)' 두 자의 뜻을 자세히 안다면, 悟後의 生涯에 대하여 남에게 물을 필요도 없습니다.[6]

이 禪話는 『조당집』 14권 石鞏和尙 章[7]에 실려 있다. 석공이 부엌에서 일을 하고 있을 때였다. 그때 마조가 석공에게 물었다 "여기서 무엇을 하고 있는가?" "소를 먹이고 있습니다[牧牛]." "소를 어떻게 먹이고 있는가?(馬師曰, 作麼生牧)." "한 번이라도 소가 풀밭으로 들어가면 고삐를 끌어 당깁니다[一回入草去, 便把鼻孔拽來]."라고 대답했는데, 한암선사는 이 가운데서 '把(잡을 파)'자와 '拽(당길 예)'자의 뜻을 잘 파악해 보라고 당부한다.

글자 풀이를 한다면 '把(잡을 파)'와 '拽(당길 예)'는 모두 '끌어당기다' '잡아당기다'는 뜻이다. 즉 마음이 '俗塵' 또는 '번뇌 망념의 풀밭'으로 들어가려고 할 때, 못 들어가도록 고삐를 당기는 것을 의미한다. 이것이 바로 '悟後修行' '悟後生涯'이다. 물론 여기서 말하는 悟後의 수행은 깨닫기 이전[悟前]의 수행과는 다르다. 悟前의 수행은 깨달음을 향한 수행이고 悟後의 수행은 깨달은 바를 더욱 견고하게 하는 수행이라고 할 수 있다.

선수행을 그린 대표적인 禪畵인 廓庵의 심우도와 普明의 목우도

---

6) 石鞏和尙, 參馬祖得法, 仍雉髮侍奉一日, 在廚下作務, 忽忘務而坐. 馬祖問云, 汝在此作甚麼. 鞏云, 牧牛. 祖云, 牧牛事作麼生. 鞏云, 一回落草去, 把鼻拽將回. 祖云, 汝善牧牛라 하셧쎄니 此에 對하야 把拽兩字를 詳細知得하오면 悟後生涯를 不必問人이올시다.

7) 師(石鞏)一日, 在廚作務次, 馬師, 問, 作甚麼. (石鞏)對云, 牧牛. 馬師, 曰, 作麼生牧. 對曰, 一回入草去, 便把鼻孔拽來. 馬師, 云, 子眞牧牛.「石鞏和尙章」『조당집』14권.

도 수행과 깨달음 , 그리고 오후수행(보임)의 과정을 그린 선화인데 그 모델은 바로 이런 이야기[牧牛]가 모멘트가 된 것이다. 심우도나 목우도에서 볼 수 있듯이 우리의 마음을 부단히 잡아 당겨서[把住] 끝내는 放任해 두어도 풀밭으로 들어가지 않는 상태[放行], 망상의 경계나 대상을 만나도 마음이 움직이지 않는 상태가 목우의 과정이다. 고려시대 보조국사 지눌(1158-1210)의 자호가 牧牛子인 것도 이 것을 가리킨다.

그런데 한암선사는 이 서간의 끝에서 결론 같은 한마디를 더 추가하고 있는데, 이것은 한암선사가 제시, 설정하고 있는 '悟後修行'의 최종적인 의미, 혹은 지향점이라고 볼 수 있다.

> '파예(把拽)' 두 글자를 자세히 알면(詳細知得) 오후생애(悟後生涯)를 물을 필요도 없습니다. 그러나 상세하게 안(知得) 뒤에는 알았다는 생각 또한 없애야 합니다. 여기에 이르러서는 마치 물을 마심에 찬 것과 따뜻한 것을 스스로 알게 되는 것과 같아서, 무엇을 끄집어내어 남에게 알려 줄 수 있는 것이 아니니, 이것이 참으로 이른바 '스스로 희열을 느낄 수 있을지언정, 그대에게는 가져다 줄 수는 없다. 푸른 바다가 마를지언정 끝내 그대를 위하여 통하게 해 줄 수는 없다'고 하는 것입니다. 비록 이와 같지만 어떤 사람이 나 漢岩에게 묻기를, '깨달은 뒤에 어떻게 보임해야 합니까?'하고 묻는다면 나는 곧 통렬하게 한 방망이를 때려줄 것이니, 위의 옛 성인들의 말씀과 같습니까, 다릅니까? 허허 (呵呵)"[8]

---

8) 把拽兩字를 詳細知得하오면 悟後生涯를 不必問人이올시다. 然, 詳細知得後에 知得도 亦無올시다. 到這裏하야 如人飮水, 冷暖自知. 拈出呈似人不得, 眞所謂 只可自怡悅, 不堪持贈君이요 任從滄海竭, 終不爲君通者也. 雖然如是, 有人問漢岩, 悟後如何保任하리잇고하면 岩은 卽痛與一棒호리니 與上來古聖語로 同가 別가. 呵呵.

한암선사는 안[知得] 뒤에는 알았다는 생각까지도 두지 말아야 한다고 말한다. 알았다는 생각을 갖고 있다면 그는 아직 悟後의 수행이 덜 되었다는 것이다. 한암선사는 진정한 悟後수행이란 '알았다는 생각'까지 없어진 상태 즉 眞空의 상태가 진정한 '悟後修行이요' 悟後保任이며' 悟後生涯)라는 것이다. 眞空과 妙有의 바탕에서 悟後修行을 논하고 있는 것이다.

그런데 우리는 여기서 한암선사가 쓰고 있는 '悟後保任', '悟後修行' 외에 새롭게 '悟後生涯'라는 용어를 쓰고 있음을 볼 수 있다. 의미상에서 큰 차이가 있는 것은 아니지만, '오후생애'라는 말 속에는 '깨달은 이후의 삶'이라고 하는 명제가 내포되어 있다.

이어 한암선사는 "누가 나 한암에게 '깨달은 뒤에 어떻게 보임해야 합니까?'하고 묻는다면 "나는 그에게 아프게 한 방망이를 칠 것이니(痛與一棒), 이것이 옛 성인의 말씀[聖語]과 같은지 다른지 일러보라"고 말한다. 물론 같다(同)고 해도 痛與一棒이고 다르다(別)고 해도 痛與一棒이다. 같다면 같다는 데 떨어지고, 다르다면 다르다는 데 떨어진다. 동(同)과 별(別)은 모두 관념이고 집착이며, 차별심, 분별심의 소산이기 때문이다.

■ 서간 1-1〈추신(追伸)〉

편지 〈1-1〉은 앞 편지〈1〉의 추신이다. 悟後수행에 관한 문제를 논하고 있으므로 굳이 별도로 서술할 필요가 없다고 생각할 수 있지만, 추신이란 미처 하지 못한 말을 하는 것으로 중요하다면 중요하다고 할 수 있다. 또 내용이 달라서 별도로 고찰하고자 한다.

이 추신은 선수행과 화두참구에 지침이 될 만한 어록을 소개한 편지이다. 한암스님은 만약 그대(경봉스님)가 一生事(一大事)를 원만히 성취하고자 한다면 옛 조사들이 남긴 語句로써 스승과 벗(師友)을 삼으라는 것이다. 수행자에게 일생사란 '본분(本分)을 밝히는 일' '깨닫는 일(悟道)' 외엔 없다.

> 만약 一生의 일을 원만, 구족하게 하고자 한다면, 옛 조사의 방편 語句로써 스승과 벗을 삼아야 합니다. 그러므로 우리나라 보조국사께서도 일생토록 『육조단경六祖壇經』으로 스승을 삼았고, 대혜(大慧)선사의 『서장書狀』으로 벗을 삼으셨습니다. 조사의 언구言句 중에서도 제일 중요한 책은 대혜大慧의 『서장書狀』과 보조보조의 『절요節要』와 『간화결의론看話決疑(論)』이 활구법문(活句法門)이니, 항상 책상 위에 놓아두고 수시로 점검하여 자기에게 귀결시킨다면, 一生의 일은 거의 어긋남이 없을 것입니다. 弟(한암)도 여기서 힘을 얻은 바가 있습니다. 또한 『서장』과 『간화결의(론)』과 『절요』의 末段을 의지하여 활구를 거각(擧覺)하는 것이 매우 좋고 좋습니다.[9]

한암선사는 육조혜능의 법어집인 『육조단경』과 대혜종고의 『서장(書狀)』, 그리고 보조국사의 『절요節要』와 『간화결의론看話決疑論』이 활구법문이므로, 항상 책상 위에 두고 점검하고, 반조한다면 一生事는 이루어질 것이라고 말한다. 그러나 만일 일시적인 깨달음에 만족하여 悟後수행을 소홀히 하고, 더 나아가 모든 것이 空이라고 하면서 인과를 무시한다면 결국 일생사를 망치게 될 것이라고 주의를 주고 있다.

---

9) 若欲一生事 圓滿具足인댄 以古祖師方便語句로 爲師友焉. 故, 吾國普照國師, 一生以壇經爲師, 書狀爲友하셧나이다. 祖師言句中에도 第一要緊한 冊子는 大慧書狀, 普照節要와 看話決疑가 是活句法門이라 恒置案上, 時時點檢, 歸就自己則一生事가 庶無差違矣리이다. 弟亦此에서 得力者有하니이다. 又依書狀, 與決疑及節要末段하야 擧覺活句가 甚好甚好.

한암선사가 이 어록들을 중시하는 이유는, 이 어록들이 모두 자신의 참선수행, 화두참구에 지침서 역할을 했기 때문이며, 漢岩禪 형성에 많은 영향을 미쳤기 때문이다.

그리고 "『書狀』과 『간화결의론』과 『節要』의 末段을 의지하여 활구를 참구하는 것이 매우 좋다"고 했는데 여기서 말하는 말단의 어구란 활구참구를 뜻한다. 이 두 책의 후반부에서는 모두 경절문 활구참구를 강조하고 있다.

> "만약 일시적인 깨달음에 만족하여 悟後의 수행을 지속하지 않는다면, 永嘉께서 말한 바, "모두 空한 것이라고 하면서 인과를 무시하고 어지러이 방탕하게 하여 재앙을 초래한다."는 말이 이것이니, 절대로 세상 천식배들이 잘못 알고서 한쪽만 고집하여 인과와 죄복을 무시하는 짓을 답습하지 마시기 바랍니다. 만일 活句를 참구하지 않고 다만 文字만 본다면 또한 義理에 걸려서 도무지 힘을 얻지 못하게 되며, 그리고 말과 행동이 서로 어긋나서 增上慢人이 됨을 면치 못하게 될 것이니 간절히 모름지기 유념하소서."[10]

한암선사는 거듭 "만약 일시적인 깨달음에 만족하여 悟後수행을 방치하다면, 영가(永嘉)스님께서 말한 바, 무애한 척 모두 空한 것이라고 하면서 인과를 무시(豁達空撥因果)하고 방탕한 행동을 하여 결국은 재앙을 초래할 것"이라고 주의를 주고 있다.

'활달공발인과(豁達空撥因果)'란 일체개공을 착각한 나머지 죄의 뿌리를 공으로 간주하여 인과를 무시하는 非수행자의 행동을 말하

---

10) 若以一時悟處爲足하야 撥置後修하오면 永嘉, 所謂, 豁達空撥因果하야 莽莽蕩蕩, 招殃禍者焉也오니 切莫學世之淺識輩의 誤解偏執撥因果排罪福者焉하쇼셔. 若不擧覺活句하고 只看文字 則又滯於義理하야 都不得力而言行이 相違, 未免增上慢人하리니 切須在意焉.

는데, 한암선사가 이렇게 悟後修行과 悟後保任을 강조하는 것은 당시 대부분의 납자들과 선승들이 깨달은 척 인과를 무시하고 방탕한 행동을 하는 이들이 많았기 때문이다. 그리고 增上慢人이란 4만(四慢), 또는 7만(七慢)의 하나로, 깨달음을 얻지 못했으면서도 깨달았다고 하는 것, 그리하여 자신이 최고라고 행동하는 것을 말한다. 곧 자기 자신을 가치 이상으로 생각하는 것인데, 이야말로 큰 착각으로, 오늘날 선수행자들 가운데에도 이런 이들이 적지 않다.

■서간(書簡) 〈2〉

서간 〈2〉는 짧은 서간으로써 전형적인 법거량의 형식을 띄고 있다. 1928년(戊辰) 음력 8월 14일에 경봉스님에게 보낸 편지로서, "길에서 道를 깨달은 사람(達道人)을 만나면 언어나 침묵으로써 대하지 말라고 했는데, 언어로도 대하지 말고 침묵으로도 대하지 말라고 한다면 무엇을 가지고 대할 것인지" 한 마디 일러 보라는 것이다.

> (……) 古人의 게송(偈頌)에 "길에서 達道人을 만나면 언어나 침묵으로써 대하지 말라."고 하였으니, 이미 언어나 침묵으로 대하지 않는다면 장차 어떻게 대하겠습니까? 원컨대 한 마디 해 보십시오.[11]

'길에서 도를 깨달은 사람을 만났을 때에는 말로도, 침묵으로도 대응하지 말라(路逢達道人, 不將語默對)'는 말은 널리 알려진 선어로, 燈史書인 『전등록』(16권)과 『원오어록』, 『聯燈會要』 등에 실려 있다.

---

11) 謹未審. 凉意漸緊. 道體候, 益加珍重淸深, 而得到於古人無功用, 大解脫境界否. 遠慕區區且祝. 門弟, 深山蟄伏, 姑爲無障知荷念及耳. 就告 古人, 頌云, 路逢達道人, 不將語默對라하엿사오니 旣不將語默對, 則將何而對耶. 唯願一言擲示焉.

達道人이란 깨달은 사람, 도를 통달한 사람, 사량분별이 끊어진 사람이다. 그는 무심의 경지에 있는 사람으로, 『장자(莊子)』에 나오는 목계(木鷄, 나무로 만들어진 닭)와 같은 사람인데, 그런 경지에 있는 사람에게는 통할 수 있는 것이 아무 것도 없다.

한암선사가 제시하는 '路逢達道人, 不將語默對'는 언어와 침묵을 떠나서 불법의 핵심이 무엇인지 한번 말해 보라'는 뜻인데, 이런 방법은 상대방으로 하여금 대답할 수 있는 모든 방법을 차단해 버리고 묻는 것으로, 분별심을 꺾어서 버리는 방법이라고 할 수 있다.

■ 서간(書簡) 〈3〉

서간 〈3〉은 경봉스님의 법거량에 대한 쫌이다. 경봉스님이 자신의 은사인 聖海스님의 影幀을 모시고자 하는데 한암스님께서 영찬을 지어주었으면 좋겠다는 편지와 함께 3가지에 대하여 물은 것 같다.

경봉스님의 일기인 『삼소굴일지』 1929년 양력 5월 27일자에는 한암스님에게 3가지 질문을 보냈다는 기록이 있다. 한암선사의 답에도 질문한 내용이 대략 나오고 있다. 먼저 질문 3가지를 소개한 다음 한암선사의 답을 보도록 하겠다.

경봉스님의 三問
一. 衝天之氣를 가진 대장부는 佛祖의 行處를 不行이라 하니 何處를 行하여야 可當乎잇가.
二. 兄主(형님)의 行處는 何處乎.
三. 兄主(형님)께서 每日 무엇을 하고 있나이까?[12]

---

12) 경봉대선사 일기, 『삼소굴일지』 p.56. 1929년 5월 27일자.

다음은 한암스님의 답이다.

一, 하늘을 찌르는 기상(衝天之氣)에 두 가지가 있으니, 邪와 正입니다. 어떤 것이 邪인가? 丈夫는 원래 衝天之氣를 갖고 있으니, 佛祖가 간 길로는 가지 않는 것이라 하겠고, 또 어떤 것이 正인가 하면, 丈夫는 원래 衝天之氣를 갖고 있으니, 佛祖가 간 길로는 가지 않는 것이라 하겠습니다. 이때 누가 나에게 묻기를, "그대는 아직 邪와 正에서 벗어나지 못하고 있다"고 한다면, 나는 "내가 걸렸는가, 그대가 걸렸는가."고 하겠습니다. 두 번째와 세 번째 물음도 첫 질문에서 벗어나지 않으므로 번거롭게 거듭 말하지 않겠습니다.[13]

경봉스님의 세 가지 물음(三問)에 대하여 한암선사는 "대장부는 하늘을 찌르는 기상(衝天氣)을 갖고 있는데, 삿된[邪] 충천기와 바른[正] 충천기가 있다"고 전제한 뒤, 정작 답은 "장부는 원래 충천기를 갖고 있는 것이니, 불조가 간 곳은 따라가지 않는 것이라 하겠다(丈夫自有衝天氣 不向佛祖行處行)"라고 하여 글자 하나 틀리지 않고 똑같이 답하고 있다. 매우 특이한 답이다. 무슨 뜻일까?

원문인 '丈夫自有衝天氣 不向佛祖行處行'의 본래 뜻은 대장부는 남의 신세를 지지 않는다는 뜻이다. 즉 대장부는 본래 하늘을 찌르는 기상을 갖고 태어나는데, 그렇다면 佛祖에 의존하지 말고 스스로 깨달아야 한다는 것이다. 자신의 힘으로 이루어야 한다는 것이다. 이말은 흔히 선문에서 "부처님과 달마대사가 어찌 다른 사람이겠는가?

---

13) 三問에 對하야 一衝天氣가 有二하니 曰邪와 正이라 如何是邪오 丈夫自有 衝天氣, 不向佛祖行處行이라. 如何是正고 丈夫自有衝天氣, 不向佛祖行處行 이니이다. 有人이 出來云, 汝尙未離邪正所碍라하면 只向他道호대 我碍아 汝 碍아호리이다. 二問三問은 不出於一問中消息이오니 不必重陳하야 以煩提也 오니 大須審細하시옵쇼셔

그도 장부고 나도 장부며, 나라고 어찌 깨닫지 못하겠는가?" 또 "그가 장부면 나도 장부다"는 속담에 바탕한 말이다.

한암선사의 답은 얼핏 보면 모순이다. 邪와 正으로 구분했다면 당연히 답도 달라야 하는데, 똑같은 답을 하고 있는 것은 무엇일까? 이것은 한마디로 상대방에게 '사(邪)와 정(正)'이라고 하는 분별심의 함정을 던지고 있는 것이다. 즉 경봉스님이 먼저 '衝天之氣를 가진 대장부는 佛祖의 行處를 不行이라 하니 何處를 行하여야 可當乎잇가.'라고 묻자 '사(邪)와 정(正)'이라고 하는 분별심의 관문을 제시한 것이다. 물론 삿된(邪) 衝天之氣와 바른(正) 衝天之氣를 굳이 나눈다면 삿된 충천지기는 객기(客氣)와 만용(蠻勇)이고 바른 충천지기는 부처가 되고자(成佛) 하는 충천기라고 할 수도 있지만, 한암선사는 그런 의도가 아니고 '사(邪)와 정(正)'이라고 하는 트릭, 그물을 친 것이다. 말하자면 짐짓 '사(邪)와 정(正)'이라고 하는 분별심을 만든 것이다. 이것은 분양십팔문 가운데 상대방의 경지를 떠보기 위한 探拔問에 해당한다.

그런데 한암선사는 "이때 누가 나에게 묻기를 '그대(한암)는 아직 邪와 正(즉 邪와 正의 분별심)에서 벗어나지 못하고 있다'고 한다면, 나는 '내가 걸렸는가, 그대가 걸렸는가.'라고 반문하겠다고 말하고 있는데, 여기서 '어떤 사람'이란 수신자인 경봉스님을 가리키고 있다고 보아야 할 것이다. 두 번째, 세 번째 질문에 대한 답은 첫 번째 답 속에 있으므로 답할 필요가 없다는 것이다.

이 서간은 "陰 二月 二十五日"라고만 적혀 있을 뿐, 언제 보낸 것인지 날짜가 없다. 그런데 경봉선사 日記인 『삼소굴일지』 1929년 양력 5월 27일자에 보면 "며칠 전에 方漢岩 禪師에게 衝天之氣를 가진 대장부는 佛祖의 行處를 不行이라 하니 何處를 行하여야 可當乎잇가 등 세 가지를 물었다"는 기록이 있다. 따라서 이 서간은 1929년 음력 2월 25(양력 4월 4일)에 보낸 서간이다.[14]

■서간 〈4〉

서간 〈4〉는 앞의 서간 〈3〉과 같은 해인 1929년 음력 7월 26일에 보낸 편지다. 서간문에는 "陰 七月 二十六日"이라고만 적혀 있다. 그런데 "四言四句로 된 성해사숙聖海師叔[15]님의 영찬影讚을 지어 보낸다"는 문구가 있는 것을 보아 이 서간도 영찬을 부탁한 해인 1929년 (음 7월 26일)이다. 영찬은 다음과 같다.

聖海大和尙 影讚
勤護三寶 一片赤心 參尋祖意 透脫古今
來耶去耶 明月胸襟 靈鷲山屹 洛東江深

門侄 寒巖重遠 謹讚

영찬 말미에 보면 '문질 한암중원 근찬(門侄 寒巖重遠 謹讚)'이라는 말이 있다. '문질(門侄, 문중 조카)'이란 항렬(行列)로 성해화상의 조카가 된다는 뜻이다. 통도사 문보(門譜)를 고찰해 본다면 한암스님의 법사는 성해스님의 숨弟인 석담石潭스님이다. 그래서 한암선사도 경봉스님의 은사인 성해화상을 '성해사숙聖海師叔'이라고 부른 것이다.

---

14) 그런데 한암스님의 답신에 적혀 있는 날짜 1929년 음력 2월 25일은 양력으로는 4월 4일이고 경봉스님의 『삼소굴일지』에 기록되어 있는 날짜 양력 1929년 5월 27일은 음력 4월 19일이다. 1개월 23일 가량 오차가 있다. 어느 한쪽이 誤記인 듯하다. 한암스님 서간은 친필이고 『삼소굴일지』는 활자이므로 『삼소굴일지』 쪽이 誤記가 아닌가 생각된다.

15) 경봉스님의 은사는 聖海스님이고, 경허 이전에 한암스님의 법사는 石潭스님이다. 석담은 성해스님의 사제이기 때문에 한암스님이 성해스님을 사숙이라고 부른 것이다.

■서간 〈5〉

서간 〈5〉는 앞의 서간 〈4〉와 관련된 것이다. 서간 〈4〉에서 경봉스님이 한암선사에게 자신의 은사인 성해화상 영찬을 부탁했고, 이에 한암선사는 영찬을 지어서 보냈는데, 그 가운데, '흉금胸襟' 두 글자가마음에 들지 않았던 것 같다. 한암선사는 경봉스님의 이견에 대하여, '胸襟' 二字를 써도 문장상 아무런 문제가 없다는 논지이다.

경봉스님은 영찬 3행의 '明月胸襟'에서 '胸襟'이라는 두 글자가 마음에 들지 않았던 것이다. '흉금胸襟'이라는 말 보다는 좀더 詩的으로 운치가 있는 말을 쓰면 어떻겠느냐는 것이다. 여기서 '흉금胸襟'은 가슴이 아니라 마음을 가리키는데, 한암선사는 古詩에 '쇄광흉금灑曠胸襟이 명월청풍明月淸風'이라는 말이 있고, 또 설봉과 암두 사이에 오고간 여러 일화 등을 예로 들어 고치지 말라는 것이다.

이 서간 역시 "陰 九月 初二日"이라고만 되어 있고, 어느 해에 보냈는지 표기가 없다. 그러나 영찬과 관련된 것이므로 앞의 서간문 〈4〉와 같은 해인 1929년이라고 생각된다. 그리고 이 서간 끝에 추신으로 "오라고 하신 말씀은 말할 수 없이 기쁘오나 오는 가을까지는 이곳에 있기로 작정하였사오니 그리 아시옵소서."라는 말이 있는데, 두 선승 사이에 어떤 이야기가 있었는지 서간에서는 전혀 알 수 없다.

■서간 〈6〉

서간 〈6〉은 경봉스님이 悟後생애에 대하여 질문했는데, 그에 대한 답서(1930년 庚午 음력 9월 13일)이다. 悟後생애에 대해서는 서간 〈1〉과 〈1-1 추신〉에 이어 세 번째이다.

悟後의 생애에 대하여 古人의 숱한 言句가 있으니, 어떤 이는 "한 조각 돌 같이 하라." 했고, 또 어떤 분은 "죽은 사람의 눈 같이 하라."고 했으며, 또 어떤 분은 "고독(蠱毒, 뱀, 지네, 두꺼비 등 毒蟲)이 있는 곳을 지나가는 것과 같아서 한 방울의 독수도 묻지 않도록 해야 한다" 하셨습니다. 또 우리나라 보조국사께서는 『眞心直說』 十種息妄에서 첫째, 깨달아 살핌이요. 둘째, 쉬고 쉬는 것이요. 그리고 열번째 體와 用에서 透出하는 것까지 중요하고 간절하지 않은 법어가 없으나, 다만 스스로 그 妙함을 터득한 후에야 얻어지는 것이니, 이 몇 가지 법문 중에 하나를 택해서 오랫동안 수행한다면 자연히 得妙處가 있게 될 것입니다. 이것은 자기 자신이 어떻게 수용하느냐에 달린 문제입니다. 그러므로 천 마디 만 마디 말이 모두 나의 일과는 상관없는 것입니다.[16)

　한암선사는 깨달음 이후의 수행에 대하여 "한 조각 돌같이 해야 한다" "죽은 사람의 눈같이 해야 한다" "독충(毒蟲)이 있는 곳을 지나가는 것과 같아서 한 방울의 독수도 묻지 않도록 해야 한다" 등 여러 조사선지식의 말씀을 인용하여 그 중요성을 강조하고 있다. 또 보조국사의 『진심직설』 十種息妄章 가운데서 하나를 택하여 수행한다면 자연히 깨닫게 될 것이라고 말하고 있다.

　"한 조각 돌같이 하라(如一片頑石)" 또는 "죽은 사람의 눈같이 하라(如死人眼)"는 말은, 세속적인 것에 대해서는 목석같이 대하라는 뜻이다. 목석(木石)은 감정이 통하지 않는 물체이고, 죽은 사람의 눈도 감정이 통하지 않는 존재를 일컫는다. 무심해지라는 것이다.

---

16) 就 悟後生涯에 對하야 古人이 多數한 言句가 有하오니 或云, 如一片頑石. 或云, 如死人眼. 或云, 如過蠱毒之鄕, 水不得霑着一滴이라하시고 我國 普照國師는 眞心直說 十種息忘에 一曰 覺察. 二曰 休歇. 乃至 十曰 透出體用이 無非緊切法語오나 只在當人의 自得其妙然後에 得이오니 此幾箇法門中에 하나를 擇하야 用之日久하면 自然得妙處가 有하야 爲我之受用而千言萬語가 總不干我事니이다.

眼耳鼻舌身意의 6근이 色聲香味觸法의 6境을 만나면 제6식이 분별하게 된다. 우리의 심식은 향락적인 대상을 향하여 쫓아간다. 마음이 대상을 쫓아가기 시작하면 그 마음은 자기 자신의 마음이 아니다. 6근이 6경을 만나지 못하게 하는 것이 상수(上手)이다. "독충(毒蟲)이 있는 곳을 지남과 같아서 한 방울의 물도 묻지 않도록 해야한다(如過蟲毒之鄉, 水不得霑着一滴)"는 말은 이런 것을 두고 하는 말이다. 이어 한암선사는 무엇보다도 자기 자신의 안목이 매우 중요함을 강조하고 있다.

> 옛 사람이 이르기를, 문으로부터 들어온 것은 집 안의 보배가 아니다(從門入者, 不是家珍)라고 하셨으니, 그저 남의 말만 듣고 수행하려 하면 말은 말대로 나는 나대로가 되어서, 마치 물 위의 기름 같아서 猝地 曝地에 斷折하는 경지에 이르지 못하게 될 것입니다. 만일 實實落落하게 쳐버리고자 한다면 늘 한 생각 일어나기 전 자리에 나아가서 주시하고 주시하여 홀연히 타파(=失脚)하면 가슴 속의 오색실이 자연히 끊어질 것이니, 이와 같이 실답게 깨닫고 실답게 증득한다면 이것이 앉아서 천하 사람의 혀끝을 끊는 자리이니 지극히 빌 뿐입니다. 그러나 위에서 말한 것들은 다 눈 밝은 사람의 경지에서 본다면 참으로 섣달의 부채격에 지나지 않을 것입니다. 허허 허물이 적지 않습니다.[17]

'문으로부터 들어온 것은 집 안의 보배가 아니다(從門入者 不是家珍)'라는 말은 『법연선사어록』과 『벽암록』 5칙[18] 22칙 평창 등에 있

---

17) 古人, 亦云, 從門入者, 不是家珍이라하시니 但聽人語而擬欲修行, 則語自語 我自我, 如水上油相似하야 不能猝地斷曝地打矣리니 若欲實實落落地打失 去어던 每就未起一念底前頭看하야 看來看去에 忽地失脚하면 胸中五色絲 가 自然斷絕矣리니 如是實悟實證而坐斷天下人舌頭處也라 至祝至祝하노이 다 然, 上來所陳이 於明眼人分上에 眞似臘月扇子니 呵呵. 漏逗不少.
18) 你不聞道, 從門入者, 不是家珍.『벽암록』 22칙 評唱.

는 말로서, 그 뜻은 집안에서 대대로 전해오는 물건(家寶)이 아닌 것, 즉 바깥에서 들어온 물건은 家寶와는 비교할 수 없다"는 뜻이다. 즉 자기 자신에게 본래 갖추어져 있는 自性이 보배라는 뜻인데, 한암선사는 여기서 남의 것, 남의 말 보다는 자기의 안목이 중요하다는 뜻으로 쓰고 있다. 남의 것은 아무리 많아도 자기 것이 될 수 없기 때문이다. 즉 正見이 없이 남의 말만 듣다가는 일생을 마치게 된다는 뜻이다.

한암선사는 여기서 '胸中五色絲(가슴 속의 오색실)'라는 문학적인 독특한 용어를 쓰고 있다. '가슴 속의 오색실(胸中五色絲)'이란 갖가지 번뇌 망상을 뜻한다. 身心이 청정한 실실낙낙(實實落落)한 경지를 이루고자 한다면 번뇌 망념 이전(근원)으로 돌아가서 참구해야만 오색 실타래(胸中五色絲)를 끊어버릴 수 있다는 것이다. 實證實悟해야만 천하 선지식들의 잡다한 말에 속지 않을 수 있다는 것(坐斷天下人舌頭)이다.

이 서간은 매우 苦口叮嚀하다. 이 서간을 본다면 한암선사는 자신이 실참을 통하여 느낀 것, 그리고 깨달은 이후 어떻게 해야 하는가 하는 문제에 대하여 매우 고심했음을 역력히 볼 수 있다.

■서간 〈7〉

서간 〈7〉은 경봉스님의 서간에 대한 答書로 1934년 甲戌年 음력 5월 5일에 보낸 것이다. 경봉스님이 자신의 상좌 道洪수좌를 한암스님 회상에 보내서 지도해 달라고 한 듯하다. 한암선사는 경봉의 부탁에 대하여 도홍수좌는 이미 高門(경봉문하)의 훌륭한 제자인데 자신이 무엇을 다시 지도할 것이 있겠느냐며 겸손해 하고 있다. 견고한 신심으로 本願 즉 깨닫고자 하는 명제에서 물러나지 않게 되기를 바랄

210

뿐이라는 것이다.

■서간 〈8〉

서간 〈8〉은 1934년 갑술년 음력 5월 9일에 보낸 것이다. 경봉스님이 법거량 성격의 편지를 보내면서 '이것을 무엇이라고 할 것인지 한 번 이름을 붙여 보라'고 한 듯하다. 한암선사는 경봉스님의 서간을 받고 나서 아직 마음이 쉬지 못했음을 간파했다. "주신 편지를 자세히 읽어보니 아직도 광풍狂風이 쉬지 않은 듯합니다(細讀惠翰, 尚今狂風未息)"가 이 상황을 뒷받침 해주고 있다.

> 주신 편지를 자세히 읽어보니 지금도 아직 狂風이 쉬지 않은 듯합니다. '한 물건一物'이라고 말해도 오히려 아니거든 하물며 다시 무슨 이름을 붙이겠습니까. 본래 거래가 끊어졌으니 보낼 곳은 어디며 돌아갈 곳은 어디입니까. 씀과 쓰지 않음은 다만 자기 스스로 아는 것이니, 있고 없음을 어지러이 헤아리지 마십시오. 헤아리지 않을 때는 도리어 어떠합니까. 돌장승이 밤에 나무 닭 울음소리를 듣노라. 아시겠습니까. 아래의 註脚을 보십시오. ○(원상)[19]

한암선사가 경봉스님을 보고 "아직도 광풍이 쉬지 않았다"고 한 것은 경봉스님이 부단히 서간을 보내서 "이것이 무슨 물건인지 한마디 일러 보라", "이름을 붙여서 보라" 또는 유무有無에 대하여 거론하고 있기 때문이 아닌가 생각된다.

서간문 가운데 '광풍미식狂風未息'은 준엄한 문투로, 지금까지 조

---

19) 問謝書는 想已入覽矣. 細讀惠翰하오니 尚今狂風未息이요 一物도 猶非어던 何況更名가 本絕去來어니 何途何歸리요 用不用兮只自知니 莫將有無亂度量하시요 不度量時還如何오 石人夜聽木鷄聲이니 會麼아 且聽下文註脚하시오.

용조용히 말했던 것과는 사뭇 대조적이다. 한번 본격적으로 자신을 반조하게 할 필요가 있었던 것 같다. "一物이라고 해도 맞지 않는데, 또 무슨 이름을 붙일 것이며, 본래 오고 감이 끊어진 자리인데 보낼 곳은 어디며 돌아갈 곳은 어디냐"고 반문하고 있다. 자기 성찰을 강하게 요구하고 있다는 점에서 이 서간은 경책적인 성격을 띠고 있다고 하겠다.

경봉스님은 또 '用과 不用'에 대하여 논한 듯하다. 한암선사는 '用과 不用'은 스스로 알아서 하는 것이고 "어지럽게 有無를 헤아리지 말라"고 말한다. 이어 "헤아릴 수 없을 때는 도리어 어떠합니까. 돌장승이 밤에 나무 닭 우는 소리를 듣도다." 했으니 이 뜻을 아시겠습니까(莫將有無亂度量, 不度量時還如何. 石人夜聽木鷄聲. 會麼. 且聽. 下文註脚)"하고는 마지막으로 일원상一圓相(○)을 그려서 보내고 있다.

'石人夜聽木鷄聲'은 '如如爲則'의 공안에 대한 本覺守一 즉 法眞守一선사의 게송[20] 끝 구절이다. 石人(돌장승)이나 木鷄(나무 닭)는 모두 감정이 끊어진 무정물을 가리킨다. 이런 무정물이 어떻게 소리를 낼 수 있고 어떻게 들을 수 있는가? 石人이 밤에 무심한 나무 닭(木鷄) 우는 소리를 듣는다는 것은 상식적으로는 성립될 수 없는 말이다. 즉 情識, 분별망상이 끊어진 불가사의한 부처의 경지를 뜻한다. 一圓相은 활구라고 할 수 있다.

■서간 〈9〉

서간 〈9〉는 경봉스님에게 보낸 답신으로서 1934년(甲戌) 음력 9월

---

20) 涅槃寂滅本無名, 喚作如如早變生, 若問經中何極則, 石人夜聽木鷄聲.(本覺一)『신찬속장경』 65권 p.533 b.『금강경오가해』 야보송.

212

10일에 보낸 편지다. 내용은 자신(한암)의 법사[21]스님이 입적했을 때 산중의 모든 스님들이 참석하여 여법하게 다비를 마칠 수 있어서 매우 감사하다는 일상적인 편지다.

■ 서간 〈10〉

서간문 〈10〉은 1935년 乙亥년 4월 5일에 보낸 것이다. 경봉스님이 세 가지를 가지고 법거량을 한 것이다. 여기에 대하여 한암선사는 모두 '莫'자를 써서 답하고 있다.

> (경봉의 질문) : 운수납자를 무엇으로 양식의 도(粮道)를 하느냐구요?
> (한암의 답) : 莫.
> (경봉의 질문) : 무슨 말로써 제접을 하느냐구요?
> (한암의 답) : 莫.
> (경봉의 질문) : 弟도 가서 있을 처소가 있느냐구요?
> (한암의 답) : 莫.
> 이 세 개의 '막莫' 가운데 '一莫'은 하늘을 덮고 땅을 덮음(蓋天蓋地)이요, '一莫'은 밝은 달 맑은 바람(明月淸風)이며, '一莫'은 산 높고 물 흐름(高山流水)이니, 만일 이 소식을 아신다면 버들 꽃을 잡고 버들 꽃을 잡음이올시다(摘楊花 摘楊花).[22]

경봉스님의 법거량에 대하여 한암선사는 모두 '莫'자로 답하고 있

---

21) 『화중연화소식』, p.36 注에는 "경봉스님의 은사는 聖海스님이고, 한암스님의 법사는 石潭스님이다. 석담은 성해스님의 사제이기 때문에 한암스님이 성해스님을 사숙이라고 부른 것이다."라고 되어 있다. 통도사에도 한암스님의 승적이 있었던 것을 본다면 통도사 문중과 법사관계를 갖고 있었다고 보여진다.
22) 雲水衲子를 무엇으로 粮道를 하느냐구요. 莫. 有何言句로서 提接하느냐구요. 莫. 門弟도 가서 잇을 處所가 有늬까요. 莫. 此 三箇莫中 一莫은 蓋天蓋地요 一莫은 明月淸風이요 一莫은 高山流水오니 若辨得出하면 摘楊花 摘楊花 올시다

다. '莫'은 '喝'이나 '棒'과 같다. '莫'은 절대 부정사로 '사량 분별하지 말라' '허튼 소리하지 말라'는 뜻이라고 생각된다.

그런데 한암선사는 '莫'자를 써서 답한 다음, 일일이 착어를 붙이고 있다. "운수납자는 무엇으로 양식의 도(道)를 하느냐?"는 질문에 대하여, "莫"이라고 답한 후에 "개천개지蓋天蓋地"라고 착어를 붙이고 있고, 또 "(운수 납자를) 무슨 말로써 제접 하느냐"는 질문에 대하여, 역시 "莫"이라고 답한 뒤에 "明月淸風"이라고 착어를 붙이고 있으며, 또 "弟도 가서 있을 처소가 있느냐"는 물음에 대해서도 "莫"이라고 답한 후 역시 "高山流水"라고 착어를 붙이고 있다.

蓋天蓋地는 '천지에 가득하다'는 뜻이다. 삼라만상이 부처 아님이 없고 온 시방세계가 다 진여眞如로 現成되어 있다면 그것으로써 양식의 도(道)로 하면 된다는 뜻이라고 생각된다. '明月淸風'은 번뇌 망념이 없는 선의 세계를 뜻한다. 운수납자는 한 점 번뇌도 소유하지 말아야 한다. 그리고 "弟(경봉스님 자신을 뜻함)도 가서 있을 처소가 있느냐"는 질문에 대해서는 "莫"이라고 한 뒤에 "高山流水"라고 착어를 붙이고 있다. 고산유수는 풍광이 좋은 곳(오대산)을 뜻한다. 즉 막(莫)은 부정이고 파주(把住)이며, 개천개지와 명월청풍, 고산유수는 긍정이고, 방행이다.

선문답에서 '莫'을 처음 쓴 선승은 송대宋代의 선승 천복승고薦福承古(?~1045년) 선사이다. 어떤 僧이 천복선사에게 물었다.

> "원숭이는 새끼를 안고 청장봉 뒤로 돌아가고, 새는 꽃을 물어 벽암碧巖 앞에 떨어뜨리네. 이것은 협산夾山(善會禪師)의 경계이고, 천복스님의 경계는 어떤 것입니까?" 승고선사가 답했다. "莫" 그 僧이 또 물었다. "어떤 것이 경계 속의 사람입니까?" "莫"

이렇게 하여 어떤 僧과 승고선사 사이에 오고간 '莫'은 무려 여섯 번이나 계속되었는데[23] 승고선사의 '莫' 역시 '사량 분별하지 말라' '쓸데없는 말장난 하지 말라'는 의미이다. 덕산방, 임제할과 같은 의미이다.

이 선문답에서 한암선사는 끝에 "만일 이 소식이 무슨 소식인지 안다면 버들 꽃을 잡고 버들 꽃을 잡음이 올시다(若辨得出, 摘楊花 摘楊花)"라고 하여 또 하나의 공안(화두)을 제시하고 있는데, 무슨 뜻인지 의리선(義理禪)의 입장에서 접근해 보고자 한다.

'적양화 적양화摘楊花 摘楊花'는 조주선사와 어떤 僧 사이에 오고간 공안이다.[24] 어떤 僧이 조주선사에게 하직 인사를 하자 조주선사가 "어디로 가느냐"고 물었다. 僧이 "제방으로 불법을 배우러 갑니다."라고 하자 조주가 "부처가 있는 곳에는 머무르지 말고, 부처가 없는 곳에는 속히 통과하라. 삼천리 밖에서 사람을 만나거든 잘못 이야기하지 말라." 그 승이 말하기를 "그렇다면 가지 않겠습니다"라고 하자 조주선사가 "적양화 적양화摘楊花 摘楊花(버들 꽃을 잡도다. 버들 꽃을 잡도다)"라고 한 것이다.

적양화摘楊花에서 '摘'은 '잡다' '따다' '꺾다'는 뜻이고, '양화楊花'는 유서(柳絮, 버들 솜)를 가리킨다. 어린 아이들이 봄에 수양버들이 필 때, 붕붕 떠다니는 유서(柳絮)를 붙잡는 놀이가 있는데, 구체적으

---

23) '莫'의 용례는 薦福承古禪師와 어떤 僧 사이의 문답에 보인다. "僧問, 猿抱子歸靑嶂後, 鳥啣花落碧岩前. 此是夾山境, 那个是薦福境. 師云, 莫. 進云, 如何是境中人. 師云, 莫. 問, 知師久蘊囊中寶. 今日當筵略借看. 師云, 莫. 進云, 豈無方便. 師云, 莫. 問, 大善知識 出世, 將何爲人. 師云, 莫. 進云, 恁麼則有問有答去也. 師云, 莫."『신찬속장경』126권, p.437 b.

24) "有僧辭. 師問. 甚麼處去. 僧云. 諸方學佛法去. 師云. 有佛處不得住, 無佛處急走過, 三千里外逢人, 不得錯擧. 僧云. 恁麼則不去也. 師云. 摘楊花, 摘楊花."「趙州章」『聯燈會要』.

로 무엇을 뜻하는 것인지는 잘 알 수 없으나 전체적으로 무애, 자유 자재함을 뜻한다고 보이고, 한암선사가 경봉스님에게 "적양화 적양화 (摘楊花 摘楊花)"라고 한 것도 같은 의미라고 생각된다.

■ 서간 〈11〉

경봉스님에게 보낸 서간으로 1936년 병자丙子[25])년 음력 6월 14일 에 보낸 것이다. 내용은 당신(한암선사)의 이름(虛名)이 세상에 꽉 차 서 번거로운 일이 많아졌다는 것이다. 그 결과 많은 수좌들이 찾아와 결제 중이고, 또 이 때문에 잠시도 선원을 비울 수가 없어서 법사스 님 大祥에도 참석하지 못해 송구스럽다는 내용이다. 원문에 '허명 만 세(虛名滿世)'란 일찍이 이름이 났다는 뜻으로 자신에 대한 겸사(謙 辭)이다. 원본에는 보낸 연도가 '병지(丙之)'라고 되어 있는데 '丙之' 는 병자년(丙子年)이다.

■ 서간 〈12〉

서간 〈12〉은 1937년 丁丑年 4월 20일에 보낸 서간으로서 일상적 인 내용이다. 편지 가운데 "문제(門弟)는 근근이 사대색신(四大色身) 을 보전하니 다행으로 생각한다"는 말은 건강이 좋지 못함을 뜻한다. 그리고 "신도들이 잘 와서 며칠간 기도하다가 무사히 회향을 하고 가 니, 이 모두 화상께서 염려해 주신 은덕이 아니겠습니까."는 경봉스님 이 극락암 신도들을 오대산 참배 차 보낸 듯하다.

---

25) 『화중연화소식』 51쪽 주에는 "원문에는 丙之라고 되었는데 연유를 모르겠다. 다만 법사스님 입적하신 해가 갑술년이니 대상은 2년 뒤이므로 병자년이다"고 하여 '丙之'는 '丙子'라야 맞다고 정정하고 있다. 서간의 草書도 '丙之'이다.

■ 서간 〈13〉

이 서간에는 五月十六日에 보냈다는 날짜만 있고 보낸 연도나 간지干支가 없어서 언제 보낸 것인지 알 수 없다. "문제(門弟)는 항상 병으로 지내오며 음식도 전에 비해 너무 적게 먹히니 여생이 얼마 남지 않은 것 같습니다."라는 말은 가슴을 찡하게 한다.

■ 서간 〈14〉

이 편지에는 "門弟 漢岩 拜謝"라는 것만 있을 뿐, 언제 보낸 것인지 알 수 없다. 그런데 경봉스님의 서간집인 『화중연화소식』 61쪽과 『삼소굴소식』 425쪽에 「漢岩和尚前 問法書簡」이 실려 있다. 보낸 날짜가 "己卯(1939년) 七月 十一日"이다. 경봉스님이 7월 11일에 보냈으므로 한암선사의 답서는 8월 중순 경에서 9월 중순 사이가 아닐까 생각된다. 경봉스님이 한암스님에게 보낸 편지의 내용을 소개한 다음 한암선사의 서간에 대하여 고찰해 보기로 하겠다.

〈경봉스님 편지 내용〉
"(……)오대산은 첩첩하고 또 첩첩하여 山雲海月의 情을 다하기 어렵습니다. 山이여 달이여 山雲이라 하는 것이 옳겠습니까? 海月이라 하는 것이 옳겠습니까? 산운과 해월을 (택일할 것을) 형(한암)께 일임하오니 잘 看取看來(파악)하셔서 言語文字聲色動靜 밖의 소식으로 법을 보여 주십시오.[26]

---

26) 「漢岩和尚前 問法書簡(己卯 七月十一日)」. 五臺山疊又重疊, 難盡山雲海月. 山兮月兮. 山雲是耶, 海月是耶. 只與山雲海月, 一任吾兄. 好爲看取看來, 言語文字, 聲色動靜外, 一度示法. 至禱至禱. 我植去年一種花, 今年枝葉盡參差, 吾兄回憶園中妙, 萬朶靑紅半掬芽. 咦. 春已過, 夏日長. 『화중연화소식』, p.61. 1984. ; 『삼소굴소식』, p.425. 1997, 극락선원.

경봉스님은 한암스님에게 오대산은 첩첩산중이라서 山雲海月의 情이 그지없을 것 같은데, 산운(山雲)에 대한 情이 더 마음에 드는지, 해월(海月)에 대한의 情이 더 가슴에 다가오는지 잘 판단하여 한 마디 해 달라는 것이다. 그런데 전제 조건은 언어문자(言語文字)와 성색동정(聲色動靜)을 택하지 말고 그 밖의 방법으로 법을 보여 달라는 것이다. 이것은 모든 수단과 방법을 차단시킨 채 질문하는 방법이다.

〈한암선사의 답서〉
"보내온 글 가운데 山雲海月의 情을 말씀하셨는데, 몇 사람이나 여기서 그르쳤으며 몇 사람이나 성취하였는지요. 또 言語聲色文字動靜 외에 다시 한 번 법을 보이라 하셨는데, 一言 二語 三聲 四色 五文 六字 七動 八靜이라 하겠습니다."[27]

경봉스님의 법거량에 대하여 한암선사는 낱낱이 숫자를 붙여서 '一言, 二語, 三聲, 四色, 五文, 六字, 七動, 八靜'이라고 답하고 있는데, 전제 조건 즉 언어문자와 성색동정(聲色動靜)을 떠나서 한마디 해달라는 데 대하여, 오히려 그것을 낱낱이 열거하고 있다. 두두물물이 부처 아님이 없고 明明百草頭, 明明祖師意라고 한다면 '一言, 二語, 三聲, 四色, 五文, 六字, 七動, 八靜'도 오히려 법을 드러낸 참된 소식일 것이다. 산운해월의 情이란 俗塵을 초탈한 風情을 이야기하고 있는데, 『벽암록』53칙에 나온다. 표면적으로는 오대산의 風景을 가지고 이야기하고 있는 것 같지만 其實은 법거량이다.

---

27) 就告示中, 山雲海月情, 誤着幾箇人, 成着幾箇人. 又言語聲色文字動靜 外에 一度示法云하시니 答 一言 二語 三聲 四色 五文 六字 七動 八靜. 不備世諦上例套. 微塵佛刹總空花, 一念纔生便大差, 貴處靑紅雖萬朶, 爭似這裡無根芽. 咄.

■ 서간 〈15〉

서간 〈15〉도 경봉스님에게 보낸 답신으로 간지干支도 없고 그냥 "閏 六月 二十日"이라고만 적혀 있다. 그런데 이 당시 윤 6월은 1922년과 1930년, 1941년 세 번 있었다. 그 중에서 가장 가능성이 높은 해는 1941년이다. 그 이유는 서간 중에 "서찰의 뜻은 잘 알았으나 저의 실상에 지나친 소문을 퍼져서 저에게 누가 됨이 이 지경에 이르렀으니 탄식하고 탄식할 뿐입니다."라는 말은, 한암선사가 1941년 양력 6월 4일에 조선불교 조계종이 창종되어 초대 종정에 추대되었는데, 이것을 두고 한 말이기 때문이다. 편지 날짜(음력 6월 21일) 등이 거의 맞아 떨어진다. 이 서간은 일상적인 안부를 묻는 서간이지만 매우 겸손하다. 心月相照라는 말에서 두 선승간의 친분을 짐작할 수 있다.[28]

■ 서간 〈16〉

경봉스님이 오대산에서 나는 표고버섯을 좀 구해 달라고 부탁한 듯하다. 이에 대하여 한암스님은 "표고버섯이 봄에 나오는 것은 다 없어지고, 여름에 나는 것은 좋지도 않은데 값은 비싸서, 소두 한 말에 4원씩이나 함으로 마음에 드실지 몰라 부탁을 못해 매우 죄송하다"고 말하고 있다.

이 서간도 "九月 二十八日"이라는 날짜만 적혀 있을 뿐 언제 보낸 것인지 알 수 없다. 그런데 경봉스님 일기인 『삼소굴일지』 1942년 9월 12일자에 "한암스님에게 표고버섯을 부탁했다"는 말이 있다. 이

---

28) 就示意謹悉, 而聲聞過情之累, 至於如是, 可歎可歎. 以後, 每以善方便指導, 毋至錯誤之地, 千萬切望. 細細事情, 難以筆舌可免, 只以心月相照.

말을 참고한다면 이 편지는 1942년 음력 9월 28일에 보낸 편지임을 알 수 있다. 끝에 선시 하나가 붙어 있다.

조각 구름 날 저문 골짜기에 피어 오르고
맑은 달은 푸른 산봉우리에 지누나.
만물은 본래 청한(淸閑)한데
사람들은 스스로 마음을 어지럽히네.[29]

이 禪詩는 경봉스님이 보낸 原韻에 대하여 화답한 것이다. 앞 두 句는 매우 문학적이다. 3, 4구句는 "만물은 본래 淸閑한데, 중생은 부질없이 번뇌망상을 일으키고 있다"고 하여 無心, 無事를 읊고 있다.

■서간 〈17〉

경봉스님이 한암스님에게 오대산에서 생산되는 표고버섯을 사 달라고 부탁했는데, 때가 늦어서 구할 수가 없고 전에 월정사 종무소에 부탁해 사 놓은 것으로 대신 보낸다는 것이다.

"표고버섯은 때가 늦어 구할 수가 없어서 전에 월정사 종무소에 부탁을 해놓은 것이 있습니다. 사중에서 사서 재어놓은 것인데 살 때의 값이 소두 한 말에 2원 49전, 두 말에 4원 98전을 제하니 12원 중 7원 2전이 남았습니다. 소포 부치고 아울러 시장에 갔다 온 비용을 공제하고 남은 돈을 보내오니 받으시기 바랍니다. 弟의 병세는 전과 같고 대중들도 그대로 잘 있습니다. 병석에 앉아 이와 같이 간략이 부릅(대필)니다.[30]"

---

29) 謹和原韻. 片雲生晚谷 霽月下靑岑 物物本淸閑 而人自擾心.
30) 就告椎茸, 時之晚矣. 求之不得故, 言及前月精寺宗務所矣. 以寺中所儲, 本買入價許給, 小一斗, 二圓四十九錢. 二斗價, 合四圓九十八錢, 除之以來, 金十二圓中, 七圓二錢, 在小寄費, 并往市食費控除, 餘金返呈, 查收如何. 弟病況印昨, 而衆海亦依分幸足矣. 座擾口呼略此.

당시 오대산에서 생산되는 자연산 표고버섯은 품질이 좋았던 모양이다. 멀리 통도사에 주석하고 있는 경봉스님이 부탁할 정도라면 대략 짐작할 수 있을 것 같다. 한암스님은 경봉스님이 보낸 돈 가운데 표고버섯 매입비용과 소포비용, 그리고 교통비 등을 제하고 남은 돈 7원 2전은 돌려보낸다고 하였다. "병세가 심하여 직접 쓰지 못하고 대신 적어 보낸다"고 했는데, 그 즈음 병세가 심했던 것 같다. 이 서간은 제자 탄허스님이 받아 적어 보낸 것이다.

이 서간도 "十一月 六日也"라고만 적혀 있어서 어느 해인지 알 수 없다. 경봉스님의 일기인 『삼소굴일지』 199-200쪽 1942년 9월 12일자 일기에 "표고버섯을 한암스님에게 부탁했다"는 기록이 있다. 이것을 참고해 본다면 이 편지는 1942년 음력 11월 6일에 보낸 편지이다.

■ 서간 〈18〉

경봉스님에게 답한 편지이다. 일상적인 서간으로 1944년 甲申 3월 14일에 보낸 것이다. 海蓮, 慧日師, 九河스님(1872~1965)에 대한 근황과 문안인사가 들어 있다. 九河스님에 대해서는 '九河大兄'이라고 존칭을 쓰고 있는 것으로 보아 통도사 권속 사형사제 가운데 구하스님이 가장 사형이었던 것 같다. 海蓮스님은 『화중연화소식』 76쪽에 "통도사 스님으로 근래의 대강백이었던 오해련스님"이라고 밝히고 있다.

■ 서간 〈19〉

서간문 〈19〉는 일상적인 문안 편지다. "六月 五日"이라고만 적혀 있어서 어느 해에 보낸 편지인지는 알 수 없다. 그런데 한암선사는 이 서간에서도 역시 자신의 병세가 매우 좋지 못함을 이야기하고 있다.
이것으로 보아 1945년 전후에 보낸 편지가 아닌가 생각된다.

■ 서간 〈20〉

서간 〈20〉은 경봉스님에게 보낸 답신이다. 詩禪一致의 경지를 보여
주고 있는 禪詩이다.

1. 물소리 산 빛 모두 고향이니
   전단나무 조각조각 향인 것 같아라.
   無着이 홀연히 팥죽 솥에서 文殊를 만났으니
   문수가 어찌 청량산에만 있다 하리오

2. 다만 한 생각 번뇌 없으면 되는 것이니,
   굳이 붉다 누르다 논할 게 없건만.
   납승은 늘 정법 만나기 어렵다고 생각하여
   단정히 앉아 좌선하느라 긴 가을밤을 보내네.

3. 먼 객지 나그네 고향 돌아갈 줄 잊었나니,
   고향에는 감자도 달고 나물 또한 향기로워라.
   달이 뜨니 일천 봉우리 고요하고
   바람 불어오니 온갖 나무 서늘하네.

4. 잿마루엔 흰 구름만 한가롭고
   뜨락엔 어느덧 누런 낙엽이 지네
   온갖 사물마다 모두 참 모습이니
   콧구멍이 먼 하늘에 닿았어라.[31]

---

31) 水聲山色盡家鄉 如析栴檀片片香 無着忽然逢粥鍋 文殊何獨在淸凉 但能
一念無塵惱 不必煩論辨紫黃 衲僧常起難遭想 端坐消遣秋夜長 遠客忘還鄉
藷甘茱又香 月出千峰靜 風來萬木凉 嶺上閑雲白 庭中落葉黃 頭頭眞面見 鼻
孔撩天長.

1구의 "물소리 산빛 모두 고향이니, 전단나무 조각조각 온통 향인 것 같아라"는 삼라만상이 모두가 부처의 세계, 진여법신의 세계임을 노래하고 있다. 아름다운 향기를 발산하는 전단 나무는 조각조각 쪼개어도 향기가 여전하듯이, 지금 우리들의 눈앞에 펼쳐지고 있는 물소리, 山色이 모두 화엄의 세계이고 진여법신의 세계이다. 그 顯現된 진여법신의 세계를 고향이라고 표현하고 있다. 선어에서 고향, 가리(家裏, 집안) 등은 모두 법신, 본래면목을 가리킨다. 그래서 자기 자신의 일, 자기 집안의 일, 본래면목의 일을 家裏事라고 한다.

문수보살의 住處는 청량산이다. 깨닫기 이전에는 문수가 청량산에만 상주하고 있다고 생각했지만, 깨달은 눈으로 보면 문수는 청량산에만 상주하고 있는 것이 아니고, 處處에 상주하고 있다. 장작 속에도 있고 보글보글 끓어오르는 팥죽 속에도 있다.[32] 頭頭物物이 모두 문수보살 아님이 없고 부처(佛) 아님이 없다.

2구는 마음에 분별심이 없다면 굳이 붉고 노란 것을 논할 필요가 없다는 것이다. 분별, 구별이란 마음의 분별심 때문이다. 분별심, 차별심으로부터 번뇌망상이 생긴다. 분별심을 버리고 단정히 앉아 밤새워 禪定에 든다는 것은 불법의 고귀함을 간직하고자 하는 마음이다. 3, 4구는 본연의 자리로 돌아와 보니 모든 것이 부처의 세계, 정토의 세계임을 읊고 있다. 원문의 鼻孔遼天長은 확 트인 경지, 즉 깨달은 경지를 뜻한다.

---

32) 청량산에 문수보살이 상주한다고 하여 無着文喜(821~900)가 문수보살을 친견하고자 청량산에 갔으나 만나지 못하고, 화신인 노인을 만나서 前三三 後三三 화두를 들고 참구하여 깨닫고 보니, 문수보살은 청량산에만 있는 것이 아니라 지금 보글보글 끓어 오르는 팥죽 방울마다 문수더라는 것이다.

■서간 〈21〉

서간문 〈21〉은 일상적인 안부를 묻는 서간으로서 1947년 丁亥년 음력 정월 16일에 보낸 것이다. "弟는 병세가 날이 갈수록 더해지니 무어라 할 말이 없습니다."라고 하는 문구가 자주 등장하는 것을 볼 때, 그 당시 한암스님의 건강은 매우 좋지 못했던 것 같다. 그리고 慧 日수좌(경봉스님의 상좌)는 성품과 행동이 순박하고 학문이 고명한 사람이어서 함께 겨울을 지내면서 서로 도움이 되려고 했는데, 선원에 입방한지 얼마 안 되어 되돌아가 매우 애석하다는 것이다.

■서간 〈22〉

서간문 〈22〉는 경봉스님의 편지에 대한 답신으로서 1947년 丁亥년 음력 三月 七日에 보낸 것이다. 내용은 지난 2월 초 이튿날(음력 2월 2일) 저녁 쯤 새로 지은 건물(요사채)에서 화재가 발생하여 상원사 선원이 전소되었다는 것이다. 법당 두 채와 동서 요사채가 모두 타버리고 남은 것은 불상과 경궤經櫃, 가마솥, 객실, 그리고 鐘閣뿐이라는 것이다.

"이곳은 居僧이 박덕하고 寺運이 불길한 탓으로 음력 2월 초 이튿날 저녁 무렵에 바람이 크게 불어 새로 지은 집에서 불이 나 두 법당과 동서 요사채가 전부 타버리고 남은 것은 불상과 경궤와 가마솥과 객실 그리고 종각뿐입니다. 현 주지 화상(이종욱스님)의 원력과 산중의 공의로 대목을 불러 벌목을 해서 금년 내로 일신 중창을 할 계획입니다. 그러나 원래 일은 크고 힘은 약하고 시대는 변하고 일은 많아 갑자기 공사를 완수하기는 어려울 것 같은데, 결말이 어찌 될지 알 수 없습니다. 세계의 成住壞空이나 우리 몸의 생로병사가 진실로 이와 같이 무

224

상하니 탄식한들 어찌하겠습니까."[33]

당시 상원사는 종각만 남기고 전소되었는데, 이 전소 사건은 만년의 한암선사로서 매우 충격적인 사건이었다. "현상 세계의 成住壞空이나 우리 몸의 생로병사가 모두 이와 같이 무상하다"는 말에서 당시의 심정을 읽을 수 있다. 상원사 선원은 그해 가을에 재건되었다.

■ 서간문 〈23〉

1949(己丑)년 3월 26일 경봉스님은 당시 종정으로 있는 한암선사에게 불교계에서 일어나고 있는 여러 가지 사태에 대하여 우려의 편지를 보낸 듯하다.

광복 후 불교계는 좌우익으로 나누어져 있었다. 친일문제로 종단은 파행을 거듭했다. 이것은 결국 종권 다툼으로 비화되어 1949년 경의 불교계는 매우 혼잡했다. 당시 교정으로 있던 한암선사는 좌시할 수도 없었지만 어떻게 할 수도 없었다. 경봉스님이 구체적으로 어떤 문제를 거론했는지는 알 수 없지만 한암선사가 "宗門의 興廢와 불법의 隆替는 법을 주관하는 主法人(교정=한암스님)으로서 근심과 염려가 없을 수는 없는 것이지만, 이 역시 우리 자신들이 스스로 지어 스스로 받는 하나의 일이므로 걱정, 탄식한들 어쩌겠습니까."라고 답하고 있다. 결국 한암선사는 종정유시를 내려서 화합을 시켰다. 1년후 6·25동란이 발발했다.

---

33) 鄙院은 居僧德薄, 寺運不吉, 陰二月初二日夕陽, 飄風大起, 新屋火生, 兩法堂與東西寮舍, 盡入灰燼. 而所救者, 佛像與經櫃, 釜鼎客室與鍾閣而已. 現住持和尙願力, 與一山公議, 召匠伐木, 今年內, 一新重創計劃. 然元來事巨力綿, 時異事煩, 猝難成辦. 終未知下回如何耳. 世界之成住壞空, 身之生老病死, 固如是無常, 悶歎奈何.

또 한암선사는 편지에서 "여기 생활은 매우 곤궁해서 여름에는 감자 농사와 여러 가지 運力이 실로 참아내기 힘듭니다. 도를 배우고 가르침을 받는 것은 極樂高會(현 통도사 극락암)만 못할 것"이라는 대목에서, 당시 상원사 선원의 경제적 사정을 알 수 있다. 다음은 경봉 스님에게 보낸 선시이다.

1. 티끌 같은 시방세계가 눈앞에 펼쳐졌으니
   문득 깨어보니 이 몸 佛臺에 앉았구나.
   태허공엔 古今이 끊겼고
   도량 속엔 가고 옴이 없어라.

2. 식견은 얕건만 허명만 높은 게 부끄럽나니
   오직 바라노니 풍년 들어 태평세월 돌아오기를.
   천리 고향 마음 그대가 이미 얻었으니
   비단 창가에서 몇 번이나 찬 매화를 보았소.

3. 영축산엔 이미 꽃이 피었다지만
   오대산엔 아직 눈이 가득하다오.
   계곡과 산이 다르다 말하지 마오.
   해와 달 떠오름은 다 같이 본다오.

4. 달리는 말에 채찍질을 더하고
   고삐를 당겨 소를 먹이네.
   깊은 밤에 들려오는 비바람 소리
   정좌한 채 뜰에 핀 매화 질까 안타까워라.[34]

---

34) 1.十方塵刹眼前開 怳覺此身坐佛臺 太虛空裏絕今古 一道場中無去來.
    2.自慙識淺虛名累 惟願年豊泰運回 千里鄕心君已得 綺窓幾看着寒梅.
    3.靈鷲已花開 雪猶滿五臺 莫道溪山異 同看日月來.
    4.走馬加鞭去 牧牛把鼻回 夜聞風雨急 靜坐惜庭梅.

1구는 시방세계, 티끌 같은 세계 그대로가 모두 부처의 세계, 불국(佛國)임을 노래하고 있다. 2구에서는 중생 제도 염원을 나타내고 있다. '풍년 들어 태평세월 돌아오기를 바란다'는 것은, 모든 중생들이 안락하게 살기를 바라는 것이기도 하지만, 동시에 깨달은 부처가 많이 탄생하기를 바라는 것이기도 하다.

3구에서는 차별상을 갖을 것 없다는 것이다. 지금쯤 영축산에는 꽃이 피어 있고 오대산엔 아직도 눈이 가득한 설국이지만, 모두가 한 세계이다. 일진법계(一塵法界)이다. 거리상으로는 남과 북이지만, 해와 달은 떠오르는 것은 거기서도 여기서도 동시에 볼 수 있다. 삼라만상은 다른 것이 아니고 하나이다. 多卽一이고 一卽多이다.

4구에서는 부단히 수행하고 있음을 나타내고 있다. 달리는 말에 더욱 채찍질을 가하고 소 먹이는 사람은 고삐를 당긴다는 것이 그것이다. 한암선사는 여기서도 오후수행(悟後修行), 오후(悟後) 생애를 강조하고 있다. 그리고 한편으로는 광음(光陰, 세월)이 가고 있음을 애석해 하고 있는데, 삼라만상 그대로가 불(佛)의 세계임을 나타내면서도 매우 문학적인 선시이다.

■서간 〈24〉

이 서간은 경봉스님과 주고받은 마지막 서간이다. 경봉스님이 한암스님을 통도사 해동수도원 宗主로 모시고자 청했는데 年老함을 이유로 거절한 편지다. 이 편지 역시 "八月 十五日"이라는 날짜만 적혀 있고, 보낸 연도는 없다. 그런데 경봉스님의 일기인 『삼소굴일지』1949년 9월 27일자에, "며칠 전에 呑虛, 谷泉 두 스님이 와서 오대산 사정을 말하므로 谷泉과 大治를 敎正 方漢岩 禪師를 海東修道院 宗

主로 청하러 이날 보내다"는 기록이 있다. 이것을 본다면 한암선사의 이 서간은 1949년 8월 15일에 보낸 서간이다.

오대산 사정이란 구체적으로 무엇을 뜻하는 것인지 자세히는 알 수 없으나, 당시 제자 탄허스님은 남북의 정세로 보아 곧 전쟁이 일어날 것을 예감하고 은사 한암스님을 통도사로 모시고자 했다. 당시 통도사 주지는 경봉스님이었는데, 경봉스님은 이런 사정을 듣고 한암선사를 통도사 해동수도원의 宗主(조실)로 모시고자 한 것이다.

경봉스님의 청에 대하여 한암스님은 "매우 감사하지만 나는 病弱하고 또 나이 80에 가까운 老漢이 宗主의 청을 받아 간다면 너무나 妄動이고 큰 수치이므로 뒷방이나 하나 비워 둔다면 여가가 있을 때 가서 정담이나 나누고 싶다"며 정중히 거절하고 있다. 대신 "탄허가 학식과 문필이 나보다 천만배 뛰어나고 또 내 밑에서 16~7년간 있었으므로 수도원에 임시로 수좌로 두면 도움이 될 것"이라고 하여 제자를 추천하고 있다.[35] 당시 한암선사는 74세(만73세), 경봉스님(1892-1982)은 58세, 탄허스님(1913-1983)은 37세였다.

한암스님과 경봉스님은 1928년부터 1949년까지 21년 동안 24편의 서간을 주고 받았다. 두 선사는 문장력과 뛰어난 禪旨를 갖춘 이들이었기 때문에 더욱 친밀했을 것이다. 두 선승은 서로 呼兄呼弟하면서 깨달은 이후의 수행에 대하여 토론하는가 하면, 표고버섯을 사 달라는 부탁을 하기도 하고, 또 날카로운 법거량을 하기도 했다. 두 선승이 주고 받은 서간의 핵심은 깨달은 이후에도 방일하지 말고 부단히

---

35) 『화중연화소식』과 법어집 『한암일발록』에는 각각 12번째 서간으로 수록되어 있지만 사실 이 서간은 한암과 경봉 사이에 오고간 서간으로서는 마지막 서간에 속한다. 한암스님이 1951년도 봄에 입적했으므로 이 서간은 입적하기 1년 반 전쯤 주고 받은 서간이다.

수행 정진해야 한다는 것이다.

■ 서간 〈25〉

서간 〈25〉는 한암선사가 맹산 우두암에서 수행하고 있을 때 만공 스님에게 보낸 답서로 第一句에 대한 법거량이다. 제일구란 선의 본 질을 드러내는 핵심적인 한마디로 활구(活句)를 뜻하는데, 한암선사 는 다음과 같이 여러 선승들의 착어를 擧揚한 다음 자신의 見地를 피력하고 있다.

제1구에 대하여 雪峰선사는 良久(침묵)를 했고, 長生은 蒼天蒼天 이라고 했는데, 이에 대하여 열제거사는 "설봉의 양구는 第二句이고, 장생의 창천창천은 第三句에 불과하다"고 평했다. 즉 설봉과 장생의 답은 모두 제1구가 못 된다는 뜻이다.

한암선사는 누가 나에게 "어떤 것이 제일구냐"고 묻는다면 "양구 후에 창천창천"이라고 답하겠다는 것이다. '설봉의 양구와 장생의 창 천창천을 함께 쓰겠다'는 것이다.

"옛 사람의 일은 이제 그만 나열하고 도인(한암)의 가풍(즉 제1구) 에 대하여 말해보라"고 한다면 주장자로 탁자를 한 차례 치고 나서 "만호(萬戶) 천문(千門)이 한 번에 열리니 우두산색이 푸른 허공을 찌른다고 하겠다"고 하여, 이것이 제일구에 대한 답이라고 말하고 있 다.

이 서간의 출처는 초암자(草庵子)라는 사람이 필사한 『경허법어』 끝에 '第一句答'이라는 제목 下에 '孟山 牛頭庵 方漢岩 答'이라는 제 목으로 실려 있다. 그리고 이어 '楡岾寺 林石頭 答'과 '表忠禪院 申慧 月 答' 그리고 '仙岩寺 李雪吼 答'등의 답이 실려 있고, 맨 끝에 '滿空

和尙自答'이 실려 있다. 이것으로 보아 한암선사의 이 답서는 만공선사가 여러 선승들에게 편지를 보내 "어떤 것이 第一句 소식인지 한번 말씀해 보라"고 물은 것에 대한 답이다.

■서간 〈26〉

서간 〈26〉은 울산에 살고 있는 林火蓮 거사에게 답한 게송이다. 임화련 거사가 누구인지는 알 수 없다. 이 편지는 한암선사가 1921년 겨울 건봉사 만일선원 조실로 있었는데, 동안거를 마치고 법문과 문답한 것을 모아 가리방으로 써서 『漢岩禪師法語』라는 제목으로 간행했다. 거기에 '답 울산 임화련 거사(答蔚山林火蓮居士)'라는 제목으로 수록되어 있다.

■서간 〈27〉

서간 〈27〉은 보월화상에게 보낸 답서이다. 건봉사에서는 1921년 동안거를 맞이하여 전통적인 '염불만일결사'를 중단하고, 한암선사를 조실로 모시고 禪會 즉 禪結社를 하였다. 선원의 명칭을 萬日禪院이라고 하였는데, 이 명칭은 염불만일결사에서 따온 것이다. 보월화상은 약간 조소적(嘲笑的)인 서간을 보냈다. 먼저 보월화상의 편지부터 소개하고자 한다.

〈寶月和尙의 물음〉
"옛날 발징화상은 아미타불을 염불을 해서 31인이 육신 채 登天했는데, 금년 동안거엔 (禪결사를 한다고 하니) 어떤 상서가 있습니까?(昔日 發徵和은 阿彌陀佛을 念하야 三十一人이 肉身騰空이어니와 今冬 安居에 有何祥瑞오)"

230

필자가 보월화상의 법거량 성격의 질문을 가지고 재구성한다면 다음과 같다. "들으니 한암스님께서는 지금 건봉사 만일선원에서 납자들을 지도하고 있다고 하는데, 얼마나 제도하여 부처로 만들었는지 궁금하오. 옛날 신라시대 때 발징화상은 건봉사에서 염불결사를 하여 아미타불을 念하여 31인이 육신(肉身) 그대로 하늘로 올라가(騰空) 극락왕생 했는데, 한암스님은 동안거 禪結社를 하여 얼마나 많은 납자들을 登天하게 했는지 말해 보시오?"가 아닐까 생각된다. 이에 대하여 한암선사는 다음과 같이 답하고 있다.

> "발징화상의 상서는 세상 사람들이 이 말을 듣고서 모두 합장한 채 귀의하거니와, 오늘 이곳의 상서는 지혜 없는 사람과는 말하기 어려운 것입니다. 만일 스님(보월)이 물어주지 않았었던들 하마터면 묻힐 뻔 했습니다. 祥瑞, 상서여, 드물고, 드물고, 드문 일이니, 자세히 듣고, 자세히 듣고, 자세히 들으십시오. 一念으로 大衆이 오줌을 눌 때에는 오줌을 누고, 똥을 눌 때에는 똥을 눕니다.[36]

매우 선승다운 답서이다. 즉 신라 경덕왕 때 발징화상이 염불결사인 미타만일 결사를 한 결과 당시 31명 모두가 등천(왕생)했는데, 이야말로 대단한 상서라는 것이다. 그런데 오늘 禪結社의 상서로움에 대하여 말할 것 같으면, 매우 특이하고 불가사의하여 도저히 지혜가 없는 사람과는 말할 수 없다는 것이다. 지혜 있는 사람만이 이해할 수 있다고 하여 넌지시 一棒을 준 다음, "한 생각으로 대중들이 오줌을 눌 때에는 오줌을 누고, 똥을 눌 때에는 똥을 눈다"라고 하여 지극

---

36) 發徵和上祥瑞는 世人聞之에 皆拱手歸降이어니와 今日, 此間祥瑞는 難與無智人으로 言이라. 若非和尙問이런들 幾乎埋沒이로다. 祥瑞祥瑞여 希有希有希有하니 諦聽諦聽諦聽하라 一念大衆이 送尿時에는 尿出하고 屙屎時에는 屎出이니라.

히 평범하게 대답하고 있다. 깨달음이란 특별한 것이 아닌 행동거지 일상 그 자체가 바로 선이고 깨달은 자의 세계임을 보여 주고 있다.

이 서간 역시 『漢岩禪師法語』[37] 뒤에 수록되어 있다. 보월화상(寶 月和尙)은 덕산 정혜사에 주석하고 있던 보월성인(寶月性印, 1884-1924)으로 만공선사의 첫 번째 제자이다.

■ 서간 〈28〉

서간 〈28〉은 白龍城님의 법거량에 대한 답서이다. 용성스님이 도 봉산 망월선원의 조실로 있을 때 전국 선원에 다음과 같은 법거량 설 문(設問)을 보냈다.

'조주 無를 十種病에 떨어지지 말고 한 구(句)를 일어 보시오(趙州無 를 不落十種病하고 道將一句來하라)'.

여기에 대하여 한암선사는 다음과 같은 답을 보냈다.

"요사이 제 방 벽에 두 마리의 원숭이와 두 마리의 돼지를 그려 놓았더 니 사람들이 모두들 명화(名畵)라고 하니, 망월선원의 대중들은 한 번 와서 구경하는 것이 어떻겠습니까(近日, 鄙留壁上에 畵二猿二猪러니 人皆稱名畵라 望月大衆은 一次來玩이 如何오)".

十種病이란 무자화두를 참구할 때, 주의해야 할 열 가지 사항, 즉 무자화두십종병을 말한다. 열 가지란 ① 有와 無의 분별심을 갖지 말 라(不得作有無會). ② 無를 眞無의 無라고 헤아리지 말라(不得作眞 無之無卜度). ③ 無를 이치적으로 따져서 알려고 하지 말라(不得作道

---

37) 『漢岩禪師法語』 원본은 담양 용화사에 있다. 영인하여 『정본한암일발록』 하 권에 수록되어 있다.

理會). ④ 생각으로 이리저리 궁리해서 알려고 하지 말라(不得向意根 下思量卜度). ⑤ 눈과 눈썹을 깜박이는 곳에서 찾으려고 하지 말라(不 得向揚眉瞬目處㩙根). ⑥ 언어적으로 이리저리 따져서 알려고 하지 말라(不得向語路上作活計). ⑦ 안일 무사 속에 있지도 말라(不得揚 在無事甲裏). ⑧ 無字 화두를 드는 곳에서 알려고 하지 말라(不得向 擧起處承當). ⑨ 문자를 인용해서 주석, 풀이하지 말라(不得文字中引 證). ⑩ 미혹한 생각으로 깨달음을 기다리지 말라(不得將迷待悟).

이상이 무자화두를 참구하는 데 禁해야 할 열 가지 병이다. 그런데 趙州의 무자공안에 대하여 십종병에 떨어지지(저촉되지) 말고 한마 디 해 보라고 한다면, 이것은 상대방으로 하여금 대답할 수 있는 모 든 가능성을 차단하고 묻는 것이다.

한암선사의 답은 매우 해학적(諧謔的)이다. 한암선사는 망월선원 의 물음에 대하여 구체적인 답은 하지 않고 엉뚱하게 "내 방 벽에 두 마리 원숭이와 두 마리 돼지를 그려 놓았는데 다들 명화(名畵)라고 하니 망월사 대중들은 한번 와서 감상해 보는 것이 어떻겠소(鄙留壁 上, 畵二猿二猪, 人皆稱名畵. 望月大衆, 一次來玩如何)"라고 하여 동문서답식으로 답하고 있다.

두 마리의 원숭이와 두 마리 돼지는 무엇을 뜻하는가? 원숭이는 잔꾀, 분별심, 알음알이를 상징하고 돼지는 어리석음, 무지(無知), 무 명(無明)을 상징한다. 조주의 無에 대하여 십종병에 떨어지지 말고 한마디 하라는 것인데, 그런 쓸데없는 알음알이(분별심)를 내서 무명 에 떨어지지 말고 열심히 참구나 하라는 뜻이 아닐까 생각된다.

이 편지는 1921년 건봉사 만일선원에서 간행한 『한암선사법어』에 '書信問答'이라는 제목으로 수록되어 있는데, "道峯山 望月禪院에

서 送來한 書信 중 問話는 如下(아래와 같음)." 이어 "趙州無를 不落
十種病하고 道將一句來하라"라고 한 다음 答送으로 한암선사의 답
이 실려 있다. 또 『滿空法語』(1982년, 만공문도회 발행) 96쪽을 보면
'무자 십종병에 대한 문답'이라는 제목 아래 "망월사 용성화상이 무
자십종병을 떠나서 한마디 말해 보시오. 이 일구를 제방에 통보하다
(龍城和尙云, 離無字十種病, 道將一句來. 此一句通報於諸方)라는
말이 있다. 따라서 한암선사의 이 답서는 龍城스님의 법거량에 대한
답신이라고 보아야 한다. 『한암일발록』에는 '망월선원에 보낸 답서'라
는 제목으로 수록되어 있다.

■서간 〈29〉

서간문 〈29〉는 경남 하동군 쌍계사에 있는 陳震應화상에게 보낸
답서로서 1936년 丙子年 2월 21일에 보낸 것이다. 진진응스님은 유명
한 강백으로서 쌍계사에 주석하고 있었다.

진진응스님이 한암선사를 어떤 법회나 행사에 초청한 듯하다. 한암
스님은 "쓸데없이 虛名만 세간에 가득하여 이로 인해 구애되는 바가
많고, 그리고 화두공부도 순일하지 못하여 저 자신도 구제할 수가 없
는데 하물며 어떻게 타인을 구제할 수가 있겠느냐"며 정중하게 사양
하고 있다. 매우 겸손했던 한암스님의 면모를 다시 볼 수 있다.

■서간 〈30〉

서간문 〈30〉은 제자 탄허스님에게 보낸 답서이다. 탄허스님은 입
산하기 3년 전부터 한암스님과 편지 왕래를 했는데, 한암선사가 보낸

이 답서는 첫 답서이다. 탄허스님 법어집인 『방산굴법어』 연보 1932
년 조에 보면, "이 해 음력 8월 14일에 처음으로 방한암스님에게 서신
을 보내다"는 기록이 있다. 이것을 참고한다면 한암스님의 이 答書는
1932년 9월경이라고 생각된다.

한암스님은 대장부로서 무상도=佛法을 배우고자 하는 탄허의 기
개를 칭찬한 다음, 道는 고상한데 있는 것이 아니라 일상 속에 있으
므로, 시끄럽다고 조용한 곳을 찾거나, 속(俗)됨을 버리고 진(眞)을
찾지는 말라고 당부하고 있다.

> "道는 본래 天眞하고 方所가 없어서 실로 배울 게 없소. 만일 도를 배
> 운다는 생각이 있다면 문득 道를 모르게 되나니, 다만 그 사람의 한
> 생각이 진실함에 달려있을 뿐이오. 또한 누가 도를 모르리오만은, 알고
> 도 실천을 하지 않으므로 도(道)에서 스스로 멀어지게 되는 것입니다.
> 예전에 백락천이 조과선사에게 道에 대하여 묻자 "모든 악을 짓지 말
> 고 모든 선을 받들어 행하라" 하니, 백락천이 말하기를, "그런 말은 세
> 살 먹은 아이라도 할 수 있는 말입니다." 하니, 다시 선사가 말하기를
> "세 살 먹은 아이라도 말은 할 수 있지만, 팔십 먹은 노인이라도 실천하
> 기는 어렵다."하셨으니, 이 말이 비록 淺近한 것 같으나 그 속에 深妙
> 한 이치가 있는 것입니다. 深妙한 이치는 원래 淺近에서 벗어나지 않고
> 이루어지는 것이오. 군이 시끄러움을 피하여 고요한 것을 찾거나, 속됨
> 을 버리고 참됨을 찾을 필요가 없습니다. 시끄러운 데서 고요함을 구
> 하고 속됨 속에서 참됨을 찾아 구할 것이 없고 찾을 것 없는 경지에 도
> 달한다면, 시끄러움이 시끄러운 것이 아니요, 고요함이 고요한 것이 아
> 니며, 속됨이 속된 것이 아니요, 참됨이 참된 것이 아닙니다. 졸지에 모
> 든 의문점이 단절되고 폭지에 모든 의문점이 단절될 것입니다. 이러한
> 때를 무엇이라고 말하겠습니까? 이것이 이른바 한 사람이 虛를 傳함
> 에 만 사람이 實을 전하는 도리입니다. 그러나 간절히 바라노니, 잘못

알지 마십시오. 한번 웃을 지니라."

深妙한 이치, 즉 道는 깊은 산 속에 있는 것이 아니고 우리의 일상 생활 속에 있으므로 먼 곳에서 道를 찾을 필요가 없다. 시끄럽다고 조용한 곳을 찾는다거나, 속됨을 버리고 眞을 찾을 필요도 없다는 것이다. 시끄러운 데서 고요함을 찾고 속됨 속에서 眞을 찾아서 더 이상 찾을 것이 없는 경지에 도달하면 그때엔 시끄럽다고 하는 것도 시끄러운 것이 아니고 참됨도 참됨이 아닌 세계를 발견하게 될 것이라는 것이다. 시끄러운 곳(鬧處)과 고요한 곳(靜處)이 둘이 아니며 眞과 俗이 둘이 아니라는 것이다.

한 사람이 허(虛)를 전하자 만인이 실(實)을 전했다(一人傳虛, 萬人傳實)는 말은 禪門에서 많이 쓰는 말이다. 원래 道란 실재하는 것이 아닌 것(虛)인데, 한 사람(부처, 달마)이 있다고 전하는 바람에 만인이 그것을 실(實)로 착각하여 전하게 되었다는 말로, 禪, 불법의 위대성을 역설적으로 표현한 말이다. 주의할 점은 이 말을 착각하지 말라는 것이다. 즉 실제 있다고 착각하지도 말고 허(虛)라고 생각하지도 말라는 것이다. 한암선사의 편지는 교훈적이면서도 한편의 활구법어라고 할 수 있다.

■서간 〈31〉

서간문 〈31〉도 제자 탄허스님에게 보낸 答書로서 언제 보낸 것인지 간지干支도 날짜도 없어서 알 수 없다. 탄허스님이 입산(1934년)하기 이전이므로 1932년-1934년 사이에 보낸 서간으로 생각된다. 내용은 탄허스님의 문장과 필법, 인격에 대하여 극찬하고 있다.

"보내온 글을 두세 번 읽어보니 참으로 좋은 일단의 문장이요, 필법이라. 구학문이 파괴되어 가는 때에 그 문장의 機權과 의미가 어쩌면 이리도 불승(佛僧)을 매혹시키는가? 먼저 보내온 글과 함께 산중의 보배로 삼겠노라. 公의 재주와 덕은 비록 옛 성현이 나오더라도 반드시 찬미하여 마지않을 것인데, 있어도 없는 듯하고 차 있어도 비어 있는 듯이 하니, 어느 누가 그 高風을 景仰하지 않겠는가. 衲子로서 평소에 음영吟詠은 하지 않지만 이미 마음달이 서로 비추었으니 잠자코 있을 수 없기에 거친 글을 지어서 보내니, 받아보고 한 번 웃으시오."[38)]

"심월상조(心月相照) 즉 마음이 서로 통하여 답서를 보낸다(心月相照, 不可以默然. 故玆構荒辭而呈)"는 데서 이미 스승과 제자 사이에 인연이 맺어져 가고 있음을 볼 수 있다.

■ 서간 〈32〉

서간문 〈32〉는 칠보사 昔珠스님에게 보낸 편지이다. "丙子 五月五日 道友 漢岩 拜謝"라고 한 것을 보면 1936년에 보낸 편지이다. 석주스님은 제자 탄허스님과 동년배이다. 그런 그에게 "도우 한암 배사(道友 漢岩 拜謝)"라는 겸사를 쓰고 있다. 내용은 석주스님의 은사인 南泉스님 입적에 대한 위로의 편지이다. 한암스님은 남전스님과는 평소교류를 갖고 있었는데, 막상 입적했는데도 가지 못해서 매우 미안하다는 것이다.

"은사 화상님의 喪事를 듣고 놀랍고 비통한 마음을 금할 수 없었습니

---

38) 蒙賜書, 披讀再三, 好一段文章筆法. 當此舊學問破壞之時, 其文辭之機權意味, 何若是魅佛耶. 竝前書, 留爲山中之寶藏耳. 如公之才德, 雖古聖出來, 必贊美不已也. 而能從事於有若無實若虛, 孰不景仰其高風哉. 衲素不能於吟詠, 而已爲心月相照, 不可以默然. 故, 玆構荒辭而呈. 幸賜一笑焉.

다. 기어가서라도 弔喪해야 하는데 그러지 못하니 실로 평소에 서로 敬愛하는 도리를 다하지 못하는 구려. 그러나 나 또한 오랫동안 병으로 칩거하고 있어서 뜻대로 하지 못하는 형편이니 양해하여 주심이 어떠하올지요. 경전에 吐를 달아 달라고 부탁한 일은 이제 겨우 마쳐서 보냈습니다. 그러나 상권의 글 뜻이 매우 어려워 실로 토를 다는 데 힘이 들었습니다. 혹시 성현의 뜻에 맞지 않는 것이 있다면 깊이 연구하고 또 생각하여 다시 다른 고명한 선지식에게 묻는 것이 좋을 듯합니다."[39]

석주스님이 한암스님에게 토를 달아달라고 부탁한 경전은 『범망경』[40]이다. 상권의 글 뜻이 어려워 토를 다는 데 힘이 들었다고 겸손해 하고 있다.

■ 서간 〈33〉

서간문 〈33〉도 석주스님에게 보낸 답서로 1936년 병자(丙子) 음력 6월 19일에 보낸 서간이다. 석주스님이 은사 남전스님의 천도를 위하여 한암스님께 50원을 보내 대중공양과 기도를 올려달라고 부탁한 듯하다. 한암스님은 "11일부터 17일까지 매일 한 차례씩 불전에 공양을 올리고 축원과 회향을 한 뒤 대중공양을 하게 했다"는 것이다. 아울러 은사스님에 대한 효성을 칭찬하고 있다.

---

39) 今恩傳和尚喪事는 聞不勝驚歎而未得匍匐往弔하오니 實非平日相愛之誼也라 然我亦長在病蟄하야 未得遂意也니 以此恕諒如何오 所託經之懸吐는 今才付送而 上卷文義가 甚艱하야 實難屬文而强下筆懸吐也라 似或不副於聖意則 深究且玩하야 更質於他高明和知識이 似好耳라 只此. 不備謝禮.

40) 석주스님 소장 서간문을 모은 『남은 글월 모음』 9쪽 주 참조. "당시(1936년 상원사) 스님은 한암선사께 『범망경』을 배웠는데, 편지글 중 경전에 토를 달아 달라고 부탁한 경전이 바로 『범망경』이다. 석주스님은 한암스님께서 토를 달아 준 『범망경』을 소중히 간직하고 있다. 이 편지 원본은 송광사 박물관에 있다."

238

"보내온 돈 50원은 스님의 뜻대로 받은 즉시 11일에 시작하여 매일 한 차례씩 불전에 공양을 올리고 축원하였으며, 17일에 이르러 시식하고 회향을 한 뒤 대중공양을 하였소. 요즘같이 혼탁하고 잘못된 말법세상에는 스승에 대해 성심성의를 다하지 못하는 자들이 이루 헤아릴 수 없는데, 스님은 이와 같이 많은 돈을 들여 스승의 추모와 천도를 지극 성심으로 하시니 참으로 밝고 어진 벗입니다.(……) 이 사바의 한 세계 안에 우리 스님(석주)과 같은 이가 능히 몇 사람이나 되겠는가. 멀리서 우러러 마지 않소."[41]

■ 서간 〈34〉

서간문 〈34〉는 曉峰스님에게 보낸 답서로 1946년 丙戌 음력 2월 초3일에 보낸 것이다. 내용은 효봉스님이 한암스님에게 ○○○로 옮겨 주석해 주었으면 하고 부탁한 것 같다. 한암스님은 자신의 건강이 좋지 못해 팔구십 노인보다 더한데 어디로 移居 할 수 있겠느냐고 사양하고 있다.

"법우(한암선사 자신을 가리킴)는 작년 동짓달 초순에 새벽에 문밖을 나서다가 발을 헛딛어서 허리와 팔을 다쳐서 겨울 내내 누워 있었습니다. 아직까지도 완쾌치 못하고 기혈이 쇠약한 것이 팔구십 노인보다 더하니 무슨 심정으로 다른 데로 옮길 생각이 나겠습니까? 그저 스스로 소박하게 毛羽를 깊은 산속에 감추고 분수에 만족함을 알고 지내고자

---

41) 恭惟書后有日에 道體候連爲萬旺, 仰慰區區且祝. 病僧姑保劣狀而已라 就 金五十圓을 依領而付受한 卽時 十一日爲始하야 日一次佛前獻供祝願하고 而至十七日 施食回向後에 大衆供養하얏소 當此末葉濁惡之世하야 於其師傅에 草忽不盡意者를 不可勝擧로대 而吾師는 能如是 散財巨額하야 爲師傅 追薦을 至意誠心으로하시니 眞明良友요 是善佛子라 諸佛如來 悉知悉見하사 讚歎何極이리요 能如是秉心不退則 平等正覺을 決定可期矣리니 環娑婆 一界之內에 如吾師者 能有幾人哉리요 遠仰不已也라 餘只祝 道候來來增進하며 不備謝禮.

합니다.[42]

효봉스님은 1946년 겨울부터 1950년 여름까지 해인사 가야총림 방장으로 있었다. 그리고 그 이전에는 송광사 삼일암에 있었는데, 자신이 가야총림 방장으로 있으면서 移居해 달라고 부탁했다면 당연히 방장으로 모시겠다는 것인데 그럴 수는 없었을 것이다. 또 한암스님의 답서에 "편지를 받아 본 지는 오래되었는데 해가 바뀌도록 아직도 글을 못 보냈으니 실로 허물이 나에게 있다."고 한 것을 본다면 이 서간은 한 해 전인 1945년 늦가을쯤으로 생각된다. 그렇다면 해인사보다는 송광사 조실로 移居해 달라고 청한 것이 아닌가 생각된다.

■ 서간 〈35〉

서간 〈35〉는 오해련스님에게 답한 편지이다. 오해련스님은 1950년 당시 통도사 강주였다. 오해련스님이 한암선사에게 "마음은 항상 공적하여 범부의 마음을 몰록 제거하면 곧 불성을 본다."는 말이 있는데 이것이 무슨 말이냐고 물은 것이다. 여기에 대하여 한암선사는 "사람마다 심성이 본래 구족하여 한 생각을 돌리면, 곧 모두 부처와 같아서, 비로소 중생이 본래 부처이며, 생사열반이 마치 지난 밤 꿈과 같음을 알게 되는 것이니, 환(幻)인 줄 알면 곧 여의게 되기 때문에 방편을 지을 것이 없으며, 환(幻)을 여의면 곧 깨닫게 된다"는 것이다.

사람마다 심성(心性)이 구족하다는 것은 대승기신론에서 설하고 있는 바와 같이 우리의 성품 속에는 선과 악, 중생심과 불성을 함께

---

42) 法友昨至月初, 早晨出門, 失足挫腰又傷臂, 過盡寒凉以伏枕爲已住, 尙未快完, 氣血衰弱, 過於八九十老人也. 有何心情移他爲計耶. 只自守拙, 藏毛羽深山於分足矣.

갖추고 있다. 그렇기 때문에, 각성하여 어리석은 마음, 미혹한 마음을 돌리기만 하면 깨닫게 되는 것이다. 더불어 이 일 즉 깨닫는 일은 편지나 말로 가르쳐 주어서 되는 것이 아니고 당사자가 실제 참구해야만 하는 것이다. 별도로 空寂함이나 안락함을 구하여 투철해질 것을 기다린다면, 이것은 마치 길 가운데 있으면서 속히 집으로 돌아가고자 하는 격이나 마찬가지라는 것이다.

■서간 〈36〉

서간 〈36〉도 오해련스님에게 답한 편지이다. 오해련스님이 한암선사를 통도사로 초청한 듯하다. 이에 대하여 한암선사는 건강상태가 좋지 못해서 갈 수 없다는 것이다. 그리고 해련스님이 상원사에 맡겨 둔 책은 1947년 상원사 화재로 모두 불에 타 버렸는데, 다행히 화엄경은 중대에 두어서 괜찮다는 것이다.

■서간 〈37〉

서간문 〈37〉은 1942년 壬午 음력 8월 3일에 佛化學人 李載丙(이재열선생)에게 보낸 답서다. 이재병[43]은 李在烈선생으로 1940년대부터 '보조국사 종조론'을 주장한 사람이다. 특히 1960년대 정화 때에는 보조국사를 종조로 내세운 비구측의 이론가이기도 하였다. 이 서간은 그의 저서 『朝鮮佛敎史之硏究(第一)』[44]에 「前 曹溪宗正 漢岩老師 書翰」이라는 제목으로 수록되어 있다. 편지의 한 단락을 보도록

---

43) 李載丙은 佛化居士 李在烈선생으로 당시는 스님이었다. 김포광, 권상로의 太古 종조론에 맞서 普照 종조론을 주장한 사람이다. 정화 당시에는 보조종조론을 주장하는 비구측의 이론가였다.
44) 李載丙, 『朝鮮佛敎史之硏究(第一)』, 1946, 동계문화연양사, 서울.

하겠다.

"나는 장기간 병으로 칩거하고 있어서 특별히 이렇다 할 일은 없습니다. 일전에 (이재병의) 성명서도 보았고, 또 지금 傳燈譜를 참고하여 상세한 연구를 갖추어 종파를 확정하고, 그리고 大史家와 모모 지식이 다 찬성했다고 하시고, 또 檢關係[45]에 제출하여 일주일 간 精書 후 다시 제출한다고 하시니, 이는 모두 스님(이재병)의 爲法忘軀한 성심원력에서 갖추어져 나온 바입니다. 불신력과 外護恩으로 반드시 이루어질 것임은 의심할 여지가 없습니다. 그러므로 나의 題字는 군더더기로 필요치 않습니다. 그러나 불사는 화합이 위주이오니 아무쪼록 총본산의 지암 총장과 상의하여 합심협력하여 행하기를 바라고 바랍니다. 나는 세간사와 출세간사에 모두 어두워서 간섭할 일이 없고, 오대산 구석에 앉아서 분향하고 마음으로 불사에 협력하여 불은에 보답코저 할 뿐입니다. 이것으로 줄이오니 널리 헤아려 주십시오. 이만 줄입니다.[46]

이재병(이재열)은 곧 출판될 자신의 저서 『曹溪宗源流及傳燈史之根本的硏究』[47]에 題字를 써 달라고 부탁했다. 아울러 조계종 宗祖

---

45) 檢關係는 당시 총독부에 있던 언론통제기구로서 조선총독부 경무국 도서과다. 처음엔 경무국 고등경찰과에서 담당했으나 통제가 심화되면서 도서과를 신설한 것이다.

46) 拜復 時下蒸炎에 愼候治療中勿藥之慶云하시니 仰慰賀區區且祝 重遠長時病蟄無足幸耳. 就向, 看聲明書하고 今接傳燈譜하야 備之硏究之細明과 宗派之確定 而又大史家與某某知識이 皆贊成云云하시고 又提出於檢關係하야 一週日間精書更提出로 爲限云하시니 都是吾師之爲法忘軀하난 誠心願力所備出者也라. 以佛神力外護恩으로 必得成立無疑이니 不必贅疣於我之題字也라. 然, 佛事는 和合이 爲主오니 某條與總本山智庵總長으로 相議하와 合心協力行之를 至望至望. 吾난 世出世間을 全昧하야 干涉이 無하고 一隅에 在하야 焚香心祝으로 佛事를 助成하여 佛恩을 報答코저할 而已오니 以此諒燭焉 只此備謝禮. 壬年 八月 三日. 重遠 謝

47) 이재병은 1942년 초에 『曹溪宗源流及傳燈史之根本的硏究』라는 책을 출판하려고 편집 조판을 완료하여 가제본된 책을 총독부 검열반에 제출했는데, 총독부는 출판허가를 내주지 않았다. 대신 보완을 하여 다시 제출하면 재검열한다는 조건을 달았다.

242

즉 법통에 대하여 태고보우 법통설을 부정하고 보조국사 지눌의 법통설을 주장한 것이다. 당시 불교계는 조계종 법통에 대하여 태고보우 법통설과 보조지눌의 법통설로 논란이 심했는데, 이재병씨는 보조국사 법통설 주창자이므로 곧 출판할 이 책도 보조법통설을 주장한 책이다.

당시 조계종은 1년 전인 1941년 4월에 창종되어 宗祖와 종헌을 정했고, 6월에는 태고보우를 종조로 정하여 총독부에 승인, 등록을 마쳤다. 여기에 대하여 당시 승려였던 佛化 이재병(이재열)은 성명서[48]를 발표하여 "조계종의 종조는 태고보우로 정해서는 안 되고 普照國師 知訥로 정해야 한다"고 주장했다. 이 성명서는 조선불교계를 발칵 뒤집어 놓았다. 이재병은 이 사건으로 인하여 종무총장 이종욱스님으로부터 해종행위를 했다는 명목으로 체탈도첩을 당했다.

당시 법통설에 대한 상황을 본다면 宗祖로 太古를 정했지만 보조국사를 주장하는 승려와 학자도 있어서 이의가 없었던 것은 아니었다. 불교사학자 이능화는 『조선불교통사』(1918년 간행)에서 조계종은 보조국사로부터 시작된다고 했고, 한암스님도 「해동초조에 대하야」(『불교』70호, 1930년 4월호)에서 태고 종조론을 부정하고 보조국사 법통설(종조론)을 주장했다. 그러나 그보다는 태고법통설이 대세였는데, 그것은 채영(采永, 1762~1764)의 『해동불조원류』에 의한 것이었다.

이재병은 당시 종정인 한암스님에게 자신이 보조국사를 종조론을 주장하는 것은 傳燈譜를 참고하여 연구한 것으로 大史家(이능화)와

---

48) 元曉院 佛化씨(불화 이재병), 「(大東亞戰爭下) 朝鮮佛教曹溪宗 傳燈說に 異意あい」『皇道佛教』178호, 1942년, 9월호. 이 잡지는 日文으로 발행된 잡지였다.

기타 善知識들도 동의했으므로 찬성하는 글과 함께 題字를 요청한 것이다. 여기에 대하여 한암선사는 이미 태고보우를 종조로 정하여 총독부에 등록했고 또 이 문제로 인하여 자칫 종단이 양분될 가능성이 있으므로 확대해서는 안 된다는 입장이다.

■ 서간 〈38〉

이 편지는 1948년 강원도 사천국민학교 교장으로 있는 조창환 선생에게 보낸 편지이다. 조창환 선생은 신심이 깊은 거사였는데, 법명이 각명(覺溟)이었다. 한암선사의 답서로 보아 조창환선생은 흔히 선원에서 말하는 머리가 아픈 병 즉 상기병에 걸린 듯하다. 그래서 한암선사에게 상담하는 편지를 보낸 것이다. 편지의 한 단락을 보도록 하겠다.

> "선생님의 병은 혈기(血氣)가 조화롭지 못한 증세입니다. 순혈하기(純血下氣 : 혈기를 내려야 함)를 주로 해야 병이 나을 수 있을 것입니다. 처음 공부할 때에 마음을 너무 과도하게 쓴 탓입니다."

상기병이란 화두를 참구할 때 馳求心 때문에 생기는 병이다. 즉 속히 깨달아야 한다는 마음이 앞서서 너무 과도하게 신경을 쓰면 혈압이 상승하여 투통이 생기는데, 이것을 선에서는 上氣病이라고 한다. 한암선사는 고치자면 마음을 편안하게 해야 한다고 당부하고 있다.

> "(고치자면) 항상 안심(安心), 정려(靜廬)하여 털끝만치도 마음을 일으키거나 생각을 움직이지 마십시오. 더 나아가서는 마음을 일으키거나 생각을 움직인다(번뇌를 일으킨다는 생각)는 생각까지도 없어야 합니다. 음식(飮食)과 기거(起居), 침식(寢息)과 언어(言語) 등 모든 것이

다 조화로워서 과도한 경우에 이르지 않게 해야 합니다. 또 진노(瞋怒)와 색욕(色慾)과 명예와 교육 등의 일에 대해서 조금도 동(動)하는 마음이 없어야 됩니다. 그렇지 않으면 명의(名醫)라고 하는 편작과 화타가 와서 치료한다고 해도 효과가 없을 것입니다."

이어서 한암선사는 최고의 처방을 알려 주고 있는데, 그 최고의 처방이 마삼근 화두를 들라는 것이다. 선사(禪師)다운 처방전이 아닐 수 없다.

"오로지 방법은 마삼근 화두가 제일 묘방이온데, 잘못하면 최고로 맛있는 음식도 도리어 독약이 될 수 있는 것과 같습니다. (그러므로) 화두를 참구할 때는 급하지도 않고 느리지도 않게 하십시오. 묘방(妙方)은 거기에 있습니다. 급하게 하면 혈랑(피 주머니)을 움직이게 해서 설상가상으로 병이 더하게 되고 느리게 하면 망상에 떨어져서 고(苦)가 생깁니다. 잡념이 조금이라도 없는 가운데서 화두를 들되, 재미도 없고 사량 분별도 할 수 없게 하여 참구하십시오. 그리고 약간 정신을 가다듬어 이것이 무슨 도리(道理)인고? 이와 같이 오래도록 익히고 익혀서 일구월심하면 자연히 천진묘성(天眞妙性)에 계합하게 됩니다. 그렇다고 이 말을 보고 속(速)히 계합하기를 구하지도 말고 시종(始終) 여일(如一)하게 할 것이요, 급하거나 과도하게 하는 것은 좋지 못합니다. 다 무엇이든지 치구(馳求, 속히 깨닫고자 하는 것)하는 마음이 가장 장애요, 마군의 침입이 되오니 항상 마음을 편안하고 자유롭게 하십시오. 무심(無心), 안심(安心), 정심(靜心), 섭심(攝心)이 제일 상책의 묘도(妙道)입니다."

화두 참구 방법을 구체적으로 제시하고 있는데, 화두를 참구할 때는 급하게 해서도 안 되고 느리게 해서도 안 된다는 것이다. 급하게 하면 혈랑(피 주머니)을 움직이게 해서 설상가상으로 상기병이 더하게 되고 느리게 하면 망상에 떨어져서 고(苦)가 생긴다는 것이다. 약간 정신을 가다듬어서 이것이 무슨 도리(道理)인고? 이와 같이 오래도록 참구해서 일구월심하면 자연히 깨닫게 된다는 것이다. 문제는 치구(馳求)하는 마음 즉 속히 깨닫고자 하는 마음이 가장 장애라는 것이다.

■서간 〈39〉

이 편지 역시 서간 〈38〉과 같이 조창환 선생에게 보낸 편지이다. 화두참구의 묘미(妙味)를 찬탄하고 있는데, 화두를 참구할 때는 급하지도 느슨하지도 않게 참구해 보면 매우 희유함을 느끼게 되며, 화두에 묘함을 얻으면 순혈하기(純血下氣 : 혈기를 내리고 순하게 함)하여 상기병도 저절로 내려가고 건강도 좋아진다는 것이다. 그리고 사람은 죽으면 업에 따라 변천하지만 오직 불성(佛性)만 변천하지 않고 영원히 광명(光明)이 정대(正大)하다는 것이다. 참선의 목적은 불성을 명백하게 요달해서 다시는 업에 구애받지 않는 데(해탈) 있다는 것이다.

■서간 〈40〉

이 편지도 조창환에게 보낸 세 번째 편지이다. 역시 화두참구에 대하여 이야기하고 있는데, 화두를 참구할 때에는 마음을 한결같이 하여 일체처(一切處) 일체시(一切時)에 단절됨이 없이 참구하는 것이 가장 중요하다는 것이다.

"화두를 참구할 때에는 마음을 한결같이 하여 똥 누고 오줌 눌 때에도 끊어짐(間斷)이 없어야 합니다. 그런데 하물며 조석(朝夕)을 논해 무엇하겠습니까? 일체처(一切處) 일체시(一切時)에 화두를 참구해야 합니다. 간단(間斷) 없이 화두를 참구하는 것이 가장 중요합니다. 고요한 곳과 시끄러운 곳, 움직일 때나 가만히 앉아 있을 때나, 그리고 행주좌와와 깊은 산속, 도시를 막론하고 다만 화두를 참구하여 오래토록 익히는 것에 주력하십시오."

이어 부처(佛)에 대하여 논하고 있는데, 부처와 귀신을 혼동해서는 안 된다는 것이다.

"또 부처(佛)란 깨달았다는 뜻입니다. 그 뜻은 사람마다 본래 갖추어져 있는 각성(覺性 : 깨달음의 성품)이 신묘자재하여 능히 고요하게 하고 능히 움직이게도 하며, 능히 말하고 능히 침묵하게 하며, 능히 중생이 되기도 하고 성인이 되기도 하며, 미(迷)하게도 하고 깨닫게도 하나니, 깨달으면 성인이고 미혹하면 범부입니다. 그래서 神妙하다고 하는 것이니 이와 같이 싱그럽다는 것입니다. 그렇다고 神이라는 말이 귀신을 뜻하는 것은 아닙니다. 불성을 한번 깨달으면 不生, 不滅, 不垢, 不淨이고, 또 옛과 지금에 걸쳐 무량무변해서 본래부터 不死인 것이니, 귀신을 말하는 것으로 생각해서는 아니 됩니다. (제가) 혼백과 귀신이라는 말을 쓴 것은, 중생은 迷하면 선악의 업을 지어 죽은 뒤에는 업을 따라 태어나기 때문에 귀신이라고 말한 것이니 부처(佛)를 귀신으로 혼동해서는 안 됩니다"

부처(佛)를 귀신으로 혼동해서는 안 된다는 말은 매우 중요한 말이다. 지금도 대부분의 불자들은 부처님을 神의 범주로 생각하는 경우가 많다. 도 수행자들 가운데는 불성과 영혼을 동일시하는 경우가 많은데, 큰 착각이 아닐 수 없다. 한암선사의 편지와 같이 부처(佛)란 깨달았다는 뜻으로, 사람마다 본래 갖추어져 있는 각성(覺性 : 佛性.

깨달음의 성품)을 뜻한다. 각성=불성은 영혼과는 무관한 것임에도 불구하고 참선을 좀 오래했다는 사람도 불성과 영혼을 혼동 혹은 동일시하는 경우가 적지 않다. 이것은 正見 즉 아직 정법안이 갖추어지지 못했기 때문이라고 할 수 있다.

■ 서간 〈41〉

이 편지도 조창환 선생에게 보낸 편지이다. 역시 화두 참구에 대하여 이야기하고 있다. 조창환 선생의 병(혈기가 조화롭지 못한 증세)이 점차 차도가 있다니 다행이고, 그리고 한암선사께서도 6년 전 (1944년)에 넘어져 다친 요통이 지난(1950년) 동지달(至日) 20일경 (旬間 : 20일 전후)에 재발했는데 여태껏 차도가 없다는 것이다. 우리의 이 몸은 고(苦)의 뿌리이므로 무슨 병이든지 발생하면 완쾌되기 매우 어려우니 음식을 잘 조절하고 양생·섭생하면 고통이 줄어든다고 위로 하고 있다.

■ 서간 〈42〉

이 편지는 강원도 강릉에 사는 최태규 거사에게 보낸 답서로 1946년(丙戌) 5월 23일에 보낸 것이다. 최태규 거사가 "어떻게 하면 죄를 씻어 버리고 복이 들어올 수 있게 할 수 있습니까?"라고 물은 것 같다. 이에 대하여 한암선사는 "죄를 씻고 복을 맞아들이는 것은 부처님께서 말씀하신 것 외에도, 善을 쌓으면 그 복은 상서로운 결과를 가져 온다"고 한 뒤, 明訓 즉 맹자의 말씀에 "순임금은 어떤 사람이며, 나는 어떤 사람인가? 노력하면 다 이와 같이 된다"고 하였고, 또

"사람은 모두 요순 같은 훌륭한 사람이 될 수 있다"고 했는데, 이와 같이 흉(凶)을 길(吉)로 바꾸고 악을 善으로 만드는 것도 당사자의 한마음 진실함에 달려 있다는 것이다.

■ 서간 〈43〉

이 편지는 묘련심 보살에게 답한 편지로 1946년 6월 20일에 보낸 것이다. 순 한글 편지로 내용은 아무쪼록 관세음보살님 聖號를 일심으로 생각하면 모든 화액(禍厄)을 소멸하고 많은 복락을 받게 된다는 것이라는 것이다. 병석에 있는 따님에게도 관세음보살을 염(念)하게 하면 효험을 보게 된다고 당부하고 있다.

■ 서간 〈44〉

이 편지는 강원도 홍천에 살고 있는 한서운(韓瑞雲, 법명 일여행一如行) 보살에게 보낸 편지이다. 순 한글 편지로 흐트러짐이 없이 또박또박 단정하게 쓰셨다. 배열이나 글씨 등이 전체적으로 정갈하면서도 자연스럽다. 신도들에게 보낸 편지는 대부분 순 한글 편지인데, 여성 불자이므로 배려한 것 같다. 한서운 보살이 바쁜 일이 있어서 한암스님의 법문을 듣지 못했던 것 같다. 그것을 한탄하자 한암선사는 법문은 신심으로 만나보는 것도 법문이고, 선지식이라고 믿고 생각하는 것도 법문이고, 재수형통하기를 기도하는 것도 법문이고, 모두가 다 법문이라는 것이다. 또 화두는 별도로 찾을 것 없고 일심으로 염불하는 것이 화두와 다르지 않다는 것이다. 화두도 일심, 염불도 일심, 무엇이든지 일심이라야 성취된다는 것이다.

■ 서간 〈45〉

이 편지도 강원도 홍천에 살고 있는 韓瑞運 보살에게 보낸 편지이다. 이 편지 역시 단정한 순 한글 편지로 정감이 가득하다. 상원사에서 가사불사를 했는데, 일여행(한서운) 보살이 홍천 지역 신도들에게 가사불사에 동참하도록 권유한 것 같다. 이에 대하여 한암선사는 힘이 되는대로 하고 어려운데 억지로는 하지 말라고 당부하고 있다. 이 편지에는 보낸 날짜(3월 27일)만 있고, 연도는 없다. 앞의 편지와 같은 해라고 생각된다.

IV. 맺는말

이상과 같이 개략적이지만 한암스님의 서간 45편을 분석 고찰해 보았다. 서간을 가장 많이 주고 받은 선승은 경봉스님으로 약 24편이 된다. 그 밖에는 당시 만공스님 등 고승들, 제자, 거사, 신도 등이다.

서간문은 주로 일상적인 것을 이야기하고 있지만, 한암선사의 서간 속에는 수행과 관련된 것이 많다.

한암스님의 서간문 가운데 선수행, 선사상적으로 가장 주목해야 할 점은 悟後修行論이라고 할 수 있다. 오후수행론이란 깨달은 이후에도 더 수행해야 한다는 것으로 보임(保任)을 뜻한다. 한암선사는 그것을 '悟後修行' '悟後保任', '悟後生涯' 등으로 표현하고 있는데, 수행자들에게는 좌우명으로 삼아야 할 가르침이라고 할 수 있다.

한암선사는 인과를 무시하고 함부로 행동하는 것, 방탕한 행위에 대하여 매우 경계했다. "만약 일시적인 깨달음에 만족하여 悟後의 수행을 방치한다면, 永嘉스님께서 말한 바, 무애한 척 모두 空한 것이라고 하면서 인과를 무시(豁達空撥因果)하고 방탕한 행동을 하여 결국은 재앙을 초래할 것"이라고 강조하고 있다."[49]

특히 근대 이후 오늘날 한국 간화수행자들의 잘못된 병폐 즉 지혜만 너무 치중한 나머지 무애행이라는 미명 아래 계행을 파괴하는 행위는 깊이 성찰해야 할 문제이다. 한암선사가 보조지눌의 정혜쌍수를 강조한 것도 乾慧에 치우침을 경계한 것이다.

한암선사가 제시하고 있는 悟後修行의 방법은 두 가지로 牧牛行과 除翳行(티끌, 번뇌 제거)이다. 목우행이란 소가 풀밭으로 들어가면 고삐를 당기는 것처럼 마음이 객관적 대상에 끌려갈 때, 또는 망념이 일어날 때 즉시 그 사실을 간파하고 잡아당기는 것[把拽]을 뜻한다. 파예(把拽) 두 글자가 목우행의 핵심이라고 말하고 있다(一回落草去, 把鼻拽將回. 把拽兩字, 詳細知得).

다음은 '제예행(除翳行, 티끌, 번뇌 제거)'이다. 제예(除翳)란 티끌(翳) 즉 번뇌망상을 제거하는 것을 뜻한다. 눈에 티끌이 들어가면 하늘에서 허공 꽃(空花)이 떨어지는 것으로, 조금이라도 번뇌망념이 있으면 제거해야 한다는 것이다(一翳在眼, 空花亂墜, 翳之一字, 詳細知得, 悟後生涯, 自然滿足). '예(翳)'라는 한 글자가 제예행의 핵심이라고 할 수 있다. 이 목우행(牧牛行)과 제예행(除翳行)이 바로 悟後修

---

49) 若以一時悟處爲足하야 撥置後修하오면 永嘉, 所謂, 豁達空撥因果하야 莽莽蕩蕩, 招殃禍者焉也오니 切莫學世之淺識輩의 誤解偏執撥因果排罪福者焉하쇼셔.

行, 悟後保任을 하는 방법이고 그것이 깨달은 이후에 수행해야 할 과제라고 말하고 있다.

그러나 대부분의 선승들은 주로 깨달음을 얻는 문제에만 치중해 왔고, 깨달음 이후의 문제, 즉 '오후수행', '오후보임'에 대해서는 간과해 왔다고 할 수 있다. 오히려 보임을 중시하기보다는 무애행이라는 미명 아래 계행을 파괴, 무시하는 행위를 일삼았다고 할 수 있다. 깨달았다면 당연히 身心이 청정해서 불성이 顯現되어야 하는데, 삶은 여전히 俗塵에서 벗어나지 못하고 있는 것이다. '오후수행', '오후보임'을 하지 않을 경우 깨달음도 사상누각(沙上樓閣)이 될 수 있다는 점에 대해서는 거의 인식하지 못했던 것이다. 한암선사가 제시하고 있는 오후수행론은 당송시대 선승들이 定慧圓明, 정혜쌍수라고 하여 중시한 것과 맥을 같이하고 있다(서간문 중에서 悟後修行의 문제를 자세히 이야기하고 있는 서간은, 서간 〈1〉과 〈1-1 추신〉, 〈6〉 등 두세 편이다).

6
寒巖禪師의「參禪曲」

김종진

※ 본 논문은『한암사상』2집(2007)에 발표했던 것을 수정하여 재수록한 것이다.

[요약문]

　이 글은 寒巖(1876~1951)선사의 「參禪曲」에 대한 서지학적, 문학적 연구의 하나로 작성되었다. 한암의 「參禪曲」은 1922년 건봉사 선원의 동안거 해제일에 지어진 불교가사이다. 한암의 「참선곡」이 수록된 문헌은 동안거 해제 직후 건봉사에서 편집한 『寒巖禪師法語』인데, 여기에는 한암이 대기설법했던 글 외에도 동안거에 참여한 대중의 명단을 적은 방함록, 건봉사 승려들의 서발문 등이 수록되어 있어 당시 선원결사의 경과를 잘 알려주고 있다. 이 『법어』에는 13편의 글이 수록되어 있는데 중핵을 이루는 법문은 ④「二十一問」(한암. 尾友李礫의 發問)과 ⑤「參禪曲」(한암. 發起人 河淡)이다. 「二十一問」은 참선의 요체를 21조로 나누어 제시한 것이고, 「참선곡」은 이를 다시 운문으로 노래한 것이다. 이로써 『법어』는 說唱 형식의 경전적 체제를 갖추어 하나의 유기적 텍스트로 완성되었다. 두 편의 글의 제작에 관련이 있는 尾友李礫과 河淡은 서문을 쓴 錦菴宜勳과 함께 건봉사 선원의 주축으로서 법어집을 주도면밀하게 기획한 인물이다. 건봉사의 선원결사는 방한암선사의 선풍 진작에도 큰 의미가 있지만 그 사회 역사적 맥락에서 볼 때 건봉사의 적극적인 내적수행풍토의 혁신이라는 점에서도 매우 중요하다. 만일염불회를 주관하였던 금암의훈

254

등이 적극적으로 한암선사를 초빙하여 선원결사를 하고, 그 결과물로 동안거의 의의를 확산시키는 법어를 발간한 것이다. 따라서 「참선곡」은 건봉사의 기획에 따라 發起하여 자연스럽게 도출해 낸 하나의 작품이며 법어집에서 바로 그 자리에 있어야 할 작품이라 할 수 있다.

한암의 「참선곡」은 내용적으로 볼 때 서두에서는 기존의 불교가사에서 널리 구연되던 인생무상화소를 활용하면서 호소력을 배가하고, 본문에서는 보조의 『수심결』에 제시된 바 있는 空寂靈知, 悟後保任이라는 핵심 개념을 전달하고, 결사에서는 재삼 정진할 것을 당부하고 있으며, 마지막 일구로 독자들에게 시적 긴장감을 주는 구조로 되어 있다. 작품의 서두는 핍진한 인생사를 평이하게 서술하였으나 본사에서는 참선의 요체를 간명하게 구조화하였고 결사에 이은 격외의 일구에서 강한 긴장감을 불러일으키는 涉淺入深의 구조를 보여주는 작품이다.

따라서 한암의 「참선곡」은 이전의 가사와 매우 다른 참신성에 그 자리가 있는 것이 아니라, 기존의 불교가사의 시문법을 가장 충실하게 수용하면서 보조국사의 『수심결』에서 확인되는 보조선의 핵심 개념을 잘 융화시켜 전달하고 있다는 점에서 의의를 찾을 수 있다. 즉 참선의 요체를 대중들이 널리 향유하는 불교가사의 시문법에 용해시켰다는 의의를 지니는 것이다.

근대불교 지성인으로서의 한암의 실천적 면모는 시대의 변화에 능동적으로 대응하면서 새로운 문화를 창조하는 데 있는 것이 아니라, 가장 전통적인 방법을 택하고 이를 고집스럽게 지킴으로써 외풍에 대응했다는 점에 있다. 그의 문학 역시 문학사에서 걸출한 작품이라거나 시대를 앞서간 의의를 지니고 있는 것은 아니다. 그는 『수심결』

의 핵심 내용을 바탕으로 한 선수행의 요체를 전달하되, 대중에게 널리 전승되었던 불교가사의 여러 관습을 활용하여 전달하고 있다는 점에서, 전통에 충실한 마지막 불교가사를 제작하였다는 것이 실상에 부합하는 문학사적 평가일 것이다.

I. 머리말

우리 문학에서 '參禪曲'이라는 제명으로 소개된 근대의 가사로는 鏡虛(1849~1912), 鶴鳴(1867~1929), 滿空(1871~1946), 寒巖(1876~1951)선사에 의해 창작된 네 작품이 있다. 본고는 이 가운데 한암의 「참선곡」을 대상으로 하여 그 문학적 성격과 문화사적 의의를 고찰하고자 한다.

20세기 초 경허가 선도적으로 전개한 선부흥 운동은 근대불교의 전환기적 양상으로 의의가 있는데, 경허의 법맥을 이은 한암, 만공 역시 그에 상응하는 실천에 주력한 결과 한국 선맥의 중추를 이루게 되었다. 학명 또한 내장사에서 반선반농(半禪半農)운동을 전개하면서 근대적 선부흥운동에 매우 특색 있는 업적을 남긴 선사다. 근대 선풍 진작에 핵심적 역할을 했던 네 분의 선사가 모두 참선곡을 지어 전파했다는 것은 매우 의미 깊은데, 이는 당대 최고의 경지에 이른 선사가 가장 평이한 우리말을 가지고 대중들에게 자신의 사상을 전달하는 한국적 전통을 근대에 재확인한 것이기 때문이다. 즉 균여대사가 향가를 창작하고 나옹화상이 우리말 가사 「서왕가」를 지어 전파한 오래된 전통을 근대에 구현한 것으로 큰 의의가 있다. 이를 보면 우리말 문학, 한글 문학으로서 참선곡은 당대 최고의 선사가 사상적으로 최고의 수준에 이르렀을 때 터뜨린 사자후라 해도 과언이 아닐 것이다. 이처럼 참선곡을 지은 네 분의 선사는 모두가 근대불교의 전환기에 한국 불교계의 현실을 나름대로 고민하고 새로운 혁신의 길을 제시하면서 가사를 활용하여 자신이 지향하는 세계를 표출했기 때문에 각각의 작품들은 당대 불교계의 현실과 지향점이 반영되어 있다고 할 수 있다.

지금까지 한암 「참선곡」에 대한 관련 연구로서 김호성은 조선시대 여러 선사에 의해 지어진 '참선곡'의 흐름을 간명하게 제시하면서 한암의 「참선곡」의 교리적 특성을 소개하였고,[1] 국문학계에서 김기종은 불교가사 작가를 개괄하면서 한암의 「참선곡」을 전기적 사실과 내용 위주로 소개한 바 있다.[2] 한암 「참선곡」의 문학적 특징과 문화사적 의의에 대해 구체적인 분석은 아직 이루어지지 않은 상황이다. 이는 한암 문집이 온전히 남아 있지 않고 유습들을 모아 펴낸 것도 비교적 최근의 일인 것도 한 이유가 될 것이다. 아울러 「참선곡」에는 발기인과 작자 이름이 작품의 앞뒤에 기록되어 있고, 회심곡류 가사나 경허의 가사와 동일한 구가 총 178구 가운데 60구 이상을 차지하고 있다는 점에서 작가성과 독창성에 논란이 있을 수 있다. 이에 대한 해명이 제대로 이루어지지 않으면 한암의 「참선곡」은 작가성 및 문학성이 불확실한 작품으로 자리매김 될 수밖에 없다.

따라서 제2장에서는 「참선곡」이 수록된 문헌을 서지적으로 검토하고 그 사회역사적 맥락을 살피며, 제3장에서는 「참선곡」에 수용된 작품들과의 상호텍스트성을 고찰하여 문학적 전통 속에서 차지하는 위치를 살피고자 한다. 이를 바탕으로 제4장에서는 한암 「참선곡」이 지니는 문화사적 위상을 정립하고자 한다.

---

1) 김호성, 『방한암선사』, pp.144~160. 1996, 민족사.
2) 김기종, 「불교가사 작가에 관한 일 고찰」 『불교어문논집』 6집, 2001, 한국불교 어문학회.

II. 서지적 고찰

한암의 「參禪曲」은 1922년 건봉사 선원의 동안거 해제일에 지어진 불교가사이다.[3] 금강산 장안사에 주석하던 선사는 1921년 9월 禪會를 개설한 건봉사의 請狀을 받고 건봉사로 옮겨 31인의 대중과 함께 동안거를 마친 후 河淡의 發起로 이 곡을 지었다. 제목 하단에는 發起人 河淡의 이름이 있고, 가사 끝에는 한암이 지었다는 기록이 있다.[4]

「참선곡」이 수록된 문헌은 동안거 해제 직후 건봉사에서 편집한 『寒巖禪師法語』인데, 여기에는 한암이 대기설법했던 글 외에도 동안거에 참여한 대중의 명단을 적은 방함록, 건봉사 승려들의 서발문 등이 수록되어 있어 당시 선원결사의 경과를 잘 알려주고 있다.[5] 이 책은 담양 용화사에 주석하고 있던 黙潭스님(1896~1981) 遺藏의 프린트본으로 당시 동국대 도서관의 이철교 선생이 발굴하여 『대중불교』 133~136호(1993.12~1994.3)에 처음으로 소개하였다.

김호성은 건봉사 선원의 동안거를 하나의 결사로 파악하고 결사의 역사적 의미를 제공하는 사료로서 바라볼 것을 제기하면서, 법어집 소재의 건봉사 승려의 글을 분석하여 선원결사의 시대적 맥락을 고찰한 바 있다.[6] 본고는 선행연구를 바탕으로 하되, 이 법어집을 필자

---

3) 『대중불교』 133호(1993.12), pp.59~61.
4) "蓬萊山人寒巖重遠著于甘露峰下乾鳳寺禪院室中."
5) 「참선곡」은 이후 『漢巖一鉢錄』(한암대종사문집편찬위원회 편, 1995, 민족사), 『방한암선사』(김호성, 1996, 민족사), 그리고 『金剛山乾鳳寺事蹟』(이영선 편, 2003, 동산법문)에 재수록되었다. 『불교가사원전연구』(임기중, 2000, 동국대학교출판부)에는 상세한 주석과 현대어 풀이가 담겨있어 이해를 돕고 있다.
6) '한암선사법어는 단순히 한암의 저술, 법어의 모음집이라는 성격 이상의 것을

가 다른 여러 편의 글이 모여 긴밀한 질서를 가지게 된 유기적 텍스트로 바라보고자 한다. 그리고 이 과정에 보이는 편집자들의 편찬의식을 살피고 불교가사 「참선곡」의 법어집 내에서의 위상을 검토하도록 한다. 이는 「참선곡」의 위상과 역할, 기능을 이해하는 데 일정한 기여를 할 것으로 본다.

1. 『寒巖禪師法語』[7]의 형성과정 재구

법어집의 체재는 다음과 같다.

> ① 「佛紀二九四八年冬十月十五日 禪教兩宗大本山金剛山乾鳳寺禪院安居」(錦菴宜勳)[8]
>
> ② 「金剛山乾鳳寺萬日院新設禪會後禪衆芳啣錄序」(한암)[9]
>
> ③ 「禪院規例并引」(한암)[10]
>
> ④ 「二十一問」(한암. 尾友李礈의 發問)
>
> ⑤ 「參禪曲」(한암. 發起人 河淡)
>
> ⑥ 「第一回冬安居禪衆芳啣并任員」
>
> ⑦ 「擧話方便」(七日加行精進中 小參)(한암)
>
> ⑧ 「鞍靑庵和尙」(한암)
>
> ⑨ 「答蔚山林火蓮居士」(한암)
>
> ⑩ 「達摩大師折蘆渡江圖贊」(한암)

우리에게 말해주고 있다. 거기에는 1921년 겨울에서 1922년 봄 사이에 한암을 중심으로 건봉사에서 행해졌던 하나의 결사에 대한 증거들이 제시되어 있는 것이다.' 『바가바드기타』와 관련해서 본 한암의 염불참선무이론, 『한암사상연구』 제1집, p.64. 2006, 한암사상연구원.

7) 이하 법어집으로 약칭함.

8) 이하 「선원안거」로 약칭함.

9) 이하 「방함록서」로 약칭함.

10) 이하 「선원규례」로 약칭함.

⑪「書信問答」(한암)

⑫「編者의 一言」(尾友李礫)

⑬「紀念할 今冬의 安居」(咸東)

①은 본 법어집의 서문, ②~⑤는 한암의 저술과 법어, ⑥은 결사 대중의 명단, ⑦~⑪은 다시 한암의 저술과 법어, ⑫는 법어 편자인 미우이력의 후기. ⑬은 법어집의 후서나 발문에 해당한다. 김호성은 이를 6조의 과목[11]으로 나누어 정리하고 '『한암선사법어』는 그 나름 대로 정연한 체제를 갖추고 있었음을 알 수 있다'고 하면서, "다만 결사 대중의 명단이라 할 수 있는 ⑥「제일회선중방함병임원」이 중간에 삽입되어 있어서 한암의 저술 법어를 그 전후로 나누고 있다는 점에 다소 혼란된 모습을 보이고 있을 뿐이다."라고 하였다.[12]

법어집의 각 요소를 제작 순서대로 나열하면 다음과 같다.

Ⅰ-③「선원규례」 결재일(1921.10.15)

　⑥「제일회동안거선중방함병임원」 결재일(1921.10.15)

Ⅱ-⑦「거화방편」(한암) 결재 7일째(1921.10.22)

　④「이십일문」 결재 기간 중

　⑧「만청암화상」 결재 기간 중(1921.11월)

　⑨「답울산임화련거사」 결재 기간 중(1921. 12월)

　⑩「달마대사절로도강도찬」 미상(결재 기간 중)

　⑪「서신문답」 미상(결재 기간 중)

　⑤「참선곡」 해제일(1922.1.15)

Ⅲ-①「선원안거」 해제일(1922.1.15)

　②「방함록서」 해제 후 3일(1922.1.18)

---

11) 김호성, 앞의 논문. p.66.

12) 김호성, 위의 논문. p.66.

⑫「編者의 一言」해제 후(1922.1.18 이후)
⑬「紀念할 今冬의 安居」(1922.1.18 이후)

이상의 순서는 『한암선사법어』가 하나의 유기적 질서를 갖추기 전의 원텍스트이며 하나의 텍스트가 형성되는 과정을 나타내는 정황기록이다. 동안거 시작일에서 해제일까지의 기록 중에서 I(③⑥)는 선원의 규칙과 한암을 포함한 32인의 명단과 그 역할을 제시하고 있는 것으로서, 선원의 동안거를 시작할 때 기본적으로 갖추어야 하는 항목이 된다. II는 동안거 동안 한암선사가 행한 법문, 서간문, 찬, 가요 등이다. 동안거에 모인 참선인을 위한 직접적인 법문(⑦④⑤)과 동안거와 직접 관련이 없는 인물들과 관련된 글(⑧⑨⑪) 및 달마도의 찬(⑩)으로 나누어 볼 수 있다. 결사와 직접 관련된 내용은 참선 결사에 참여한 대중을 위한 법문인 ⑦④⑤라 할 수 있으며, 특히 ④⑤는 선원결사가 지향하는 내용을 일목 요연하게 제시하고 있어 법어집의 핵심이 될 만한 내용이라 할 수 있다.

그런데 이 두 편의 글은 한암의 구술과 저술임이 분명하다 하더라도 산출된 과정에 특별히 주목을 요하는 점이 있다. ④「二十一問」은 이 법어집의 편집자인 李礫이 發問하여 답변한 내용이며, ⑤「參禪曲」은 해제일에 知殿의 임무를 맡고 있던 河淡(啓惺)이 '發起'한 후에 산출된 작품이다. 두 글은 건봉사와 직간접적인 관련이 있는 것으로 추정되는 두 승려에 의해 발문되고 발기된 이후에 구술 혹은 필사한 것으로서 이 두 글에는 선원결사를 기획하고 새로운 선수행의 기풍을 선양하려는 건봉사의 의도가 반영되어 있는 것으로 볼 수 있다. 이력의 發問과 하담의 發起는 우연하고 자의적인 제안이 아니라, 선풍을 진작시키려는 건봉사의 주관 아래 미리 계획된 것은 아니었을까 생각한다. 여기에 한암의 방함록서문(②)을 받고, 건봉사의 선원결사에 주역이었던 금암의훈의 법어집 전체의 서문(①)과 편집자인 이력의 글(⑫)과 찬조의 의미가 있는 글(⑬)이 덧붙여지면서 한 권의 유기적 텍스트가 형성된 것이다.

정리하자면 법어는 동안거의 형식을 구성하는 글(②③⑥)과 건봉사의 선원결사를 기획한 의도가 반영된 글(④⑤) 및 한편의 어록을 편집하는 데 필요한 서발문 성격의 글(①⑫⑬)이 골격을 이루는 체제를 갖추고 있으며, 이를 다시 어록의 체제에 맞게 일관성 있게 배열한 것이 현재의 체재가 된 것이다.

① 「선원안거」(금암의훈)
② 「방함록서」(한암)
③ 「선원규례」(한암)
④ 「이십일문」(한암. 미우이력 발문)
⑤ 「참선곡」(한암. 발기인 하담)
⑥ 「제일회동안거선중방함병임원」
⑫ 「編著의 一言」(미우이력)
⑬ 「紀念할 今冬의 安居」(함동)

여기에서 제외되는 ⑦~⑪은 개인적 술회, 개인적 편지, 개인적 문답 등의 소품이 첨부된 것으로서, 乾鳳寺의 기획의도나 법어집의 체재에서 볼 때 부수적인 가외의 산출물이라 할 수 있다.[13] ②나 ③다음에 제시할 수도 있었던 ⑥「동안거선중방함병임원」을 바로 그 자리에 배열한 것은 이를 기준으로 앞뒤로 나누어 그 중요성을 드러내려

---

13) 분량이 전체 16면 중에 2면 정도에 불과한 것도 이를 반증하는 것이다.

는 건봉사의 편집의도를 잘 보여준다 할 것이다.

법어집을 한 편의 문집으로 생각할 때 중핵을 이루는 법문은 ④와
⑤이다. 참선의 요체를 21조로 나누어 제시하고, 이를 다시 운문으로
노래하는 형식의 說唱 형식의 경전적 체제를 갖추어 하나의 유기적
텍스트가 완성되었다. 두 편의 글의 제작에 관련이 있는 尾友李礫과
河淡은 서문을 쓴 錦菴宜勳과 함께 건봉사 선원의 주축으로서 법어
집을 주도면밀하게 기획한 인물인 셈이다. 편집자인 이력은 참선에 대
한 진지하고 심도 있는 논설에 이어 대중 회향의 차원에서 쉬운 우리
말로 노래하는 내용을 상호보완적으로 편집했다고 하겠다. 산문과
운문, 한문과 우리말의 결합은 불가문학에서나 경전의 구조로서 익
숙한 것인데, 「二十一問」과 「참선곡」은 이러한 복합체로서 법어집의
중핵으로서 기능하고 있는 것이다. 「참선곡」은 건봉사의 기획에 따라
發起하여 자연스럽게 도출해 낸 하나의 작품이며 법어집에서 바로
그 자리에 있어야 할 작품이라 할 수 있다.

2. 『寒巖禪師法語』의 편찬의식과 사회역사적 맥락

신라시대부터 중요한 염불도량인 건봉사에서 염불회를 대신하여
선회를 열었던 그 동안의 경과와 한암의 논리는 「방함록서」에 분명
히 제시되었고, 그 동안 한암의 참선결사의 주요한 근거로 주목되어
왔다.[14] 그렇다면 선원을 기획하여 한암선사를 초빙하고 참선수행의

---

14) "辛酉年 가을 9월 상순에 乾鳳寺 주지 李大蓮, 監務 李錦菴, 前住持 李雲坡
와 온 산의 대중이 한 마음으로 협의하여 예전의 萬日院 念佛會를 革罷하고
새롭게 禪會를 설치키로 하고…… 나 역시 內金剛 長安寺로부터 이러한 초청
에 응하여 외람되게도 會席을 주관하게 되었다." 「방함록서」(한암)

요체를 설파한 작품으로서 「참선곡」의 제작을 기획하고 유도한 건봉사 주축 승려들의 시대인식은 어떠했을까. 이는 「참선곡」의 제작 및 『한암선사법어』의 편집의식과도 밀접한 관련이 있기에 거론하지 않을 수 없다.

(가) "千古前後에 遙遙相符한 今日을 吾人은 紀念할지며 此土의 苦를 厭하고 彼岸의 樂을 欲하며 自己의 萬能인 靈性을 埋沒하고 盲目的으로 彼佛의 他力을 慕仰하던 醜傀的 權敎를 破脫하고 卽地人心 見性成佛하는 正信的 實際에 入하게 된 今日을 吾人은 永久히 紀念할지며……" 「기념할 금동의 안거」(함동)

(나) "漆夜三更이 暗黑에 極하였다. 그러나 此暗黑裡에는 능히 천일을 爍破할만한 光明이 있다하면 誰何나 驚疑할지며 紅塵萬丈의 熱炎이 亘天하야 空界를 抑塞케 하는도다." 「편자의 일언」(미우)

(다) "한암 대선사가 내금강에 주석하여 교화를 떨치고 계셨으니 연이어서 세 번 청한 뒤에야 來臨하여서 結社하고 安禪하시니 諸方의 禪德들이 도량에 모이기를 목마른 자가 물에 나아가는 것과 같았다. 이에 妙法을 연설하셔서 그 本願에 응답하셨다. 마침 悅衆 李磔이 스스로 二十一問을 발하였으니 모두 선가의 要節이었고, 선사가 그 條項에 따라서 대답하셨으니 땔나무를 쪼개고 등촉을 잡아서 장래의 안목으로 삼고자 하였다. 누가 그 미증유한 일을 찬탄하지 않으리오." 「선원안거」(금암의훈)

인용문은 건봉사의 염불신앙의 속화현상에 대한 통렬한 비판을 담고 있다. (가)는 조선 후기 일정한 대중 불교 포교의 역할을 했던 만일염불회가 이제는 시대의 변화에 따라 혁신과 쇄신이 요구된 상황이 도래하다는 점을 강조하였다. (나)는 만해 등의 선각자에 의한 비판과 함께 이제는 소속 사찰에 몸담고 있는 수도자에게도 변화를 갈망하게 되는 내적 쇄신의 요구가 있었음을 말해준다. (다)는 동안거에 한암선사를 초빙하여 신앙의 전통을 일신하고 새로운 시대의 요구에 부응하고자 하는 간절한 열망을 느낄 수 있다.

특히 금암의훈은 1908년 건봉사의 제5회 만일염불회를 주관하였던 인물[15]로서, 염불회를 선원으로 전환하고 금강산 장안사에 주석하던 한암선사에게 청장을 들고 찾아간 인물이기도 하다. 전 시기에 염불신앙의 기풍을 전국적으로 확산시킨 건봉사의 염불회는 근대 전환기에 그 시대적 역할이 변하게 되었을 것이고 건봉사의 입장에서는 새로운 변화가 필요했을 것으로 생각된다. 외적으로도 19세기 왕실의 원찰로서 궁중의 비호를 받으며 재를 주관하기도 했던 건봉사의 대외적 위상은 20세기에 들어서 큰 변화를 겪게 된다. 학교를 세우고 유학을 보내며, 대도시에 포교당을 세우는 등 매우 적극적인 변화의 선두에 서 있다.[16] 근대불교 혁신운동을 실천한 도량으로서 건봉사의 외적인 변화에 상응하는 내적 수행의 풍토의 쇄신이 필요했을 것으로 생각된다.

1921년 동안거의 선원결사는 방한암선사의 선풍 진작에도 큰 의미가 있지만 그 사회 역사적 맥락에서 볼 때 건봉사의 적극적인 내적수행풍토의 혁신이라는 점에서도 매우 중요하다. 만일염불회를 주관하였던 금암의훈 등이 적극적으로 한암선사를 초빙하여 선원결사를 하

---

15) 금암당 대선사 비문에 "(1908년) 염불만일회 제5대 화주로 선임"되었다는 기록이 있다. 『금강산건봉사사적』, p.199.
16) 건봉사의 근대적 불교 운동에 대해서는 『금강산건봉사사적』(pp.201~205) 및 이흥섭, 「조선불교유신론에 담긴 한용운의 세계관과 건봉사와의 영향관계」(『한국어문학연구』 43집, 2004, 한국어문학연구학회) 참고.

고, 그 결과물로 동안거의 의의를 확산시키는 법어를 발간한 것은 이 문헌이 "단순히 한암의 저술·법어의 모음집이라는 성격 이상의 것을 우리에게 말해주고 있"[17]는 것이다. 이러한 적극적인 건봉사의 쇄신의 의지가 이 법어집의 편찬에 그대로 담겨있으며 가장 핵심 내용을 담고 있는 「二十一間」과 「참선곡」은 이런 과정에서 기획된 것이다.

한편 대중을 위해 결사가 지향하는 핵심을 쉬운 우리말 노래로 회향하는 전통은 19세기 중후반 건봉사의 염불결사에서도 이루어졌다는 점에서, 「참선곡」의 제작은 건봉사의 전통으로서도 주목할 만하다. 1851년 제3차 만일염불회를 주관했던 동화축전(1820년~1853년 경)은 「권왕가」를 지어 유포하였다. 「권왕가」는 정토삼부경 및 유심정토 자성미타론, 임종정념문, 왕생전 등 다양한 내용을 집적하고 있는 1203구의 방대한 염불가요이다. 추정컨대 만일염불회 기간이나 회향시에 정토신앙의 소의경전을 읽고, 또 가사를 돌려 읽고 베껴 쓰면서 결사의 실질을 이루어 갔을 것으로 생각한다.[18] 이러한 전통을 지니고 있는 건봉사의 대중들이 선원에서 결사를 한다고 할 때, 새로운 결사의 핵심을 대중들이 알기 쉽게 요약하고, 또 이를 쉬운 우리말에

---

17) 김호성, 앞의 논문, p.64.
18) 김종진, 「동화축전론」(『한국어문학연구』 제41집, 2003, 한국어문학연구학회) 및 「「권왕가」의 선행담론 연구」(『불교어문논집』 제8집, 2003, 한국불교어문학회) 참고. 건봉사의 염불회와 관련된 판각으로는 『불설무량수경』이 있다. 이 책은 1861년 나은보욱(懶隱保郁)이 서문을 써서 간행한 것으로 간기에는 "乾鳳寺 萬日會板藏"으로 되어있다. 만일염불회와 관련된 강경의 대본으로 정토삼부경이 활용되었을 것으로 생각된다. 염불회의 외적인 모습만을 부각시켜 자신의 개혁의 타당성을 부각시키며, 고성염불의 폐해를 주장한 것은 일면적 판단에 불과할 수 있다. 필자의 생각은 조선후기 염불신앙의 유행 역시 나름대로 치밀한 사상적 모색을 거쳐 기획된 것으로 생각한다. 물론 근대 이후 이를 비판적으로 극복하면서 불교계의 혁신을 도모하는 것은 별개의 차원이라 할 수 있다.

담아 대중에게 회향하고자 하는 기획을 하였던 것은 매우 자연스러운 일이다.[19]

『한암선사법어』는 한암의 선 기풍 진작이라는 의도를 충분히 담고 있다. 그런데 그 이면을 살펴보면 이 법어는 시대적 변화를 갈망하는 건봉사의 치밀한 기획의 결과물이고, 「참선곡」 또한 그러하다 할 수 있다. 「참선곡」의 '發起'의 의미는 바로 여기에 있다. 발기인으로 소개된 하담은 방함록에 등장하는 知殿 河淡啓惺이다.[20] 그에 대한 기록이 남아 있지 않아 자세한 논구는 어렵지만, 건봉사 선원의 동안거 당시에 한암의 「참선곡」이 '우연히' 창작된 것이 아니라, 지전의 역할을 맡은 하담의 일정한 제안과 의도가 있었다는 점, 그리고 그 배경에는 사찰의 신앙적 변모를 꾀하는 건봉사 회중의 기획이 작용했을 것이라는 점을 확인할 수 있다.[21]

3. 「참선곡」의 작자·발기인·필사자 그리고 텍스트

한암의 「참선곡」은 제목 아래에 '發起人 河淡'이라는 기록이 있고 작품의 말미에 '蓬萊山人 寒巖重遠著于甘露峰下乾鳳寺禪院室中'이라는 기록이 있다. 작품이 수록된 어록을 서지적으로 재검토하고 『한암선사법어』 산출에 내재된 사회역사적 맥락을 살펴본 결과, '發起人'

---

19) 염불신앙의 홍성에 크게 기여한 『염불보권문』의 경우에도 앞에는 정토신앙과 관련된 소의경전을 소개하고 뒤에 서왕가, 회심가 등의 가사로써 대중들에게 회향하는 편집체제를 보여주고 있다.
20) 김호성, 앞의 논문, p.65. 각주 16 참고.
21) 김호성의 앞의 논문에서 "건봉사라는 공간이 주는 역사적 배경이 한암의 선회/안거를 결사로 승화시켜 가는 하나의 요인이 되었던 것으로 나는 평가한다."(p.75)고 한 점을 참고할 수 있다.

의 기록에는 「참선곡」의 창작에 선원결사를 기획한 건봉사의 의도가 반영되어 있다는 점을 확인할 수 있었다.

그러나 발기인이 제시된 불교가사는 전례가 없는 것으로, 발기인과 작자의 관계 및 제작의 과정에 여러 해석의 가능성을 열어 놓고 있다. 과연 발기인의 역할은 무엇이며 작품의 창작과정에 어느 정도 관여하고 있는가. 어느 정도 초록을 제시하였는가, 아니면 단순하게 요청을 하였는가. 단순하게 요청을 하였다면 발기인으로 소개할 만한 가치가 있는 것인가. 초록을 기안하였다면 공동작이 되는 것인가 등등, 발기인이라는 표현은 여러 난제를 제기하는 표현이라 하지 않을 수 없다.

이와 함께 제기되는 서지적인 문제는 필사된 기록 자체와 작품의 말미에 있는 기록에서 연유되는 것이다. 한암선사는 분명 '著'者임이 분명한데 요청을 받고 기록으로 남겼는가. 아니면 필사하지는 않고 단순히 구술하였는가. 발기를 수락한 후 즉흥적으로 제작을 하였는가. 외현적으로나 내재적으로 퇴고나 구상의 과정이 있었는가. 필사나 구술을 옮겼다면 현재의 법어록 기록의 필사자-혹은 등사자는 누구인가 등에 대해서도 여전히 의문은 남는다.

한암의 「참선곡」에는 옮겨 쓰는 과정에서 나타나는 착종현상이 나타난다.

6. 검버섯은 웬일머이(←웬일이며)
53. 안고눕곱(←안고눕고) 가고오고
75. 조곰간단업시도(←조곰도 간단업시)
154. 하로희가〈게되면(←〈표시는 "하로희가 가게되면"으로 정정하기 위해 첨기함)

이러한 현상은 법어에 수록된 작품의 기록 상태가 그 원본 상태 그대로는 아니라는 의미로 해석된다. 이는 구술을 옮겨 적으면서 혹은 필사본을 다시 옮기면서 일어나는 착종현상으로 보인다.

다음은 경상방언의 틈입으로 보이는 현상이다.

    10. 믿을굿(←것)이 바이업네
    158. 잠오는글(←걸) 성화하야
    103. 무수징(←중)중 진수징(←중)과
    116. 지혜금(←검)을 날을세워
    117. 오욕팔풍 역순겡게(←경계)

이에 대한 해석은 간단하지가 않다. 이는 고향이 강원도 화천인 한암선사의 어투를 반영하는 것인지, 아니면 한암선사의 구술을 경상방언을 사용하는 필사자가 받아 적으면서 자신의 방언이 투영되었는지 현재로는 알 수 없으나 후자의 가능성이 커 보인다. 한자어인 '역순경계'를 "역순겡게"라고 발음하거나 필사한 것은 한암의 표현이라보기 어렵기 때문이다. 이외에도 한자를 병기한 것은 원래 국한문으로 쓴 것을 옮긴 것인가. 창작 이후 필사 과정에서 병기한 것인가 하는 것도 확실하지 않은 문제이다.

이상의 문제점들을 고려할 때, 단언하기는 어려우나 현재 법어집의 기록은 한암의 구술이나 필사본을 여러 대중들에게 배부하기 위해 다시 프린트본으로 급하게 만들면서 작성한 2차 원고로 보여진다. 「참선곡」의 창작에서 작품 유통에 이르는 과정에는 참여 전승자들의 문헌학적인 자취들이 반영되어 있는 것이다.

마지막으로 첨언할 것은 작품의 落句에 관한 서지적 검토이다. 『한암선사법어』를 소개한 『대중불교』나 이를 바탕으로 소개하고 있는 『한암일발록』, 그리고 새로 펴낸 『금강산건봉사사적』, 『불교가사원전연구』 등 2차 자료에 소개된 「참선곡」을 읽어보면 다음 인용구처럼 되어 있어 결사에 이은 격외의 일구가 허전한 느낌을 받을 수밖에 없다.

　　175. 다시한말 잇사오니 176. 오날이 임술년 177. 정월십오일이올시다
　　178. 다시한말 잇사오니
　　蓬萊山人 寒巖重遠著于甘露峰下乾鳳寺禪院室中

　「참선곡」에서 마지막 격외의 일구는 문학적 관습으로도 매우 중요한 것이다. 가사 전체 내용을 휘갑하면서 독자나 청자에게 강한 인상을 남기는 격외의 일구는 선적인 게송이 될 수도 있고 화두처럼 제시될 수도 있다.[22] 한암 「참선곡」의 낙구는 경허 「참선곡」의 그것과 비슷하고, 또 자신이 애용한 표현방식으로 파악된다.[23] 그런데 178구는 현재의 텍스트로만 본다면 독자들의 궁금증을 배가시키며 깨달음을 요하는 하나의 묵언화두로서 제시된 것으로 볼 수도 있고, 미완성의 작품으로 볼 수도 있다. 이에 대해서는 1차 자료의 확인이 필요한 상

---

22) 참선곡류 가사의 몇 예를 들어보면 다음과 같다.
　경허의 「참선곡」 -다시말 있아오니 돌장성이 아희나면 그때에 말하리라.
　학명의 「참선곡」 -赤肉團上 無位眞人 面門出入 是個甚麼 看看하라 返照하라 惺惺하라 不昧하라.
　영암의 「토골가」 -제인은 황견마라 구모토인여ᄒ고 토각으로 동양하니 경영ᄒ시월인야 걸립은 공겁전이로다.
　「태고화상토굴가」 -寂寂廖廖 本故鄕은 惺惺時 悟現前하니 不老不昧 是何物.
　「나옹화상토굴가」 -石湖는 水盈하고 松風은 和答할제 無着嶺에 올라서서 柳暗花明 又一村에 覺樹曇花 半開터라.
23) "다시 한 말 있아오니 今日이 辛未年 四月 九日이올시다."(「일진화(一塵話)」, 『禪苑』 창간호. 1931.10.)

황인데 연구의 자료로서 『한암선사법어』를 처음으로 분석한 김호성은 178구 다음에 일원상이 있다는 점을 명기한 바 있다.[24] 그렇다면 이를 제외한 대부분의 2차 자료는 일원상을 빠뜨린 채 소개하고 있는 실수를 범하고 있는 것인데, 필자가 이철교 선생의 도움을 얻어 원본을 재확인한 결과 격외의 일구가 다음과 같음을 확인할 수 있었다.

175. 다시한말 잇사오니 176. 오날이 임술년
177. 정월십오일이올시다 178. 다시한말 잇사오니

○

蓬萊山人 寒巖重遠著于
甘露峰下乾鳳寺禪院室中

○표시는 작품을 끝냈다는 하나의 편집상의 표시가 아니고 일원상을 그린 것이다. 일원상은 언어로 분별할 수 없는 오묘하고 심원한 깨달음의 내용을 상징화한 것이다. 한암의 「참선곡」 落句에는 일원상이 "정월십오일"이라는 구와 나란히 표기되었다. 종교적인 상징이 보름달의 원융한 이미지와 절묘하게 조화를 이루고 있어 또 다른 감흥을 준다. 종교적인 의미와 함께 문학적인 의미를 동시에 형성하는 격외의 일구라 하겠다. 물론 이러한 격외의 일구는 이 작품이 한암의 고도의 정신적 탐구의 산물임을 증명하는 자료가 된다. 일원상의 妙意를 뚜렷이 제시할 만한 인물은 한암선사일 것이 분명하기 때문이다.

---

24) 김호성, 앞의 책, p.143.

III. 상호텍스트성과 관습시적 성격

건봉사 선원의 참선결사 과정에서 창작된 한암선사의 「참선곡」은, 그 종교적 내용의 심원함과 다른 차원에서, 그 자체로도 문학적 논란을 안고 있는 텍스트이다. 문학작품의 가치가 내용이나 표현에 있어 작가의 독창성이 얼마나 잘 드러났느냐에 달려 있다는 일반의 기준으로 볼 때 한암의 「참선곡」은 획기적인 의의를 지니기 어렵다. 기존의 불교가사의 내용을 바탕으로 스승인 경허의 노래에 이미 수용되었던 여러 내용들이 거의 같거나 비슷한 표현으로 수용되어 있기 때문이다. 작품이 수록된 법어의 기록들에 대해 면밀한 검토를 하지 않을 수 없었던 이유 중의 하나도 작품의 작가성에 대한 물음이 제기될 수 있기 때문이다.

그러나 한 편의 작품이 작가의 온전한 독창성으로만 이루어진다는 것 또한 편협한 문학관이라 할 수 있다. 한 편의 문제작에는 한 작가가 호흡했던 시대나 그 이전 시기의 문화와 문학적 관습이 반영되어 있다는 점을 주목하지 않을 수 없다. 사회 역사적 문맥을 반영한 텍스트로서, 다양한 문학적 관습과 선배 작가들이 개척한 다양한 표현들이 교차되어 있는 텍스트로서 바라볼 때, 한 작품에 대한 깊이 있는 이해가 가능해질 것이다. 한 편의 참선곡에는 이전 시대부터 향유되어온 가사, 불교가사, 참선곡의 문학적 관습-예를 들어 연행의 관습, 작시원리, 표현기법 등-이 창작 과정에 반영되어 있음은 분명하며, 이러한 관습과 작품 사이의 관련양상(상호텍스트성)을 파악하는 것은 한암의 「참선곡」에 대한 이해의 심도를 높이고 균형 잡힌 비평을 가능케 할 것으로 본다.

전체 내용의 파악을 위해 작품의 구조를 제시하면 다음과 같다.[25]

I. 서사 (1-34구)
II. 본사1 (35-96구)
III. 본사2 (97-134구)
IV. 결사 (135-174구)
V. 격외일구 (175-끝)

서사는 인생무상화소를 전개한 도입부분이다. 본사1은 발심하여 수행할 것으로 당부하는 회심의 대목(35-50구)과 空寂靈知를 시적으로 형상화하면서 내 마음의 부처를 찾도록 당부하는 대목(51-96구)으로 나누어진다. 본사2는 득도 후 保任의 과정에 힘쓸 내용을 제시하였다. 본문에서 가장 핵심적인 교의는 본사1,2에 담겨있다. 결사는 본사1,2의 내용이 佛法임을 강조하면서 마음공부를 권면하고 있다. 격외의 일구는 마지막으로 화두를 제시한 것인데, 작품의 전체적인 내용을 휘갑하면서 새로운 깨달음을 향해 청중독자를 이끄는 선적인 충격, 시적인 충격을 주는 일성이다.

이 작품은 전체적으로 볼 때 서두에서는 기존의 불교가사에서 널리 구연되던 인생무상화소를 활용하면서 호소력을 배가하고, 본문에서는 보조의 『수심결』에 제시된 바 있는 공적영지, 오후보림이라는 핵심 개념을 전달하고, 결사에서는 재삼 정진할 것을 당부하고 있으며, 마지막 일구로 독자들에게 시적 긴장감을 주는 구조로 되어 있다. 작품의 서두는 핍진한 인생사를 평이하게 서술하였으나 본사에서

---

25) 김호성은 1.무상발심(無常發心)(1-38구), 2.화두참선(話頭參禪)(39-100구) 3.오후보림(悟後保任)(101-134구) 4.재권수행(再勸修行)(135-174구) 5.격외일구(格外一句)(175-179구)로 나눈 바 있다. 『방한암선사』, p.156.

는 참선의 요체를 간명하게 구조화하였고 결사에 이은 격외의 일구에서 강한 긴장감을 불러일으키는 涉淺入深의 구조를 보여주는 작품이다.

1. 「회심곡」「자책가」「백발가」와의 상호텍스트성

「참선곡」의 서사는 인생의 무상함을 일상적 표현으로 구체적으로 전달하고 있다. 이는 다음 장에 제시된 바, 발심 출가하여 수행해야 하는 이유를 제시하기 위한 전제가 되는 것이다. 그런데 이러한 인생 무상화소는 대부분의 불교가사, 특히 구연되는 불교가사의 서두를 장식하는 일반적인 시문법이기도 하다.[26] 「참선곡」의 서두와 함께 다른 불교가사의 수용양상을 제시하면 다음과 같다.[27]

    1. 가련하다 우리인싱
    2. 허망하긔 그지업네
    3. 어졔갓히 쳥춘시졀 (←백발가)(←자책가)
    4. 어언간 빅발일셰 (←백발가)(←자책가)
    5. 빅옥갓히 곱던얼골 (←백발가)
    6. 검버셧은 웬일이며 (←백발가)
    7. 눈물코-ㄴ물 자연흘너 (←백발가)
    8. 졍신좃차 희미하다 (←백발가)
    9. 오호라 이닉몸이 (←경·참·7)

---

26) 이는 한암에 앞서 회자된 경허선사의 불교가사에도 주제를 드러내는 전제로서 요긴하게 구현된 바 있다.
27) (←경·참·7)은 경허의 참선곡 제7구와 같고, (←경·법·42)는 경허의 법문곡 제42구와 같은 표현이라는 의미이다. △표기는 같지는 않으나 비슷하여 친연성이 있음을 나타낸다.

10. 밋을긋이 바이업네

11. 풀끗헤 이슬이오(←경·참·8)(←회심곡)(←백발가)

12. 바람속에 등불이라 (←경·참·9)(←회심곡)(←백발가△)

13. 아적나잘 셩턴몸이 (←경·법·42)(←회심곡)(←자책가)

14. 전녁나잘 병이들어(←경·법·43)(←회심곡)(←자책가)

15. 익고익고 고통소릭 (←경·법·44△)(←회심곡△)

16. 사지빅졀 오려닌다 (←경·법·58)(←회심곡△)

-중략-

23. 쳐자권속 은익타나 (←경·법·61)(←자책가)(←회심곡)

24. 날을위힉 딕신가며 (←경·법·62)(←자책가)(←회심곡)

25. 금은옥빅 싸핫쓰나 (←경·법·63)(←이하 자책가△)

26. 속을밧쳐 면할손가 (←경·법·64△)

이를 보면 「참선곡」의 인생무상 대목은 「백발가」, 「회심곡」, 「자책가」의 내용과 매우 유사한 것을 알 수 있다. 전체적인 분위기나 어조에서 이 대목은 한암의 「참선곡」이 아니고, 「백발가」나 「회심곡」이나 「자책가」의 한 대목이라 해도 수긍이 갈 정도로 친연성이 있다.

예를 들어 「백발가」의 서두 부분은 "백년광음 못다가서 백발되니 슬푸도다. 어화청춘 소년들아 백발노인 웃지마오. 덧없이 가는 세월 넨들아니 늙을소냐 저근듯 늙는 것이 한심하고 슬푸도다. 꼿까치 곱든얼굴 검버섯은 웬일이며 눈물조차 흘러지고 콧물조차 흐르도다. 정신이 혼미하니…… 부운같은 우리인생 물우에 거품이요 위수에 부평이라."하는 대목은 한암 「참선곡」 1구-12구의 同曲異名이다.

"아적나잘 무병타가 저녁나잘 못다가서 손발접고 죽는인생 목전에 파다하니 오늘이야 무사한들 명조를 정할손가""쳐자권속 일가중에 대신갈이 그뉘런고""옥지옥답 가장지물 노비우마 천재만재 아모리

아까운들 어듸가 인정하며 지고가며 안고갈까. 빈손으로 나왔다가 빈손으로 들어가니 백년탐물 일조진을 친구없는 명난 길에 할길없는 고혼이라."하는 「자책가」의 첫 구절과 "애달고도 설은지고 절통하고 통분하다 할수없다 할수없다 홍안백발늘거간다 …… 어제오날 성튼몸이 저녁나절 병이들어 …… 친구벗이 많다한들 어느뉘가 동행할까."라는 「회심곡」 구절 역시 한암 「참선곡」과 동곡이명이라 할 수 있다.

이를 보면 한암의 「참선곡」은 기존에 널리 구연되던 불교가사의 작시법을 충실히 수용한 것으로 볼 수 있다. 이는 경허의 「참선곡」이나 「법문곡」에서도 여실히 드러나는 것이다. 경허의 「참선곡」의 서두는 "홀연히 생각하니 도시몽중이로다 천만고 영웅호걸 북망산 무덤이오 부귀문장 쓸데없다 황천객을 면할쏘냐 오호라 너의 몸이 풀끝에 이슬이오 바람속의 등불이라."로 시작되는데 이는 구연전승되던 불교가사 「몽환가」의 표현을 그대로 수용한 것이다.

이러한 현상은 아무리 선사의 창작이라 할지라도 그가 택한 장르가 불교가사라는 점에서 하나의 관습시로 이해해야 한다는 것을 알려준다. 이본자료를 통해 볼 때, 대중에게 가장 널리 회자되었던 불교가사는 「회심곡」 「자책가」 「몽환가」 「백발가」 등이라 할 수 있다. 특히 「회심곡」 「자책가」 등은 불가의 천도의식에서 널리 구연되던 것으로서, 그 내용전개가 일정한 틀을 형성하고 있다. 이들 가사에는 몇 개의 친숙한 주제소가 결합되어 있는 양상을 보여주는데, 인생의 최귀함과 무상함, 저승길과 시왕의 심판, 탐욕과 지옥의 고초, 염불공덕의 가치와 극락의 환희상 등이며, 어떤 작품이든지 이러한 주제소가 상당부분 중첩되어 있어 각각의 불교가사가 '다르지만 같은' 작품으

로 인식되는 요인이 되고 있다.[28]

경허와 한암의 가사에는 인생의 무상함과 저승길 등이 가사 창작
의 과정에서 하나의 모티프로 수용되었는데, 이는 가장 널리 전승되
는 불교가사의 시문법을 창작의 실마리로 패러디한 것이다. 시조 장
르가 그러한 것처럼, 한 편의 작품을 창작하는 데는 연행의 상황, 주
제의 구현양상, 구성의 원리 및 표현적 측면에서 일정한 문학적 관습
이 있다. 새로운 가사를 창작한다고 할 때에도 이를 이용하여 한 편
의 새로운 작품을 산출할 수 있는 것이다. 한암의 「참선곡」은 '가장
완성도가 높은 참선곡'[29]이라는 평가가 문학적으로 타당한 것은 아
니다. 한암 「참선곡」의 자리는 오히려 불교가사의 작시원리를 충실히
따름으로써 대중의 수용의 폭을 넓히고 있다는 점에 있다. 동안거에
참여한 대중을 넘어서 일반 대중들에게 참선의 진리가 전달되도록
기존의 염불권장의 가사에 익숙한 시문법을 활용하여 화자와 청자
의 거리를 좁히고 있다는 점에서 그 의의를 찾아야 할 것이다.[30]

2. 『수심결』 및 경허가사와 한암 법문과의 상호텍스트성

28) 김종진, 「불교가사의 구연과 주제구현방식의 관련양상」 『국어국문학』 130,
　　pp.131~156. 2002, 국어국문학회.
29) 김호성, 앞의 책, p.160.
30) 이외에도 인생무상화소를 제기한 후 부처님의 설법을 전달하겠으니 잘 들어
　　보라는 본사의 첫 대목에서부터 본사에서 한 이야기는 금구소설이니 마음에
　　다시 새겨 잊지말라는 본사의 마무리까지. 그리고 목소리를 바꾸어 여러 대
　　중들에게 미진한 당부의 말을 재삼당부하는 결사의 구조. 그리고 시적 충격을
　　가하는 선적인 게송으로 마무리하는 격외의 일구까지 여러 측면에 걸친 문학
　　적 관습-불교가사 작시원리가 반영되어 있음도 주목해야 할 것이다. 이에 대
　　해서는 다음 장에서 서술하기로 한다.

① 『수심결』

한암의 「참선곡」은 종교적 교의를 전달한다는 측면에서 선행하는 종교적 텍스트인 『修心訣』과 밀접한 상호텍스트성을 보인다. 『수심결』은 普照國師 知訥(1158~1210)의 저작으로 한국 불교에서 마음을 밝히는 주요 전적으로 전수되어 왔다. 사상의 골자를 이루는 것은 頓悟·漸修와 定慧等持이다.[31] 한암 「참선곡」에서 작자가 전달하고자 하는 핵심 내용은 본사1.2라 할 수 있는데, 본사1은 마음공부의 실체를 소개한 대목으로 '昭昭靈靈 지각하는 이것이 무엇인고'(59-61구) '홀연히 깨달으면 본래생긴 나의 부처 天眞面目 절묘하다'(82-84구) '아미타불 이아니며 석가여래 이아닌가'(91-92)라 하여 空寂靈知한 나의 마음을 깨달아 가는 과정을 노래하고 있다. 이는 『수심결』에 제시된 頓悟見性의 禪旨를 선양하는 구절이라 할 수 있다.[32] 본사2는 '선지식을 찾아가서 요연히 인가 맡어 다시의심 없은 후에'(97-99)로 시작하고 있는데, 이는 보조선의 핵심내용인 깨달음 이후의 닦음[漸修]에 대해 노래한 것이다. 한암의 「참선곡」에 『수심결』의 핵심개념이 담겨있다는 점에서 종교적 내용의 상호텍스트성을 확인할 수 있다.

따라서 한암의 가사에 『수심결』에 제시된 것과 유사한 표현방식을 원용한 것은 자연스런 귀결이다.

---

31) 이기영, 「지눌과 禪書」 『한국의 불교사상』, p.370. 1981, 삼성출판사.
32) 종범, 「한암선사의 선사상」 『한암사상연구』 제1집, p.40. 2006, 한암사상연구원.
　　㉠부처는 곧 이 마음이므로 마음을 어찌 멀리서 찾을 것인가. ㉡이 空寂, 靈知의 마음이 바로 그대의 본래 면목이며, 또한 三世의 모든 부처님과 역대 조사들과 천하 선지식이 비밀히 서로 전한 法印이다.(이기영 역, 앞의 책 p.402)등으로 표현된 수심결의 주제를 시적으로 표현한 것이다.

㉠ 아침부터 저녁까지 열두 시간 동안 보거나 듣기도 하고, 웃거나 말하기도 하고, 성내거나 기뻐하기도 하고, 혹은 옳다거나 그르다고도 하는 갖가지 행위와 동작은 필경 무엇이 그렇게 하도록 하는가 말해 보라.[33]

㉡ 깨달은 사람의 경지에는 선정과 지혜를 고루 지닌다는 뜻은 힘씀과 작용에 떨어지지 않고, 원래 무위이어서 어떤 특별한 때가 없는 것이다. 즉, 빛깔을 보고 소리를 들을 때에도 다만 그러하고 옷입고 밥먹을 때에도 다만 그러하며 똥누고 오줌눌 때에도 다만 그러하고, 남과 이야기할 때에도 다만 그러하며, 나아가서는 다니거나 섰거나 앉거나 눕거나 말하거나 침묵하거나 혹은 기뻐하거나 성내거나 항상 그러하여, 마치 빈 배가 물결을 타고 높았다 낮았다 하고 흐르는 물이 산을 돌 때에 굽었다 곧았다 하는 거 같아서 마음마음마다 지각이 없다.[34]

㉠㉡에서 주목되는 것은 돈오견성의 내용뿐만 아니라 그 표현의 전통이 매우 흡사하다는 것이다. ㉠에서는 갖가지 행위와 동작의 구체적인 예를 대구로 제시하고 있으며, ㉡은 깨달음을 얻은 이의 마음의 경지는 특별한 때와 장소가 없음을 역시 구체적인 대구로 표현하고 있다. 이는 「참선곡」에서도 때와 장소 및 일체의 차별의 실상을 나열하는 대구의 방식으로 수용되었다.

53. 안고눕곱 가고오고 54. 잠도자고 일도하고 55. 딕인접화 담논하며
56. 글도읽고 사긔쓰며 57. 비곱흐면 밥을먹고 58. 목마르면 물을마셔

71. 하로도 열두씌와 72. 오좀누고 똥눌씌며 73. 사무보고 길갈씌며
74. 밥먹고 옷입을씌 75. 조곰도 간단 업시 76. 부지러니 거각하야 77. 젼렴후럼 끄녀지고 78. 일렴이 현젼하야 79. 밥먹기도 이져지고 80. 잠

33) 지눌 저, 이기영 역, 「수심결」 『한국의 불교사상』, p.402. 1981, 삼성출판사.
34) 지눌 저, 이기영 역, 위의 책, p.410.

자긔도 페히질쎅

85. 히도안코 검도안코 86. 늙도안코 졈도안코 87. 크도안코 젹도안코
88. 나도안코 죽도안코

이중 53구 이하는 '나'의 존재를 외현적으로 표현하는 대구이며,
71구 이하는 '나'를 찾기 위해 조금도 끊어짐 없이 수행하라는 대목
에서 '조금도 끊어짐 없이'를 구체적으로 표현하는 대구이며, 85구 이
하는 견성하는 순간의 차별을 벗어난 상황을 말한 대목에서 事相의
차별상을 전제로 표현한 대구이다. 이러한 대목은 일정한 리듬에 비
슷한 어투를 담아 운율을 살리면서 상황에 따라 어떤 말이든지 짝을
만들어 붙일 수 있는 공식구의 성격을 지닌다. 이는 구연의 편의와 암
기의 수월성을 유도하는 것으로 구비시가에 관습적으로 쓰이는 표
현 기법이다.

즉, 한암의 「참선곡」은 『수심결』의 표현을 나름대로 수용하면서 그
것을 일정한 구전공식구에 담아 짝을 맞추어 시적인 리듬감을 살리
고 있는 것이다. 이는 청중이나 독자의 입장에서 자칫 따분할 수 있
는 교조적 내용을 흥겹게 만드는 문학기법이라 할 수 있다.

② 경허의 「참선곡」 「법문곡」

불교가사의 본질은 법문을 우리말로 표현한 노래이다. 「참선곡」의
본사에 제시된 내용은 한암 참선 법문의 핵심이요, 건봉사 선원에서
동안거 동안 강조했던 법문의 시적 형상화라 할 수 있다. 본사 1은 앞
서 언급한 대로 空寂靈知의 개념과 頓悟見性의 과정을 시적으로 형
상화한 것이며, 본사2는 頓悟漸修, 悟後保任의 개념과 과정을 형상

화한 것이다. 이러한 개념은 보조국사의 『수심결』에 핵심개념으로 제시된 바 있으며 경허 「참선곡」의 해당 단락에도 수용되어 있는 상황이다. 보조국사 지눌을 해동 참선의 初祖로 인식했던 한암, 그리고 경허의 법맥을 계승하여 근대선풍 운동의 핵심에 있던 한암의 종교사적 위상을 잘 보여주는 대목이기도 하다. 주지하다시피 한암은 '보조법어로 입도의 宗眼으로 삼게 하였[35]던 경허의 법제자 아니었던가.

39. 삼계딕사 붓텨님이(←경·참·10)(경·법·81)
40. 경영이 이르사딕 (←경·참·11)(경·법·83△)
41. 마음씻쳐 셩불하야 (←경·참·12)
42. 불싱불멸 져국토에 (←경·참·14)
43. 상낙아졍 무위도를 (←경·참·15)
44. 사람마당 다할줄로 (←경·참·16)
45. 팔만장교 유젼하니 (←경·참·17)
46. 어셔어셔 닥가보셰 (←경·참·20)
47. 닥난길을 말하랴면 (←경·참·21)
48. 팔만사쳔 가진법문(←경·법·91△)
49. 희묵사이 부진이니 (←경·참·22△)(경·참·158)
50. 딕강추려 적어보셰 (←경·참·23)

51. 몸둥이는 송장이오 (←경·참·29)(경·법·108)
52. 망상번뇌 본젹한딕 (←경·참·30)(경·법·109△)
53. 안고눕곱 가고오고 (←경·참·32)(경·법·113△)
54. 잠도자고 일도하고 (←경·참·33)
55. 딕인졉화 담논하며 (←경·참·25△)
56. 글도읽고 사긔쓰며
57. 비곱흐면 밥을먹고

---

35) 종범, 앞의 논문, p.43.

58. 목마르면 물을마셔
59. 일체쳐 일쳬시에 (←경·참·26)(경·법·124)
60. 소소영영 지각하나 (←경·참·27)
61. 이것이 무엇인고 (←경·참·28)(경·법·126)
-중략-
(↑67-96구는 경·법·113-141구와 大意同一)

　인용구를 보면 본사의 핵심개념을 소개하기 위한 전제로서 39-50
구가 전환의 구실을 하고 있다. 이 내용은 경허의 「참선곡」과 거의 일
치하는 수준에서 재수용된 것이다. 그리고 공적영지와 돈오견성을
제시하는 51-96구는 경허의 「참선곡」과 「법문곡」의 해당 구절과 대
체적으로 유사하다. 이는 『수심결』에 이미 제시된 표현을 시적으로
전환시킨 것으로 경허의 「참선곡」의 영향으로만 볼 수는 없는 보편성
이 있다. 경허의 「참선곡」이나 「법문곡」에 제시된 내용을 한암의 「참
선곡」에서 재확인하는 것은 종교적 선행 텍스트인 지눌의 『수심결』
이 각각의 작품에 재수용된 것을 의미한다. 이러한 내용과 표현법은
선수행의 요체를 전달하는 하나의 틀로 고정되어 있어서 어떤 상황
에서도 비슷한 구조로 표출될 가능성이 있다. 종교적 교리와 문학적
표현이 어우러져 창작의 기제로서 하나의 관습시를 형성하는 것이
다.

③ 한암법문-후행텍스트와의 관련양상

　한암이 참선의 요체를 전달하는 문학적 관습을 하나의 창작의 기
제로 지니고 있었다는 것은 1931년에 발표한 「일진화(一塵話)」[36]라

---

36) 『禪苑』 창간호, 1931.10.(『한암일발록』 pp.91~97 재수록)

는 글에서도 확인된다. 길지만 원문의 해당 대목을 인용한다.

(前略) [가]千萬古 英雄豪傑 하나도 간곳없고 富貴文章 才子佳人 北邙山에 티끌이라. 어제같이 靑春紅顏이(←한·참·3) 어느덧 白髮일세.(←한·참·4) 아홉 구멍에는 恒常 不淨한 物이 흐르고 가죽주머니 속에는 피와 고름과 똥오줌을 담아 있다.

光陰이 迅速함은 달아나는 말과 같고 잠깐 있다 없어짐은 풀끝에 이슬과 같고(←한·참·11) 생각생각이 위태함은 바람 속에 등불과 같아서(←한·참·12) 이제 날에 비록 살아있으나 明日을 安保하기 어려우니 무엇을 拘執하며 무엇을 愛着하리요.

[나]이렇게 分明히 생각하면 自然히 妄念이 淡白해지고 道念이 增長하야 밖으로 一切迷惑한 境界가 끓는 물에 얼음 녹듯 합니다.

이렇게 妄念이 空寂하고(←한·참·52) 몸뚱이는 송장인데(←한·참·51) 그 가운데 앉고 눕고 가고 오고(←한·참·53) 잠도 자고 일도하고(←한·참·54) 一切處所와 十二時中에(←한·참·59) 昭昭靈靈 知覺하는(←한·참·60) 이것이 무엇인고(←한·참·61) 의심하고 의심하되(←한·참·69) 옷입고 밥먹을 때(←한·참·74) 오줌누고 똥눌 때와(←한·참·72) 사람 對해 問答할 때(←한·참·55)와 글 읽고 사긔 쓸 때(←한·참·56) 一切時處에(←한·참·59) 조금도 間斷없이(←한·참·75) 惺惺히 頓覺하야(←한·참·76△) 千가지 魔障과 萬가지 困苦를 當하더라도 더욱이 잡들어 純一하게 나아가 잠자기도 廢해지고(←한·참·80) 밥먹기도 잊어질 때에(←한·참·79) 忽然히 깨달으면(←한·참·82) 本來 생긴 나의 부처(←한·참·83) 天眞面目 絶妙하다.(←한·참·84)

희도않고 검도 않고(←한·참·85) 크고 않고 작도 않고(←한·참·87) 늙도 않고 젊도 않고(←한·참·86) 나도 않고 죽도 않으니(←한·참·88) 阿彌陀佛 이아니며(←한·참·91) 釋迦世尊 이아닌가.(←한·참·92) 千思萬想은 紅爐點雪 같이 사라지고 大智光明은 곳을 따라 現前하리니

[다] 善知識을 찾아가서(←한·참·97) 了然히 印可 맞아(←한·참·98) 다시 의심없는 後에(←한·참·99) 逍遙放曠 지내가며(←한·참·115) 有緣衆生을 제도하면(←한·참·127) 佛陀恩(←한·참·128)과 父母恩 施主恩을 一時에 갚아 마치리니 어찌 快하지 아니하며 어찌 즐겁지 아니하리요. (중략)

[라] 다시 한 말 있아오니 "이 法은 大乘心 發한 者를 爲하야 說하며 最上乘心 發한 者를 爲하야 說한다." 하셨습니다. 다시 한 말 있아오니 "法 可히 說할 것 없는 것이 이름이 說法이라." 하셨습니다. 다시 한 말 있아오니(←한·참·175,178) "今日이 辛未年 四月 九日이올시다.(←한·참·177△)"(끝)

　[가]는 『수심결』의 "三界의 뜨거운 고뇌는 마치 불타는 집과 같은데 어찌 그대로 머물러 길이 고통을 달게 받겠는가. 윤회를 면하려 하면 부처되기를 구하는 것보다 더한 것이 없다."[37]는 내용을 문학적으로 형상화한 것이다. 그리고 이는 한암 「참선곡」의 서두부분과 요지가 같으며, 경허의 가사와도 같은 모습을 보인다는 것을 앞장에서 언급한 바 있다.

　[나]는 『수심결』에 제시된 공적 영지와 돈오견성의 내용을 제시한 것인데 10년전(1922.1.15)에 선원에서 지은 「참선곡」의 해당 내용과 완벽할 정도로 일치한다. 『선원』의 독자들에게 교단의 종정으로서 선지를 설파하고 있는 「일진화」의 핵심내용은 가사체로 되어 있다. 밑줄 그은 부분은 「참선곡」의 구술이라 하여도 무방하다. 이 현상은 한암 자신이 요해한 선의 개념과 문학적 관습이 어우러져 경우에 따라 법문의 형식으로, 경우에 따라 가사 형식으로 표현된 것으로 보는 것이 타당하다.

---

37) 지눌 저, 이기영 역, 앞의 책, p.402.

[다]는 悟後保任의 내용인데, 밑줄 그은 부분은 경허의 「참선곡」과 한암의 「참선곡」에 동시에 보이는 구절이다. 그런데 구절의 순서를 보면 오히려 자신의 「참선곡」보다 경허의 「참선곡」이 더 일치하는 현상을 보여주고 있다.[38)

[라]는 한암 「참선곡」이나 경허 「참선곡」의 격외의 일구에 보이는 어법과 동일하다.

「일진화」는 참선의 요체를 논설한 것인데, 글의 핵심부분을 「참선곡」에 설파한 바 있는 내용으로, 「참선곡」의 문체를 그대로 살리고 있다는 점이 주목된다. 이는 한암에게 있어서 「참선곡」에 제시한 바 있는 교의의 핵심은 내적으로 하나의 설법구조로 각인되어 있어 상황에 따라 자연스럽게 표출되고 있음을 알 수 있다.

결국 한암의 「참선곡」은 『수심결』의 내용을 하나의 종교적 선행텍스트로 고정적으로 인식한 상태에서, 경허에 의해 재생산된 「참선곡」의 표현방식을 문학적 관습으로 수용하여 산출한 결과물이라 할 수

---

38) 이처럼 한암 참선곡의 오후보림대목(본사2)은 경허 참선곡의 해당부분과 대의는 일치하나 그 표현에 있어서는 미묘한 변화가 보인다.
경허의 「참선곡」은 "(선지식을 찾아가서 요연히 인가맞어 다시의심 없앤후에) 세상만사 망각하고 수연방광 지내가되 빈배같이 떠놀면서 유연중생 제도하면 보불은덕 이아닌가"로 시작하여 "일체계행 지켜가며…항수불학 생각하고 빈병걸인 괄시말고…"의 순서로 전개된다. 이에 비해 한암의 「참선곡」은 "(선지식을 찾아가서 요연히 인가맞어 다시의심 없은후에) 계성곽을 높이쌓아 내외청정 선찰하소"로 시작하여 "빈배같이 떠놀면서 유연중생 제도하면 보불은덕 이아닌가…"의 순서로 전개된다. 즉, 경허는 깨우침 후 세상만사를 망각하고 수연방광 하면서 빈배같이 떠놀것을 앞서 제시한 반면에 한암은 계율을 지켜 내외 청정을 먼저 살피라는 구로 시작하였다. 내용은 같으나 선후내용의 미묘한 차이가 두 선사 사이의 생애나 삶의 모습을 반영하는 것은 아닌가 하는 생각이 드나 종교적 해석은 필자와 본고의 한계를 넘어서는 것이기에 가능성만으로 남겨두고자 한다.

있다.

3. 불교가사의 구성 원리와 상호텍스트성

경전이나 교리를 대중에게 전달하려는 불교가사의 경우 화자의 교체현상이 자연스럽게 일어난다. 인생무상으로 서두를 제시한 후 불법을 전달하는 전달자의 입장에서 높이 받드는 내용이라는 인식을 수용자에게 확인시키며, 마지막에는 분위기를 일신하여 노래의 주체로서 새롭게 청자를 설정한 후 앞에 전달한 내용을 잊지 말고 수행할 것을 재삼 다짐하는 것이 일반적이다.[39] 한암의 「참선곡」에서도 서사에서는 "가련하다 우리 인생", "오호라 이내몸이" 등으로 화자와 청자의 거리가 거의 없어 대중들이 자신의 이야기를 듣는 것 같은 친밀한 어조를 형성하고 있다. 본사로 들어가는 전환의 대목에서는 청자와 동일시하던 자신의 목소리가 불법을 받들어 전하는 전달자의 입장으로 전환하게 된다.

39. 삼계디사 붓텨님이 40. 정영이 이르사디 41. 마음씻쳐 셩불하야
42. 불싱불멸 져국토에 43. 상낙아정 무위도를 44. 사람마당 다할줄로
45. 팔만장교 유전하니 46. 어셔어셔 닥가보셰 47. 닥난길을 말하랴면
48. 팔만사천 가진법문 49. 희묵사이 부진이니 50. 딕강추려 적어보셰

39) 이를 가사 전달의 효율성을 위한 시적 전략으로 본다면 다음과 같이 정리할 수 있다.
(서사) 청자와 화자의 동일시 전략
(본사) 화자의 전달자 역할 강조(전달력 극대화의 전략)
(결사) 새로운 청자를 설정하여 창작자로서 화자의 목소리 회복(중언부촉의 전략)

인용구에서 '삼계대사 부처님이 정녕히 이르'는 내용은 41-44구인 것으로 보인다. 그러나 '대강 추려 적어보'는 이하의 내용(51구에서 청자가 새로 설정되는 135구 이전까지. 본사1,2)은 여전히 '삼계대사 부처님이 고구정녕' 전하는 법문이라 할 수 있다. 대강 추려 적어보는 이는 물론 이 작품의 화자로서 자신이 주체가 되어 전하기보다는 전달자의 관점에서 불법을 전하고 있음을 나타내준다. 물론 부분적으로 화자가 개입하여 비평적 견해를 내기도 하나[40] 본사의 1,2는 기본적으로 화자가 전달자의 입장에서 金口所說을 전하는 구조로 되어 있다.

> 본사1단락의 끝- 95. 고조사의 이른말씀 96.과연허언 아니로세,
> 본사2단락의 처음- 99. 다시의심 없앤후에 100. 여래명훈 잊지마라,
> 105. 삼세제불 역대조사 106. 이구동음 일렀으니 110. 문수보살 이른
> 말씀……

가사의 창작자와 지근거리에 있는 화자의 목소리는 단순히 전달자의 역할에 지나지 않고 '여래의 밝은 가르침' '삼세제불 역대조사가 이구동음 이른 말' '문수보살 이른 말씀' 등으로 반복 제시되어 있다. 이는 본사에서 화자의 역할이 여러 불보살의 가르침을 전달하는 전달자의 입장에 서 있음을 분명하게 보여주는 것이다.

그러나 가사의 창작자와 지근거리에 있는 화자가 대중과 한 목소리를 내거나 불법의 전달자로서의 역할에 그친다면 창작자로서의 존재감은 무화될 것이다. 앞에 제시한 내용이 매우 중요함을 이제 자신의 목소리로 설득하는 것은 표현의 욕구이자 창작자의 존재감의 확인이라는 측면에서 자연스럽다. 이를 중언부촉(重言咐囑)의 결사라 할

---

40) 62-66구, 93-96구가 이에 해당한다. 법문을 전하면서 자신의 견해를 부연하고 있는 대목으로 보인다.

수 있다.

> 135. 여보시오 유지장부 136. 이닉말삼 드러보소 137. 불언을 불신하
> 면 138. 하언을 가신이며 139. 인도에 불수하면 140. 타도에 난수라네
> 141. 쓸듸업는 탐이경은 142. 움도업시 베버리고 143. 자긔상에 잇는보
> 물 144. 부지러니 살피시오……
> 171. 출격장부 살피시오 171. 불조가 이른방편 172. 자기상에 돌이켜서
> 173. 진실다이 참구하고……

인용구는 결사의 첫대목이다. 지금껏 제시되지 않았던 '유지장부'
와 '출격장부'는 화자가 자신의 목소리를 내기 위해 설정한 새로운 청
자이다. 혹은 동일한 청자에 대해 현실적으로 새로운 의미를 부여하
기 위한 설정이라 할 수 있다. 그리고 앞에 본사에서 제시한 목소리
가 자신의 목소리가 아니라는 점을 '佛言을 不信하면'의 한 구로 응
축하였다. 본사의 목소리는 '부처님 말씀'이었던 것이다. 그리고 171구
의 '佛祖가 이른 方便'은 무엇이었던가. 마찬가지로 본사의 내용을 말
하는 것이다.

이러한 목소리의 교체현상, 청자의 교체현상은 「자책가」「왕생곡」
등 여러 작품에 공통적으로 보이는 정형화된 틀로서, 불교가사의 기
본 구조이자 표현 전략이라 할 수 있다. 이 점은 한암의 결사에 제시
된 현상 역시 한암 이전의 불교가사의 문학적 관습을 토대로 선행 작
품을 적극적으로 수용한 것으로 이해할 수 있다. 한암의 「참선곡」은
이전의 가사와 매우 다른 참신성에 그 자리가 있는 것이 아니라, 기존
의 불교가사의 시문법을 가장 충실하게 수용하면서 보조국사의 『수
심결』에서 확인되는 보조선의 핵심 개념을 잘 융화시켜 전달하고 있
다는 점에 그 의의가 있다. 즉 참선의 요체를 대중들이 널리 향유하

는 불교가사의 시문법에 용해시켰다는 의의를 지니는 것이다.

IV. 맺는말-문화사적 의의

필자는 선행논문에서 1900년에서 1920년대를 중심으로 전개된 불교가사의 다양한 현상을 불교혁신운동과 관련하여 다음과 같이 정리한 바 있다.

20세기 초엽의 근대불교혁신운동은 경허, 만해, 용성, 학명에 의해 그 이념이 제시되고 구체화되었다. 경허는 대중들과 함께 참선수행의 결사운동을 전개하여 근대불교혁신운동의 시발점이 되었고, 만해는 선부흥의 결과로 파생되는 결과에 대해 문제점을 비판하고 그 해결방안을 제시하였다. 이에 대해 용성과 학명은 각각 '禪農佛敎'와 '半禪半農 運動'으로 화답하였다. 동시에 주목되는 것은 이들은 자신의 禪적인 정서와 불교혁신의 이념을 서로 다른 장르의 시가에 담아 운동의 매체로 활용하고 있다는 점이다. 鏡虛는 참선결사를 하면서 일반 대중을 위한 가사(「參禪曲」「可歌可吟」「法門曲」)를 지어 참선의 요체와 당부의 내용을 가사에 담아 표출하였다. 萬海는 선시의 표현을 현대시로 승화시켜 고도의 시적인 성취를 얻어내었고, 龍城은 불교혁신의 궁극적인 지향으로 '大覺敎'를 창설하고 대각교의 의식을 체계화하는 가요로서 1행 4음보의 두 줄이나 석 줄을 하나의 장으로 하여 分聯해 나가는 창가(「往生歌」「勸世歌」「大覺敎歌」「世界起始歌」「衆生起始 歌」「衆生相續歌」「入山歌」)를 지어 직접 작곡한 곡조에 담아 불렀다. 이와 달리 鶴鳴은 반선반농운동의 현장성을 담은 가사(「參禪曲」「禪 園曲」)를 창작했으며, 수행의 한 방편으로 이를 구연하였다. 그리고 그 표현에 있어서도 가사라는 형식적 제약 내에서 다양한 표현법을 구사

함으로써 문학사 영역에서 마지막이라고 할 수 있는 불교가사의 새 영
역을 개척했다는 점에 그 독특함이 있다.[41]

그렇다면 같은 시기 수행의 과정에서 산중불교 수호자로서의 모습
을 보여주고 있는 한암의 「참선곡」은 어떠한 위상을 지니는가. 작품
을 분석한 결과 그는 수행에서 보여주는 선사로서의 모습과 마찬가
지로, 불교가요 제작에 있어서도 가장 전형적인 참선수행의 노래를
제작한 것으로 평가할 수 있다. 가사라는 형식적 면모와 참선의 소의
경전에 충실하고 있다는 내용적 측면에서 모두 그러하다. 이는 새로
운 시대의 변화 속에서 새로운 형식과 내용의 가요로 자신의 지향을
표출한 다른 선사와 다른 점이다.

당시에 불교계의 혁신운동으로 사원경제의 혁신을 제기하였던 만
해나, 또 이를 실제 현장에서 다양하게 도모했던 학명이나 용성과 다
르게 그는 엄격한 절제와 용맹 정진으로 산간불교를 지키면서 출가
사문으로서 본분을 다하려는 삶의 모습을 보여주었다.[42] 이러한 삶
의 자세, 수행의 자세는 불교가요의 제작에서도 다른 선사와 다른 길
을 택하게 되는 것과 상응한다.[43]

근대불교 지성인으로서의 한암의 실천적 면모는 시대의 변화에 능

---

41) 김종진, 「근대 불교혁신 운동과 불교가사의 관련양상」『동양학』 36집, pp.31
　　~32. 2004, 단국대동양학연구소.
42) 소마, 「방한암선사를 찾아서」『대중불교』 137, pp.80~83. 1994.4.(조선불교
　　제87호(1933.4)의 번역)
43) 소마의 위의 글에 따르면 '바야흐로 산간불교는 점차로 도회불교 쪽으로 옮
　　겨가고 있다. 그러나 얼마만큼 도회불교에 존경을 표할 수 있을까.'라 하면서
　　한암선사에 대해 산중불교의 수호자로 인식하고 있다.(위의 글, p.83) 당시 불
　　교계의 현실대응 양상을 산중불교와 도시불교로 나누고 여기에 소개된 여러
　　선사들의 문학을 대응시킬 때, 한암의 「참선곡」이 양단의 다양한 스펙트럼 속
　　에서 어느 지점에 위치할 것인가 하는 것은 너무나 자명한 것이다.

동적으로 대응하면서 새로운 문화를 창조하는 데 있는 것이 아니라, 가장 전통적인 방법을 택하고 이를 고집스럽게 지킴으로써 외풍에 대응했다는 점에 있다. 그의 문학 역시 문학사에서 걸출한 작품이라거나 시대를 앞서간 의의를 지니고 있는 것은 아니다. 그는 『수심결』의 핵심내용을 바탕으로 한 선수행의 요체를 전달하되, 대중에게 널리 전승되었던 불교가사의 여러 관습을 활용하여 전달하고 있다는 점에서, 전통에 충실한 마지막 불교가사를 제작하였다는 것이 실상에 부합하는 문학사적 평가일 것이다.

7

漢巖禪師의 看話禪思想

- '선문답 21조'를 중심으로 -

인경

※ 본 논문은 『한암사상』 3집(2009)에 발표된 것을 재수록한 것이다.

[요약문]

〈선문답 21조〉는 한암선사의 어록에서 백미로 꼽히고 있다. 이 문답은 간화선의 본질과 수행하는 과정을 후학자가 참고할 수 있도록 중요한 요점을 제시한 것으로 평가되고 있다. 제10조까지는 전편은 질문자인 이력스님이 구성한 내용이고, 후편에 해당되는 제11조부터는 나옹선사의 〈공부십절목〉을 재인용하고 있다.

첫째, 전편이 간화선 참선의 초보자를 위한 입문적 수준이라면, 후편은 전문 수행자를 위한 문답인 점에서 차이점을 보여준다. 전편이 일반인을 위한 안내라면, 후편은 조사로서의 본래면목을 그대로 보여준 점에서 의의가 있다.

둘째, 전편과 후편으로 구성된 간화선 수행과정을 살펴보면, 전편은 〈화두결택→득력→대오→보양→증득〉이고, 후편은 〈입문3구→3분단공부→대오→보임과 3관어〉로 구성되어 있다. 이것은 전편과 후편이 거의 동일한 참구과정을 보여주는데, '대오'와 '증득'을 구별하고, '보임'의 과정을 설정함으로써, 대혜나 몽산과 같은 송대 임제종에서 개척한 간화선의 수행체계인 돈오점수의 전통을 계승하고 있음을 보여준다.

셋째, 간화선의 사상적인 기초로 동북아시아에 널리 알려진 『기신론』의 생멸심과 진여심이라는 마음의 이해방식을 채택하고 있다. 특히 화두의 참구과정을 空寂과 靈知라는 관점에서 해명한 점, 반조와 간화를 상호보완 관계로 이해한 점은 한암선사가 보조, 나옹으로 이어져온 한국 간화선 전통의 충실한 계승자임을 알 수 있게 한다.

넷째, 전문수행에게 쟁점이 된 입문3구, 3분단공부, 3관어 등으로 구성된 〈공부십절목〉에 대한 한암선사의 응답은 나옹화상 이후 처음 등장한 것으로, 역사적인 의미가 깊다. 여기서 선사는 곧장 직입하는 길을 선택한 점에서 논리적인 설명보다는, 깨닫는 근본자리에서 곧장 본래면목의 당체 그 자체를 드러낸다. 이런 점은 한암선사가 돈오직입의 조사선 가풍을 잘 계승하고 있음을 보여주는 것이다.

I. 머리말

필자가 요청받는 제목은 '한암선사의 간화선사상'이다. 필자는 보조사상을 연구하면서 『보조어록』을 모아서 편찬하신 선사의 뜻을 이미 알고 있었지만, 실제로 선사의 어록을 읽고 연구하지는 못했다. 『漢巖一鉢錄』[1]을 펼쳐 보면서, 필자는 선사께서는 대대로 전승되어 온 불교의 본질, 깨달음을 참으로 실증하신 분이라고 느꼈다.

그런데 필자는 참선 수행하여 어떤 결과를 실증하는 것이 아니라, 언어와 논리로서 선사의 간화선사상을 해명하는 연구논문을 써야 하는 입장에 있다. 이들의 관계는 매우 밀접하게 연결되어 있지만, 서로 다른 접근법을 요청한다. 우선 필자는 기존의 연구논문을 조사해 보고 어떤 부분을 집중적으로 연구할지를 살펴보아야 했다. 기존의 논문들은 주로 '한암사상연구원'을 중심으로 발표된 논문이 주류를 이루고 있다. 선사상과 관련된 논문은 「한암선사의 선사상」,[2] 「남종선의 지평에서 본 방한암선사의 선사상」,[3] 「한암의 일발선」[4] 등이 있다. 그 밖에 염불참선과 관련된 부분,[5] 조계종단과의 관계,[6] 자서전적 구도기,[7] 참선곡[8]과 서간문[9] 등이 연구되어 발표되었다.

---

1) 한암문도회, 『漢巖一鉢錄』, 1995, 민족사.
2) 종범, 「한암선사의 선사상」『한암사상연구』 제1집, 2006, 한암사상연구원, 월정사.
3) 신규탁, 「남종선의 지평에서 본 방한암선사의 선사상」『한암사상연구』 제2집, 2007.
4) 고영섭, 「한암의 일발선」『한암사상연구』 제2집, 2007.
5) 김호성, 「바가바드기타와 관련해서 본 한암의 염불참선무이론」『한암사상연구』 제1집, 2006.
6) 김광식, 「방한암과 조계종단」『한암사상연구』 제1집, 2006.
7) 윤창화, 「한암의 자전적 구도기 「一生敗闕」」『한암사상연구』 제1집, 2006.

이들 논문은 부분별로 간화선을 언급하고 있지만, 전반적인 선사상의 특징에 초점이 맞추어져 있고, 한암선사의 간화선 부분을 본격적으로 다루지는 않고 있다. 그래서 간화선 부분은 좀더 많은 논의가 필요한 부분이라고 느낀다. 그런데 필자는 원고 문제와 관련하여 운영자 한 분에 속하는 민족사 사장이신 윤창화 님과 통화하는 과정에서 〈선문답 21조〉는 한암선사의 어록에서 매우 주요한 부분을 차지하기 때문에, 이 부분을 다루어 주었으면 하는 부탁을 받고, 그렇게 하기로 결정을 했다. 아마도 〈선문답 21조〉는 한암선사의 간화선사상을 가장 잘 표현한 자료로서, 반드시 상세한 논의가 필요한 영역이 아닌가 생각한다.

II. 전편의 체계와 사상

〈선문답 21조〉는 한암선사의 어록에서 백미로 꼽히고 있다. 이 문답은 금강산 만일암에서 결제정진 중에 열중인 李礫스님이 질문하고 선사께서 답변하는 형식으로 이루어진 것이다. 이 문답은 간화선의 본질과 수행하는 과정을 후학자가 참고할 수 있도록 중요한 요점을 제시한 것으로 평가되고 있다.

〈선문답 21조〉는 제10조까지는 질문자인 이력스님이 구성한 내용이고, 이후 제11조부터는 나옹선사의 〈공부십절목〉을 재인용하고 있다. 그러므로 이들의 관계를 정확하게 평가하기 위해서는 먼저 이들

---

8) 김종진, 「한암선사의 참선곡」 『한암사상연구』 제2집, 2007.
9) 윤창화, 「한암선사의 서간문 고찰」 『한암사상연구』 제2집, 2007.

의 구성과 사상을 전체적인 관점에서 살펴볼 필요가 있다. 여기서 논의 편의를 위해서 제10조까지를 '전편'이라 하고, 나옹선사의 공부십절목을 인용한 제11조 이후를 '후편'이라고 부르기로 한다. 먼저 전편의 체계를 간단하게 살펴보자.

1. 체계

전편의 질문자는 이력스님이다. 질문 내용은 매우 쉽고 평이한 문체로 구성되어 있다. 후편과 비교하면 상대적으로 아마도 초보자나 입문자를 위한 질문들이 아닌가 생각된다.

제1조는 '인생을 살아가는 데 참선은 어떤 관계가 있는가'라는 질문이다. 이것은 '왜 참선이 인생에서 필요한가'라는 참선의 필요성(정의)에 관한 질문이다. 이런 질문에 대해서 한암선사는 달마조사를 인용하면서, 선이란 중생의 마음이라고 전제하고, 중생의 마음에는 청정의 마음[淨心]과 물든 마음[染心]이 있는데, 물든 마음은 고통스런 윤회의 길이요, 청정의 마음은 편안한 바른 길이라고 대답한다. 參禪이란 청정한 마음을 보양하는 것으로 정의한다.

제2조는 '참선을 하고자 한다면, 어떤 마음가짐을 가져야 하는가' 하는 질문이다. 이것은 일단 참선의 마음을 낸 사람이 가져야 할 마음의 자세(믿음)를 묻고 있다. 이 점에 대해서 선사는 보조선사를 인용하면서, 마음이 곧 부처이며 자신의 마음이 곧 법이어서 그대로 구경임을 철저하게 믿을 것을 강조한다. 다시 말하면 마음을 떠나서 별도로 부처를 찾는 것은 부질없음을 말한다.

제3조는 어떻게 참선수행을 할 것인지 하는 참구의 방법을 묻는

다. 여기에 대해서 선사는 무자, 정전백수자, 마삼근 등과 같은 화두를 참구할 것을 제안하고, 나옹조사를 인용하면서, 화두를 空寂靈知로서 해명한다.

제4조는 참선 수행하여 어떤 것이 힘을 얻는 자리[得力處]인지를 묻는다. 이것에 대해서는 대혜스님을 인용하여 '힘을 내려놓는' 곳이라고 하고, 또한 '화두가 저절로 들어지는' 곳이라고 말한다. 여기에 오면 大悟가 가깝다고 말한다.

제5조는 큰 깨달음[大悟]에 철저함이 무엇인지를 묻는다. 이 점에 대해서 선사는 '깨달음이 있으면 오히려 깨닫지 못함'이라고 대답한다. 그리고 게송으로 '해천에 밝은 달이 처음 솟아난 곳, 암벽의 원숭이 울음 그칠 때'라고 말한다.

제6조는 깨달음 이후의 修養을 묻는다. 여기에 대해서 깨달음의 관문을 통과한 사람은 이미 다시 관문을 물을 필요가 없다. 그러나 시내와 산은 다른 것이니 계속적인 노력을 당부한다.

제7조는 수양 이후의 여실한 證得을 묻는다. 이 점에 대해서 옛 사람은 無生의 도리를 철저하게 깨우쳐서 자유자재로 사용하는 시절이라고 대답하면서, '허공이 땅에 떨어지는가? 잣나무가 성불하는가?'라고 반문한다.

제8조는 증득한 이후의 끝마침에 대해서 묻는다. 이곳은 '눈앞에 스님이 없고, 이 사이에 노승이 없으니, 눈앞의 법도 아니요, 귀와 눈으로 도달할 곳이 아니다.' 그러나 선사가 내게 묻는다면 '나는 다 잊어버렸다'고 대답한다.

제9조는 처음부터 구경에 이르기까지 가장 긴용한 경구는 무엇인가라는 질문이다. 여기에 대해서 '세월을 헛되이 버리지 말라'는 고인

의 말씀을 인용하고는 '어떻게 해야 세월을 헛되이 보내지 않을까' 질문을 하고서 '달큰한 복숭아와 감을 먹지 않고 산을 따라 올라가 시큼한 배를 따노라'고 스스로 대답한다.

제10조는 제방에 논쟁거리 가운데 하나인 看話와 返照의 차이점을 묻는다. 이 점에 대해서 가장 긴 대답을 한다. 선사는 위산, 고봉, 대혜 선사 등을 차례로 인용하고 모두 반조와 간화를 함께 사용하고 있음을 보인 다음에, 양자는 서로 보완적인 관계가 있음을 밝히고 있다.

이상과 같이 〈선문답 21조〉의 전편은 참선에 입문하는 자를 위한 일종의 안내서 역할을 하고 있다. 이것은 크게 다시 세 영역으로 구별할 수가 있다. 첫째는 입문단계로서 참선의 필요성, 마음자세, 둘째는 본격적인 참구단계로서 참구방법, 득력처, 대오, 수양, 증득, 끝마침, 마지막으로 지녀야 할 경구 및 논의 등으로 구성된다. 간단하게 표로서 구성해 보면 아래와 같다.

    Ⅰ. 입문단계
      1. 참선의 필요성
      2. 참선하는 기본적인 마음자세
    Ⅱ. 참구단계
      3. 화두참구법
      4. 득력처
      5. 철저한 대오
      6. 수양과 보양
      7. 증득
      8. 끝마침
    Ⅲ. 기타 논의
      9. 초발심에서 구경에 이르기까지 유용한 경구
      10. 간화와 반조의 관계

이런 구성은 유식불교의 5단계 수행론이나 선종의 십우도와 비교할 수 있을 만큼, 참구의 각 단계가 잘 조직화된 하나의 체계를 이룬 점에서 주목된다. 이런 점들은 적어도 20세기 초반의 선방에서는 중요한 공부의 주제였고, 점검하는 길잡이가 된 항목들이 아닌가 생각된다.

2. 思想

〈선문답 21조〉의 전편이 담고 있는 사상적인 특징을 살펴보자. 첫 번째의 준비단계는 참선의 필요성과 마음자세를 말하고 있는데 이 부분은 한암선사가 동북아시아의 대승불교의 전통을 그대로 계승하고 있음을 잘 보여준다.

첫 번째의 입문단계로서 제1조 참선의 필요성, 왜 참선을 해야 하는가 라는 점은 어떤 불교심리학, 혹은 사상에 기초하고 있는지를 알 수 있는 대목이다. 한암선사는 마음을 청정한 마음과 물든 마음으로 분류하고 물든 마음은 윤회하는 고통을 발생시킨다고 보고, 참선을 통해서 청정한 마음을 회복해야 한다는 것을 주장한다. 한암선사는 이것을 달마어록에서 인용하지만, 실제로 이런 주장의 근원지는 바로 대승불교의 대표적인 논서인 『기신론』에서 마음을 眞如門과 生滅門으로 분류하는[10] 관점에서 비롯된 것이다. 또한 제2조의 참선하는 마음자세에서도 보조지눌의 『수심결』에서 말한 '마음이 바로 부처임을 믿고 다른 곳에서 찾지 말라'는[11] 구절을 인용하고 있다. 이런

---

10) 『起信論』. "依一心法 有二種門 云何爲二 一者心眞如門 二者心生滅門 是二 種門皆各總攝一切法."(大正藏 16, p.576a)
11) 「修心訣」. "願諸修道之人 切莫外求 心性無染 本自圓成 但離妄緣 卽如如 佛."(『보조전서』, pp.31. 1989, 보조사상연구원)

점들은 한암선사의 선사상적 기반이 동북아시아의 대승불교 전통을 그대로 계승하고 있다고 판단된다.

두 번째의 참구단계는 주로 한암선사의 간화선사상을 살펴볼 수 있는 좋은 기회를 제공한다. 먼저 제3조에서 화두참구의 메커니즘을 空寂靈知로 설명한 부분이 인상적이다. 화두참구의 과정을 공적 영지로 설명한 것은 보조지눌이었다. 보조지눌은『수심결』에서 '이뭣고'라는 화두를 제시하고 그것을 대상으로부터의 廻光返照로 설명하고, 그 과정을 空寂과 靈知로서 해명했다.[12] 그런데 한암선사는 나옹선사의 말씀[13]을 인용하여, 이런 화두참구의 과정을 아래의 표처럼, 보다 구체적으로 제시한다. 이것은 2단계로 구별할 수가 있다.

제1단계: 마음의 생사 → *화두참구 → 마음의 空寂
            └↳ 육취윤회
제2단계: 마음의 공적 → *화두참구 → 마음의 靈知
            └↳ 무기

여기서 제1단계에서 물든 마음이 생멸, 기멸, 생사를 거듭할 때, 참

---

12) 인경, 「지눌 선사상의 체계와 구조」『보조사상』제12집, pp.215~220. 1999, 보조사상연구원.
    위의 책, p.35. "妄念本寂 塵境本空 諸法皆空之處 靈知不昧 即此空寂靈知之心 是汝本來面目 亦是三世諸佛 歷代祖師 天下善知識 密密相傳底法印也."
13) 『懶翁和尙語錄』, "示覺悟禪人 念起念滅 謂之生死 當生死之際 須盡力提起話頭 話頭純一則起滅即盡 起滅盡處謂之靈 靈中無話頭則謂之無記 靈中不昧話頭則謂之靈 即此空寂靈知 無壞無雜 如是用功 不日成功."(『韓佛全』6, p.727) 그런데 한암선사가 인용한 이 부분은『나옹화상어록』과 약간의 차이점이 발견된다. 나옹화상에게서 발견되지 않는 공적의 부분이 『한암일발록』에는 발견된다. 그것은 다음과 같다. 『漢巖一鉢錄』, p.42. "念起念滅 謂之生死 當生死之際 須盡力提起話頭 生死即盡 生死即盡處 謂之寂 寂中無話頭 謂之無記 寂中不昧話頭 謂之靈 只此空寂靈知 無壞無雜 不日成之." 밑줄 친 양자의 차이점을 비교해 보면 필자가 보기에는 공적과 영지를 분명하게 설명한 한암선사의 어록이 더 정확한 자료가 아닌가 생각된다.

선자는 힘을 다해 화두를 들면 생멸이 다하게 된다. 만약 이때 화두를 들지 않고 생멸하는 마음에 끌려가면, 육도의 윤회에 빠지게 된다. 마음이 산란함을 화두로써 대치함으로써 마음의 空寂을 이룰 수가 있다. 여기서 공적이란 마음이 텅 비워지고 산란함이 사라져서 마음이 고요해진 상태로서 일반적 용어로는 선정을 가리키는 말이다.

위의 제2단계에서는 일단 마음이 고요해진 선정상태[空寂]에서 출발하는데, 이때도 역시 계속적인 화두를 참구하게 된다. 만약 이때 화두가 없으면, 無記에 떨어진다. 물론 이것을 대혜는 화두 없이 묵묵히 지켜보는 黙照死禪이라고 비판했다. 마음이 고요한 가운데 화두가 있어서 어둡지 않고 환하게 밝아진 것을 '신령한 지혜[靈知]'라고 말한다. 이런 해석은 초기불교 이래로 강조해 온 불교수행의 선정과 지혜라는 두 축을 화두로서 설명한 것이다. 이것은 보조→나옹→한암선사로 이어오는 한국 간화선의 독자적인 전통적 흐름을 반영한다.

한암선사의 간화선에서 또 한 가지 분명하게 지적되어야 할 점은 화두 참구법과 더불어서, 참구의 과정이다. 여기에 의하면 〈화두결택→득력→대오→보양→증득〉의 과정을 보여준다. 특히 대오와 증득을 구분하고 깨닫는 이후에 보양과정을 설정함으로써, 한암선사의 간화선이 頓悟漸修의 전통적인 체계임을 계승하고 있음을 그대로 보여준다. 이것은 중국의 임제종을 대표하는 대혜나 몽산선사가 제시하는 참선참구의 과정과 다를 바가 없다. 대혜는 이참정과의 서신을 통한 문답에서 돈오 이후의 점수를 중시했고,[14] 몽산덕이의 경우도 2003년에 중국에서 발견된 휴휴암의 결제법어에서 돈오점수를 강조

---

14) 『大慧語錄』, "前日之語 理則頓悟乘悟併銷 事則漸除因次第盡 行住坐臥切不可忘了."(大正藏 47, pp.919中)

한다.[15] 물론 〈선문답 21조〉는 이력스님의 질문이지만, 이런 구성은 아마도 한암선사의 참선지도법이 반영된, 당시의 일반화된 간화선의 수행과 그 절차가 아닌가 생각된다.

마지막 기타 논의에서는 看話와 返照의 관계를 다룬다. 이 부분은 〈선문답 21조〉에서 가장 긴 대목을 차지한다. 그만큼 관심거리이고 쟁론의 여지가 있는 부분이다. 하지만 이 부분은 기존에 발표된 논문이 있기에[16] 여기서는 상세하게 논의하지는 않겠다. 다만 반조와 간화의 대립적 관점은 묵조를 비판하고 간화선을 제창한 대혜종고의 영향력이 아닌가 생각한다. 화두가 없는 默照는 혼침과 무기에 떨어질 위험성을 안고 있다는 것이다. 묵조란 '묵묵하게 비추어 보다'는 의미로서 '돌이켜서 비추어 본다'는 반조와 전혀 다른 수행법은 아닌 것이다. 위에서 화두참구법에서 살펴보았듯이, 간화선의 입장에서는 화두의 유무가 매우 중요하다. 화두가 없는 텅 빈 가운데 고요함이란 [空寂] 바로 아무것도 없는 혼침과 유사한 無記에 언제나 떨어질 수가 있고, 화두가 없는 신령한 앎[靈知]은 언제든지 사량분별로 쉽게 변해 버릴 수 있는 산란함으로 규정한다. 대혜의 간화선에 의해서는 공적과 영지는 오직 화두수행을 통해서 개발된다. 반조는 묵조사선처럼 잘못하면, 혼침이나 무기에 떨어지기 십상이다.

여기서 반조와 화두가 상호 어떤 관계를 가질지에 대해서 질문할수가 있다. 이들은 서로 양립할 수 없는가? 아니면 반대로 반조는 화두와 동일한가? 아니면 반조는 화두의 보완인가? 물론 언어적인 용

---

15) 『蒙山和尙普說』, "以道除心意識 叅絶聖凡路學卒地 斷噷地折便異於學解之流 理須頓悟事卽漸修 多生習氣焉能頓盡 悟後非凡宿習自然次第消除."(『普照思想』19집, p.471)
16) 신규탁, 앞의 논문, pp.11~41.

어와 접근법이 서로 다른 문맥이기에, 이들에 대한 직접적이고 정확한 문헌적인 증거는 여기서 제시할 수가 없다. 하지만 각자의 사상적인 경향성을 가지고 말해 본다면, 대혜라면, 분명하게 서로 양립할 수 없다는 입장을 제시할 것으로 본다. 왜냐하면 반조는 바로 묵조로 이해할 수가 있기 때문이다.

그러나 이것은 어디까지나 대혜의 입장이다. 고려 말의 보조, 고려 후기의 나옹, 한말의 한암선사에게 있어서는 반조와 화두는 결코 양립할 수 없는 대립된 수행론이 아니다. 이들은 서로 보완적인 관계를 가진 것을 판단할 것 같다. 그러나 여기서 미묘한 차이점도 역시 발견할 수도 있다. 보조국사의 경우는 '까마귀의 소리를 듣는 성품을 돌이켜서 들어보라'고 廻光返照를 강조하기 때문에[17] 화두의 실질적인 내용을 반조로 해석할 여지가 많다. 듣는 성품은 바로 공적영지인데, 이것은 바로 화두에 의해서 촉발되기 때문이다. 나옹선사의 경우는 반조와 관련된 사항이 없다. 아마도 누가 이런 질문을 하지 않았던가 보다. 만약 질문했다면 어떻게 대답을 했을까? 한암선사의 경우는 반조와 화두가 서로 보완적인 관계가 있음을 말한다. 양자를 서로 다른 것으로 구별하지 않고 사람의 근기가 다른 까닭에 양자가 모두 요청된다는 매우 실용적인 선택을 한다. 반조는 화두를 보완하고 화두는 반조를 보완하는 자세를 유지한다. 이 점이 한암선사의 고유한 특징이 아닌가 생각한다.

---

17) 「수심결」, 앞의 책, p.710.

Ⅲ. 후편의 체계와 사상

〈선문답 21조〉의 후편은 고려시대에 활약한 懶翁선사의 〈工夫十節目〉[18]을 그대로 적용해 질문한 내용이다. 〈공부십절목〉은 '入門三句'나 '三轉語' 등과 함께 나옹선사가 학인들의 공부상태를 점검하는 국가 공인시험 문제의 일부였다. 하지만 〈공부십절목〉은 어렵기 때문에 대중에게 잘 묻지 않았다[19]고 한다. 이력스님은 나옹선사의 공부십절목을 한암선사에게 순서대로 질문한다. 물론 질문 자체는 한암선사의 선사상과 직접적으로 연결되지는 않는다. 다만 의미가 있다면 공부의 열 가지 절목에 대한 한암선사의 '대답'일 것이다. 하지만 질문과 대답은 상호 밀접하게 연결된 관계로 여기서는 모두 함께 검토의 대상으로 한다.

나옹선사의 〈공부십절목〉은 간화선 수행의 과정을 10가지의 중요한 관점으로 정리한 것인데, 아래와 같이 크게 〈입문3구→3분단공부→대오→보임과 3관어〉 등 4단계로 다시 분류할 수가 있다.[20]

　　Ⅰ. 入門三句
　　　　제1절목 - 超聲色
　　　　제2절목 - 正功
　　　　제3절목 - 熟功
　　Ⅱ. 三分段工夫
　　　　제4절목(打破鼻孔) - 動靜一如
　　　　제5절목(心行處滅) - 夢中一如

---

18) 『懶翁和尙語錄』, 앞의 책, p.721.
19) 위의 책, p.707上~中.
20) 인경, 『몽산덕이와 고려후기 선사상연구』, pp.346~357.

제6절목(寤寐恒一)-寤寐一如
Ⅲ. 大悟
　　제7절목(曝地便斷)-見性
Ⅳ. 保任과 三關語
　　제8절목(本用應用)-三關語 第一則
　　제9절목(脫生死)-三關語 第二則
　　제10절목(四大各離)-三關語 第三則

　이것은 간화선의 참구라는 전체적인 과정을 잘 정리한 것으로, 〈선문답 21조〉의 구성과 거의 동일한 수행 절차를 보여준다. 이런 점에서 한암과 나옹의 선·후편은 동일한 사상체계를 가진다고 판단할 수가 있다. 하지만 각 항목의 개별적인 내용을 살펴보면 상당하게 다른 점이 발견된다. 특히 '3분단공부'와 '3관어'는 〈선문답 21조〉 전편에서는 발견되지 않는 영역이다.

　먼저 入門三句를 살펴보자.

(1) 세상 사람들은 色을 보면 그 色에서 벗어나지 못하고, 聲을 들으면 그 聲에서 벗어나지 못한다. 어떻게 하면 色聲에서 벗어날 수 있을까?
(2) 이미 모양과 소리를 벗어났으면, 반드시 공부를 시작해야 한다. 어떻게 그 바른 공부를 시작할 것인가?
(3) 이미 공부를 시작했으면, 그 공부를 익혀야 하는데, 공부가 익은 때는 어떠한가?

　이것은 참선자를 위한 입문의 3가지 중요한 요점을 말하고 있다. 제1절목의 요점은 "聲色을 벗어나는 길"이고, 제2절목은 "바른 공부[正功]의 방법"이고, 제3절목은 "익은 공부[熟功]"에 관한 것이다.
　제1절목은 '어떻게 소리와 색깔을 벗어난다고 하는 것인지'를 묻는

다. 여기에 대해서 한암선사의 선문답 제1조에 의하면, 물든 마음에서 청정한 마음에로 되돌리는 것으로서, 참선자가 고통 받는 윤회의 길을 벗어나는 것을 말한다. 일상의 우리의 삶은 눈에 보이는 색깔과 소리에 자기도 모르는 사이에 자동적으로 끌려간다. 이것으로부터 더 이상 끌려가지 않는 확고한 의지가 중요한 지점이다. 이것이 소위 종교적인 표현으로는 '發心'이라 하고, 혹은 '回心'이다. 이것은 간화선의 입장에서 보면 바로 도에 들어가는 고칙 공안에 대한 의심이다.

그런데 한암선사는 여기 후편에서는 '색깔과 소리를 초월해서 무엇을 하려 하는가'라고 대답한다. 이런 대답은 색깔과 소리로부터 벗어날 이유가 없다든지 혹은 그런 노력이 부질없음을 지적한 것이다. 이것은 전편에서 보여 주었던 태도와는 전혀 다른 새로운 태도로서, 전편에서 구분했던 물든 마음[染心]과 청정한 마음[淨心]의 구별을 제거해 버린다. 그럼으로써 一心의 통합된, 다시 말하면 세간과 출세간의 분별을 무너뜨린다. 이런 한암선사의 초월적이고 직입적 태도는 이후의 문답에서도 계속된다.

제2절목에서 '어떻게 하는 것이 바른 공부인가'라는 질문은 선문답 제2조에서 보면, 자기 마음이 그대로 불성임을 믿고 화두를 참구하라는 태도를 취했지만, 정작 한암선사는 '벌써 삿되었다'고 대답한다. 공부한다는 것은 이미 삿된 길이다. 왜냐하면 공부란 의도가 있고, 목표가 있으면 벌써 삿된 길로 빠지기 때문이다. 이것은 참 통쾌한 대답이기도 하다. 하지만 참선공부를 처음 시작하는 이들에게는 당혹스런 대답이다. 아마도 선문답 후편은 초보자를 위한 문답이 아닌 것으로 선사는 이미 판단을 하고 대답을 한 것으로 본다. 이런 점에서 〈선문답 21조〉 전편은 초보자를 위한 법문이라면, 나옹선사의 〈공부십절

목)에 대한 후편의 문답부분은 전문적으로 공부하는 참선자를 의한 문답이라고 해야 될 것이다.

제3절목은 익어진 공부[熟功]가 무엇인지, 익어진다면 어떻게 해야 될지를 묻는다. 이 경우도 전편과 비교해 검토해야 한다. 전편에서는 대혜선사를 인용하여 '힘을 내려놓는 곳이 바로 힘을 얻는 곳'이라고 대답을 했다. 하지만, 여기서는 '밥이 익은 것처럼 보이지만, 실제로는 아직 밥이 익지 않았다'고 대답한다. 힘을 내려놓은 것은 옳지만, 아직은 충분하게 익지 않았다는 의미이다. 전편에 비교하여 훨씬 강화된 높은 기준을 요청하고 있다.

이상의 내용은 나옹의 '入門三句'에 대한, 곧 〈공부십절목〉의 제1절목, 제2절목, 제3절목을 살펴보았다. 이것은 초보자를 위한 일반적 성격으로 이해할 수도 있지만, 한암은 이런 방편적인 해석보다는 본래면목의 본질에 곧장 들어가는 궁극적 입장에서 대답함으로써 보다 전문적으로 공부하는 이들을 염두에 둔 것 같다.

둘째의 3단공부법에 대한 부분은 송대 간화선이 발전시킨 중요한 참선수행의 내적인 점검단계들이다. 이것들은 動靜一如, 夢中一如, 寤寐一如가 여기에 속한다.

(4) 공부가 익었으면(熟功) 나아가 자취(鼻孔)를 없애야 한다. 자취(鼻孔)마저 없는 때는 어떠한가?

(5) 자취가 없어지면 담담하고 냉랭하여 아무 맛도 없고 기력도 전혀 없다. 意識이 닿지 않고 마음(心行)이 활동하지 않으며 또 그때에는 허깨비 몸이 인간 세상에 있는 줄을 모른다. 이쯤 되면 그것은 어떤 경계인가?

(6) 공부가 지극해지면 動靜에 틈이 없고, 자고 깨어남이 한결 같아서 (寤寐恒一), 부딪쳐도 흩어지지 않고 움직여도 잃지 않는다. 마치 개가

기름이 끓는 솥을 보고 핥으려 해도 핥을 수 없고, 버리려고 해도 버릴 수 없는 것 같나니, 그때는 어떻게 해야 하는가?

앞의 3절목이 입문의 기초수행이라면 위의 3절목은 힘을 더해가는 가행정진을 의미한다. 제4절목에서 자취(鼻孔)가 없다고 하는 점은 흔적을 남기지 않는다는 의미이지만, 구체적으로는 멈추고, 움직임에 어떤 흔적, 집착도 없는 動靜一如를 표현한다. 여기서 말하는 鼻孔은 일반적으로 선학에서는 본래면목[21]을 의미하지만, 여기서는 본래면목에 대한 분별적인 앎, 혹은 자취로 해석했다. 이것에 대해서 한암선사는 '공부가 익기 전에 자취가 있던가 없던가'라고 반문한다. 이것은 공부하기 전과 후, 자취의 있음과 없음에 대한 분별적인 집착의 타파를 보여준다. 공부하기 전에 자취가 있었다면, 공부가 익어진 이후에는 자취가 없을 것이기 때문이다. 하지만 이것은 수행공부를 무엇인가를 없애고, 통제하고, 자취를 끊는다는 것을 함축하는데, 공부란 이런 것이 아니다. 공부는 자취를 끊지 않고, 그것들이 본래 존재하지 않음을 통찰하는 것이다. 공부에 어떤 성취가 있다면, 그것은 참된 공부가 아니다. 그래서 한암선사의 '자취가 있던가 없던가'라는 반문은 공부인에게 매우 중요한 점을 일깨운다.

제5절목은 공부가 익어서 心行處滅이 되면 어떤가에 대한 질문이다. 심행처멸이란 마음의 모든 작용과 행위가 끊어진 상태로서 일반적으로는 夢中一如에 해당된다. 전통적인 유식학파에 기반한 해석에 따르면, 제8식 종자가 온전하게 정화가 되면 몽중일여가 된다. 이것은 구체적으로 무엇을 의미하는가? 여기에 한암선사는 어떻게 대답하는

---

21) 『禪學大辭典』하권, p.1042c.

지? 선사는 "幻化空身 卽法身 無明實性 卽佛性"이라고 대답한다. 꿈과 같은 공허한 몸이 그대로 법신이요, 어두컴컴한 그대로의 성품이 바로 불성이다. 몸은 끊임없이 변화무쌍한 꿈과 같은데 이것이 그대로 법이고, 어두운 밤이 그대로 밝은 부처의 성품이다. 만약 이것을 그대로 이해 못하면 우리는 한 걸음걸음마다 넘어져서 고통을 받을 것이고, 순간순간 윤회의 아픔을 처절하게 느낄 것이다. 꿈은 그대로 진리이고, 번뇌는 그 자체로 진실임을 자각하지 못한다면, 우리는 몇 천겁을 반복적으로 태어나 수행해도 제자리걸음만 하고 있을 것이다. 왜냐하면 꿈과 진실, 어둠과 밝음의 이원론에서 빠져나올 수가 없기 때문이다.

제6절목은 寤寐恒一이다. 깨어있을 때는 그렇다고 하자. 의식이 사라져버린 깊은 잠 속에서는 어떠한가? 이것은 지난해에 『법보신문』을 통해서 쟁론이 된 문제이기도 하다.[22] 오매일여의 일차적인 의미는 깨어있을 때와 잠잘 때나 화두가 성성하여 한결같다는 의미이지만, 이것은 현실적으로 불가능한 것인 까닭에 깨어있음과 잠잘 때를 분별하지 말라는 의미로 해석될 수도 있다. 하지만 이런 의미로 해석하는 것은 간화선 수행이 알음알이로 전락하는 모순이 생길 수도 있다. 간화선의 참구과정에서 오매일여는 잘 때나 깨어있을 때나 한결같아서 타성일편 한 덩어리가 된 상태로서 일체의 외적인 변화나 자극에 흔들림이 없는 것을 말한다. 이 절목의 질문은 이런 때를 당해서는 어떻게 해야 하는가 하는 질문이다. 한암선사는 매우 단순하게 '자만하지 말라'고 말한다. 이것을 보면 일단 한암선사는 오매일여의 상태

---

22) 이 논쟁은 민족사 대표 윤창화 님이 월요불교포럼에서 성철선사의 寤寐一如를 비판하면서 시작되었다. 이것과 관련하여 『법보신문』(956호, 2008년 7월 4일 금요일)에 원충스님, 인경스님, 안성두 등이 차례로 의견을 발표하면서 진행하게 되었다.

를 인정하고 있으며, 만약 그렇다면 자만하지 말고 계속적으로 공부를 계속해 가라는 의미로 이해된다. 이것은 매우 당연한 순리적 절차가 아닌가 생각한다. 그렇다면 대오가 가깝지 않겠는가 하는 뜻이다.

(7) 갑자기 120근 되는 짐을 내려놓는 것 같아서 단박 터지고 단박 끊긴다(曝地便斷). 이때에 어떤 것이 자성인가?

앞의 입문삼구 세 절목이 입문의 기초 수행이라면, 삼분단공부의 세 절목은 힘을 더해 가는 가행정진의 과정을 나타낸다. 그리고 제7절목은 대오의 순간을 점검한다. 이것은 마침내 大悟로서 땅이 부서지는 경험[曝地便斷]을 나타낸다. 여기에 대해서 한암선사는 어떤 설명보다는 하나의 게송으로 대답하는데, 그것은 '장한이 강동으로 떠나가니 곧바로 가을바람이 불어온다'고 표현한다. 이 게송은 중국 동진 때의 관리인 張翰이 관직에 연연하지 않고 가을에 고향인 강동으로 낙향한 일을 가리킨다. 하지만, 여기서는 그보다는 한 티끌 속에 우주를 함축한 것처럼 일상으로 되돌아오는 법계연기법을 극적으로 표현한 것이다.

위에서 언급한 삼분단공부는 송대에서 발전시킨 간화선의 공부 점검법으로서 '동정일여, 몽중일여, 오매일여'라는 공부를 거쳐서 마침내 대오라는 曝地一發까지의 과정을 말한다. 이런 점검절차는 고려 간화선사상에 영향을 크게 미쳤던『大慧書狀』,『蒙山法語』,『高峰禪要』등 소위 삼가어록에서 모두 강조하고 있다. 이를 테면『대혜서장』에서는 43번째 편지인 '向侍郎'에게 답한 글에서 삼분단공부를 언급하고,[23] 몽산의 경우는 '示聰上人'에서 '동정일여, 화두일여, 오매일여'의 三程節을 제시하고 있으며,[24]『고봉선요』에서는 '앙산 노화상에게

---

23)『大慧語錄』권29(『大正藏』47, p.936上)

답한 편지'에서 이 삼분단공부에 의해서 점검함을 예시하고 있다.[25] 이런 점들은 몽산선사의 「無字十節目」에서 영향을 받은, 나옹선사의 공부십절목이 근대의 대표적인 선사의 한 분인 한암에 이르기까지 한국 간화선사상에 지속적으로 영향을 미치고 있음을 보여준 좋은 사례이다.

(8) 이미 自性을 깨달았으면 自性의 本用과 隨緣의 應用을 알아야 한다. 무엇이 本用이고 應用인가?

(9) 이미 性과 用을 알았다면, 生死를 벗어나야 하는데, 眼光이 땅에 떨어질 때 어떻게 벗어나야 하는가?

(10) 이미 생사를 벗어났다면, 가는 곳을 알아야 한다. 사대가 흩어지면 어디로 돌아가는가?

위의 제8절목, 제9절목과 제10절목은 兜率선사의 「삼관어」와 동일한 형태를 취한다. 먼저 도솔종열의 「삼관어」를 보면, 아래와 같다.

바로 그대의 성품은 어느 곳에 있는가(卽今上人 性在甚處)?

眼光이 떨어질 때 어떻게 해탈하겠는가(眼光落時 作麼生脫)?

四大가 흩어지면, 어느 곳을 향해 가는가(四大分離 向甚處去)?[26]

위에서 첫 번째의 "성품이 어느 곳에 존재하는가"는 제8절목에 해당된다. 두 번째의 "眼光이 떨어질 때"는 완전하게 생사해탈을 언급한 제9절목과 일치하고, 마지막으로 "四大가 흩어지면"은 윤회 이후의 삶과 관련된 제10절목과 그대로 일치한다.

---

24) 慧覺尊者 編, 『蒙山語錄』(刊經都監板, 韓國學文獻研究所編, 蒙山和尚語錄諺解, 1980, 서울: 細亞文化社).

25) 通光 역주, 『高峰和尚禪要語錄』, p.170. 1993, 서울: 불광출판사.

26) 『無門關』, 298下.

제8절목에서 사용되는 '自性本用'과 '隨緣應用'은 보조지눌의 『節要私記』에서 荷澤宗과 洪州宗을 구별하기 위해서 채택한 개념이다. 이것을 종밀은 "거울이나 마니주에 비유하여 맑아서 본래적으로 가지고 있는 밝게 비추는 성질을 자성본용이라고 하고, 인연을 따라서 개개의 사물을 비추는 것을 수연응용이라고"[27] 구별한다. 그러면서 홍주종은 오직 수연응용만 있고, 하택종이야말로 양자를 모두 갖추고 있다고 주장한다. 그러나 지눌은 『절요사기』에서 홍주종에는 수연응용만 존재한다는 종밀의 종파적인 관점을 거절하면서,[28] 본용과 응용, 자성정혜와 수상정혜를 함께 닦기를 당부한다. 나옹이 제8절목에서 자성본용과 수연응용을 질문한 것은 바로 『절요사기』에 근거한 것이며, 지눌의 사상을 계승한 것으로 평가된다.

여기에 한암선사는 '곧장 몸을 감춘 곳에 자취가 없고, 종적이 없는 곳에서 몸을 감추지 말라'고 대답한다. 몸을 감춘 곳은 자성의 본래의 작용[自性本用]으로, 종적이 없는 곳에서 몸을 감추지 말라는 인연을 따르는 응용[隨緣應用]으로 이해된다. 이것은 깨달음을 얻은 이후에 현실 속에서 어떻게 응용해야 되는지를 보여준다. 흔적이 없는 가운데 몸을 드러내고, 몸이 드러낸 곳에는 흔적이 없다. 몸이 드러난 곳은 고요하고, 고요한 곳에서 몸이 드러난다.

제9절목은 죽음에 임박하여 어떻게 생사를 벗어날 것인지를 질문하는데, 한암선사는 '잠꼬대하지 말라'고 대답한다. 이것은 무슨 뜻인가? 이미 생사를 벗어났고, 생사가 없다면, 그것은 결국은 잠꼬대가 아닌가?

---

27) 知訥, 『法集別行錄節要并入私記』(『普照全書』, p.115. 普照思想研究院).
28) 특히 普照는 여기서 覺範이 『林間錄』에서 宗密의 四種派 분류와 평가를 비판한 부분을 인용하여 그 문도에 의해서 조장된 종파적인 관점을 염려하고 있다(普照, 위의 책, pp.115~116. 참조.).

제10절목은 육신이 흩어지면 어디로 가는가 하는 질문이다. 적어도 생사를 벗어났다면 가는 곳을 알아야 하지 않는가 하는 것이다. 한암선사는 이 점에 대해서 '일면불 월면불'이라 대답한다. 이 응답은 마조가 아플 때 원주가 어떠한지를 묻자 대답한 것이다. 일면불! 월면불! 그대는 어디로 가는가? 일면불! 월면불! 이 응답은 어디로 가는지를 모르는 것이 아니라, 본래로 어디로 간다 온다가 아닌 까닭에, 온 적이 없고 간 적이 없기에, 그것은 일면불이고 월면불이다.

이상으로 나옹선사의 〈공부십절목〉은 '기초수행'에 해당되는 입문 삼구, '가행정진'의 삼단공부, '보임'의 삼관어가 공부의 단계에 따라 유기적으로 결합되어 이루어진 것이다. 나옹의 「공부십절목」은 학인의 공부를 점검하는 단순한 수단만이 아니다. 이것은 공부의 전 과정을 정교하게 체계화시킨, 나옹의 독창적인 수증론이라고 할 수 있다. 또한 그 사상적인 배경이 비록 대혜, 고봉, 몽산 등 송대 간화선자의 돈오점수체계에서 영향 받은 점은 실로 크다고 하지만, 수선사 지눌의 전통도 계승하고 있음을 아울러 지적할 수 있다.

IV. 맺는말

〈선문답 21조〉는 한암선사의 간화선사상을 대표하는 자료이다. 이 것은 이력스님이 결제 중에 선사께 질문한 21가지로 구성되었다. 21 조는 다시 전편과 후편으로 구별할 수가 있다. 10번째까지의 전편은 이력스님이 질문한 내용이고, 11번째의 후편은 나옹화상의 〈공부십절목〉을 그대로 적용한 것이다. 이들은 한결같이 간화선의 수행과정을 보여주는데 그 구성을 살펴보면 아래와 같다.

전편: 화두결택→득력→대오→보양→증득
후편: 입문삼구→삼분단공부→대오→보임과 삼관어

이것은 〈선문답 21조〉의 중심사상이 간화선이고, 전편과 후편이 거의 동일한 참구과정을 보여준다는 것이다. 특히 이런 과정은 대오와 증득을 구별하고, 보양 혹은 보임의 과정을 설정함으로써, 간화선 수행체계인 돈오점수의 전통을 계승하고 있음을 알 수가 있다. 그러나 전편이 참선의 초보자를 위한 입문적 수준이라면, 후편은 전문 수행자를 위한 문답인 점에서 차이점을 보여준다. 전편이 일반인을 위한 안내라면, 후편은 선사의 본심을 그대로 보여준 점에서 의의가 있다.

전편을 보면, 간화선의 사상적인 기초로 동북아시아에 널리 알려진 『기신론』의 생멸심과 진여심이라는 마음의 이해방식을 채택하고 있다. 특히 화두의 참구과정을 空寂과 靈知라는 관점에서 해명한 점, 반조와 간화를 상호보완 관계로 이해한 점은 한암선사가 전통적인 한국 간화선 전통을 충실하게 계승하고 있음을 알 수가 있다.

후편은 송대 간화선의 중심된 과제들을 포함하는 나옹화상의 〈공부십절목〉에 대한 질문과 그에 따른 선사의 대답으로 구성되어 있다. 전편에서는 매우 친절한 혹은 쉽게 일상어로 응답을 했다면, 후편은 전문수행에게 쟁점이 된 입문삼구, 삼분단공부, 삼관어 등에 대한 응답으로, 곧장 직입하는 길을 선택한 점에서 분위기가 전편과는 사뭇 다른 형태를 취한다. 이것은 논리적인 설명보다는, 깨닫는 근본자리에서 곧장 본래면목의 당체 그 자체를 드러낸다. 이런 점은 한암선사가 조사선의 가풍을 잘 계승하고 있음을 보여주는 대목이다.

8

漢巖의 宗祖觀과 道義國師

김광식

※ 이 논문은 『한암사상』 3집(2009년)에 발표했던 것을 수정, 보완하여 재수록한 것이다.

[요약문]

본 고찰은 한암의 기고문인 『불교』70호(1930.4) 「海東初祖에 對하야」를 분석한 글로서 그 논문을 다음과 같이 정리한다.

첫째, 선사, 율사, 고승, 종정의 이미지가 강했던 한암의 종단 정체성 혹은 불교 법맥의 계승 문제에 대한 강렬한 관심을 파악할 수 있다. 이는 한암에 대한 지금까지의 고정적인 성격을 수정시킬 수 있다. 한암은 이 기고문을 작성하기 위해 다양한 자료를 섭렵했고, 그간의 법맥의 오류를 지적하면서 자신의 주장을 납득시키기 위한 고민을 심각하게 했다. 더욱이 자신의 주장만을 강력하게 내세운 것이 아니라 종단(교단) 차원의 대안까지 설정했음에서 그의 현실인식의 균형성, 탄력성을 엿볼 수 있다. 한편 그간 불교계에서는 한암을 선사, 도인, 종정 등은 선적인 측면에서의 수행, 사상만을 유의했는데 한암의 종조관 사례에서 禪敎 균형적인 승려상, 현실과 밀접한 도인상을 재발견할 수 있었다.

둘째, 한암의 종조관과 다른 승려, 학자들의 종조관의 동질성과 차별성을 고민할 과제에 직면했다. 한암은 위의 글에서 지속적으로 海東初祖라는 관점, 표현을 활용했다. 이 같은 해동초조라는 개념을 한암이 쓴 연유, 배경, 논리가 있을 것이다. 필자는 이번 글에서 그에 대한 분명한 입장을 설명하지 못했다. 다만 한암은 한국불교사 전체의 맥락을 고려한 것이 아닌가 한다. 당시 종조에 대한 대표적인 학자인 김포광은 태고 계승의식에 의거해 태고국사 종조론을 관철시킨 것에 차별성을 갖기 위한 것으로 보인다. 한암과 포광은 조선시대 불교사 및 법통 인식에 있어서 조계종, 임제종 계승이라는 전연 이질적인 해석을 했다.

셋째, 한암의 도의국사 종조론은 그 이후 적지 않은 영향을 미친 것으로 볼 수 있다. 한암의 기고문 이후 권상로는 일제 말기에는 도의국사 종조론을 주장하고, 이를 지면에 기고했다. 그런데 의문이 드는 것은 1937년부터 전개된 총본산 건설운동을 통해 1941년의 조계종이라는 새로운 종명을 제정할 때에 권상로는 어떤 입장, 주장을 했는 가이다. 1941년 조선불교조계종으로 새 출발을 할 때에 종조는 태고 국사였다. 권상로는 그런 결정이 총독부 차원에서 확정된(1941.4) 이후인 1941년 후반에 가서야 『불교』 신31집(1941.12)의 「古祖派의 新發見」이라는 글을 통해 도의국사가 종조가 되어야 한다고 주장했다. 그리고 그는 『불교』 신49집(1943.6)에 기고한 「曹溪宗旨」라는 글에서도 자신의 주장, 즉 조계종의 종조는 도의국사라는 것을 강력하게 주장했다.

그리하여 일제 말기에는 종조론을 둘러싼 논쟁이 치열하게 일기도 했다. 그로 인해 태고국사 종조론, 도의국사 종조론, 보조국사 종조론이 등장했다. 이런 논쟁을 거치면서 점차 태고국사 종조론은 퇴색하게 되면서 은연중 도의국사 종조론이 힘을 받게 되는 현상으로 전개되었다. 하여간 한암의 도의국사 종조론의 재인식을 통해 필자는 현재 조계종단의 종조로 추대, 추앙하는 인식도 재고찰할 여지가 있다. 지금껏 조계종이 도의국사를 내세우고 있는 것은 기형적, 수좌 중심적, 선종 중심적이라는 시각이 강하다. 그런데 근현대 불교사에서의 종조관을 재검토하면서 한암의 종조관을 유의하면 지금까지의 부정성은 재고의 여지가 많다.

넷째, 한암의 종조관에는 선 중심주의, 조사선의 성격이 강하게 나타나고, 아울러 한국불교를 선 중심적으로 보려는 의식이 깔려 있다고 이해된다. 이는 현 조계종단 내부의 수좌들의 인식과 유사하다. 이는 그가 선사였던 측면이 작용한 결과이다. 그러나 그는 한국불교의 다양성, 회통성을 고려하면서도 법맥, 법통, 계승의식을 논함에 있어서는 선맥을 표방, 강조할 수밖에 없는 관점(고뇌)을 갖고 있었던 것으로 이해된다. 한암은 신라, 고려, 조선시대 불교사의 중심은 선이었고, 이를 조계종으로 지칭했다. 한암의 이 같은 인식, 즉 한국불교는 곧 조계종이라는 등식의 이해를 하면서도 그간 조계종을 1962년, 1941년, 보조국사가 송광사가 위치한 산명을 조계산으로 표방한 1200년 등에서 그 연원을 찾으려고 했던 기존 인식과는 사뭇 다른 것이다.

I. 서언

근현대 한국불교(1920~1950년대)에서 한암은 교정 및 종정을 네 차례나 역임한 고승이다.[1] 이 같은 사실은 당시 불교계에서의 한암의 위상을 단적으로 드러낸다. 그럼에도 불구하고 한암에 대한 연구는 아직 초보 단계에 머물고 있다. 최근 한암의 근거 사찰이었던 월정사에서 한암사상연구원을 설립하여 학술세미나를 개최하고, 세미나에서 발표된 연구 성과물을 모아 『한암사상』을 발간했지만, 아직도 일부 연구자들만이 한암에 관심을 갖고 있는 정도이다. 그래서 한암에 대한 기초적인 연구가 절실한 실정이다.[2]

이에 본고는 이 같은 배경에서 집필되었거니와, 본 고찰에서는 한암이 『불교』 70호(1930.4)에 기고한 글인 「海東初祖에 對하야」에 나타난 宗祖觀을 살피려고 한다. 필자가 한암의 이 기고문을 분석하려는 연유는 다음과 같은 사정에서 나온 것이다.

우선 첫째로 현재 대한불교조계종의 종조가 道義國師라는 관점에서 한암이 도의에 대해 쓴 글을 주목한 결과이다. 즉, 근현대 한국불교에서 도의국사를 종조로 내세워야 한다고 최초로 주장한 인물이 바로 한암이었다. 도의국사가 한국불교 교단차원에서 종조로 내세워진 것은 1954년이었으며, 그 이후 불교정화운동의 발발, 비구승단의 재정립이라는 불교사 전개에 즈음하여 도의는 확고부동한 종조의 위

---

1) 졸고, 「방한암과 조계종단」 『한암사상연구』 제1집, 2006, 한암사상연구원.
2) 이에 필자는 한암의 재인식 및 연구를 위한 기반 구축을 위해 한암에 대한 구술사 자료수집, 출판을 시도했다. 김광식, 『그리운 스승 한암스님』, 2006, 민족사.

상을 점해 현재에 이르고 있다. 필자는 이 같은 역사적 전개를 유의
하면서 한암은 왜? 어떤 연유로 도의국사를 종조로 세워야 한다는
주장을 했는가에 대한 의아심을 갖고 있었다. 그래서 본 고찰에서 그
전후사정을 밝혀보려고 한다.

다음 두 번째로는 한암이 도의국사를 내세워야 한다는 기고문을
작성한 것은 지금껏 선사, 선승, 도인, 선지식, 율사, 종정 등으로 불렸
던 한암의 호칭 및 이미지와는 전연 이질적이었다는 사실이다. 즉 한
암의 이미지는 은둔적인 고승이었다. 오대산에 입산, 수행한 27년간
산문을 나선 것은 단 세 차례였다는 저간의 풍문은 그를 예증하는
것이었다. 그리고 그는 교정, 종정을 역임하면서도 종단 및 총무원이
있는 서울, 조계사에 한 번도 나오지를 않았다. 이렇듯 은둔적 수행
을 하면서 세속과 단절했던 그가 종조문제에 대해서는 자신의 주장
을 적극적으로 개진했음은 기이한 사실로 받아들여질 수 있는 것이
다. 또한 종정을 역임한 고승 중에서 종조문제에 대해 자신의 입장을
공개적으로, 논설로 기고한 경우가 희박한[3] 저간의 풍토를 고려할 경
우에도 한암의 행적은 시선을 끌 수 있는 것이다.

이렇게 필자는 두 가지 연유에 의거하여 한암의 종조관을 분석하
려고 한다.[4] 필자는 이에 대한 관심을 일찍부터 갖고 있었지만 연구
의 기회를 얻지 못했다. 그러나 최근 이 분야에 대한 연구 성과도 가

---

3) 성철은 보우국사가 종조가 되어야 한다는 내용이 포함된 『한국불교의 법맥』을
1976년에 간행했다.
4) 한암문도인 월정사 회주인 현해스님은 동국대 이사장을 역임하던 2006년 4월
7일, 월정사가 주최한 한암대종사 수행학림의 네 번째 강의에서 「한암대종사
의 종단관」을 발표했다. 「특강-한암대종사의 종단관」, 『현대불교』 2006년 4월
19일, p.18. 참조. 필자는 당시 그 강의를 들으면서 언젠가 기회가 있으면 한암
의 종단에 대한 인식을 논문으로 정리하겠다는 다짐을 했다.

시화되고[5] 있음을 고려하면서 더 이상 시간을 지체할 수 없다고 여기고, 본고를 집필하기에 이르렀다. 필자의 이 고찰로 근현대 종조문제에 대한 인식의 지평이 넓혀지고, 나아가서는 한암 연구의 지평이 확대되기를 기대하는 바이다. 미진한 측면은 후속 연구를 통해 보완할 예정이거니와 강호제현의 질정을 기다린다.

II. 1910~1920년대 종조문제의 인식

한암이 1930년 초반, 『불교』지 70호(1930.4)에 「海東初祖에 對하야」라는 글을 기고한 것에는 그럴 만한 연유가 있었을 것이다. 그 연유를 이해하려면, 1930년 이전의 불교계에서 종조문제에 대한 논란을 살펴볼 필요성이 제기된다. 이에 본 장에서는 1910~1920년대의 종조문제에 유관된 내용을 정리하려고 한다.

개항기와 1910~1920년대의 한국 불교계에서는 종조에 대한 뚜렷한 입장이 나타나지 않았다. 그것은 무엇보다도 종단이 부재한 현실에서 찾을 수 있을 것이다. 조선후기 이래 산중불교라는 지칭을 들었던 한국불교는 종단을 갖고 있지 않았으며, 그에 대한 분명한 자각도 희박했다. 이런 현실로 인해 한국불교에서는 종조에 대한 필요성도 인식치 못한 것이 아닌가 한다.

일제가 침략해 오고, 그에 발맞추어 일본불교가 침투하면서 점차

---

5) 김상영, 「일제 강점기 불교계의 宗名 변화와 宗祖·法統 인식」 『불교근대화의 전개와 성격』, 2007, 조계종출판사.
  김상영, 「정화운동시대의 宗祖 갈등 문제와 그 역사적 의의」 『불교정화운동의 재조명』, 2008, 조계종출판사.

한국불교에서는 그에 대한 대응의식이 나오게 되었다. 그 대응의식은 자생적인 종단의 설립으로 표출되었다. 이에 1908년 3월 6일 서울에서 전국 각처의 사찰을 대표한 승려 52명이 원흥사에서 모임을 갖고 원종이라는 종단을 만들었다.[6] 원종은 일정한 조직 체계를 갖고 당시 구한국 정부에 인가 신청을 했지만 끝내 인가를 얻지 못했다. 흥미로운 것은 근대기 최초의 종단인 원종을 만들면서도 종조를 내세우지 않았다는 것이다. 나아가서 1910년 친일적인 승려들이 시도한 원종과 일본불교인 조동종과의 맹약에 반발하면서 나온 임제종에서도 종조 부재라는 현실은 지속되었다.[7] 한편 일제는 원종과 임제종을 부정하고 조선불교선교양종이라는 조선시대의 종단 전통을 차용하면서도 종조를 역시 내세우지 않았다.[8] 이 같은 원종, 임제종, 조선불교선교양종에서 종조가 등장하지 않았음은 종단의식의 미약 및 종조에 대한 정체성이 투철하지 않은 것에서 비롯된 것으로 이해된다.

그렇지만 종조에 대한 표방은 없었지만, 그에 근사한 의식까지 없었던 것은 아니다. 요컨대 태고국사 계승의식은 엄연했던 것이다. 이제 여기에서는 그에 연관된 관련 자료를 제시하면서 논지를 전개하고자 한다.

A : 1912

해인사 사법 - 太古國師忌日(음력 12월 24일)을 法式日로

---

6) 졸고, 「1910년대 불교계의 조동종 맹약과 임제종운동」『한국근대불교사연구』, pp.64~65. 1996, 민족사.
7) 위의 책, pp.73~77.
8) 1912년 6월 17일, 30본사 주지회의에서 종명을 둘러싼 승려들 간의 문답에서는 종지에 대한 이견, 격론은 있었으나 의아스럽게도 종조에 대한 논란이 없었다. 『조선불교월보』 6호(1912.7), 「會議院顚末」.

법주사 사법 - 傳祖 太古禪師

법흥사 사법 - 住法興傳法第一祖, 傳法初祖 太古禪師

김용사 사법 - 傳法祖禪太古國師忌

B : 1913

「北漢山太古寺 重修案 趣旨」-圓證國師 太古和尙은 寔朝鮮佛宗
之 鼻祖也시고[9]

C : 1917

금일 朝鮮佛敎 즉 선교양종의 사원에 幾千僧侶로부터 宗門開祖
로 崇仰하는 바 고승인 태고보우국사가 일시 止住함으로써 일층 저
명한 遺蹟이 되는 것이니[10]

『조선불교통사』 광고 - 현금 朝鮮七千 僧侶의 宗祖되는 태고국사[11]

D : 1918

박한영, 「양주 天寶山遊記」 - 朝鮮 禪宗의 中興元祖되는 太古圓
證國師가 楊根 龍門寺에서 誕生하신 後[12]

이러한 1910년대의 자료를 보면 대략, 태고국사를 종조로 분명하게
표방하지는 않았지만 종조로 인식했음을 알 수 있다. 이는 태고국사

---

9) 『해동불보』 1호, p.58.
10) 도전춘영, 「북한산의 유적」 『조선불교총보』 3호, p.27. 1917. 5.
11) 『조선불교총보』 6호, p.34. 1917. 6.
12) 『조선불교총보』 13호, p.5. 1918. 12.

계승의식에서 나온 것이 분명하거니와 그럼에도 불구하고 원종, 임제종, 선교양종의 성립 단계에서 종조를 설정하지 않은 것은 적지 않은 의아심이 가는 대목이다.[13] 어찌되었든 1910년대[14] 혹은 1920년대 전반기까지도 한국불교에서는 태고국사의 후예라는 계승의식은 보편적인 정서였던 것으로 보인다.

조선 六千僧侶의 元祖되는 太古以下 諸師가 崇奉하던 종명임으로…
(중략)…조선 六千僧侶의 元祖되는 太古和尙은 何方面으로 視察하던지[15]

조선불교는 同一한 태고화상의 一派로써 故히 此를 十三區에 分하얏으며[16]

조선의 불교는 太古 보우화상 이래로 종파의 통일을 보게 되야 그후로 지금까지 宗派의 別이 없고 승려는 다 태고화상의 法胤이 되야 있다.[17]

그러나 태고에 대해 종조에 근사한 인식을 했지만 그에 대한 이론이 전혀 없었던 것은 아니었다. 즉 논란의 불씨는 있었던 것이다. 이 문제는 종명의 명칭과 맞물릴 수밖에 없는 것이었기에 종명의 미확

---

13) 이에 대해서는 더욱 따져볼 내용이 많다.
14) 그것을 예증하는 것으로 1914년 음력 3월 16일, 태고사에서 불교계의 주요 인사가 참여해 태고국사 다례재를 거행한 사실이다. 그리고 1914년과 1915년에는 30본사 주지회의에서 태고국사 비부도 중수, 태고사 유지 모연금 결정 등도 있었다. 이에 대해서는 졸고, 「근대불교와 중흥사」『새불교운동의 전개』pp.131~132. 2002, 도피안사.
15) 포광, 「朝鮮佛敎宗名에 대하야(三)」『매일신보』1922. 4. 3.
16) 「불교혁신건백」『매일신보』1922. 4. 29.
17) 한용운, 「사법개정에 대하야」『불교』 91호(1932.1). 이 자료의 기술은 1931년이지만 1920년대 정황을 단적으로 전하는 것으로 이해해 자료로 제시했다.

정에 즈음하여 잠복되었던 것이다. 즉 종명, 종지, 종조문제는 동전의 양면과 같은 것이었다. 달리 말하면 종명, 종지문제에서 논란이 있다 함은 은연중 종조문제에도 이견이 있음을 대변하는 것으로 필자는 보고자 한다. 비록 태고국사 계승의식이 지배적이었다 해도 완전 합일되지 못한 형편이었다.

再言하면 교세의 衰殘함을 隨하야 종파가 減小되고 종파의 감소됨을 因하야 상대자 되는 他宗派가 無하얏고 상대자 되는 타종파가 無함으로 自家의 宗名까지 른失케 된 現今 狀態를 成하얏으니 엇지 불교계 羞恥가 아니라 하리오. 然홈으로 因하야 상대자는 되는 타종파가 無한 시대에 처하야는 自家 宗名을 標榜할 필요가 無하얏지만은 今日 內地 各宗佛敎가 渡來하야는 敎化를 宣定하는 此時代에 至하야는 조선불교도 반다시 自家의 宗名을 標榜하며 自家의 宗旨를 宣布하야 他宗과 混同치 아니케 할 필요가 有한 줄로 주장하노라. 그럼으로 如何란 名稱으로써 조선불교의 宗名을 作하는 것이 相當할난지 아직 眞正한 斷案이 無함으로 或者는 말하되 조선불교는 禪敎를 兼崇함으로 禪敎兩宗이라든지 칭할 것이라 하며 혹자는 말하되 조선불교는 순일한 臨濟의 法孫임으로 臨濟宗이라든지 禪宗이라든지 稱할 것이라 하며 혹자는 말하되 太古의 改宗에 係한 것임으로 臨濟宗 太古派라 할 것이라 하여 異論이 紛紛함을 不能하얏도다.[18]

明治 四十四年 九月 一일부터 사찰령이 시행되고 31본사 주지가 사법 인가를 신청할 때에 渡邊暢氏의 案으로 宗名을 세우되 조선불교는 羅麗時代에 十一宗 있었고 이조시대에 들어와서 七宗이 되고 최후에 禪敎兩宗이 남아 있었다는데 基하여 종래에 朝鮮佛敎禪敎兩宗으로써 稱名하여 왔었는데 이에 對하여 識者間에 非難이 많았던 것이다.[19]

---

18) 포광, 「朝鮮佛敎宗名에 대하야(一)」『매일신보』 1922. 4. 1.
19) 「朝鮮佛敎禪敎兩宗의 宗名改定」『불교시보』 66호, p.9. 1941. 8.

위의 자료에 보이듯 1920년대 전반기 상황은 종명, 종지, 종조문제
가 수면에 잠겨 있었다고 볼 수 있다. 그러나 언제든지 그 문제가 수
면 위로 부상하면 그에 대한 논란은 뜨거운 감자와 같은 상태로 전
환될 것으로 이해된다.

그런데 바로 그 같은 문제가 1929년 1월 3~5일, 서울 각황사(조계
사의 전신)에서 개최된 조선불교선교양종 승려대회에서 구체적으로
노정되었다. 그 대회는 일제하 불교사에서는 기념비적, 역사적 의의
를 갖고 있었다. 필자는 그 대회에 대한 개요, 진행, 성격, 성과 등에
대해서 10여 년 전에 논고를 발표한 바가 있다.[20] 그 승려대회는 한
국 근대불교사상에서 성사된 최초의 승려대회였다. 그러므로 이 대
회에서 결의한 제반 내용은 상당한 의미, 파장을 갖는 것이었다. 대회
는 불교 통일운동, 일제하 식민지 불교에 저항 등의 의미를 갖고 있었
다. 대회에서는 불교계 구성원들이 지킬 법규를 제정하는 것이 가장
중요한 문제였다. 그것은 곧 종헌의 제정으로 귀결되었다. 대회 후 불
교계는 대회에서 제정할 종헌을 준수할 과제에 직면했다. 대회는 당
시 불교계 대표 2/3가 참가했기에 일정한 대표성을 갖고 있었고, 근
대불교가 직면했던 통일운동의 기반을 구축했고, 통일운동의 근거를
종헌의 이름으로 만들어 냈기에 승려대회의 역사성은 심대한 것이었
다. 그래서 불교계에 날카로운 비판을 가했던 한용운도 이 대회에 대
해서는 전조선불교도의 總意로 성립되었고, 종헌이 엄정했으며, 종헌
을 실행하겠다는 서원이 견고했다고 평했다.[21]

---

20) 졸고, 「조선불교선교양종 승려대회의 개최와 성격」『한국 근대불교사 연구』,
     1996, 민족사.
21) 위의 졸고, p.354.

요컨대 이 대회에 대한 평가, 바람, 당위, 명분은 상당한 것이었다. 이는 곧 대회에서 제정된 제반 내용은 그에 비례해 상당한 무게를 갖는 것이었고, 불교계는 대회에서 제정된 종헌을 실행해야 한다는 책무를 갖게 되었다.[22] 그런데 이 대회에서 종조문제에 대한 그간의 인식을 확정케 하는 결론이 도출되었던 것이다. 요컨대 종조로 태고보우국사를 확정한 것이었다. 당시 그 종헌의 제3조에 나온 종조문제를 제시하면 다음과 같다.

> 본 양종은 석가모니를 본존으로 하고 태고보우국사를 종조로 함. 단 각 사원에 봉안하는 본존불은 종래의 관례에 의함[23]

즉 태고를 종조로 결정했던 것이다. 이 내용은 대회에 참가한 승려들이 종헌을 통과시키고 佛前에서 선서식을 거행했을 때에 읽은 선서문에서도 나온다. 그것은 다음과 같다.

> 仰惟我 本師 釋迦牟尼世尊과 宗祖 太古國師 - 爲首하사 十方三世一切 如來와 西天東土歷代 祖師는 均廻 慈鑑하사 特垂 明證하옵소서[24]

1929년 1월 4일 낭독한 선서문에서도 종조는 분명하게 태고국사로 나왔던 것이다. 이렇듯 1929년 1월 당시 불교계에서는 종조가 태고임을 공론화했던 것이다. 이로써 그간 종단의 명칭 논란으로 인해 논의에서 제외되었던 종조문제를 결론내린 것이라 하겠다. 논란이 분분한 종명문제는 오히려 조선불교선교양종으로 그대로 존치되었던 것에

---

22) 졸고, 「1930년대 불교계의 종헌실행 문제」『한국 근대불교사 연구』, 1996, 민족사.
23) 『불교』 56호(1929.2)에 수록된 종헌 참조.
24) 「대회회록」.

비하면 종조문제는 승려대회에서도 현재 전하는 기록상으로는 큰 이견 없이 결정되었던 것으로 보인다. 당시 그 대회에 참석해 종헌제헌을 담당한 대상자에는[25] 김포광, 송종헌, 이고경, 도진호, 백성욱, 김태흡, 김법린, 이응섭이 포함되어 있었다. 이런 인적 구성으로 볼 때, 김포광의 주도적인 진행이 있었던 것이 아닌가 한다.[26] 그런데 대회 준비위원장이었던 권상로는 대회 둘째날인 1월 4일에는 불참했다.[27] 종헌은 1월 4일에 통과되었기에 권상로의 의견은 반영되지 않은 것으로 보인다.[28]

이렇게 김포광의 종조에 대한 의견이 반영되었던 것으로 보이는 승려대회는 종료되었다. 그 결과 한국불교, 선교양종의 종조는 태고국사로 결정되었다. 이는 근대 불교계 구성원, 종단이 정한 최초의 종조로 태고국사로 선정되었음을 의미한다. 이 같은 결정은 추정하건대 전국 불교계로 파급되었을 것이다. 그래서 월정사의 선방인 상원사에서 수행에만 전념했던 한암에게도 종조로 태고국사가 결정되었다는 소식은 전달되었을 것이다.

---

25) 당시 대회에서는 이들을 制憲部라 했다.
26) 그는 대회 첫째날의 대회에 제출한 의안을 심사한 의안 심사위원(11인)의 일원이었다. 즉 그는 자신이 만든 종헌안을 자신이 심사했던 것이다.
27) 대회회록에는 有故로 나온다. 유고의 이유는 알 수 없다. 그래서 사회였던 권상로의 유고 사면으로 이혼성이 사회를 보았다.
28) 그러나 권상로는 대회 준비위원장이었기에 1월 4일 이전에 그의 의견을 개진할 기회가 많았다. 그러나 권상로가 대회 준비단계에서 어떤 의견을 피력했는지도 알 수 없다.

III. 한암의 종조관 피력

한암은 오대산 상원사에서 수행에 전념했지만, 승려대회가 종료된 직후인 비교적 빠른 시기에 승려대회의 결과를 파악했을 것으로 이해된다. 왜냐하면 그는 대회에서 추대된 교정 7인의 일원이었기 때문이다. 추정하건대 대회를 추진한 주체세력의 누군가가 상원사를 내방하여 대회의 결과를 보고했을 것이다.

그런데 여기에서 한암의 종조관을 살피기 이전에 한암이 종조에 대한 자신의 견해를 피력한 의미를 짚어 볼 필요가 있다. 우선 1930년 당시 한암은 속납으로는 54세였다. 그렇지만 그는 1929년 1월에 개최된 승려대회에서 한국불교를 대표한 고승, 즉 教正으로 추대되었다. 필자는 여기에서 고승, 교정, 도인이라 칭했던 선승이 교단문제에 대해서 이렇게 자신의 의견을 즉각적으로 피력한 경우는 흔치 않는 일이었음을 우선 주목해야 한다고 본다. 이 점에서 그는 요즈음 횡행하는 선지식, 큰스님과는 전연 이질적인 선사였음이 엿보인다. 자신의 관점, 의견을 당당히, 소신껏 개진한 체질을 갖고 있었다. 다음으로 주목할 것은 선사, 선승은 일반적으로 깨달음, 구경각 도달에만 유의하는 속성을 갖고 있다는 것이다. 이는 한국 근현대 불교사에 나오는 일반적인 정황이다. 달리 말하면 교단, 세속, 사회와는 담을 쌓고 생활, 수행하는 것이 일반적인 흐름이었던 것이다. 그렇지만 한암은 이 같은 정서와는 다르게 교단의 핵심문제라고 볼 수 있는 종조에 대해 자신의 의견을 정리해 불교계의 유일한 잡지의 지면에 기고했다. 또한 그는 선승이면서 교학, 불교사에 대한 상식이 깊었음도 필자가 주목할 내용이다. 이는 그가 평상시에 그런 주제, 내용에 대해 깊은 독서력을 갖고 있었음을 반영하는 결과로 보아야 한다는 것이다.

한편 그가 승려대회의 소식과 결과를 듣고 자신의 입장을 정리한 근 1년여 간 많은 고뇌를 했을 것은 쉽게 파악된다. 그는 그 기간에 다양한 검토, 신중한 분석을 거치면서 사색을 거듭했을 것이다. 특히 그는 1930년 이전에는 불교계를 포함한 일반 사회의 지면에 자신의 입장을 개진한 적이 전혀 없었다.[29] 이러했던 그가 『불교』지에 자신의 종조관을 기고한 것의 이면에는 그가 종조문제를 심각하게 받아들였음도 느낄 수 있는 측면이다.

이제는 이 같은 전제와 배경에서 한암의 종조론 속으로 들어가 보자. 그는 우선 불교에서는 心法의 傳授를 당연한 것으로 전제를 했다.

> 法王 法王이 出世 出世에 心法을 傳授하시되 반드시 衣鉢로써 標準을 삼으사 兩處 傳授가 있으시니 一은 佛의 相授이니 前佛이 後佛에게 傳授하심이오. 二는 祖祖가 相傳이니 法王 滅道 後에 祖師 祖師가 서로 傳하야 道法 不斷케 하심이라.[30]

이 전제는 조사선이 代代相傳됨으로써 佛祖慧命이 영원히 전달되었음을 수긍한 것이다. 그러나 한암은 전수의 상징이었던 衣鉢이 不傳됨으로 인해 오히려 다양한 祖道가 光陽되고, 正法에 도움이 되었다고 보았다.

> 自爾로 法花大暢하야 見者 聞者가 다 觀感興起하는 心을 發하나니

---

29) 1922년 그가 건봉사 결사에 초빙되어 조실로 근무했을 시에 행한 법어, 게송, 가사 등의 어록을 모은 『寒巖禪師 法語』가 편집되었다. 그리고 1928년부터는 경봉선사와 서신 문답이 시작되었다. 그러나 일반 사회에는 그 어떤 글도 기고하지 않았다. 이상의 한암 연대기는 김호성의 『방한암선사』(1995, 민족사)의 연보를 참조함.

30) 方寒巖, 「海東初祖에 對하야」 『불교』 70호, p.7. 1930. 4.

332

無上大法이 海外 諸國에 流布하지 아니할 수 없는 時節因緣이 到來하얏다.[31]

그 결과 한국불교의 승려들이 중국으로 건너가서 祖道, 佛法을 전수받고 귀국할 수 있었던 역사적 사실을 당연한 것으로 이해했다.

其時에 新羅 道義大師가 望風西泛하사 西堂智藏和尚을 首謁하시고 法印을 得하야 東歸하심이 傳記가 昭昭하니 그러면 達磨가 震旦에 初祖됨과 如히 道義가 海東에 初祖됨은 智者를 不待하고 可히 判定할 일 아닌가.[32]

이렇게 한암은 도의가 중국에 건너가서 서당지장에게 최초로 법을 받아 귀국한 사실로써, 도의는 한국불교의 初祖로 확신했던 것이다.[33] 그리고 한암은 도의뿐만 아니라 범일, 무염, 철감, 현욱 등도 중국에서 법을 받아 귀국한 사실까지 함께 지적하면서 이들은 모두 마조도일의 문하에서 心印을 얻었음을 수긍했다. 나아가 이들에게 중국에서 인가를 해 준 당사자는 선종 6조인 혜능의 5세손이었음을 인식했다. 그리고 도의가 6조 혜능을 존경하여 曹溪宗이라고 칭했다고 보고 홍척, 혜철 등도 혜능에 '同心歸仰'했던 것을 당연한 이치로 보았다. 한암은 이 같은 자신의 입장을 정리한 후, 그의 입장과 유사한 권상로의 글을 읽고서는 더욱더 확신을 갖게 되었다고 고백했다.

또 月報 第五十八號에 退耕和尚의 曹溪宗에 對한 辯論을 看讀한즉 「祖師禮懺文中에 迦智山 祖師 海外 傳燈 道義國師」라 稱한거와 歌詠中에 「曹溪門扇是誰開」句와 三國遺事에 「曹溪宗迦智山下」라 稱한 等

---

31) 위의 자료, p.8.
32) 方寒巖,「海東初祖에 對하야」『불교』70호, p.8. 1930. 4.
33) 김양정,「도의국사의 선종사적 위상」『한국불교학』51, pp.221~225. 2008.

文이 有力하게 證明하야 曹溪宗을 道義國師로부터 創立한 것이 조곰
도 疑問될 껏이 업다.[34]

이렇게 한암은 『불교』 58호(1929.4)에 기고된 퇴경 권상로의 글,
「曹溪宗」에서[35] 도의국사에 대한 위상, 역사 그리고 『삼국유사』를 비
롯한 다양한 글을 통해 자신의 입장에 대한 자신감을 갖게 되었다.
그 자신감은 조계종이 도의국사로부터 시작되었다는 것이다.

그러므로 한암은 6조 혜능의 4세손인 마조에게서 득법한 도의국
사가 혜능의 '聖德'을 '慕悅敬愛'했을 것을 당연하게 받아들였다. 그
래서 이러한 구도에서 자연스럽게 조계종이라는 명칭이 나온 것으로
주장했다. 그런데 세월이 오래되고, 역사가 혼미하게 됨으로 인해 법
통 계승을 파악하기 힘들게 되었다. 그렇지만 고려중기 보조국사 지
눌 대에 와서 禪法과 祖道가 재흥되면서 曹溪 祖道가 계승하게 되었
다고 보았다.

於時乎에 祖道大興하고 佛日重輝한지라 朝旨를 奉하야 山名을 曹溪
로 變改하셧스니 이는 곳 멀리 六祖를 敬慕하고 다시 海東 諸 國師의

---

34) 方寒巖, 「海東初祖에 對하야」 『불교』 70호, p.7. 1930. 4.
35) 권상로는 그의 글 후반부에서 "最後로 一言을 하는 것은 至今에 우리들은 新
羅 때에 自立한 曹溪宗이 오늘까지 相續不斷하야 왓슴으로 李朝의 法令에
의하야 禪敎兩宗으로 看板을 부칫슬지언정 우리의 祖派上·法係上으로는 오
로지 曹溪宗派인 것만을 힘잇게 부르지저 둔다"고 했다. 퇴경은 이 같은 논리
하에서 조계종이라는 명사는 도의국사 때부터 있었던 것이나 문장으로는 자
주 사용치 않았고, 내용상으로는 相傳하다가 고려 중기부터 본격적으로 문장,
비석에 등장했다고 한다. 이런 퇴경의 논리는 한국불교의 종명은 조계종, 종조
는 도의국사라는 것으로 귀결될 소지가 다분한 것이었다. 퇴경은 이 글을 기고
한 이후에는 자신의 입장을 서서히 전개했다. 그런데 그가 김포광의 논리, 주
장에 즉각적으로 대응하지 않은, 혹은 못한 것에 대해서는 의아심이 적지 않
다. 이 점은 필자의 후일 연구로 남겨 두고자 한다.

曹溪宗 創立한 淵源을 繼承함이 아닌가.[36]

한암은 보조국사 이후로 禪風 再興, 祖道 大興은 곧 '祖門'의 '道統淵源'이 확립되어 가는 것으로 보았다.[37] 이렇게 자신의 논리를 개진한 한암은 그 당시 승려대회에서 나온 종조론, 보우국사 종조론을 강력하게 비판했다.

如此한 坦坦大路를 바리고 傍溪曲徑으로 차자가는 言說은 置之莫論할 것이로다. 그런데 近來 文學上에 太古普愚국사로 海東初祖를 定함이 斑斑이 現露되니 이는 自違함이 넘어 甚한 듯하다.[38]

한암은 그것을 탄탄대로, 정도를 벗어나 사이길, 방계로 나가는 것으로 비유하면서 그런 논리를 논할 가치도 없다고 보았다. 즉 태고국사를 종조로[39] 정함은 스스로 어긋남으로 간주했다. 그러면서 한암은 태고국사는 중흥조의 격은 인정할 수 있다고 보았거니와 그 주장을 들여다보자.

太古가 中興祖라 함은 或 그럴는지 모르나 어떠케 初祖가 되리요. 太古의 道德이 비록 廣大高明하나 初祖라는 初字에는 大端이 不適當하지 아니한가. 新羅 諸國師의 首入祖門하야 得法東歸하신 것이 今日 太古가 初祖라는 問題下에 歸於虛地가 되얏스니 어찌 可惜치 아니하리오.[40]

---

36) 앞의 『불교』 70호, p.9.
37) 한암은 지눌 이후 16국사 배출 등을 국가의 왕위계승과 같은 형태로 보았다.
38) 위의 『불교』 70호, p.9.
39) 그런데 한암의 초점은 해동초조였는데, 이 개념과 1929년 승려대회에서 정한 종조의 개념과는 어떤 차별성이 있는지는 분석할 여지가 있을 것이다.
40) 앞의 『불교』 70호, p.9.

한암은 결단코 태고는 한국불교의 初祖가 될 수 없다고 강조했다. 그런데 여기에서 유의할 대목은 한암은 태고는 해동초조가 될 수 없다는 관점에서 자신의 견해를 피력했다는 점이다. 그러나 당시 승려대회에서는 종조라는 관점에서 태고를 종조로 내세웠던 것이다. 요컨대 해동초조와 종조는 어떤 차별성을 갖고 있는가. 아니면 동질적인 입장에 설 수 있는 것인가? 필자는 이에 대해서는 아직 별다른 의견을 갖고 있지는 않다. 어찌 되었든 한암은 김포광이 강조한 태고의 계승의식을 부정하고, 자신을 포함한 승려들은 태고의 연원이 아니라고 강력히 주장했다.

> 正直하게 辨明할것 가트면 今日 我等 兄弟가 太古 淵源이 아니라고 십다. 왜 그러냐 하면 龜谷覺雲 禪師가 曹溪宗 第十三國師 覺儼 尊者의 孫弟子됨은 分明이 李能和先生 著『佛敎通史』에 記載되엿는대 太古國師의 孫弟子라는 文句는 古來 傳記與 碑銘에 都無하다 하여슨즉 何를 據하야 太古로써 龜谷의 法祖를 定할까 생각해 볼껏이다. 堂堂한 海東 曹溪宗 第十三 國師의 孫弟子로서 다시 臨濟宗 後孫 石屋의게 得法하야온 太古의 孫弟子가 될 必要가 無하다. 이에 대해 좀 憑據가 無한 比量을 하야 보자. 高麗가 己虛하고 李朝初期에 高麗時人을 宗仰한다면 某事를 莫論하고 必然的으로 沮毀할 껏이오. 또 僧侶의게 壓迫을 나리는 時代라 各宗을 禪敎 兩宗으로 合宗식킨 法令下에 다시 曹溪宗이라 稱할 수 업는 事實이다.[41]

한암은 고려 후기 고승인 구곡각운은 조계종 13세 국사인 각엄의 손제자임에도 굳이 태고국사의 손제자라고 칭할 이유는 없다는 전제하에 위의 주장을 개진한 것이다. 다시 말하자면 한암은 조선시대 승

---

41) 앞의 『불교』 70호, p.9.

려들이 태고에게서 법통을 연결했던 것은 정치적, 생존적 차원에서 나온 것이라는 것이다. 태고는 중국에 건너가 임제종(석옥)의 법을 받아 왔기에 조계종 법통의식을 갖고 있는 당사자(구곡)가 굳이 태고의 법을 계승할 필요가 없었다는 것이다. 다만 척불, 억불의 조선시대, 즉 고려를 멸망시키고 탄생한 조선이라는 나라에서 고려기까지만 지속된 조계종의 법통을 칭할 수 없는 사정이었다는 것이다. 이에 조계종보다는 임제종의 법통을 갖고 있었던 태고의 후손이라는 의식, 법통의식이 생겨난 것으로 보았다. 나아가 한암은 조선시대 불교에서도 예전의 조계종을 '追慕하는' 흐름은 있었기에 고승들에게 '判曹溪宗宗事'라는 수식어가 개재되었다고 해석했다. 나아가서 한암은 조선 후기 승려들이 중국불교, 임제종 연원을 繼嗣했던 것은 불교를 압박했던 유교 측에서 程朱를 사모하는 것과 같다고 보았다. 이는 은연중 유교 측의 우호성 유발, 혹은 승려 행세에 유리한 것이 작용할 수 있었을 것이라는 점에서 찾았다. 즉 유교에 대한 피해의식, 유교적 영향이라는 것이다.[42]

> 이러케 여러 가지 推究해 보건대 後人이 時勢를 따라서 宗脈을 變更하는 同時에 海東의 赫赫한 曹溪宗이 업서지고 말앗다.[43]

그래서 한암은 자신이 판단한 조선시대 불교사, 태고 계승의식을 위와 같은 시세에 따른 宗脈 변경으로 단정했다. 그 결과 조계종이 사라지게 되었다는 이해를 했던 것이다. 한암은 자신의 견해를 공

---

42) 조선시대 불교가 유교(양반)의 종법질서 및 문중 형성에 일정한 영향을 받았음은 그간 일부 연구자들이 지적한 바가 있다. 이에 대해서는 본격적인 검토가 요망된다.
43) 앞의『불교』70호, p.10.

개적으로 피력하는 것에 대해 상당한 고뇌를 했다고 보인다. 예컨대, "이리 생각해 보고 저리 생각해 보아도"라는[44] 표현은 이를 단적으로 예증한다.

마침내 한암은 자신의 논지의 중심 소재 인물이었던 구곡선사와 벽계선사의[45] 연원을 조계종으로 보았다.[46] 그래서 그 결과 '我等 兄弟'의 법통은 조계종 법통이라고 단언했다. 이런 논리하에 한암은 자신의 주장을 다음과 같이 피력했다.

> 그런즉 自今 爲始하야 道義國師로 初祖를 定하고 次에 梵日國師로 次에 普照國師로 第十三國師 覺儼尊者에 至하야 拙庵显衍, 龜谷覺雲, 碧溪正心 이러케 淵源을 定하야 다시 海東曹溪宗을 復活하는 것이 正當합니다. 만일 그러치 아니하야 古人이 임의로 오랫동안 施行한 것을 猝然히 改正하기 難하다 하야 太古國師를 繼嗣하드래도 初祖는 반드시 道義國師로 定하고 次에 同時 得法而來하신 洪陟, 慧撤, 梵日 等 諸 國師로 次에 普照國師로 乃至 十六國師로 爲首하고 次에 曹溪宗 大禪師를 封한 次序로 太古普愚國師를 계속하야 太古, 幻庵, 龜谷, 碧溪, 碧松 이러케 繼統을 定하야 海東曹溪宗 淵源을 正當하게 드러내여서 첫째는 道義國師의 曹溪宗 首創하신 功德을 讚仰하고 둘째는 普照國師의 上乘을 開演하야 祖道를 光輝하고 後來에 利益을 주신 恩義를 敬慕하고 셋째는 海東曹溪宗이 繼承流通케 하신 諸 大宗師의 盛德을 襃揚하고 넷째는 碧溪禪師가 龜谷을 遠師하야 曹溪宗을 復活시킨 本意를 發現하야 億百世無窮토록 正法이 流通되기를 바라고 바라는 바이다.[47]

---

44) 앞과 같음.
45) 한암은 벽계선사를 조계종을 부활시킨 인물로, 높이 평가했다.
46) 기존 해석은 이들을 임제종 후손, 임제종 법맥의 계승자로 보았다.
47) 앞의 『불교』 70호, pp.10~11.

즉 한암은 도의국사를 초조로 정해야 한다는 것을 가장 중요한 결론으로 내세웠다. 그 연후에 범일, 보조, 16국사, 태고, 구곡, 벽계 등으로 이어지는 법통 연원을 정비할 것을 주장했다. 그럼으로써 해동조계종이 부활될 수 있다고 강조했다. 그러나 현실적인 난관으로 개정하기 어려우면 초조는 도의국사로 정하고, 태고국사로 繼嗣할 수 있다는 탄력적 대안까지 제시했다. 한암이 이러한 대안을 내놓은 것은 조계종을 수창한 도의국사의 공덕을 찬양하는 것에 있었다. 그밖에도 보조국사의 조도를 선양하고, 조계종을 부활시킨 벽계의 참뜻을 밝혀서 불법, 정법이 영원히 유통되기를 바라는 것도 있었다.

지금까지 한암이 『불교』 70호에 기고한 「해동초조에 대하야」의 분석을 통해 한암의 종조관을 살펴보았다. 이 분석에서 나오듯 한암은 해동초조로 도의국사를 내세워야 함을 주장했다. 그러면서도 현실적인 개정의 어려움이 있을 경우, 그 대안까지 제시했다. 그는 초조는 도의국사로 하면서도 새로운 법맥을 정비해야 한다고[48] 주장했다. 선승, 선사였던 한암의 이러한 주장은 그의 치열한 종단관, 법맥의식을 새롭게 바라볼 수 있는 단서라 하겠다.

IV. 결어

이제 맺는 말은 앞서 살핀 내용을 유의하면서, 한암의 종조관 분석에서 나온 주요 관점, 추후 연구할 측면 등을 대별해 제시하는 것으

---

48) 그렇지만 법맥 정비 후에도 태고를 종조로 설정할 것인가의 문제는 구체적으로 언급하지 않았다.

로 대신하고자 한다. 이는 한암의 종조관에 나온 성격 및 그 영향이라고 볼 수도 있는 것이다.

첫째, 선사, 율사, 고승, 종정의 이미지가 강했던 한암의 종단 정체성 혹은 불교 법맥의 계승문제에 대한 강렬한 관심을 파악할 수 있었다. 이는 한암에 대한 지금까지의 고정적인 성격을 수정시킬 수 있는 요소라 하겠다. 본문의 내용 분석에서도 나왔지만 한암은 이 기고문을 작성하기 위해 다양한 자료를 섭렵했고, 그간의 법맥의 오류를 지적하면서 자신의 주장을 납득시키기 위한 고민을 심각하게 했다. 더욱이 자신의 주장만을 강력하게 내세운 것이 아니라 종단(교단) 차원의 대안까지 설정한 것에서 그의 현실인식의 균형성, 탄력성을 엿볼 수 있다 하겠다.

한편 그간 불교계에서는 한암을 선사, 도인, 종정 등 선적인 측면에서의 수행, 사상만을 유의했는데 한암의 종조관 사례에서 禪敎 균형적인 승려상, 현실과 밀접한 도인상을 재발견할 수 있었던 것도 새로운 성과였다. 그렇지만 한암이 1935년 출범한 조선불교선종과 1941년에 출범한 조선불교조계종의 종정으로 추대되어, 어느 정도는 종정으로의 역할을 한 것을 그의 종조관에 비추어 보면 납득하기 어려운 점이 있다. 즉 선종, 조계종의 종규와 종헌에서는 모두 태고국사를 종조로 내세웠던 것이다.[49] 요컨대 자신이 종정으로 있는 종단에서 종조로 도의국사가 추대되지 않았고, 그 자신도 그에 대해서는 적극

---

49) 졸고, 「조선불교 선종과 수좌대회」『불교 근대화의 전개와 성격』, p.180. 2007, 조계종출판사.
   졸고, 「조선불교조계종의 성립과 역사적 의의」『새불교운동의 전개』, pp.86~88. 2002, 도피안사.

적으로 수정하려는 의사는 찾아볼 수 없다.[50]

둘째, 한암의 종조관과 다른 승려, 학자들의 종조관의 동질성과 차별성을 고민할 과제에 직면했다. 한암은 위의 글에서 지속적으로 海東初祖라는 관점, 표현을 활용했다. 이 같은 해동초조라는 개념을 한암이 쓴 연유, 배경, 논리가 있을 것이다. 필자는 이번 글에서 그에 대한 분명한 입장을 설명하지 못했다. 다만 한암은 한국불교사 전체의 맥락을 고려한 것이 아닌가 한다. 당시 종조에 대한 대표적인 학자인 김포광은 태고 계승의식에 의거해 태고국사 종조론을 관철시킨 것에 차별성을 두기 위한 것은 아니었는지도 따져 볼 문제이다. 한암과 포

---

50) 이에 대해서는 다양한 해석, 접근이 가능하지만 이런 측면이 있다는 것을 필자는 지적할 뿐이다. 그런데 이철교는 한암이 종조문제에 적극적인 연구를 했던 이불화를 격려하고, 지지했다고 했다. 이철교, 「불화 이재열」 『세속에 핀 연꽃』, p.328. 2003, 대한불교진흥원.
그러나 이철교가 비정한 한암의 자료, 즉 서간문(한암이 이재열에게 1942년 음력 8월 3일에 보낸 편지)을 유의해서 살피면 이철교의 주장과는 차이가 나는 내용이 나온다. 보조국사를 종조로 해야 한다는 것을 강력하게 주장한 이재열(이재병)은 당시 종단이 정한 종조(태고국사)에 대해 강한 반발을 하면서 그것을 성명서로 발표하여(1942년 9월경), 당시 불교계에 파장을 야기하여 종단으로부터 해종행위를 했다는 빌미로 승적 박탈을 당했다. 그러나 그는 자신의 소신을 굽히지 않고, 『曹溪宗原流 及 傳燈史之根本的研究』라는 책을 발간 준비했다. 이때에 그는 종정인 방한암에게 편지를 보내 그 책자의 題字를 한암의 글씨로 받아 출간하려고 했다. 한암은 그 편지를 받고 이재열에게 서신을 보냈던 것이다. 그 요지는 이재열의 작업이 학문적 정열에 나온 것으로 경의를 표하면서도, 자신은 세간사에 어두워 그 문제에 굳이 개입할 여건이 아님을 개진했던 것이다. 즉 이 내용에서 한암이 이재열의 종조관을 지지했음은 찾을 수 없고, 승단은 화합이 위주이니 이종욱 종무총장과 상의하여 처리할 것을 당부했다. 이 서간문에 대한 분석은 윤창화의 「한암선사의 서간문 고찰」 『한암사상』 2집, pp.228~235. 2007, 참조. 이런 측면에서 이철교의 주장도 오류가 있는 것이고, 윤창화가 이 글에서 한암이 보조국사 종조론에 서 있었다고 개진한 것도 본 고찰의 내용을 유의하면 윤창화의 주장도 오류라고 하겠다. 그리고 한암의 그 편지는 본래 이재열의 『朝鮮佛教史之研究(第一)』, p.307(東溪文化研楊社, 1946)에 「前 曹溪宗正 漢巖老師 書翰」이라는 제목으로 수록되었다.

광은 조선시대 불교사 및 법통 인식에 있어서 조계종, 임제종 계승이라는 전연 이질적인 해석을 했다. 한암이 조선시대 법통론의 저변, 이면에는 유교에 대한 일정한 영향을 지적한 것은 주목할 메시지가 아닐 수 없다.

셋째, 한암의 도의국사 종조론은 그 이후 적지 않은 영향을 미친 것으로 볼 수 있다. 한암의 그 기고문 이후 퇴경 권상로는 일제 말기에는 도의국사 종조론을 주장하고, 그것을 지면에 기고도 했다. 그런데 의문이 드는 것은 1937년부터 전개된 총본산 건설운동을 통해 1941년의 조계종이라는 새로운 종명을 제정할 때에 권상로는 어떤 입장, 주장을 했는가이다. 1941년 조선불교조계종으로 새 출발을 할 때에 종조는 태고국사였다. 권상로는 그런 결정이 총독부 차원에서 확정된(1941.4) 이후인 1941년 후반에 가서야 『불교』 신31집(1941.12)의 「古祖派의 新發見」이라는 글을 통해 도의국사가 종조가 되어야 한다고 주장했다.[51] 그리고 그는 『불교』 신49집(1943.6)에 기고한 「曹溪宗旨」라는 글에서도 자신의 주장, 즉 조계종의 종조는 도의국사라는 것을 강력하게 주장했다.[52] 박봉석도 종조는 신라시대의

---

[51] 『불교』 신31집, p.16. 요컨대 관련 자료가 없었다는 것에서 변명을 했다. 그는 총본산 문제를 3~4년간 검토할 때에는 古祖派라는 자료를 등사해 둔 것을 망각했다고 고백했다. 그러나 필자는 그가 이미 1929년도에 도의국사 시절부터 조계종이 있었다는 내용을 강조하는 글을 쓴 당사자가 그에 대한 고민을 하지 않았다는 것에 의아심이 든다. 그는 만약 그 고조파(석가모니부터 56대인 태고국사까지의 법계를 정리한 문건)가 도의국사로부터 태고국사까지의 법맥을 기록한 문건임을 당시에 알았다면 조계종을 부활하는 동시에 도의국사를 종조로 追尊했을 것이라고 아쉬움을 표했다. 그는 그 문건의 존재를 재인식한 것은 태고사 사법이 인가된 후라고 회고했다.

[52] 권상로는 그 이유를 다음과 같이 주장했다. 즉 도의국사의 得法이 가장 먼저이다. 도의국사 당시부터 종조로 도의가 추대되었으며, 태고국사가 도의의 19세손이며, 일제하 승려들은 태고의 문손이라는 것이다. 그는 이 글에서 조계종은 신라의 9산문에서 성립된 것으로 보았다.

인물에서도 찾을 수 있다고 하여 은연중 도의종조론에 동참하는 글을 남겼다.[53]

그리하여 일제 말기에는 종조론을 둘러싼 논쟁이 치열하게 일기도 했다. 그로 인해 태고국사 종조론, 도의국사 종조론, 보조국사 종조론이 등장했다.[54] 이런 논쟁을 거치면서 점차 태고국사 종조론은 퇴색하게 되면서 은연중 도의국사의 종조론이 힘을 받게 되는 현상으로 전개되었다.[55] 하여간 한암의 도의국사 종조론의 재인식을 통해 필자는 현재 조계종단의 종조로 추대, 추앙하는 인식도 재고찰할 여지가 있다고 본다.[56] 지금껏 조계종이 도의국사를 내세우고 있는 것은 기형적, 수좌중심적, 선종 중심적이라는 시각이 강하게[57] 깔려 있다. 그런데 근현대 불교사에서의 종조관을 재검토하면서 한암의 종조관

---

53) 「조계종의 근본이념」『불교』 신58집, 1944. 3.
54) 그밖에 나옹법통론은 보조국사 종조론과 연계되어 있었다.
55) 김상영, 「일제강점기 불교계의 종명 변화와 종조·법통의식」, pp.258~264.
56) 조계종단은 2004년부터 본격적으로 도의국사에 대한 추모, 계승 작업을 하고 있다. 이 구도에서 도의국사 주석 사찰인 진전사도 복원되었다. 그리고 2008년에는 중국에 도의국사 수법 기념비도 설립했다.『불교신문』 2004. 5. 28,「종단 정체성 강화 위해 종조 도의국사 다례재」; 2004. 12. 14,「도의국사 수행처 양양 진전사지 복원 첫삽」,「도의국사 표준영정 제작키로」; 2008. 5. 9, 「도의국사 수법비 한중교류 새 전형」 참조.
57) 그 대표적인 것이 성철의 인식이다. 이에 대한 단서는 성철을 시봉했던 상좌인 원택의 글이 참고된다. 즉 그는 "성철 큰스님께서는 '이 조문(조계종 종헌)이 요령부득이라고 하시며 도의국사는 가지산문이고 보조국사는 사굴산문이니 법맥이 相傳한 것이 아닌데 어떻게 다른 법맥을 같은 법맥으로 할 수 있느냐'고 말씀하십니다. 단지 비구·대처승단 간의 분규로 비구승단의 색다른 종조를 세우기 위해 억지로 보조국사를 끌어들이는 바람에 대한불교조계종의 법계가 뒤죽박죽이 되어버렸다는 것입니다. 그러므로 그 조문에서 '고려 보조국사의 중천을 거쳐'라는 구절을 빼버리거나 아예 '본종은 태고보우국사를 종조로 한다'라고 고쳐야 조계종의 종통이 분명해진다는 말씀입니다. 그리고 이러한 주장의 이론적 뒷받침을 위해 집필하신 것이 1976년에 간행된『한국불교의 법맥』입니다."이다. 원택,『한국불교의 법맥』, 1993, 장경각,「후기」 참조.

을 유의하면 지금까지의 부정성은 재고의 여지가 많다고 본다. 이 점은 필자의 후일 연구로 남긴다.

넷째, 한암의 종조관에는 선 중심주의, 조사선의 성격이 강하게 나타나고, 아울러 한국불교를 선 중심적으로 보려는 의식이 깔려 있다고 이해된다. 이는 현 조계종단 내부의 수좌들의 인식과 유사하다. 이는 그가 선사였던 측면이 작용한 결과로 볼 수 있다. 그러나 그는 한국불교의 다양성, 회통성을 고려하면서도 법맥, 법통, 계승의식을 논함에 있어서는 선맥을 표방, 강조할 수밖에 없는 관점(고뇌)을 갖고 있었던 것으로[58] 이해된다. 한암은 신라, 고려, 조선시대 불교사의 중심은 선이었고, 그것을 조계종으로 지칭했다. 한암의 이 같은 인식, 즉 한국불교는 곧 조계종이라는 등식의 이해를 하면서도 그간 조계종을 1962년, 1941년, 보조국사가 송광사가 위치한 산명을 조계산으로 표방한 1200년(고려 신종 3년)[59] 등에서 그 연원을 찾으려고 했던 기존 인식과는 사뭇 다른 것이다. 이로써 우리는 조계종에 대한 새로운 관점도 여기에서 찾을 수 있는 것이다.

지금까지 추후 이 분야 연구에 있어서 유의할 점, 그리고 한암의 종조관에서 새롭게 등장한 내용 등을 제시했다. 필자는 여기에서 문제점을 던져 놓은 결과에 불과했으나, 추후 이에 대한 답변의 해소에도 지속적인 관심을 기울이겠다는 다짐을 하면서 글을 마친다.

---

58) 이에 대해서는 추후, 연구가 요망된다.
59) 희종 3년(1207), 최선에 의해 찬술된 「大乘禪宗曹溪山修禪社重創記」를 기점으로 볼 수도 있지만 지눌이 그것을 표방한 것을 우선하여 설정했다.

9
鏡虛의 지음자 漢岩

윤창화

※ 이 논문은 『한암사상』 4집(2011년)에 발표했던 것을 수정, 보완하여 재수록한 것이다.

[요약문]

경허선사의 사상은 그의 양대(兩大) 제자인 만공과 한암에 의하여 계승되었다. 경허는 계행을 지키지 않았다. 음주식육 등을 마음대로 했다. 당시 불교계에서는 그를 비판했다. 그러나 한암은 옹호했다. 한암에 의하여 이루어진 '경허 바로 알리기 작업' '경허 승화 작업'은 경허의 행위를 '법(法)의 차원'으로 승화시켰다.

경허화상은 한암선사가 30세 연하(年下)의 법제자였지만, 그를 일컬어 "서로 알고 지내는 사람은 천하에 가득하지만, 진실로 마음을 알아주는 사람(知心)은 몇 명이나 있겠는가? 아…… 한암이 아니면 내 누구와 더불어 지음자가 되리오(古人\云, 相識滿天下, 知心能幾人. 吁. 微遠開士, 吾孰與爲知)"라고 하여, 한암을 '지심자(知心者)' '지음자(知音者)' 등으로 표현했다. 혜월, 만공 등 경허의 법을 계승한 여러 제자 가운데 '지심자(知心者)' '지음자(知音者)'라고 표현한 경우는 한암(漢岩) 한 사람뿐이다.

한편 한암선사 역시 경허화상을 매우 존경했다. 그렇다고 경허의 무애행의 문제점을 몰랐던 것이 아니다. 알았지만 행위보다는 그의 법(法)을 높이 평가했다. 한암은 자신이 지은 경허화상 행장에서 "고덕(古德)이 이르기를 다만 안목이 바름을 중요하게 여기고 행리(行

346

履, 행위)는 논하지 말라." 라는 글을 인용하여 그의 행을 법의 차원으로 승화시켰다.

두 선승은 師弟之間이었지만 선풍은 매우 달랐다. 경허화상이 거리낌 없이 주색을 행했던 선승, 주색에 구애되지 않는 선승이었다면, 한암은 계정혜와 인격을 겸비한 師表의 선승이었다.

본고는 두 선승의 師資관계에 대하여, 한암이 남긴 자료인 「一生敗闕」과 한암 찬 「先師鏡虛和尙行狀」, 그리고 경허화상의 餞別詩文 등을 통하여 고찰했다.

I. 서두

鏡虛선사(1846~1912)와 漢岩선사(1876~1951)는 근대 한국불교를 대표하는 고승이다. 경허와 한암은 모두 다 禪을 지향했으나, 그 교화 모습과 행적은 매우 달랐다. 경허가 오로지 禪만을 중시했다면 한암은 禪과 계율, 교학 모두를 중시했다. 경허가 주색에 무애한 행적으로써 일부분 원효와 비슷한 삶을 살았다면, 한암은 의상이나 자장처럼 師表적인 길을 걸었다. 이처럼 두 사람의 개성은 확연히 달랐지만 그러나 서로를 매우 존중했다. 한암은 경허의 法을 존중했고 경허는 한암의 수행과 인품을 존중했다.

본고는 근대 한국의 대표적 선승인 경허와 한암의 師資관계, 만남과 헤어짐, 그리고 印可 과정과 師資 간의 密度 등에 대하여 고찰해 보고자 한다. 경허화상은 한암을 지칭하여 '지심(知心)' '지음(知音)' 등으로 표현했다. 경허화상이 법제자(혜월, 침운, 만공, 한암) 가운데 '지심자(知心者)'나 '지음자(知音者)'라고 표현한 경우는 漢岩 한 사람뿐이다. 경허선사는 한암의 어떤 점 때문에 지음자라고 한 것일까?

II. 경허와 한암의 조우(遭遇)

1. 첫 번째 만남

한암중원이 처음으로 경허화상을 만나서 師資관계의 法緣을 맺는 것은 그의 나이 24세 때인 1899년(己亥年) 초가을 무렵이다.

당시 경허는 54세로서 청암사 수도암에 있었고, 한암은 신계사 강원에서 경전을 보고 있었는데, 하루는 우연히 보조지눌(1158~1210)의 「수심결(修心訣)」을 읽다가 "만약 마음 밖에 부처가 따로 있고 성품 밖에 법이 따로 있다는 생각에 집착하여 깨닫고자 한다면, 비록 무량겁 동안 소신연비하고, (중략) 그리고 모든 經典을 줄줄 읽고 갖가지 苦行을 한다고 하더라도, 그것은 마치 모래로 밥을 짓는 것과 같아서 한갓 수고로움만 더할 뿐"이라고 하는 대목에 이르러 크게 충격을 받게 된다. 게다가 입산 본사인 장안사 海恩庵이 하룻밤 사이에 모두 불타버렸다는 소식을 듣고는 세상사가 모두 무상함을 실감하게 된다.

신계사 강원에서 겪었던 이 두 사건(수심결 문구, 해은암 전소)은 그로 하여금 교학에서 선으로 전환하게 한다. 한암은 하안거 해제 직후 경전공부를 그만두고 도반 含海와 함께 곧장 행장을 꾸려 청암사 수도암으로 가 경허화상을 만나게 되는데, 그 과정을 한암은 자전적 구도기인 「一生敗闕」에서는 다음과 같이 적고 있다.

> 내 나이 24세 되던 어느 날 하루는 우연히 보조지눌(1158~1210)이 지은 「修心訣」을 읽다가 "만약 마음 밖에 부처가 따로 있고 성품 밖에 법이 따로 있다는 생각에 집착하여 깨닫고자 한다면, 비록 무량겁 동안 소신연비하고, (중략) 그리고 모든 經典을 줄줄 읽고 갖가지 苦行을 한다고 하더라도, 그것은 마치 모래로 밥을 짓는 것과 같아서 한갓 수고로움만 더할 뿐"이라는 곳에 이르러 큰 충격을 받았다.[1] 게다가 장안사 海恩庵이 하룻밤 사이에 모두 불타버렸다는 소식을 듣고는 모

---

[1] 지금까지는 모든 글에서는 이 부분('보조국사 수심결을 읽다가……')을 두고 漢岩선사의 '1차 悟道'로 규정했으나 이것은 깨달은 것이 아니라, '교학(경전)에서 선으로 발심하게 된 계기'라고 해야 옳다.

든 것이 타오르는 불과 같이 무상하게 느껴져서 다 몽환처럼 보였다. (신계사 강원에서) 하안거를 마친 뒤 도반 함해와 함께 행각 길에 올라 南行하여 성주 靑岩寺 修道庵에 이르러 경허화상을 배알하였다. 경허화상이 금강경에 있는 구절 즉 "무릇 모습을 갖고 있는 것은 다 허망한 것이다. 만일 모든 형상이 相이 아님을 간파한다면 곧 바로 여래를 볼 수 있을 것이다."는 법문에 이르러, 문득 眼光이 확 열리면서 삼천대천세계가 모두 눈 속으로 들어오니, 모든 사물(事物)이 다 '나(我)' 아님이 없었다.[2]

한암이 수도암에서 경허선사로부터 들은 "무릇 모습을 갖고 있는 것은 다 허망한 것이니, 만일 모든 형상이 相이 아님을 간파한다면 곧 바로 여래를 볼 수 있을 것이다(凡所有相, 皆是虛妄, 若見諸相非相, 卽見如來)"라는 말은 『금강경』 제5장 如理實見分에 나오는 구절이다.

한암은 여기서 처음으로 깨달음을 체험하게 되는데,[3] 4차에 걸친 그의 悟道과정에서 본다면 제1차에 해당된다. 그는 그 순간을 "문득 眼光이 확 열리면서 삼천대천세계가 모두 눈 속으로 들어오니, 모든 사물(事物)이 다 '나(我)' 아님이 없었다."라고 기술하고 있다. 곧 '主客不二', '萬物一如', '物我兩忘'의 경지라고 할 수 있다.

---

2) 漢岩 撰, 「一生敗闕」. "余二十四歲, 己亥七月日, 在金剛山神溪寺普雲講會. 偶閱普照國師修心訣, 至 "若言心外有佛, 性外有法, 堅執此情, 欲求佛道者, 縱經塵劫, 燒身煉臂, 云云. 乃至轉讀一大藏敎, 修種種苦行, 如蒸沙作飯, 只 益自勞"處, 不覺身心悚然, 如大限當頭. 又聞長安寺海雲庵, 一夜燒盡, 尤覺 無常如火, 一切事業, 皆是夢幻. 解夏後, 與同志含海禪師, 束裝登程, 漸次南 行, 至星州靑岩寺 修道庵, 參聽鏡虛和尙, 說, 凡所有相, 皆是虛妄, 若見諸 相非相, 卽見如來, 眼光忽開, 盖盡三千界, 拈來物物, 無非自己."(『정본 한암 일발록』 상권, p.267. 2010. 오대산 월정사)

3) 대부분의 글에서는 한암스님이 청암사 수도암에서 금강경 법문을 들은 다음 경허화상으로부터 인가를 받은 것으로 기술하고 있으나 漢岩이 경허로부터 인가를 받은 것은 1903년(癸卯), 28세 때인 해인사 하안거 때이다.

경허와 한암은 다음 날 아침 함께 해인사로 향한다. 해인사 선원에서 동안거 결제를 하기 위해서였다.[4] 해인사로 가는 여로에서 師資之間은 다시 대하를 이어 간다. 역시 한암이 쓴 『일생패궐』의 기록을 보도록 하겠다.

(수도암에서) 하룻밤을 묵고 나서 (다음 날) 경허화상과 함께 합천 해인사로 가는 도중에 문득 화상께서 나에게 물으셨다.

(1) 古人이 이르기를 "사람이 다리 위를 지나가네. 다리가 흐르고 물은 흐르지 않네"라고 했는데, 이것이 무슨 뜻인지 아는가? 내가 답하였다. "물은 眞이요, 다리는 妄입니다. 妄은 흘러도 眞은 흐르지 않습니다." 경허화상께서 말씀하셨다. "이치로 보면 그렇지만, 그러나 물은 밤낮으로 흘러도 흐르지 않는 이치가 있고, 다리는 밤낮으로 서 있어도 서 있지 않는 이치가 있는 것이네." 내가 다시 여쭈었다. "일체 만물은 다 시작과 끝, 本과 末이 있습니다. 그러나 우리의 이 본래 마음은 탁 트여서 始終과 本末이 없습니다. 그 이치가 결국 어떠한 것입니까?"

(2) 그것이 바로 圓覺境界네. 經(원각경)에 이르기를 "思惟心으로 여래의 원각경계를 헤아리고자 한다면, 그것은 마치 반딧불로써 수미산을 태우려고 하는 것과 같아서 끝내 태울 수 없다"라고 하였네.

(3) 내가 또 여쭈었다. "그렇다면 어떻게 해야만 여래의 원각경계를 깨달을 수 있습니까?" 경허화상이 답하였다. "화두를 계속 참구해 가면 끝내는 깨달을 수 있게 되는 것이네." 내가 또 여쭈었다. "만약 화두도 妄이라는 사실을 알았다면 어떻습니까?" "화두도 妄이라는 것을 알았다면, 문득 실각(忽地失脚[5])된 것이니, 그곳에서 곧장 그대로 '無'자

---

4) 그해(1899) 해인사 퇴설선원 동안거 방함록에는 경허는 조실, 한암은 서기, 함해는 간병 소임으로 나오고 있다.

5) '失脚'의 두 가지 사용 예, (1) (識心이) 打破되었다. (2)잘못되었다.
(1) 識心이 打破된 것으로 사용하고 있는 예는, 대혜, 『書狀』「答 呂舍人 居仁章」2, 끝 부분의 "若信得及, 請依此注脚, 入是三昧, 忽然從三昧起, 失却(脚)孃生鼻孔, 便是徹頭也."이다. 安震湖스님은 현토주해, 『書狀』, p.146. 「答 呂舍人 居仁章」의 注에서 "失脚孃生鼻孔者는, 鼻孔은 識心也요 失脚은 如

화두를 참구하게(其處卽是仍看無字話⁶⁾)⁷⁾

경허와 한암의 대화를 편의상 3단으로 나누어 고찰해 보고자 한다.

(1)단에 古人이 이르기를 "사람이 다리 위를 지나가네, 다리가 흐르고 물은 흐르지 않네(古云, 人從橋上過, 橋流水不流)"라는 게송은, 쌍림(雙林) 부대사(傅大士, 497~569)의 게송으로, 『전등록』27권 「善慧大士」편에 수록되어 있다. 전체는 4구이다(空手把鋤頭, 步行騎水牛, 人從橋上過, 橋流水不流).

경허가 한암에게 물은 '人從橋上過, 橋流水不流'라는 게송은 '山流水不流,' 또는 '東山水上行'과 같은 구조의 공안이다. 이 공안은 다리(橋)와 산(山)은 본래 不動(=靜)한 것인데 흐르고 있고, 물의 본래 '흐르는 것(=動)'인데, '흐르지 않는다(水不流)'고 하는 비상식적인 방법을 택하여 고정적인 생각, 통속적인 관념을 타파시켜 주고자 한 것이다. 동시에 橋와 水는 분명 다른 것이지만, 그 진실상은 動靜不二임

去打破也"라고 하여 '孃生鼻孔'을 '識心'으로 보았고, '失脚'을 '타파'로 보았다. 이후 『서장』 번역서들은 모두 '識心'이 타파된 것'으로 해석하고 있다.

(2)로 사용된 예는, 『書狀』「答 聖泉珪和尚章」끝 부분의 "若是見伊, 遲疑不薦, 便與之下注脚, 非但瞎却他眼, 亦乃失却(脚)自家, 本分手段"이다.

6) 卽是는 '곧…이다.'

　예 : 現今卽是 更無時節 / 지금이 바로 그 때로 다른 시절은 없다.

　　杜門卽是深山 / 문을 닫아 걸면 곧 깊은 산중.

　　一念卽是無量劫 / 일념이 곧 무량겁.

7) 留一宿, 隨和尚, 陜川海印寺路中, 問余曰. "古云, '人從橋上過, 橋流水不流' 是甚麼意志?". 余答云. "水是眞, 橋是妄, 妄則流而眞不流也". 鏡虛和尚, 曰. "理固如是也. 然, 水是日夜流, 而有不流之理, 橋是日夜立, 而有不立之理". 余問. "一切萬物, 皆有終始本末, 而我此本心, 廓然, 無始終本末, 其理畢竟如何?" 和尚, 答云. "此是圓覺境界. 經云. '以思惟心, 測度如來圓覺境界, 如取螢火, 燒須彌山, 終不能着'" 又問. "然則如何得入?". 答. "擧話頭究之, 畢竟得入." (又問)"若知是話頭亦妄如何?". 答. "若知話頭亦妄, 忽地失脚, 其處卽是仍看無字話."(『정본 한암일발록』상권, p.268. 2010, 오대산 월정사).

352

을 제시하여 수행자로 하여금 관념의 벽을 뚫고 제법실상의 진리를 자각하게 하기 위한 것이다.

한암은 물(水)은 眞이고 다리(橋)는 妄으로 보았다. 그래서 "물은 眞, 다리는 妄으로서, 妄은 흘러도 眞은 흐르지 않는다(水是眞, 橋是 妄, 妄則流而眞不流也)"고 답한 것이다. 眞妄의 관점에서 답한 것인 데, 경허는 이에 대하여, "이치로 본다면 맞는 말이지만, 물은 밤낮으 로 흘러도 흐르지 않는 이치가 있고, 다리는 밤낮으로 서 있어도 서 있지 않는 이치가 있네(理固如是也, 然, 水是日夜流, 而有不流之理, 橋是日夜立, 而有不立之理)"라고 하여, 眞妄이라는 二分法的인 구 조로 보지 말 것을 주문하고 있다. '菩提卽涅槃'이나 '生死卽涅槃'과 같이 眞妄은 본래 둘이 아닌 '하나'라는 것이다(眞妄不二). 동시에 眞 도 眞이 아니고 妄도 妄이 아닌 것이다.[8]

한암을 대하는 경허의 모습은 매우 자상하다. 경허는 한암의 답어 가 사유심에서 나온 대답이라고 판단해 놓고도, 그렇다면 방할이 나 와야 할 순간인데도 직설적인 논법으로 대하지 않고 정중하게 '이치 로 보면 참으로 그러하지만(理固如是也)'이라는 말로 일정부분 한암 의 입장을 배려하고 있다. 방할을 사용하지 않아도 충분하다고 본 것 이 아닐까?

(2)단에서 경허는 구체적으로 사유심 즉 분별심적인 사고를 갖지

---

8) 경허화상의 게송 가운데 眞妄에 대한 있다. 이 게송을 본다면 경허화상의 높 은 안목과 관점을 알 수 있다. "摘何爲妄摘何眞, 眞妄由來總不眞, 霞飛葉下 秋容潔, 依舊靑山對面眞"이 있다. 즉 무엇을 妄(거짓)이라 하고 무엇을 眞(참) 이라 하는가? 眞妄은 본래부터 모두 眞이 아니로다. 안개 걷히고 나뭇잎 떨어 져 가을 모양 깨끗하고, 청산은 변함없이 眞을 대면하고 있네. 3구는 본연청정 (불성)을 나타내고 있고, 4구는 진여법신을 나타내고 있다.(한암 필사본, 『경허 집』 영인본, p.137. 2009, 오대산 월정사)

말 것을 주문하고 있다. 여래의 원각경계는 부사의하기 때문에, 심심미묘해서 무어라고 표현할 수 없기 때문에 중생의 思惟心(분별심)으로는 헤아릴 수 없다는 것이다. 그것은 비유한다면 반딧불로써 수미산을 태우려는 것과 같다.

(3) 단에서 경허와 한암은 매우 진지하게 법담을 주고받고 있다. 여기서 한암은 경허화상으로부터 無字화두를 받는다. 한암이 경허화상에게 "만약 화두도 妄이라는 사실을 알았다면 어떻게 해야 합니까(若知是話頭亦妄如何)"라고 묻자, 경허는 "그것은 화두 識心(분별심)이 타파되어 가고 있는 것이네(忽地失脚). 그러므로 그 자리에서 그대로 無字화두를 참구하게(其處卽是仍看無字話)"라고 하며, 무자화두를 참구할 것을 당부하고 있다. 識心, 情識, 분별심, 사유심의 손끝이 닿지 못하는 무자화두를 주어서 매진하게 함과 동시에, 향후 無字로써 본참 화두로 삼게 하기 위해서라고 할 수 있다. 즉 話頭亦妄의 단계에서 안주하거나 퇴굴하지 말고, 百尺竿頭에서 진일보해야 한다는 것이다.

무자화두는 주지하는 바와 같이 간화선의 제창자 대혜종고(1089~1163)가 『대혜서장』『보설』 등 그의 어록에서 "이 無 한 글자야말로 번뇌망념의 생사심을 부숴버리는 칼이다."[9] "無라고 하는 이 한 글자야말로 惡知와 惡覺을 물리치는 도구이다"[10]라고 강조한 이후 간화의 대표적인 화두가 되었다.

그러나 정작 무자화두가 간화의 대표적인 화두가 되는 것은 무문

---

9) 대혜, 「答진소경」『書狀』. "僧問趙州. 狗子還有佛性也無. 州云, 無. 遮一字者, 便是箇破生死疑心底刀子也."
10) 대혜, 「答부추밀」『書狀』. "僧問趙州. 狗子還有佛性也無. 州云, 無. 此一字者, 乃是, 摧許多惡知惡覺底器仗也."

혜개의 『무문관』에 와서라고 할 수 있다. 『무문관』 제1칙에서 무문 혜개는 "어떤 것이 조사관인가? 오직 이 하나의 무자가 곧 宗門의 제일의 관문(如何是祖師關. 只者一個無字, 乃宗門一關也)"이다. 그는 또 "이 조사관을 透得하고자 하는 사람은 온 몸으로 밤낮으로 무자를 참구하라."[11]고 하여, 거듭 무자화두를 칭하여 宗門의 제일의 '관문'이라고 천명한 이후다. 그리고 우리나라에는 원대의 몽산덕이 (1231~1308?)와 중본명본(1263~1322) 등에 의하여 더욱 제1의 화두로 정착하게 되었다고 할 수 있다.

경허와 한암은 처음으로 만났던 이 해(1899, 己亥年) 동안거를 함께 해인사 선원에서 보낸다. 경허는 조실, 한암은 서기, 보운강원의 도반으로 함께 청암사 수도암까지 왔던 含海는 간병 소임으로 나오고 있는데,[12] 한암은 동안거 정진 중 하루는 게송을 지어 조실인 경허화상에게 보여 드렸다. 말하자면 한암의 견지를 나타내고 있는 게송이다.

脚下靑天頭上巒	다리(脚) 아래는 푸른 하늘, 머리 위에는 산,
快活男兒到此間	쾌활한 男兒가 여기에 이른다면
跛者能行盲者見	절름발이도 걷고 눈먼 자도 보게 되리
北山無語對南山	北山은 말없이 南山을 마주하고 있네.[13]

---

11) 『무문관』 제1칙. "莫有要透關底麼. 將三百六十骨節, 八萬四千毫竅, 通身起箇疑團, 參箇無字, 晝夜提撕."

12) 대한불교조계종 교육원 편, 『근대선원방함록』, p.40. 2006, 조계종 교육원. 경허가 해인사 선원의 조실을 맡은 것은 두 번으로 1899년(기해년) 동안거와 그로부터 3년 후인 1903년 계묘년 하안거 때이다. 한암 역시 이 때 함께 안거를 하면서 경허를 모시고 있었다.

13) 이 게송은 「일생패궐」에 근거한 것인데, 제자 呑虛스님이 쓴 「現代佛敎의 巨人-方漢岩」『한국의 인간상』 제3권(1965, 신구문화사)에는 제2구 快活男兒到此間이 '本無內外亦中間'으로 되어 있다. 경허화상으로부터 틀렸다고 지적받은 곳이므로 그 후 수정했다고 보여짐.

(「일생패궐」, 『정본 한암일발록』, 268쪽)

　경허화상은 이 게송을 보고 웃으면서, 1구와 4구인 "脚下靑天頭上
巒과 北山無語對南山은 禪句로서 맞지만 3구와 4구인 快活男兒到
此間과 跛者能行盲者見은 맞지 않네."[14]라고 하였다.

　경허화상이 어떤 관점에서 1, 4구는 맞지만 2, 3구는 맞지 않다고
했는지는 후학으로서 논하기란 곤란하지만, 1, 4구에 비하여 2, 3구
는 세속적 분위기가 나기 때문이 아닌가 생각된다.

　또 경허의 웃음이 어떤 의미인지는 잘 알 수 없지만, "좋은 게송이
지만 조금 부족하네' 그런 뜻이 아닌가 생각된다. 부족한 부분이 바
로 2, 3구라고 할 수 있다. 여기서도 경허화상은 무자화두를 줄 때와
같이 일정부분 한암을 배려하고 있는 모습이 엿보인다. 좀 더 참구하
라는 뜻인데, 경허의 선풍이나 스타일로 보아 이례적이라고 할 수 있
다. 그리고 한암 역시 지적받은 내용을 삭제하지 않고 그대로 솔직하
게 남기고 있다.

　경허는 해인사에서 동안거를 마친 후 조실을 그만두고 통도사, 범어
사 등지로 떠난다. 그러나 한암은 그대로 남아서 해인사에서 그해 하
안거 결제를 하고 있는데,[15] 당시 한암은 몸이 불편했기 때문이었다.

---

14) 한암 찬, 「一生敗闕」, "和尙, 見而笑曰, 脚下靑天與北山無語句, 是. 而快活
　　男兒與跛者能行句, 非也."(『정본 한암일발록』 상권, p.268. 2010, 오대산 월정
　　사)
15) 이 때(1900년 4월) 경허는 통도사를 거쳐 범어사로 가서 「범어사 총섭 방함
　　록서(서문)」를 쓴다. 그리고 한암은 병 때문에 그대로 해인사에 남는다. 한암
　　찬, 「일생패궐」. "過寒際後, 和尙發行, 向通梵等寺. 余則仍留, 而偶得病, 幾
　　死僅生."(『정본 한암일발록』 상권, p.268)

356

2. 두 번째 만남

청암사 수도암에 이어 경허와 한암이 두 번째로 만나는 것은 그로 부터 2년 뒤인 1901년 여름이다. 당시 경허는 다시 청암사로 와서 조실을 맡고 있었고, 한암은 통도사 백운암에서 하안거 정진 중이었는데, 무슨 일인지 경허화상은 한암에게 편지를 보내 급히 청암사로 와 줄 것을 요청했다. 이에 한암은 하안거 결제 중임에도 불구하고 행장을 꾸려 청암사로 가서 경허를 배알했는데, 왜 경허화상이 결제 중에 급히 한암을 찾았는지는 알 수가 없다.[16] 청암사 사중에 어떤 중요한 일이 있었거나 아니면 긴히 하고 싶은 말이 있었다고 생각되지만, 거기에 대한 언급이 전혀 없다. 혹시 歸方丈과 같은 활구법문을 한 것이 아닌지 모르겠다.

한암은 청암사에서 경허화상과 함께 하안거를 마친 다음, 해인사로 가서 거의 2년간 해인사 선원에 머물면서 정진한다. 그동안 경허는 「범어사 계명암 창설禪社記」 등을 쓰는 등 주로 경남과 부산 지역에 머물면서 그 지역 사찰 불사에 초청을 받고 있다.

3. 세 번째 만남

경허와 한암이 3차로 만나는 것은 1903년(계묘년) 하안거를 앞둔 해인사 선원에서이다. 당시(1903년) 한암은 해인사 선원에 있었고, 경허는 부산 범어사 일대(범어사와 계명암)에 있었다. 해인사 寺中에서

---

16) 한암 찬, 「一生敗闕」, "翌春, 又到白雲庵, 過夏次, 和尙住錫於靑岩寺祖堂, 馳書招余, 余卽束裝, 進謁."(『정본 한암일발록』 상권, p.268)

는 하안거 결제를 앞두고 다시 경허화상을 조실로 모셨다.[17] 이 실질적인 역할을 한 것은 한암이었다. 이 해(1903년) 해인사 선원의 하안거는 한암에게 있어서는 매우 중요한 안거였다. 한암은 1903년 해인사 선원 하안거 해제일에 경허화상으로부터 "한암의 공부가 개심의 경지를 넘었다"고 인가를 받는다. 그 과정을 한암은 「일생패궐」에서 다음과 같이 전하고 있다.

하루는 경허화상이 대중과 함께 차를 마시는 도중에, 어떤 납자가 『禪要』의 구절을 거론하여 경허화상에게 물었다.

(1) "(『禪要』에 보면) 어떤 것이 實參實悟의 消息인고? 답하기를 남산에서 구름이 일어나니 북산에서 비가 내리도다(南山起雲北山下雨)." 이런 말이 있는데, 이것이 무슨 뜻입니까? 경허화상이 답하였다. "비유한다면 그것은 마치 자벌레가 한 자를 가고자 할 때(한다면?) 한번 구르는 것과(한번 굴러야 하는 것과) 같은 것이네(譬如尺蠖虫一尺之行一轉)"라고 답하고는, 대중들에게 "이것이 무슨 도리인고?" 하고 물었다. 이에 나는 "창문을 활짝 열고 앉으니 담장이 눈앞에 있습니다(開牖而坐, 瓦墻在前)."라고 답하였다.

(2) 다음 날 경허화상은 법상에 올라가서(陞座) 대중을 돌아보며 말씀하셨다. "遠禪和(漢岩重遠)의 공부가 開心의 경지를 넘었도다. 그러나 아직 무엇이 體고 무엇이 用인지 잘 모르고 있네(遠禪和工夫, 過於開心. 然雖如是, 尙未知何者爲體, 何者爲用)"라고 말씀하셨다.

(3) 이어 경허화상은 洞山화상의 법어를 인용하여 설하였다. "(동산은) 하안거 해제 후 형제들이 각자 흩어져 떠나되, 萬里 풀 한 포기도 없는 곳으로 가라(夏末秋初, 兄弟家, 各自散去, 向萬里無寸草處去)"고 했지만, 나는 그렇게 말하지 않겠노라. 나 경허라면 "하안거 해제

---

17) 한암 찬, 「一生敗闕」, "過一夏. 秋, 又來海印寺禪院. 至癸卯夏, 自寺中, 請邀和尙. 和尙, 時在梵魚寺來到, 而禪衆二十餘人, 結夏矣."(『정본 한암일발록』 상권, p.268)

후 사형사제들이 각각 흩어져 떠나되, 길 위의 잡초를 낱낱이 밟고 가야만 한다"고 말하리니, 나의 이 말이 동산의 말과 같은가 다른가?" 대중이 아무 말이 없자 경허화상은 "대답하는 사람이 아무도 없으니 내스스로 답하겠노라." 하고는 아무 말 없이 법상에서 내려와 방장실로 돌아가셨다.[18]

역시 편의상 3단으로 나누어 고찰해 보고자 한다.

(1)단은 고봉화상의 『선요』「晩參 十」에 나오는 법문으로, 원문은 "且道. 如何是實參實悟底消息. 答. 南山起雲, 北山下雨"이다. 고봉화상이 만참법문 끝에 자문자답 형식으로 공안을 제시한 것인데, '南山起雲, 北山下雨(남산에서 구름이 일어나니 북산에서 비가 내리도다)'는 無爲妙契, 즉 萬法이 一如(萬法不二, 萬法一如)한 소식을 말한 것이다.

경허화상은 "비유한다면 그것은 마치 자벌레(尺蠖虫)가 한 자를 가고자 한다면 한번 굴러야 하는 것과 같네(譬如尺蠖虫一尺之行一轉)"라고 답한 다음, 곧이어 대중들에게 "이것이 무슨 말인지 아는가?"라고 물었다. 아무도 답을 하지 못하고 있을 때, 한암은 "창문을

---

18) 한암 찬, 「一生敗闕」, "一日喫茶次, 有僧, 擧禪要云. 如何是實參實悟底消息. 答. 南山起雲北山下雨. 問, 是甚麼意旨. 和尚, 答. 譬如尺蠖虫一尺之行一轉. 仍問大衆. 此是甚麼道理. 余答. 開牖而坐, 瓦墻在前. 和尚, 翌日, 陞座, 顧大衆曰. 遠禪和(漢岩), 工夫, 過於開心. 然雖如是, 尙未知何者爲體, 何者爲用. 又擧洞山云. 夏末秋初, 兄弟子, 各自散去, 向萬里無寸草處去. 余則不然, 夏末秋初, 兄弟家, 各自散去, 路上雜草, 一一踏着始得. 與洞山語, 是同是別. 衆皆無對, 和尚云. 衆旣無對, 余自對去. 遂下堂, 歸方丈."(『정본 한암일발록』상권, p.269. 2010, 오대산 월정사)
洞山화상의 '夏末秋初' 공안은 『禪宗頌古聯珠通集』 24권에는 "洞山示衆曰. 秋初夏末, 兄弟或東去西去, 直須向萬里無寸草處去始得. 又云. 只如萬里無寸草處且作麼生去"라고 되어 있다. 원래 '萬里無寸草處'는 만리에 걸쳐 풀 한 포기 없는 곳'이라는 말로서 사량분별이 끊어진 곳을 의미한다.

활짝 열고 앉으니 담장이 눈앞에 있습니다(開牖而坐, 瓦墻在前)."라고 답한 것이다.

이 선문답은 전체가 3重 공안이다. 모두 3개의 공안이 나오는데, 첫 번째 공안은 '南山起雲, 北山下雨'[19]이고, 두 번째 공안은 경허가 제시한 '尺蠖虫一尺之行一轉'이고, 세 번째 공안은 한암의 '開牖而坐, 瓦墻在前'이다.

경허가 제시한 '尺蠖虫一尺之行一轉'은 무엇을 뜻하는 것이며, 이 것과 '南山起雲, 北山下雨(남산에서 구름이 일어나니 북산에서 비가 내리도다)'와는 어떻게 연결되며, 또 그것과 한암이 답한 "開牖而坐, 瓦墻在前(창문을 활짝 열고 앉으니 담장이 눈앞에 있다)"과는 어떻게 연결되는 것인가?

이 세 개의 공안을 논리적으로 연결시킨다는 것은 발상 자체가 무리이다. 모두가 활구로서 상식이나 논리가 통하지 않기 때문이다. 공안이나 화두가 상식적인 논리나 사유, 또는 義理禪으로 해결된다면 그것은 미혹으로부터 깨닫게 하는 언어가 될 수 없을 것이다. 더욱 淺學으로서 고봉과 경허, 한암과 같은 선지식의 경지를 가늠한다는 것은 천착에 지나지 않는다. 그러나 死句的적 입장에서 한번 천착해 보기로 하겠다.

세 개의 공안 가운데 가장 난해한 공안은 경허화상이 대중들에게 제시(=示衆)한 '尺蠖虫一尺之行一轉'이다. 그 가운데서도 尺蠖虫은 무엇을 뜻하며, 一轉은 무엇을 뜻하는 것인가?

우선 '尺蠖' 또는 '尺蠖虫'은 모두 자벌레를 가리킨다. 尺蠖虫(자벌

---

19) 南山起雲, 北山下雨는 雲門露柱의 공안에 나오는 말임. 『벽암록』 83칙, 『종용록』 31칙, 『선문염송』 1008칙. 이 공안은 '南山打鼓, 北山舞'와 같다.

레)에 대하여, 清代僧 闡敎禪師 通理(1707~1782)는『楞嚴經指掌疏事義』에서 "자벌레가 나무로 올라가는 것은 모두 漸敎의 수행을 비유한다. 힘은 많이 쓰지만 성공은 더디다(尺蠖, 上樹者, 皆喩漸敎修. 用力多而成功遲也)"[20]라고 하여, 자벌레는 漸敎의 수행을 뜻한다고 주석을 달고 있다. 禪文과 관련시켜서 볼 때 매우 훌륭한 주석이라고 생각된다. 즉 자벌레는 자기 몸을 구부렸다가 펴기를 반복하면서 한 걸음 한 걸음씩 가는데(屈伸而行). 아무리 힘을 써도 한 번에 자기 몸 길이 이상은 가지 못한다. 특성상 신체적 자벌레는 건너뛰지 못하고 차근차근 갈 수밖에 없다. 이 주석을 바탕으로 경허화상이 말한 '尺蠖虫一尺之行一轉'을 해석한다면 두 가지 방법이 가능하다.

(1) 자벌레(尺蠖虫)가 한 자를 가자면(一尺之行) 한 번 굴러야(一轉) 한다.

(2) 자벌레(尺蠖虫)가 자기 몸 길이 만큼 가자면(一尺之行) 한번 屈伸(一轉)해야 한다.

이 두 가지 가운데 필자는 (1)의 해석을 택하고자 한다. 즉 '一轉'을 전환, 탈바꿈, 一轉語로 해석하여, 남산에서 구름이 일고 북산에서 비가 내리는(南山起雲, 北山下雨) 소식, 時差가 없이 동시에 진행되고 있는 無爲妙契의 소식, 곧 萬法一如의 소식을 알고자 한다면, 점수적(=尺蠖虫) 사고를 一轉시켜서 頓悟自性해야 한다는 말이라고 생각된다. 즉 1+1의 고정적인 사고로는 南山起雲, 北山下雨의 소식을 알 수 없다는 것이다. 두번 째 (2) 해석대로 풀이하면 '차곡차곡 수행하면 南山起雲, 北山下雨의 소식을 알게 된다'는 뜻이 되는데, 논리

---

20) 清代僧 通理,『楞嚴經指掌疏事義』(1권). "尺蠖上樹者, 皆喩漸敎修行, 用力多而成功遲也."『續藏經』24권, p.838.

적으로는 틀린 말은 아니지만, 禪的인 해석은 못 된다.

이에 대하여 한암은 "창문을 활짝 열고 앉으니 눈 앞에 담장이 있다(開牖而坐, 瓦墻在前)"라고 대답했는데, 담장은 石女, 露柱, 木人 등과 함께 무심의 경지를 뜻한다. 곧 일체의 情識이나 사량분별심이 통하지 않는 법신의 자리, 그로부터 보여지는 세계는 觸目皆眞(눈에 보이는 사물이 모두 眞)이요 滿目靑山(본연청청한 불성)인 것이다. 開眼한 禪者의 視野에 들어온 만물은 그대로 眞如라는 것이다.

한암의 답어 '開牖而坐, 瓦墻在前'은 경허가 제시한 공안에 일치되는 답을 한 것이라기보다는, 자신의 경지를 드러낸 것으로 생각된다. 또 한암의 이 답어는 그가 처음 수도암에서 경허화상의 『금강경』 법문을 듣고 "문득 眼光이 확 열리면서 삼천대천세계가 모두 눈 속으로 들어오니, 모든 사물(事物)이 다 '나(我)' 아님이 없었다."는 것과 궤를 같이 하는 것이기도 하다.

Ⅲ. 경허의 인가(印可)

앞에서 경허화상이 대중들과 함께 차를 마시면서 나누는 대화를 '소참법문'이라고 한다. 오늘날 우리나라 선원에는 소참법문의 개념이 흐려졌지만, 경허, 한암 당시만 해도 소참이 있었다. 그리고 본래 당송 시대 선원총림에서 방장이나 조실의 법문은 상당법어, 早參, 晚參, 小參 등 4, 5종이 있었다. 상당법문은 정식 법문으로서 한 달에 6회(5일에 1회) 있었고, 아침 법문인 早參과 저녁 법문인 晚參은 매일, 그리고 小參은 수시법문이었다. 조참, 만참은 모두 약식 법문인데 후대에는 이 둘을 통칭하여 소참이라 하기도 했다.

소참법문은 大參법문인 상당법어 보다는 작은 규모의 법문인데 주로 점심공양이나 저녁공양 후에 차를 마시면서 하는 간단한 법문으로서 아무런 격식 없이 편안하게 주고 받는 법문이다. 법문이라기보다는 대화에 가깝고 질문도 자유스럽게 할 수 있다.

경허화상은 이날 차를 마시면서 행한 소참법문에서, 한암의 答語인 '開牖而坐, 瓦墻在前'을 보고 그가 마음이 열렸음을 본 것이다(2단). 그래서 경허화상은 다음 날(하안거 해제일) 상당법어 자리에서 대중들을 돌아보면서 "遠禪和(漢岩重遠)의 공부가 開心의 경지를 넘었다(和尙, 翌日, 陞座, 顧大衆曰. 遠禪和, 工夫, 過於開心)"고 한 것이다. 즉 정식으로 대중들에게 한암의 경지를 印可한 것이다.

한암은 당시(1903년) 28세로서 법랍이 겨우 6년 정도에 불과한 젊은 납자였고, 경허는 58세로 '근대 한국선의 중흥조'라고 칭할 만큼 제방의 선원에서는 추앙받고 있는 선승이었다. 조실이 해제일 상당법어에서 공개적으로 인가한다는 것은 파격적인 것이 아닐 수 없다. 한암의 일생에서 경허의 이 한마디는 한암의 존재를 깨달은 선승으로 격상시켰음은 두 말할 나위가 없다. 한암이 그 다음 해 29세의 젊은 나이로 통도사 내원선원의 조실을 하는 것도, 그리고 젊은 나이에 제방 선원에 그 이름이 크게 알려지게 되는 것도 이 때문이라고 할 수 있다. 훗날 한암은 陳震應스님에게 보낸 답서에서 "소승은 (……) 쓸데없이 일찍부터 虛名만 세간에 가득하여 이로 인해 拘碍되는 바가 많았습니다."[21]라고 회고 하고 있다.

소참법문의 (3)단에서 경허가 행한 법문은 과시(果是) 경허다운

---

21) 『정본 한암일발록』 상권, pp.340~341.

법문이라고 할 수 있다. 먼저 경허는 동산양개화상의 공안을 제시하여, "동산양개화상은 하안거 해제 법문에서 萬里 풀 한 포기도 없는 곳으로 가라(向萬里無寸草處去)"고 했지만. 나(경허)라면 "길 위의 잡초를 낱낱이 밟고 가야만 한다"고 말하겠다고 하여, 수행자들에게 번뇌 망상을 정면으로 돌파할 것을 주문하고 있다. 또 이 구절은 立塵垂手를 의미하기도 한다. 경허의 禪세계와 그 기질을 엿볼 수 있는 장면이다.

경허화상은 그 해(1903년) 해인사 선원에서 하안거를 마친 다음 조실을 그만 두고 홀연히 만행 길에 오른다. 경허가 해인사 선원에서 조실을 맡은 것은 두 번으로 1899년 10월 15일에 시작하는 동안거와 1903년 하안거 때이다. 이 萬行이 이른바 삼수갑산行의 첫발이다. 그는 하안거 후 해인사를 출발하여 범어사, 통도사, 송광사 등 남쪽 지역을 돌아 다음 해(1904년, 甲辰) 7월 15일에는 서산 천장암에 이른다. 이곳은 그가 젊은 날을 보냈던 마음의 고향이기도 하다. 거기서 제자 滿空에게 전법게를 주고, 충청도를 거쳐 北上하여 1905년 말경에는 오대산 월정사에서 3개월 동안 화엄경법회를 주관했다. 남한을 순회한 그는 1906년 봄에 안변 석왕사 나한전 개금불사에 증명법사로 참석했는데, 이것을 마지막으로 삼수갑산으로 침잠했다. 경허의 萬行의 시작은 해인사, 종점은 웅이방이었다.

IV. 경허의 지음자 한암

경허가 한암에게 준 전별사에서도 확인할 수 있듯이 그는 한암을

'지음자(知音者),' '지기자(知己者)'로 생각했다. 나이와 법랍은 30세 이상 차이가 있지만(한암이 30세 아래임), 경허선사는 그런 격을 떠나서 한암을 지음자로 여겼다(相識滿天下, 知心能幾人. 吁. 微遠開士, 吾孰與爲知). 경허는 해인사를 떠나면서 한암에게 다음과 같은 4구의 전별詩를 준다. 인용한 다음 고찰해 보기로 하겠다.

【 경허화상이 한암에게 준 전별사 全文 】

(1) 나는 천성이 和光同塵(부처나 보살이 중생을 구제하기 위하여 세속에 뒤섞여 사람들과 함께 사는 것)을 좋아하고, 겸하여 꼬리를 진흙 가운데 끌고 다니기를 좋아하는 사람이오. 다만 스스로 이룬 것도 없이 너절하게 44년의 세월을 보냈는데 우연히 해인사에서 원개사(遠開士 : 한암重遠)를 만나게 되었소.

(2) 한암의 性行은 질박하고 곧으며 학문이 고명(性行質直, 學問高明)하여 그와 함께 동안거를 보내는 동안에는 세상을 얻은 듯하였는데, 오늘 행장(걸망)을 꾸려 서로 이별을 고하게 되니, 朝暮의 煙雲(안개)과 山海의 멀리 있고 가까이 있는 것들이, 진실로 이별하는 회포를 뒤흔들지 않는 것이 없구료. 하물며 덧없는 인생은 늙기 쉽고, 좋은 인연은 또 만나기 어려우니, 이별의 서운한 마음을 무어라고 말할 수 있겠소.

(3) 옛 사람이 말하기를, "서로 알고 지내는 사람은 천하에 가득하지만, 知心者는 과연 몇 사람이나 될까?(古人云, 相識滿天下, 知心能幾人)"라고 했는데, 아, 원개사(遠開士, 한암중원)가 아니면 내 누구와 더불어 지음(知音)이 되리오(吁. 微遠開士, 吾孰與爲知)! 그래서 부질없지만 여기 詩 한 수 지어서, 훗날 서로 잊지 말자는 부탁을 해 보네.[22]

---

22) 경허. "余, 性好和光同塵, 掘其泥而又喜乎曳其尾者也. 只自跛跛挈挈, 送過了四十四介光陰. 偶於海印精舍, 逢着遠開士, 性行質直, 學問高明. 與之冬寒

(4) 북해에 높이 뜬 붕새 같은 포부로,
   뱁새처럼 얼마나 많은 세월을 보냈던가.
   이별이란 예사, 어려운게 아니지만
   덧없는 인생, 또 언제 다시 만나리.

   捲將窮髮垂天翼　謾向搶榆且幾時.
   分離常矣非難事　所慮浮生杳後期.

이 전별문을 구분한다면 앞은 산문으로서 '전별사(餞別辭)'라고 할 수 있고, 뒤는 운문으로서 전별시(餞別詩)라고 할 수 있다. 그런데 경허의 이 전별사는 句句節節, 읽는 이로 하여금 가슴 찡하게 한다. '한암을 향한 경허의 告白辭'라고 해도 좋을 만큼, 시종일관 한암에 대한 知己의 情으로 가득 차 있다. 석별의 情을 매우 아쉬워하는 글로서 보기 드문 전별사라고 해도 좋을 것이다.

경허는 이 전별사에서 "한암은 성품이 순박하고 곧으며 학문이 고명해서 그와 함께 보내는 동안에는 서로 세상을 얻은 듯하였는데, 오늘 서로 이별을 고하게 되니, 朝暮의 煙雲(안개)과 山海의 멀리 있고 가까이 있는 것들이, 진실로 이별의 회포를 뒤흔들지 않는 것이 없다"

際, 其相得世(1), 日夕治行相送, 其煙雲朝暮, 山海遠近者, 盡不無擾動近送之懷. 況浮生易老, 勝緣難再, 則其怊悵話別之心, 當復如何哉. 古人云, 相識滿天下, 知心能幾人. 吁. 微遠開士, 吾孰與爲知(2). 所以構着其一絕荒辭, 以爲日後不忘之資也." 「與法子漢岩」『경허법어』, p.106. 경허성우선사법어집 간행회(증명; 崔惠菴, 회장; 마벽초, 譯者 金眞惺. 1981, 11, 20일 발행) ; 明正 편, 「경허화상이 한암에게 준 전별사」『경허집』 p.50~51. 1990, 극락선원. ; 『정본 한암일발론』 상권, p.222. 오대산 월정사.
참고 : (1)의 '其相得世'는 정광호, 「현대불교인물열전-方漢岩論」(불교신문, 1972년 10월 15일자)에는 '深甚相得也'로 되어 있고, 바로 앞의 '與之同寒際'의 '同'은 '冬'으로 되어 있다. 그리고 (2)의 '吾孰與爲知'는 '吾孰與爲知音'으로 되어 있다. 의미상에서는 큰 차이가 없다.

라고 하여 석별의 아쉬움을 짙게 나타내고 있다.

이날 경허는 한암과의 이별을 눈앞에 두고 시야에 보이는 것은 온통 석별의 아쉬움으로 변했다. 가야산의 산천이 모두 한암과의 이별을 아쉬워하는 듯한 마음이었다. 얼마나 마음이 통했으면 이런 감상에 젖게 될지 필자는 헤아릴 수 없지만, 경허에게 한암은 평생 처음 만났던 知己之友였다. 게다가 한암이 갖고 있는 文翰과 학문, 수행정신은 餘生을 그와 함께 詩作과 담론, 절차탁마로서 보내고 싶은 마음이었다고 할 수 있을 것이다.

경허는 이어 "서로 알고 지내는 사람은 천하에 가득하지만, 진실로 지음자는 몇 명이나 있겠는가? 아……. 한암이 아니면 내 누구와 더불어 지음자가 되리오(相識滿天下, 知心能幾人. 吁. 微遠開士, 吾孰與爲知)"라고 하여 한암을 '知心者,' '知音' 등으로 부르고 있다.

경허화상이 한암을 흠모했던 것은 그의 표현대로 "性行이 질박하고 곧으며 학문이 고명(性行質直, 學問高明)"했기 때문이었다. 그 밖에도 (원문은 注참고) "與之冬寒際, 其相得世(深甚相得也)"라든가, "日夕治行相送, 其煙雲朝暮, 山海遠近者, 盡不無攪動近送之懷." 등의 표현은 한암과의 이별을 앞둔 심정을 그대로 드러내고 있다.

경허는 세상사가 다 부질없다는 사실을 뻔히 알면서도 詩 한 수 지어서, 훗날 서로 잊지 말자고 부탁한 것이다. 경허선사의 詩가 상당부분 그러하지만, 이 전별시는 전체가 깊은 무상감에 젖어 있다. 1, 2구 즉 捲將窮髮垂天翼 謾向搶楡且幾時는 붕정만리(鵬程萬里)의 내용을 압축한 것인데, 자신을 붕새에 비유하고 있다. 붕새지만 붕새답지 못하게 뱁새처럼 이곳저곳을 기웃거리면서 잡다하게 살았다는 것이다. 물론 謙辭이다. 3, 4구인 分離常矣非難事 所慮浮生杳後期

는 석별의 아쉬움을 짙게 표현한 것이다. 그런데 3, 4구를 본다면 경허는 이미 三水甲山 行을 마음먹고 있었던 것이 아닌가 생각된다. 마치 영영 못 만날 듯한 표현이 적지 않기 때문이다.

이 詩는 『장자』 「소요유편」 첫 머리에 나오는 '붕정만리(鵬程萬里)' 구절을 압축한 것으로서, 붕새의 포부를 서술한 대목이다. 즉 붕새가 남쪽으로 날아가기 위하여 구만리를 솟아올라 날아가는데(垂天之雲), 옆에 있던 뱁새는 붕새를 쳐다 보고 '나는 힘껏 날아올라도 겨우 나뭇가지에 걸치는 정도인데(蜩與學鳩笑之曰, 我決起而飛, 搶楡枋而止) 저 붕새란 놈은 무엇 때문에 저렇게 높이 날아 올라가느냐'고 조롱하고 있는 대목이다.[23]

한암에 대한 경허의 표현은 대단하다. 나이와 법랍을 초월하여 한암을 知己之友로 생각하고 있다. 경허의 제자는 침운현주(枕雲玄住), 혜월(慧月), 만공(滿空), 한암(漢岩) 이렇게 4명인데, 이 가운데 '知心' 또는 '知音'이라고 표현한 제자는 漢岩 한 사람뿐이다.

경허화상의 전별시에 대하여 한암은 다음과 같은 화답시를 읊었다.

> 서리 국화 설중매는 겨우 지나갔는데,
> 어찌하여 오랫동안 모실 수 없나이까?
> 만고에 빛나는 마음달(心月) 있나니,

---

23) "北冥有魚, 其名爲鯤. 鯤之大, 不知其幾千里也. 化而爲鳥, 其名爲鵬. 鵬之背, 不知其幾千里也. 怒而飛, 其翼若垂天之雲. 是鳥也, 海運則將徙於南冥. 南冥者, 天池也. 齊諧者, 志怪者也. 諧之言曰, 鵬之徙於南冥也, 水擊三千里, 搏扶搖而上者九萬里, 去以六月息者也(……). 風之積也, 不厚則其負大翼也無力. 故, 九萬里則風斯在下矣. 而後乃今培風, 背負靑天而莫之夭閼者. 而後乃今將圖南, 蜩與學鳩笑之曰, 我決起而飛, 搶楡枋而止, 時則不至而控於地而已矣. 奚以之九萬里而南爲." 『장자』 「소요유편」 첫 단락.

덧없는 세상 또 어찌 뒷날을 기약하리오.

霜菊雪梅纔過了　如何承侍不多時
萬古光明心月在　更何浮世謾留期.

　'화상의 가르침으로 이제 겨우 어려운 관문, 즉 霜菊雪梅의 과정을 통과했는데(霜菊雪梅纔過了), 오래도록 모시면서 배워야 하는데, 그러지 못함을 매우 안타까워하고 있다.

　그런데 경허화상의 전별詩나 한암의 화답詩를 본다면, 두 싯구 모두 한결같이 '한 도량에 살면서 수행정진, 절차탁마하고 싶은데, 그렇게 하지 못함을 애석해 하고 있다. 무언가 현재의 상황이 그럴 수밖에 없다는 것이 짙게 깔려 있다. 전별사에는 나타나 있지 않지만, 한암 찬 「일생패궐」에는 당시 사정에 대하여 다음과 같이 언급하고 있다.

　(해인사에서) 하안거를 지낸 뒤 화상께서는 범어사로 떠나셨고, 대중들도 모두 흩어졌으나 나는 병에 걸려 따라 갈 수가 없었다. (그런데) 하루는 『전등록』을 보다가 약산화상과 석두화상의 대화 가운데서 "한 물건도 作爲하지 않는다(一物不爲)"고 하는 대목에 이르러 문득 심로(心路 : 망심, 분별심)가 뚝 끊어지는 것이 마치 물통 밑이 확 빠지는 것과 같았다. 그해(1903~4) 겨울 경허화상께서는 북쪽(갑산)으로 잠적하셨는데, 그 뒤로는 더 이상 뵐 수가 없었다.[24]

　당시 한암은 병 때문에 도저히 경허화상을 따라갈 수가 없었다. 한암은 그 이전 동안거 때도 '병 때문에 가지 못했다'고 했는데 이것을 본다면, 한암은 무슨 병인지는 몰라도 혹 위장병 같은 지병이 있었던

---

24) 한암 찬, 「일생패궐」. "解夏後, 和尙, 過梵魚寺, 衆皆散去, 而余病, 不能適他. 一日, 看傳燈錄, 至藥山對石竇云, 一物不爲處, 驀然心路忽絶, 如桶底脫相似. 而其冬, 和尙入北地, 潛跡, 更不拜謁矣."(『정본 한암일발록』상권, p.269)

것이 아닌가 생각된다.

경허가 여기저기 조실 자리를 마다하고, 충분히 고승 대접을 받을 수 있음에도 불구하고, 유배지이자 天刑의 奧地인 삼수갑산을 택한 것은 더 이상 세속에 머물고 싶지 않아서가 아니었을까? 그보다는 차라리 갑산으로 가서 세상을 잊고 싶었던 것은 아니었을까? 근대 선승 가운데 이런 종적(蹤迹)을 보인 이는 경허 뿐이다.

그런데 경허의 전별사에서는 "與之冬寒際, 其相得世"라고 하여 그(한암)와 함께 동안거를 보낸 것으로 되어 있는데, 한암 찬, 「일생패궐」에는 "(해인사에서) 하안거를 지낸 뒤 화상께서는 범어사로 떠나셨고"라고 하여 하안거라고 밝히고 있다. 약간 오차가 있는 것이 아닌가 생각된다.[25]

경허와 한암은 1903년 해인사 하안거 해제 이후 헤어진 다음 더 이상 만나지 못한다. 그것이 師資 간의 마지막 만남이자 이별이었다.

한편 경허는 해인사를 출발하여 삼수갑산으로 가는 여정(1903년 가을~1906)에서 많은 詩를 읊고 있는데, 그 詩에는 그때그때의 경허의 마음이 잘 표출되어 있다. 뛰어난 禪詩, 禪偈도 적지 않지만, 시 속에는 무상, 허무, 그리고 술에 대한 詩도 적지 않다.

한암은 훗날(1912년, 봄) 통도사와 금강산을 거쳐 맹산 우두암에서 보임을 한다. 큰 선방에서는 정해진 시간에만 좌선하므로, 그보다는 암자로 옮겨서 본격적으로 정진하기 위해서였다. 어느 날 한암은 부엌에서 불을 붙이다가 재차 대오한다.

---

25) '與之冬寒際'에서 冬寒은 내용상 중복이며, 그리고 이해 경허와 한암은 해인사에서 하안거를 함께 하고 헤어졌기 때문에 '與之同夏際' 즉 '그와 여름을 함께 했다'가 맞다.

"다음 해(1912) 봄 어느 날 함께 있던 도반(사리)이 밖으로 식량을 구하러 나간 사이에, 혼자 부엌에서 아궁이에 불을 붙이다가 홀연히 발오(發悟)하니, 처음 수도암에서 개오(開悟)할 때와 더불어 조금도 다름이 없었다. 한 줄기 활로가 부딪치는 곳마다 분명했다. 그리하여 '아!' 하고는 다음과 같은 연구(聯句)의 게송을 읊었다[26](오도송은 주 참고).

하지만 말세를 당하여 불법이 매우 쇠미하여 명안종사(明眼宗師)의 인증(印證)을 받기가 어려웠다. 그리고 화상께서도 머리를 기르고 유생의 옷을 입고서 갑산 강계 등지를 왔다 갔다 하다가, 이 해(1912)에 입적하셨으니 어찌 여한(餘恨)을 다 말할 수 있으리오? 그래서 이 한 편(「일생패궐」)의 글을 써서 스스로 꾸짖고 스스로 맹서하노니, 한 소식 명백히 하기를 기약하노라.[27]

우두암에서 悟道는 처음 수도암에서 경허선사로부터 금강경 법문을 듣고 개오한 이후, 통도사 백운암에서 죽비소리에서 오도, 해인사에서 전등록 읽다가 깨달은 이후 4차 悟道에 해당한다.

한암은 자신이 깨달은 것에 대하여 스승 경허와 문답을 해보고 싶었지만, 이미 경허는 입적한 상태였다. 그는 법담을 해 볼 수 있는 사람이 없음에 대하여 깊이 탄식한다. 그것은 곧 경허에 대한 그리움이기도 했는데, 당시 깨달은 선승은 있었겠지만, 詩文이나 게송, 文翰을 통하여 선의 세계에 대하여 깊이 논해 볼 사람은 없었던 것이다. 당

---

26) 한암 찬, 「일생패궐」. "着火廚中眼忽明 從兹古路隨緣淸 若人問我西來意 岩下泉鳴不濕聲 村厖亂吠常疑客 山鳥別鳴似嘲人 萬古光明心上月 一朝掃盡世間風".(『정본 한암일발록』 상권, p.269)

27) 한암 찬, 「일생패궐」. "而翌年春, 同居闍梨, 包粮次出去. 余獨在廚中着火, 忽然發悟, 與修道開悟時, 少無差異. 而一條活路, 觸處分明. 嗚呼. 喝吟聯句. 時當末葉, 佛法衰廢之甚, 難得明師印證. 而和尙, 長髮服儒, 來往於甲山江界等地, 是歲入寂, 餘恨可旣. 故, 書這一絡索葛藤, 自責自誓. 期其一着子明白."(『정본 한암일발록』 상권, p.269)

시 선원에서 육두문자식 선문답(법거량)은 가능해도 격조 있는 선문답을 할 수 있는 선승은 경허 외에는 그다지 많지 않았던 것이다.

「일생패궐」 끝에서 한암은 경허의 입적에 대하여, "이 해(1912)에 입적하셨으니 어찌 여한을 다 말할 수 있으리오(餘恨可旣)?"라고 하여, 스승 경허의 입적을 매우 애석해 하고 있다. 이 탄식은 제자들이 지켜보는 가운데서 격식을 갖춘 상태에서 열반하지 못하고, 객지에서 입적해 버린 데에 대한 제자로서의 죄책감 같은 것이자, 동시에 더 이상 법담을 나누어 볼 수 있는 사람이 없음에 대한 장(長)탄식이기도 하다.

V. 한암의 경허 승화(昇華) 작업

경허 입적(1912년) 후 경허에 대한 평가는 관점과 시각에 따라 큰 차이가 있다. 선원에서는 중흥조로 여겼지만, 그 밖에서는 문제가 많은 선승으로 지목되기도 했다. 경허에 대하여 당시 유명한 불교사학자 李能和는 그의 저서 『조선불교통사』 하권에서 다음과 같이 혹평했다.

> 근세에 鏡虛和尙이라는 자 있으니 처음에 洪州의 天藏菴에서 발걸음을 내딛기 시작하여 송광사, 선암사, 해인사, 통도사, 범어사 및 풍악(楓岳, 금강산)의 여러 사찰을 편력하면서 제법 禪風을 드날렸다. 세전(世傳)에 이른 바 「경허오도가(鏡虛悟道歌)」는 장편이라서 전부를 옮기지 못하거니와 그 끝 구절에 이르되, '忽聞人語無鼻孔, 頓覺三千是吾家, 六月燕岩山下路, 野人無事太平歌'라고 하였다.

세인(世人)은 말하기를, 경허화상은 辯才가 있고, 그가 설한 바 법은 비록 옛 祖師라 할지라도 이를 뛰어 넘는 이가 없다고 한다. 그러나 그저 마음대로 행했을 뿐, 아무런 구속을 받음이 없어 음행(淫行)과 투도(偸盜)를 범하는 일조차 거리낌이 없었다. 세상의 선류(禪流)는 다투어 이를 본받아 심지어는 음주식육(飮酒食肉)이 깨달음과 무관하고, 행음행도(行淫行盜)가 반야에 방해되지 않는다고 창언(倡言)하면서, 이를 대승선(大乘禪)이라 하여, 수행이 없는 잘못을 엄폐 가장하여 모두가 진흙탕 속으로 들어갔으니, 이러한 폐풍은 실로 鏡虛에서 그 원형이 만들어진 것이다. 총림(叢林)은 이를 지목하여 魔說이라 한다. 내 아직 경허선사의 悟處와 見處를 감히 안다고는 하지 못하겠으나 만약 佛經과 禪書에 바탕하여 이를 논한다면 곧 그 옳지 못함이 드러난다.[28]

이능화의 기록대로(1918년대 기록) 경허화상은 음주식육과 酒色에 구애받지 않았다. 긍정적으로 보면 주색에 무애했다고 할 수 있고, 부정적으로 보면 주색으로부터 벗어나지 못했다고도 할 수 있다. 본래 무애의 정의는 번뇌망상의 구속[煩惱障]으로부터 벗어나는 것, 진실한 지혜를 가로막는 장애[所知障, 智障]를 벗어나 실상을 직시하는 것을 뜻한다. 그럼에도 불구하고 오늘날 한국불교에서는 술과 여색을 범하는 계율 파괴행위를 가리켜 무애라고 곡해, 착각, 또는 잘못 해석하고 있다.

이능화의 지적대로 사실 당시 그 폐풍은 적지 않았던 것 같다. 경허선사는 일평생 주색을 서슴지 않았는데, 그 영향으로 많은 선승들과 젊은 납자들이 너도나도 '음주식육(飮酒食肉)이 무방반야(無妨般若)요, 행도행음(行盜行淫)이 무애보리(無碍菩提)'라고 호언하면

---

28) 이능화, 『조선불교통사』 하권, p.962. 8행 "近世禪界有鏡虛和尙者" 이하.

서 주색과 막행막식을 일삼았다. 60년대에도, 70년대, 80년대에도 이 말은 주색을 즐기는 남자들의 정당방위용으로 유행하였다. 그리고 그 폐단은 오늘날까지도 이어져 많은 알콜 중독자가 양산되고 있음은 부인할 수 없는 사실이다. 오늘날 한국 승단이 계율을 소홀히 하게 된 원인 중에는 경허의 영향도 적지 않다. 특히 음행은 율장의 규정대로라면 4바라이(살도음망-추방죄)의 하나이다. 단 한번이라도 4바라이를 범하면 체탈도첩하여 추방한 것은 부처님 재세시의 규정이었다

漢岩重遠이 찬술(1931년)한 「先師鏡虛和尙行狀」[29]은 酒色에 침잠했던 경허선사의 행위를 높이 승화시킨 名文이라고 할 수 있다. 한암은 당시 불교 일반의 평을 크게 의식해서인지, 경허의 행장을 찬술하면서 위산 영우의 말을 인용하여 '안목이 바름을 중요시할 일이지, 행위는 중요하지 않다(只貴眼正°不貴行履)'[30]라고 하여, 스승 경허 화상의 입장을 대변, 옹호하고 있다.

또한 고덕(古德)이 이르기를, "다만 안목이 바름을 중요하게 여기고 행리(行履, 행위)는 중요하지 않다."라고 하였으며, 또 이르기를, "나의 법문은 禪定과 해탈, 持犯과 修證을 논하지 않고, 오직 부처의 지견에 이

---

29) 경허성우선사법어집간행회(증명; 崔惠菴, 회장; 마벽초, 譯者 金眞惺)에서 1981년 11월 20일에 발행된 『경허법어』 p.653의 「일대행록」 편에는, 한암이 찬술한 「先師鏡虛和尙行狀」이 번역문과 함께 수록되어 있는데, '先師'를 '先呼'라고 독해하여 「先呼鏡虛和尙行狀」이라고 하고, 번역은 '먼저 비통한 숨을 내쉬며 쓰는 경허화상 행장'이라고 번역하고 있다. 가당치도 않은 번역이다. 기타 내용도 오역 투성이다. 번역에서 오역이 없을 수는 없지만, 이런 번역은 드물 것으로 생각된다.

30) 『潙山靈祐禪師語錄』. "師問仰山. 涅槃經四十卷, 多少是佛說, 多少是魔說. 仰山云, 總是魔說. 師云, 已後無人奈子何. 仰山云, 慧寂即一期之事. 行履在甚處麼. 師云, 祇貴子眼正. 不說子行履"(『대정장』 47권,p.578b)

르를 뿐이다."고 하였으니, 이는 먼저 바른 눈이 열리고 난 뒤에 행리를 논한 것이 아니겠는가? 그래서 화상의 법화(法化)를 배움은 옳으나 화상의 행리를 배우는 것은 옳지 못하다고 말한 것이니, 이는 다만 법을 간택하는 눈을 갖추지 못하고 먼저 그 행리의 걸림 없는 것만 답습하는 자를 꾸짖은 것이며, 또한 유위(有爲)의 상견(相見)에 집착하여 마음의 근원을 밝게 사무치지 못하는 자를 꾸짖은 것이다. 만약 법을 간택할 수 있는 바른 눈을 갖추어서 마음의 근원을 밝게 사무친 즉, 행리가 자연히 참되어서 행주좌와 사위의(四威儀)가 항상 청정함을 실현하리니, 어찌 겉모습에 현혹되어 미워하고 사랑하며 남이다 나다[人我] 하는 견해를 일으키겠는가.[31]

한암이 말하고자 하는 것은 正眼을 갖춘 상태에서 다소 행위적으로 문제가 있는 것은 이해할 수 있지만, 정안(법)도 갖추지 못한 상태에서 마치 깨달은 양 경허화상의 행위를 답습하는 것은 옳지 못하다는 것이다. 선승이었지만 계율을 중시했던 한암의 입장에서 이런 말은 다분히 경허를 두둔, 변호하고자 하는 성격이 강하다.

그렇다면 한암의 행위도 경허와 비슷했던가? 한암은 주색을 했던가? 잘 아는 바와 같이 한암은 반듯한 선승으로 풍문으로라도 주색을 한 적이 없다. 선승이었지만 行도 매우 정갈하고 반듯했다. 선승이라고 해서, 깨달았다고 해서 막행막식을 해야 할 이유는 전혀 없다. 주색은 탐진치를 일으키고 탐진치의 뿌리가 되는 번뇌망상의 1호이

---

31) 한암 찬, 「先師鏡虛和尙行狀」. "又古德云, 只貴眼正, 不貴行履. 又云, 我之法門, 不論禪定解脫持犯修證, 唯達佛之知見. 此非先開正眼而後, 論行履耶. 故曰 學和尙之法化則可, 學和尙之行履則不可. 此但責其未具擇法眼, 而先效其行履無碍者也. 又策其局執於有爲相見, 不能洞徹心源也. 若具擇法正眼, 而洞徹心源, 則行履, 自然稱眞, 四威儀內, 常現淸淨, 安可爲外相之所幻惑, 起愛憎人我之見也哉."(『정본 한암일발록』, pp.478~479. 2010, 오대산 월정사)

다. 수행자, 불제자로서 주색에서 벗어나지 못한다면 그것은 허상일 뿐이다. 깨달음, 철학, 종교, 사상, 인격 등이 지행합일이 되지 않는다면 무슨 의미가 있고 가치가 있는가? 이것이 잘못된 禪者들의 착각이요, 오류, 오판, 禪病이다.

한암선사는 반듯한 행위와 계행, 학문, 經眼, 禪眼 등을 모두 갖춘 선승이었다. 경허선사와는 달리 계정혜 삼학으로 살았던 청정한 師表였다. 계행을 지키지 않고는 수행자로서 인격을 갖출 수 없고, 번뇌 망상에서 벗어날 수 없다. 술을 보고 기어이 술을 마셔야 한다면 그런 수행은 구두선, 관념적인 수행에 불과하다.

그럼에도 불구하고 극구 경허를 변호한 것은 가르침을 받은 법제자로서 그 은덕을 잊을 수 없었고, 변호하지 않을 수 없었던 것이다. 아버지에게 좀 잘못이 있다고 하여 자식이 타인과 같이 아버지를 비난할 수는 없는 문제이다. 仁義를 중시하는 이런 점은 그가 유학자 출신이라는 점도 있다. 사실 한암과 같은 선승의 변호가 아니었다면 경허선사의 이미지는 지금과 같을 수는 없었을 것이다. 한암은 계속하여 경허를 변호한다.

"어느 때는 법문을 들어 보이심에 지극히 부드러우며 매우 세밀하여 불가사의하고 미묘한 뜻을 설하시니, 이른바 善에도 철저하고 惡에도 철저하여, 끊을 수 없는 것을 닦아 끊으신 것이다. 문장과 필법도 모두 특출하니 참으로 세상에 드문 위인이었다.
아! 출가한 사람들이 모두 화상과 같이 용맹정진하고 활보(闊步)해서 일대사를 판명하고 법의 등불과 등불을 상속하여 계승한다면, 구산선문의 융성한 교화와 16국사의 법통을 계승하는 것이 어찌 옛날에만 있었던 것이랴! 특별히 융성한 교화와 법통을 계승했을 뿐만 아니라, 또한 일체중생으로 하여금 根本智인 광명종자를 영원히 저 오탁세계에 단절되지 않게 하심이니, 어찌 깊은 신심으로 티끌 세상을 받드는 일이 부처님 은혜에 보답함이 아니겠는가."[32]

위의 讚辭는 물론 스승에 대한 것이므로 당연한 것이라고 생각할 수도 있겠지만, 상당 부분은 마음으로 부터 우러나온 표현이다. 禪이 지리멸렬하던 시대에 경허는 적지 않은 역할을 했기 때문이다. 한암은 진정으로 경허의 가치, 그의 진면목을 알고 있었던 것이다.

경허에 대한 한암의 변호, 그리고 경허의 행위에 대한 합리화는 여기서 그치지 않는다. 한암은 다시 『금강경』의 경구를 인용하여 경허의 행위를 변호하고 있다.

『금강경』에 이르기를 '만약 모습으로 나를 보려 하거나 음성으로 나를 구하려 하면 이 사람은 삿된 도를 행함이니 그는 여래를 볼 수 없으리라.[33]

표피적인 모습에서 경허의 진상을 찾지 말라는 것이다. 경허가 갖고 있는 법에 눈을 돌려 보라는 것이다. 한암의 경허 존경, 승화작업은 여기서 그치지 않는다. 이번에는 경허의 행위를 정당화하고자 설득하고 있다.

"그러나 후대의 학인들이 (경허)화상의 법화(法化)를 배우는 것은 옳

---

32) 한암 찬, 「先師鏡虛和尙行狀」. "有時垂示則極柔和, 甚精細, 演不可思議之妙旨, 可謂善到底惡到底, 不可以修斷而修斷也. 文章筆法, 皆過於人, 眞希世偉人也."
　"噫. 出家之人, 皆如和尙之勇進闊步, 而辦明大事, 燈燈相續, 則九山隆化, 十六繼統, 豈獨專在於前昔也哉. 非特隆化繼統而已. 抑亦使一切衆生, 根本智光明種子, 永不斷絶於五濁界中矣, 豈非深心奉塵利名爲報佛恩哉"(『정본 한암일발록』, p.478)
33) 한암 찬, 「先師鏡虛和尙行狀」. "金剛經云, 若以色見我, 以音聲求我, 是人行邪道, 不能見如來"(『정본 한암일발록』, p.478)

으나, 화상의 행리(行履, 행위, 행동)를 답습하는 것은 옳지 못한 것이니, (그런 행위를 한다면) 사람들이 믿고 이해할 수가 없기 때문이다. 또한 법을 의지한다는 것은 참된 묘법을 의지하는 것이요, 사람을 의지하지 않는다는 것은 율의(律儀)와 불율의(不律儀)를 의지하지 않는다는 것이며, 또한 의지한다는 것은 스승으로 모시고 본받는 것이요, 의지하지 않는다는 것은 득실시비(得失是非)를 보지 않는 것이니, 도를 배우는 사람이 필경에는 법도 능히 버려야 하거늘 하물며 남의 得失是非리요."[34]

道를 배우는 사람은 끝내는 자신이 얻은 법도 버려야 하거늘, 하물며 남의 득실시비를 논한다는 것은 본분사와는 너무나 거리가 멀다'는 것이다. 無有定法과 依法不依人의 진정한 의미를 통하여 스승 경허의 행위를 설득, 승화시키고 있다. 또 한암은 "홍곡(鴻鵠)이 아니면 홍곡의 뜻을 알기 어렵나니, 크게 깨달은 경지가 아니라면 어찌 능히 소절(小節)에 구애를 받지 않을 수가 있겠는가."라고 말하고 있는데, 경허에 대한 한암의 변호는 마치 타고르의 시집 『기탄잘리』에서 보이는 신에 대한 무한한 사랑, 아가페적인 사랑 같기도 하다.

한편 한암은 그러면서도 짤막하게 "그러나 후대의 학인들이 화상의 법화(法化)를 배우는 것은 옳지만, 화상의 행리(行履, 행위, 행동)를 배우는 것은 옳지 못하다"[35]고 하여, 완곡하게 주의를 주고 있는

---

34) 한암 찬, 「先師鏡虛和尙行狀」. "然, 後之學者, 學和尙之法化則可, 學和尙之行履則不可, 人信而不解也. 又依法者, 依其眞正妙法也. 不依人者, 不依其律儀與不律儀也. 又依者, 師而效之也. 不依者, 不見其得失是非也. 學道之人, 畢竟, 法亦能捨. 況於人之得失是非乎." (『정본 한암일발록』, p.478)

35) 한암 필사본 『경허집』은 만공스님이 경허집을 간행하기 위하여 한암스님에게 의뢰했고, 그 草稿 편집본이 오늘날 전해 오는 한암 필사본 『경허집』이다. 그러나 만공스님은 어쩐 일인지 간행하지 않았다. 그 이유는 "그러나 후대의 학인들이 화상의 법화(法化)를 배우는 것은 옳지만, 화상의 행리(行履, 행위, 행동)를 배우는 것은 옳지 못하다"는 말을 넣었기 때문이 아닌가 생각한다. 만공

데, 이것은 후학들이 계행을 무시한 채, 경허의 행우를 배울까 염려한 것이다. 깨달은 것도 없이 주색을 마다하지 않는다면 그것은 수행자이기는커녕 불법(佛法)을 무너트리는 마구니이기 때문이다.

한편 한암은 경허화상의 행장을 찬술하면서 題目 첫 머리에 '先師'라는 용어를 사용하여 경허가 자신의 법사임을 분명히 하고 있다(「先師鏡虛和尙行狀」). 그리고 한암은 「先師鏡虛和尙行狀」을 쓰면서 행장 서술의 원칙을 제시하고 있다.

> "대개 행장이란 사실을 기록하는 것이고 허위를 기록하지 않는 것이다. (경허)화상의 悟道와 교화인연은 실로 위에서 말한 바와 같거니와, 만약 그 행리(行履)를 논할 것 같으면 장신 거구에 志氣는 果强하고, 음성은 큰 종소리와 같으며 무애변을 갖추었고, 八風을 대함에 산과 같이 부동해서 행할 만할 때엔 행하고 그쳐야 할 때는 그쳐서 다른 사람의 영향을 받지 않았다. 음식을 자유로이 하고 聲色에 구애받지 않아서 호호탕탕하게 유희하여 사람들의 의심과 비방을 초래하게 하였으니, 이는 광대한 마음으로 不二門을 증득하여 자재 초탈 방광함이 저 이통현 장자의 종도자(宗道者) 유(類)와 같아서인가, 아니면 시대를 만나지 못한 것을 분개하여 몸을 하열한 곳에 감추어서 낮은 것으로써 스스로를 기르고 道로써 스스로 즐거움을 삼은 까닭인가. 홍곡(鴻鵠)이 아니면 홍곡의 뜻을 알기 어렵나니, 크게 깨달은 경지가 아니라면 어찌 능히 소절(小節)에 구애를 받지 않을 수가 있겠는가.[36]

스님은 12년 후 다시 자료를 한용운스님에게 의뢰하여 1943년 선학원에서 간행했다. 그런데 선학원판 『경허집』에는 한암스님이 지은 「先師鏡虛和尙行狀」을 수록하지 않았다. 더구나 한암의 先行작업에 대한 일언반구도 없다. 만공스님의 서운함이 대단했던 것이 아닌가 생각된다. 이 행장은 찬술 다음 해인 『불교』 95호(1932년 5월호)에 「경허화상행장」이라는 제목으로 번역문 전문이 수록되었는데, 이로부터 경허의 행위는 '깨달은 선사의 무애행'으로 비추어지기 시작했다고 생각된다.

36) 한암 찬, 「先師鏡虛和尙行狀」. "夫行狀者, 記其實, 不以虛也. 和尙之悟道,

한암의 입장은 행장이란 사실대로 기록하는 것이고 과장이나 찬양, 美化 등 허위를 기록하지 않는다는 것이다. 행장은 대부분 미화하는데, 한암은 가능한 사실만을 기록하고자 하는 입장이다.

VI. 맺는말

지금까지 경허선사(1846~1912)와 법제자 漢岩선사(1876~1951)의 師資관계, 조우(遭遇), 인가(印可) 등에 대하여, 한암의 자전적 구도기인 「一生敗闕」과 한암 찬 「先師鏡虛和尙行狀」, 그리고 경허화상이 한암에게 준 餞別詩文 등을 통하여 살펴보았다.

1. 경허와 한암이 조우(遭遇)하는 것은 1899년 초가을로 경허의 나이는 54세였고, 한암의 나이 24세 때였다. 당시 경허선사는 청암사 수도암에 있었다. 한암은 보조지눌의 수심결을 읽다가 선을 배우고자 신계사 보운강원을 그만두고 청암사로 가서 경허를 만난다. 한암과 경허는 함께 그해 동안거를 해인사 선원에서 보내고, 또 4년 후인 1903년 하안거를 함께 해인사 선원에서 보낸다.

2. 경허와 한암은 師弟之間이지만 선풍은 매우 달랐다. 경허가 음주식육과 주색에 구애되지 않는 자유로운 선승이었다면, 한암은 인

揚化因緣, 誠如上言. 若論其行履, 則身長貌古, 志氣果强, 聲若洪鍾, 具無碍辯, 對八風, 不動如山, 行則行, 止則止 不爲人之打之遶. 故, 飮啄自由, 聲色不拘, 曠然遊戲, 招人疑謗, 此乃以廣大心, 證不二門, 超放自如, 如李通玄宗道者之類乎. 抑亦不遇而慷慨, 藏身於下劣之地, 以卑自牧而以道自樂歟. 非鴻鵠, 難知鴻鵠之志. 非大悟, 安能不拘於小節哉."(『정본 한암일발록』, p.477)

격과 계정혜를 갖춘 師表의 선승이었다. 경허가 지리멸렬해 가는 근대 한국선불교를 부흥시킨 선승이라면, 한암은 초대 조계종 종정 및 3대 종정으로서 한국불교의 기틀을 세운 선승이라고 할 수 있다.

3. 한암은「先師鏡虛和尙行狀」을 서술하여『불교』95호,(1932년 5월호)에「경허화상행장」이라는 제목으로 전문을 번역, 게재했는데[37] 이것이 경허 이해의 새로운 전기(轉機)가 되었다. 한암에 의하여 전개된 '경허 승화 작업'은, 4바라이 계율에서 크게 이탈한 경허의 파계행을 '법(法)의 차원'으로 승화시켰다고 할 수 있다.

4. 경허화상은 한암선사가 30세 年下였지만, 그를 일컬어 "서로 알고 지내는 사람은 천하에 가득하지만, 진실로 마음을 알아주는 사람(知心)은 몇 명이나 있겠는가? 아… 한암이 아니면 내 누구와 더불어 지음자가 되리오(相識滿天下, 知心能幾人. 吁. 微遠開士, 吾孰與爲知)"라고 하여, 한암을 '지심자(知心者)' '지음자(知音者)'로 생각했다.

경허화상 자신은 酒色을 양보하지 않았지만, 정작 그가 좋아했던 사람은 자신의 취향과는 달리 반듯한 행위의 소유자, 知見과 학문, 그리고 고매한 인품의 소유자인 한암이었다.

---

37)「경허화상행장」『불교』95호, 1932년 5월호.

10

한암의 格外關門과 看話

- 경허와 한암의 祖師禪 傳承 -

변희욱

0

※ 본 논문은 『한암사상』 4집(2011)에 발표되었던 것을 재수록한 것임.

[요약문]

경허와 한암은 '텍스트 너머 따로 전한다[敎外別傳)], '문자를 세우지 않는다[不立文字]'라는 선의 기치를 곧추 세우려 했다. 한암에 따르면, 선의 진리는 배워서 알 수 있는 것이 아니니, 말로 전할 것도 없고 들을 것도 없다. 한암은 말로는 설명할 수 없는 "틀 밖의 취지", 이른바 격외지(格外늡)를 전했다. 한암의 선을 '본래성불'과 '교외별전'으로 정리해도 별 무리가 없다.

조사선문에서 선지식은 그 자리에서 알아내고 대답해 보라고 자극한다. 경허와 한암이 고백했던 것처럼, 본래면목의 세계에서 닦고 증득함은 쓸데없는 짓이고 잘못된 일이다. 한암은 교외별전, 불립문자의 도리를 일구법문(一句法門)으로 전하려 했다. 한암은 학인이 바로 그때 그 자리에서 알아차리기[言下大悟]를 기대했을 것이다. 학인이 알지 못하자 한암은 한 번 더 낮추어 간화 수행을 요구했다. 한암이 그렇게까지 했는데도 학인이 당혹감과 절실함을 느끼지 않는다면, 한암은 헛수고를 한 셈이다.

한암이 했던 법문의 형식과 내용은 조사선문의 전형이다. 한암의 불교에는 조사선의 면모가 농후하다. 한암이 조사선의 기치를 곧추 세우게 된 과정에 그의 스승 경허의 자극이 있었다. 경허는 전통적인 조사선문의 방법으로 한암을 찔렀다. 경허의 계도에 자극받은 한암은 불이문(不二門)을 체험할 수 있었다. 당송대 조사의 취지는 경허를 거쳐 한암으로 이어졌다.

경허와 한암이 남긴 기연과 문답을 그들의 조사선 기조에서 풀지 않는다면, 경허와 한암의 뜻에서 멀어지고 말 것이다. 경허와 한암이 곧추세웠던 조사선 면모를 되살리지 않는다면 경허와 한암이라는 관문을 돌파할 수 없을 것이다.

I. 한암의 선을 어떻게 보아야 할까

『漢巖一鉢錄』간행사에 따르면 정혜쌍수, 선교융합, 삼학균수, 간화선, 수행과 일상생활의 일체화, 이런 말들로 漢巖重遠(1876~1951)의 불교를 묘사할 수 있겠다.[1] 이의 연장선에서 한암의 불교를 '종합주의적 태도'[2]로 정리해도 크게 틀리지 않는다. 실제로 한암은 간화를 권면했고 깨달음 이후의 수행을 요구했다. 또 한암은 경전 공부를 권면했다. 이런 까닭에 『한암일발록』은 한암을 "선교일치"로 정리했다.[3]

이와는 전혀 다른 취지로 한암이 수행도 없고 깨달음도 없다고 한 적이 있다. "(가) 이 도는 배워서 알 수 있는 것이 아니니 마음을 가져 도를 배우려 하면 도리어 미혹하나니 배울 수가 없기 때문에 깨달음도 없고, 깨달음이 없기 때문에 닦을 것도 없고, 닦을 것도 없기 때문에 증득할 것도 없는 것이다."[4] 이 법어를 간행사의 용어나 종합주의적 태도로 풀어내기란 쉽지 않으며, 보기에 따라서는 상충되기도 한다. 충돌 없이 풀어낸다 하더라도 大慧宗杲(1089~1163)와 鏡虛惺牛

---

1) 한암대종사문집편찬위원회, 定本『漢巖一鉢錄』상권, p.12. 2010, 서울 : 민족사. "사상적으로는 정혜쌍수와 선교융합을 강조하셨으며, 수행면에서는 삼학을 均修할 것을 제창하셨습니다. 계행을 닦지 않으면 師表가 될 수 없고, 禪定을 수행하지 않으면 여래의 원각경계로 들어갈 수가 없고, 지혜를 닦지 않으면 불에 대한 정안을 가질 수 없다고 하셨습니다. …… 항상 간화선을 최고의 수행법으로 삼으시고, '僧家五則'을 제정하여 수행과 일상생활이 일체화된 수행규범을 제창하셨습니다."
2) 박재현,「방한암의 禪的 지향점과 역할의식에 관한 연구」『철학사상』제23호, p.307. 2006, 서울대 철학사상연구소.
3) 『漢巖一鉢錄』, p.415.
4) 『한암일발록』, p.69.

(1846~1912), 그리고 한암이 가장 경계했던 지적 이해[知解]이고 천착(穿鑿)5)이기 십상이다. 분명 한암에게는 철저한 교외별전 조사선의 정신, 그리고 은산철벽 간화선의 기상이 농후하다.

『한암일발록』이 편집되면서, 한암과 그 시대의 불교를 연구함에 기본 자료는 마련되었다. 한암의 불교에 관해서는 충분하지는 않지만 적지도 않는 연구가 진행되고 있다. 적지 않다는 말은 양적 축적으로 그 대략이 드러나기 시작했다는 의미이며, 충분하지 않다는 말은 양적 축적에 비해 한암이 당송대의 조사들과 같이 격외문답을 한 의도, 즉 한암의 격외지가 그 대강이라도 밝혀지지 않았다는 뜻이다.

이 기획에서는 (가)에 주목하여 한암의 불교에 내재한 조사선의 면모를 조망할 것이다. 한암에 내재한 조사선 풍모를 외면한다면 한암의 본디 뜻을 되살릴 수 없을 것이기 때문이다. 이에 따라 한암의 불교 전반보다는 선을 집중해서 볼 것이며, 조사어록에 나타난 격외의 취지를 기준으로 한암의 선을 음미할 것이다.6) 한암이 조사선의 면모를 지킬 수 있었던 데에는 스승 경허의 자극이 결정적이었다. 경허가 찌르자 한암이 겪었던 이러지도 저러지도 못하는 충격, 그리고 알려야 알 수 없는 당혹감과 절실함을 살려 볼 것이다.7)

---

5) 『鏡虛集』, 『한불』 11권, p.630a ; 『漢巖一鉢錄』, p.54.
6) 선수행의 핵심과 관련한 주목할 만한 연구가 있다. 신규탁, 「南宗禪의 地平에서 본 方漢巖 禪師의 禪思想」 『한암사상연구』 제1집, 2006, 한암사상연구원 ; 이외에도 한암의 선과 관련한 연구물이 발표되었다. 종범, 「한암선사의 선사상」 『한암사상연구』 제1집, 2006, 한암사상연구원 ; 인경, 「漢岩禪師의 看話禪」 『한암사상』 제3집, 2009, 한암사상연구원.
7) 『한암일발록』의 번역에 아쉬운 점도 있다. 결정적으로 틀렸다고는 할 수 없으나, 조사 격외관문의 충격과 간화의 절실함이 감춰진 대목이 있다.

II. 敎外別傳

　기본적으로 텍스트 공부를 배격하고 언어를 통한 교육을 절제하는 조사선문의 선지식들은 어떻게 교육했을까?

　한암은 이렇게 했다. "뜻있는 장부는 들으라. 옷 안의 밝은 구슬을 어째서 찾지 못하고 떠돌이 걸식 즐겨하며, 집 안 보물 창고는 왜 버리고 비렁뱅이 거지를 면하지 못하는가?" 한암이 '참선에 대하여' 한 말이다.[8] 그러면서 덧붙였다. "푸른 바다가 마르는 것은 볼지언정 끝내 그대에게 말로 통해 줄 수는 없느니라." 수좌가 망연히 물러나자 한암이 "사리야(스님)" 하고 불렀고, 수좌가 돌아봤다. 이 때 한암이 "이것이 무엇인고!" 했다. 수좌가 무슨 말을 하자, 한암이 "할!"했다.[9]

　동자가 손가락 세우기를 반복하자, 俱胝(?~?)는 동자의 손가락을 잘랐다. 구지가 도망가려는 동자를 불렀을 때, 동자는 습관처럼 엄지 손가락을 세우려 했다. 그런데 어찌 할 것인가. 손가락이 없으니 손가락을 세울 수 없었다. 손가락을 세우지 못하는 순간, 동자는 과거의 습관을 모두 벗어날 수 있었고 자기를 되돌아보게 되었다고 한다. 잘 알려진 '구지가 손가락을 잘랐다[俱胝一指]' 古則이다.[10] 한암이 불렀을 때, 수좌가 한암의 뜻을 알아차렸다면, 한암은 "돌아보는 그놈이 무엇인가?"라 던지지 않았을 것이다. 그렇게까지 했는데 학인이 말로 대답하려 하자, 한암은 설명 따위는 그만 두고 당장 본래면목을 꺼내 보여라고 주문했다. 그것이 한암의 할이다. 그래도 무슨 뜻인지 몰랐다면, 학인은 한암의 뜻을 알아낼 때까지 몸서리치도록 부대껴

---

8) 『한암일발록』, p.65.
9) 『한암일발록』, p.67.

야 한다.

한암은 馬祖道一(709~788)과 石鞏慧藏(?~?)의 일화를 들어 선의 취지가 무엇인지를 알려주었다. 어떤 사냥꾼이 사슴을 쫓아 마조의 암자 앞을 지나다가 조사 마조에게 물었다. 그는 눈앞의 인물이 당대 최고의 선사인 줄을 알지 못했다. 그가 "사슴이 지나가는 것을 보셨습니까?"라고 묻자, 마조가 "그대는 무엇을 하는 사람인가?"라고 되물었다. 그는 사냥꾼이라고 답했다. 조사는 예기치 않은 마주침도 놓치지 않는다. 그의 행색을 보고 질문을 받고도 직업을 물었을 리 없다. "그대는 누구인가?" 이 질문의 의도를 알아낼 法器는 그리 많지 않다.

이어지는 마조의 맞춤 찌르기. "그대는 활을 쏠 줄 아는가?" 무슨 말인지 짐작도 못한 사냥꾼은 "네. 압니다."라고 대답했을 것이다. 마조는 사냥꾼을 함정으로 몰아넣는다. "한 화살에 몇 마리의 짐승을 잡는가?" 아직 눈치도 채지 못한 중생은 "한 화살에 한 마리를 잡습니다."라고 나름 진실하게 대답했다. 조사는 가련한 중생을 함정으로 유혹한다. "그대는 전혀 활을 쏠 줄 모르는구나." 조사의 노련한 수법에 어쩔 수 없는 중생은 걸려들었다. "스님께서는 활을 쏠 줄 아십니까?" 그렇게 묻는 순간, 조사가 활을 쏘지도 않았는데도 중생은 화살에 맞은 것이다. 그것도 한 번 맞으면 빠지지 않는 독한 화살에 쏘인 것이다. 조사는 매조지 한다. "안다." 함정에 빠진지도 모르는 불쌍한 중생은 점점에 깊게 빠진다. "한 화살에 몇 마리나 잡습니까?" 조사는 이제 올가미를 던진다. "한 화살에 한 떼를 잡는다." 이미 올가미에 묶여버린 그는 이제야 주위를 두리번거리고 의문을 품었다. "피차가 다 같은 생명인데 그렇게 많이 쏠 필요가 있습니까?" 늦게나마 정신

10) 『벽암록』, 『대정장』48권, p.159a-b.

차렸지만 소용없다.

　꼼짝도 못하게 걸렸음을 확인한 조사는 드디어 본색을 드러낸다. "그대가 그렇다면 어찌 스스로를 쏘지 않는가?" 아차, 하는 순간 그는 정신이 버쩍 들었다. 함정에 빠진 충격이 꽤나 컸나 보다. "저 스스로를 쏘라 하시지만 어찌 할 바를 모르겠습니다."[11] 조사의 독화살이 힘을 발휘하는 순간이다. 손 쓸 곳 없고 어찌 할 바를 모르는 당혹감이 엄습하는 그 경험이 기존의 자아가 허물어지는 계기이다.

　마조와 한암은 본래면목을 볼 것을 주문했다. 본래면목 보기의 핵심은 화살을 외부 대상으로 향하지 않고 자신을 쏘는 것이다. 자신을 쏘라는 조사의 의도는 쏠 자신이 없음을 아는 것으로 전달되었다. 한암이 거론한 이 대목은 菩提達磨와 二祖慧可(487~593)의 안심법문[12]과 다르지 않다. 唐宋의 조사 玄沙師備(835~908)와 대혜도 마조와 석공의 일화를 들어 학인을 각성시켰다.[13] 한암의 솜씨도 당송 조사의 것 그대로이다.

　조사들은 한결같이 문자 공부를 배척했다. 보다 정확하게 말하자면 문자 풀이로는 선의 경지를 알지 못한다고 누누이 강조했다. 그러면서도 圓悟克勤(1063~1135)은 고칙 공안 100개를 소재로 강의했고, 그의 제자는 스승의 강의를 모아 책을 만들었다. 그것이 『碧巖錄』이다. 그런가 하면 대혜는 선배들의 기연 즉 고칙을 들어 법문하곤 했다. 그뿐인가? 대혜는 『화엄경』, 『원각경』 등의 경전을 수시로 인용했으며 유학경전의 구절도 거리낌 없이 인용했다. 그런 대혜는 천착 즉 지식 차

---

11) 이상, 『漢巖一鉢錄』, p.70. 이 대목은 출전은 『馬祖語錄』, 『新纂續藏經』 69권, p.3c~4a.
12) 『景德傳燈錄』, 『대장장』51권, p.219b.
13) 『正法眼藏』, 『新纂續藏經』67권, p.618b.

원의 이해를 버려야 한다고 기회 있을 때마다 가르쳤다.

한암은 조사어록을 인용하면서도 문자 공부의 한계를 적시했다. 그는 한참을 법문한 후, "불심은 스스로 뜻을 얻은 후에 스스로 도를 이루는 것이요, 필경 언어 문자에 얽매이지 않습니다. 그러므로 뜻을 얻고는 말을 잊는다 하시고, 또 마음을 얻으면 세간에 거친 말이나 자상한 말이 모두 實相法門이요, 말에 떨어지면 염화미소가 또한 경전에 나열된 문자일 뿐이라 하셨습니다. 그러면 위에 제시한 말들이 敎內法門인가, 교외별전인가. 마음에 얻음인가, 말에 떨어짐인가. 몸에 혈기 있는 사람은 정신을 바짝 차려 속히 말해 보시오. 머뭇거리는 사이에 십만 팔천 리나 멀어짐이올시다. 그러면 머뭇거리지 않으면 얻을 수 있는가?"라고 했다.

자신의 법문을 이해하려고 하면 할수록 알지 못하게 된다는 뜻이겠다. 그러할진대 법문을 들은 학인들은 지식을 동원하여 이해하려 하기 마련이다. 기왕 말을 꺼낸 한암은 걱정도 많고 노파심도 크다. 노파심은 한암을 다시 묻게 했다. 나의 법문은 "교외별전인가?" "말에 떨어짐인가?" 눈 밝은 학인이라면 한암의 의도를 알아차렸을 것이다.

스승 경허는 경전 학습으로는 궁극의 문제가 해결될 수 없음을 절감하고 이렇게 한탄했다. "홀연히 생각하니 도시 몽중이로다 / 천만고 영웅호걸 북망산 무덤이요 / 부귀문장 쓸 데 없다 황천객을 면할 소냐 / 오호라! 나의 몸이 풀끝에 이슬이요 바람속의 등불이라."[14] 이런 체험을 겪은 경허는 강원을 폐쇄하고 선원을 개설하면서 "석존이 꽃을 들자 가섭이 미소를 지었다"라는 일화를 거론하며 교외별전

---

14) 『鏡虛集』, 『한불』11권, p.630c.

의 취지를 전하려 했다.[15] 그리고 직접 체험하지 않고 문자를 통해 지식 차원으로 이해[文字知解]하려 한다면 끝내 궁극에 도달할 수 없다고 했다.[16]

선의 격언 그대로 "이 도는 배워서 얻어지는 것이 아니다."[17] 대혜가 전했고, 경허가 『書狀』을 인용하여 한암에게 다시 전해준 것처럼 "思惟心으로 여래의 원각경계를 헤아리고자 한다면, 그것은 마치 반딧불로써 수미산을 태우려고 하는 것과 같아서 끝내 태울 수 없다."[18] 선의 경지는 이론과 문자 풀이로는 알 수도 없고 전할 수 없다는 뜻이다. 대혜와 경허는 '텍스트 너머 따로 전한다[教外別傳]', '문자를 세우지 않는다[不立文字]'라는 선의 기치를 곧추 세우려 했고,[19] 한암 역시 그랬을 것이다.

이렇게까지 했는데도 여전히 머릿속에 한암의 법문이 머릿속을 맴맴 도는 학인이 없다고 할 수 없다. 한암의 교외별전 의도와는 다르게 학인은 문자를 세운 격이 되었다. 의미 파악에 매몰된 학인의 속성을 간파한 한암은 이렇게 다졌다. "옛 스님이 이르시되, '이 문에 들어와서는 지적 이해[知解]를 두지 말라.' 하시고, 또 이르시되, '간절

---

15) 『鏡虛集』, 『한불』11권, p.602a-b.
16) 『鏡虛集』, 『한불』11권, p.611c.
17) 주 4)
18) 이 대목은 『원각경』 구절인데, 경허가 『원각경』을 직접 읽었는지는 알 수 없다. 대혜는 사유능력으로 관문을 이해하려는 유학자, 왕성석에게 『원각경』을 인용하여 계도했다. 왕성석은 남송시대 두 번째 과거의 급제자로 당시 최고의 학자이었다. 다만 경허가 대혜의 「서장」을 자주 인용했고, 한암도 「서장」의 내용으로 법문했던 것으로 보아, 두 선사가 『서장』으로 함께 공부했다고 추정할 수 있다. 경허가 인용한 「서장」의 내용은 다음이다. 『大慧語錄』, T.47.932c, 以思惟心, 測度如來圓覺境界, 如取螢火燒須彌山.
19) 경허의 조사선 기치, "(教外別傳) 不立文字 直指人心 見性成佛"에 대해서는 「結同修定慧同生兜率同成佛果稧社文」『鏡虛集』, pp.17~20을 보라.

히 천착(穿鑿)을 꺼린다.' 하시고, 또 이르시되, '지묵(紙墨)에 오를까 두려워한다.' 하셨다."[20] 그는 또 문자를 보지 말고 살아 있는 구절 자체를 보아야 한다고 했다.[21] 원오와 대혜의 용어로는 참의(參意, 의미 탐구)하지 말고 참구하라는 뜻이다.[22] 한암이 던진 물음이 활구가 될지 사구가 될지는 학인에게 달렸다.

한암의 선을 '본래성불'과 '교외별전'으로 정리해도 별 무리가 없다.

Ⅲ. 無說法門과 격외지

한암에 따르면, 선의 진리는 배워서 알 수 있는 것이 아니니, 말로 전할 것도 없고 들을 것도 없다. '법문'이라는 말이 있을 뿐이지, 원칙으로 보면 법문은 없어야 한다. 진짜 법문은 말 없는 법문이다.[23]

1936년 여름 상원사에서 한암이 당에 올라 설법을 했다. 그 주제가 "말할 것도 없고 들을 것도 없는 것[無說無聞]이 진짜 말한 것이고 진짜 들은 것이다[眞說眞聞]"이다. 한암은 말로는 설명할 수 없는 "틀 밖의 취지" 이른바 격외지를 말로 전했다.

짧은 법문에 이어진 한암의 질문이다. "여기에 모인 대중들은 이 무설무문의 진리를 아시는지요? 만일 모르는 이가 있다면 註脚을 내리겠습니다." 그리고는 주장자를 들어 禪床을 세 번 치고 물었다. "대

---

20)『漢巖一鉢錄』, p.50.
21)『漢巖一鉢錄』, p.278. 若不擧覺活句하고 只看文字면 則又滯於義理하야 都不得力而言行이 相違하야 未免增上慢人하리니 切須在意焉이라.
22)『碧巖錄』,『대정장』48권, p.223b.
23)『漢巖一鉢錄』, p.36. 참조.

중은 알겠는가?"[24] 한암의 의도를 알아차릴 대중은 많지 않았을 것이다. 혹 안다고 자부하는 대중이 있었을지도 모르겠지만, 그것은 기존의 습관에 따른 관성일 뿐이고 한암의 의도와는 전혀 상관없다.

상원사 선원의 하안거 결제 때 내린 법어이다. "눈이 많이 내렸도다. 여러분, 이 눈이 문수보살과 같은가, 다른가? 같다고 해도 맞지 않고, 다르다고 해도 맞지 않으니, 여기에 모인 대중들은 각자 일러보라."[25] 일러도 30방이고, 이르지 못해도 30방일 것이다. 학인이 지식과 논리로 파고들면 들수록 딜레마를 해결할 길은 없다. 중요한 것은 말하는가, 말하지 않는가가 아니라, 알아차렸느냐 알아차리지 못했나이다. 미련한 학인들이 알아차리지 못하면 어찌 할 것인가?

그런 학인을 위해 한암은 "南泉(748~834)이 고양이를 베었다"와 "趙州(778~897)가 짚신을 머리에 이었다" 공안을 거론했다. 1931년 10월 통도사 비로암에서 鏡峰(1892~1982)이 한암에게 "조주가 짚신을 머리에 이었다" 고칙 공안을 물으면서 문답이 시작되었다. "조주선사가 짚신을 머리에 이고 문 밖으로 나간 뜻이 무엇입니까?" 한암의 대답은 명쾌하다. "부처와 조사가 두 손을 마주 잡은 곳이네." 경봉도 만만하지 않다. "무엇이 부처와 조사입니까?" 한암은 말하지 않고 대답했다. 한암은 오랫동안 침묵했다. 경봉은 밀어붙였다. "이리저리 재시면 귀신 굴에 들어가니 빨리 이르시오." 곰곰이 생각해서 답을 찾아내면 도둑질이고 허공에 구멍 뚫는 짓이다. 조사선이 만개하던 당대에서 선이 다시 뿌리 내리기 시작한 시절로 무대가 옮겨졌다. 주인공도 "평상심이 도이다"의 남전과 "뜰 앞의 잣나무"의 조주에서 근현

---

24) 『漢巖一鉢錄』, p.37.
25) 『漢巖一鉢錄』, p.35.

대 한국선의 선지식 한암과 경봉으로 바뀌었다.

한암은 한 바퀴 돌아보고 하고 싶었던 말을 했다. "알지 못했는가?" 한암은 다 보여주었다고 선언한 것이다. 하지만 경봉도 날 선 기세로 다가섰다. "아무쪼록 뒷 자취를 거두시오." 자취를 남기지 말라는 뜻이겠다. 창공을 나는 새는 높고 멀리 날아도 자취를 남기지 않는 법이다. 한암의 수법도 여전하다. 한암은 대답하지 않고 침묵했다.(無對, 良久) 선지식의 법문답은 날카로운 칼날 끝과 같다. 더 이상 벼릴 필요도 없다. 고산준령 바위 끝에서 서로 한 발로 서서 대치하고 있는 상황이다.

긴박하게 돌아가자 경봉은 '남전이 고양이를 벤 까닭'을 들이댔다. "만일 한암 사형께서 남전이 고양이 목을 벨 때 있었더라면, 무어라고 답했겠습니까?" 이때 함정을 판 이와 함정에 걸릴 이는 나누어지지 않았다. 질문자와 대답자, 말하는 자와 말 자체도 분리되지 않는다. 한암이 답했다. "남전은 본디 고양이를 벤 일이 없다." 경봉이 따져 물었다. "누가 그렇게 전했습니까? 한암은 굳건하다. "본래 남전이 고양이 목을 벤 사실이 없고 말을 전한 일도 없다." 경봉이 다시 치고 들어갔다. "지금 들었습니까?" 한암은 자리를 지켰다. "지금 들은 것도 없다." 이쯤 되니 경봉은 회심의 일격을 날렸다. "지금 들은 것도 없다고 한 것은 누구입니까?" 한암은 날카로운 칼을 내리고 부채로 바람을 불었다. "말이 많으면 법을 희롱하게 된다." 경봉이 맞받았다. "한암 사형이 오히려 법을 희롱함에 막혀 있습니다." 이제 더 이상 말할 필요도 없다. 한암은 대답하지 않았다.(無對) 첫 번째 격돌은 이렇게 정지되었다.

한참 후 정막을 깨고 두 번째 불꽃이 일었다. 한암이 경봉의 칼로 경봉을 먼저 찔렀다. "조주가 짚신을 머리에 이고 밖으로 나간 뜻은 무엇인가?" 경봉은 이제 당하지 않는다. "가로 누우니 발이 하늘을 가리킵니다." 지금의 경봉은 처음의 경봉과는 다른 모습이다. 한암의 침묵이 어떤 힘을 전달했는지도 모를 일이다. 여전히 한암은 대꾸하지 않았다. 두 번째 상황이 이렇게 진행되었다.

잠시 후 한암이 물었다. "요즘 어떻게 공부하고 있는가?" 경봉의 대답은 변치 않았다. "티끌 하나가 눈에 들어가니 허공 꽃이 마구 떨어집니다." 한암이 다시 확인하려 했다. "티끌 하나가 눈에 들어가니 허공 꽃이 마구 떨어진다는 뜻이 무엇인가?" 이제 질문이 무의미하다. 경봉이 말했다. "한암 사형께서는 내일 아침에 좋은 차 한 잔 드십시오." 한암은 대답하지 않았다.[26] 세 번째 문답은 조사어록에 나오는 조사들의 문답 그대로이다.

이 대목에서 '남전이 고양이를 벤 까닭'에 주의가 집중된 이도 있을 것이고, '남전이 고양이를 벤 일이 있는지 없는지'를 따져 보는 이도 있을 것이다. 또 '한암이 대답하지 않은 까닭'을 알려고 역대 조사어록을 펴보는 학인이 있을지도 모르겠다. 선방 출입이 잦고 어록 꽤나 읽었을수록 그런 경우가 많다. 그것이 원오와 대혜, 그리고 한암이 거듭거듭 하지 말라고 당부했던 천착이다. 그렇게 한다면 조사의 뜻과 전혀 상관없게 된다. 남전은 다시 고양이를 베어야 하고, 한암은 또 대답하지 않아야 한다. 다행인지 불행인지, 한암에게는 벨 고양이도 없었다. 조사들이 적용한 사례와 구절은 조금 다르나, 내용은 모두 같다. 생각의 틀을 바꾸어 기존의 생각[熟]을 송두리째 뒤집기[殺] 위함이다.

---

26) 『漢巖一鉢錄』, pp.199~200.

솜씨 좋은 사냥꾼은 화살을 쏘지 않고도 사슴을 잡으며 진짜 강태공은 빈 낚시를 걸고도 잉어를 낚는다. 그뿐인가. 노련한 사공이라면 구멍 뚫린 鐵船으로 강을 건너며 知音이라면 구멍 없는 젓대로도 한 가락 제대로 뽑는다. 공연히 베인 고양이만 억울할 뿐이고, 진짜 애통한 노릇은 고양이를 베었다고 하는 남전일지 모른다. 조주는 대답대신 짚신을 이고 나감으로써 다 보여주었고, 한암은 아무 말도 하지 않음으로써 다 알려 주었다. 무대가 옮겨졌고 주인공도 바뀌었지만 이야기는 그대로이고, 메시지도 그전 그대로이며, 여운 또한 여전하다.

IV. 一句法門과 간화, 그리고 격외지

조주가 당에 올라 법문했다. "만약 제1구에서라면 조사와 부처의 스승이 되고, 제2구에서라면 인간과 천상의 스승이 되며, 제3구에서라면 자기도 구제하지 못한다." 어떤 학인이 물었다. "어떤 것이 제1구입니까?" 조주가 답했다. "조사와 부처의 스승이 되는 것이다. 처음부터 다시 묻는 것이 좋겠다." 학인이 다시 묻자 조주가 답했다. "다시 인간과 천상으로 간다."[27] 일구에서 터득하기란 쉽지 않고 흔하지 않다. 이구에서 알아내는 것도 그리 만만한 일이 아니다.

한암은 수시로 법문했고 결코 적지 않은 서간문으로 선의 정신을 전하려 했다. 그런 한암이 스스로 한 말들을 지독하게 구린 입 냄새[惡氣息]로 묘사한 적이 있다.

---

27) 『古尊宿語錄』 13권, 『속장경』 118권, p.313b.

조금이라도 선가의 家風을 드러낼 것 같으면, 전 조선 禪院에 禪衆이 한 30명·20명·10여 명이 함께 모인 것을 모두에게 30 방망이를 주어서, 쫓아 헤쳐 버리고 껄껄 웃고 돌아오면 조금쯤 그럴듯할 것이다. 우선 나부터 위에 말한 몇 마디 말이(몇 마디 말을 함으로써) 지독한 입 냄새(惡氣息)로 집안의 추악함을 드날려 대중에게 자랑하고 말았으니, 참으로 이른바 혹 떼려다가 혹 하나 더 붙인 셈이다. 참으로 우습고 우습도다. 피를 토하도록 울어도 소용없으니 입을 다물고 남은 봄을 보내니 만 못하리라.

그러나 모든 부처와 조사가 어지러이 말씀하신 것은 비불외곡(臂不外曲)이라. 속담에 '팔이 안으로 굽지 밖으로 굽지 않는다.'는 말이니 큰 자비의 원력으로 출현하신 까닭이다.[28]

한암의 이 법문에 지금도 선문에서 회자되는 "제득혈류무용처 불여함구과잔춘(啼得血流無用處 不如緘口過殘春)"[29]의 뜻이 들어 있다. 불조가 전한 말은 "혹 떼려다가 혹 하나 더 붙인 셈이"며, "피를 토하도록 울어도 소용없는 짓"이다. 그러나 불조는 말할 수밖에 없었다. 자비의 원력 때문이다. 조사어록과 공안집이 전해진 까닭도 다 그런 사정 때문이다. 마찬가지 이유로 말하지 않고 전하려 했던[無說] 한암은 많은 말을 해야 했고, 그것도 모자라 글까지 써야 했을 것이다. 조사의 뜻이 그 자리에서 밝혀졌다면 조사는 한마디라도 할 필요가 없었을 것이고, 한암의 의도가 온전히 전해졌다면, 한암은 아무 말도 하지 않아도 좋았을 것이다.

한암은 1944년 1월 1일에 신년 법어를 내렸다. 이 짧은 법문에 한

---

28) 『漢巖一鉢錄』, p.55.(주술관계가 명확하지 않은 대목이 있으나 원문을 살리기 위해 수정하지 않았다.)

29) 출전은 당대 시인 杜荀鶴의 「聞子規」, 楚天空闊月成輪 蜀魄聲聲似告人 啼得血流無用處 不如緘口過殘春.

암의 교외별전 도리와 그의 간화선 정수가 다 들어있다. 이때 한암은 법랍 47세이고 세랍 69세이던 해이며, 韓龍雲(1879~1944)이 입적한 때이다.

(1) 세존께서 녹야원에서부터 발제하(跋提河, 쿠시나가라)에서 (열반에 들기까지) 그 기간 동안 한 마디도 말하지 않았다고 하였다. 기왕 한 마디도 말하지 않았다면 지금 유포되어 수지독송하는 경전은 어디에서 온 것인가? 이미 경전에 유포되었는데, 세존이 이렇게 말한 것은 무슨 도리인가? 말하되 말하지 않은 것인가, 말하지 않되 말한 설인가? 듣되 듣지 않은 것인가, 듣지 않되 들은 것인가? 이와 같이 논의한다면 말에 따라 견해를 내어 물고기의 눈알을 밝은 구슬로 오인함을 면할 수 없을 것이다.

(2) 말하라. 만일 정확히 말할 수 있다면 옛 석가가 먼저가 아니고 지금 미륵이 나중이 아니다.

(3) 만일 철저하게 알아차리지 못했다면 30년을 의심해야(疑; 알려고 노력해야)[30] 비로소 알아낼 수 있을 것이다(疑着三十年, 始得).

(4) 쯧(咄).[31]

(1)은 교외별전, 불립문자의 도리로 한암의 일구법문이다. "세존이 한 마디도 말하지 않았다"고 한다. 불행히도 선의 황금기 唐代에 조

---

30) 『漢巖一鉢錄』, p.39에서는 이 대목을 "자, 말해 보아라. 만약 정확히 말한다면 옛 석가가 먼저가 아니요, 후세 미륵이 나중이 아니거니와, 만약 사무치게 확실히 깨닫지 못하였다면 다시 30년을 더 참구해야 될 것이다."라 번역했는데, 한암의 취지를 절실하게 반영했다라고 하기에는 아쉬운 점이 있다.

31) 『漢巖一鉢錄』, p.39. 世尊이 云, 自從鹿野苑으로 終至跋提河히 如是二中間에 未嘗說一字라 하시니 旣未免嘗說一字인댄 現今流布將來하야 受持讀誦하는 經卷은 從甚麼處得來요 旣流布經卷인댄 世尊恁麼說者는 是何道理耶아 說而不說耶아 不說而說耶아 聞而不聞耶아 不聞而聞耶아 如是論將去하면 未免隨語生解하야 認魚目作明珠也리니 且道하라 若道得諦當하면 古釋迦不先이요 今彌勒이 不叙어니와 若未決徹인댄 疑着三十年하야사 始得다.

주가 혀를 자유자재로 움직일 때나, 이제 막 선이 기력을 회복하기 시작했던 시절 한암이 분투하던 즈음이나, 여기 저기 선원에서 2,000여 학인이 동구불출 안거에 드는 지금에도 격외의 관문을 말이 떨어지자마자 알아내는 일은 드물고 드물다. 그 자리에서 알아냈다면 바로 조사다. 불조의 스승이 될 수도 있다. 선문에서는 이를 '言下大悟' 순간 깨침이라고 한다. 눈앞의 학인이 조주와 한암의 격외지를 그 자리에 알아냈더라면 조주와 한암은 더 보여주려 애쓰지 않았을 것이다.[32]

(2) "말하라."라고 윽박지르는 것은 조사의 통용 수법이다. 일찍이 남전은 "말하라." 라고 다그치며 학인을 찔렀다. 향엄은 말할 수도, 말하지 않을 수도 없는 상황으로 학인을 몰아붙였다.[33] 한암은 배촉관의 덫으로 학인을 유인했고 덫에 걸린 학인은 어찌할 바를 모르게 되었다.

(3) 일구에서 터득하여 부처의 스승이 될 자는 그리 많지 않다. 조주나 한암은 이런 사실을 잘 알고 있었다. 그들은 일구를 던졌지만, 가끔은 낮추어서 설명했다. 이른바 이구법문이다. 일구를 던졌는데 미동도 없으니 다가서서 자극을 준 것이다. 요즈음 말하는 눈높이 교육이다. 선문에서 눈높이 교육의 이면에는 인정하기 불편하지만 어쩔 수 없는 현실이 있다. 그들은 자신도 낮추었고 학인들도 낮추어야 했다. 그들이 내렸다는 것은 귀인을 천민으로 대한 것이다. 어쩌면 어쩔 수 없는 노릇이었으리라. 아무 것도 모르는 아이들을 달래기 위해 무

---

32) "언하대오" 순간 깨침과 간화의 필요성에 대하여는, 변희욱, 『看話의 철학 : 실제와 원리』(『보조사상』 33, 보조사상연구원, 2010)를 보라.
33) 「香嚴上樹」 『無門關』, 『대정장』48권, p.293c.

릎을 꿇고 다리에 흙을 묻히어 눈동자의 높이를 수평으로 맞추어 바라보는 것은 친절하고 효과적인 교수법일지는 모르겠다. 조사가 어쩔 수 없이 현실을 일단 인정하고, 완전한 존재를 키 작고 아는 것이 부족한 자로 취급하는 경우가 왕왕 있다. 원오와 대혜가 그랬고, 경허와 한암도 그랬을 것이다.

학인이 바로 그 순간 알아차리지 못했음을 감지하고, 한암은 오랜 시간 두고두고 의심할 것을 요구했다. 이구법문이다. 학인은 한암의 의도를 알아내려고 애써야 한다. "의심하라(혹은 의심한다)"라는 것은 바로 알지 못했으니 노력해서 알아내야 한다(알아내려고 한다)는 의미이다. 한암이 "의심하라"라고 표현한 것은 정확히 간화의 맥을 건넨 것이다. 보통 '참구한다'는 말을 쓰는 데 정확히는 '의심한다'이고, 의심한다는 의미는 '알지 못했으니 반드시 알아내려고 한다'는 뜻이다.[34]

(4) 한암은 이구에서 일구로 돌아갔다. 한암의 본래 취지이겠다. 한암의 진면목은 간화에 있지 않다. 한암은 "말하라"라고 다그쳤으면서도 대답을 기다리지 않았을 것이다. 또 "의심하라" 주문했으면서도, 그럴 필요가 없기를 기대했을 것이다. 그래서 그는 자신이 방금했던 말들 (1), (2), (3)을 애처로운 한탄 한마디로 한꺼번에 부정해 버렸다. 그의 진짜 의도는 마지막 한 음성, "쯧!"에 있다. 눈앞에 모여 있는 학인이 그대로 부처 노릇을 했다면, 한암은 "세존은 한 마디도 말하지 않았다고 했다."라는 말조차 덧붙이지 않았을 것이다.

가섭(迦葉, Kāśyapa)이라는 제자가 있었던 석존과는 다르게, 1944

---

34) 간화선에서 의심[疑]의 의미와 작동원리에 대해서는, 변희욱, 「간화선에서 앎과 알지 못함의 의미」(『철학사상』 37, 철학사상연구소, 2010)를 보라.

년 1월 1일 한암에게는 불행히도 그런 제자가 없었던 모양이다. 그래서 그는 낮추어 설명해야 했으며, 그것도 모자라 "의심하라, 알려고 애써라, 공부하라" 당부했던 것이다. 그러고선 그는 괜히 말했다고 한탄해야만 했다.

위에서 예시한 법문의 형식과 내용은 조사선문의 전형이다. 대혜와 高峰(1238~1295)도 즐겨 이런 형식으로 법문했으며, 경허도 이렇게 했다.[35] 대혜와 고봉, 그리고 경허와 한암이 언급한 機緣과 언구는 다르겠지만, 그들이 전하려는 바는 조금도 다르지 않다. 본래성불을 전제하는 조사선의 기조로 보아 조사들이 오랫동안 공부하라고 격외관문을 던졌을 리 만무하다. 그들은 바로 그 순간 그 자리에서 관문을 돌파하라고 그렇게 했던 것이다. 행여나 열심히 공부하여 조사의 격외지를 알아내는 것이 조사선이라고 생각한다면, 이미 천리만리나 벌어지고 말았다. 그렇게 생각하기 때문에 부처가 중생이 된 것이다.

V. 경허와 한암의 간화 인연
-한암의 開惡와 간화-

간화에 관한 많은 기연이 전해졌다. 간화를 주제한 어록도 적지 않다. 예를 들면 『서장』, 『선요』, 『참선경어』 등이다. 간화로 경지에 이른 일화도 전해졌다. 뿐만 아니라 간화에 관한 연구물도 차고 넘친다. 그

---

35) 『鏡虛集』, 『한불』11권, pp.591c~592a. 경허의 격외법문에 관한 논의는 변희욱, 「경허의 선사상에 대한 재조명」 『경허·만공의 선풍과 법맥』, pp.116-119. 2009, 서울 : 조계종출판사.

러나 구도자의 입장에서 간화의 진실이 무엇인지를 알려주는 글은 별로 없다. 간화의 진실을 보여주는 글로 한암의 「一生敗闕」에 기록된 경허와 한암의 문답이 생생하다. 여기서는 경허와 한암의 문답을 기록한 한암의 자서기를 통해 한암이 겪은 간화가 어떤 것인지를 알아보고, 이를 바탕으로 간화의 진면목을 생각해 보겠다.

「일생패궐」을 근거로 정리한 한암의 연보는 한암의 공부과정을 이렇게 요약했다.

1899년(24세), 음력 7월 어느 날 금강산 신계사 普雲講會에서 우연히 보조(1158~1210)의 『수심결』을 읽다가, "만약 마음 밖에 따로 부처가 있고 성품 밖에 법이 있다는 생각에 굳게 집착하여 불도를 구하고자 한다면, 오랫동안 몸과 팔을 태우며 …… 모든 경전을 줄줄 읽고 갖가지 고행을 닦는다고 하더라도, 그것은 마치 모래로 밥을 짓는 것과 같아서 그저 스스로 수고롭게 할 뿐이다."는 대목에 이르러, 나도 모르게 온 몸이 떨리면서 마치 죽음을 맞이하는 듯하였다[36]고 한다.

한암은 경전 공부의 한계를 절감하고, 교학(경전)에서 선으로 발심했다.[37] 마치 당시 최고의 교학강사였던 경허가 역병이 돈 마을에서 겪은 충격으로 그간의 자신감을 다 내리고 바닥부터 다시 시작하게 된 사건[38]과 비슷하다. 경허의 그 때 경험을 돈오라고 보긴 어렵다. 요컨대 한암이 느낀 충격은 '선으로의 하심(下心)과 발심(發心)의 계기'이다. 간화에 입문하려면 이런 충격이 한번쯤 있어야 한다. 한암의

---

36) 『漢巖一鉢錄』, pp.261~262.
37) 『漢巖一鉢錄』, pp.498~499.
38) 韓龍雲, 「畧譜」 『鏡虛集』, 『한불』11권, p.588a-b.

경험은 지눌이 『육조단경』을 읽다가 한 구절에 마주치고는 새로운 세계를 느낀 것과도 유사하다. 지눌의 경험을 (1차) 깨달음이라고 본다면, 한암의 경험도 그렇게 볼 수 있겠다. 이때의 경험을 (1차) 깨달음으로 보기도 하지만, 깨달음보다는 "새로운 출발의 계기"라는 표현이 적절할 것이다.

같은 해, 성주 청암사 수도암에서 경허의 "모습을 지니고 있는 것은 모두 허망하다. 모든 형상도 상이 아님을 안다면 바로 여래를 볼 수 있을 것이다[凡所有相, 皆是虛妄, 若見諸相非相, 卽見如來])『金剛經』)."를 주제로 한 법문을 듣고 안광이 열렸다고 한다.『한암일발록』에서는 이 사건을 "한암선사의 1차 悟道"[39]라 정리했다.

다음 날 드디어 한암의 간화 체험을 알 수 있는 문답이 있었다. 경허와 합천 해인사로 가는 도중, 경허와 한암이 문답했다. 경허가 먼저 한암을 시험했다. "고인이 이르기를 '사람이 다리 위를 지나가네. 다리는 흐르고 물은 흐르지 않네, 라고 했는데, 이것이 무슨 뜻인지 아는가?" 한암이 답했다. "물은 眞이요, 다리는 妄입니다. 망은 흘러도 진은 흐르지 않습니다." 경허가 말했다. "이치로 보면 참으로 그렇지만, 물은 밤낮으로 흘러도 흐르지 않는 이치가 있고, 다리는 밤낮으로 서 있어도 서 있지 않는 이치가 있네." 한암이 물었다. "일체 만물은 다 시작과 끝, 본(本)과 말(末)이 있습니다. 그러나 우리의 이 본래 마음은 탁 트여서 시작과 끝, 본말이 없습니다. 그 이치가 결국은 어떠한 것입니까?" 경허가 정색을 하고 알려주었다. "사유심으로 여래의 원각경계를 헤아리고자 한다면, 반딧불로 수미산을 태우려는 것과 같아 끝내 태울 수 없다."

---

39) 『漢巖一鉢錄』, p.499.

문답은 새로운 방향으로 진행되었다. 이제 한암은 반문하지 않고 방법을 물었다. "그렇다면 어떻게 해야 여래의 원각경계를 깨달을 수 있습니까?" 기다렸다는 듯 경허는 간화를 지속할 것을 당부했다. "화두를 들어 계속 참구하면 끝내는 깨달을 수 있게 되네." 간화의 본질과 관련하여 주목할 만한 문답이 이어졌다. "만약 화두도 허망함을 알았다면 어떻게 해야 합니까?" "화두도 허망함을 알았다면, 돌연 (기존의 자기가) 무너지는(무너지기 시작한) 것이다.(若知話頭亦妄, 忽地失脚) 바로 그 자리에서 '무(無)'자 화두를 보라."

『한암일발록』은 이 대목을 "화두도 망(妄)이라는 사실을 알았다면, 그것은 곧 화두 참구가 잘못된 것이네"[40]라고 옮겼다. 이 해석에는 이견의 여지가 있다. 이 부분에 대한 이해의 차이는 자구해석의 문제보다도 화두와 간화에 대한 생각의 다양함에서 유래되었을 것이다.

먼저 "知話頭亦妄"을 보자. 화두는 진짜일 수도 있고 허망한 것일 수도 있다. 진짜라는 의미는 화두 참구를 통해서 기존의 자기가 해체되고 조사의 격외지를 알아낼 수 있다는 뜻이며, 가짜라는 의미는 화두의 답은 학인들이 예상하는 것이 아니고, 지식과 논리로는 전혀 접근할 수 없다는 뜻이다. 선지식은 꽉 막힌 학인을 촉발하기 위해 낚시를 던지는데, 낚시 바늘에는 미끼가 없다. 냄새도 맞지 못하거나 배부른 물고기는 좋은 미끼를 달아도 물지 않고, 먹이를 찾아 헤맸거나 굶주린 물고기는 막대기만 넣어도 덥석 문다. 선지식이 아무리 멋진 기연을 던지거나 감당할 수 없는 충격을 주어도 먼 산 보듯 남의 일로 스쳐 지나가면, 절대 간화의 의심을 일어나지 않고 화두가 될

---

40) 『漢巖一鉢錄』, p.263.

수 없다. 관문을 돌파하려고 분투하는 학인은 선지식이 무엇을 보여주어도 알아내고자 애를 쓰기 마련이다.[41]

다음 "忽地失脚"을 보자, 조사의 의도를 절실하게 알고자 하여 가슴에 응어리진 의심에 집중하다보면 여러 느낌이 다가오는데, 그 중 하나가 몸이 밑으로 쑥 빠지는 느낌이다. 발을 헛디뎌서 넘어졌거나, 단단한 지반인 줄 알았는데 나뭇가지로 덮힌 구덩이에 발을 내딛었을 때의 느낌과 유사하다. 누군가(선지식이) 판 함정에 그만 걸려든 것이다. 부지불식간에 '이러면 안 되는 것이었구나. 아차. 화두는 지식과 사유로 접근할 수 있는 것이 아니구나. 화두의 답을 찾으려는 내가 나 자신을 속였구나.'라는 생각이 순식간에 일어났다 사라질 수도 있다. 이때부터가 진정한 간화의 시절이다. 더 이상 속이거나 속지 않고도, 화두에 집중할 수 있고 관문을 돌파하는 길로 자신 있게 들어갈 수 있다. 그러나 간혹 오해할 수도 있겠지만, 이른바 "통 밑이 빠지는" 체험과는 상관없다.

"화두도 허망함을 알았다"고 해서 "화두 참구가 잘못된 것이다"라는 해석은 아무래도 지나치다. 만일 간화는 선의 "이 일"과는 무관하다거나 화두는 아무런 힘이 없다고 생각했다면, "화두 참구가 잘못된 것이다"라고 해석해도 무방하다. 그러나 문답의 정황상, 그때 한암이 그렇게 알고 물었다고는 볼 수 없다. 그랬다면 한암은 그 정도의 문답을 진행하지도 못했을 것이다. 또 경허는 화두를 참구하라고 주문하는 대신 낮추고 낮추어 차근차근 설명하거나, 갑자기 올려 한 방 때려주었을 것이다.

---

41) 이 주제에 관해서는 변희욱, 「看話의 철학 : 실제와 원리」 『보조사상』 33, 2010, 보조사상원구원을 보라.

화두도 허망함을 알았다면 화두가 "타파되었다"라고 해석할 수도 있겠지만, 문맥으로 보아 어울리지 않는다. 화두가 타파되었다면 경허와 한암은 문답을 그렇게 진행하지 않았을 것이다. "만약 화두도 허망함을 알았다면 어떻게 해야 합니까?"라고 물었던 한암이 모종의 경험을 점검받으려 한 것인지, 누군가로부터 들었거나[見聞覺知] 생각해보니 그럴 것 같아[思量計較] 물어 본 것인지에 대해서는 단언할 수 없다. 어찌되었건 경허는 한암이 아직은 경지에 이르지 못했다고 판단하고 간화에 매진할 것을 주문했다. 문맥의 정황으로 보자면 한암은 이때까지 지견을 가졌다고 보아도 별 무리가 없다.

이때의 문답으로 그 시절 한암의 상태에 대해 추측해 볼 수 있다. 첫째, 이때까지 한암은 선의 경지를 체득하지 못했다. 한암은 아직 세계 / 마음, 진 / 망 이분법을 벗어나지 못했다. 처음부터 중생이었던 것이 아니라, 그렇게 구분하기에 부처가 중생이 된 것이다. 상식의 세계, 즉 이분법으로 선지식의 격외관문을 이해하려한다면, 그렇게 구분할 수밖에 없다. 경허는 한암이 아직은 이분법에 빠져있다고 살활(殺活) 이치를 넌지시 알려주었다. 이에 한암은 본말(本末) 논리로 응수했다. 그럴 줄 알아다는 듯 경허는 결정적인 독화살을 쏘았다. 사유심으로 원각경계를 헤아리는 것은 반딧불로 수미산을 태우려는 것과 같다고.

경허가 왜 이렇게 심한 말을 했을까? 추정하자면 이렇다. 경허는 한암이 지견의 경지에 이르렀지만, 교학지식과 논리추론으로 무장되어 불이문에 철저하지 못하다고 판단한 것이다. 경허는 한암이 지견의 한계를 절감하도록 자극한 것이다. 선어록에서도 간혹 일단 중생을 인정하고 속제로 풀어 설명하는 접근이 전혀 없는 것은 아니지만,

그런 접근은 마지못해 그리 한 것일 뿐이고, 한 마디로 "쯧"이다. 선의 경지에서는 진 / 망, 중생 / 부처를 구별하지 않는다. 쉽게 이해시키기 위해 속제 차원에서 접근하여 일단 진 / 망, 진 / 속을 구분하여 설명할 수도 있지만, 본뜻은 구분에 있지 않다.

만일 신계사와 청암사의 경험이 궁극의 깨달음(혹은 오도)이라면, 경허가 먼저 한암을 시험하지 않았을 것이고, 한암이 진망 이분법으로 대답하지도 않았을 것이고, 경허가 "사유심으로 ……"라고 쏘지도 않았을 것이며, 한암이 어떻게 해야 깨달을 수 있는지를 묻지도 않았을 것이다. 또 다음에 소개하는 바와 같이 죽비소리를 듣고 개오하거나 부엌에서 불을 붙이다가 개오하지도 않았을 것이다.

해인사 선원에서 동안거를 보내고 있던 중 "다리 아래는 푸른 하늘 머리 위에는 산 / 쾌활 남아가 여기에 이른다면 / 절름발이는 걷고 눈먼 자도 보게 되리 / 북산은 말없이 남산을 마주하고 있네."라는 게송을 하나 지었다. 경허는 이 게송에 대해 "'脚下靑天과 北山無語' 이 두 구절은 맞지만 '快活男兒와 跛者能行' 구절은 틀렸다."고 평했다. 경허는 한암이 아직까지 한암이 사유심을 버리지 못하고 본래 면목의 활발발함을 체득하지 못했다고 본 것이다.

1900년(25세), 여름 통도사 백운암에서 수행 중 "入禪을 알리는 죽비소리를 듣고 개오처가 있었다고 한다."[42] 『한암일발록』에서는 이 사건을 "한암선사의 2차 오도"[43]라 명명했다.

1903년(28세), 가을 해인사 선원에서 『전등록』의 약산(藥山惟儼, 751~834)의 법어 '一物不爲'에 보고 다시 개오했다고 한다. 그 순간

---

42) 『漢巖一鉢錄』, p.268.
43) 『漢巖一鉢錄』, p.500.

을 「한암대종사비명」과 「일생패궐」에는 다음과 같이 기술되어 있다. "하루는 전등록을 보다가 약산이 석두에게 답한 '一物不爲'처에 이르러 갑자기 마음의 길[心路]이 끊어지는 것이 마치 물통 밑이 빠지는 것 같았다."[44] 『한암일발록』에서는 이 일을 "한암선사의 3차 오도"[45]라 했다.

1912년(37세), 봄, 초봄, 맹산 우두암에서 혼자 "아궁이에 불을 붙이다가 홀연히 발오"했다고 한다. 『한암일발록』에서는 이 사건을 "한암선사의 4차 오도"라 했다.[46]

한암은 왜 "잘못했다, 망했다"라는 의미의 표제 「일생"패궐(敗闕)"」을 썼을까. 대략 가능성은 두 가지다. (1) 한암이 겸허하게 스스로를 평가했다. 한암이 후학에 경종을 울리기 위해 자신을 낮추었을지 모른다. (2) 한암이 자신의 치열한 구도이력과 행적을 조사선이란 칼날 끝에 올려놓았다. 끝내 한암은 조사선 기조를 철저하게 지키려 했을 것이다.

원오와 대혜는 "패궐"이란 어휘를 즐겨 썼다. 원오는 주로 본분사에서 어긋나 쓸데없는 짓을 했다는 의미로 그 용어를 사용했다.[47] 대혜가 "패궐"이란 말을 쓴 의도했던 의미를 단정할 수는 없지만, 대략 세 가지로 추정할 수 있다. 첫째, 본분사를 지키지 못하고 세속의 가치를 추구했음을 추궁했다. 대혜가 주로 사대부에게 이 용어를 썼다는 점에서 이렇게 추측할만하다. 둘째, 본분사를 지키려 하고 도를 체득하려하면서도 제대로 간화하지 않고 그르게 공부했음 지적했다. 대혜

---

44) 『漢巖一鉢錄』, p.269.
45) 『漢巖一鉢錄』, p.501.
46) 『漢巖一鉢錄』, p.503.
47) 『碧巖錄』, 『대정장』48권, p.186a.

는 자신과 문답한 납자와 사대부들이 이분법에 빠지고 지식을 축적하면서 논리로 본분사를 이해하려는 행태를 비판했었다. 셋째, 공연히 깨닫기 위해 묻고 다니며 헤매고 있음을 안타까워했다. 멀고 가파른 길을 걸어 도달하고 보면 본래 그 자리이기 때문이다. 원오가 이런 의미로 썼다는 점에서 대혜가 패궐이란 용어를 사용한 취지도 이렇다고 하겠다.

주목할 만한 점도 있다. 한암은 경허의 훈계와 권유를 빌어 자신의 구도 과정에 있었던 착각과 오류를 고백하고 스스로를 꾸짖었다. 맺음말은 이렇다. "그래서 이 한 편의 글을 써서 스스로 꾸짖고 스스로 맹서하노니, 한 소식 명백히 하기를 기약하노라. 쯧."[48] 한암의 맺음말을 곧이곧대로 받아들여 한암은 이때까지 한 소식 명확하지 못했다고 해석할 수도 있지만, 이렇게 되면 문제가 발생한다. 「일생패궐」에서 밝힌 그의 "개오"는 무엇이란 말인가? 더 나아가 "1차·2차·3차·4차 오도"라는 이름붙이기는 어찌된 것인가? 이 글에서는 이 문제는 논외로 한다. 그 경지는 한암(과 경허)만이 알 것이고, 조사의 뜻은 이름에 있지 않기 때문이다.

달리 해석할 수도 있다. 한암이 "일생패궐"이란 표제를 붙인 의도를 단언할 수 없지만 (2)와 셋째로 받아들여 봄직하다. 원오가 셋째 의미로 사용했다는 점을 염두에 두면, 한암의 "일생패궐"이란 표제 자체가 후학을 위한 조사선다운 경책으로 보는 것이 좋을 듯하다. 이렇게 받아들이는 것이 한암의 고백과 통탄을 되살리는 길이며, 원오와 대혜 그리고 경허의 취지를 가슴에 새기는 자세일 것이다.

---

48) 『漢巖一鉢錄』, p.269.

VI. 관문 '경허'와 '한암'을 돌파하는 법

1) 한암이 던진 관문

한암의 불교에는 조사선의 면모가 농후하다. 텍스트 이외의 계도 방안을 모색하는 조사선문에서는 스승을 역할이 중시된다. 한암이 조사선의 가치를 곧추 세우게 된 과정에 그의 스승 경허의 자극이 있었다. 경허는 전통적인 조사선문의 방법으로 한암을 찔렀다. 경허의 계도에 자극받은 한암은 불이문을 체험할 수 있었다. 당송대 조사의 취지는 경허를 거쳐 한암으로 이어졌다.

한암은 조사의 의도를 알고자 했고, 역대 조사의 방법으로 조사의 의도를 전하려 했다. 한암은 설치한 격외의 관문은 조사선의 형식과 내용, 그것이다.

2) 어떻게 경허와 한암의 선을 새길 것인가?

『한암일발록』이 명시한대로 한암을 "선교일치"라는 용어로 해석할 수 있고, 대부분의 연구가 묘사한대로 경허를 "선교일치"라는 어휘로 정리해도 크게 틀리지 않는다. 실제로 경허는 강원을 폐쇄하고 선원을 개설했으면서도 『선문촬요』 편찬을 주도했으며, 한암도 『금강경오가해』를 현토하여 간행했고 서문에서 독송을 적극 권장했으며 대중들에게 경전을 강독해 주었고 경전 공부를 권했다.[49] 그렇다면 한암

---

49) 『漢巖一鉢錄』, pp.415~417.

의 교외별전 조사선 면모와 선교일치는 상충하지 않을까? 이 문제는 선문과 학계에 종종 등장하는 주제이다. 이에 대한 경허와 한암의 견해를 보자.

한암이 경전 공부를 권유하자, 이에 대한 반론 성격의 질의가 있었다. "서쪽에서 온 긴밀한 뜻은 문자에 관계없는데 요즈음 마음 닦는 학인들로 하여금 말이나 기억하고 구절이나 좇게 해서 무명을 조장시키는 것이 옳습니까?" 이런 질문은 실참 현장에서 적지 않게 등장한다. 한암의 대답은 이렇다. "다만 글과 말에만 집착하고 진실하게 참구하지 않는다면, 대장경을 다 보더라도 오히려 도깨비에 홀리는 것이다. 하지만 만약 본색납자가 말끝에 근본으로 돌아가 바른 안목[正眼]이 활짝 열리면 길거리에 흘러 다니는 이야기와 재잘거리는 여느 소리도 법의 핵심을 제대로 설한 것이거늘, 하물며 우리 조사께서 곧게 끊어 가르친 것은 어떠하겠는가?"[50]

한암에 따르면 문제는 강의의 여부, 경전·어록 공부의 가부가 아니다. 강의하고 설법을 듣는 의도와 방법, 경전이나 어록을 접근하는 태도이다. "글과 말에만 집착하고 … 도깨비에 홀리는 것이냐" 아니면 "근본으로 돌아가 바른 안목이 활짝 열리게 하느냐"의 분기점에 말과 글에 있지 않고 당사자에게 달려있다. 한암의 의도를 되살리고 알아내려면, 기왕 한암이 법문했고『한암일발록』이 공개된 이상 그 책을 외면할 수 없다. 어떻게 받아 들이냐에 따라『한암일발록』과 한암의 일구법문이 죽은 말[死句]이 될 수도 있고 산 말[活句]이 될 수도 있다. 한암이 천명한 바와 같이, 단어의 의미 탐색[參意]으로는 한암의 무설법문과 일구법문의 본디 뜻을 알아낼 수 없다. 말 이면에 깃

---

50)『漢巖一鉢錄』, pp.421~422.

든 한암의 의도에 사무쳐야[參句], 한암이 스스로 "잘못이다[敗闕]"
이 한 까닭에 알아낼 수 있을 것이다.

문제는 선교일치라는 용어가 아니라 선과 교에 관한 궁극적인 생
각이다. 경허의 생각은 이렇다. "부처와 조사가 선과 교를 설한 것이
특별한 게 무엇이었던가. 분별만 넘이로다. 돌사람(石人)이 피리 불고,
목마가 졸고 있음이여. 범부들이 자기 성품을 알지 못하고 말하기를
'성인의 경계지 나의 분수가 아니다'라 한다. 가련하구나."[51] 선이든
교학이든 한암의 스승 경허가 궁극적으로 말하려는 바는 이것이다.

선교일치라는 용어를 경허와 한암의 조사선 기조에서 풀지 않는다
면, 경허와 한암의 뜻에서 멀어지고 말 것이다. 경허와 한암이 곧추세
웠던 조사선 면모를 되살리지 않는다면 경허와 한암이라는 관문을
돌파할 수 없을 것이다.

관문을 통과하려면 경허와 한암의 의도를 알아내야 하리라. 경허
와 한암의 의도를 체험하기란 쉽지 않다. 관문 경허와 한암이 연구자
의 가슴에 아로 새겨진다면 그들의 의도는 학문의 화두로 살아난 것
이다. 그들이 던진 격외지를 지식[見聞覺知]과 사고[思量計較]를 벗
어나서 체득하기란, 학술 작업에서 할 수 있는 것이 아닐 것이다. 하
지만 관문을 직접 보고 스케치라도 해야 경허와 한암의 의도를 짐작
이라도 할 수 있을 것이다. 최소한 지식과 사고로라도 정리할 수 있어
야, 그들의 선을 소개할 수 있을 것이다. 당연히 이런 학술 작업이 경
허와 한암의 의도가 아니었다는 것을 염두에 두어야 한다고 해도 그
렇다.

한국 근현대 선을 알고자 한다면, 경허와 한암의 선을 알아내야 할

---

51) 『鏡虛集』, 『한불』11권, p.629a.

것이다. 경허와 한암의 선을 알고자 한다면, 그들의 설치한 관문을 돌파하지는 못해도 직접 보고 스케치는 해야 할 것이다.

3) 어떻게 해야 선지식의 의도에 사무칠 수 있을까?

조사선문에서 선지식은 그 자리에서 알아내고 대답해 보라고 자극한다. 한 소식을 기약하는 것은 중생의 분상이다. 경허와 한암이 고백했던 것처럼, 본래면목의 세계에서 닦고 증득함은 쓸데없는 짓이고 잘못된 일이다.[52] 한암은 이 점을 명확히 염두에 두고 있었다. 그래서 나온 소리가 "쯧"이다. 한국 선문에서 금이야 옥이야 하면서 자부심을 갖는 간화선마저도, 한암에게는 '쯧'하며 혀를 차게 하는 대상이었다. 본래성불에 철저하다면 그렇다는 의미일 것이다.

그래도 한암은 옛 조사의 일화를 들어 문제를 던지고 기연을 보여주었다. 한암은 학인이 그때 바로 알아차리기를 기대했을 것이다. 그래도 학인이 알지 못하자 한암은 한 번 더 낮추어 간화 수행을 요구했다. 간화란 이렇게 일구법문도 아니고 진제 차원의 접근도 아니며 향상구는 더욱 아니다. 한암이 그렇게까지 했는데도 학인이 미동도 하지 않으면, 한암은 헛수고를 한 셈이다.

그때 학인이 바로 알아내지는 못했지만 알아내려고 몸부림쳐야만 선지식의 의도를 알아낼 수 있다. 한암이 던진 기연이 학인의 가슴에 아로 새겨서 학인을 밤낮으로 꼼짝도 못하게 한다면, 선지식이 던진 기연은 학인의 화두로 살아난 것이다. 화두가 꿈틀거리고 학인이 두

---

52) 경허의 본래성불 조사선 정신과 수행의 관계에 대해서는 변희욱, 「鏡虛禪 다시보기」(『불교평론』 36, 2008, 만해사상 실천선양회)를 보라.

고두고 선지식의 의도를 알아내려 분투한다면, 그 학인의 분투가 바로 간화이다.

학인은 선지식을 의도를 알아내려고 분투하고 있을까? 경허 이래 전국 각처에 선원이 개설되고 화두를 지닌(받은) 학인이 끊어지지 않고 지금도 안거 방부에 이름을 올리는 전통이 살아있지만, 은산철벽에 갇히고 화두가 성성한 학인은 생각보다 많지 않다. 왜일까? 선지식의 낚시질이 서툴러서일까, 낚시 바늘의 미끼가 맛이 없어서일까?

한암 선사의 선문답과 공안

윤창화

[요약문]

  본고는 漢岩禪師(1867-1951)의 선문답을 고찰한 것이다. 한암선사가 당시 납자 및 고승들과 주고받은 선문답은 약 30여 편 정도가 된다. 이 가운데 고준한 선문답을 뽑아 고찰했다.

  선문답을 통해 본 한암선사의 禪風은 조사선풍에 가깝다고 할 수 있다. 그가 선문답에서 사용하고 있는 禪語를 보면 '아시송뇨(屙屎送尿),' '적과후장궁(賊過後張弓),' '끽요삼십방(喫了三十棒),' '적양화 적양화(摘楊花 摘楊花),' '석인목계(石人木雞),' '노봉달도인(路逢達道人)' 등으로, 주로 唐末五代 조사선에서 사용했던 禪語라는 것이다.

  조사선의 정점에 있었던 임제의현은 『임제록』(12-1段)에서 "여러분! 불법수행은 특별한 공부와 노력이 필요한 것이 아니오. 그저 일상 그대로 아무 일 없이 지내면서 똥을 누고 싶으면 똥을 누고 오줌을 누고 싶으면 오줌을 누며, 옷을 입고 밥을 먹으며, 피곤하면 누워서 쉬는 것이오. 어리석은 사람은 나를 비웃겠지만 지혜 있는 사람은 알 것이오(師示衆云. 道流. 佛法, 無用功處. 祇是平常無事. 屙屎送尿, 著衣喫飯, 困來卽臥. 愚人笑我, 智乃知焉)"라고 하여, 아시송뇨, 착의끽반이 바로 禪이요, 깨달은 자의 일상이라고 말하고 있다.

  또 운문선사도 "그대가 만약 아직 깨닫지 못했다면 한번 독자적으로 참구해 보시오. 착의(著衣), 끽반(喫飯), 아시(屙屎), 송뇨(送尿)를 제외한 그 밖에 더 특별한 것이 무엇이 있는지?"라고 하여, '착의끽반, 아시송뇨가 곧 선'이라고 말하고 있는 바와 같이, 한암선사가 보월화상에게 답한 송뇨시뇨출, 아시시시출(送尿時尿出, 屙屎時屎出)은 곧 平常心是道(조사선의 상징어)를 생활 속에서 실현시킨 것과 다른 것이 아니다.

그리고 선문답 (7)에서는 오대산은 첩첩하고 또 첩첩하여 山雲海月의 情이 그지없는데, 山雲이라고 하는 것이 좋은지 海月이라고 하는 것이 좋은지 言語文字와 聲色動靜을 떠나서 보여 달라는 물음에 대해서, 낱낱이 숫자를 붙여서 一言 二語 三聲 四色 五文 六字 七動 八靜이라고 답하고 있으며, (8)에서는 경봉스님의 세 가지 질문(三問)에 대하여 모두 '莫' 자를 써서 답하고 있고, (10)에서는 경봉스님에게 백지 한 장을 보내고 있으며, (13)에서는 마명의 소재를 묻자 '마시성고 과벽력(馬嘶聲高過霹靂, 말울음소리가 벼락보다 더 크다)' 이라고 답한 것이나 선문답 (14)의 漢岩不識 등은 모두 기권(機權)이 자유자재한 조사선풍에 가까운 선문답이라고 할 수 있다.

I. 선문답의 의의와 역할

선의 세계, 오도의 경지에 대해 선사와 선사, 또는 스승과 제자납자 사이에 나누는 격외의 대화, 기지機智의 대화를 '선문답', 또는 '법거량法擧揚'이라고 한다. '선을 주제로 하여 나누는 문답'이라는 뜻이다.

선문답은 중국 선불교가 낳은 독특한 대화 방식이다. 의표를 찌르는 질문을 통해서 학인의 공부 상태나 또는 상대방의 경지를 看破, 勘破하는 것으로 이는 중국의 문화적 토양과 관련 있다고 할 수 있다. 예컨대 漢唐의 문인들은 즉석에서 시詩를 주고받아서 상대방의 실력을 가늠했는데 이때 잠시라도 머뭇거리면 안 된다. 즉시 화답해야 한다.

선문답은 주로 表詮, 직접적 표현보다는 遮詮, 우회적 표현을 사용한다. 즉 저 산 너머에서 연기가 일어나는 것을 보면 불이 난 줄 알아차려야 하고, 담장 너머로 뿔이 보이면 소가 있는 줄 알아야 한다.[1] 선문답은 『중론』의 전개 방법과도 비슷한데 이것이 선문답의 특징이며, 이 또한 교육적 효과를 극대화하기 위한 것이라고 할 수 있다.

선문답은 즉문즉답으로 진행된다. 賓主, 問者와 答者가 잠시라도 머뭇거리면[擬議] 벌써 사량 분별심이 介在돼 있는 것이다. 항상 반야지혜가 활발발하게 작용하고 있고 일상이 본분사와 不二一如가 되어 있는 종사, 납자라면 선문답은 애쓰지 않아도 자연스럽게 나와야 한다. 喝로 유명한 임제 의현(?~867)은 납자들이 머뭇거리면 즉시 벽

---

1) "隔山見煙, 早知是火, 隔牆見角, 便知是牛.", 『벽암록』 1칙 垂示.

력같은 소리로 질타했다[僧疑議, 師便喝].

선종사에서 최초의 선문답은 달마와 혜가 사이에 전개된 '安心法門'이라고 할 수 있다. "괴로워하는 그 마음을 내 앞에 가지고 오면 즉시 편안하게 해 주겠다"는 달마의 말에 혜가는 온 사방을 뒤져도 괴로운 마음을 찾을 수 없었다는 것인데 이것은 空性 곧 '괴로운 마음[苦心]의 실체가 없음'을 자각하게 하여 마음의 평온을 되찾게 하는 방법이다.

달마의 안심법문은 機智와 반야지혜가 동시에 작용한 대표적인 선문답이다. 이후 많은 선문답공안이 생겼는데 『전등록』(1004년)에 수록되어 있는 1,700가지 공안은 곧 1,700명을 깨닫게 한 悟道機緣이다.

선문답은 空·眞如·佛性·中道·中觀·眞空妙有·人法無我·不二·무집착·無心·無事·무분별·일체유심조·離四句絶百非·言語道斷 등의 입장에서 전개된다. 선문답(법거량)은 단답식으로 매우 짧고 수작(酬酌)도 5~6회를 넘지 않는다. 그 이상이 되면 그것은 轉迷開悟케 하는 一轉語가 아니라 오히려 납자로 하여금 사량 분별심이나 의리선에 빠지게 한다.

선문답은 1:1 독대로 이루어지는 경우가 많지만 대중이 모인 장소에서는 공개적으로 이루어지기도 한다. 상당법어 등에서는 공개적으로 이루어지고 독참, 請益 등에서는 개별적으로 이루어진다. 선문답에는 어떤 정형이나 정답 또는 틀이 정해져 있는 것은 아니다. 그렇다고 전혀 틀이 없는 것도 아니다. 굳이 표현하자면 상식적인 틀을 벗어난 '무형식의 형식', '무정답 속의 정답'이 하나의 틀이라고 할 수 있다.

선문답에 대하여 양억(楊億)은 『전등록』 6권 백장회해章 부록에 실려 있는 「선문규식」에서 다음과 같이 밝히고 있다.

"납자(賓)와 방장(主)이 서로 묻고(問) 답(酬)하여 종요(宗要, 핵심)를 격양시키는 것, 이것은 법에 의하여 주(住)하고 있음을 나타낸 것이다 (賓主問酬, 激揚宗要者, 示依法而住也)".[2]

선문답은 불법의 요체를 격양, 振作시키는 역할을 하며 항상 眞諦 속에서 살아가고 있음을 나타낸 것이라고 정의하고 있는데, 이것은 개인적인 정의가 아니고 선불교 전체의 정의라고 할 수 있다.

선문답은 다음과 같은 몇 가지 역할을 한다고 할 수 있다.

첫째, 자각을 통하여 참선자의 상대방으로 하여금 轉迷開悟하게 한다. 즉 수행자는 선사의 一轉語에 자각하여 범부에서 부처의 세계로 전환한다. 또 정신적·사상적인 구속과 통속적인 관념, 규범, 가치관 등의 굴레, 구속으로부터 벗어나 자유인으로 돌아가게 한다는 것이다.

둘째, 선문답은 납자의 공부 척도와 悟道 여부를 파악하는 역할을 한다. 수행의 척도와 오도 여부를 검증하는 데에 어떤 공식적인 것이 있는 것이 아니다. 깨달았는지 여부를 파악하는 것은 오로지 정법안장을 갖춘 선사만이 가능한데 그 검증 방법이 바로 선문답이라고 할 수 있다.

셋째, 선사와 선사 사이에 주고받는 선문답은 상대방의 경지를 헤아리는 역할을 한다. 즉문즉답이 되지 못하고 머뭇거리면[疑議] 그것은 곧 사량 분별심이 작용하기 때문이라고 할 수 있다.

선문답은 수행자로 하여금 깨닫게 하는 결정적인 역할을 하는데,

---

2) 楊億, 「禪門規式」『전등록』 6권, 백장회해章 부록(『대정장』 51권, p.250c).

당송 시대 선승들의 悟道機緣을 살펴보면 대부분 문답을 통하여 깨달았다. 또는 香嚴擊竹이나 靈雲桃花와 같이 사물의 변용을 보고 깨달았는데, 뜻밖에도 좌선을 하다가 깨달았다고 하는 경우는 보기 드물다.

II. 선문답의 성격과 그 분류

선문답은 繞路說禪으로서 四字成語, 격언, 속담구조와도 비슷하다고도 할 수 있다. 즉 직접적 화법[表詮]이 아닌 간접적인 화법[遮詮]을 통하여 선의 진실을 표현하는 것이어서 그에 대한 이해가 부족할 경우 兩者는 무의미한 동문서답식의 문답을 할 수밖에 없다.

선문답에 대하여 처음으로 그 성격을 분류한 것은 송초의 선승 汾陽善昭(947~1024)가 분류한 「汾陽十八問」[3]이다. 「분양십팔문」은 『인천안목』(晦巖智昭 撰, 1188) 2권에 수록되어 있는데 선문답의 질문 형태를 18가지로 분류한 것이다. 방장이나 조실이 납자제자의 질문에 대하여 그 말뜻과 질문 형태를 파악하지 못한다면 병통[문제점]을 지도할 수가 없기 때문이다.

분양은 말한다. 대의는 오직 실제적인 이치를 질문하고, 묵묵히 묵언

---

3) 晦巖智昭, 「汾陽十八問」『人天眼目』2권(『대정장』48권, p.307c). 그 밖에 선문답(공안)을 유형별·종류별로 분류한 것으로는 원나라 때 善俊, 智境, 道泰 등이 1307년에 편찬한 『禪門類聚』20권이 있다. 『선문유취』는 선문답을 伽藍, 殿堂, 塔廟, 丈室, 門戶, 祖敎, 問法, 說法, 禪定, 悟道, 大道, 佛祖, 法身, 佛像 등으로 분류했는데, 예컨대 가람을 주제로 한 선문답은 가람 편에, 法身을 주제로 한 선문답은 법신 편에 넣어 편찬한 것이다.

으로 질문하여, 구별하기 매우 어렵다. 그러므로 반드시 질문하는 의도를 알아야 한다. 그 나머지는 모두 시절인연(때)이 있으니, 언설의 얕고 깊음은 서로 헤아려 조심스럽게 응대해야 한다. 함부로 망령되이 천착하면 피차가 무익하게 된다. 비록 처음 의도는 좋다고 해도[善因] 나쁜 결과[惡果]를 초래하게 되는 것이니 반드시 자세히 살펴야 한다.[4]

분양십팔문은 (1) 請益問: 진심으로 가르침을 청하는 질문. (2) 呈解問: 자신의 공부 상태, 또는 견해를 피력하여 점검 받기 위한 질문. (3) 察辨問: 자신의 견해로는 가리기 어려워서 감변해 주기를 바라는 질문. (4) 投機問: 자신의 공부 상태를 그대로 던져 보여서 확신·확증해 보기 위한 질문. (5) 偏僻問: 자기의 견해에 사로잡혀서 스승에게 묻는 것. (6) 探拔問: 자신의 견해를 가지고 상대방 혹은 스승의 경지를 탐문해 보기 위한 질문. (7) 擊擔問: 선사 또는 상대방의 경지가 어느 정도인지 가늠해 보기 위하여 묻는 것. (8) 不會問: 참선을 해도 알 수가 없어서 묻는 것. (9) 徵問: 공격적 의도를 갖고 따지면서 질문하는 것. (10) 默問: 언설말을 하지 않고 행동, 제스처를 지어서 묻는 것 등 18가지이다.[5]

---

4) "汾陽云. 大意除實問默問難辨, 須識來意. 餘者總有時節, 言說淺深相度祇應, 不得妄生穿鑿, 彼此無利益. 雖是善因, 而招惡果, 切須子細." 晦巖 智昭, 『人天眼目』 2권(『대정장』 48권, p.307c).

5) 「汾陽十八問」, "請益問: 僧問馬祖. 如何是佛. 祖云. 卽心是. 呈解問: 問龍牙. 天不能蓋. 地不能載時如何. 牙云. 道者合如是. 察辨問: 問臨濟. 學人有一問. 在和尙處時如何. 濟云. 速道速道. 僧擬議. 濟便打. 投機問: 問天皇. 疑情未息時如何. 皇云. 守一非眞. 偏僻問: 問芭蕉. 盡大地是箇眼睛. 乞師指示. 蕉云. 貧兒遇. 飯. 心行問: 問興化. 學人. 白未分. 乞師方便. 化隨聲便打. 探拔問: 問風穴. 不會底人. 爲甚. 不疑. 穴云. 靈龜負陸地. 爭免曳泥. 不會問: 問玄沙. 學人乍入叢林. 乞師指示. 沙云. 汝聞偃溪水聲. 僧云聞. 沙云. 從這裏入. 擎擔問: 問老宿. 世智辨聰. 總不要拈出. 還我話頭來. 宿便打. 置問: 問雲門. 目不見邊際時如何. 門云鑒. 故問: 問首山. 一切衆生. 皆有佛性爲甚. 不識. 山云識. 借問: 問風穴. 大海有珠. 如何取得. 穴云. 罔象到時光燦爛. 離婁行處

424

「분양십팔문」은 주로 제자나 납자들의 질문을 가지고 그 성격을 분류한 것이지만, 선승들 간의 문답도 이 18문의 범위에서 벗어나지 않는다. 다만 선승들 간의 선문답은 그 성격이 스승과 제자납자 사이의 선문답과는 좀 다르다고 할 수 있다. 즉 스승과 제자납자 사이의 선문답은 請益問, 呈解問으로서 주로 제자가 묻고 스승이 답하는 형식이지만, 선승들 간의 문답은 대부분 探拔問, 擊擔問, 徵問 등으로 비슷한 경지에서 나눈 법담, 또는 상대방의 경지를 탐색해 보기 위한 것이 대부분이다.

III. 한암 선사의 선문답

　한암 선사는 주지하다시피 禪만을 강조했던 선승은 아니다. 계정혜는 물론 염불도 중시하여 불제자로서 불전에 공양을 올리고 내릴 수 있을 정도의 염불은 할 줄 알아야 한다고 하였다.[6] 새벽 3시부터 밤9시까지 종일토록 눕지 않고 항상 꼿꼿하게 앉아서 좌선하는 것이

浪滔天. 實問: 問三聖. 學人只見和尙是僧. 如何是佛是法. 聖云. 是佛是法. 汝知之乎. 假問: 問徑山.這箇是殿裏底. 那箇是佛. 山云. 這箇是殿裏底. 審問: 問祖師. 一切諸法. 本來是有. 那箇是無. 答云. 汝問甚分明. 何勞更問吾. 徵問: 問睦州. 祖師西來當爲何事. 州云.爾道. 爲何事. 僧無語. 州便打. 明問: 外道問佛. 不問有言無言. 世尊良久. 道云. 世尊大慈大悲. 開我迷雲. 令我得入. 默問: 外道到佛處, 無言而立. 佛云. 甚多. 外道道云. 世尊大慈大悲. 令我得入.", 晦巖 智昭, 『人天眼目』 2권(『대정장』 48권, p.307c).

6) "우리 스님은 차 마시는 시간에 조사어록을 강하시고 법을 설하셨지만 참선하는 수좌들에게 경을 보라고 권하는 일은 없었다. 다만 두 가지를 허락하셨는데 수좌라도 불공의식을 익혀서 마지 올리고 내리는 법은 알아야한다고 하셨고, 또 하나는 참선은 비록 스스로 지어가는 것이지만 불조의 어록은 혼자 뜯어볼 정도의 글 힘이 있어야 한다고 말씀하셨다. 그러기에 수좌들도 놀지 말고 틈틈이 글자를 보아도 좋다고 하셨다." 조용명, 「우리 스님, 한암스님」 『불광』, pp.5~9. 1980.

일상이었고 조실 방이 있어도 대중과 함께 생활했으므로 상원사 선원은 가장 준엄했다.[7] 또 대중들은 하루 三食을 했지만 한암 선사 자신은 二食으로 오후불식을 실천했다.[8] 그리고 점심 공양 후에는 대중들과 함께 차를 마시면서 소참법문을 하였는데, 내용은 주로 고칙 공안과 오도기연 등 조사어록이었다.[9] 함부로 인가해 주는 것을 꺼려했는데 그것은 나복두선(蘿蔔頭禪)이나 동과인자(冬瓜印字)[10]에 지

7) "스님의 24시간은 어떠하였던가. 밤에 잠시 누운 밖에는 언제나 큰 방에서 대중과 함께 계셨다. 새벽 3시에서 밤 9시까지 항상 허리를 꼿꼿하게 펴고 앉아 참선만 하고 계셨다. 허리를 구부리는 것을 허락하지 않으셨다. 당시의 雲頂 스님이나 檀庵 스님, 雪峰 스님, 東山 스님 모두가 그랬다. 고단하면 밖을 거닐라고 하였다. 종일 눕지 못하고 발도 못 뻗고 벽에 기대지도 못했다. 따로 있을 지대방도 없었다. 그러므로 여간한 수좌가 아니면 한암 스님 회상에서 지내기 어렵다고 겁을 먹고 오지 않았다. (……) 3시에 기상하여 참선 예불 공양을 대중과 함께하셨고 조실방이 있어도 가시지 않았다. 언제나 큰방에 앉아 계시니 대중이 꼼짝 할 수가 없었다." 조용명, 「우리스님, 한암스님」『불광』, 1980. pp.5~9.

8) "공양도 아침에는 죽, 낮에는 밥, 두 때뿐이다. 드린 대로 잡수시고 차다, 덥다, 질다, 되다, 짜다, 싱겁다, 도무지 말씀이 없으셨다. 그 생활 일체가 참으로 검박하셨다." 조용명, 「우리 스님, 한암스님」『불광』, 1980. pp.5~9.

9) "병인년(1926) 하안거 중 반산림이 지난 때라고 생각된다. (……) 그날도 조실스님은 여느 때와 다름없이 (점심) 공양 후에 차를 마시며 대중들과 이야기를 나누었다. (……) "오대산 선원은 오직 선만을 할 뿐, 다른 것이 없는 순수한 선도량이었지만, 점심 공양 후 차 마시는 시간은 또한 각별한 가풍이 있었다. 그 시간에는 조실스님의 법문을 듣는 시간이었다. 대중이 다 함께 큰 방에 둘러 앉아 그 텁텁한 마가목차를 마셔가면서 조실 스님의 禪文 강의를 듣는 것이다. 그때만 해도 수좌들이 한문에 능하지 못했다. 따라서 경전이나 어록을 자유로 볼 수 있는 사람이 그리 많지 않았다. 그런 중에 우리 스님은 점심 공양 후, 차 시간이면 조사어록을 들고 나와 법문을 계속하였다." 조용명, 「우리 스님, 한암스님」『불광』, 1980. pp.5~9.

10) 蘿蔔頭禪 : 나복은 '큰 무,' 야물지 못한, 단단하지 못한 禪, 엉터리 선을 나복두선이라고 한다. 『벽암록』 98칙 天平兩錯 공안에는 선승 天平이 나복두선, 즉 야물지 못한 엉터리 선을 배운 후 가는 곳마다 함부로 지껄인다고 비판하고 있다[天平, 曾參進山主來, 爲他到諸方, 參得些蘿蔔頭禪, 在肚皮裏. 到處便輕開大口道, 我會禪會道]. 나복두로 만든 도장을 '蘿蔔印'이라고 한다. '冬瓜印子'란 冬瓜(호박과의 식물)로 만든 印章, 엉터리 선승의 인가 도장. 대혜 선사는 『서장』 張舍人章에서, "절대로 冬瓜로 만든 도장을 가지고 깨달았다고 인가해 주는 엉터리 선승들을 따르지 마십시오(切忌被邪師, 順摩捋, 將冬瓜

426

나지 않기 때문이었다. 漢岩禪은 화두를 참구하는 간화선이었지만 20여 편의 선문답에서 볼 수 있는 바와 같이 조사선적인 선풍이라고 할 수 있다(결어 참조).

한암 선사가 당시 고승 및 납자들과 주고받은 선문답은 많았을 터이지만 현존하는 것은 약 20여 편 정도에 불과하다. 만공 선사와 문답한 것이 4편, 망월선원조실 백용성 스님과 문답한 것이 1편, 보월 화상 1편, 경봉 스님과 나눈 것이 7~8편 등으로, 당시 고승들과 나눈 선문답이 약 13편 가량 된다. 그리고 권상로 선생과 1편, 일승日僧 사토 화상 1편, 납자·제자들과 나눈 것이 4~5편 등 모두 20여 편이 된다. 그 가운데서 조사서래의의 고준한 선문답을 뽑아 의리선적인 고찰을 해 보고자 한다. 말후일구는 개인이 透得해야 할 몫이다.

만공滿空 선사(1871~1946)와 한암 선사는 당대를 대표하는 선승이다. '南滿空', '北漢岩'이라는 별칭이 생길 정도로 두 선승은 각각 정혜사와 상원사에서 활구법문을 펼쳤다. 한암 선사가 만공 스님과 나눈 선문답은 모두 4편인데, 고준하고 격조가 있으며 매 편마다 전봉 상주箭鋒相柱[11]같은 문답을 전개하고 있다.

(1) 끽요삼십방(喫了三十棒)–만공(滿空) 선사와 선문답

만공 선사가 금강산 금선대에 주석하고 있을 때였다. 마침 한암 선사도 금강산 지장도량지장암에서 한 철을 보내게 되었는데, 만공 선

印子印定). 이런 자들은 稻麻竹葦처럼 아주 많습니다"라고 당부하고 있다.
11) 箭鋒相柱 : 화살 끝과 칼끝이 공중에서 마주쳤다는 뜻. 즉 솜씨, 실력(법력)이 같음을 뜻한다.

사가 인편을 통하여 법거량 서간을 보냈다.

[問]　만공 선사가 말했다.
　　　"한암 스님이 금강산에 이르니 설상가상이오. 지장도량[지장
　　　암]에 업경대가 있으니 스님의 죄업이 얼마나 되는지 비춰 보시
　　　오?"

[答]　한암 선사 답하였다.
　　　"묻기 전과 물은 뒤를 합하여 30방망이를 맞아야겠소."

[問]　만공 선사가 또 말했다.
　　　"맞은 뒤의 소식은 어떠합니까?"

[答]　한암 선사 답하였다.
　　　"지금 잣 서리하기 적당한 때이니 이 때를 놓치지 말고 와서 함
　　　께 놀면 즐겁지 않겠습니까?"

[問]　"암두(巖頭)의 잣 서리 자리에 참여하지 못한 것은 매우 한스럽
　　　게 생각하지만 덕산(德山)의 잣 서리에 참여하지 못한 것은 조
　　　금도 애석해하지 않습니다."(암두는 덕산의 제자임)

[答]　"암두와 덕산의 이름을 알지만 그들의 성은 무엇이오?"

[問]　"도둑이 이미 천 리나 지나갔는데, 문 앞을 지나가는 과객에게
　　　성은 물어서 무엇 하려고 하오."

[答]　"금선대 속의 보화관이여, 금·은·옥·백으로도 비교하기 어렵
　　　도다."

만공 선사가 마지막으로 백지 위에 일원상(一圖相)을 그려 보냈다.[12]

---

12) "滿空云. 漢岩到金剛, 雪上加霜. 地藏道場, 有業鏡臺, 所作罪業多少麽. 漢
　　岩云. 故問以前, 此問以後, 合喫了三十棒也. 滿空云. 喫後消息, 以爲如何. 漢
　　岩云. 今當栢子燒喫時, 勿失時機來相遊, 亦不樂乎. 滿空云, 唯恨巖頭栢子
　　失時, 不怨德山栢子遲. 漢岩云. 旣知巖頭德山名, 未審其姓是甚麽. 滿空云.
　　賊過去已千里後. 來問姓名門前客, 問姓作甚麽. 漢岩云. 金仙臺裡寶貨冠, 金
　　銀玉帛難可比. 滿空. 最後記畵如是."『정본 한암일발록』상권, p.195. ;「與滿
　　空禪師書信法談 2」『만공법어』, pp.99~100. 1982, 덕숭산 수덕사.

이 선문답은 불꽃 튀는 전개 방식을 보여 준다. 만공 선사는 매우 역설적인 방법으로 지금 스님(한암)이 머물고 있는 지장도량(지장암)에 업경대가 있는데, 즉시 스님의 죄업이 얼마나 되는지 비춰 보라고 다그치고 있다. 매우 공격적이다. 분양의 18문 가운데 擊擔問(격담문)에 속한다.

당시 한암은 이미 조실의 반열에 올라가 있었다. 그런 한암에게 죄업이 얼마나 되는지 반추해 보라고 했으니, 표면적으로 볼 때 이것은 보통의 희롱과 조롱이 아니다. 그러나 사실 이것은 희롱이라기보다는 극찬의 역설적인 표현이라고 하는 것이 옳을 것이다. 즉 금강산이 매우 아름다운데 한암 스님이 와서 더욱 아름답게 되었다[雪上加霜]는 뜻이다.

선문답의 대화법은 이와 같이 역설적이다. 그 대표적인 것이 '천상천하 유아독존'에 대한 운문의 착어인데, 운문은 거기에 대하여 "我當時若見, 一棒打殺, 與狗子喫, 貴圖天下太平(만일 내가 당시에 있었더라면 한 방망이로 쳐서 개에게 주어서 천하를 태평하게 도모했을 것이다"라고 하여 매우 독설적이고도 역설적인 착어를 붙이고 있다. 표면적으로 봤을 때 이것은 부처님에 대한 큰 不敬罪에 해당한다. 그러나 이 말은 무지한 중생들에게 이심전심, 열반묘심의 이치를 알려 주셔서 백골난망이라는 뜻이나 마찬가지이다. 역설적으로 칭찬은 비판, 비판은 칭찬의 구조이다.

『벽암록』에 나오는 원오 극근의 착어는 하나같이 역설적이다. 예컨대 『벽암록』 2칙 '趙州示衆云'에 대하여 원오 극근은 "這老漢作什麽. 莫打這葛藤. 이 늙은이가 무슨 짓을 하는고? 말장난하지 말라"라고 매몰차게 착어를 붙이고 있다. 선은 언어도단의 세계인데, 示衆(법문)

하고 있으므로 말장난에 불과하다는 것은 당연한 것이다. 그러나 실제는 훌륭한 법문을 가리키는 말이다. 선문답에서 이와 같이 상식적으로는 이해할 수 없는 모순된 표현을 즐겨 쓰는 이유는, 바로 그 모순적인 언어를 통해 통속적인 사고에 사로 잡혀 있는 의식을 변화시킬 수 있기 때문이다. 그것이 一轉語이다.

선문답의 역설적인 표현은 퇴옹 성철 선사의 열반송에서도 볼 수 있다. 그는 열반송에서 "일생 동안 남녀의 무리를 속여서 하늘 가득히 죄업은 수미산을 지나친다. 산 채로 무간지옥에 떨어져서 그 한이 만 갈래나 된다[生平欺狂男女群, 彌天罪業過須彌, 活陷阿鼻恨萬端(……)]"라고 했는데 '일평생 남녀의 무리를 속여서'라는 말은 곧 '일생 동안 중생을 제도해서'이다.

이어 한암 선사는 "묻기 전과 뒤를 합하여 족히 30방망을 맞아야겠다[故問以前, 此間以後, 喫了三十棒也]"고 했고, 만공 선사 역시 조금도 거침없이 "맞은 뒤의 소식은 어떠한고? (……) 도적이 이미 천리나 지나가 버렸다[滿空云. 喫後消息, 以爲如何? (……) 賊過去已千里後]"라고 하여 활발발한 문답을 펼치고 있다. 30방을 맞아야 한다고 한 것은 罪無自性, 즉 空性임에도 불구하고 죄업을 말하고 있기 때문인데, 만공 선사는 "맞은 뒤의 소식은 어떻느냐"고 하여, 도적의 말을 빼앗아 타고 도적을 쫓아가는 騎賊馬趕賊(기적마간적)의 방법으로 응수하고 있다. 그야말로 본문종사들의 살활자재한 선문답이다. 오늘날에는 이런 고준한 선문답을 볼 수 없다고 해도 과언이 아니다. 문답이 활발하지 못하면 그것은 屍體禪에 불과하다.

이후에도 선문답이 더 이어지고 있는데 한암 선사는 살인도와 활인검을 병용하고 있는 만공 선사의 機鋒에 대하여 "금선대 속의 보화관이여 금·은·옥·백으로 비교하기 어렵도다"라고 극찬을 하고 있다. 당시 만공 스님은 금선대에 주석하고 있었는데, '금선대 속의 보화관'은 물을 것도 없이 만공스님을 가리킨다.

(2) 투척력석(投擲礫石)-만공 선사와 선문답

> [問答] 만공 선사가 적멸보궁을 참배하고 떠날 때이다. 한암 선사가 만공스님을 산문까지 전송하였다. 만공이 앞서 가다가 문득 돌 멩이 하나를 주워서 한암 스님 앞에 던졌다. 한암 선사는 그 돌을 주워서 개울에 던져 버렸다. 만공 선사가 혼잣말로 말하였다.
> "이번 걸음에는 손해가 적지 않았도다(損害不少)."[13]

이 선문답의 핵심은 "손해가 적지 않았다[損害不少]"는 말에 있다. 무슨 뜻일까? 손해불소는 흔히 선문답에서 나오는 '今日失利'와 같은 말이다. 원래 금일실리는 장사꾼들이 사용하던 말로서 '오늘은 운수가 나빠서 손해를 봤다'는 뜻이다. 이것을 선승들이 선문답 속에 끌어들여 사용한 것이다. 그 뜻은 (1)자기의 실패를 정직하게 인정하는 말, (2)기대에 어긋났다. 한 수 배우려고 했는데……라는 뜻, (3)아차 실수했다는 뜻 등이다.

그러나 다른 뉘앙스로도 사용된다.『禪宗頌古聯珠通集(선종송고연주통집)』32권에 있는 鏡淸 선사와 어느 납자의 문답을 보도록 하

---

13) "滿空禪師, 臺山寶宮參拜歸路, 漢岩禪師, 爲之餞別於山門. 滿空禪師前行, 便拾一個礫石, 置地於禪師前. 漢岩禪師, 拾其礫石, 投擲於川溪. 滿空禪師獨白云. 今般行路, 損害不少."『정본 한암일발록』상권, p.196. ;「與滿空禪師書信法談 3」『만공법어』, pp.101~102. 1982, 덕숭산 수덕사.

겠다.

어떤 납자가 鏡淸 선사에게 물었다. "새해 첫 머리에도 불법이 있습니까?" "있느니라." "어떤 것이 새해의 불법입니까?" "설날 아침에 복을 비느니라." 납자가 말하였다. "화상께서 대답해 주셔서 감사합니다." 경청 선사가 말하였다. "나 경청은 오늘 손해를 보았도다(鏡淸今日失利)."[14]

여기서 경청화상이 손해를 보았다는 것은 무슨 뜻인가? "설날 아침에 복을 빈다"라고 말하지 않았더라면 손해를 보지 않은 것인데 그만 노파심을 억제하지 못하고 말했기 때문에 손해를 보았다고 한 것이다.

만공 선사가 말한 손해불소는 '이번에 상원사를 방문하여 한암 선사와 많은 법담을 나누었다. 너무 말을 많이 했다.'는 뜻이다. 역설적인 표현을 써서 긍정을 극대화하는 것이 선어이고 선문답이다.

(3) 만호천문일작개(萬戶千門一作開)-
   만공 선사와 선문답

만공 선사가 전국 선승들에게 '무엇이 第一句인지 한마디 일러 보라'는 서신을 보냈다. 한암 선사는 자문자답 형식으로 당송시대 선승들의 頌과 착어를 擧揚한 다음 자신의 착어와 송을 붙이고 있다.

[問] 무엇이 第一句인지 한마디 일러 보시오(如何是第一句. 道將一
      句來).

---

14) "鏡淸因僧問. 新年頭還有佛法也無. 師曰有. 曰如何是新年頭佛法. 師曰. 元正啓祚萬物咸新. 曰謝師答話. 師曰. 鏡淸今日失利." 『禪宗頌古聯珠通集』 32권(『신찬속장경』 65권, p.675c).

[답] 한암 선사 답하였다. 어떤 승이 雪峰에게 물었다. "어떤 것이 제
       일구입니까?" 설봉이 良久했으니, "어긋났도다(錯)." 또 어떤 승
       이 長生에게 물었다. "어떤 것이 제일구입니까?" 장생이 "蒼天
       蒼天(아이고 아이고)"이라고 했으니, "어긋났도다(錯)." 悅齋 거
       사가 평하기를 "第二句는 良久이고, 蒼天蒼天은 오히려 第三句
       에 떨어졌다"고 하였는데, 문득 어떤 사람이 우두암승(한암 스
       님)에게 "어떤 것이 제일구입니까?" 하고 묻는다면, 나는 '良久'
       하고 이르기를 "蒼天蒼天"이라고 답할 것이오. 그때 옆에서 수
       긍하지 않는 자가 나와서 "틀린 것을 가지고 틀린 것으로 나아
       가는 것(將錯就錯)[15]이다"라고 말한다면, 나는 곧 말하기를
       "그대는 어느 곳에서 이 소식을 알았느냐?"라고 물을 것이다. 그
       러나 "옛 조사의 言句가 천하에 가득한데 왜 모르겠습니까"라
       고 말한다면, 나는 곧바로 "옛 조사 스님들을 비방하지 말라"고
       답할 것이오. "古人의 일은 놔두고 道者(즉 한암)의 가풍은 어
       떠하오"라고 묻는다면, 주장자로 탁자를 한 차례 치고서 "萬戶
       千門이 한 번에 열리니 우두산색이 푸른 허공을 찌른다"고 할
       것입니다. "쯧쯧!"[16]

---

15) 將錯就錯은 得錯就錯과 같은 말로, 이미 어긋났는데 더 어긋남, 모순에 모순
    을 더함. 더욱 그르침을 뜻함.
16) "僧問雪峰. 如何是第一句. 雪峯良久, 錯. 又僧問長生. 如何是第一句. 長生
    云. 蒼天蒼天, 錯. 悅齋居士頌云. 第二句義是良久. 蒼天猶落第三句. 忽有人,
    問牛頭菴僧, 如何是第一句. 答良久云, 蒼天蒼天. 傍有不肯者, 出來道云, 將
    錯就錯. 即云, 爾 問甚處, 得這消息來. 雖然如是, 古祖師言句, 逼滿天下. 即
    答云 莫謗古祖好. 古人事, 且置, 道者家風如何. 以拄杖, 打卓一下云. 萬戶千
    門一作開, 牛頭山色揷天碧."「맹산 우두암에서 보낸 답서」『정본 한암일발록』
    상권, p.193. 이 선문답(서간문답)은 草庵子라는 사람이 필사한『경허법어』끝
    에 '第一句答'이라는 제목하에 '孟山牛頭庵方漢岩答'이라는 제목으로 실려
    있다. 그리고 이어 '楡岾寺 林石頭答'과 '表忠禪院 申慧月答', 그리고 '仙岩寺
    李雪吼答' 등이 실려 있고, 맨 끝에 '滿空和尙自答'이 실려 있다. 이것으로 보
    아 이 선문답은 만공 선사가 여러 선승들에게 편지를 보내 "어떤 것이 第一句
    의 소식인지 한번 말씀해 보라(如何是第一句. 道將一句來)"고 물은 것에 대
    한 답이다.

이 선문답은 한암 선사가 맹산 우두암에 있을 때 답한 것이다. 第一句란 선의 본질을 드러내는 핵심적인 한마디로 第一義, 聖諦第一義와도 같은 말이다. 제일구는 언어가 미치지 못하는 言詮不及의 경지이다. 말을 하면 의리선인 2, 3구에 떨어진다(開口動着, 落在二三頭). 그래서 설봉은 양구(무언)를 했고, 장생은 창천창천이라고 한 것이다. 한암 선사는 설봉과 장생에 대하여 '錯'이라고 평했다. 모두 제일구의 소식과는 거리가 멀다는 뜻이다. 부정한 것 같지만 부정이 아니고 긍정을 도출하기 위한 방법이다. 한암 선사는 "누가 나에게 어떤 것이 제일구냐"라고 묻는다면 "良久 후에 蒼天蒼天이라고 답하겠다" 라고 하여 모두 긍정하고 있기 때문이다. 부정을 통하여 긍정을 극대화하는 방법이라고 할 수 있다.

(4) 적과후장궁(賊過後張弓)-만공 선사와 선문답

[問] 만공 선사가 말했다.
"우리가 이별한 지 10여 년이 되도록 서로 보지 못했지만 구름과 달, 산과 계곡은 어딜 가나 같습니다. 살고 있는 북쪽을 바라보며 항상 敬仰합니다. 그러나 북쪽 땅은 춥고 더움이 고르지 못하니, 바라건대 이제는 북방에만 있지 말고 바랑을 지고 남쪽으로 와서 납자들을 지도하는 것이 어떻겠습니까?

[答] 한암 선사가 답하였다.
"가난뱅이가 옛 빚을 생각하고 있군요(貧兒思舊債)."

[問] 만공 선사가 말했다.
"손자를 사랑하는 늙은이는 자연히 입이 가난하다오(愛孫老翁 自然口貧)."

[答] 한암 선사가 답하였다.

"도둑이 지나간 뒤에 활을 당기는구료(賊過後張弓)."
　　[만공] "벌써 도둑놈 머리에 화살이 꽂혔소(旣已賊頭揷矢在)."[17]

　선문답은 일상적인 평범한 언어 속에 메시지를 전달한다. 그러므로 放過하면 箭過新羅(빗나감)가 되어 버린다. 만공 선사가 한암 선사에게 따뜻한 남쪽에 와서 사는 것이 어떻겠느냐고 제안한 것은 평범한 문안인사 같지만, 그 속에는 "요즘 편안합니까? 항상 본분, 불성에서 벗어나지 않고 있습니까?"라고 묻고 있는 것이다.

　한암 선사는 "가난뱅이가 옛 빚을 생각하고 있군요(貧兒思舊債)"라는 하여, 염려해 주는 것은 감사하지만 한암은 항상 如如하게 본분 속에서 있다는 것이다. 이에 대하여 만공 선사는 "손자(한암)를 사랑하는 늙은이(만공)는 입이 본래 가난하다(愛孫老翁, 自然口貧)"고 답하였는데, 여기서 口貧은 香嚴 智閑의 "年貧未是貧, 今年貧始是貧"과 같은 의미라고 할 수 있다.

　한암 선사는 "도둑이 지나간 뒤에 활을 당기고 있다(賊過後張弓)"라고 하였는데 부질없는 걱정은 하시지 말라는 뜻이다. 적과후장궁(賊過後張弓)을 글자대로 풀이하면 '도적이 달아난 뒤에 활을 당긴다'는 뜻이지만 '이미 늦었음', '아무 소용이 없음', '쓸데없는 일' 등을 뜻한다. 만공 선사는 "이미 도둑놈 머리에 화살이 꽂혔다(旣已賊頭揷矢在)"고 하여 賊過後張弓 이전에 벌써 명중시켰다는 것이다. 두 선승은 문답은 그야말로 전봉상주(箭鋒相柱, 주11 참조)요, 섬전광,

---

17) "滿空問書付於漢岩禪師. 自從別後十餘年, 隔阻未得面言. 雲月溪山處處同, 居常望北敬仰耳. 然而恐北地, 寒暄不常, 望且止住北方, 負鉢囊向南來, 而接學人, 爲甚如何. 漢岩和尚答書云, 貧兒思舊債. 滿空云, 愛孫老翁, 自然口貧. 漢岩云, 賊過後張弓. 滿空云, 旣已賊頭揷矢在."『정본 한암일발록』상권, p.193. ;「與滿空禪師書信法談1」『만공법어』, p.98. 1982. 덕숭산 수덕사.

격석화이다. 마치 두 개의 산山이 우뚝 서 있는 모습과 같은 임제풍의 고준한 선문답이다. 가히 당대 쌍벽을 이루고 있는 선승다운 모습이라고 하지 않을 수 없다. 분양십팔문 가운데 격담문(擊擔問), 탐발문(探拔問)에 해당된다.

적과후장궁은 『오등회원』 4권 趙州從諗章 '趙州救火'에 나온다. 조주가 황벽을 찾아갔다. 황벽은 조주가 오는 것을 보고는 얼른 방장실 문을 닫아 버렸다. 이에 조주는 법당으로 가서 횃불을 들고 "불이야, 불이야" 하고 소리를 질렀다. 황벽이 문을 열고 나와서 조주의 멱살을 잡고 "말해 봐라, 말해 봐라. 무엇이 본래면목인지"라고 하였다. 이에 조주는 "도적이 달아난 뒤에 활을 쏘고 있네(趙州云. 賊過後張弓)"[18]라고 한 것이다. 즉 '벌써 말을 했는데 아직도 듣지 못했느냐'는 뜻이다.

(5) 이원이저(二猿二猪)-
망월선원 조실 백용성 스님과 선문답

도봉산 망월선원 조실 백용성 스님께서 전국 선원 조실들에게 다음과 같은 법거량 서신을 보냈다.

[問] 趙州無를 十種病에 떨어지지 말고 한 句를 일러 보라.
[답] 한암 선사가 답하였다.
"요사이 소승의 방 벽에 원숭이 두 마리와 돼지 두 마리를 그려 놓았는데, 사람들이 모두 명화라고 말을 하니, 망월사 선원의

---

18) "趙州到黃檗. 檗見來便閉却門. 州於法堂內把火云, 救火救火. 檗便出擒住云, 道道. 州云. 賊過後張弓."『五燈會元』4권, 趙州從.章. 趙州救火(『신찬속장경』80권, p.91c)

대중들도 한차례 구경 하러 오심이 어떻겠소?"[19]

십종병이란 無字話頭十種病을 뜻한다. 대부분의 간화 참구자들이 이 열 가지 병통에 걸려 있는 경우가 많기 때문에 '病'이라고 하여 주의를 환기시킨 것이다. 망월선원에서 "조주무자를 십종병에 떨어지게 (저촉되게) 하지 말고 한마디 해 보라"는 것은 입을 틀어막고 묻는 방식, 답할 수 있는 여지를 차단하고 묻는 방식이다.

여기에 대한 한암 선사의 답은 매우 해학적이다. 한암 선사는 망월 선원에서 온 물음에 대하여 구체적인 답은 하지 않고 엉뚱하게 "내 방 벽에 두 마리 원숭이와 두 마리 돼지를 그려 놓았는데 다들 名畵라고들 하니 망월사 대중들은 한번 와서 감상해 보는 것이 어떻겠소 (鄙留壁上, 畵二猿二猪, 人皆稱名畵, 望月大衆, 一次來玩如何)"라고 하여 동문서답으로 답하고 있다.

원숭이 두 마리와 돼지 두 마리는 무엇을 뜻하는가? 원숭이는 잔꾀, 사량 분별심, 알음알이를 뜻하고 돼지는 無知, 無明, 愚癡를 뜻한다. 즉 '부질없이 사량 분별심을 내지 말고, 愚癡와 무명에도 빠지지 말고 열심히 참구나 하시오." 이런 뜻이 아닐까 생각된다.

(6) 아시송뇨(屙屎送尿)-보월 화상과 선문답

1921년 건봉사 주지 李大蓮과 대중들은 동안거를 맞이하여 전통적인 염불결사 장소인 만일원을 바꾸어 선원을 개설하고는 한암 선

---

19) 「망월선원에 보낸 답서」『정본 한암일발록』상권, p.337. 당시 한암 선사는 건봉사 만일선원 조실로 있었다.

사를 조실로 모셨다. 그때 정혜사 보월 화상(寶月和尙 : 寶月性印)이 한암 선사에게 "신라 때는 이곳에서는 염불결사를 하여 30인이 모두 육신 그대로 등천하는 상서로운 일이 있었는데, 이번 동안거 때는 참선결사를 하여 무슨 상서가 있었느냐"[20]고 물었다.

[問] "옛날 발징 화상은 아미타불을 念하야 31인이 육신 그대로 하늘에 올라 갔다고 하는데[신라 때 발징 화상이 건봉사에서 만일염불 결사를 하여 31 인이 등천했다는 기록이 있음], 이번 동안거 때엔 어떤 상서가 있었습니까?"

[答] 한암 선사가 답하였다.
"발징 화상의 祥瑞로움은 세상 사람들이 그 말을 듣고는 모두 합장한 채 고개를 숙입니다. 그런데 오늘 이곳의 상서는 지혜가 없는 사람과는 더불어 말하기 어렵소이다. 만일 화상이 묻지 않았더라면 하마터면 묻힐 뻔했습니다. 상서, 상서여, 희유하고, 희유하고, 희유한 일이니, 자세히 듣고, 자세히 듣고, 자세히 들으시오. '一念으로 대중들이 오줌을 눌 때에는 오줌 누고, 똥 눌 때에는 똥 누니라."[21]

이 선문답의 핵심은 "일념으로 대중들이 오줌을 눌 때에는 오줌을 누고, 똥 눌 때에는 똥 눈다(一念大衆, 送尿時尿出, 屙屎時屎出)"는 데에 있다. 이것이 바로 한암 선사가 말하는 '희유하고 희유한 상서' 라고 할 수 있다. 원문의 '송뇨시뇨출 아시시시출(送尿時尿出, 屙屎時

---

20) 寶月和尙은 寶月性印(1884~1924)으로 만공 선사의 첫 제자이다. 이 선문답은 1921년 건봉사 만일선원에서 동안거를 마치고 간행한 가리방본 『漢岩禪師法語』에 수록되어 있다. 그리고 『정본 한암일발록』상권, p.338에도 재수록 됨.
21) "發徵和上祥瑞, 世人聞之, 皆拱手歸降. 今日此間祥瑞, 難與無智人言. 若非和尙問, 幾乎埋沒. 祥瑞祥瑞. 希有希有希有. 諦聽諦聽諦聽. 一念大衆, 送尿時尿出, 屙屎時屎出."「보월화상에게 보낸 답서」『정본 한암일발록』상권, p.338.

屎出)'을 줄여서 '아시송뇨(屙屎送尿, 대소변을 보다)'라고 하는데, 아시송뇨는 착의끽반과 함께 조사선에서 일상을 뜻하는 상징적, 대표적인 말이다. 즉 선이란 일상에서 벗어난 다른 것이 아니라는 뜻이다. '일상이 곧 선이며, 선이 곧 일상'이라는 말인데, 여기서 일상이란 본분사(본래면목)에서 벗어나지 않는 것을 말한다.

아시송뇨는 『임제록』에도 나온다. 아래에서 어떤 의미로 사용되고 있는지 보도록 하자.

> 임제 선사가 대중에게 설법하였다. 여러분! 불법은 억지로 힘써 수행해야 하는 것이 아니오. 다만 평상무사하게 지내면서, 대소변을 보고, 옷을 갈아입고, 배고프면 밥을 먹으며, 피곤하면 누워서 쉬는 것입니다(平常無事, 屙屎送尿, 著衣喫飯, 困來卽臥). 어리석은 사람은 나의 이 말을 비웃겠지만 지혜 있는 사람은 곧바로 알 것이오. 옛 사람이 말하기를, '자기 마음밖에서 불법을 찾는 것은 모두 어리석은 녀석들이다'라고 했는데, 그대가 어느 곳에서든 주인이 된다면 지금 자기가 있는 그 곳은 모두 진실한 세계일 것이오.[22]

불법수행이란 조석으로 애써 노력, 정진하는 그런 것이 아니고 그저 나날을 평상무사하게 지내면서 변소에 가고 싶을 때는 변소에 가고, 추우면 옷을 갈아입고, 배고프면 밥을 먹고, 피곤하면 누워서 쉬는 것, 그것 외엔 다른 것이 아니라고 말하고 있는데 이것은 곧 조사선의 상징어인 平常心是道와 같은 말이다.

운문 선사도 "여러분, 망상들 피우지 마시오. 하늘은 하늘이고, 땅은 땅이고, 산은 산이고, 물은 물이오. (……) 그대들이 만약 아직도

---

22) "師示衆云, 道流, 佛法無用功處, 祇是平常無事. 屙屎送尿, 著衣喫飯, 困來卽臥. 愚人笑我, 智乃知焉. 古人云, 向外作工夫, 總是癡頑漢. 爾且, 隨處作主, 立處皆眞." 『임제록』(『대정장』 47권, p.498a).

이 사실을 깨닫지 못한다면 한번 독자적으로 참구해 보시오. 착의끽
반, 아시송뇨(著衣喫飯, 屙屎送尿)를 제외한 그 밖에 무슨 특별한 일
이 더 있겠소[23]라고 말한다.

또 "착의끽반, 아시송뇨, 이것은 번뇌 망념의 생사를 벗어나는 방
법(著衣喫飯, 屙屎送尿, 是脫生死法)"이라고 말하는 있는 바와 같이
한암 선사가 말하고 있는 '송뇨시뇨출, 아시시시출(送尿時尿出 屙屎
時屎出)'은 조사선에서 말하고 있는 無心, 無事, 平常心是道를 현실
의 일상생활 속에서 그대로 실현시킨 것에 다름아니다.

(7) 아애여애(我碍汝碍)-鏡峰선사와 선문답

한암 선사와 鏡峰禪師는, 한암 선사가 29세부터 34세까지 통도사
내원암에 주석할 때부터 교류가 깊었다. 한암 선사보다 16세 연하였
지만 두 고승은 지음자 사이였다고 할 수 있다. 20여 년간 모두 24편
의 서간을 주고받았는데 그 가운데 선문답은 6~7편이 된다. 첫 문답
을 보도록 하겠다.

> [問] 경봉 선사가 세 가지를 질문했다[三問].
> 一. 하늘을 찌르는 기상 즉 衝天之氣를 가진 대장부는 佛祖가
>   간 길(行處)은 가지 않는다 하였는데, 그렇다면 어느 곳으로
>   가야만 됩니까?
> 二. 사형(한암) 님의 行處는 어느 곳입니까?
> 三. 사형께서는 每日 무엇을 하고 있습니까?[24]

---

23) "上堂云. 諸和尙子. 莫妄想. 天是天. 地是地. 山是山, 水是水 (……). 若實未
    得箇入頭處. 且中獨自參詳. 除卻著衣喫飯, 屙屎送尿, 更有什麼事." 『雲門匡
    眞禪師廣錄』 상권, 『古尊宿語錄』 15권(『신찬속장경』 68권, p.94c).

[답] "하늘을 찌르는 기상에 두 가지가 있는데 邪와 正입니다. 어떤
것이 邪인가? 대장부는 본래 하늘을 찌르는 기상을 갖고 있는
것이니 佛祖가 갔던 길은 따라가지 않는 것입니다. 또 어떤 것
이 正인가? 대장부는 본래 하늘을 찌르는 기상을 갖고 있는 것
이니 佛祖가 갔던 길은 따라가지 않는 것입니다." 어떤 사람이
나와서 묻기를, "그대가 오히려 아직도 邪와 正에 걸려서 벗어나
지 못하고 있다"라고 말한다면, 나는 "내가 걸렸는가? 그대가 걸
렸는가?(我碍汝碍)"라고 반문하겠소이다. 두 번째, 세 번째 물
음은 첫 질문에서 벗어나지 않으니 답은 생략합니다.[25]

첫 번째 질문은 "하늘을 찌르는 기상[衝天之氣]을 갖고 있는 대장
부는 佛祖가 간 길(行處)은 따라가지 않는다고 하는데, 그렇다면 어
느 곳으로 가야만 되느냐"고 질문한 것이다. 부처님과 조사가 갔던 길
은 正道이다. 또 그 길은 수행의 목표이기도 하다. 그런데 불조가 갔
던 길을 놔두고 다른 길을 묻는다면 대답하기 곤란하다. 이 말(丈夫
自有衝天氣, 不向佛祖如來行處行)은 선어록에 종종 등장한다. 그
뜻은 '대장부는 본래 남의 신세를 지지 않는다'는 뜻이다. 충천지기를
갖고 태어난 대장부는 특히 자기 문제는 자력으로 해결한다는 것이
다. 비겁하게 남의 신세를 지지 않는다. 비록 佛祖가 먼저 가서 닦아
놓은 길이긴 해도 그 길은 남이 닦아 놓은 길이다. 무임승차하듯 편

---

24) 경봉 스님의 三問. "一, 衝天之氣를 가진 대장부는 佛祖의 行處를 不行이라
하니 何處를 行하여야 可當乎잇가. 二, 兄主(사형)의 行處는 何處乎아. 三, 兄
主(사형)께서 每日 무엇을 하고 있나이까?" 경봉대선사 일기 『삼소굴일지』,
p.56. 1929년 5월 27일 일기.

25) "三問에 對하야 一, 衝天氣가 有二하니 曰邪와 正이라 如何是邪오 丈夫自
有衝天氣하니 不向佛祖行處行이라. 如何是正고 丈夫自有衝天氣하니 不向
佛祖行處行이니이다. 有人이 出來云 汝尙未離邪正所碍라하면 只向他道호
대 我碍아 汝碍아 호리이다. 二問三問은 不出於一問中消息이오니 不必重陳
하야 以煩提也오니 大須審細하시옵쇼셔."『정본 한암일발록』상권, p.284.

승하는 것은 대장부라고 할 수 없다는 것이다.

한암 선사는 하늘을 찌르는 기상[衝天氣]에는 邪와 正의 두 가지가 있다고 구별하고 있다. 그런데 그렇게 구별해 놓고는 답은 "대장부는 하늘을 찌르는 기상을 갖고 있는데, 佛祖가 간 길은 따라가지 않는 것"이라고 하여 글자 하나 틀리지 않고 똑같은 답을 하고 있다.

한암 선사는 두 개의 관문(함정), 즉 '邪와 正'이라고 하는 분별심의 관문을 설치한 것이다. 邪라고 해도 분별이고, 正이라고 해도 분별이다. '邪와 正'이라고 하는 분별심의 관문을 설치하여 그 관문을 통과해 볼 것을 요구하고 있는 것이다.

(8) 칠동팔정(七動八靜)-경봉 선사와 문답

한암 선사와 경봉 선사가 나눈 두 번째 선문답이다.

[問] 경봉 선사가 물었다.

"오대산은 첩첩하고 또 첩첩하여 山雲海月의 情이 그지없습니다. 산이여 달이여. 山雲이냐? 海月이냐? 산운과 해월을 우리 사형에게 맡기나니 보고 또 잘 보아서 言語文字와 聲色動靜을 떠나서 한번 법을 보여 주십시오."[26]

[答] 한암 선사가 답하였다.

"山雲海月의 情을 말씀하였는데, 몇 명이나 그르쳤으며 몇 명이

---

26) "漢岩和尙前 問法書簡. 五臺山疊又重疊, 難盡山雲海月情. 山兮月兮, 山雲是耶, 海月是耶. 只與山雲海月一任吾兄, 好爲看取看來, 而言語文字聲色動靜外, 一度示法. 至禱至禱. 我植去年一種花, 今年枝葉盡參差. 吾兄回憶園中妙, 萬朶靑紅牛掬芽. 咦. 春已過 夏日長" 경봉스님이 己卯(1939년) 7월 11일에 한암스님에게 보낸 것으로, 서간집 『삼소굴소식』, 425쪽, 「漢岩和尙前 問法書簡」이라는 제목으로 실려 있다.

나 성취하였습니까? 또 言語·聲色·文字·動靜 외에 한 번 법을
보여 달라 하였으니, 一言 二語 三聲 四色 五文 六字 七動 八
靜이올시다."[27]

山雲海月情이란 俗塵을 초월한 風情, 탈속한 塵外의 風情을 뜻한
다.[28] 경봉 스님은 오대산은 첩첩하고 또 첩첩하여 산운해월의 情, 塵
外의 風情이 끝없을 것 같은데, 山雲이라고 하는 것이 더 좋은지? 海
月이라고 하는 것이 더 좋은지? 언어문자와 聲色動靜을 떠나서 한번
말해 달라는 것이다.

山雲과 海月은 다 같은 것이다. 경봉스님은 같은 것인데 짐짓 山雲
의 정과 海月의 정으로 둘로 나누어 묻고 있는 것이다. 본래 不二인데
둘로 나누어서 분별심의 그물을 만든 것이다. 게다가 산운과 해월의
정에 대하여 言語文字나 聲色動靜을 떠나서 말해 보라고 하니, 관
문을 하나 더 설치한 것이다.

경봉선사의 법거량에 대하여 한암 선사는 '一言 二語 三聲 四色
五文 六字 七動 八靜'이라고 하여 오히려 하나하나 숫자를 붙여서
답하고 있다. 언어문자와 성색동정을 떠나서 법을 보여 달라고 했지
만, 한암 선사는 오히려 그 하나하나가 그대로 모두 속진을 떠난 山
雲海月의 情, 塵外의 風情을 표출하고 있다고 답한 것이다. 眞妄不
二, 眞俗不二의 경지를 보여 주고 있는 선문답, 반야지혜가 활발발하
게 작용하고 있는 법거량이다.

---

27) "就告 示中에 山雲海月情하니 誤着幾箇人이며 成着幾箇人고 又言語聲色
文字動靜 外에 一度示法云하시니 答一言二語三聲四色五文六字七動八靜이
로다." 『정본 한암일발록』 상권, p.313.
28) 그 밖에도 (1) 지음자끼리 나누는 깊은 정, (2) 자연의 영묘한 풍경 등을 뜻하
는 때도 있다.

(9) 적양화 적양화(摘楊花 摘楊花)-경봉 선사와 문답

경봉 선사와 나눈 세 번째 문답이다. 경봉 선사가 세 가지를 질문했다(三問).

> [問] 운수 납자를 무엇으로 粮道를 합니까?
> [答] (한암 선사) 막(莫).
> [問] (경봉 선사) 무슨 言句로 提接을 합니까?
> [答] (한암 선사) 막(莫).
> [問] (경봉 선사) 門弟도 가서 있을 處所가 有합니까?
> [答] (한암 선사) 막(莫). 이 세 개의 '막(莫)' 가운데 '一莫'은 蓋天蓋地요,
> '一莫'은 明月淸風이며, '一莫'은 高山流水니, 만일 이 소식을 아신다면 摘楊花 摘楊花올시다.[29]

한암 선사는 경봉 스님의 세 가지 질문(三問, 즉 법거량)에 대해 모두 '막莫'자를 써서 답하고 있는데, 매우 특이한 형식의 선문답이다. '莫'은 절대 부정사이다. 즉 '사량 분별하지 말라', '허튼 소리하지 말라'는 뜻으로, '喝', '棒'과 함께 분별심을 타파하는 역할을 한다.

그런데 매우 특이한 것은 모두 '막莫'자를 써서 답한 다음 다시 '삼막'에 대하여 낱낱이 착어를 붙이고 있다는 점이다. "운수납자를 무엇으로 糧道를 삼느냐?"는 질문에 "莫"이라고 답한 후에 "蓋天蓋地라고 착어를 붙이고 있고, "운수 납자를 무슨 언구로 제접하느냐"는

---

29) "雲水衲子를 무엇으로 粮道를 하느냐구요. 莫. 有何言句로서 提接하느냐구요. 莫. 門弟도 가서 있을 處所가 有함이니까요. 莫. 此三箇莫中 一莫은 蓋天蓋地요 一莫은 明月淸風이요 一莫은 高山流水오니 若辨得出하면 摘楊花 摘楊花올시다." 『정본 한암일발록』 상권, p.305.

물음에 역시 "莫"이라고 답한 뒤에 "明月淸風"이라고 착어를 붙이고 있으며, "門弟도 가서 있을 처소가 있느냐"는 물음에 대해서도 역시 "莫"이라고 답한 후에 "高山流水"라고 착어를 붙이고 있다.

蓋天蓋地란 천지에 가득하다는 뜻이다. '粮道, 資糧道는 助道를 뜻하는데, 삼라만상이 부처 아님이 없고, 온 시방세계가 다 眞如로 現成되어 있다면 그것으로써 糧道, 즉 資糧道로 삼으면 될 것이다. 明月淸風은 번뇌 망념이 한 점도 없는 부처의 세계, 진여자성의 세계이다. 그것으로써 납자를 제접하면 되는 것이다. '高山流水'는 俗塵을 떠난 佛의 세계이다. 부처는 처처불이 아닌가?

선문답에서 처음으로 '막莫'을 쓴 선승은 천복 승고(薦福 承古, 송대, ?~1045) 선사이다.

> 어떤 僧이 천복 선사에게 물었다. "원숭이는 새끼를 안고 청장봉 뒤로 돌아가고, 새는 꽃을 물어 碧巖 앞에 떨어뜨리네. 이것은 협산(善會禪師)의 경계이고, 천복 승고 선사의 경계는 어떤 것입니까?" 승고 선사가 답했다. "莫." 그 僧이 또 물었다. "어떤 것이 경계 속의 사람입니까?" "莫."[30]

이렇게 하여 어떤 僧과 천복 승고 선사 사이에는 '莫'이 무려 여섯 번이나 오고갔는데 승고 선사의 '莫' 역시 덕산방, 임제할과 같이 '사량 분별하지 말라', '쓸데없는 짓 하지 말라'는 의미이다.

그런데 한암 선사는 高山流水에 이어 "만일 이 소식을 확실히 안다면 摘楊花 摘楊花올시다."라고 하였으니, 말하자면 이 선문답은

---

30) "僧問. 猿抱子歸青嶂後, 鳥啣花落碧岩前. 此是夾山境, 那个是薦福境. 師云, 莫. 進云, 如何是境中人. 師云, 莫. 問, 知師久蘊囊中寶. 今日當筵略借看. 師云, 莫. 進云, 豈無方便. 師云, 莫. 問, 大善知識出世, 將何爲人. 師云, 莫. 進云, 恁麼則 有問有答去也. 師云, 莫." 『신찬속장경』 126권, p.437b.

(1)莫 (2)蓋天蓋地, 明月淸風, 高山流水에 이어 摘楊花 摘楊花까지 모두 세 개의 공안이 나오는 3중 구조의 공안이라고 할 수 있다.

적양화 적양화는 조주 선사와 어떤 僧 사이에 오고간 문답이다. 어떤 승이 조주 선사에게 하직 인사를 하자 조주 선사가 "어디로 가느냐?"고 물었다. 승이 "제방으로 불법을 배우러 갑니다"라고 하자 조주는 "부처가 있는 곳에도 머무르지 말고, 부처가 없는 곳은 속히 통과하라. 삼천 리 밖에서 사람을 만나거든 잘못 이야기하지 말라" 하였다. 그러자 그 승은 "그렇다면 가지 않겠습니다"라고 했다. 이에 조주 선사가 "적양화 적양화(摘楊花 摘楊花)"[31]라고 한 것이다.

부처가 없는 곳은 당연히 머물러야 할 곳이 못 되지만, 부처가 있는 곳에도 머물지 말라는 것은 무엇인가? 엉터리 부처, 즉 깨달았다고 자칭하고 있는 부처는 모두 사기꾼이라는 것이다. 그러므로 속히 통과하라는 것이다.

한암선사의 摘楊花는 무슨 말일까? 물론 활구이지만 '摘'은 '잡다' '따다' '꺾다'는 뜻이고, 楊花는 유서(柳絮, 봄에 바람에 날리는 버들솜)를 가리킨다. 즉 봄에 어린 아이들이 이리저리 뛰어다니면서 유서(柳絮)를 잡는 것을 말하는데, 한암선사가 高山流水라고 말한 다음 "만일 이 소식을 안다면 摘楊花 摘楊花"라고 했으므로, 전후를 본다면 摘楊花는 無碍自在함, 無束縛 혹은 隨處作主, 立處皆眞을 뜻한다고 보여 진다.

---

31) "僧辭. 師曰, 甚處去. 曰, 諸方學佛法去. 師豎起拂子曰, 有佛處不得住. 無佛處急走過. 三千里外. 逢人不得錯擧. 曰, 與麼則不去也. 師曰, 摘楊花. 摘楊花."『오등회원』4권(『신찬속장경』, p.92a).

(10) 석인목계(石人木鷄)-경봉 선사와 문답

질문한 경봉 선사의 서간이 현존하지 않아서 질문 내용을 정확히 알 수 없으나 한암 선사의 답을 유추해 보면 두 가지를 물은 것 같다.

[問] (1) 이것이 무엇인지 이름을 붙여서 이곳으로 돌려보내 주십시오. (2) 용처(用處)가 있습니까, 없습니까?

[答] "주신 편지를 자세히 읽어 보니 아직도 여전히 狂風이 쉬지 않은 것 같습니다. 한 물건도 아니거늘 하물며 다시 무엇이라고 이름을 붙이겠습니까. 본래 거래가 끊어졌는데 보낼 곳은 어디며 돌아갈 곳은 어디입니까. 씀과 쓰지 않음은 다만 자기 스스로 아는 것이니, 유무를 가지고 어지러이 헤아리지 마십시오. 헤아리지 않을 때는 어떠합니까. 돌장승이 밤에 나무 닭 우는 소리를 들으니 아시겠습니까(石人夜聽木鷄聲). 다시 아래의 註脚을 보십시오.○[32]

핵심은 石人夜聽木鷄聲[鳴]에 있다. '돌 장승이 야밤에 나무 닭이 우는 소리를 듣다'라는 뜻인데, 어떻게 무정물인 木鷄(나무로 만든 닭)가 울 수 있고 石人(돌로 만든 장승)이 그 소리를 들을 수 있는지, 불가사의라고 하지 않을 수 없다.

선어에는 石人夜聽木鷄聲[鳴]과 같은 말이 몇 가지 더 있다. "木人이 옥피리를 부니 石人이 현관에서 춤을 추면서 나오다(木人吹玉笛 石人舞出玄關)", "돌 장승이 피리를 부니 목인이 노래를 부른다(石人

---

32) "細讀惠翰하오니 尙今狂風未息이요 一物도 猶非어던 何況更名가 本絕去來어니 何送何歸리요 用不用兮只自知니 莫將有無亂度量하시요 不度量時還如何오 石人夜聽木鷄聲이니 會麼아 且聽下文註脚하시오.○"『정본 한암일발록』 상권, p.298.

吹處木人歌)", "석인은 고개를 끄덕이고 기둥은 박수를 친다(石人點頭 露柱拍手)" 등이 있는데, 모두 '石人夜聽木雞聲'과 같은 말이다. 여기에 등장하는 石人, 木人, 木雞, 露柱는 모두 情識(사량 분별심, 알음알음)이 끊어진 無心人의 경지를 뜻한다. 즉 불가사의한 경지로서, 무심의 경지에서 양자가 서로 계합하고 있음을 뜻한다. 法眞守一 선사의 게송은 石人夜聽木雞聲의 경지를 잘 보여 주고 있다.

涅槃寂滅本無名　열반 적멸이란 본래 이름이 없으니
喚作如如早變生　여여라고 불러도 벌써 변한 것이다.
若問經中何極則　만약 경 가운데 어느 것이 극칙이냐고 묻는다면
石人夜聽木雞聲　돌 장승이 밤에 木雞 우는 소리를 듣는 것이다 하리라.

한암선사가 말하고 있는 石人夜聽木雞聲도 法眞守一선사의 게송과 같은 뜻이다. 열반이나 적멸은 본래 이름이 있는 것이 아니다. 一物不中이다. 그러므로 如如라고 해도 틀린 것이다. 그러므로 부질없이 이름을 붙여 보라느니 등등 허튼 소리 하지 말라는 뜻이다. 그리고 '用不用과 有無' 등에 대해서도 어지럽게 사량 분별하지 말고 石人, 木雞, 木人과 같은 무심의 경지, 그 속에서 지혜작용을 일으키라는 것이다. 원상은 선의 요체를 간결하게 나타낸 것이다.

(11) 일매백지(一枚白紙)-경봉 선사와 문답

경봉 선사와 나눈 다섯 번째 선문답이다.

[問] 경봉 스님이 한암 선사에게 세 가지를 물었다.

1. 세존께서는 설산에서 6년 동안 고행하신 후에 그곳에서 나
   오셨는데 화상께서는 무슨 애착으로 오대산을 떠나지 못합니
   까?
2. 김운파, 백용성 두 스님이 입적하셨는데 지금 어느 곳에 있습
   니까?
3. 어떤 것이 화상의 涅槃路頭입니까?
[答]   한암 선사가 답하기를 봉투 속에 백지 한 장(白紙一枚)을 넣어
   보내다.[33]

한암 선사는 이 세 가지 질문에 대하여 일자一字도 답하지 않고
편지 속에 백지白紙 한 장을 넣어서 보냈다. 이 역시 매우 특이한 선
문답인데 백지는 무엇을 뜻하는가? (1)이 백지에 답을 써 보시오, (2)
공空-사량 분별심을 쉬시오 등으로 해석할 수 있다. 상식적으로는
(1)같지만 필자는 (2)의 뜻이라고 생각한다. 즉 백지같이 한 점 구름
없는 청정한 공의 상태를 뜻한다고 본다.

1번 질문은 한암스님께서 계속 오대산에 있는 것은 집착, 애착 때
문이 아니냐는 뜻이다. 2번 질문은 "김운파, 백용성 두 스님이 입적했
는데[34] 지금 어느 곳에 있느냐?"는 뜻인데 두 질문 모두 대답할 만한
질문이 못 된다. 극락이나 혹은 지옥에 있다고 답한다면 그것은 범부
중생의 답이지 선문답이 아니다. 3번에서 '화상(한암)의 涅槃路頭는
무엇이냐'고 물었는데, 이 말은 '眼光落地時如何'와 같은 말로, '末後
一句'를 가리킨다.

---

33) "方漢岩和尙前 問曰. 一. 世尊 雪山苦行六年後에 移於雪山커늘 和尙以何
    愛着으로 不離五臺山耶아. 二. 金雲坡白龍城 兩師入寂 今在何處耶아. 三.
    如何是和尙涅槃路頭之事耶아. (如此問之矣. 和尙 封套之內, 白紙一枚送之
    (……)."『三笑窟消息』, p.431. 1997, 극락선원.
34) 백용성 스님의 입적일은 1940년 2월 24이다.

시달림 施食 염불문 가운데 "대중들에게 묻노니, 금일 영가의 열반노두는 어디에 있소?(敢問大衆, 今日靈駕, 涅槃路頭, 在甚麼處)"[35]라는 말이 있는데, 여기서 말하는 열반노두 역시 그 의미는 말후일구의 소식을 뜻한다. 물론 "열반입적 후에는 어디로 갑니까?"라는 말도 되는데 그렇다고 삼계, 육도 가운데 어디로 가느냐고 묻는 것은 아니다. 당신의 본래면목에 대하여 묻는 것이다.

『무문관』48칙 건봉일로乾峯一路 공안은 구체적으로 열반노두를 거론하고 있다.

> "어떤 납자가 乾峯 화상에게 물었다. '시방의 모든 부처님은 오직 하나의 길인 열반의 경지를 체득하였다고 하는데, 대체 그 길은 어디에 있습니까/무엇입니까?(一路涅槃門 未審路頭在甚麼處). 건봉 화상이 주장자로 허공에 획을 한 번 긋고 이르기를, '여기 있다'고 했다."[36]

경봉의 질문 가운데 화상의 '涅槃路頭'는 『무문관』48칙에 나오는 '一路涅槃門, 未審路頭在甚麼處'의 준말이다. 건봉 화상은 열반노두에 대하여 주장자로 허공에 한 획을 긋고 이르기를 '이 속에 있다'고 했는데, 곧 '지금 여기', '바로 이 자리'에 있다는 것이다. 한 생각을 일으키지 않으면 그것이 바로 열반노두, 즉 安心立命處인 것이다.

한암 선사가 '涅槃路頭'에 대하여 답한 백지 한 장의 의미도 그와 다르지 않다. 즉 지금 이 자리에서 한 생각을 비워서 空으로 만들면 된다. 그것이 열반노두이다.

---

35) "新圓寂 某靈駕 妙覺現前. 禪悅爲食, 南北東西, 隨處快活. 敢問大衆, 今日靈駕, 涅槃路頭, 在甚麼處." 시달림(시식문).
36) "乾峯和尙, 因僧問. 十方薄伽梵, 一路涅槃門, 未審路頭在甚麼處. 峯, 拈起拄杖, 劃一劃云. 在者裏."『무문관』48칙 乾峯一路.

(12) 노봉달도인(路逢達道人)-경봉 선사와 문답

이 선문답은 유일하게 한암 스님이 경봉 스님에게 물은 것이다.

> [問]　古人의 頌에 이르기를, "길에서 道를 깨달은 사람을 만났을 때
> 　　　는 말이나 침묵으로 상대하지 말라"고 하였는데, 語默으로 상
> 　　　대하지 말라고 한다면 어떻게 상대해야 합니까? 원컨대 한마디
> 　　　해 보십시오(古人頌에 云 路逢達道人하면 不將語默對라 하였
> 　　　사오니, 旣不將語默對면 則將何而對耶아 唯願一言擲示焉).[37]

達道人이란 도를 깨달은 사람[覺者]이다. 情識과 사량 분별이 다
끊어진 無心人이다. 石人(장승)이나 木鷄(나무 닭) 같은 사람인데 이
런 사람에게 통할 수 있는 것은 무엇일까? 언어로도 침묵으로도 통
할 수 없다.『장자』에 보면 목계 이야기가 있다. 싸움을 잘하는 어떤
닭이 목계를 만나서 一戰을 벌였는데 결국은 졌다는 것이다. 아무리
발로 차고 덤벼들어도 목계는 무정, 무심해서 전혀 반응이 없었다.
싸움을 잘하는 닭은 기진맥진했다.

'路逢達道人, 不將語默對'는『무문관』36칙 五祖法演의 路逢達
道[38]와『벽암록』82칙에도 나온다. 그러나 그보다는 설봉 의존의 문
답을 보는 것이다.

> 어떤 납자가 설봉 선사에게 물었다. 고인의 말에 길에서 道를 깨달은
> 사람을 만났을 때는 말로도 상대하지도 말고 침묵으로도 상대하지 말
> 라는 말이 있는데, 그렇다면 어떻게 대하는 것이 좋습니까? 설봉이 말

---

37)『정본 한암일발록』상권, p.281.
38) "五祖曰, 路逢達道人. 不將語默對. 且道, 將甚麼對. 無門曰, 若向者裏. 對
　　得親切. 不妨慶快. 其或未然. 也須一切處著眼. 頌曰, 路逢達道人. 不將語默
　　對. 攔腮劈面拳. 直下會便會."『무문관』36칙.

했다. 자, 차나 한잔 마시게.[39]

핵심은 맨 끝의 "차나 한잔 마시게"에 있다. 무심인에게는 사량 분별이 통하지 않는다.

(13) 불시불시(不是不是)-張雪峰, 雲頂(금오)과의 문답.[40]

한암 선사가 점심 공양 후 대중들과 차를 마시면서 석공장궁石鞏張弓)의 법문을 하였다. 마조 선사가 사냥꾼 석공에게 물었다. "그대는 한 개의 화살로 사슴을 몇 마리를 맞히는가?" 석공이 말했다. "한 번에 한 마리씩 맞힙니다" 여기에 마조 선사가 "나는 한 번에 열 마리를 쏘아 맞히네"라고 했다는 공안이 있다.

> [問答] 한암 선사가 石鞏張弓 법문을 마치자 張雪峰 수좌가 물었다. "조실(한암) 스님은 화살 하나로 사슴 몇 마리를 쏘아 맞힙니까?" 한암 선사는 설봉 수좌를 향하여 활을 당기는 시늉을 하였다. 설봉이 일어나서 밖으로 나가자 한암 선사가 말하였다. "不是不是(아니다)." 설봉 수좌가 다시 돌아와 자기 자리에 앉았다.
> 이번에는 한암 선사가 옆에 있던 운정(雲頂: 금오 스님) 수좌에게 물었다. "정수좌 활 솜씨는 어떠하오?" 정수좌가 곧 한암 선사를 향하여 활

---

39) 『雪峰義存語錄(眞覺禪師語錄)』(『신찬속장경』, 69권 p.73c)
40) "병인년(1926년) 하안거 중 반 산림이 지난 때라고 생각된다. (……) 그날도 조실(한암) 스님은 여느 때와 다름없이 공양 후에 차를 마시며 대중들과 이야기를 나누었다. 그날은 유명한 석공장궁(石鞏張弓) 법문을 하셨다. (……) 조실 스님께서 석공 스님에 대한 이러한 오도출가인연을 말씀하시고 나니, 곁에 있던 張雪峰 스님이 조실 스님에게 이렇게 물었다. '조실(한암) 스님은 화살 하나로 사슴 몇 마리를 쏘아 맞힙니까?' 조실 스님(한암선사)은 설봉 스님을 향하여 활을 당기는 시늉을 하였다." 조용명(한암의 맏상좌), 「우리 스님, 한암스님」『불광』(1980), pp.5~9. 참조.

을 당기는 시늉을 하자 한암 선사가 벌렁 나자빠지는 시늉을 하였다. 이를 보고 정수좌가 크게 웃었다. 한암 선사가 일어나면서 말하였다. "대중은 빨리 송장을 치우도록 하라." 잠시 후 설봉 수좌가 한암 선사에게 물었다. "소승의 不是處를 말씀해 주십시오." 한암 선사 왈 "再犯不容이니라."[41]

한암 선사와 雲頂(금오스님)[42] 수좌의 문답은 멋진 한 편의 禪劇(선극)이다. 정수좌가 한암 선사를 향하여 활을 당기는 시늉을 하자 즉시 한암 선사는 벌렁 나자빠지는 시늉을 하였으니 이 老師의 즉흥적인 禪劇은 일급 배우를 능가한다. 게다가 "대중은 빨리 송장을 치워 버리라"고 하였으니 연극치고는 언어도단이다. 이러한 禪劇은 반야지혜가 활발발하게 작동하고 있는 본분종사라야 가능할 것이다. 이 공안은 한암의 공안 가운데서도 백미에 속한다.

한암 선사는 설봉이 밖으로 나간 것에 대하여 틀렸다[不是不是]고 했는데, 답으로는 맞지 않았기 때문이다. 선문답은 1막에서 끝난다. 그래서 설봉 수좌가 不是處에 대해 물었지만 "再犯不容"이라고 한 것이다. 반복한다면 不是不是는 死句가 되어 버리기 때문이다.

(14) 마시성고 과벽력(馬嘶聲高 過霹靂)-동화 수좌와 문답

오대산 北臺 미륵암에서 정진하고 있던 東華 수좌가 어느 날 한암 선사를 찾아와서 『기신론』에 있는 내용을 가지고 질문했다.

---

41) 조용명, 앞의 책, pp.5~9.
42) 조용명은 雲頂 스님을 '금오 스님'이라고 했는데, 법주사 金烏太田을 가리키는 것으로 보인다.

[問] 동화 수좌가 한암 선사에게 물었다.
    "『기신론』에 '일체 모든 생각을 즉시 생각에 따라 모두 제거하
    되 제거했다는 생각마저 제거해야 한다'고 했는데, 어떻게 제거
    했다는 생각마저 제거할 수 있습니까(起信論에 一切諸想을 隨
    念皆除하되 亦遣除想이라 하였사오니, 어떻게 그 除想을 除하
    오리까)?"[43]
[答] 한암 선사가 답하였다.
    "마명보살에게 물어 보시오(問取馬鳴)."
[問] 동화 수좌가 물었다. "마명보살이 지금 어디에 있습니까?"
[答] 한암 선사가 답하였다. "말 울음소리가 벼락보다 더 크다(馬嘶
    聲高過霹靂)."[44]

마명(馬鳴)은 『대승기신론』의 저자이다. 그러므로 『대승기신론』에
나오는 말이 무슨 뜻인지 알고자 한다면 저자에게 물어 보는 것이
가장 확실한 방법이다. 그런데 지금 동화 수좌에게 당면한 문제는 마
명보살이 현존하지 않는다는 것이다. 한암 선사는 馬鳴의 이름을 가
지고 "지금 말 울음소리(馬鳴)가 벼락 소리보다 더 크게 울리고 있는
데도[馬嘶聲高過霹靂] 마명의 소재를 몰라서 묻고 있다고 질타하고
있다. 제거했다는 생각까지도 버리면 되는데 버리지 못하기 때문이다.
이 선문답은 엄양존자와 조주선사 사이에 전개된 방하착(放下着),
담취거(擔取去) 문답과 같은 말이기도 하다.

---

43) "一切諸想, 隨念皆除, 亦遣除想."『대승기신론』1권(『대정장』, 32권, p.582a).
44) "동화 수좌. 起信論에 一切諸想을 隨念皆除하되 亦遣除想이라 하였사오니,
    어떻게 그 除想을 除하오리까?" 漢巖曰, "問取馬鳴하시오." 동화 수좌가 다
    시 물었다. "마명이 지금 어디에 있습니까?" 漢巖曰, "馬嘶聲高過霹靂이니라"
    『정본 한암일발록』상권, p.207.

(15) 고치삼하(鼓齒三下)-권상로 선생과 선문답

퇴경 권상로 선생[45]이 상원사를 방문하여 한암 선사와 법담을 나누었다.

> [問答] 權相老 선생이 한암 선사에게 물었다. "월정사에서 상원사까지는 거리가 얼마나 되며, 상원사에서 중대, 적멸보궁까지는 거리가 얼마나 됩니까?" 한암 선사가 良久 후에 손에 들고 있던 부채[尾扇]를 번쩍 들어 보였다. 권상로 선생이 다시 묻기를, "지금 수개월 간 가뭄이 계속되어 오대산 밖에 초목은 모두 타서 말라 죽고 있는데, 이 산중에는 이름도 알 수 없는 無名草가 무성하니 웬일입니까?" 한암선사는 良久 후 고치삼하(鼓齒三下 : 윗니와 아랫니를 마주쳐서 세 번 소리 내는 것)하였다. 권상로 선생이 미소를 띠며 다시 물었다. "들으니 선사께서는 동쪽에 있는 탑을 옮겨다가 庭中에 세워서 庭中塔을 만드셨다 하니, 이 탑을 다시 옮겨 동쪽에 세우시는 게 어떠시겠습니까?" 선사가 비로소 개구(開口: 입을 열어)하여 답하기를, "지금 일중(日中, 정오)이 되어 몹시 더우니 그냥 쉬셨다가 석양이 되어 서늘하거든 내려가시지요."[46]

권상로 선생의 법거량에 대하여 한암 선사는 처음에는 부채를 들어 보였고, 두 번째는 良久 후 고치삼하(鼓齒三下, 윗니와 아랫니를 마주쳐서 세 번 소리 내는 것)했다. 그리고 세 번째 묻자 비로소 입을 열어 "지금 日中(정오)이 되어 몹시 더우니 그냥 쉬셨다가 석양이 되어 서늘하거든 내려가시지요."라고 했는데, 부질없이 언어적 유희를

---

45) 退耕 權相老 선생(1897~1965)은 스님이자 유명한 불교학자이다. 1930~40년대 중앙불전 교수였고 1945년 이후에는 동국대학교 교수를 역임했다.
46) 『정본 한암일발록』 상권, p.201.

하지 말라는 뜻이라고 생각된다.

(16) 한암부식(漢岩不識)-日僧 사토[佐藤]와 선문답

사토 타이준[佐藤泰舜] 화상이 상원사를 방문하여 한암 선사와 선문답을 하였다. 사토 타이준은 당시 일본 조동종에서는 중견 이상 가는 스님으로 조동종 조선개교 총감 겸 京城帝大(현 서울대) 교수였다. 광복 후에는 일본으로 돌아가 조동종 관장(종정)을 역임했다.

> [問答] 사토[佐藤] 화상이 한암 선사께 물었다.
> "청정본연한데 어찌하여 산하대지가 생겼습니까?(淸淨本然, 云何忽生 山河大地오)" 한암 선사가 아무 말 없이 창문을 활짝 열었다(靑山을 보여 주었다). 사토 화상이 물었다. "어떤 것이 佛法의 大義입니까?" 한암 선사가 良久 후 탁자에 놓여 있는 안경집을 들어 보였다. 사토 화상이 다시 물었다. "스님은 一大藏經과 모든 조사어록을 보아 오는 동안 어느 경전과 어느 어록에서 가장 깊은 감명을 받았습니까?" 한암 선사가 사토의 얼굴을 쳐다보고 있다가 다음과 같이 말하였다. "적멸보궁에 참배나 다녀오시지요." 사토가 다시 물었다. "스님께서는 젊어서부터 입산하여 지금까지 수도하셨으니 晩年의 경계와 初年의 경계가 같습니까? 다릅니까?" 한암 선사가 답하였다. "不識." 사토 화상이 일어나 절을 하면서 "활구법문을 보여 주셔서 대단히 감사합니다"라고 인사하자 그 말이 끝나자마자 한암 선사는 다음과 같이 一喝했다. "活句라고 해 버렸으니 벌써 死句가 되고 말았군."[47]

이 선문답은 매우 길다. 그 가운데 "청정본연한데 어찌하여 산하대지가 생겼습니까(淸淨本然, 云何忽生山河大地)?"와 "어떤 것이 불법

---

47) 『정본 한암일발록』 상권, p.211.

의 대의입니까?" 이 두 질문을 제외한 기타는 모두 진부한 질문으로 의리선을 벗어나지 못한다.

"청정본연한데 어찌하여 산하대지가 생겼습니까(淸淨本然, 云何 忽生山河大地)?"는 『능엄경』 4권[48]에 있다. 앞에 몇 자를 생략한 것인데, 요약해서 삽입한다면 "여래장불성은 청정본연한 것이라면 아무것도 없어야 하는데 왜 산하대지가 생겼느냐(如來藏淸淨本然, 云何 忽生山河大地)"는 뜻이다. 본래 청정[空]이라면 아무것도 없어야 하지만(번뇌망상을 포함하여) 지금 현상계는 분명히 있다. 이 말은 본래 불법은 무위법인데 왜 유위법이 있게 되었느냐는 말과도 같다.

한암 선사는 즉시 창문을 활짝 열고 靑山을 보여 주었다. 만물은 청정본연[空]한 것이지만 현상계는 如如하다. 그 사실을 지금 이 자리에서 문을 활짝 열고 보여 주는 것, 그것이 답이고 법문이다. 空不空, 眞空妙有의 이치를 보여 준 것이다. 언설을 떠난 활구법문이다.

'不識'은 활구로 달마의 확연무성 공안에도 나온다. 그런데 사토화상은 "활구법문을 보여 주셔서 대단히 감사합니다"라고 하였으니, 아뿔싸 '不識'은 그 즉시 사구가 되어 버린 것이다. 그래서 한암 선사는 사토의 말이 끝나자마자 "活句라고 해 버렸으니 벌써 사구가 되고 말았군"라고 한 것이다. 조사선의 技倆을 보는 느낌이다.

(17) 호손도상수(猢猻倒上樹)-단암 수좌와 선문답

[답] 점심 공양 후 조실(한암) 스님과 대중 모두 함께 차를 마시던 중

48) "佛言富樓那. 如汝所言, 淸淨本然, 云何忽生山河大. 汝常不聞如來宣說, 性覺妙明, 本覺明妙. 富樓那言. 唯然世尊. 我常聞佛宣說斯義. 佛言. 汝稱覺明 爲復性明稱名爲覺, 爲覺不明稱爲明覺"『능엄경』 4권(『대정장』 19권, p.120a).

단암(檀庵) 수좌[49)]가 한암 선사께 여쭈었다. "스님, 능엄경에 '諸可還者는 自然非汝어니와 不汝還者는 非汝而誰오'라는 말이 있는데 이 말이 무슨 뜻입니까? (돌려보낼 수 있는 모든 것은 자연 네가 아니겠지만, 너에게서 돌려보낼 수 없는 것은 너의 본성이 아니고 무엇이겠는가?)"[50)]

한암 선사가 답하였다. "원숭이(猢猻)가 거꾸로 나무에 오른다(猢猻倒上樹)." 단암 수좌는 그 뜻을 알아듣지 못하고 다시 여쭈었다. "무슨 말씀인지 얼른 이해가 가지 않습니다." 한암 선사가 말하였다. "내일이 시간에 다시 물어 오라(來日再問來)."[51)]

단암 수좌가 질문한 "諸可還者, 自然非汝, 不汝還者, 非汝而誰"는 『능엄경』 2권에 있는 내용이다. 보는[見]주체에 대하여 설한 법문으로 "돌려보낼 수, 또는 돌아갈 수 있는 모든 것은 자연 네가 아니지만, 너에게서 돌려보낼 수 없는 것은 너의 본성이 아니고 무엇이겠는가?" 라고 번역할 수 있는데 앞뒤 문장을 인용하기 전에는 이 대목만 가지고는 무슨 말인지 알 수가 없다. 그러나 여기서는 그럴 수도 없으므로 요약한다면 '眼識', 즉 눈에 보이는 모든 것[사물, 대상]은 객체이

---

49) "단암 스님은 용성 스님 제자다. 선방에서 성정이 알뜰하고 덕이 후한 납자로 알려지고 존경을 받았다. 그때가 병인년 여름이니까 1926년이다. 상원사에서 지내는 데 그해는 유난히 비가 많이 왔었다. 밖에 비가 주룩주룩 내리는 소리를 들으면서 역시 공양 후 차를 마셨다. 그런데 단암 스님이 조실(한암) 스님께 여쭈었다. '스님, 『능엄경』에 諸可還者는 非汝어니와, 不可還者는 非汝而誰오? 하였는데 이것이 무슨 뜻입니까?' 조실 스님이 가만히 앉아 계시더니 '猢猻倒上樹니라' 하였다. (……)" 조용명, 「우리 스님, 한암 스님」 『불광』, 1980, pp.5~9.

50) "何以故 若還於明, 則不明時, 無復見暗 雖明暗等, 種種差別, 見無差別 諸可還者, 自然非汝 不汝還者, 非汝而誰 則知汝心, 本妙明淨, 汝自迷悶 喪本受輪, 於生死中, 常被漂溺 是故如來, 名可憐愍." 『능엄경』 2권(『대정장』 19권, p.111b).

51) 『정본 한암일발록』 상권, p.203.

고 因緣所致이므로 원래 온 곳으로 되돌아가거나 되돌려 보낼 수 있지만, 안식의 본체, 본성, 즉 주인공은 되돌아가거나 되돌려 보낼 곳이 없다는 뜻이다. 四大五蘊의 모습은 결국 각각 還至本處한다. 그러나 眞性(참다운 자기)은 환지본처 할 곳이 없으며 영원한 자기이다. 즉 본성, 참 자기, 주인공은 돌려주거나 돌려보낼 수 있는 것이 아니라는 뜻이다.

"諸可還者, 自然非汝, 不汝還者, 非汝而誰"는 진각 혜심의 『선문염송』 1409칙에 '可還'이라는 則名으로 수록되어 있고, 『종용록』 88칙에는 楞嚴不見이라는 칙명으로 수록되어 있다. 굉지 정각은 楞嚴不見 공안에 대하여 "낙화는 有心으로 흐르는 물을 따라 가지만, 흘러가는 물은 무정하게 낙화를 보내네. (…諸可還者…) 항상 봄이 돌아와도 찾을 곳 없어 한탄했는데 이 속에 들어와 있는 줄은 미처 몰랐네(落花有意隨流水, 流水無情送落花. 諸可還者自然非汝, 不汝還者非汝而誰. 常恨春歸無覓處, 不知轉入此中來"[52]라고 하여 멋진 게송을 붙이고 있는데 문학적이면서도 그 뜻을 잘 드러내고 있다. 여기서 물은 非汝而誰의 汝이다.

한암 선사는 여기에 대하여 "猢猻倒上樹(원숭이가 거꾸로 나무 위로 올라간다)"고 답했는데, 원숭이(猢猻=胡孫)는 6식 가운데 意根, 즉 사량 분별심을 가리키고 또 迷情, 妄執에 묶인 범부에 비유된다.[53] 즉 사량 분별심으로는 諸可還者, 自然非汝, 不汝還者, 非汝而誰의 경지를 알 수 없다는 뜻이다. 원숭이가 재주가 뛰어나도 나무를

---

52) '楞嚴不見', 『종용록』 88칙(『대정장』 48권, p.284c).
53) 學道人, 若不得一番猢猻子死, 如何辦得邪正. 『虛堂錄』 4(『대정장』 47권, p.1012a).

거꾸로 올라가지는 못한다.

단암 수좌가 "무슨 말씀인지 얼른 이해가 가지 않는다"고 하자 "내일 이 시간에 다시 물어 오라(來日再問來)"고 했는데, 이것은 곧 공안이고 활구이므로 情識을 버리고 더 참구해 보라는 뜻인데, 실제는 '來日再問來' 자체가 단암 수좌에게 준 활구 공안이다.

(18) 시조사의(是祖師意)-운봉 수좌와 선문답

운봉(雲峰, 향곡 스님의 은사 스님)이 수좌시절에 한암 선사의 오도송을 가지고 질문했다.[54]

[問]　스님의 오도송에 "著火廚中眼忽明 從玆古路隨緣淸 若人問我

---

54) "하루는 정운봉 스님이 조실(한암) 스님께 물었다. (……) 운봉 스님은 상호가 기묘하게 생겼다. 얼굴이 새까맣고 키도 작고 머리 모양이 아주 기형이다. 목소리가 매우 아름다워서 잘못된 생각이지만 새를 연상하게 하였다. 그것도 그런 것이 머리가 앞뒤로 솟아 나오고 턱이 나온 곳과 광대뼈하고 참으로 기묘해서 우리들은 뒤에서 별명을 붙이기를 '굴뚝새 조실'이라고 하고 혹은 '굴뚝새 화상'이라고 하였다. 이 운봉 스님이 한암 스님의 오도송을 가지고 물었다. '스님 오도송에 부엌에서 불을 지피다가 홀연히 눈이 밝았으니 이로 좇아 옛길이 인연 따라 맑네. 누가 와서 조사의 뜻이 무엇이냐 묻는다면, 바위 아래 울려대는 물소리는 젖지 않았더라 하리라, 하셨는데 이 글 끝의 岩下泉鳴不濕聲이 어떻게 이것이 조사의 뜻이 될 수 있습니까?' 이 게송은 한암 스님께서 우두암에서 눈이 열렸을 때에 지은 것인데 이것이 祖師意가 못 된다는 것이다. 조실 스님이 듣고 나서 대답하였다. '不是汝意故, 是祖師意니라.' '이것이 네 뜻이 아닌 고로 조사의 뜻이니라.' 하였다. 운봉 스님의 인품을 말한다면 까만 얼굴에 눈은 마치 바늘귀처럼 작다. 이마와 광대가 뾰족 나오고 턱이 또한 뾰족하였다. 종일 침묵하고 좀체 말이 없다. 벼락이 쳐도 부동이다. 비록 체구는 작지만 자세는 태산과 같이 부동한 바가 있었다. 운봉 스님이 그 작은 눈을 깜박깜박하고 앉아 있더니 차 한 잔을 훌쩍 마시며 대꾸하였다. '스님께서 俗書에 능한 것을 익히 들었습니다.' 하니 스님은 가만히 앉아 계시더니 '錯喚汝是林下客이라.' '내가 그대를 공부인인 줄 잘못 부를 뻔하였다." 조용명(한암의 맏상좌), 「우리 스님, 한암스님」 『불광』, 1980, pp.5~9.

西來意 岩下泉鳴不濕聲(부엌에서 불을 붙이다가 홀연히 눈 밝
았으니, 이로 좇아 옛길 인연 따라 청정하네. 만약 누가 나에게
서래 조사의를 묻는다면, 바위 아래 물소리 젖지 않는다 하리)"
라고 하셨는데, 이 글 끝의 岩下泉鳴不濕聲이 어떻게 西來祖師
意가 될 수가 있습니까?"

[답]   한암 선사가 대답하였다. "그대의 뜻이 아니기 때문에 바로 조
사의 뜻이다(不是汝意故로 是祖師意니라)"

[問]   운봉 수좌가 또 말하였다. "스님께서 俗書에 능한 것을 익히 들
었습니다."

[답]   한암 선사가 일갈했다. "그대를 수행자라고 잘못 부를 뻔했네
(錯喚汝是林下客)."[55]

운봉 스님이 한암 선사의 오도송 끝구인 岩下泉鳴不濕聲은 西來
祖師意가 될 수 없다고 따진 것인데, 이것은 분양18문 가운데 徵問
(따지는 질문)에 해당된다. 한암 선사는 운봉의 질문에 대해 "그대의
뜻이 아니기 때문에 바로 조사의 뜻이다(不是汝意故로 是祖師意)"
라고 하였는데, 여기에 대하여 대화체로 語路上 作活計를 해 보고자
한다.

    "한암 선사: 운봉수좌, 그대는 나의 오도송 가운데 끝 구절인 암하천명
    불습성이 조사의가 될 수 없다고 했는데, 암하천명불습성은 그대의 생
    각이 아니네. 그대(범부중생) 생각으로는 祖師意가 될 수 없겠지만(범
    부의 생각이므로), 그렇기 때문에 바로 조사의(不是汝意故, 是祖師意)
    가 되는 것이네"

즉 범부의 情識으로 조사의를 헤아리지 말라는 뜻이다. 운봉 스님
은 "스님께서 俗書에 능한 것을 익히 들었습니다"라고 했는데, 이러한

---

55) 『정본 한암일발록』 상권, p.205.

11. 한암 선사의 선문답과 공안   461

용어는 선문답에서는 사용해서는 안 되는 표현이다. 즉 "스님은 문자에 능할 뿐이오"가 되는데, 비인격적인 용어이다. 분양 선사는 「분양십팔문」 서두에서 "망령되이 함부로 천착하면 서로가 무익하다"고 훈계했는데, 이런 것을 두고 한 말이 아닐까 생각된다.

(19) 한암양구漢岩良久-경봉 선사와 문답

[問答] 경봉 스님이 물었다. "조주 선사가 신발을 머리에 이고 문 밖으로 나간 뜻이 무엇입니까?" 한암 선사가 답했다. "부처와 조사가 함께 두 손을 마주 잡은 것일세." 다시 경봉 스님이 물었다. "그러면 무엇이 부처와 조사입니까?" 한암 선사가 良久하니, 경봉 스님이, "생각으로 분별하면 귀신굴에 들어가니 빨리 이르시오." 한암 선사가 돌아보며 말하였다. "이미 보지 못했는가?" 경봉 스님이 말하였다. "아무쪼록 뒷 자취를 거두시오." 한암 선사가 良久하였다. 경봉 스님이 또 물었다. "만일 형님(한암 스님)이 남전이 고양이 목을 칼로 벨 때(南泉斬猫)[56] 있었더라면 무어라고 답을 했겠습니까?" 한암선사가 답하였다. "남전이 본래 고양이를 벤 사실이 없노라." 경봉스님이 말하였다. "누가 그런 말을 전합디까? 한암 선사가 말했다. "본래 남전 선사가 고양이 목을 벤 사실이 없는데 전할 말이 어찌 있겠는가." 경봉 스님이 "이제 비로소 들

---

56) 南泉斬猫公案 : 남전 선사(748~834)가 하루는 東西兩堂의 납자들이 고양이를 놓고 서로 "西堂 것이다", "東堂 것이다" 하고 언쟁하고 있는 것을 보았다. 남전 선사는 납자들이 공부는 하지 않고 언쟁하는 것을 보다 못해 그 고양이를 들고 다음과 같이 말하였다. "누구든지(무엇이 부처인지) 한마디 해 보아라. 그러면 이 고양이를 살려 주겠다. 그렇지 못하면 이 고양이를 단칼에 베어 버릴 것이다." 그러나 누구 하나 대답하는 수좌가 없었다. 남전 선사는 드디어 고양이를 잘라서 두 동강을 내버렸다. 저녁이 되어 돌아온 제자 조주에게 낮에 있었던 일을 말하자, 조주는 짚신을 벗어서 머리에 이고 밖으로 나가 버렸다. 남전이 말하기를 "만일 그때 그대가 있었더라면 고양이를 살렸을 것을!"라고 말하였다.

었습니까?"하니, 한암 선사가 "이제 들은 것도 없노라."라고 하였다. 경봉 스님이 말하였다. "이제 들은 것도 없다고 하는 이는 누구입니까?" 한암 선사가 말하기를 "말이 많음은 법을 희롱함(戲論法)이니라. 경봉 스님이 말하였다. "형님이(한암 스님) 오히려 법을 희롱하는 것에 걸려 있습니다." 한암 선사 '良久'하였다.

이번에는 한암 선사가 경봉 스님에게 물었다. "조주 스님이 신발을 머리에 이고 밖으로 나간 뜻이 무엇인가?" 경봉 스님이 답하였다. "가로 누우니 발이 하늘을 가리킵니다." 한암 선사 '良久'하시다. 다시 한암 스님이 경봉 스님에게 물었다. 요즘 어떻게 공부를 지어가고 있는가?" 경봉 스님이 답하였다. "한 티끌이 눈에 들어가니 허공 꽃이 어지러이 떨어집니다." 한암 선사가 물었다. "한 티끌이 눈에 들어가니 허공의 꽃이 어지러이 떨어지는 뜻이 어떠한고?" 경봉스님이 말하였다. "형님께서는 내일 아침에 맛있는 차를 드십시오." 한암 선사 '良久'러시다.[57]

  이것은 한암 선사와 경봉 스님이 통도사에서 하루 유숙하면서 주고 받은 선문답이다. 내용이 매우 길다. 선문답을 소개하는 데서 그치고자 한다.

---

57) "鏡峰問曰, 趙州禪師, 戴履出門之意志如何오. 漢岩答曰, 佛祖拱手之處로다. 鏡峰問曰, 如何是佛祖오. 漢岩答曰, 默默(良久)하시다. (鏡峰問曰) 思量分別은 入鬼窟이니 速道速道하시오. 漢岩回視曰, 不見耶아 鏡峰答曰, 幸收後踪하시오. 漢岩, 無對(良久)러시다. 鏡峰又問曰, 萬若漢岩兄이 在於南泉斬猫當時면 如何答之耶오. 漢岩答曰, 南泉이 本來斬猫한 事가 無也니라. 鏡峰問曰, 誰爲傳言고. 漢岩曰, 本來斬猫가 無하니 傳言也無也라. 鏡峰問曰, 今聞耶아. 漢岩曰, 今聞也無也로다. 鏡峰曰, 今聞也無也라함은 是誰也오. 漢岩曰 多言이면 戲論法이로다. 鏡峰曰, 岩兄이 猶滯在於戲論法이로다하니 漢岩, 無對(良久)러시다. 漢岩問曰, 趙州戴履義如何오. 鏡峰曰, 橫臥足指天이오. 漢岩, 無對(良久)러시다. 漢岩問曰, 近日如何히 做工夫曰오. 鏡峰答曰, 一.在眼하면 空花亂墜니라. 漢岩問曰, 一.在眼, 空花亂墜意如何오. 鏡峰曰, 漢岩兄은 明朝에 好喫一盞茶하소서, 漢岩無對러시다."『三少窟日誌』, pp.102~103. 1992, 극락선원.

(20) 불식공반(不食空飯)-용명 수좌와 선문답

[問]   龍溟 수좌가 물었다.
      "『법화경』에 대통지승 여래가 10겁을 도량에 앉아 있어도 佛法이 現前하지 않아서 成佛하지 못했다는 말이 있는데, 이것이 무슨 뜻입니까?"

[答]   한암 선사 답하였다. "水不洗水요 指不自觸이니라. 물은 물을 씻지 못하고, 손가락은 스스로를 가리키지 못한다."

[問]   용명 수좌가 또 물었다. "그럼 그 뜻이 그렇게만 되어 있는 것입니까?"

[答]   한암 선사가 말했다. "어디 그대의 생각을 한번 말해 보라."

[問]   용명 수좌가 말했다. "本無如是事(본래부터 이 일은 없었습니다)니이다."

[答]   한암 선사가 평하였다. "不食空飯(공밥은 먹지 않았군)."[58]

대통지승불은 10겁이라는 오랜 세월 동안 청정한 불도량(佛道場)에 앉아서 좌선했다. 또 온갖 마군도 다 항복받고, 아뇩다라 삼막 삼보리도 이룰 준비가 다 되었는데도 佛法이 나타나지 않아서 성불하지 못했다는 고사는 『법화경』 화성유품에 있는 내용으로 『임제록』과 『조당집』 17권 '쑹和尙章', 『전등록』 4권 '天柱山崇慧', 『무문관』 9칙 大通智勝 등에도 인용되어 있다.

『법화경』의 말은 대통지승여래 같은 수승한 근기를 가진 분도 10겁 동안이나 오래도록 수행한 끝에 깨달았다는 것으로 되어 있다. 그런데 『임제록』에서는 대통지승불이 불도를 이루지 않았다고 하는 것은 본래 부처이기 때문에 다시 부처가 되려고 할 필요가 없었기 때문

---

58) 『정본 한암일발록』 상권, pp.209~210. 龍溟은 한암 선사의 맏상좌이다.

이다"라고 설명하고 있다. 『무문관』도 같은 의미로 해석하고 있다.

大通智勝佛은 이름 그대로 크게 깨달아서[大通] 지혜가 뛰어난 부처[智勝佛]이다. 이 부처님은 본래부터 부처였다. 그러므로 또다시 부처가 되어야 할 필요가 없었다. 비유한다면 현직 대통령인데 또 대통령이 되어야 할 필요는 없는 것과 같다고 할 수 있다.

한암 선사의 답어인 "水不洗水요 指不自觸(물은 물을 씻지 못하고, 손가락은 스스로를 가리키지 못한다)"은 표현만 다를 뿐 본래 부처이기 때문에 다시 부처가 되려고 할 필요가 없다는 말과 같은 뜻이다.

IV. 맺는말

漢岩선사의 선은 전통적인 간화선이다. 그러나 선문답을 통해 본 한암 선사의 禪風은 간화선보다는 조사선풍에 가깝다고 할 수 있다. 우선 그가 선문답에서 사용하고 있는 선어를 보면 '아시송뇨(屙屎送尿)', '적과후장궁(賊過後張弓)', '끽요삼십방(喫了三十棒)', '적양화 적양화(摘楊花 摘楊花)', '석인목계(石人木鷄)', '노봉달도인(路逢達道人)' 등으로 주로 당말오대 조사선 흥성기의 선어라는 것이다. 특히 그 가운데 아시송뇨(屙屎送尿), 즉 송뇨시뇨출, 아시시시출(送尿時尿出, 屙屎時屎出)은 착의끽반(著衣喫飯)과 함께 조사선을 대표하는 말이다.

조사선의 정점에 있었던 임제 의현은 『임제록』 12-1단에서 "여러분! 불법수행은 특별한 공부와 노력이 필요한 것이 아니오. 그저 일상 그대로 아무 일 없이 지내면서 똥을 누고 싶으면 똥을 누고 오줌을 누고 싶으면 오줌을 누며, 옷을 입고 밥을 먹으며, 피곤하면 누워서 쉬는 것이오. 어리석은 사람은 나를 비웃겠지만 지혜 있는 사람은 알것이오(師示衆云. 道流. 佛法無用功處, 祗是平常無事, 屙屎送尿, 著衣喫飯, 困來卽臥, 愚人笑我, 智乃知焉)"라고 말하고 있다.

또 운문 선사도 "그대가 만약 아직 깨닫지 못했다면 한번 독자적으로 자세히 참구해 보시오. 著衣喫飯, 屙屎送尿를 제외한 그 밖에 더 이상 무슨 특별한 것이 있는지?(你若實未得箇入頭處, 且中獨自參詳. 除卻著衣喫飯, 屙屎送尿, 更有什麽事)"라고 하여, '착의끽반, 아시송뇨, 그것이 곧 선'이라고 말하고 있다.

또 "착의끽반, 아시송뇨, 이것은 번뇌망념의 생사를 벗어나는 법(著衣喫飯, 屙屎送尿, 是脫生死法)"이라고 말하고 있는 바와 같이 한암 선사가 보월 화상에게 답한 송뇨시뇨출, 아시시시출(送尿時尿出, 屙屎時屎出)은 '일상 그대로가 곧 선'이라는 의미로서, 조사선에서 말하는 平常心是道를 생활 속에 실현시킨 것이라고 할 수 있다.

그리고 선문답 (5)에서는 '조주 無를 十種病에 떨어뜨리지 말고 한 句를 일러 보라'고 하자, "요사이 제 방 벽에 원숭이 두 마리와 돼지 두 마리를 그려 놓았는데 모두들 名畫라고 하니 망월사 선원의 대중들도 한 차례 구경하러 오는 것이 어떻겠느냐(鄙留壁上, 畫二猿二猪, 人皆稱名畫, 望月大衆, 一次來玩如何)"고 하여 비수와 해학을 병행하고 있고, 선문답 (7)에서는 鏡峰 선사가 "하늘을 찌르는 기상 충천지기(衝天之氣)을 가진 대장부는 佛祖가 간 길[行處]은 가지 않는다고 하는데 그렇다면 어느 곳으로 가야만 하느냐"는 물음에 대해서, "邪와 正 두 가지가 있다"고 해 놓고는 조사선적인 답을 하고 있

466

으며, (13)에서는 頂수좌(금오스님)가 한암 선사를 향하여 활을 당기는 모습을 하자 이에 한암 선사가 벌렁 나자빠지는 시늉을 했고, 이어 대중들에게 속히 송장을 치우라고 한 것 등은 一段의 고준한 공안이자 조사선적인 선문답이라고 할 수 있다.

그 밖에도 선문답 (8)에서는 오대산은 첩첩하고 또 첩첩하여 山雲海月의 情이 그지없는데, 山雲이라고 하는 것이 좋은지 海月이라고 하는 것이 좋은지 言語文字와 聲色動靜을 떠나서 보여 달라는 물음에 대해서, 낱낱이 숫자를 붙여서 一言 二語 三聲 四色 五文 六字七動 八靜이라고 답하고 있으며, (9)에서는 경봉 스님의 세 가지 질문삼문(三問)에 대하여 모두 '莫' 자를 써서 답하고 있고, (11)에서는 경봉 스님에게 백지 한장을 보내고 있으며, (14)에서는 마명의 소재를 묻자 '마시성고과벽력(馬嘶聲高過霹靂, 말 울음소리가 벼락보다 더 크다)'이라고 답한 것이나, 선문답 (16)의 한암불식(漢岩不識) 등은 모두 기권(機權)이 자유자재한 조사선풍에 가까운 선문답이라고 할 수 있다.

이상과 같이 漢岩禪師의 선문답 20여 편을 고찰해 보았다. 고찰이라기보다는 末學의 語路上作活計에 지나지 않는다. 그 가운데 만공 선사, 보월 화상, 경봉 선사 등과 나눈 10여 편의 선문답은 조사선 시대의 선문답과 비교해도 손색이 없는 격조 있는 선문답이다.

12

한암과 만공의 同異,
그 행적에 나타난 불교관

김광식

※ 이 논문은 『한암사상』 4집(2011년)에 발표했던 것을 재수록 한 것이다.

[요약문]

　본 고찰에서 필자가 정리하고, 강조하고 싶은 것은 경허의 법제자로 널리 알려진 한암과 만공을 비교하는 것이다. 이런 비교의 저변에는 한암은 오대산, 만공은 덕숭산의 상징, 뿌리로 널리 알려진 것을 전제로 한다. 즉 한암은 오대산 불교문화의 근간이고, 만공은 덕숭산 불교문화의 근간(대변)임을 의미한다. 이런 비교를 시도한 것은 작금에서 일고 있는 자기 문중, 자기 고승(큰스님) 중심의 역사 해석에 대한 문제점 도출, 편견 극복에 일조를 기하고자 하는 것이 깔려 있다. 그럼에도 불구하고 지금껏 한국 근현대 불교에 대한 학술 척박성, 몰상식, 비학문성, 성찰문화 박약 등으로 인하여 이러한 문제에 관심을 갖지 못하였다.

　이번 고찰에서 필자는 그런 접근, 관점을 투영하기 위하여 한암과 만공의 행적(근거, 문헌, 증언 등)에 기반하여 논지를 전개하였다. 즉 역사적 관점을 갖고 시도하였던 것이다. 달리 말하자면 그간 불교학계에서 논의, 접근한 불교사상의 관점을 배제하였다. 불교사상은 불교의 꽃이면서, 동시에 거기에는 함정, 모순, 오류 등이 적지 않다. 특히 학문적인 검토, 객관성의 부재가 동반될 시에는 그에 따른 위험이 상당하다고 본다. 그래서 불교사, 객관성의 자료를 갖고 접근하였다.

이런 연구 결과로 필자는 한암과 만공의 同異점을 추출할 수 있었다. 같은 점으로는 근대 고승, 선지식임이 분명, 근대 선의 비조로 일컫는 경허와 불가분의 관계(법제자)가 있고, 치열한 수행, 철저한 교화행이 있었으며, 오대산과 덕숭산에서 각각 일가를 이루었다, 행적에는 역사성과 일정한 위상과 의미가 담겨 있다고 보았다. 그러나 다른 점에서 이들의 성격이 분명하게 나타난다고 보았다. 그래서 필자는 그들의 종단관, 교육관, 개혁관 등으로 대별하여 그를 살펴보았다. 이에 대한 필자의 주장은 한암 및 만공 가르침의 특성이라는 서술로 제시하였다. 그는 다음과 같다. 즉 한암은 전통주의, 대중승려를 고려한, 전 승가의 수행풍토의 진작을 기하려는 현실 직시적인 성격이었다면 만공은 참선 유일주의, 개신적인 선풍 진작, 엘리트주의, 선법을 통한 불교정화를 지향한 성격을 갖고 있었다고 본다. 다시 말하면 한암은 전통 계승적인 고풍 재현과 전 승려들의 승가상 재정립의 성격이 이미지화 하였다면, 만공은 정신혁명적인 선 유일주의로의 개혁, 선 순결주의에 의한 불교정화를 추구한 것으로 이해하였다.

필자의 이 같은 주장은 한암과 만공, 양 산문(문중)의 우열을 논하는 것이 아니다. 그 차별성을 통해, 역사성을 드러내면서 그 전통의 창조적 계승을 위한 기조 자료 제공이다. 나아가서는 왜곡되어 가고 있는 조계종단사, 불교계 역사의식의 함량 미달에 대한 응답이다.

I. 서언

근대불교의 고승으로 명망이 높은 승려로 漢巖(1876~1951)과 滿空(1871~1946)이 있다. 한암은 오대산 불교문화의 중심인물이고, 만공은 덕숭산 불교문화의 중심인물이다. 이들은 일제하 불교에서 오대산과 덕숭산을 주된 근거로 수행을 하면서 승려 및 신도들을 제접한 선승, 도인이었다.[1] 지금껏 이들에 대한 행적, 선사상, 위상 등에 대해서는 적지 않은 연구가 축적되어 있다.

본 고찰은 위와 같은 전제하에서 한암과 만공의 同異點을 찾아 보려는 연구이다. 최근 근현대 불교에 대한 연구가 활성화되면서 근현대의 선지식, 고승들에 대한 연구도 심화되고 있다. 그런데 그런 고승 연구의 문제점으로 떠오른 것이 특정 종단 중심의 해석, 그리고 문중 중심의 지나친 선양, 과장, 배척 등 편파성이다. 사실과 진실을 넘어서는 과도한 이해와 평가는 엄정한 학문의 세계에서 경계해야 하는 것은 당연하다. 혹시 이런 학문적인 범위를 넘어서 해당 본산과 문도들이 인연이 있는 고승을 중심으로 우열적, 종속적인 역사인식, 역사해석을 하지 않았나 하는 문제도 철저하게 성찰해야 할 것이다. 또한 부지불식 간에 그런 대열에 동참한 학자들의 행보도 같은 문제이다. 필자에게도 그런 한계와 행보가 있었다면 필자 자신도 학문의 비판에서 자유롭지 못할 것이다.

---

1) 근대불교에서 이들에 대한 위상은 다양한 근거에서 확인이 된다. 석정은 일정 때에는 조실(도인) 격의 큰스님은 만공, 한암, 혜월, 용성만이 해당된다는 저간의 공론을 소개하였다. 즉 김광식, 『동산대종사와 불교정화운동』, p.200. 2007, 영광도서.

이에 필자는 이 같은 전제와 문제점을 고려하면서 한암과 만공의 행적에 나타난 불교관을 비교, 분석하고자 한다. 그리하여 이러 비교를 통하여 각각의 인물에 대한 특성을 조망하고, 나아가서는 근대불교의 전체상에 대한 재조명을 기할 수 있는 새로운 관점을 추출하고자 한다.

지금껏 일제하 고승 연구의 성과에 의하면 한암과 만공은 동일한 범주 내에서 이해되어 왔다고 볼 수 있다. 그 개요를 소개하면 다음과 같다. 우선 심재룡은 「근대 한국 불교의 네 가지 반응 유형에 대하여」라는 고찰에서[2] 한국 근대불교의 4대 사상가를 극보수주의적 전통주의자 송경허, 개혁주의자인 백용성(대각교운동), 개혁주의자인 박한영(불교교육론), 극진보주의적 개혁주의자 한용운(사회 참여적인 민중불교)으로 대별하였다. 이러한 근대 불교사상가의 유형을 수긍한다면 한암과 만공은 송경허로 대변되는 전통주의자의 범주에 속하는 것으로 이해할 수 있다.

그리고 이병욱은 「한국 근대불교사상의 세가지 유형」이라는 고찰에서[3] 한국 근대불교의 사상을 대표하는 인물로 사회 참여를 지향하는 한용운, 불교의 교육 및 포교 분야에서 개혁과 변화에 앞장 선 박한영과 대각교운동을 통하여 불교계의 혁신을 추구한 백용성, 전통을 계승하였던 방한암을 거론하였다. 이병욱은 그의 고찰에서 경허와 만공은 뚜렷하게 거론하지는 않았다. 여기에서 특이점은 방한암을 별도의 노선, 사상으로 본 것이다. 이런 구분 즉 심재룡과 이병욱의 연구는 불교사상의 관점에서의 성과물이다.

---

2) 『철학사상』 16호, 별책 1권, 2003.
3) 『신종교연구』 20집, 2009.

한편, 필자는 이와 같은 사상적인 관점에서 벗어나 당시 현실에 나타난 노선의 관점에서 근대불교의 흐름을 다음과 같이 제시하였다. 즉, 필자는 「식민지(1910~1945) 시대의 불교와 국가권력」이라는 논고에서[4] 일제하의 불교 노선을 조선불교 조계종(대처승)의 흐름, 조선불교 선종(선학원, 수좌)의 흐름, 만당(한용운, 진보개혁)의 흐름, 대각교(백용성, 온건개혁)의 흐름으로 대별하였다. 이 글에서 필자는 한암과 만공을 의식하여 지목하지는 않았지만 선종, 선학원 흐름에 포함시켜 이해하였다.

이와 같은 고찰에 의하면 한암과 만공은 기본적으로 경허의 법제자이었기에 경허의 계열로 이해될 수 있다. 그리고 활동적인 측면에서 만공은 수덕사, 마하연 등지의 조실을 역임하면서도 선학원 창설 및 재건의 주역이었다. 그러나 한암은 오대산에 칩거, 은둔하면서 승려(수좌 및 대중승려)를 지도하였다. 그러나 만공과 한암은 선학원 수좌들이 만든 조선불교선종의 종정이었기에 동질적인 노선을 간 것으로 이해할 수 있다. 즉 한암과 만공에게는 경허, 선학원, 전통주의자라는 이해의 구도에 존립한 것으로 볼 수 있다. 그렇지만 한암은 1929년의 교정, 1941년의 조선불교 조계종, 해방공간의 교정 등을 역임하였기에 만공과는 약간의 이질성을 엿볼 수 있다. 이런 측면에서도 한암은 은둔적인 수행을 주된 전략을 구사하면서도 불교계 대표를 역임하였지만, 만공은 산문과 세속을 넘나드는 개방성을 견지하면서 선풍진작, 불교정화를 기하였다.

이처럼 한암과 만공은 同異가 교차되는 고승임에도 불구하고 그들의 개별성, 이질성에 대한 연구는 심화되지 않았다. 한암과 만공은 경

---

4) 『대각사상』 13집, 2010.

허의 법제자이면서도 개별적인 산문에서 수행한 것과 불교사상 등에 대한 독자성은 주목하지 않았다. 다시 말하면 만공은 경허의 그늘에 가려 있었고, 한암은 그를 상징하는 오대산 불교문화에 대한 주목을 받지 못하였다. 즉 지금까지 연구에 의하면 한암과 만공이 갖고 있는 특성, 독자성, 계열성에 대한 이해는 없었다.

이런 흐름이 지배적이었지만 최근 일부 연구자들이 한암과 만공을 차별적으로 보려는 연구가 있었다. 우선 박재현은 한암과 만공을 노선 및 성향이 다르다고 보았다. 그는 한암은 선적 깨달음의 사회적 자리매김으로, 만공은 선 근본주의적 개혁노선이라는 개념으로 제시하면서, 기존 연구자들의 해석과는 다른 주장을 내놓았다.[5] 또한 이병욱이 한암에 대한 독자성을 시론적으로 제시하였지만 아직 이에 대한 공론화는 부족한 실정이다. 요컨대 만공은 덕숭문중, 경허 제자라는 하나의 큰 틀, 관점에서만 인식되었다. 그리고 한암에 대한 어떤 독특한 인식, 오대산 불교문화라는 개별적인 이해의 관점은 없었다고 보는 것이 솔직한 지적일 것이다.

그래서 본고에서는 지금까지의 연구 성과를 고려하면서, 한암과 만공을 비교 분석하고자 한다. 그 분석을 통하여 한암의 특성 추출을 위한 기초적인 관점의 검토를 하고, 만공의 연구에서는 그가 경허와

---

5) 박재현은 "선근본주의에 대한 한암의 문제의식은 당시에 만공을 중심으로 하는 근본주의적 개혁노선과 뚜렷이 구별될 뿐만 아니라 서로 경쟁관계에 있는 듯한 인상을 준다"고 서술했다. 박재현은 한암은 깨침 그 자체의 충실성과 함께 선적 깨달음의 사회적 자리매김에도 주력하였으리라고 보면서, 한국 선불교사에서 전통과 근대 사이의 가교 내지는 근대라는 맥락에서의 연구 대상으로 한암을 추가해야 한다고 강조했다.
박재현, 「근대불교의 개혁노선과 깨침의 사회화-방한암을 중심으로」 『만해축전 자료집』, pp.207~209. 2007.

의 차별성이 있는지의 문제에 대한 심화를 기하고자 한다.

Ⅱ. 한암과 만공의 행적

한암과 만공이 경허의 법제자임은 널리 알려진 사실이다.[6] 한암은 1926년 무렵부터 1951년 입적하는 그날까지 오대산에서 은둔적 수행을 하면서 자신만의 독자적인 세계를 구현하였다. 그리고 만공은 경허의 체취가 가득한 호서지방의 덕숭산에서 개당설법을 한 1905년부터 입적한 1946년까지 자신의 가풍을 구현하였다. 즉, 만공은 경허의 사상과 선풍을 계승하면서 덕숭산에 독자 살림의 근거를 마련하였다. 그에 반해서 한암은 오대산에서 경허의 색채와는 다른 자신만의 불교세계를 구축하였다. 그러나 한암과 만공은 경허에게 수법한 제자로, 동 시대를 함께 살아간 수행자이면서, 조선불교 선종의 종정을 함께 역임하였지만 그들의 행적은 이질적인 측면이 적지 않았다.

이런 전제하에서 필자는 『만공법어』 「擧揚」편에[7] 나오는 다음과 같은 내용을 주목하고자 한다.

【 오대산에서 돌을 던져 보이다 】

-오대산 길가에서

---

6) 한암은 『불교』 95호(1932.5)에 기고한 「경허화상행장」에서 경허의 법제자로 침운, 혜월, 만공과 자신을 포함하여 4인이라고 하였다.
7) 만공문도회, 『만공법어』, p.101. 1982.

스님이 오대산 적멸보궁(寂滅寶宮)을 참배하고 돌아오는 길에 한암스님이 산문까지 전송하러 나오매, 스님이 앞서 가다가 문득 돌멩이 하나를 주워 가지고 한암스님 앞에 던지니, 한암스님은 그 돌을 주워서 개울에 던져 버렸다.

스님이 혼잣말로 "이번 걸음에는 손해가 적지 않도다" 하였다.

評 ; 기대가 크면 실망도 큰 법.

필자는 『만공법어』를 처음으로 읽었을 때에 이 내용을 보고 의아되는, 이해가 안 되는 그 '무엇'이 있었다. 여기에 나오는 돌멩이 거량은 깨달은 도인들간의 거량이기에 그 내용의 실체는 가늠하여 말하기는 어렵다. 그런데 흥미로운 것은 만공과 후학, 제자들의 인식이 결합된 것으로 이해되는 『만공법어』의 "평 ; 기대가 크면 실망도 큰 법"의 부분이다.[8] 즉 만공이 1943년 경 오대산, 상원사에 가서 한암을 만나고 왔는데 그때에 실망을 하였다는 것이다. 이는 보통 사람들 간에서 나오는 세속적인 단순한 실망은 아니겠지만, 적어도 한암과 만공은 이질적, 다른 면이 있는 것은 분명하다고 하겠다. 그렇지만 필자는 이 내용을 접하고도 더 이상의 궁금증은 풀지 못하였다. 그러다가 한암에 대한 구술사 작업을 하면서 돌멩이를 던지던 그 현장에 있었던 한암의 손주 상좌인 보경(희태)에게 다음과 같은 질문을 하고, 그 응답을 듣게 되었다.[9]

만공스님이 몇 번 상원사에 다녀가셨지요? (필자 주, 질문)

그럼요. 만공스님은 보궁에 기도하러 몇 번 다녀가셨어요. 보궁기도 많이 했어요. 한번은 만공스님이 1주일을 기도하고 돌아가시니까 노스님

---

8) 1968년에 발간된 『만공어록』에는 이런 평의 내용이 없다.
9) 김광식, 『그리운 스승 한암스님』, pp.76~78. 2006, 민족사.

이 신선골 큰 다리까지 내려 오셨어요. 다리 건너서 하직(下直) 인사를 하고 돌아오셔서 다리에 당도했는데, 만공스님이 "한암스님" 하고 부르시면서 한암스님에게 조그만 돌 하나를 슬쩍 집어 던졌는데, 노스님께서는 그 돌을 집어 옆 개울가로 벼락 같이 확 던져 버리셨어요. 그러시곤 다리를 건너 오셨지요. 제가 보기에 이것은 일종의 법거래인데, 그 두 스님의 성격을 분명하게 드러낸 것으로 보여요. 두 스님의 행동과 성격이 나오는 거지.

제가 볼 때에 만공스님은 수좌들에게 "되었다. 그만하면 되었다"는 칭찬의 말씀을 많이 하셨어요. 수좌들은 자신이 인가받았다고 판단하게 되지요. 노스님은 자상하고 자비롭지만, 법거래에는 엄격하셨거든요. 법(法)에 대해서 굉장히 밝으셨기 때문에 기면 기고, 아니면 아니고가 분명했어요.

만공스님의 입적이 1946년 가을인데요. 혹시 조문이나 특별한 의사표시는 안 하셨나요? (필자 주, 질문)
조문 안 보냈어요. 노스님께서는 그런 형식은 불가하다고 하셨어요. 제가 탄허스님과 상의해서 혼자 갔다 왔지요. 제 고향이 서산이고 그 근처가 수덕사이므로, 고향간다는 핑계로 참여하였는데 아마 노스님은 모르셨을 거예요. 노스님은 만공스님에 대해 칭찬하지 않으셨어요. 경허스님의 법을 받은 선배 예우는 하셨지만 칭찬은 하지 않으셨지요. 노스님께서는 참 철저했거든요. 특히 계율에 대해서는 철저했어요.

이런 증언을 필자는 2005년 무렵에 들었던 것이다. 이런 증언을 들은 이후 필자는 한암과 만공은 적지 않은 차별성이 있다고 확신하였다.[10] 그리고 그 차별성은 한암의 문손들도 인식하였음을 알게 되었다. 그러면 그 차별성은 무엇일까? 차별성의 본질은 무엇이며, 그를 어떻게 설명하는 것이 보편성을 갖는 것인가에 대하여 그간 내심으로만 의아심을 키워 왔다.

	한 암	만 공
출생	1876년 강원도 화천출생(본가, 평남 맹산) 부친 한학자, 서당 공부	1871년 전북 태인 출생
입산	1897년(22세) 금강산 장안사(은사 행름)	1884년(14세) 금산사, 봉서사, 송광사, 쌍계사(논산) 거쳐 동학사에 있던 중, 경허를 만남 서산 천장사에서 정식 출가(은사, 태허)
수행	신계사 보운강원(보조어록, 발심) 청암사 수도암(경허에게 금강경 수학) - 1차 깨침, 무자 화두 받음 해인사 선원(조실 경허, 소임 서기) - 1차 오도(송) 통도사 선원(2차 오도) 해인사 선원(2년간) - 경허로부터 깨달음 인가(1903) 전등록 열람중, 3차오도 경허와 이별(전별시, 화답시)	온양 봉곡사에서 화두 수행 - 깨침, 오도송 마곡사 토굴 수행(3년) 경허에게 견처를 점검 받음(1896년) - 무자화두 수행하도록 지도 서산 부석사로 이주(1898년, 경허 흠 모, 친견) 범어사 계명암 선원 수행(경허와 함께) 통도사 백운암 선원 - 재차 오도 천장사에서 보림, 수행 천장사에서 경허에게 전법게 받음 (1904년)

---

10) 그 당시 상원사에서 사미승으로 있다가 환속한 권태호는 그를 다음과 같이
증언하였다. 이는 희태의 증언과 거의 유사한데, 그중에서 약간 독특한 것만을
요약하면 다음과 같다. 즉 만공이 던진 돌은 밤톨만한 돌멩이었고, 돌멩이를
주워서 던진 한암의 모습은 돌이 땅에 떨어지기가 무섭게 주워서 휙 하고 다
른 방향으로 집어던지고 쏜살같이 총총걸음으로 상원사로 돌아갔고, 그때 한
암의 얼굴은 안광이 겁이 날 정도로 눈에서 불이 줄줄 떨어지는 것 같았고, 그
때 상원사 대중이 수십명이 신선골 다리근처까지 배웅을 하였다고 한다. 이상
의 내용은 앞의 책, p.344.

이력	통도사 내원선원 조실(1904, 29세)
	- 6년간
	묘향산 내원암(1910), 금선대 - 보림
	맹산 우두암 - 보림, 4차悟道(1912년)
	금강산 지장암 주석(1921)
	건봉사 만일원 선원 조실(1921, 46세)
	- 선원규례, 선문답 21조, 참선곡 짓고
	「한암선사 법어」 간행
	봉은사 조실(1923~1925)1
	오대산 상원사 선원 조실(1926, 50세)
	- 27년간 不出
	- 승가 5칙 제정
	- 통도사 경봉과 편지 법거량
	- 1929년 승려대회, 7인의 教正 추대
	- 1930년 오대산석존정골탑묘찬앙회
	  발기인, 法主「海東初祖에 대하여」
	  기고
	1931년『경허집』會編,
	1932년 「경허화상 행장」 기고
	1935년 조선불교 선종, 宗正 추대
	1936년 삼본사연합수련소 조실
	1937년『금강경 현토오가해』간행
	   『보조법어』간행
	1941년 조선불교 조계종, 종정 추대
	1943년『경허집』발간, 발기인
	1948년 대한불교 조계종, 교정 추대
	1951년 상원사 소각 저지
	좌탈입망으로 입적
		덕숭산 금선대 짓고, 개당설법(1905년)
		보덕사(예산, 선원) 주지(1918년)
		선학원 창건 주선(1921년, 51세)
		선학원 창건에 참여(1922년)
		- 선우공제회 발기인, 수도부 이사 정
		 혜사 공제회 지부로 가입
		- 선학원 활동에서 일시 후퇴
		금선대에서 수행자의 자세 피력
		-「禪林稧序; 懸羊買狗」작성
		  (1927.12.8)
		「발원문」작성(1930, 정월)
		1931년 선학원 재건, 후원, 법문
		수덕사와 정혜사의 주지 겸무
		1933년, 수좌대회 개최 선학원 법인체
		로 전환, 발기인
		각처 선원 회주, 조실로 활동
		- 유점사, 마하연, 승가사, 중앙선원 등
		1935년 수좌대회 주도, 조선불교 선종
		창종
		- 재단법인 선리참구원 이사장 및 종
		 정 추대
		- 마곡사(내분)으로, 반강제로 주지 취
		 임
		1937년 주지회의에서 할 법문(총독부)
		1941년 조계종 종무고문
		遺教法會 개최 주도(梵行團 조직)
		1943년『경허집』발간, 발기인
		1945년 대한불교, 고문
		1946년 수덕사 전월사에서 입적

추모계승	『일발록』간행(1995) 『정본 일발록』간행(2010)	『만공어록』간행(1968) 『만공법어』간행(1982)

이런 배경 하에서 필자는 그 차별성을 해명하려고 한다. 그래서 우선은 한암과 만공의 연보에 나타난 것을 기본적인 사항으로 제시하려고 한다. 그를 몇 가지의 내용으로 구분하여 살펴보자.[11]

지금까지 한암과 만공의 행적을 출생, 입산, 수행, 이력, 추모 및 계승으로 나누어 그 내용을 대비하는 방식으로 제시하였다. 우선 여기에서는 두 고승의 동질적인 행적의 성격을 요약하여 보겠다.

- 근대 고승, 선지식임이 분명하다.
- 근대 선의 비조로 일컫는 경허와 불가분의 관계(법제자)가 있다.
- 치열한 수행, 철저한 교화행이 있었다.
- 오대산, 덕숭산에서 각각 일가를 이루었다.
- 행적에는 역사성, 일정한 위상과 의미가 담겨있다.

위와 같이 필자는 한암, 만공의 행적에서의 유사성을 찾아냈다. 이런 내용은 지금껏 선학의 연구에서 이미 개진된 바가 있었다. 이제부터는 그 차별성, 다른 점을 여기에 근거하여 찾아내는 것이 중요한 과제일 것이다.

Ⅲ. 한암 및 만공 노선의 성격

본장에서는 위에서 살핀 한암과 만공의 행적을 기본으로 하여 각 노선 성격을 도출해 내고자 한다. 이를 위하여 필자는 종단관, 개혁

---

11) 한암의 연보는 『定本 한암一鉢錄』(상권, 2010)의 부록에 있는 연보를 기본 정보로 활용하였다. 만공의 연보는 『만공법어』를 기본으로 하고, 당시 기록으로 보충하였다. 『만공법어』의 연보는 한암에 비해 상대적으로 철저하게 조사되지 못하였다.

관, 교육관으로 나누어 살피고자 한다.

1. 종단관

종단관이라 함은 한암과 만공이 속한 집단, 종단에서 어떠한 활동을 하였는가이다. 그리고 어떤 소임을 맡았으며, 그를 어떻게 인식하였는가이다.

우선 한암의 경우부터 그를 살펴 보겠다. 한암은 승려들의 소임으로 가장 널리 알려진 주지를 맡은 적은 일체 없다. 그가 맡은 소임은 통도사 내원선원 조실, 건봉사 만일선원 조실, 봉은사 조실, 상원사 조실, 삼본사연합수련소 조실 뿐이었다. 그는 깨달은 도인으로서 당연히 맡아야 하는 조실 소임은 기꺼이 수행하였다.

한암은 이렇게 조실 소임이외에는 일체의 공적인 소임을 자진하여 맡은 것은 없다. 다만 그의 주석 사찰이 위치한 오대산의 재산이 월정사 승려의 정책적 실수로 일본 은행에 차압을 당하자, 그를 저지하기 위하여 만든 五臺山釋尊頂骨塔墓讚仰會의 법주로 활동하였다. 당시 월정사 주지 이종욱이 주도한 이 찬양회의 활동으로 인하여 월정사를 막대한 부채에서 1932년 12월 경에 가서는 벗어나게 되었다.[12) 그렇지만 그는 실무적인 불사의 일에는 전혀 관여하지 않았다.

한암의 종단관을 단적으로 알 수 있는 것은 그가 네차례나 교정, 종정에 선출되어 소임을 보았다는 것이다. 그는 1929년 조선불교 선교양종의 교정, 1935년 조선불교 선종의 종정, 1941년 조선불교 조계

12) 졸고, 「조선불교 조계종과 이종욱」『민족불교의 이상과 현실』, pp.470~471. 2007, 도피안사.

종의 종정, 1948년의 대한불교 조계종의 교정 등이다.[13] 그러나 그는 이런 교정, 종정의 소임을 스스로, 자진하여 맡은 경우는 한번도 없었다. 더욱이 그는 종단 최고의 어른, 상징적인 승려인 종정을 맡으면서도 종단의 본부가 있던 총무원, 서울에 한번도 나오지 않았다. 이는 그가 오대산에 27년간 불출하였던 사정에서 나온 것이다. 그러면서 그는 자신은 세속의 일에 전혀 알지 못한다고 겸양을 표하였던 것이다. 이를테면 그는 은둔의 자세로 소임을 보았다. 그러나 그는 은둔의 자세로 칩거하면서도 자신에게 결재, 자문을 하는 경우에는 철저하게 자신의 의사를 피력하였다. 이런 점에서 혹자는 그가 꼼꼼하게 종정의 역할을 하였다고 말하는 경우도 있지만 그는 기본적으로 은둔의 노선을 견지하였다.

이런 그의 종정 소임의 성격은 기본적으로 不出山이라는 자신의 원칙, 고집을 지킨 것에서 나온 것이다. 그러나 그는 종단에 대한 일정한 관심은 갖고 있었다. 그는 『불교』지 70호(1930.1)에 「海東初祖에 대하여」라는 글을 기고한 것에서 파악한 것이다. 한암은 이 글에서 당시 태고국사 계승의식에 의거하여 불교인들이 종조를 보우국사로 비정하려는 의식, 움직임에 강한 이의를 제기하면서 종조, 선종의 초조는 도의국사로 추대되어야 한다는 소신을 피력하였다. 이는 종단에 대한 무관심, 단순한 회피라고 볼 수는 없는 것이다.[14] 그리고 한암은 당시 불교 잡지에 다수의 선 관련 사상을 기고하였거니와[15] 이런 기

---

13) 졸고, 「방한암과 조계종단」『민족불교의 이상과 현실』, pp.421~450. 2007, 도피안사.
14) 졸고, 「한암의 종조관과 도의국사」『한국 현대선의 지성사 탐구』, pp.576~578. 2010, 도피안사.
15) 『정본 한암일발록』차례 참조. 그를 간략히 정리하면 다음과 같다.
『선원』창간호(1931.10) ; 一塵話『선원』2호(1932.2) ; 惡氣息『불교』100호

고도 종단의 정체성을 선으로 보았던 그의 종단관과 무관하다고 볼 수 없다.

이러한 한암의 은둔적인 종단 활동에 비하면, 만공은 비교적 적극적으로 종단 소임을 본 것으로 이해된다. 이는 그의 체질, 성격의 외향성, 개방성에서 비롯되었다고 하겠다. 만공은 주지 소임을 본 것이 여러 차례 나온다. 우선 1918년 1월 25일부터 1921년 1월 24일까지, 47~49세 무렵에 예산 보덕사 주지를 맡은 것이다.[16] 이는 보덕사를 선원으로 운영하겠다는 흐름에서 나온 것이지만, 주지 소임을 본 것은 사실이었다.[17] 그후 1931년 9월 26일부터 1933년 9월 25일까지 그의 주석 사찰인 수덕사 주지로 근무하였다.[18] 수덕사 주지로 근무하면서 산내 선원인 정혜사의 주지를 겸직으로 소임을 보았다.[19] 만공은 주지 소임을 단순히 관리하는 차원에서 하지를 않고 불사 수준에서 중창불사까지 하였다.

> 근년에 와서 침체하엿던 중 명치10년 차에 전조선불교계의 彗星인 宋滿空禪師가 전기 수덕사에 주석하자 그 침체한 상태를 유감으로 생각하야 개수한 결과 내용과 외관이 충실하게 되어 지금은 매우 성황으로 남녀승니가 백수십명이나 된다 하면 전기 송만공선사는 여러 首座를 위하야 자기의 사유인 재산을 전부 그 사찰에 기증함과 동시에 오천원이란 거액을 내이어 能仁禪院이란 대건물을 지난 1월중부터 기공하야

(1932.10) ; 참선에 대하여
『선원』 3호(1932.8) ; 揚於家醜.
그리고 그의 법문이 그의 의도가 반영된 결과인지는 모르지만 『선원』 4호(1935.10)와 『금강저』 22호(1937.1)에 게재되어 있다.
16) 조계종총무원, 『일제시대 불교정책과 현황』 상권, p.347, p.426 참조.
17) 「관보초록」 1918년 1월 25일, 송만공 취직인가, 『조선불교총보』 9집(1918.5.20).
18) 조계종총무원, 『일제시대 불교정책과 현황』 상권, p.583, p.627 참조.
19) 「지방선원 소식」 『선원』 2호(1932.2).

방금 건축중이라는 바 오늘 7월 말경에 준공이 되리라고 하며 법당 대
웅전도 다시 건축할 예정이며 기타 사내 공원이며 저수지 등도 설계중
에 잇다는 바 전기 수덕사는 압호로 대사찰이 되리라고 한다.[20]

이런 만공의 헌신은 수덕사를 새롭게 하였던 불사임이 분명하다.
선사, 수좌라는 이미지에 걸맞지 않은 불사이었던 것이다.

이렇게 수덕사 주지를 끝마칠 무렵인 1933년 8월 30일부터 1935
년 8월 15일까지는 금강산 선원으로 유명한 마하연의 주지 소임을 보
았다.[21] 그런데 1935년에는 수덕사의 본사인 마곡사가 주지 선거를
둘러싸고 내분이 일어났다. 이에 마곡사 안정을 원하는 승려들이 분
란을 잠재울 명분으로 선승인 만공을 마곡사 주지로 강력히 추대하
고, 선거를 거쳐 그를 다수결로 결정하였다.

> 충남 공주군 마곡사는 금반 제8세 주지 선거로 인하여 다소의 파란이
> 잇섯다 한다. 마곡사는 충남에 유일한 대본산으로 72개의 말사와 8백
> 여 승려를 擁有하엿는데 현재 주지는 사정에 의하야 사직하고 그 후임
> 을 선거키 위하야 3인의 후보자가 나서서 8백여 승려는 3파로 나누어
> 선거전을 하는 중이엇다. 이 때에 寺中 有志는 이러케 된 難局面에는
> 이를 수습할 만한 大善知識의 출마가 필요하다 하고 朝鮮佛敎 禪宗
> 宗務院 宗正 宋滿空氏에게 출마를 여러 번 간청하엿던 바 同氏가 이
> 에 불응함에 불구하고 前記 3인의 후보자들은 모다 후보권을 포기하
> 고 선거일인 6일 오전 10시에 마곡사에 유권자가 會集하야 투표한 결
> 과 송만공씨가 절대 다수로 당선되얏다 한다. 대표 이성해씨는 上城하
> 야 송만공씨의 취임을 간청하엿으나 동씨는 끝끝내 불응함으로 일반
> 불교계에서는 한 注目거리가 된다고 한다.[22]

---

20) 「수덕사에 능인선원 건축, 송만공선사의 위업」『매일신보』, 1932.6.2.
21) 조계종총무원, 『일제시대 불교정책과 현황』상권, p.621, p.668 참조.
22) 「충남 마곡사 주지 선거」『매일신보』, 1935.5.10.

이렇게 선거 결과가 나오자, 마곡사 대중은 만공의 주지 취임을 강력히 원하였다. 그러나 만공은 그 결정을 즉시로 거절하였다. 그렇지만 만공은 1935년 10월 9일부터 1937년 12월까지는 마곡사라는 본사 주지 소임을 보았다.[23] 그 예증이 1937년 2월 26일 총독부에서 열린 전국 본사주지회의에[24] 참석한 마곡사 주지 만공이 총독에게 고성으로 一喝을 한 것이다. 당시 만공은 일제 총독에게 한국불교에 대한 간섭을 하지 말 것을 정정당당히 요청하여, 한국불교와 수좌의 자존심을 널리 알렸던 것이다.[25]

이렇듯이 만공은 주지 소임을 보았다. 이 점은 그 연유야 어찌 되었든 한암과는 적지 않은 차별성을 갖는다. 이런 성격은 만공이 1935년 조선불교 禪宗을 배태케 한 首座大會(1935.3.7~8)를 기획하고, 그 대회 준비위원으로 개회사를 하였으며, 그런 결과로 종정에 선출되었다는 저간의 사정에서[26] 더욱 분명하게 나온다.

지금껏 살핀 바와 같이 한암은 종단 활동을 소극적, 은둔적으로 하였던 반면에 만공은 적극적으로, 활달하게 하였다고 볼 수 있다.

---

23) 조계종총무원,『일제시대 불교정책과 현황』상권, p.183. ; 하권 p.204 참조.
24) 이 회의에 대한 배경 및 성격은 졸고,「조선불교 조계종의 성립과 역사적 의의」『새불교운동의 전개』, pp.74~76. 2002, 도피안사.
25) 『불교』신2집(1937.4), 신3집(1937. 5),「31본산주지 會同見聞記」참조. 한용운은 『불교』신9집(1938.1)의「朝鮮佛教에 對한 過去 一年의 回顧와 新年의 展望」이라는 글(6면)에서 만공이 총독부 내의 31본산 주지와 일제의 고급 관료들이 참석한 회의석상에서 大聲으로 一喝한 것을 1937년 교단의 기념비적인 사건으로 자리매김을 하였다. 즉 만해는 그를 禪機의 發露라고 하면서, 이는 禪機法鋒의 快漢이 아니면 할 수 없는 것으로 보면서 조선불교의 한 페이지가 여기에서 빛나는 것을 보았다고 했다.
26) 졸고,「조선불교 선종과 수좌대회」『한국 현대선의 지성사 탐구』, pp.165~167. 2010, 도피안사.

2. 교육관

　지금부터는 대승불교권에서 승려들이 기본적으로 거쳐야 할 것으로 인식되고 있는 교육에 대하여 살펴 보려고 한다. 교육에는 일반 승려들과 재가신도들을 포함하는 것이다. 한암과 만공이 깨달은 도인이면서 얼마나 교육에 헌신하였고, 어떤 가치관을 갖고 임하였는가를 흥미롭게 바라볼 수 있는 것이다.

　우선 한암의 경우 통도사 내원선원에서 6년, 건봉사 만일선원에서 1년, 봉은사에서 2년의 조실 소임을 마치고 오대산 상원사 선원으로 갔다. 상원사 선원에서는 입적하기까지 27년간을 조실로 수좌들을 지도하였다. 한암은 상원사의 재정이 극히 열악하였지만 그의 회상에서 수행하려고 찾아온 수좌들은 기꺼이 받아들였다. 그래서 상원사 선원은 칼잠을 자는 곳으로 이름을 떨쳤다. 그 당시 상원사 선원은 한암의 명성으로 인하여 유명한 선원이 되었던 것이다. 그런데 한암은 상원사 선원에서 조사어록을 갖고 참선의 여가에 수좌들에게 소참법문(강의)하는 것으로 유명하였다. 이를테면 경전을 배척하지 않는 수행이었다. 일부 수좌들은 이런 관행에 거부감을 갖는 경우도 있었지만 대부분의 수좌들은 그를 상원사 및 한암의 전통으로 받아 들였다고 보인다.

　이런 한암의 전통은 1936년에 설립된 강원도 삼본사연합승려수련소의 개설 및 운영에서 극단적으로 표출되었다. 이 수련소는 일제의 개입으로 촉발되었지만, 한암은 그를 자신의 정체성이 구현되는 것으로 운영하였다. 유점사, 건봉사, 월정사 관내의 중견 승려 15여 명을 수용하여 1년 간, 상원사에서 참선, 경전수학, 운력 등을 통한 승려교육을 정성껏 실천하였던 것이다. 수련소는 그의 탁월한 상좌인 김탄허의 조력이 작용하는 가운데 진행되었다.[27] 여기에서 그 현장의 사정을 들여다 보겠다. 먼저 수련소가 설립되기 이전에 상원사에서 수행을 하였던 조용명의 회고를 참고하자.

우리 스님 회상인 오대산 상원사 선원은 오직 선(禪)을 할 뿐, 다른 것이 없는 순수한 선(禪) 도량이었지만, 점심 공양후 차 마시는 시간은 또한 각별한 가풍이 있었다. 그 시간에는 조실스님의 법문을 듣는 시간이었다. 대중이 다 함께 큰방에 둘러앉아 그 텁텁한 마가목차를 마셔가면서 조실스님의 선문(禪門)강의를 듣는 것이다. 그때만 해도 수좌들이 한문에 능하지 못했다. 따라서 경전이나 어록을 자유로 볼 수 있는 사람이 그리 많지 않았다. 그런 중에 우리 스님은 점심 공양후, 차(茶) 시간이면 조사어록을 들고 나와 법문을 계속하였다. 나는 이 시간에 정말 많은 것을 배웠다. 오늘날 사집(四集)이라고 하는 어록들을 그 때 우리스님에게 모두 배웠으며 사교(四敎)과인 법화경, 금강경, 기신론 원각경 등은 그 뒤에 중대에서 스님 시봉하고 지내면서 배웠다. (중략)
우리 스님은 그렇게 차 마시는 시간에 조사어록을 강하시고 법을 설하셨지만, 참선하는 수좌들에게 경을 보라고 권하는 일은 없었다. 다만 두가지를 허락하셨는데 수좌라도 불공의식을 익혀서 마지 올리고 내리는 법은 알아야 한다고 하셨고, 또 하나는 참선은 비록 스스로 공부를 지어가는 것이지만 불조의 어록은 혼자 뜯어 볼 정도의 글 힘이 있어야 한다고 말씀하셨다. 그러기에 수좌들도 놀지 말고 틈틈이 글자를 보아도 좋다고 하셨다.[28]

---

27) 졸고, 「김탄허의 교육과 그 성격」『한국 현대불교사 연구』, pp.475~490. 2006, 불교시대사.
28) 『정본 한암일발록』, pp.142~144. 이 글은『불광』1980년 5~9월호에 기고된 「老死의 雲水시절, 우리스님 한암스님」의 내용이다.

이렇듯이 한암은 순수 선을 지향하지 않고, 조사어록과 경전의 수학을 겸비한 禪敎一致의 성격을 띤 수행을 정체성으로 내세웠다. 이런 성격은 삼본사 수련소에서도 지속되었음은 물론이다. 당시 수련소 중강을 하였던 탄허의 회고를 여기에서 보자.

> 수련원이 개설이 되던 날은 손 도지사와 당시 중추원 참의 몇 사람이 참석하였고 수련생은 약 30명이 되었다. 오늘의 古庵스님이나 西翁스님도 그 때의 일원이다. 수련소의 일과는 조석으로 참선을 하였고 낮에는 경을 배우고 외우는 것이었다. 그것 외에도 많은 경전을 배울 수 있었다.
> 나는 四集은 독학하였고, 그 밖의 경전은 스님으로부터 배웠는데 『傳燈錄』과 『禪門拈頌』까지 완전히 마치기까지는 만 7년이 걸렸다.
> 수련소의 정규 과정은 『금강경』과 『범망경』이었지만 나는 별도의 경을 배웠던 것이다. 그런데 화엄경을 볼 때에 이르러 문제가 일어났다. 그것은 『청량소』를 보느냐 이통현의 『화엄론』을 보느냐가 문제가 되었다.
> 그 무렵 나는 수련생들의 요청에 의하여 보조 선사의 「수심결」과 「원돈성불론」 등 普照선사 어록을 釋辭한 적이 있었다. 그때에 「원돈성불론」에서 화엄과 선의 차이가 분명한 것을 보았던 터라 다들 말하기를 통현장자의 『화엄론』이어야 한다고 주장하였던 것이다. 특히 그때 함께 지내던 炭翁스님이 더 역설하였다.[29]

수련소의 과정이 참선, 경전수학이라는 제도적인 틀로 운영되었던 것이다. 한암이 1937년 상원사에서 『금강경현토오가해』와 『보조법어』를 발간한 것은 경전을 통한 교육을 더욱 대변해 주는 것이다. 요컨대 한암은 상원사에서 자신의 수행, 교육의 정체성이 가미된 선원을 운영하면서 수좌, 중견승려들을 육성하였다. 여기에는 보조국사의 계승의

---

29) 탄허, 「화엄경의 세계」 『방산굴 법어』, pp.75~76.

식도 개재되어 있었다. 이런 그의 지향은 그 당시 승려들의 균형적이지 못한 실력을 바로 잡아주고, 기초가 부족한 승려들의 상식을 보충해 주고, 수행의 논리 및 근거를 세울 수 있는 목적도 찾을 수 있다.

이에 반해서 만공은 덕숭산 정혜사(능인선원)에서 수좌들을 지도하면서도 개방적, 진취적인 활동을 덕숭산 외부에서 전개하였다. 즉 만공은 유점사, 마하연, 중앙선원 등지에서 회주, 조실의 소임을 보면서 비구, 비구니 등을 구분하지 않고 참선수행을 지도하였다. 그런데 이는 1920~1935년대의 상황이고, 1935년 이후에는 주로 수덕사에 머물면서 후학들을 지도한 것으로 보인다. 이런 점에서 그는 한암보다는 공간이라는 측면에서는 외향적인 지도를 하였다. 그리고 그는 한암과 달리 오직 선 중심의 수행을 강조하고, 그렇게 수좌들을 지도하였다.

> 8만 4천의 법문이 부처님의 말씀이 아닌 바가 아니나, 모두 아의의 울음을 그치게 함에 지나지 아니하고, 오직 마음을 바로 가르쳐서 견성성불(見性成佛)케 하는 참선법(參禪法)이 있음을 따름이로다.
> 삼계(三界)에 모든 불보살(佛菩薩)이 모두 이 법으로써 고해의 중생을 제도하시나라 하며, 경절문(徑截門) 또는 골수법(骨髓法)이라 하나니, 선법(禪法)을 여의고는 만가지 법을 모두 닦을지라도 부처님과 조사의 언설하신 참된 뜻이 나타나지 아니할 것이며, 중생 제도할 길이 어찌 막히지 아니 하리오.[30]

즉 만공은 참선 일원주의, 선 유일주의, 간화선 지상주의 노선으로 대중을 지도하였던 것이다. 만공의 이런 입장은 『만공법어』의 「무자 화두는 법」, 「나를 찾는 법」, 「참선교육의 필요성」, 「산에 들어가 중이

---

30) 「발원문」 『만공법어』, p.216.

되는 법」 등등에서 산견된다. 그 중에서 몇 가지만 예시하면 다음과 같다.

> 세상에 나를 찾는 법을 가르쳐 주는 선생도 없고, 장소도 없고, 다만 불교 안에 있는 선방(禪房)에서만 나를 찾는 유일한 정로(正路)를 가르쳐주나니라.
> 세상의 학문은 당시 그 몸의 망상에서 일시의 이용으로 끝나고 말지만, 참선학(參禪學)은 세세생생에 구애됨이 없이 활용되는 학문이니라.
> 생사윤회에 소극적인 학교 교육도 필요를 느끼거든, 하물며 생사 윤회가 영단(永斷)하고 참된 인간을 완성시키는 참선(參禪) 교육은 참으로 필요하다. 전 인류에게 시급하게 알려야 할 가장 중요한 것이니라.

이렇게 만공은 참선 제일주의, 선방 우선주의 성격을 갖고 있었다. 아니 갖고 있었던 정도가 아니라, 참선을 최고의 유일무이한 방법으로 간주하였다. 그래서 그는 그의 입장, 소신을 참선곡, 법문곡 등을 지어서 일반 대중들에게도 전달하려고 하였다. 아래의 『만공어록』은 그가 속인을 차별하지 않았고, 비구니와 재가불자에게도 참선 교육을 시키려 하였던 심성이 있었음을 파악할 수 있다.

> 불법을 알면 속인(俗人)이라도 중이요, 중이라도 불법을 모르면 곧 속인이니라.[31]
> 다만 출가한 승려만이 하는 일이요 세속 사람에게는 해당되는 일이 아니라면 불법을 어찌 바른 정법이라 하겠습니까.[32]

즉 그는 이런 입장에서 선의 대중화, 참선의 생활화, 참선의 저변

---

31) 앞의 책, p.277.
32) 위의 책, p.277.

확대 등을 강조하였다.

한암과 만공은 전통 고수, 계승의 입장에서는 동일한 인식을 갖고 있었다. 그러나 그 세부적인 내용에서는 일정한 차별이 있었다. 한암은 선교일치적, 삼학(계정혜) 균수적인 노선을 갔다.[33] 여기에서 한암 회상에서 수행한 제자들의 발언을 들어보자.

> 한암스님에게 계정혜 삼학을 다 배워야 한다는 말을 들었나요.(질문)
> 스님은 우리에게 꼭! 그것만은 일러 주셨어요. 한암스님은 내가 듣기도 하고 상원사에서 1년간 있어 보았기에 조금 알지요. 다른 강사로서 교(敎)만 하는 분도 이야기 안 하는데 스님은 특이해요. 이분은 말씀이 전부 생활화 된 것을 알려 주는 것이에요.[34]

> 한암스님의 사상계승과 추모가 너무 늦었지요?(질문)
> 제가 보기에 스님은 철저한 수행자이고, 율사이고, 그리고 모르는 것이 없고, 안 하시는 것이 없을 정도인데, 지계에 대해서 말하라 하면 청산유수처럼 설법을 하시는 분입니다.[35]

이렇게 한암은 계정혜 삼학의 균수, 율사적인 이미지가 상당하였다. 그렇지만 만공은 선 우월주의, 선 지상주의 입장만을 강조하였다. 자연 만공에게 있어서 경전과 계율에[36] 대한 강조는[37] 희박해졌던

---

33) 한암의 율사적인 성격은 후학들에 의하여 강조된 바가 많다.
34) 김광식,『그리운 스승 한암스님』, p.273. 2006, 민족사.
35) 위의 책, p.384.
36) 그런데 만공의 계율에 대한 파격성은 구전으로 많이 전해 왔다. 그러나 현전하는 그의 어록에는 계율을 소홀히 하였다는 오해나 비판을 받을 내용은 없다. 물론 그의 어록은 그의 문도들의 검열, 편집과정을 거친 산물임은 분명하다. 다만 만공의 계율관을 이해함에 있어 그는 대처승이 아니었고, 막행막식을 수시로 강력하게 하지 않은 것을 인정해야 한다. 단 대승불교권에서 선수행자들의 계율관, 파격적인 언행, 규범으로부터의 일탈, 대승불교의 초월성 등에 대한 폭넓은 검토가 요청된다는 것만을 지적한다.
   이 점과 관련하여 그가 1937년 2월 26일, 본산주지회의 당시 조선총독 앞에

것이다. 이렇듯, 교육에 있어서도 한암과 만공의 차별성은 나타난다.

서 행한 발언은 큰 시사를 준다. 그 발언을 전체를 옮겨 보면 다음과 같다. "日韓併合 이전에 있어서는 우리 조선 사원 내에서 淫行을 범하는 者가 생기거나 혹은 飮酒를 하는 者가 있을 경우에 그 같은 破戒者에게는 꼭 뒤에다 대고 喇叭을 불어 笑 하거나 북을 울리어서 山門밖으로 出送시켜 버리는 것이 그들 破戒者에 대한 懲習을 하여온 關係로서 우리 조선 사원과 승려들은 규모 있는 敎壇生活을 계승하여 佛祖의 慧命을 이와 왔더니 합병 이래로부터는 寺刹令 등의 法令이 頒布되고 또한 31본말사의 寺法이 인가된 후로 소위 住持들 專壇이 감행되자 僧風이 紊亂이 되었으니 곧 娶妻하는 승려며 飮酒食肉을 공공연히 하는 것을 公認하게 되어 於時乎 조선승려들 전부가 破戒僧이되고 말았습니다. 천황폐하께서 欽定하신 법령이 일반 국민에 있어 遵守할 것이옵거니와 우리 佛弟子의게는 무엇보다도 부처님의 法令인 戒律이 至嚴하니 이 律法에 依準하여 삼천년이라는 長久한 동안에 敎法을 계승하여 왔는데 일본 內地佛敎徒의 公公然하게 破戒하는 영향을 받아 조선불교 僧侶들은 전부가 破戒僧이 되어 버렸으니 나는 이 責任이 전부 當局에서 이 같은 불철저한 法令으로서 朝鮮佛敎를 干涉한데서 因由한 바라고 생각합니다. 經에말씀하시기를 一 比丘로 하여금 破戒케 한 罪惡은 三阿僧祇劫동안 阿鼻地獄을 간다 하였으니 이 같은 七千 승려로 하여금 一時에 破戒케 한 功 이외에局에 當한 者에게 무슨 그리 대단한 業績이 있습니까.
다른 분들은 조선불교의 現今의 狀態와 같은 發展을 보게 된 것이 모두 寺內總督 이래로 역대의 당국자의 善導하신 功勞라고 藉藉히 말씀하오나 當局에서 이왕 監督을 잘하신다면 어찌 僧侶들의 行爲와 같은 것은 감독을 못하였던가요. 그러니 저 같은 作罪한 여러분들을 저 苦趣에서 벗겨나오는 데에는우리 三十一 本山 住持 以下 一般 僧侶들이 持戒를 嚴히 하여 修行하는 수밖에 없으며 이와 같이 것이 朝鮮佛敎의 大振興策이라고 信합니다. 그러고로最後로 드릴 말씀은 當局에서 朝鮮佛敎를 直接 干涉하시와 日本 內地 各 宗敎 이상으로 向上 發展케 하실 자신이 계시거든 잘 감독하시와 주실 것이 可할 것이요. 그렇지 못하시고 徹底히 못하실 때에는 우리들에게 一任하여 주시오. 우리들에게 全任하시와 주신다면 우리가 合併 以前에 當하여 오든 壓制와 더한 奴隸가 될지라도 우리들이 自制하여 갈 것이 올시다, 만약 우리들이自制自立하는데 대하여 반드시 期待하신 바 있으리고 생각합니다." 이상의 만공 발언은 「31본산주지회동견문기」 『불교』 신3집(1937.5), pp.27~28에 수록된 것을 전재한 것이다.
37) 김종명은 「만공 사상의 특징과 역할」 『덕숭선학』 3, p.35 (2001)에서 만공은상근기의 경우 원리적으로는 선악 구분도 인정하지 않았다고 보았다. 그래서이 점을 갖고 한용운, 백용성과는 차별적인 계율관으로 주장했다. 김종명은 원효와 만해는 진보적 개혁승, 만공은 중도적 개혁승, 백용성은 보수적 개혁승으로 이해하였다.

3. 개혁관

근대불교는 개혁이라는 패러다임이 풍미하였다고 할 정도로 불교에는 개혁의 바람이 상당하였다. 이는 조선시대의 불교가 정치, 사회, 문화적으로 낙후되었던 정황에서 갑자기 근대 문명, 서구 개신교 전래 및 급성장, 일본불교의 유입 및 자극 등 다양한 요인에서 나온 것이다.

그러면 이런 현실, 변화에 즈음한 한암과 만공은 어떠한 입장을 취하였을까? 요컨대 불교 개혁관은 어떠하였는가이다. 한암은 불교 개혁에 대한 입장을 갖고 있지 않았다. 그는 기본적으로 전통계승, 복고의 노선을 가고 있었던 점, 나아가서는 불교의 세속 활동에 대한 관심도 적었던 것에서 나온 것이다. 그러나 이에 반해서 만공은 불교개혁에 대한 상당한 관심, 노력을 기울였다. 그는 개혁의 일선에서 수좌들을 추동하고, 그 일선에 있었다.

이런 전제에서 우선 한암의 가풍을 살펴 보자. 이에 대해서는 1920년대 후반 경 상원사에서 한암을 시봉하였던 조용명의 회고가 참고된다.

> 스님은 고풍은 모두 존중하셨다. 행건치는 것만 하드라도 그렇다. 아침에 일어나 행건을 치면 잘 때만 풀으셨다. 혹 누가 행건을 매면 각기병(관절병)이 생기니 푸는 것이 좋다고 하면 "이것도 선왕지법(先王之法)이다" 하였다. 옛 고풍을 좀체 버리지 않는 것이다. 또 예불도 조석으로 각단 예불을 했다. 수좌들은 모두가 큰 방에서 죽비로 3배 할 뿐이었지만……[38]

---

38) 『정본 한암일발록』, p.140.

조용명은 한암의 가풍을 고풍, 선왕지법으로 표현하였다. 즉 한암
은 전통주의자이었던 것이다. 또한 그는 기본적으로 국가, 사회 등에
대하여 크게 의식하지 않았다. 그는 오직 수행, 참선, 납자 제접을 통
하여 자신의 길을 갈 뿐이었다. 그의 상좌 용명은 다음과 같이 언급
하였다.

> 혹 젊은 수좌들을 만나서 출가인의 이상적 공부 표준 같은 것은 설명
> 할 때도 있었는데 우리 스님은 특별히 그런 것을 내세우는 것을 보지
> 못했다. 오직 담담히, 묵묵히 앉아 화두에만 잠겨 있는 듯 싶었다. 종단
> 일도 나라도 사회도 일체 언급이 없었다.[39]

여기에서 종단, 나라, 사회에 대해서는 일체 언급이 없었다는 것이
그를 상징한다. 그리고 일제 말기 조계종 총무원의 소임자인 장도환
이 상원사를 찾은 소감문에는 다음과 같이 전한다.

> 是故로 세여출세(世與出世)가 불식불회(不識不會)입니다. 종무를 내
> 가 알 수 있겠오, 세여출세간(世與出世間)이 도불식(都不識)입니다.
> 오직 제사(諸師)의 신촉(信囑)에 수결(手決)이나 찍겠습니다라고 하
> 셨다.[40]

이렇게 그는 스스로 세간과 출세간에 대한 관심이 적다고 피력했
고, 그를 겸양 혹은 정체성으로 내세웠다. 이런 한암에게는 불교개혁
이라는 개념은 애당초 성립될 수 없는 것이었다. 한암은 참선 수도 자

---

39) 앞의 책, p.146.
40) 위의 책, p.111.『불교』신 38집(1942. 7)과 41집(1942.10)에 연재된 錦城의
「상원사행」이다. 이 어록은『불교』41집(1942.10)의 p.25의 「宗正老師의 拜
見」에 나온다.

체가 국가와 사회에 복이 되는 터전을 삼는다는 인식에[41] 머물러 있었다.

이에 반해 만공은 불교개혁에 대한 적극적인 입장을 갖고 있었고, 그를 실행하였다. 그는 우선 승려, 수행자, 수좌들에 대한 강한 애정을 갖고 있었던 것에서 나왔다. 그러나 당시 현실에 나타난 승려들의 수행 상황과 불교계의 세태를 만공은 만족스럽게 여기지 않았다. 만공은 「승니란 무엇인가?」라는 글에서[42] 승려에 대한 바람, 원망을 피력하였다.

중이라 함은 일체 명상법(名相法)이 생기기 이전의 사람을 가리켜 중이라 하니, 만유(萬有)의 주인이요, 천상인간(天上人間)의 스승이 바로 중인 것이다.

수행인인 중은 부모 처자와 일체 소유(一切所有)를 다 버림은 물론 자신까지도 버려야 하나리라.

수도생활(修道生活)을 하는 것은 성품이 백련(白蓮)같이 되어 세속(世俗)에 물들지 않는 사람이 되려는 것이다.

예전에는 항간(巷間)의 부녀자 중에도 불법을 아는 이가 있어 종종 중을 저울질 하는 일이 있었건만, 지금은 민중(民衆)을 교화(敎化)할 책임이 있는 중이 도리어 불법을 모르니, 어찌 암흑 시대라 하지 않을 것이며, 시대가 이토록 캄캄한데 민중이 어찌 도탄(塗炭)에 빠지지 않을 것인가.

이와 같은 만공의 발언은 당시 승려, 불교 현실 등등에 대한 불만

---

41) 「건봉사 만일암 선회(禪會) 선중방함록 서」 앞의 책, p.405.
42) 『만공법어』, pp.281~283.

이 상당함을 느낄 수 있는 대목이다. 그래서 만공은 그런 현실을 개탄하였다. 1927년과 1930년에 만공이 지은 글인 「선림계 서」, 「발원문」은 만공의 심정을 단적으로 전한다.

> 만일 옛 성인을 모범하지 아니하고는 자기를 구제(救濟)함도 다하지 못하리니, 어찌 중생을 제도(濟度)하겠는가?
> 슬프다! 대법(大法)이 침륜(沈淪)하매 마구니와 외도가 치연하여 실과 같이 위태한 부처님의 혜명(慧命)을 보존하기 어려움은 실로 오늘의 현상이다.
> 이에 백가지 폐단이 일어나 제산(諸山)의 학자가 안으로는 발심(發心)의 기틀을 잃고, 밖으로는 메마름을 치료할 바탕이 없으므로, 이에 느낀 바 있어 작으나마 조도(助道)의 자량(資糧)을 근역 선림(禪林)에 향을 사르고 바치노니, 근역 선림의 오늘날을 충분히 판단하고 뜻이 있는 여러분들이여![43]

> 다행히 우리나라는 불교의 정법(正法)인 참선법이 유포되어 수가 없는 조사(祖師)가 출현하셨을 뿐만 아니라, 삼삼(三三) 조사의 정맥(正脈)을 직전(直傳)하였으며, 108 역대 조사의 계통을 이어 받아 순전히 선종법계(禪宗法系)를 장엄하매, 근역(槿域) 문화의 근원이 되었도다. 그러나 거의 수백년 이래로 국정의 압박과 기타 여러 가지 폐해로 말미암아 대법(大法)의 광명이 흑운(黑雲)에 가리매, 암흑한 구렁에 헤매는 중생의 앞 길을 인도할 수 없을 뿐만 아니라, 사라수하(沙羅樹下)의 유촉(遺囑)을 거의 저버리게 되었도다.
> 슬프다! 백폐가 다투어 일어나매 내부에 부패가 극도에 이르고, 외계에 풍우가 또한 시급함이로다.
> 슬프다! 각황(覺皇)의 혜명이 이로 좇아 보전하기 어렵도다.
> 제산 납자(諸山衲子)여! 분(憤)을 발하라, 대원(大願)을 세워라![44]

---

43) 앞의 책, p.209.
44) 위의 책, pp.216~217.

위의 문장에서 찾아볼 수 있듯이 만공은 불법의 혜명이 전승되지 못함을, 참선법이 소진됨을 안타까워 하였다. 그래서 그는 제방의 납자들에게 그 개선에 나서자고 호소하였다. 이런 현실인식 하에서 필자는 만공이 1921년의 선학원 창건, 1922년 선우공제회의 발기, 선우공제회 수도부 이사로 활동 등 일련의 움직임의 선두에 나선 배경을 이해할 수 있다. 즉 만공은 자신이 고민하고, 제안한 그런 일에 나섰던 것이다.

만공의 그런 솔선은 재건된 선학원을 군건하게 세우기 위한 모임을 주선, 주도한 것에서도[45] 찾을 수 있다. 만공은 1933년 3월, 선학원에서 수좌대회를 개최하여 선학원을 재단법인으로 만들기 위한 준비를 본격화 하였다.[46] 바로 이 모임에서의 노력이 결실을 보아 선학원의 기반 강화가 추진되었다. 1934년 12월 5일 선학원은 재단법인 조선불교 선리참구원으로 전환케 되었다. 이런 움직임을 주도하면서 만공은 그 자신부터 적지 않은 재정적인 후원을 하였다.

마침내 만공이 노력은 성과를 맺었으니, 그는 1935년 3월 7~8일 선학원에서 열린 수좌대회가의 개최이었다. 70여 명의 수좌대표가 참여한 그 대회에서 대회 준비위원을 대표하여 만공은 개회사를 하였다. 그는 파탄된 불교 현실로 인하여 嫡子가 孽子로 바뀌면서, 정법이 질식되는 차제에 선종 수좌대회를 개최함은 의미가 깊다고 우선 소감을 개진하였다. 그리고 신라, 고려시대와 같이 동양 문화의 중심이었던 조선불교가 위미부진한 상태로 전락된 근본 원인은 불법의 진수인 禪

---

45) 졸고, 「선학원의 설립과 전개」『한국 현대선의 지성사 탐구』, pp.127~130. 2010, 도피안사.
46) 김경봉, 『삼소굴 일지』, p.297. 1992, 극락선원.

法이 극히 침체됨에서 기인한다는 소신을 피력하였다. 그래서 만공은 불교의 부흥을 기하려면 형해만 남은 선종을 흥성케 해야 한다고 그 대안을 제시하면서 수좌들에게 허심탄회하게 의견을 제시해 달라는 부탁을 하였다.[47] 그리하여 만공은 수좌대회를 성사리에 마무리 하고, 그 대회에서 자신은 종정으로 추대되었다. 그래서 그는 자신이 맡고 있었던 선리참구원 이사장을 선종 종무원장인 오성월에게[48] 넘겨 주었다.

이렇듯이 승려들의 발심, 선법의 중흥을 통한 불교의 개신을 강력하게 추진하였던 만공의 고뇌는 1941년 3월, 선학원에서 개최된 遺教法會의[49] 주도로 나타났다.[50] 일제 말기, 불교의 계율수호 정신과 참회정신의 진작을 기하기 위해 열린 그 법회에서 만공은 법문을 하였다. 만공은 1941년 3월 10일의 법문에서 불법의 실행을 강조하면서

> 이와 같이 자기의 마음을 깨닫지 못하고 부처의 혜명을 잇지 못한 자라면, 머리를 깎는 삭발은 그만두고 눈썹까지 깎는 자라 할지라도 불자가 될 수 없는 것입니다.
> 부처의 혜명을 계승하지 못한 자라면 천상천하(天上天下)에 용납할 수 없는 큰 죄인이 될 것이니, 마땅히 불자라면 항상 부처님의 혜명을 이을 생각을 가져야 할 것입니다.[51]

---

47) 졸고, 「조선불교 선종과 수좌대회」『한국 현대선의 지성사 탐구』, p.167. 2010, 도피안사.
48) 졸고, 「오성월의 삶에 투영된 선과 민족의식」『대각사상』 14, 2010.
49) 졸고, 「유교법회의 전개과정과 그 성격」『한국 현대선의 지성사 탐구』, 2010, 도피안사.
50) 그러나 한암은 유교법회에 참가해 달라는 초청을 받았지만 그에 응하지 않았다. 이에 대한 증언은 당시 그 지근거리에 있었던 범룡의 증언이 참고된다. 김광식, 『그리운 스승 한암스님』, pp.40~41. 2006, 민족사.
51) 『만공법어』, p.75.

부처의 혜명을 잇는 것이 승려, 불자들의 도리라는 자신의 소신을 피력하였다. 만공의 이러한 소신은 그를 따르던 하동산, 이청담, 이효봉 등이 선학과 계율의 종지를 선양하는 梵行團을 조직하여, 유교법회의 정신을 실천하는 것으로 구현되었다.

> 그 제자들인 하동산 이효봉 이청담 스님 등이 梵行團을 조직하라고 발기하게 되었는데 스님도 크게 贊同하여 運營해 나갈 具體案까지 세우게 되었다. (중략)
> 大自由人이 되어 獨立的으로 生活을 하는 것이 인생의 最高目的이오 宗敎의 究竟處인 바에 누구나 다 같이 이르게 되어야 하는 까닭에 滿空스님도 佛敎淨化를 본위로 하는 범행단을 만들어 널리 사람을 기르려시던 것이었다. 그러니 전국적 호응을 얻기 전에 그럭저럭 때는 그 이듬해로 흘려졌던 것이다.[52]

이렇게 만공은 불법재흥, 선법부흥을 통한 불조혜명의 계승과 불교정화를 강력하게 추진하였다.[53] 비록 범행단이 본격적인 활동을 하지 못하고 1942년 무렵에 해산되었지만[54] 이는 행동하는 지성 그 자체이었다.

지금까지 한암과 만공의 개혁관을 살펴 보았다. 그를 요약하면 한암은 불교개혁에 대한 입장, 소신은 부재하였지만, 그에 반해 만공은 철저한 참선, 불교개혁에 대한 소신, 입론을 갖고 있었다. 그래서 만

---

52) 김일엽, 「滿空禪師와 佛敎淨化」『동아일보』, 1955.8.2.
53) 박해당은 만공의 이런 노선을 "바른 불교전통을 지키려는 불교수행자로서의 활동이면서 동시에 일제에 의해 침탈당하고 있는 한국불교 전통을 지키려는 식민지 불교인의 활동"으로 주장했다. 즉 민족적 가치와 보편적인 가치를 동시에 추구한 것으로 보았다. 박해당, 「만공의 삶과 그 의미」『만해축전 자료집』, p.190. 2007.
54) 이에 대한 정보는 위의 졸고, 「유교법회의 전개과정과 그 성격」269~270면에 그 내용 및 근거가 나온다.

공은 그의 소신을 선학원, 선리참구원, 조선불교 선종, 유교법회, 범행단 등을 통하여 실행에 옮겼다. 이는 불교정화운동의 근원으로 볼 수 있는 대목이다. 그러나 한암은 오대산에서 수행, 납자 제접, 수도생 교육 등을 통하여 자신이 생각하고 있는 불교를 오직 은둔적 자세로 실천에 옮길 뿐이었다.

Ⅳ. 한암 및 만공 가르침의 특성

여기에서는 지금까지 살펴 본 한암과 만공의 불교관, 실천, 특성, 개별성 등을 총괄하여 정리해 보고자 한다. 이를 한암과 만공의 불교관 혹은 가르침의 특성으로 볼 수 있다. 이는 어찌보면 지나친 단견으로 빠질 가능성이 없지 않다. 그러나 관점 및 다양성의 확대로 연구의 지평을 넓힐 수 있다는 판단에 의거 필자의 입장을 개진하려고 한다.

한암과 만공의 가르침은 이들의 불교관, 사상, 행적에서의 실천성 등이 종합된 것이었다. 필자는 이를 단순화 하여 제시하려고 한다. 우선 한암은 그의 상좌, 후학 그리고 상원사의 그의 회상에서 수행하였던 다수의 승려들이 공통적으로 말하는 이른바 「승가오칙」으로 볼 수 있다. 그리고 만공의 경우에는 『만공법어』 후반부에 나오는 「최후설」을 만공 가르침의 핵심으로 보고자 한다.

한암의 「僧伽五則」은 다음과 같은 다섯 가지 내용을 승가 구성원들이 지키고 배워야 할 즉 기본 준칙, 가르침으로 정의하였다.

1. 참선(參禪)

2. 염불(念佛)

3. 간경(看經)

4. 의식(儀式)

5. 수호가람(守護伽藍)

그런데 최근 재발간된 『정본 일발록』에서는 그 성격을 문도 차원에서 나온 것이지만 다음과 같이 정의를 내렸다. 이 같은 내용은 보다 보편성, 객관성을 갖고 재정비 되어야 하지만 여기에서는 자료 소개 차원에서 일단은 제시한다.

> 출가사문(出家沙門)은 모름지기 밖으로 흩어지는 의식(意識)을 반조(返照)하여 내외의 경계를 몰록 뛰어넘어야 하고, 여기서 다시 보살의 대원력을 발하여 광도중생(廣度衆生)의 원행(願行)을 닦는 것을 본분사(本分事)로 삼아야 한다.
> 이 승가오칙(僧伽五則)은 교시적(敎示的) 성격을 띤 법어로서 이미 건봉사 만일암에서 선원규례(禪院規例)를 제정(制定)하여 선원의 규범을 세워주신 바 있는 선사(禪師)께서 출가사문의 본분사를 5대 강목(綱目)으로 수립(樹立)해 주신 것이다. 이는 율의(律儀)를 초월한 백장청규(百丈淸規)를 넘어 세존(世尊)께서 친설(親說)하신 총설(總說)에 귀납(歸納)되는 칙령(勅令)이라 하겠다.[55]

이렇게 후학, 문도회에서는 승가오칙을 출가사문의 본분사를 강목으로 수립한 것으로, 부처의 총설에 귀납되는 칙령이라고 자리매김을 하였다. 그러나 이는 보다 폭넓은 시야, 비평, 보편성을 갖고 재논의,

---

55) 『정본 한암일발록』, p.127.

재표현되어야 할 것이다.[56] 그러면 여기에서 한암의 목소리를 들어보자. 그는 자신이 수없이 강조하였던 위의 내용에 대하여 어떤 입장을 갖고 있었는가.

> 各其 自己 立場에서 自己職責을 勇進無退하는 것이 眞正한 決心입니다. 參禪者는 疑端獨露 惺寂等持, 念佛者는 心口相應 一心不亂, 看經者는 照了本性 超脫文字, 守護伽藍者는 善知因果 深達事理 供養禮敬, 祈願持呪者는 至心懺悔 消磨業障 乃至 爲人少使인 任務라도 盡其誠心하야 不爲失敗케 함이 賜天의 任을 다 - 하고 佛陀의 命囑을 全悉하는 것입니다.[57]

이렇듯이 한암은 참선, 염불, 간경, 수호가람을 하는 것이 부처의 유촉을 실천하는 것이라고 확신하였다. 그래서 문도들은 이를 한암사상의 핵심 요체로 보고 있는 것이다. 그러면 여기에서 만공의 가르침 요체로 보이는 「최후설」을 살펴보겠다.

> 내가 이 산중에 와서 납자(衲子)를 가르치고 있는지 사십(四十)여 년인데, 그 간에 선지식(善知識)을 찾아 왔다 하고 나를 찾는 이가 적지 않았지만, 찾아 와서는 다만 내가 사는 집인 이 육체의 모양만 보고 갔을 뿐이요, 정말 나의 진면목(眞面目)은 보지 못하였으니, 나를 못 보았다는 것이 문제가 아니라, 나를 못 보는 것이 곧 자기를 못 본 것이다.
> 자기를 못 보므로 자기의 부모·형제·처자와 일체(一切) 사람을 다 보지 못하고 헛되게 돌아다니는 정신병자들일 뿐이니, 이 세계를 어찌 암흑 세계라 아니할 것이냐?

---

56) 신규탁은 『한암사상』 3집(2009)에서 「한암선사의 승가5칙과 조계종의 신행」 이라는 고찰로 이 문제를 분석하였다.
57) 『정본 한암일발록』, pp.108~109. ; 『불교』 신56집(1944.1) pp.3~4의 「吾人修行이 傳在於決心成辨」에 나온다.

도(道)는 둘이 아니지만 도를 가르치는 방법은 각각 다르니, 내 법문(法門)을 들은 나의 문인(門人)들은 도절(道節)을 지켜 내가 가르치던 모든 방식까지 잊지 말고 지켜 갈지니, 도절을 지켜 가는 것이 법은(法恩)을 갚는 것도 되고, 정신적·시간적으로 공부의 손실이 없게 되나니라.

도량(道場)·도사(導師)·도반(道伴)의 三대 요건이 갖추어진 곳을 떠나지 말 것이니, 석가불(釋迦佛) 三천운(三千運)에 덕숭산(德崇山)에서 삼성(三聖)·칠현(七賢)이 나고, 그 외에 무수도인(無數道人)이 출현할 것이니라.

나는 육체에 의존하지 아니한 영원한 존재임을 알라. 내 법문이 들리지 않을 때에도 사라지지 않은 내 면목(面目)을 볼 수 있어야 하나니라.[58]

만공은 이렇듯이 자신이 하고 싶은, 마음에 담아 있던 절절한 고백을 하였다. 이 어록에서 만공이 가장 강조한 것은 다음과 같은 요체이다.

1. 도량(道場)
2. 도사(道師)
3. 도반(道伴)

그런데 위의 세 가지 항목은 만공이 평소에 강조한 참선, 선법, 간화선(화두선) 실천에서의 관건이었다. 이런 내용들이 「나를 찾는 법-참선법」, 「대중처에서 할 행리법」에서 나온 것을 항목 별로 제시하면 다음과 같다.

---

58) 『만공법어』, pp.293~295.

▶ 도량
- 선방만 선방이 아니라 참선하는 사람은 각각 자기 육체가 곧 선방이라, 선방에 상주(常主)하는 것이 행주좌와(行住坐臥) 어묵동정(語黙動靜)에 간단(間斷) 없이 정진할 수 있나니라.
- 중은 반드시 대중(大衆)에 처(處)해야 하며, 대중을 중히 생각하여야 하나니라.
- 대중에 처하여 각자가 자기의 임무만을 잘 충실히 지켜 가면 대중 질서에 조금도 어지러운 일이 없나니라.

▶ 도사, 선지식
- 참선은 절대로 혼자 하지 못하는 것이니, 반드시 선지식(善知識)을 여의지 말아야 하나니, 선지식은 인생 문제를 비롯하여 일체 문제에 걸림이 없이 바르게 가르쳐 주나니라.
- 선지식을 만나 법문 한마디를 얻어 듣기란 천만겁에 만나기 어려운 일이니, 법문 한 마디를 옳게 알아 듣는다면 참선한 것이 없이 곧 나를 깨달을 수 있나니라.
- 선지식을 믿는 그 정도에 따라 자신의 공부가 성취되나니라.
- 공부하는 사람이 제일 주의해야 할 것은 먼저 나를 가르쳐 줄 선지식을 택하여야 하고, 나를 완성한 후에는 남을 지도할 생각을 해야 하느니라.

▶ 선지식, 도량, 도반
- 짚신 한 켤레를 삼는데도 선생이 있고, 이름 있는 버섯 한 송이도 나는 땅이 있는데, 일체 만물을 총섭(總攝)하는 도를 알려는 사람이 도인의 가르침 없이 어찌 도인이 될 수 있으며, 천하 정기(天下精氣)를 다 모아 차지한 도인이 아는 땅이 어찌 특별히 있지 않을 것인가. 그리고 도반(道伴)의 감화력은 선생의 가르침보다도 강한 것이니라.
- 나를 완성시키는 데는 三대 조건이 구비되어야 하는데, 그것은 도량(道場)·도사(道師)·도반(道伴)이니라.

이렇게 만공은 자신의 최후설에서 강조한 3대 조건(도량, 선지식, 도반)을 참선함에서도 명심할 준칙으로 제시하였다. 이와 같은 한암과 만공의 가르침을 비교하면 다음과 같다.

<table>
<tr><td colspan="2" align="center">한 암</td><td colspan="2" align="center">만 공</td></tr>
<tr><td>1. 참선(參禪)</td><td></td><td>1. 도량(道場)</td></tr>
<tr><td>2. 염불(念佛)</td><td></td><td>2. 도사(道師)</td></tr>
<tr><td>3. 간경(看經)</td><td></td><td>3. 도반(道伴)</td></tr>
<tr><td>4. 의식(儀式)</td><td></td><td></td></tr>
<tr><td>5. 수호가람(守護伽藍)</td><td></td><td></td></tr>
</table>

이와 같은 단순 비교를 통하여 보면 한암은 선에 최우선적인 수행의 가치를 두면서도 그는 선에 매몰되지 않은 균형적인 수행, 삼학(계정혜) 균수를 수용하고 있었다. 그리고 그의 염불은 자성미타를 강조하는 성격으로 인하여 선으로 이끄는 염불삼매를 강조하였다.[59] 간경은 『금강경』, 『화엄경』, 『보조법어』를 비롯한 다양한 선어록, 경전을 평상시에 읽고, 가르쳤음에서 익히 이해할 수 있는 대목이다. 의식에 대해서는 그는 어떤 승려라도 불공의식을 할 수 있어야 한다는 소신으로 상원사에서는 수좌들에게도 염불과 의식을 가르쳤다. 그래서 한암은 염불을 전문으로 하는 승려를[60] 초빙하여 상원사 대중들에

---

59) 김호성, 「'바가바드기타'와 관련해서 본 한암의 念佛參禪無二論」 『한암사상연구』 1집, 2006.
60) 그는 박대하(대응)이었는데, 봉은사에서 주석하다 한암의 초청을 받아 상원사로 왔다. 그는 한암의 입적 이후에도 월정사에 머물면서 한암, 탄허, 희찬 문도들에게 염불과 의식을 가르쳤다.

게 그를 가르치기도 했다. 그는 종교성의 기본 의례는 승려는 누구나 할 줄을 알아야 한다고 가르치면서, 자신은 대예참문을 정리하여 소예참문을 직접 만들기도 하였다. 다음 수호가람은 참선, 간경, 염불, 의식을 다 잘하면 좋고, 아니면 그중에서 자신에게 맞는 것을 골라 수행해야 한다고 하면서도, 부득이 이를 수행할 수 없거나 소임을 맡게 되면 가람수호, 수행자의 외호 등을 철저하게 해야 한다는 내용이었다. 이는 가람 자체가 選佛道場이면서 사방승가의 안주처이고, 가람이라는 근본이 무너질 경우에는 승단과 수행 자체가 없어진다는 현실적인 판단에서 나온 것이라 하겠다. 그래서 한암 회상에서는 이같은 승가오칙을 모르거나, 듣지 않거나, 이행하지 않은 경우는 찾기 어렵다.[61] 이런 측면에서 한암의 승가오칙은 오대산 불교문화로 토착화, 전승되었던 것이다. 한암의 이런 가르침은 그의 사상이 전통주의 성격에서 나온 것이지만, 그 당시 승가의 정체성이 혼미해지는 현실에 대한 그 자신의 응답이란 성격을 갖는 것이다.[62]

이에 반해 만공의 3대 요건은 그가 평소에 강조한 참선을 통한 불교부흥을 이루기 위한, 선법재흥을 통한 불교정화를 기하기 위해서 내세운 가장 중요한 내용이다. 만공은 이 중에서 선지식의 중요성을 가장 강조하였는데, 이는 간화선의 성격상 그는 당연한 이해이다. 요컨대 만공은 자신의 정체성인 선법, 참선을 통한 가르침을 그의 사상, 법, 가르침으로 내세웠던 것이다.

그래서 필자는 한암과 만공의 가르침의 성격을 다음과 같이 정리

---

61) 김광식, 『그리운 스승 한암스님』의 인터뷰 대상자이었던 스님들은 그런 측면을 누구나 다 인정하였다.
62) 신규탁, 「한암선사의 승가오칙과 조계종의 신행」『한암사상』 3집, 2009.

하려고 한다. 즉 한암은 전통주의, 대중승려를 고려한, 전 승가의 수행풍토의 진작을 기하려는 현실 직시적인 성격이었다면 만공은 참선 유일주의, 개신적인 선풍 진작, 엘리트주의, 선법을 통한 불교정화를 지향한 성격을 갖고 있었다고 본다. 다시 말하면 한암은 전통 계승적인[63] 고풍 재현과 전 승려들의 승가상 재정립의 성격이 이미지화 하였다면, 만공은 정신혁명적인 선 유일주의로의 개혁, 선 순결주의에 의한 불교정화를 추구한 것으로 이해하였다.

V. 결어

지금까지 근대 고승인 한암과 만공을 더욱 깊이 이해하기 위하여 한암과 만공의 행적에 나타난 불교관을 중심으로 비교, 분석하여 보

---

63) 필자는 한암의 승가5칙이 한암의 완전히 독창적인 것인가에 의문을 가져왔다. 그러나 필자는 그를 한암의 전통계승으로 보려고 한다. 최근 필자는 상원사의 한암회상에서 7년간 수행한 배도원(파계사) 스님을 인터뷰하였다. 배도원은 당시 한암이 자신에게 승려가 행하여야 할 다섯가지를 꼽으면서 승려가 해야 할 열가지가 있지만 이 다섯가지에 참여하지 않으면 승려가 아니라는 말을 들었다.
그러던 중 필자는 『불교』 69호(1930.3), 2면의 修道山人의 글, 「지방사원을 중심으로 한 포교 진흥책」에서 승려가 행하여야 할 대상을 지목하는 '十科'를 찾게 되었다. 이 기고자는 '십과'를 불교를 깊이 믿고, 잘 학습하고, 연구하여, 중생을 위해 전도하고 포교하는 일이라고 하였다. 그 대상은 譯經(번역에 종사, 대중에게 불경 이해), 義解(경전 학습), 習禪(선정을 닦는 것), 明律(계율 진작), 護法(사원 수호), 感通(불도를 體達, 世人을 감화), 遺身(穢濁의 身으로써 金剛法身으로 回向케 하는 일), 讀誦(불경 독송연습), 興復(타인을 위해 복을 닦고, 죄를 멸하는 일), 雜科(각 분야를 統攝하여 佛乘을 光輝케 하는 일) 등이다.
필자는 위의 십과에서 한암의 승가5칙이 나왔다고 추론한다. 그러나 추후 그에 대한 단서, 근거를 더욱 찾으려고 한다. 한암의 전통 계승에 대한 천착은 추후 더욱 진행하고자 한다.

았다. 이제 맺는말은 추후 이 분야 연구의 촉진을 기할 때의 참고점을 제시하는 것으로 대신하고자 한다.

첫째, 근대 고승 연구를 비교 연구할 경우에는 그 비교의 관점, 시각을 분명하게 할 필요가 있다. 본고찰에서는 행적을 갖고 하였지만 더욱 다양한 관점에서 행해져야 할 것이다.

둘째, 한암 연구에 있어서는 승가오칙을 조선후기 이래 근대불교에 걸친 제반 불교사의 동향, 내면의 문제점을 심화시켜 더욱더 역사적인 맥락에서 검토되어야 할 것이다.

셋째, 만공의 연구에서는 지금껏 그에게 수식되어진 계율 미약, 경허 사상의 전승자라는 이해에 머물렀다는 과도한 해석을 재검토해야 할 것이다. 본고에서는 그에 대한 문제점을 던진 것에 머물렀지만 추후에는 만공 진면목을 이해하기 차원에서 계율, 승풍에 대한 것은 심사숙고해야 할 것이다.

넷째, 경허, 만공의 상좌, 후학 등 사상의 계승자들에 대한 폭넓은 조명이 요망된다. 금오, 혜암, 전강, 고봉, 춘성, 용음, 벽초, 원담 등에 이르는 고승과 그의 문도들에 대한 연구가 요청된다. 이럴 때에 덕숭산문의 성격, 영향력 등에 대한 이해가 가능할 것이다.

다섯째, 오대산 한암의 후손, 상좌 등 오대산 문중에 대한 연구도 시급하다. 그럴 때만이 오대산 가풍의 독자성을 인정할 수 있을 것이다. 이제까지는 오대산 불교문화에 대한 의미 부여는 미약하였다. 이런 측면에서 한암사상을 계승하였다고 이해되는 보문, 난암, 탄허 연구는 간과할 수 없는 대상이다.

지금까지 추후의 한암 및 만공 가풍 연구에 요긴한 주제를 피력하였다. 본 고찰은 한암, 만공 연구의 새로운 연구를 진작시킨다는 차원에서 행적에 나타난 불교관을 비교함에 머물렀다. 필자는 추후 이 분야 연구시에 참고할 점을 제시함에서 나온 관점에 의거 지속적인 연구를 할 것을 다짐하면서 이만 글을 마친다.

13

『경허집』 편찬, 간행의 경위와 변모 양상

이상하

[요약문]

『경허집』은 모두 네 차례 편집, 또는 간행되었다. 이 중 최초로 편집된 漢巖筆寫本의 「先師鏡虛和尙行狀」이 禪學院本에 실려 있지 않은 것은 한암이 이례적으로 경전과 옛 고승의 말을 인용하여 경허의 막행막식에 대한 길게 해명하는 한편 경허의 뒤를 잇는 후인들에게 경허의 행리를 무턱대고 따르지 말라고 강하게 경계하였기 때문일 듯하다.

『경허집』은 뒤에 간행된 선학원본의 수록 작품이 훨씬 많지만 선학원본에 없는 작품이 한암필사본에 일부 있다. 그리고 한암필사본에 한 제목으로 묶여 있던 작품들을 선학원본에서는 詩體별로 다시 분류되면서 새로운 제목이 많아지고 편차도 바뀌었다. 이는 일반적인 문집 체제를 따르면서 생겨난 결과이다. 선학원본의 많은 새 제목들은 문집을 편찬하면서 만해가 만들었고, 한암필사본의 제목도 본래의 작품들에는 제목이 없던 것을 한암이 적당한 제목을 만들고 그 아래 묶어 두었다고 추정된다.

한암필사본에는 「示慶爽十三歲童子」이란 제목의 법문 끝부분인 게송과 일원상이 선학원본부터 경허의 열반송으로 게제되어 실려 있다. 그리고 1981년에 경허성우선사법어집 간행회(회장 마벽초, 부회

512

장, 월산)에서 간행된 『鏡虛法語』에서는 말미의 「鏡虛惺牛禪師 年譜」에 경허가 示寂하기 직전에 일원상을 그리고 ○이 바로 위에 써놓은 열반 게송 四行이 전해온다고 하고 이 게송을 실어 놓았다. 이는 실제로 경허의 열반송이 있었는지 여부는 차치하고, 경허 법맥을 세우려는 노력의 일환이었다고 생각된다.

뿐만 아니라 경허가 受法제자인 滿空과 慧月에게 각각 준 시와 게송의 제목이 바뀌고 나아가 공식적인 전법게로 게제되는 과정 역시 경허 법맥의 만공 문중, 혜월 문중의 정립과 무관하지 않다고 추측된다.

한편 경허성우선사법어집 간행회(회장 마벽초, 부회장, 월산)에서 1981년 간행한 『경허법어』와 명정 번역본 『경허집』(극락선원)의 오역이 심각하고 고증의 오류도 있으므로 다시 교감 번역되어야 한다. 나아가 지금까지 간행 또는 영인된 『경허집』들을 모두 비교, 교감하여 연구자가 신뢰할 수 있는 定本 『경허집』을 만드는 작업을 서둘러야 할 것이다.

I. 머리말

한국 불교는 普照·西山 이후로 禪敎兼修를 표방하여 왔지만 기실 禪이 敎에 비해 줄곧 우위에 있어 왔다. 게다가 불교정화와 함께 조계종이 출범한 뒤로는 禪이 절대 우위에 서게 되었다. 따라서 근세 한국 禪의 중흥조라 일컬어지는 鏡虛 惺牛(1846~1912)의 사상과 법맥 전승 등은 이미 정밀히 연구되었어야 한다.

그렇지만 경허는 이미 우리에게 전설 속의 인물이 되었다. 경허가 입적한 지 이제 꼭 100년이 지났을 뿐인데 그는 우리에게 아득한 옛날 사람처럼 느껴진다. 여기에는 두 가지 이유가 있는 듯하다. 첫째는 그의 만년 행적이 묘연했기 때문이고, 둘째는 그가 근세 한국 禪의 祖師로 추숭되고 있는 터라 그를 신비화할 뿐 그의 실제 행적을 자세히 밝혀보려 하지는 않았기 때문이다. 몇 십년 전만 해도 경허를 만났거나 경허의 행적을 들어 알고 있는 사람이 생존해 있었을 터이나 지금은 찾아볼 수 없다. 따라서 이제 경허의 사적과 그의 사상, 법계 등을 밝힐 수 있는 자료는 오직 경허의 법문과 시문을 모아놓은 『鏡虛集』이 있을 뿐이다.

그런데 이 『경허집』은 몇 차례에 걸쳐 편집 또는 간행되었음에도 아직 변변히 교감조차 되어 있지 못하다. 경허가 차지하는 한국 불교사의 위상으로 볼 때 크게 부끄러운 일이 아닐 수 없다.

이 글에서는 『경허집』이 편찬 간행 경위와 그 과정에서 변모된 양상을 살펴보고 그 의미를 밝히고자 한다.

II. 『경허집』 편찬, 간행의 경위

『경허집』은 모두 네 차례에 걸쳐 편집, 간행, 增補, 번역되었다. 첫째는 漢巖 重遠(1876~1951)이 滿空 月面(1871~1946)의 부탁을 받고 쓴 스승 경허의 행장 「先師鏡虛和尙行狀」을 첫머리에 싣고, 그 뒤편에 경허의 詩文을 필사하여 첨부한 것이다. 그 행장의 말미에 "신미년(1931) 3월 15일에 門人 漢巖 重遠이 삼가 撰述하다."라 하였으니, 이 本이 1931년에 편찬되었음을 알 수 있다.(이 본을 이 글에서 漢巖筆寫本이라 명명한다.) 1931년은 경허가 입적한 지 19년째 되는 해이다. 이 책이 최초의 편집본 경허집이다. 그런데 이 한암필사본은 간행되지 않고, 그로부터 12년 뒤 1943년, 禪學院 中央禪院에서 만해 한용운이 편집하여 『경허집』이 활자로 간행된다.(이 본을 이 글에서 禪學院本이라 명명한다.) 그리고 1981년에 鏡虛惺牛禪師法語集刊行會가 번역본 『경허법어』를 간행한다. 이 책에는 「선사경허화상행장」이 수록되고, 재차 유문을 수집하여 法語, 「金剛山遊山歌」 및 근 40편의 시, 일화 38편을 더 증보하였다.[1] 뿐만 아니라 경허가 만공과 혜월에게 준 시와 게송이 사진판으로 실려 있는 등 중요한 자료들이 수집되어 있다. 그러나 이 책은 많은 자료를 수집하고 번역했지만 자료에 대한 교감이 정밀하지 못하고, 번역은 매우 부실하다. 明正이 1990년에 통도사 극락선원에서 낸 번역본 『경허집』은 일화를 싣고 있지 않을 뿐 체제와 내용은 『경허법어』와 거의 같다. 이 두 책은 모두 선학원본을 저본으로 삼고 한암필사본의 내용을 첨가하였다.

---

1) 「초판서문」 『鏡虛法語』, pp.26~27. 1981, 鏡虛惺牛禪師法語集刊行會.

경허는 1904년에 만공을 마지막으로 작별하고 북방으로 떠나 종적을 감추고 살다가 약 7년 8개월 뒤인 1912년 4월 25일에 함경남도 甲山郡 熊耳坊 道下洞에서 입적했다. 그리고 그 이듬해인 1913년 7월 25일에 경허의 제자인 만공과 慧月이 함께 갑산군 難德山에 가서 매장되어 있던 경허의 시신을 수습하여 다비하고 돌아왔다. 이때 만공은 경허가 살던 집에서 스승의 유고를 수습하여 함께 가지고 돌아왔고, 그 유고를 경허 행장을 부탁할 때 한암에게 참고 자료로 넘겨 주었을 것으로 일단 추정된다.

그리고 그로부터 12년 뒤 1943년 만해 한용운이 서문을 쓴 선학원본 『경허집』이 간행된다. 이 서문에서 만해는 "내가 7년 전 佛敎社에 있을 때 畏友 만공이 초고 하나를 가지고 와서 내게 보여 주며 말하기를 '이것은 나의 스승 경허화상의 유고인데 장차 간행하려 하오. 그런데 이 유고는 본래 각처에 흩어져 있던 것을 수집했고 보면 오탈이 없을 수 없을 터이니, 교열해 주기 바라오.' 하고 서문을 부탁하였다." 하였다.[2] 그렇다면 1935년에 만공이 처음 만해에게 경허 유고 교열을 맡겼던 것이니, 한암이 경허집을 편집한 해인 1931년보다 4년 뒤이다.

그리고 그 후 재차 사람들을 시켜 경허가 살던 갑산, 강계, 만주 일대를 샅샅이 뒤져 경허의 유문을 수습하였다. 만해가 쓴 선학원본의 서문에서 저간의 정황을 알 수 있다.

나도 이 책이 속히 세상에 간행되기를 간절히 바랐다. 그런데 그 후 그

---

2) 만해 한용운, 「鏡虛集序」 "余於七年前在佛敎社, 畏友滿空以一稿示余曰: '此吾師鏡虛和尙之遺著也. 將欲付梓, 而此稿本蒐集散在於各處者, 則未免誤落之失. 幸須校閱.' 且屬序文言." 『鏡虛集』, p.1. 1943, 中央禪院.

문도와 뜻이 있는 이들이 "경허가 지은 글이 이 정도에 그치지 않고 아직도 만년에 자취를 감추고 살던 지역에 남아 있는 것이 적지 않을 것이다." 하여 기어코 완벽하게 遺文을 수습하고자 하였다. 그래서 이 책을 간행하자던 논의가 일시 중지되었다. 올봄부터 후학 김영운, 윤등암 등이 이 일을 위해 발분하고 나서서 갑산, 강계 및 만주 등지로 직접 가서 샅샅이 조사하여 거의 빠짐없이 수습하였다. 내가 다시 원고를 修正하였으나 연대의 선후는 알 길이 없었기 때문에 수집하는 대로 편찬하였다.[3]

여기서 의아한 것은 선학원본에는 만공이 직접 한암에게 부탁하여 쓴 「先師鏡虛和尙行狀」도 싣지 않고 만해가 찬술한 略譜, 즉 간략한 年譜로 대치하였다. 게다가 만해의 서문에서도 한암이 행장을 쓰고 경허의 문집을 편찬했다는 사실조차 전혀 언급하지 않았으며, 뒤에서 상론하겠지만, 먼저 편찬된 한암필사본의 시문 중 일부가 선학원본에 실려 있지 않다. 저간의 사정을 지금 와서 다 알 수는 없지만, 한암이 쓴 「先師鏡虛和尙行狀」을 만공이 탐탁찮게 여겨 간행하지 않았을 것임은 분명한 듯하다. 「선사경허화상행장」에서 그 단서를 찾을 수 있다.

후세의 배우는 사람들이 화상의 法化를 배우는 것은 괜찮지만 화상의 행리를 배워서는 안 되니, 사람들이 믿되 이해하지는 못하기 때문이다. 게다가 법을 의지한다는 것은 참되고 바른 妙法을 의지하는 것이고, 사람을 의지하지 않는다는 것은 律儀와 不律儀에 의지하지 않는

---

3) 만해 한용운, 「鏡虛集序」 "余亦切望此書之速行于世. 其後, 其門徒與有志者以爲"鏡虛之所述不止於此而尙遺於其晩年潛跡之地者不尠", 期欲盡其完璧, 故其付梓之議, 一時寢之. 自今春以來, 後學金靈雲尹燈岩等, 發奮力圖, 專往于甲山江界及滿洲等地, 窮査極搜, 庶幾無漏. 余更加修正, 而其年代次序, 莫之可考, 故隨蒐編纂耳." 『鏡虛集』, p.1. 1943, 中央禪院.

것이다. 그리고 의지한다는 것은 그 사람을 스승으로 삼아 본받는 것이고 의지하지 않는다는 것은 그 사람의 득실과 시비를 보지 않는 것이다. 도를 배우는 사람은 필경에 법도 버려야 하거늘 하물며 남의 득실과 시비 따위야 말할 게 있겠는가.

그러므로 『원각경』에 "말세의 중생으로서 발심 수행하는 이는 응당 일체 바른 지견을 갖춘 사람을 찾아야 할 것이다. 그런 사람은 마음이 형상에 머무르지 않아 비록 塵勞의 모습을 나타내지만 그 마음은 항상 청정하고, 잘못한 모습을 보이지만 梵行을 찬탄하여 중생들로 하여금 不律儀에 들어가지 않게 한다. 이런 사람을 찾아 만나면 아뇩삼보리를 성취할 수 있으리라. 그 선지식이 행주좌와 四威儀에 늘 청정한 모습을 나타내 보이지만 갖가지 잘못된 행실을 나타내어 보일지라도 중생들이 그 선지식에 대해 마음에 교만한 생각이 없어야 하고 나쁜 생각을 일으키지 말아야 한다." 하였으며, 『금강경』에는 "만약 형상으로 나를 보거나 음성으로 나를 찾으면 이 사람은 삿된 도를 행하는 것이니, 여래를 보지 못한다." 하였으며, 보조국사는 "무릇 參學하는 사람은 처음 출발할 때 먼저 바른 인연을 심어야 하니, 五戒 · 十善 · 十二因緣 · 六度 등의 법은 모두 바른 인연이 아니다. 자기 마음이 바로 부처인 줄 알아서 한 생각이 남이 없으면 삼아승지겁이 空해지니, 이렇게 믿는 것이 바른 인연이다." 하였다. 따라서 戒 · 諦 · 緣 · 度 등의 법도 외려 바른 인연이 아닌데 하물며 불율의야 말할 나위 있으리오. 그러므로 단지 바른 지견을 갖춘 사람을 찾아서 자기의 청정한 道眼을 결택해야지 명령되게 삿된 믿음을 구하여 자신의 대사를 그르쳐서는 안 된다. 또 古德이 이르기를 "다만 안목이 바름만 귀하게 여기고 行履는 귀하게 여기지 않는다." 하였고, 또 이르기를 "나의 법문은 禪定 · 해탈과 持犯 · 修證을 논하지 않고 오직 부처님의 지견을 통달하게 할 뿐이다." 하였으니, 이러한 말들이 正眼이 열림을 우선하고 행리를 논함을 뒤로 한 게 아니겠는가.

그래서 내가 "화상의 법화를 배우는 것은 괜찮지만 화상의 행리를 배

518

워서는 안 된다."고 한 것이니, 이는 단지 법을 간택하는 안목을 갖추지 못하고 먼저 그 無碍한 행리만 본받는 자들을 꾸짖는 것이며, 또 有爲의 相見에 갇혀서 마음의 근원을 통철하지 못하는 자를 경책하는 것이다. 만약 법을 간택하는 바른 안목을 갖추고 마음의 근원을 통철했다면 행리가 자연이 참된 법에 맞아서 행주좌와 사위의에 항상 청정한 모습을 나타내 보이게 될 터이니, 어찌 겉모습에 현혹되어 미워하고 좋아하며 나다 남이다 하는 생각을 일으키리오.

경오년(1930) 겨울에 滿空사형이 금강산 유점사 선원의 조실로 있으면서 오대산으로 서찰을 보내어 나에게 선사의 행장을 써줄 것을 부탁하였다. 나는 본래 문장을 익히지 못했으나 선사의 행장에 있어 감히 짓지 않고 말 수만은 없었다. 그래서 그 사적을 기록하여 후인들에게 보이노니, 한편으로는 말법세상에서 진정한 선지식이 세상에 출현하여 법을 편 不思議한 공덕을 찬탄하고, 한편으로는 망령되게 집착, 밖을 향해 치달려서 헛되이 세월을 보냄으로써 부처님 교화의 은덕을 손상하는 잘못을 경책한다. 그리고 선사의 시와 기문 약간 편을 동행한 선객들에게 부쳐 보내, 초록해 인쇄하여 세상에 유포되게 하노라.[4]

---

4) 「先師鏡虛和尙行狀」"後之學者, 學和尙之法化則可, 學和尙之行履則不可, 人信而不解也. 又依法者, 依其眞正妙法也, 不依人者, 不依其律儀與不律儀也. 又依者, 師而效之也, 不依者, 不見其得失是非也. 學道之人, 畢竟法亦能捨, 況於人之得失是非乎? 故圓覺經云: "末世衆生發心修行者, 當求一切正知見人, 心不住相, 雖現塵勞, 心恒淸淨, 示有諸過, 讚嘆梵行, 不令衆生, 入不律儀. 求如是人, 則得成就阿耨菩提. 彼善知識, 四威儀中, 常現淸淨, 乃至示現種種過患. 衆生於彼, 心無憍慢, 不起惡念." 金剛經云: "若以色見我, 以音聲求我, 是人行邪道, 不能見如來." 又普照國師云: "夫參學者, 發足, 先植正因. 信五戒十善四諦十二因緣六度等法, 皆非正因. 信自心是佛, 一念無生, 三祇劫空. 如是信得及, 乃是正因."然則戒諦緣度等法, 尙非正因, 況於不律儀乎? 故但求正知見人, 決擇自己淸淨道眼, 不可以妄求邪信, 誤着大事也. 又古德云: "只貴眼正, 不貴行履." 又云: "我之法門, 不論禪定解脫持犯修證, 唯達佛之知見." 此非先開正眼而後論行履耶? 故曰: "學和尙之法化則可, 學和尙之行履則不可. 此但責其未具擇法眼而先效其行履無碍者也. 又責其局執於有爲相見, 不能洞徹心源者也. 若具擇法正眼而洞徹心源, 則行履自然稱眞, 四威儀內, 常現淸淨, 安可爲外相之所幻惑, 起愛憎人我之見也哉! 庚午冬, 滿空師兄在金剛山榆岾寺禪院祖室, 寄書於五臺山中, 囑余述先師行狀.

행장은 대개 그 사람의 행적을 기술하여 비문의 근거 자료로 삼는 것이다. 즉 먼저 행장을 지은 다음 그것을 근거로 삼아서 비문을 부탁하는 것이다. 따라서 행장에는 대개 褒는 있어도 貶이 있기는 어렵고, 자신의 견해를 개입시키는 경우는 더욱 드물다. 그런데 한암은 경전과 옛 고승의 말을 인용하여 경허의 막행막식에 대해 길게 해명하는 한편 경허의 뒤를 잇는 후인들에게 경허의 행리를 무턱대고 따르지 말라고 강하게 경계하였다. 이렇게 길게 자기 의견을 개입하는 것은 행장의 일반적인 성격상 퍽 이례적인 일이 아닐 수 없다.

위 글에서 "한편으로는 말법세상에서 진정한 선지식이 세상에 출현하여 법을 편 不思議한 공덕을 찬탄하고, 한편으로는 망령되게 집착, 밖을 향해 치달려서 헛되이 세월을 보냄으로써 부처님 교화의 은덕을 손상하는 잘못을 경책한다." 한 부분이 한암의 심정을 그대로 표현한 것이라 생각된다. 한암은 경허를 스승으로 존모하는 마음은 지극하였지만 경허의 행리를 무턱대고 모방하는 덕숭산 문중의 무애행에 대해서는 평소 매우 우려하였고, 한암의 이러한 생각을 만공도 평소 익히 알고 있었을 것이다.

여기서 두 가지 사실을 유추해 볼 수 있다. 첫째로 「선사경허화상행장」을 받아 본 만공이 매우 불쾌하여 아예 없었던 일로 하고 그 글과 한암이 편찬한 『경허집』을 돌려보냈을 수 있다. 둘째로 만공이 「선사경허화상행장」의 마음에 들지 않은 부분을 고쳐달라고 한암에게 부탁하였으나 강직한 성품인 한암이 이를 단호히 거절하였을 수도

余本不閒於文辭, 然其於先師行狀, 不敢以已之. 故記其實事, 以示後人, 一以讚末法中眞善知識出世弘法之難思功德, 一以警吾輩之妄執外走而虛度時日以傷損佛化之過失焉. 又以先師之詩詠與記文若干篇, 付同行諸禪和, 抄錄印刷, 行于世." 한암필사본, 『경허집』, pp.13~16. 2009, 오대산 월정사.

있다. 두 선사의 성품으로 미루어 보면, 후자 쪽일 가능성이 많다고 생각된다.

Ⅲ. 『경허집』漢巖筆寫本과 禪學院本의 차이

鏡虛惺牛禪師法語集刊行會가 간행한 번역본 『경허법어』와 극락 선원에서 간행한 明正 번역본 『경허집』은 모두 선학원본을 저본으로 삼고 한암필사본으로 보완한 것이므로 저본의 성격은 없다고 생각된다. 따라서 체제와 내용이 다른 한암필사본과 선학원본을 비교, 검토하고, 차이가 생기는 까닭을 밝혀 보고자 한다.

한암필사본에는 법어, 서문, 기문을 차례로 싣고 있지만 시는 시체별로 구별하지 않고, 대략 문은 상반부에 시는 하반부에 싣고 1, 2권으로 나누어 놓았다. 만공이 경허의 행장을 부탁할 때 『경허집』을 간행할 예정이라는 말을 하였을 터이므로 한암은 수집한 詩文을 대략 정리하여 넘겨주려 했던 것으로 보인다. 선학원본은 法語, 序文, 記文, 書簡, 行狀, 影贊, 詩, 歌로 장르를 나누고, 시는 다시 五言絶, 五言律, 七言絶, 七言律, 四六言으로 나누어 놓았다.

『경허집』에 실린 작품은 일반 문집에 비하면 적은 편이다. 그러나 禪師의 문집인 점을 감안하면 그렇게 적은 분량만도 아니다.

한암필사본은 文이 29편인데 이 중 선학원본에 없는 것이 4편이며, 시는 대략 67제 148수인데 선학원본에 없는 것이 대략 11題 12수이다. 그리고 悟道歌 1편, 尋牛頌 2題 18수, 한글로 된 작품으로 「가가가음」, 「중노릇하는 법」, 「법문곡」 3편이 수록되어 있다.

선학원본에는 문이 37편인데 이 중 한암필사본에 없는 것이 12편이며, 시는 138제 208수인데 한암필사본에 없는 것이 대략 73제 98수이다. 그리고 한글로 된 작품으로「參禪曲」이 더 실려 있다.

한암필사본과 선학원본에만 각각 들어 있는 작품들을 정리하면 아래와 같다.

1) 한암필사본에만 있는 작품

1권[5] : 文 4편

「先師鏡虛和尙行狀」,「法話」,「示法界堂法語」,「契此淸心法門」.

이 중에서「書錦峯堂八帖屏」는 선학원본 四六言 8수 중에 들어있다. 그리고「示慶庚十三歲童子」는 선학원본에는 후반부가 누락되어 있다. 이 문제는 뒷장에서 상세히 논하기로 한다.

2권 : 시 11題 12수

「題浮石寺」,「呈似江界郡金主事儀仲」,「冬至日金學長允鍾號蓮隱寄之以詩故和之」,「和送江界金儀仲」,「和定平居孫錫範留江界時」,「共蓮隱吟淸夜之吟」,「與蓮隱吟」,「同李敎師詠細雨」,「新興場使書童詠蝶自亦吟之」,「號妙光贈童子朴英勳」,「應虛堂」2수.

이 중에서 10수는 제목만 보아도 경허가 갑산, 강계 일대를 다닐 때 지은 것이다.

---

5) 한암필사본에는 하반부에만 2권이라 표기되어 있는데 필자가 임의로 상반부를 1권이라 하여 구분하였다.

2) 선학원본에만 있는 작품 : 73제 98수

法語 :「與藤菴和尙」,「示法界堂」,「贈承華上人」,「於馬亭嶺與樵童問答」,「與朴太平問答」,「與法子滿空」.

序文 :「梵魚寺設禪社契誼序」

書簡 :「上張上舍金石頭書」,「上張上舍金碩士書」

影賛 :「錦雨和尙影賛」,「茵峯和尙影賛」,「大淵和尙影賛」,「古庵和尙影賛」

七言絶 :「過熙川頭疊寺 2수」,「別友人」,「與南泉堂翰奎」2수

七言律 :「坐仁風樓次板上韻 2수」,「與朴利淳叙懷」,「和捕廳洞李先生」,「與金淡如金小山吳荷川團會」,「和崔文華」,「黃麟里路中口號」,「津坪里別李文華」,「過寧邊新布場」,「烏首山下雪夜有感」,「新德齋與金日連詠懷」,「於金小山書幌」,「公貴里和諸益」9수,「坐熙川頭疊寺」,「冬至日碧潼暢明學校朴亨觀與諸益」,「遊奉天臺」,「和林上舍」,「河清洞與吳荷川團會」6수,「上院庵與荷川敍舊」3수,「和林麟奎」,「和金駱胄與其弟駝胄」,「興有村和金有根」,「和金淡如」,「杜門洞和姜鳳軒」,「渭原和京居劉震九」,「渭原和宋儀徵」,「和韓鶴淳」,「和張士允」,「和金守鎬」,「和朴瑛祥」,「遊午南寺」,「松坪里書塾和金應三」,「和金英抗與金淡如」,「與諸益上子北寺」2수,「渭原和李澤龍」2수,「和諸益」,「與諸益上北門樓」,「遊講場」,「與海巖坐草堂得仙字」3수,「午枕」,「次時習齋板上韻」,「與海巖夜坐」,「訪雲坡林庄」,「中庚日時習齋小酌」,「遊錦川館」,「一海精舍小酌」,「出北門外訪朴舍」,「夜坐」,「仁風樓晚眺」,「南門樓」,「登南門樓 2수」,「征賦」,「野鶴村」,「北樓」,「坐小山園亭」,「登望美亭」,「圍碁」,「登仁風樓」,「鷰」,「喞喞」,「雨

中登居然亭」, 「淸明日上東門樓」, 「北樓」, 「六三亭」, 「鳳仙花」, 「六三亭」, 「眪柯亭」, 「遊龍浦齋」, 「寄金泊彦」, 「寄金水長」, 「辛亥春偶逢宋南河」 2수

3) 선학원본에서 제목에 글자 출입만 있는 경우
(선학원본은 (선), 한암필사본은 (한)으로 임시 표기함)

「海印寺修禪社芳啣引」(선) - 「修禪社芳啣引」(한), 「寄贈無二書」(선) - 「無二堂」(한), 「金峯和尙影贊」(선) - 「大覺登階金峯堂尙文之眞」(한), 「東谷和尙影贊」(선) - 「東谷大禪師之眞」(한), 「海印寺九光樓」(선) - 「題海印寺九光樓」(한), 「伽倻山紅流洞」(선) - 「遊伽倻山紅流洞」(한), 「通度寺白雲庵」(선) - 「詠白雲庵」(한), 「梵魚寺解夏日上元曉庵」(선) - 「解夏日上元曉庵」(한), 「自梵魚寺向海印途中口號」(선) - 「自梵魚寺往海印途中口號」(한), 「過佛明山尹彌庵」(선) - 「過佛明山尹彌庵偶吟」(한), 「與永明堂行佛靈途中」(선) 3수 - 「與永明堂行佛靈途中謹次明眞堂韻」 3수(한), 「寄虛舟長者」(선) - 「寄虛舟長老」(한), 「題錦山寶石寺」(선) - 「過錦山寶石寺」(한), 「題天藏庵」(선) - 「題洪州天藏庵」(한), 「答滿空問日和尙歸去後衆生敎化何」(선) - 「滿空問日和尙歸去後衆生敎化何師答日」(한), 「上靑巖寺修道庵」(선) - 「上修道庵」(한), 「贈玉果觀音寺修益師」(선) - 「記修道庵贈玉果觀音寺修蓋師」(한), 「松廣寺月和講伯同行華嚴路中口號」 3수(선) - 「與松廣寺月和講伯同行華嚴路中口號」 3수(한), 「公林寺」(선) - 「題空林寺」(한), 「沃川花日浦」(선) - 「過沃川花日浦」(한), 「至月上浣在都下里書塾寄江界韻」 2수(선) - 「辛亥至月上浣在都下里書塾寄江界」 2수(한), 「入甲山路踰牙

得浦嶺」(선)-「入甲山路踰牙得浦嶺遇守備隊行軍」(한),「過長津江見三胎子」-「過長津江」-欲見三胎子-(한),「答昌平梁梳商」(선)-「昌平居梁梳商過清韻故露拙」(한),「江界終南面和李汝盛」(선)-「江界終南面和李教師汝盛」(한)

4) 제목과 편차가 달라진 경우

선학원본 五言絕「偶吟」29수는 한암필사본「山居十二」5수 중 低頭常睡眠, 青松白石上, 古路非動容 3수와 중복,「物外雜詠」중 可惜香山仙, 熙熙太平春, 燕頷雪衣下, 緣知生死大, 打算年前事, 白雲因底事, 孰非無二法, 是非名利路, 人心如猛虎, 鐵樹花開一, 風飄霜葉落, 當處殞空虛, 喝水和聲絕, 眼裡江聲急, 山光水色裡, 斜陽空寺裡, 喧喧寧似默, 無事猶成事, 郡山幽寂處, 有事心難測과 동일

선학원본 五言律 중「偶吟」11수는 한암필사본「物外雜詠」중 鐺前九節草, 鳥飛去空天, 天地如是廣, 人生不足恃, 山中樵客遇, 平生無固必, 十載空門裡, 蟲聲來唧唧, 奇哉是何物, 書童來我告와 동일

선학원본 七言絕 중「題麻谷寺」2수 중 첫째 수 塞却眼兮塞却耳는 한암필사본「山居十二」4수 중 둘째 수와 동일하고,「偶吟」9수는 한암필사본「山中雜詠」중 石人乘興玩三春, 稱佛稱祖早謾語, 火裏蝍蟟卽不同, 風埃蟬蛻雖已成, 千峯一水勢中分, 龍汀江上野叟之, 蕭條一榻滿山秋, 한암필사본「上堂」의 佛與衆生吾不識, 世間萬法誰炎凉과 동일.

선학원본 七言律 중 「定慧寺」는 한암필사본 「物外雜詠」 德崇山頭定慧幽와 동일하고, 「書懷」 2수는 한암필사본 「書懷」 4수 중 2수와 동일하고, 「偶吟」 7수는 한암필사본 「物外雜詠」 중 薪火相交也難息, 添香換水願福田(換水添香願福田), 平生志槪樂山幽, 避雨隱身藪石幽, 已過榮枯等是辛, 幾番蟲語與禽歌, 有一淨界好堪居와 동일하고, 「偶吟」 2수 중 한 수는 한암필사본 「物外雜詠」 중 鑢輔多方作精鍊과 동일.

선학원본 四六言 8수 중 今日淸明不妨出, 誰是孰非夢中之事, 張三李四遷化, 一擧兩得 大是無斷, 山自靑水自綠은 한암필사본 「物外雜詠」의 작품들과 동일하고, 本太平天眞佛은 한암필사본 在定慧寺吟杜鵑과 동일하고, 一句無前 其來何極은 한암필사본 「山居十二」 중 한 수와 동일하고, 萬事無非夢中은 한암필사본 「書錦峯堂八帖屛」과 동일.

이상으로 한암필사본과 선학원본의 편차와 수록 작품의 차이를 살펴보았다.

위에서 '제목과 편차가 달라진 경우'는 대개 한암필사본에 한 제목으로 묶여 있던 작품들을 詩體별로 다시 분류하면서 제목을 새로 만들고 편차를 바꾼 것일 터이다. 책으로 간행하려다 보니 시체별로 나누어 분류하는 일반적인 문집 체제에 맞춰야 했던 것이다. 그래서 한암필사본의 「物外雜詠」, 「山中雜詠」과 같은 제목에 속한 작품들이 선학원본에서는 五言絕, 五言律, 七言絕, 七言律의 각각 「偶吟」이란 제목 아래 나누어 실릴 수 밖에 없었던 것이다. 이로써 미루어 보면, 선학원본의 많은 새 제목들은 문집을 편찬하면서 만해가 만들었다고 판단해도 좋을 듯하다. 한암필사본의 제목도 본래의 작품들에는 제목이 없던 것을 한암이 적당한 제목을 만들고 그 아래 묶어 두었을 수도 있다. 意思와 내용이 서로 다른 작품들이 많은 것을 보면, 그럴 개연성이 크다.

선학원본은 한암필사본보다 98수 가량의 시가 더 실려 있다. 그리고 이 시들의 대다수는 경허가 북방으로 종적을 감추고 지은 것이다.

그런데 한암필사본에 실려 있는 작품 중 일부가 무려 12년 뒤에 간행된 선학원본에는 빠져 있는 사실을 어떻게 이해해야 할까. 게다가 평안북도 강계에서 지은 시가 한암필사본에 여러 수 실려 있다. 역시 경허 행장에서 일단 단서를 찾아야 할 것 같다.

한암은 「선사경허화상행장」에서 "경오년(1930) 겨울에 滿空사형이 금강산 유점사 선원의 조실로 있으면서 오대산으로 서찰을 보내어 나에게 선사의 행장을 써줄 것을 부탁하였다…선사의 시와 기문 약간 편을 동행한 스님들에게 부쳐 보내, 초록해 인쇄하여 세상에 유포되게 하노라." 하였다. 만공이 행장을 부탁했다고 했지 경허 유고를 정리, 편집하는 일을 부탁한다는 말은 하지 않았다. 또한 만공이 사람을 보내오기 전에 한암이 이 행장을 먼저 써놓았을 터이고 보면 이 말대로 한암이 만공이 보낸 승려에게 부쳐줄 생각이었던 것은 분명하지만 실제로 이 행장과 자신이 가진 시과 기문을 실제로 만공에게 넘겨주었는지는 알 수 없다. 어쩌면 한암이 스스로 모아 둔 경허의 시문이 있었을 가능성도 없지는 않다. 한암은 당시 종정이라 교계에 상당한 영향력이 있었으므로 마음만 먹으면 경허의 遺文을 어느 정도 수습할 수도 있었을 것이다. 그렇다면 한암이 행장을 지을 때에는 자신이 가지고 있던 경허의 시문을 만공에게 넘겨주려 하였는데, 그 후 행장을 읽어본 만공과 서로 의견이 맞지 않자 만공으로부터 받은 경허의 유고만 돌려주고 한암이 스스로 경허의 유고를 정리해 두었지 않았을까. 만공이 수습한 경허의 유고 일부가 행장을 부탁할 때 한암에게 넘어왔다가 미처 만공에게 돌아가지 못했을 가능성은 거의 없을 터이니, 지금으로서는 한암이 스스로 수집한 유고가 있었을 것으로 추정할 수 밖에 없다.

즉 한암이 쓴 경허 행장을 본 만공이 일부 내용을 수정해 달라고 요구했는데 강직한 성품의 한암이 단호히 거절하지 않았을까. 그래서 한암이 수집한 일부 경허의 遺文은 경허 행장과 함께 만공의 손에 넘어가지도 않고 그대로 상원사에 남아 있었던 것은 아닐까. 그렇지 않다면 경허가 강계에서 지은 시들이 여러 수 한암필사본에는 실려 있고 선학원본에는 실려 있지 않은 현상은 이해될 수 없다.

그리고 한암필사본에 실려 있는 작품들은 대개 경허의 선사로서의 사상과 모습이 躍如한 것이 많고, 선학원본에는 속인들의 작품과 구별할 수 없는 것들이 많다. 선학원본에는 뒤에 사람들을 보내어 경허가 살던 갑산, 강계, 만주 일대를 샅샅이 뒤져서 수습한 유고의 시편들이 많으므로 자연 그럴 수 밖에 없었을 것이다. 그렇지만 선학원본과 『경허법어』에 실려 있는 경허 만년의 작품들은 면밀히 교감하여 경허의 작품이 맞는지 검증해야 할 것이다. 『경허법어』에서는 이러한 시들을 垂手入廛, 和光同塵의 경계라고 해석하였는데, 이는 强辯에 가깝다. 이러한 작품들은 詩會에 참석했거나 화답할 때 지은 작품들로 주어진 韻字에 따라 그 자리의 풍광을 읊거나 상대편 시의 意思에 화답하여 지은 것이어서 자연 선사로서의 사상을 담을 수는 없었을 것이다. 또한 선사라고 해도 모든 작품을 다 禪偈로 짓지도 않으며, 그렇게 지을 필요도 지을 수도 없다. 漢詩는 오늘날 시란 문학 장르의 개념을 가졌다기보다 옛사람들에게 일상의 餘技이고 지식인의 필수적인 교양이었다. 그래서 한시에는 작자의 일상생활 모습이 그대로 그려져 있는 경우가 많다.

IV. 『경허집』의 변모 양상과 그 의미

선학원본이 한암필사본과 다른 특징 중 하나는 경허의 열반송이라고 하는 "마음 달이 홀로 둥그니 그 빛이 만상을 삼켰네. 빛과 경계 모두 사라지니 다시 무슨 물건인가![心月孤圓 光呑萬象 光境俱亡 復是何物]"라는 게송과 그 바로 아래에 일원상 ○이 첫 페이지에 아무 제목도 없이 실려 있다는 점이다. 그런데 이 게송과 일원상은 원래 한암필사본에는 「示慶㼛十三歲童子」이란 제목의 법문 끝부분으로 실려 있다.[6] 즉 경석이란 이름의 13세 동자에게 써준 법문의 일부인 것이다. 그런데 선학원본에서는 목차에 제목이 누락되어 있고 7쪽에 「示慶㼛童子」란 제목으로 작품이 실려 있는데, 끝부분인 이 게송과 일원상은 빠져 있다. 이 게송과 일원상을 첫 페이지에 실었기 때문에 원래의 작품에서는 실을 수 없었던 것이다. 그리고 1981년에 간행된 『鏡虛法語』에서는 이 작품 전체를 아예 싣지 않았고, 말미의 「鏡虛惺牛禪師 年譜」에 경허가 示寂하기 직전에 일원상 ○을 그리고 바로 그 위에 써놓은 열반 게송 四行이 전해온다고 하고 이 게송을 실

6) 한암필사본, 『경허집』, pp.104~105. 2009, 오대산 월정사.

어 놓았다.[7] 명정 번역본『경허집』에서는『경허법어』에 누락된「시경 석십삼세동자」을 다시 수록하면서 누락된 게송과 원상 부분을 복구 시켜 놓고, 한암필사본에서 찾아서 보완했다고 주석을 달아서 밝혔 다.[8]

원래 이 게송은 唐나라 盤山 寶積의 게송, "心月孤圓 光吞萬象 光 非照境 境亦非存 光境俱亡 復是何物"에서 가운데 두 구를 뺀 것이 다. 한암의「선사경허화상행장」에서는 경허가 살던 마을 사람의 말을 빌어서 경허가 이 게송을 쓰고 일원상을 그린 다음 붓을 놓고 곧바 로 右脇으로 누워 입적했고, 만공과 혜월이 이 게송과 일원상을 수 습해 가지고 돌아왔다고 했다. 그런데 선학원본에 실려 있는 일원상 과 게송은 입적하기 직전에 쓰고 그린 것이라고 보기에는 글씨가 너 무도 楷正하고 원상이 컴퍼스로 그린 것처럼 둥글다. 또한 경허가 남 긴 필적들이 대체로 行草書로 단숨에 써내려간 것인데 이 일원상과 게송은 정성을 들여 반듯하게 쓰고 그려져 있다. 따라서 만공이 가지 고 온 경허의 열반송과 일원상이 있었는지는 알 수 없지만 선학원본 에 게제된 게송과 일원상은 경허가 임종 때 쓰고 그린 것으로 보기는 어려울 듯하다.

다음으로 문제가 되는 것은 경허가 수법제자인 滿空과 慧月에게 각각 주었다는 이른바 傳法偈들이다.

먼저 만공의 경우를 살펴보자. 선학원본에는 七言絕句에「答滿空 問日和尙歸去後衆生敎化何」라는 제목의 다음과 같은 시가 실려 있 다.

---

7)『鏡虛法語』, pp.744~755. 1981, 鏡虛惺牛禪師法語集刊行會.
8) 명정 번역,『鏡虛集』, pp.46~48. 1990, 통도사 극락선원.

구름과 달, 시내와 산이 도처에 같음이　雲月溪山處處同
수산선자의 큰 가풍일세　　　　　　　　叟山禪者大家風
은근히 무문인을 주노니　　　　　　　　慇懃分付無文印
일단의 기봉과 권도를 활안 중에 있게 하라　一段機權活眼中
　　　　　　　　　　　　　　　　　　　（필자 譯）

　한암필사본의 「滿空問日和尙歸去後衆生敎化何師答曰」이 제목만
조금 달라졌고 내용은 동일하다.[9] 이 제목은 만공이 경허가 이 시를
써줄 때의 상황을 구술한 것을 한문으로 다시 기록했던 것임이 분명
하다. 『경허법어』 앞부분에 사진판에 경허의 친필 원본이 실려 있는
데 이 시의 제목이 「答贈叟山滿空」으로 되어 있는 것을 보면 알 수
있다.
　그리고 선학원본 法語 중에 「與法子滿空」이란 제목의 다음과 같
은 짧은 법문이 실려 있다.

　　수산 월면에게 무문인을 준 다음 주장자를 잡고 한 번 내리치고 이르
　　기를 "이 소리가, 일러보라 무슨 도리인가?" 하고, 또 한 번 내리치고 이
　　르기를 "한 번 웃으매 어느 곳으로 갔는지 모르겠는데 안면도의 봄물
　　은 쪽빛같이 푸르네." 하고는 주장자를 던지고 "훔" 하였다.[付了無文印
　　爲叟山月面, 拈拄杖卓一下云: "秖這語聲是且道甚麼道理?" 又卓一下
　　云: "一笑不知何處去, 安眠春水碧如藍." 擲却了, 吽.][10]

　'수산 월면에게 무문인을 준 다음'이라 한 것으로 보아 위 시를 써
주고 경허가 해 준 법문을 만공이 구술하고, 다시 한문으로 받아 적
은 것으로 보인다. 이 「與法子滿空」은 한암필사본에는 없다.

9) 한암필사본, 『경허집』 p.142. 2009, 오대산 월정사.
10) 『鏡虛集』, p.8. 1943, 中央禪院.

그런데 선학원본의 「答滿空問日和尙歸去後衆生敎化何」가 『경허법어』에 이르러서는 칠언절구 첫머리에 「弟子滿空與傳法頌」이란 제목으로 바뀌어 실려 있고[11], 또 말미의 「佛祖法脈」에도 전법게로 실려 있다.[12] 공식적인 傳法偈로 바꾸어 놓은 것이다.

『경허법어』 앞부분 사진판에 실려 있는 이 시의 친필 원본에는 '甲辰二月十一日天藏禪窟中鏡虛'라 쓰여 있다. 갑진년은 1904년이니, 경허가 북방으로 떠나던 해이다. 그러니까 이 시는 경허가 종적을 감추기 전에 마지막으로 만공을 만났을 때 만공이 '스님이 떠나신 뒤에 어떻게 법을 펴야 합니까?'라고 물은 데 답한 것이다.

『경허법어』에는 또 法語 중 「與法子滿空」 바로 아래에 「與慧月法子」란 제목으로 경허가 제자 慧月 慧明(1862~1937)에게 주었다는 전법게가 실려 있다.

일체의 법이	了知一切法
자성은 아무 것도 없음을 요달해 알지니	自性無所有
이와 같이 법의 성품을 알면	如是解法性
곧 노사나불을 보게 되리	卽見盧舍那

세제를 의지하여 무문인을 거꾸로 제창하라. 청산 아래 한 禪室에서 이를 써 주노라.[依世諦 倒提唱無文印 靑山脚一關 以相塗糊]

임인년 음력 2월 하순에 경허가 혜월을 위하여[水虎中春下瀚日 鏡虛 爲慧月] (필자 譯)

이 게송 역시 『경허법어』 앞부분에 영인판으로 경허의 친필이 실려

---

11) 『鏡虛法語』, p.343. 1981, 鏡虛惺牛禪師法語集刊行會.
12) 위의 책, p.733.

있는데 「與慧月法子」란 제목은 없다. "鏡虛爲慧月"이라 말미에 써놓은 것을 보더라도 앞에 「與慧月法子」란 제목을 써 놓았을 리는 없을 것이다. 여기서 '水虎中春'을 『경허법어』에서는 "수호 중 늦은 봄날"로 번역하고 '수호'에 "경인년으로 서기 1890년."이란 주석을 달았고, 明正 번역본 『경허집』에서는 모두 "경인년 늦은 봄"이라 번역하였다. 그러나 '水虎'는 연대를 天干의 오행과 十二支의 동물로 표기한 것으로 '水'는 '壬'을 뜻하고 '虎'는 '寅'을 뜻한다. 즉 임인년(1902), 경허 57세 때인 것이다. 그리고 '中春'은 음력 2월이다.

이 게송을 慧月의 법맥을 잇고 있는 海雲精舍에서는 사이트에 경허의 친필이라며 사진판 원본으로 게제하고 있는데 첫머리에 '付慧月慧明'이란 제목이 써져 있고, 말미의 '水虎中春下瀚日 鏡虛爲慧月'도 "水虎中春下澣日 萬化門人鏡虛說"로 바뀌어 쓰여 있다. 『경허법어』에 게제된 사진판과 글씨도 흡사하다. 『경허법어』에 실려 있는 것이 지질로 보나 필적으로 보나 원본임이 틀림없다. 그렇다면 해운정사가 제시한 것은 어떻게 해서 나온 것인가. 萬化-경허-혜월의 法系를 분명히 보이기 위하여 경허의 필적을 모사하여 새로 쓴 것이 아닌가 생각된다.

그런데 이 게송은 원래 『화엄경』 「昇須彌山頂品」에 있는 것이다. 또한 신라 때 慈裝律師가 중국 오대산에서 기도하니 문수보살이 꿈속에 나타나 일러주었다는 게송이기도 하다. 따라서 이 게송 자체를 써주고 전법게로 삼았다고 보기는 어렵고, 제자의 공부를 勉勵하는 뜻에서 써준 것으로 보아야 옳을 듯하다.

그리고 이 두 수의 시에 대한 『경허법어』와 明正 번역본 『경허집』의 번역도 짚고 넘어가지 않을 수 없다.

먼저 『경허법어』를 보면, 「弟子滿空與傳法頌」이란 제목부터 문법에 맞지 않을 뿐 아니라 "雲月溪山處處同 叟山禪者大家風"을 "구름과 달이 곳곳마다 동일한데 수산 선자의 대가풍이여."로 번역하였고, 명정 번역본에서는 "구름과 산 냇물과 산이 어디든지 같은데 수산선자의 대가풍이로다"로 번역하였다. 이 구절은 宋나라 圓悟 克勤의 게송, "달팽이 뿔 위에 삼천대천세계이니 구름과 달 시내와 산이 다 한 집안일세.[蝸牛角上三千界, 雲月溪山共一家]"란 구절을 차용한 것이다. 이 구절은 "구름과 달, 시내와 산이 도처에 같음이 수산선자의 큰 가풍일세[雲月溪山處處同이 叟山禪者大家風이라]"로 번역해야 옳을 것이다. 즉 차별상으로 전개되는 온 세상이 그대로 진여자성인 것이다. 이것이 바로 無生法忍이요, 無文印이다. 그래서 아래 구절에서 '무문인을 만공 자네에게 주니, 진여자성에만 머물러 있지 말고 기봉과 권도를 살려 중생을 제접하라.[慇懃分付無文印 一段機權活眼中]' 한 것이다.

『경허법어』와 명정 번역본 『경허집』에서 「與慧月法子」의 번역은 모두 오역이다. 게송 번역은 다소 차이는 있어도 대의는 전달되었다고 할 수 있다. 그러나 "세제를 의지하여 무문인을 거꾸로 제창하라. 청산 아래 한 禪室에서 이를 써 주노라.[依世諦, 倒提唱無文印. 靑山脚 一關, 以相塗糊.]"에 대한 번역은 전혀 원의와 거리가 멀다. 『경허법어』에는 "온 세상을 사무쳐 쉬고 무생인을 제창하노니, 청산 다리 한 빗장으로써 서로 발라 붙이노라.[休世諦, 倒提唱, 無文印, 靑山脚, 一關以, 相塗糊.]" 하였다. '依' 자를 '休' 자로 잘못 보았고, 구두도 전혀 맞지 않으며, 문맥도 통하지 않는다. 명정 번역본에서는 "세간의 형식은 놔두고 글자 없는 도장을 거꾸로 제창하노니, 청산다리 한 관문으

로 서로 싸바르노라.[依世諦倒提唱無文印靑山脚一關以相塗糊.]"하
였다. 구두를 떼지 않았고 역시 문맥과 의미가 전혀 통하지 않는다.

　'依世諦, 倒提唱無文印'의 뜻은 만공에게 준 게송과 같은 맥락이
다. 즉 무생법인인 眞諦는 언어와 형상을 떠난 것이므로 세상 사람들
에게 가르칠 수 없다. 따라서 법을 펴려면 世諦를 의지하여 거꾸로
무문인을 제창하여 중생을 제접할 수 밖에 없는 것이다. '靑山脚'은
청산 발치, 즉 청산 아래이니, 『寒山詩』에도 "예로부터 많은 현인들
이 모두 청산 아래 묻혀 있다.[自古多少賢 盡在靑山脚]"하였다. '一
關'의 關은 禪室이다. 여기서는 경허가 머물던 천장암의 선실인 것이
다. '相塗糊'는 『大慧書狀』「答梁敎授」에 나오는 구절로 양교수가 법
호를 지어달라고 청하기에 快然居士란 법호를 주면서 한 말이다. 여
기서 塗糊는 糊塗와 같은 말로 상대방을 그르친다는 뜻이다. 즉 상
대방의 淸淨法身에 무슨 법호를 덧붙이는 것이 결과적으로는 상대
방을 호도하는 게 된다는 뜻이다. 따라서 이 게송은 혜월이란 법호를
주면서 써준 것으로 보아야 할 듯하다.

　그렇지만 경허가 혜월과 만공에게 주었다는 이 시와 게송에 전법
의 의미가 아주 없다고 보기는 어렵다. '은근히 무문인을 주노니 일
단의 기봉과 권도를 활안 중에 있게 하라[慇懃分付無文印 一段機
權活眼中]', '세제를 의지하여 무문인을 거꾸로 제창하라.[休世諦 倒
提唱無文印]'라는 표현에서 무문인을 준다 하고, 무문인을 제창하라
하였으니, 이는 법을 펴라는 뜻을 말한 것이라 볼 수 있다. 다만 원래
의 제목도 전법의 게송은 아니었고 게다가 名利와 형식을 싫어하는
경허의 성품을 감안할 때 이 시들을 본격적인 전법게로 쓴 것은 아닐
듯하다. 경허가 종적을 감추기 전에 제자들에게 법호를 주고 공부를

면려하면서 자신이 떠난 뒤의 後事를 부촉한 것이라 보는 편이 옳을 듯하다.

한암도 경허의 인정을 받은 제자였기 때문에 『경허법어』法語에는 「與慧月法子」 바로 아래 「與法子漢巖」이란 제목의 글과 시를 실었다. 그러나 이는 경허가 이별할 때 한암에게 준 것으로 본래 한암 자신이 편찬한 『경허집』에도 넣지 않았던 것이다. 더구나 그 내용이 전법과는 아무런 상관이 없다. 경허의 법제자이므로 수록했다는 취지는 이해되지만 이 글과 시를 法語로 실은 것은 분명한 잘못이다. 한암도 원래 법호를 경허에게서 받았다. 경허가 줄 때에는 본래 寒巖이었는데 '寒' 자는 뜻이 너무 차다 하여 한암 자신이 漢 자로 고쳤다 한다.[13] 한암도 해인사에게 경허로부터 초견성을 인가받았다.[14] 그러나 한암은 혜월, 만공에 비해 젊었고 경허를 모신 기간이 길지 못했으며, 1903년 28세 때 경허와 이별하였다. 이때가 경허가 북방으로 떠나기 한 해 전이었고 이후로 한암은 다시는 경허를 만나지 못했다. 그 후 한암은 평안남도 孟山 牛頭庵에서 오도 후에 경허화상이 없어 자신의 경계를 印證 받을 데가 없다고 크게 탄식하였다.[15] 경허가 한암에게 준 贈別詩에 "이별은 본래 있어온 터 어려운 일 아니나 염

---

13) 『그리운 스승 한암스님』, p.163. 2006, 민족사.
14) 한암, 「一生敗闕」 "一日喫茶次, 有僧, 擧禪要云 '如何是實參實悟底消息?', 答'南山起雲北山下雨', 問'是甚麼意旨?', 和尚答'譬如尺蠖虫一尺之行一轉', 仍問大衆 '此是甚麼道理?', 余答'開牖而坐, 瓦墙在前'. 和尚翌日陞座, 顧大衆曰 '遠禪和(漢岩) 工夫, 過於開心. 然雖如是, 尙未知何者爲體, 何者爲用'. 『漢巖一鉢錄』 하권 附錄, pp.44~45. 오대산 월정사.
15) 한암, 「一生敗闕」 "秋來孟山牛頭庵, 過寒際. 而翌年春(1912년), 同居闍梨, 包粮次出去, 余獨在廚中着火, 忽然發悟, 與修道開悟時, 少無差異, 而一條活路, 觸處分明. 嗚呼! 喝吟聯句, 時當末葉, 佛法衰廢之甚, 難得明師印證. 而和尙長髮服儒, 來往於甲山江界等地, 是歲入寂, 餘恨可旣."

536

려하는 건 덧없는 인생이 훗날 만날 기약이 아득한 걸세.[分離尙矣非難事 所慮浮生杳後期]"한 데서 한암에 대한 깊은 정을 느낄 수 있고, 아울러 경허가 이때 이미 종적을 감출 결심을 하고 있었음을 짐작할 수 있다.

이 밖에도 『경허법어』에는 五言絶句에 「震應講伯答頌」이란 제목으로 "頓悟雖同佛 多生習氣生 風靜波尙湧 理顯念猶侵"이란 게송이 실려 있다. 이 게송은 원래 唐나라 圭峯 綜密의 게송으로, 경허가 즐겨 읽었던 普照 知訥의 「修心訣」에도 실려 있는 것이다. 3구의 靜 자는 원래 停 자이고, 顯 자는 원래 現 자임이 다를 뿐이다. 지리산 陳震應강백의 물음에 이 게송으로 답한 것일 뿐 경허의 작품은 아니다.

경허는 「悟道歌」첫머리와 끝부분에서 "사방을 돌아봐도 사람이 없으니 의발을 누가 전할 것인가! 의발을 누가 전할 것인가! 사방을 돌아봐도 사람이 없으니[四顧無人 衣鉢誰傳 衣鉢誰傳 四顧無人]"하여 법맥이 단절되어 자신의 견성을 인가하여 줄 스승이 없음을 크게 탄식하였다. 그래서 경허는 자신의 법맥을 멀리 龍岩 慧彦(1783~)에게 잇고, 萬化 普善은 수업한 스승으로 삼으라고 제자들에게 말하여 道統淵源을 스스로 정리해 두었다.[16] 그럼에도 불구하고 『경허법어』에는 龍岩 慧彦-詠月 奉律-萬化 普善-鏡虛 惺牛로 법맥을 이어 놓았다.[17]

---

16) 「先師鏡虛和尙行狀」, "日後我弟子, 當以我嗣法於龍岩長老, 以整其道統淵源, 以萬化講師爲我之受業師, 可也." 한암필사본, 『경허집』, p.7. 2009, 오대산 월정사.
17) 『鏡虛法語』, pp.732~733. 1981, 鏡虛惺牛禪師法語集刊行會.

V. 맺는말

　한암필사본의 「先師鏡虛和尙行狀」이 선학원본에 실려 있지 않은 것은 한암이 행장으로는 이례적으로 경전과 옛 고승의 말을 인용하여 경허의 막행막식에 대한 길게 해명하는 한편 경허의 뒤를 잇는 후인들에게 경허의 행리를 무턱대로 따르지 말라고 강하게 경계하였기 때문일 듯하다. 즉 「선사경허화상행장」을 받아 본 만공이 매우 불쾌하여 아예 없었던 일로 하고 그 글과 한암이 편찬한 『경허집』을 돌려보냈을 수도 있고, 만공이 「선사경허화상행장」의 마음에 들지 않은 부분을 고쳐달라고 한암에게 부탁하였으나 강직한 성품인 한암이 이를 단호히 거절하였을 가능성도 있다.

　한암필사본과 선학원본은 편차와 수록 작품의 제목, 수량에서 상당히 차이가 있다. 물론 뒤에 간행된 선학원본의 수록 작품이 훨씬 많지만 선학원본에 없는 작품이 한암필사본에 일부 있는데 그 까닭은 다음과 같이 추측된다. 한암은 「선사경허화상행장」에서 만공이 행장을 부탁했다고 했지 경허 유고를 정리, 편집하는 일을 부탁한다는 말은 하지 않았다. 또한 만공이 사람을 보내오기 전에 한암이 이 행장을 먼저 써 놓을 터이고 보면 실제로 이 행장과 자신이 가진 시과 기문을 실제로 만공에게 넘겨주었는지는 알 수 없다. 어쩌면 당시 종정이라 교계에 상당한 영향력이 있었던 한암이 스스로 모아 둔 경허의 시문이 있었을 가능성도 없지는 않다. 한암이 행장을 지을 때에는 자신이 가지고 있던 경허의 시문을 만공에게 넘겨주려 하였는데, 그 후 행장을 읽어본 만공과 서로 의견이 맞지 않자 만공으로부터 받은 경허의 유고만 돌려주고 한암이 스스로 경허의 유고를 정리해 두었을 가능성이 있다.

그리고 한암필사본에 한 제목으로 묶여 있던 작품들을 선학원본에서는 詩體별로 다시 분류되면서 새로운 제목이 많아지고 편차도 바뀌었다. 이는 일반적인 문집 체제를 따르면서 생겨난 결과이다. 따라서 선학원본의 많은 새 제목들은 문집을 편찬하면서 만해가 만들었다고 판단해도 좋을 듯하다. 그리고 한암필사본의 제목도 본래의 작품들에는 제목이 없던 것을 한암이 적당한 제목을 만들고 그 아래 묶어 두었을 가능성이 크다.

그리고 한암필사본에 실려 있는 작품들은 대개 경허의 선사로서의 사상과 모습이 躍如한 것이 많다. 모두 경허의 작품으로 단정해도 좋을 것이다. 그렇지만 선학원본에는 속인들의 작품과 구별할 수 없는 것들도 있다. 선학원본에는 뒤에 사람들을 보내어 경허가 살던 갑산, 강계, 만주 일대를 샅샅이 뒤져서 수습한 유고의 시편들이 많으므로 자연 그럴 수 밖에 없었을 것이다. 『경허법어』는 너욱 그러하다. 따라서 선학원본 『경허집』과 『경허법어』에 실려 있는 경허 만년의 작품들을 면밀히 교감하여 경허의 작품이 맞는지 검증해야 할 것이다.

한암필사본에는 「示慶栐十三歲童子」이란 제목의 법문 끝부분인 게송과 일원상이 선학원본부터 경허의 열반송으로 게재되어 실려 있다. 그리고 1981년에 간행된 『鏡虛法語』에서는 말미의 「鏡虛惺牛禪師 年譜」에 경허가 示寂하기 직전에 일원상을 그리고 그 바로 위에 써 놓은 열반 게송 四行이 전해온다고 하고 이 게송을 실어 놓았다. 실제로 이러한 경허의 열반송이 있었는지 여부는 차치하고, 선학원본과 『경허법어』에서 이렇게 한 것은 경허 법맥을 세우려는 노력의 일환이었다고 생각된다.

뿐만 아니라 경허가 受法제자인 滿空과 慧月에게 각각 준 시와 게송의 제목이 바뀌고 나아가 공식적인 전법게로 게재되는 과정 역시 경허 법맥의 만공 문중, 혜월 문중의 정립과 무관하지 않다고 추측된다.

한편 『경허법어』와 명정 번역본 『경허집』은 심각한 오역이 많고 고증도 잘못된 곳이 있으므로 다시 교감되고 번역되어야 한다. 나아가 지금까지 간행 또는 영인된 『경허집』을 모두 대조, 교감하여 연구자가 신뢰할 수 있는 定本 『경허집』을 만드는 작업을 서둘러야 할 것이다.

14
漢巖과 呑虛의 불교관
-생사관과 해탈관의 同處와 不同處-

고영섭

[요약문]

이 논문은 지난 세기 한국불교의 전반기와 후반기를 대표하는 선승이자 학승인 한암(漢巖 重遠, 1876~1951)과 탄허(呑虛 宅城, 1913~1983)의 해탈관과 생사관의 동이(同異)를 살펴본 글이다. 붓다는 미혹(惑)에서 비롯된 업식(業)에 의해 이루어진 생사의 고통(苦)을 벗어나기 위해 자기와의 싸움을 벌였다. 이 싸움에서 승리한 붓다는 윤회를 벗어나 해탈함으로써 자신의 의지에 의해 생사를 자유롭게 선택할 수 있었다. 때문에 붓다가 제시한 해탈관과 생사관은 불교관이자 세계관이기도 하다.

한암은 존재 속성인 무상(無常)과 무아(無我)의 인식 위에서 우리들이 할 일은 참선이며 참선을 잘하는 도인이 되어야만 생사로부터 자유자재 할 수 있다고 하였다. 육신을 송장이라고 여겨 집착하지 않았던 한암의 인식은 6·25 전년인 기축년에 난리가 일어날 것이라며 며칠째 상원사에서 이사 가자는 운동을 벌인 탄허에게 '사지 사지 사는데 사지'라는 말을 통해 남행을 하지 않고 상원사와 함께 하겠다는 대목에서 확인된다. '앉아서 죽음을 맞이하겠다'[坐而當死]며 삶과 죽음을 하나로 여긴[生死一如] 한암의 태도는 결국 상원사의 전소를 막아낼 수 있었다.

죽음의 위기를 맞이하면서 한암이 보여준 자세에는 '나는 '부처님의 제자'라는 투철한 인식, 그리고 '부처님은 이런 경우 이렇게 하라'고 말씀하셨다는 불교에 대한 철저한 신뢰, '당신은 어서 불을 지르시오'라는 삶과 죽음을 하나로 인식하는 모습이 드러나 있다. 실제적인 죽음의 상황 앞에서도 당당했던 이러한 한암의 처신은 비실체적 세계관을 제시하고 있는 불교의 가르침을 온몸으로 체화하여 사는 이에게서만 볼 수 있는 것이다.

탄허 역시 "마음에는 삶과 죽음이 없으니 마음이란 나온 곳이 없기 때문에 죽는 것 또한 없다"고 했다. 그는 이러한 사실을 확실히 간파한 것을 '도통(道通)했다'고 말하고 있다. 또 "도인에게는 생사가 없다"고 했다. 왜냐하면 낡은 옷을 벗는 것일 뿐 죽는다고 할 수 없다는 것이다. 이는 생사가 본래 없다는 대승불교의 지향과 상통하는 것이다. 이 점에서는 두 사람이 상통하고 있다.

하지만 탄허는 자신이 배운 역학(易學)의 원리에 의거하여 곧 난리가 날 것을 예감하고 자신이 번역한 원고를 삼척의 영은사로 옮기고 스스로 통도사 백련암으로 남하하였다. 물론 한암은 이미 80을 바라보는 노화상이고 아직 탄허는 이제 갓 마흔을 바라보는 살 날이 많고 할 일이 많은 중년의 출가수행자인 점은 충분히 고려해야 될 것이다. 그렇다 하더라도 탄허는 두 차례의 남행을 실행했다.

'80이 다 된'(70대 중반) 한암은 남았지만 '23~24세의 젊은 상좌들의 장래를 위해서' '37세의 왕성한 혈기'를 지닌 탄허는 상원사를 떠났다. 남쪽 지방으로 내려온 탄허는 여러 곳을 전전하면서도 한암의 건강이 염려되어 1950년 9·28 서울 수복 이후 상원사로 돌아왔다. 그러나 중공군의 개입으로 인한 1·4후퇴 때 다시 남쪽으로 내려왔다. 결국 원고는 화재를 면할 수 있었다.

또 탄허는 자신이 배운 역학의 원리에 의거하여 울진 삼척 공비 침투 사건에 대비하여 『신화엄경합론』의 번역 원고들을 옮겼고 몸을 옮겼다. 이 원고는 한암의 부촉에 의해 시작된 일이지만 탄허는 이것을 위해 전심전력했고 끝내 완성시켰다. 이후에도 탄허는 오대산의 독신승(수행승)과 유처승(교화승)의 분쟁 직전에도 영은사로 원고를 옮기고 몸을 옮겨간 적이 있었다. 분쟁이 끝나자 탄허는 오대산으로 복귀했다. 이처럼 문자를 떠나지 않으려는 학승의 모습을 강하게 보여주었던 탄허와 달리 한암은 문자에 대한 집착을 떠난 선승의 모습을 강하게 보여주었다.

따라서 전쟁이 주는 죽음이라는 동일한 위기 상황에서 나타난 한암과 탄허의 현실 인식 차이를 애써 강조할 필요는 없다. 다만 두 사람이 처한 상황에서 불교의 해탈과 생사 인식은 동일했지만 대처하는 방식에는 차이가 있었다. 그것이 곧 '일발 선풍'(一鉢禪風)에 기초하여 '근본 정신의 지향'을 우선시 하는 한암의 해탈관과 '향상일로 선풍'(向上一路禪風)에 근거하여 '지금 여기'를 우선시하는 탄허의 생사관의 상통점과 상이점이라고 할 수 있다.

I. 문제와 구상

한암 중원(漢巖 重遠, 1876~1951)과 탄허 택성(呑虛 宅城, 1913~1983)은 20세기 한국불교의 전반기와 후반기를 대표하는 선사들이다. 이들은 선승과 학승 또는 율사와 강사로서 지눌(知訥, 1158~1201) 이래 선교일원(禪敎一元), 정혜쌍수(定慧雙修)의 전통을 회복시켰던 눈 밝은 선지식들이었다. 이들은 '국망'(國亡)과 '도망'(道亡) 혹은 '정화'(淨化)와 '법난'(法難)으로 점철된 지난 세기 한국불교의 좌절과 혼돈을 온몸으로 이겨낸 산 증인들이었다.

한암은 어린 시절부터 세계의 근원에 대한 문제의식이 투철하였다. 그는 '반고씨 이전'의 소식을 넘어 '참다운 성품'(眞性)을 찾으려 출가하였고 다섯 차례의 깨달음의 전기[1]를 통해 확철대오(廓徹大悟) 하였다. 스승 경허 성우(鏡虛 惺牛, 1846~1912)의 '미도선'(尾塗禪) 혹은 '예미선'(曳尾禪)의 가풍[2]과 대비되는 삶을 보여준 한암은 오대산 상원사에서 27년간 주석하며 '차라리 천고에 말없는 학이 될지언정, 삼춘에 말 잘하는 앵무새(의 재주는) 배우지 않겠다'[3]는 사자후를

---

1) 한암의 깨달음의 전기에 대해서는 세 차례와 네 차례와 다섯 차례의 주장이 있다. 경허와의 만남을 통해 얻은 경계와 동일한 차원을 기준으로 셈하면 네 차례로 볼 수도 있을 것이다. 高榮燮, 「漢巖의 一鉢禪: 胸襟(藏蹤)과 把拽(巧語)의 응축과 확산」『한암사상』제2집, 한암사상연구원, 2007. 주9) 참조.

2) 高榮燮, 「경허의 尾塗禪: 法化와 行履의 마찰과 윤활」『불교학보』제40집, 동국대학교 불교문화연구원, 2003.; 高榮燮, 「경허의 照心學: 중세선의 낙조와 근세선의 개안」, 제1회 조계종 근현대사상 학술세미나 – 해방 이전의 선사상을 중심으로」, 조계종 불학연구소, 2004.

3) 呑虛, 「漢巖大宗師浮屠碑銘并序」 앞의 책, p.442. "又自誓曰: 寧爲千古藏蹤鶴, 不學三春巧語鸚."

통해 '일발선'(一鉢禪)의 가풍[4]을 보여준 대선사로 평가받고 있다.

탄허는 젊은 시절 한학과 유학을 공부하다 '문자 밖의 소식'을 알기 위해 한암과 3년에 걸친 약 스무 차례의 서신으로[5] 불교와 유교의 본질에 대한 질문을 주고 받은 뒤 오대산으로 출가하였다. 이후 그는 동양철학의 전 분야를 넘나들며 자유롭게 '강론'(講論)하고 '역경'(譯經)하면서 한암의 가풍을 이었으며 '향상일로'(向上一路)의 선풍으로 자신의 살림살이를 보여주었다. 한암과 탄허 두 사람은 17년간 오대산에서 스승과 제자로 만나 선과 교, 계와 율을 겸비한 가풍으로 한국불교의 자존을 지켜온 선승이자 학승이다. 따라서 이들 두 사람의 관계는 단지 사제만이 아니라 도반이요 동지였다고 할 수 있다.

무릇 절은 산에 있어야 제맛이 나고, 산은 절을 품어야 제멋이 나는 법이다. 아울러 절에는 '사람'이 있어야 절 맛이 나고 사람은 절을 '품어야' 사람 맛이 나는 법이다. 이 산문은 신라의 황룡 자장(皇龍 慈藏, 607?~676?)에 의해 불사리(佛舍利)를 봉안한 이래 '오대 성지'(聖地) 혹은 '오대 성산'(聖山)의 명성을 획득해 왔다. 하지만 자장의 후견인이었던 선덕여왕이 승하하자 진덕여왕-태종 무열왕 이후 분황 원효(芬皇 元曉, 617~686)와 부석 의상(浮石 義湘, 625~702)

---

4) 高榮燮,「漢巖의 一鉢禪」앞의 책, 제2집, 2007, 한암사상연구원.

5) 탄허의 부친 栗齋 金烘圭는 普天敎(太乙敎, 仙道敎)의 북쪽 지방(北道) 재무책임자인 北執理를 역임하였던 주요 책임자였다. 학문적인 집안에서 태어난 탄허는 조부에게서 유년시절부터 한학을 공부하였다. 하지만 부친으로 인해 전북 김제 출신이었던 탄허가 보천교의 중심무대였던 정읍으로 이사(12세)를 하였고, 이곳 동리 글방의 李선생에게서 공부하다가 뒤이어 문학가였던 조부 金炳一에게서 한학을 공부하였다. 17세 결혼 이후에는 처갓집인 충남 보령에서 생활하다가 勉庵 崔益鉉 계열의 巨儒인 艮齋 田愚(1841~1922) 문하에서 공부한 동네 한학자 李克宗에게서 유학을 배우게 되었다 한다. 박종열,『車天子의 꿈』(서울: 장문산, 2002), p.98. ; 김광식,「呑虛스님의 생애와 교화활동」『呑虛禪師의 禪敎觀』(서울: 민족사, 2004), p.261.

546

에 의해 가려지기 시작하면서 이 산은 오랫동안 그 이름이 잘 드러나지 않았다.

오대산이 성산의 위상을 회복한 것은 지난 세기 이래 한암과 탄허 두 사람을 품어 '산문'(山門)에 필적하는 이름을 획득하면서부터라고 할 수 있다. 이들 두 사람은 저마다의 독자적 개성으로 오대산의 이름을 널리 드날려 이곳을 한국불교의 주요 무대로 만들었다. 하여 한암과 탄허 두 사람은 '오대산문'의 명성을 다시 복원시킨 중심인물이었다고 평가할 수 있을 것이다.

붓다는 미혹[惑]에서 비롯된 업식[業]에 의해 이루어진 고통[苦]을 벗어나는 길을 가르쳤다. 그는 자기와의 싸움에서 승리하여 생사로부터 비롯된 윤회를 벗어나 해탈로 나아가는 길을 제시하였다. 그는 윤회를 벗어나 해탈함으로써 자신의 의지에 의해 생사를 자유롭게 선택할 수 있었다. 여기서 생사는 윤회의 다른 이름이며 해탈은 생사를 벗어난 대자유를 일컫는다.

때문에 '불제자'는 욕계와 색계와 무색계 삼계의 윤회세계로부터 벗어나기 위해 '발심하는 존재'이며 자기와의 치열한 싸움을 통해 얻은 깨달음을 나누기 위해 '서원하는 존재'이다. 그러므로 '불교적 인간'은 '생사에 대한 근원적인 통찰'(생사관)을 통해 '해탈을 향한 중도적인 지혜'(해탈관)를 열어가는 존재라 할 수 있다. 그리고 '생사'의 끝은 곧 해탈이며 '해탈'의 끝은 곧 생사라는 점에서 이들 두 기호는 불교의 본질을 머금고 있다.

따라서 오대산문의 두 선사인 이들 한암과 탄허의 생사관과 해탈관을 살펴보는 것은 이들의 불교관을 살펴보는 것이면서 동시에 이들의 살림살이를 탐구하는 것이라 할 수 있다. 한암과 탄허 가풍의 동처(同處)에서 우리는 이들 가풍의 보편성을 엿볼 수 있을 것이고, 부동처(不同處)에서는 이들 가풍의 특수성을 살필 수 있을 것이다. 이 글에서는 이들 두 선사의 어록[6]과 저술[7]에 나타난 생사관과 해탈관을 통하여 오대산문의 살림살이를 탐색해 보고자 한다.

---

[6] 한암의 어록은 1921년 겨울에서 1922년 봄에 이르기까지 금강산 건봉사에서 이루어진 禪會에서 悅衆 소임을 맡았던 李礴이 편찬한 『漢巖禪師法語』와 한암이 몸소 집성한 『一鉢錄』(1947년 상원사 화재와 함께 全燒), 한암과 오랫동안 서신으로 교유했던 통도사 鏡峰 靖錫(1892~1982)의 상좌인 明正이 집성한 『漢巖集』(통도사 극락선원, 1990), 한암문도회에서 이 『漢巖集』을 더욱 증광한 『漢巖一鉢錄』(서울: 민족사, 1995; 수정증보판, 1996)이 있다. 이후 최근에 발견한 그의 자전적 구도기 『一生敗闕』등을 증보하여 다시 『定本漢巖一鉢錄』上下(민족사, 2010) 2책으로 간행하였다. 탄허의 어록은 월정사에서 간행한 『方山窟法語』(평창: 월정사, 2003)가 있다.

[7] 어록과 자전적 구도기 이외에 일체의 저술을 남기지 않은 한암과 달리 탄허는 『부처님이 계신다면』(서울: 교림, 1980)과 입적 후에 문도들에 의해 각종 인터뷰를 엮은 『피안으로 이끄는 사자후』(서울: 교림, 1997)가 있다. 그리고 이 두 권의 글들과 대담을 뽑아 엮은 『탄허록』(휴, 2011)과 김광식의 『기록으로 본 탄허대종사』(탄허불교문화재단, 2010)가 있다. 이외에 탄허의 저작들로서 몸소 현토 역해한 『초발심자경문』(1권, 부록 「삼교평심론」·「모자이혹론」·「현정론」), 『치문』(1권), 『서장』(1권) 『도서』(1권), 『절요』(1권), 『금강경』(2권), 『기신론』(3권), 『능엄경』(5권), 『원각경』(3권), 『화엄경』(『신화엄합론』 47권), 『보조법어』(1권), 『육조단경』(1권), 『주역선해』(3권), 『도덕경』(2권), 『영가집』(1권) 등 모두 16부 75책(권)이 있다. 여기에다가 탄허장학회에서 1977년 월정사에서 백일법문으로 특강했던 녹음을 원고로 정리하여 약 13책으로 엮은 뒤 우선 출간된 『탄허강설집』(불광출판부, 2003)을 추가할 수 있다. 탄허 자신이 직접 저술한 논저는 『부처님이 계신다면』이 유일하기 때문에 그의 불교관이나 화엄사상을 살펴보는 것은 쉽지 않은 일이다. 하지만 이들 현토 역해본의 각 서문에는 해당 전적을 바라보는 탄허의 관점이 실려 있고, 본문 내용의 直譯 뿐만 아니라 '講說'을 통하여 자신의 생각을 보여주고 있기 때문에 그의 저술에 準하는 것으로 보아도 무방할 것이다.

II. 생사와 해탈의 통로

흔히 우리는 삶과 죽음을 생사(生死)라고 한다. 하지만 생사는 삶과 죽음뿐만 아니라 늙음과 병듦까지 포괄하는 생로병사의 약칭이며 윤회[8]의 다른 표현이다. 윤회는 살아있는 것들이 존재하는 일상의 방식이다. 때문에 태어난 존재는 누구나가 죽게 되고 죽은 존재는 다시 태어나게 된다. 우리의 마음과 정신은 생주이멸(生住異滅)을 통하여 존재하고 있으며, 일 년 한 해는 춘하추동(春夏秋冬)을 통하여 유지된다. 물리적 우주는 성주괴공(成住壞空)을 통하여 상속하며, 우리의 육신은 생로병사(生老病死)의 과정을 거치며 살아간다. 하여 모든 유기체는 생로병사로부터 자유로울 수 없다. 그들은 태어나면 죽게 되고 죽으면 다시 태어나게 된다. 이것이 바로 자연의 원리이며 윤회의 법칙이다.

그런데 붓다는 이런 반복적인 삶의 방식을 전환시키고자 했던 존재였다. 그는 수행을 통한 인식의 전환 혹은 번뇌의 단절을 통해 윤회의 삶으로부터 벗어날 수 있는 길을 열어 제쳤다. 즉 붓다는 자기와의 싸움을 통해 '마음의 생사'인 망념을 끊고 생사의 현실을 해탈의 이상으로 탈바꿈시켰다. 그것은 곧 찰나생 찰나멸 하는 우리의 생멸의 마음을 불생불멸하는 진여(眞如)의 마음으로 바꾼 것이다. 하여 붓다는 생사와 해탈의 통로를 엶으로써 생사와 해탈이 본디 둘이 아님을 밝혀내었다.

우리는 물질적 요소인 색온과 정신적 요소인 수·상·행·식온 다섯

---

8) 高榮燮, 「윤회」, 이동철 외, 『21세기의 동양철학』(서울: 을유문화사, 2005), pp.175~182.

다발의 임시 화합으로 존재하고 있다. 때문에 우리를 형성하고 있는 인연이 다하면 우리는 모두 해체되고 만다. 그런데 이 오온은 내가 아니며[無我] 나의 것이 아니므로[無我所] 무아의 속성을 지닌다. 하지만 현실적 인간들은 윤회를 통해 업보를 받는 존재임에도 불구하고 여전히 업보적 존재를 실체적 존재로 여겨 내가 있으며[有我] 나의 것이 있다[有我所]는 생각에 붙들려 있다.

따라서 이 윤회를 벗어나는 길은 무아와 무아소의 터득에 의해서 가능한 것이다. 그리고 거기에 이르는 길은 곧 불교의 무아와 윤회의 생사관에 기초한 수행체계이자 환생과 해탈의 생사관에 기초한 수행체계로 설명된다. 그러면 죽음에 대해 불교는 어떻게 정의하고 있는가를 살펴보기로 하자.

> 어떤 것이 죽음인가? 저러저러한 중생들이 저러저러한 종류로부터 결락[沒], 분리[遷], 소멸[移身], 사멸[壞], 의식의 다함[壽盡], 체온의 분리(火離), 목숨의 소멸[命滅], 오온(五陰)의 해체[捨陰], 형해의 폐기[時到] 이것을 죽음이라고 부른다.[9]

> (질다라 장자가) 다시 가마존자에게 (사람이 죽은 것에는) 몇 가지 법이 있는지 물었다: 만일 사람이 육신을 버릴 때/ 그 육신이 주검이 되어 땅에 누우면/ 언덕의 무덤에 버려져/ 나무나 돌 같이 마음이 없어집니까.// (가마 비구가 질다라) 장자에게 답하였다: 수명과 체온과 의식은/ 육신이 사라질 때 함께 사라지며/ 그 육신이 무덤 속에 버려지면/ 나무나 돌같이 마음이 없어집니다.// (질다라 장자가) 다시 가마존자에게 물었다: 만일 죽거나 만일 멸진(滅盡)에 들 때에 정수(正受)에는 차별이 있습니까? 없습니까? …… (가마 비구가) 답하였다: 수명

---

9) 『雜阿含經』 권 제12(『大正藏』 제2책, p.85중). "云何爲死? 彼彼衆生, 彼彼種類, 沒遷移身壞壽盡, 火離命滅, 捨陰時到, 是名爲死."

과 체온이 없어지면 모든 기관이 다 무너지고 육신과 생명이 분리되니 이것을 죽음이라 합니다.[10]

인간은 1) 아버지와 어머니의 성관계와 2) 어머니의 임신주기가 맞는 후보군들 중에서 나와 향기가 맞는 부부를 찾아 3) 나의 간다바[業識]가 강림(전개)하여 생겨난다. 이 셋의 화합에 의해 인간이라는 생명체가 탄생하는 것이다.[11] 또 살아있다는 것은 수명[命, 호흡]과 의식[壽]과 체온[火]의 세 가지[三事]가 화합(和合)해 있는 상태를 일컫는다. 여기에서 수명(호흡)과 의식과 체온의 세 가지가 균형이 깨어져 어느 하나라도 부족하게 되면 죽음에 이르게 된다.

하지만 현대 의학계 일부의 정의처럼 뇌간의 죽음을 맞이한 뇌사자의 상태를 죽음이라고는 볼 수는 없다. 이 대목에 대해서는 몇 가지 관점이 제시되어 있지만[12] 논제의 범위에서 벗어나므로 다루지 않기로

---

10) 『雜阿含經』권 제21, 568경『大正藏』제2책, p.150중). "復問尊者有機法? 若人捨身時, 彼身屍臥地, 棄於丘塚間, 無心如木石. 答言長者: 壽暖與及識, 捨身時俱捨. 彼身棄塚間, 無心如木石. 復問尊者: 若死若入滅, 盡正受有差別不? …… 答: 捨於壽暖, 諸根悉壞, 身命分離, 是名爲死."

11) 高榮燮,「불교의 낙태관」『한국불교학』제45집, 2006년 하계.

12) 몸과 말과 생각으로 이루어진 三業 가운에 意業은 의식에 의해서 이루어진다. 때문에 의식의 활동이 정지한 상태에 있는 뇌사자의 안락사에 대해 소극적 안락사, 적극적 안락사, 존엄사 등 몇 가지의 관점이 제시되어 있다. 불교 일부에서는 意業이 이루어질 수 없는 뇌사자는 죽은 사람과 같기 때문에 뇌사자의 안락사에 대해서 그것이 '존엄사'일 경우에는 받아들여야 한다는 주장도 있다. 곽만연 외,「뇌사·안락사·장기기증」『현대사회와 불교생명윤리』(서울: 조계종 출판사, 2006), pp.193~199. 1970년대 인간의 뇌구조를 연구하여 얻은 뇌의 삼층이론(tribune brain theory)에 의하면, 온혈 포유류의 뇌는 '腦幹'과 뇌간 위쪽의 여러 부분을 총칭하는 '大腦邊緣系', 그리고 지성과 감성의 중추로 불리는 '大腦新皮質'로 구분되어 있다. 파충류의 뇌는 본능(먹고feeding, 번식하고reproduction)과 생존(싸우고fighting, 도망치고fleeding)에 관련된 자기방어와 공격에 대한 반사신경이 입력되어 있는 뇌간으로만 이루어져 있다. 이것이 바로 '이기적 유전자'다. 배철현,「위대함의 DNA, 묵상과 검패션」『조선일보』, 2015년 2월 28일자.

한다. 하여튼 호흡과 의식과 체온 세 가지의 화합 상태가 깨어짐으로써 우리의 육신을 이루고 있던 오온이 해체되고, 형해가 폐기 되어 육신이 딱딱한 나무나 돌과 같은 주검이 되면 언덕에 버려지거나 불에 태워지게 되는 것이다. 이것을 경교(經敎)에서는 죽음이라고 부른다.

그런데 불교에서는 죽음을 '때 묻은 헌 옷을 벗는 것'이며 다 써버린 '옷'과 '몸'을 바꾸는 것으로 인식한다. 이것은 모든 존재를 인연에 의해 생겨난 것으로 파악하기 때문이다. 몸을 바꾼다는 것에는 업을 짓는 자와 업을 받는 자의 연속성의 문제가 내재되어 있다. 해서 경험(업보)적 자아의 연속과 실체적 자아의 불연속으로 표현되는 무아와 윤회의 생사관은 대승 이전 불교의 가장 핵심적 주제가 된다. 이 둘 사이의 병립 유무가 철학적 논제를 대표하기 때문이다. 그리고 과정적 표현인 윤회와 달리 환생은 결과적 표현이 된다.

> 비구들이여! 안근[眼]이 생길 때 오는 곳이 없고, 멸할 때 가는 곳이 없다. 이와 같이 안근은 실체 없이 생기며, 생겨서는 다 멸한다. 업과 보는 있으나 지은 이는 없는 것이다. 이 (오음의) 덩어리가 멸하면 다른 (오음의) 덩어리가 상속한다"[13]

저 유명한 「제일의공경」의 표현처럼 안근은 실체 없이 생기며 생겨서는 다 멸하는 것이다. 오음 역시 그러하다. 즉 지은 주체는 없으나 지은 행위는 있는 것이다. 다시 말해서 도둑이란 실체는 없으나 도둑질이란 행위는 남는 것이다. 때문에 오음의 이전 존재가 멸하고 나면 이후 존재가 상속하는 것이다. 이전의 오음과 이후의 오음이 자기 동

---

13) 『雜阿含經』 권 제13, 335경 『大正藏』 제2책, p.92하). "諸比丘! 眼生時無有 來處, 滅時無有去處, 如是眼不實而生, 生已已盡滅, 有業報而無作者, 此陰 滅已, 異陰相續."

일성을 지닌 실체적 자아로서 연속되는 것이 아니다. 다만 전음과 후음은 실체적 자아가 아니라 업보(경험)적 자아로서 연속되고 있을 뿐인 것이다.

일반적으로 주로 문제되어 왔던 것은 실체적 자아의 연속 혹은 그것의 불연속 유무에 대한 것이다. 하지만 여기서 우리의 주요 관심은 업보(경험)적 자아의 연속 유무가 된다. 불교 이외에서 경험적 자아의 연속에 대한 고민은 크게 하지 않아 왔다. 윤회가 전음과 후음의 상속 과정 자체를 표현한 것이라면, 환생은 후음이 상속된 이후 상태의 표현이다. 그리고 해탈은 환생을 넘어서는 것을 말한다. 여기서 윤회와 환생을 좀 더 구체적으로 이해하기 위해 누에의 예를 들어보자.

누에는 다섯 번의 잠을 자고 난 뒤 자신의 몸에서 실을 뽑아 누에고치를 만들고 그 안에서 번데기가 된다. 이윽고 그 번데기는 나비가 되어 누에고치에서 나온다. 그 나비가 알을 낳고 알은 변해서 또다시 본래의 누에가 된다. 이들은 여러 가지 생태의 시기를 거치고 있지만, 그 대부분의 모두가 진실한 모습이 아니었다. 우리는 이들이 누에였을 때 발전하여 번데기가 되리라고는 생각하지 못했을 것이다. 또 번데기였을 때에는 이들이 머지않아 나비가 될 것이라고는 생각하지 못했을 것이다.[14]

나비로 환생한 현재와 누에였던 전생이 연속될 수 있는 것은 누에도 나비도 실체가 아니기 때문에 가능한 것이다. 인간의 경우도 마찬가지이다. 남자의 정자가 여자의 몸으로 들어가 태아가 되고, 이윽고 태아가 곧 인간이 되어서 세상에 나오지만, 정자도 태아도 인간도 모두 진실한 모습은 아니다. 모두 다 한 순간의 가상일뿐인 것이다. 멈

---

14) 모로하시 데츠지, 심우성 역 『공자 노자 석가』(서울: 동아시아, 2001), pp.128~143.

춤이 없이 흘러가는 물도 그러하고, 오늘 피어나는 꽃도 그러하다.[15] 이러한 무아 윤회에 대해 경전에서는 강물, 촛불, 사람의 비유를 통해 구체적으로 설명하고 있다.

즉 어제의 강을 이루었던 물방울이 오늘의 강에는 하나도 남아 있지 않지만, 강은 여전히 하나의 지속적인 형태로서 하나의 외관상의 모습을 유지하고 있는 것처럼 강은 변화하면서 존재하는 것이다. 또 하나의 촛불을 가지고 다른 초에 불을 붙이게 되면 옮겨진 불은 하나가 되어 같은 것이 되지만, 처음의 초와 옮겨 받은 초는 하나가 아니고 다른 것처럼, 촛불은 한 찰나도 동일하게 머물러 있지 않고 계속 타오르며 변화해 가면서 주변을 밝히는 존재로서의 개체의 역할을 지속적으로 유지하고 있는 것이다.[16]

뿐만 아니라 사람이 어렸을 때는 육체적 정신적 도덕적 기능이 어리고 약하고 미미하지만, 성인이 되면 강하고 튼튼해지는 것처럼 성인이 된 사람은 어렸을 때의 사람과 같지는 않지만 그렇다고 다르지도 않다. 그는 어린아이에서 자라났으며 그와 공유한 삶의 흐름이 다르지 않다. 초등학교 때의 나와 지금의 나는 실체로서의 나라는 면에서는 연속되지 않지만, 업보로서의 나라는 면에서는 연속되고 있다.[17] 이처럼 이러한 무아에 기초한 윤회와 환생을 넘어선 해탈의 생사관이 바로 불교의 생사관이자 해탈관이라고 할 수 있다.

한암과 탄허의 불교관은 바로 이러한 생사관과 해탈관에 기초해 있다. 이들은 선승 혹은 학승 또는 율사로서 염불을 지송하면서 불교

---

15) 高榮燮, 『한국불학사: 조선·대한시대편』(서울: 연기사, 2005), p.83.
16) 高榮燮, 「윤회」, 앞의 책, p.181.
17) 高榮燮, 「윤회」, 위의 책, p.181.

의 생사관과 해탈관 속에서 살았다. 때문에 이들의 살림살이 속에는 생사를 바라보는 안목과 해탈을 바라보는 예지가 담겨 있다. 무명으로부터 비롯된 생사와 윤회의 초탈은 곧 해탈로 이어진다. 따라서 이 생사와 해탈의 스펙트럼 속에서 이들 두 사람 가풍의 동처와 부동처의 모습이 드러날 것이다.

III. 한암과 탄허 가풍의 동처

한암과 탄허는 모두 선승으로서의 모습뿐만 아니라 학승으로서의 모습도 보여주고 있다. 한암에게는 선승으로서의 모습이 학승으로서의 면모보다 상대적으로 강하게 나타나고 있다. 하지만 한암은 강한 선승으로서의 이미지 못지 않게 다섯 차례의 깨달음의 전기 모두가 선적(禪籍)을 매개하고 있다는 점에서 학승으로서의 모습도 보여주고 있다.

이와 달리 탄허는 학승으로서의 모습이 선승으로서의 면모보다 상대적으로 강하게 나타나고 있다. 그러나 그의 상당법어와 대중법어 및 그가 쓴 여러 선승들의 행장[18] 속에는 선승으로서의 이미지가 또렷이 드러나고 있다. 이것은 어느 쪽에 좀 더 오랜 기간을 전력투구했느냐와 자기 정체성을 부여했느냐에 따른 이미지 때문이다.

---

18) 탄허는 당대의 학승이자 문장가로서 평가받았던 만큼 상당수의 碑銘과 墓文을 지었다. 스승 漢巖大宗師浮屠碑銘幷序를 비롯하여, 智庵, 金烏, 靑潭, 廳雨, 春性, 京山, 秋潭大宗師의 舍利塔碑 및 海眼凡夫之碑, 妙喜比丘尼塔碑, 端宗大王碑, 高起業先生墓碣銘, 朴學年先生墓表 등을 지었다. 이들 문장들은 그의 법어집인『방산굴법어』에 실려 있다.

그러므로 이들의 가풍이 만나는 지점에서 두 사람 살림살이의 공통점이 드러나게 될 것이다. 두 사람의 외형적 이미지는 선사와 강사로 대비되지만 한암에게도 강사의 모습이 있었고 탄허에게도 선사의 모습이 있었다. 두 사람 모두가 선과 교를 둘로 보지 않았고 선학과 경학을 소홀히 하지 않았다. 이들은 선과 교의 가풍을 몸소 실현하며 살았다. 때문에 이들 두 사람을 선사나 강사 어느 하나의 모습으로 얽어매기는 쉽지 않다. 생사관에 있어서나 해탈관에 있어서 마찬가지라고 할 수 있다.

1. 한암의 일발 선풍

한암은 어린 시절 서당에 다니면서부터 이미 세계의 근원에 대한 문제의식이 싹텄던 것으로 보인다. 서당에서 중국 역사책인『사략』을 읽다가 훈장에게 "태고에 천황씨가 있었다"로 시작되는 첫 구절을 보다가 "그렇다면 천황씨 이전에는 누가 있었습니까"라는 질문을 했다. "천황씨 이전에는 반고씨라는 임금이 있었지"라는 훈장의 답변에 "그렇다면 반고씨 이전에는 누가 있었습니까"라고 집요하게 물음을 던졌다. 하지만 이러한 물음은 가난한 집안에서 살면서 곧 잊혀져 버렸다.

스무 살이 넘어 결혼문제가 오고가는 와중에서 "돈이 없는 사람은 살아가기 어렵구나"라는 현실적인 문제의식이 출가를 재촉했다. 결국 22살이 되자 강원도 내금강 장경봉 아래의 장안사로 가서 금월 행름(錦月行凜) 노사를 은사로 하여 머리를 깎았다. 이후 한암은 1) 자기마음의 진성(眞性)을 찾아보자, 2) 부모의 은혜를 갚자, 3) 극락으로 가자라는 세 가지 맹세[19]를 하며 출가하였다. 이 중에서도 특히 첫 번째의 '자기 마음의 진성'을 찾기 위해 그는 다섯 차례의 깨달음의 전기를 통해 확철대오 하였다.

한암은 일생을 선사로서만이 아니라 율사로서의 위의를 보여주었다. 율사는 지계 정신으로 표현되는 출가 정신이 투철하게 배어 있는 존재를 일컫는다. 한암은 자신이 평생에 걸쳐 쓴 글을 모아 '일발록'(一鉢錄)이라고 제목을 붙였다. 바로 이 제목을 통해 한암 가풍의 궁극적 지향을 추정해 볼 수 있다. '일발'(一鉢)이란 인도 근본불교의 율장 이래 분소의(糞掃衣)와 걸식(乞食)과 수하주(樹下住)와 진기약(陳棄藥, 腐爛藥) 등과 같은 '네 가지 의지해야 할 법'[四依法] 가운데에서 출가자에게 주어졌던 최소한의 소유물이다. 이것은 발우 하나를 들고 맨발로 걸식하며 사는 출가수행자의 불소유(不所有) 혹은 무소유(無所有)의 투철한 수행정신을 상징적으로 보여주고 있다.

또 선종사에서 '일발'은 수행자의 최소한의 소유와 중국 이래 심인(心印) 전수(傳受)의 상징, 그리고 선가의 선농일치(禪農一致) 정신을 보여주는 기호이다. 나아가 일발의 정신은 "하루 일하지 않으면 하루 먹지 않는다"[一日不作 一日不食]는 백장 청규(百丈淸規)를 온전히 드러내는 상징이기도 하다. 때문에 한암이 몸소 자신의 어록 제목을 '일발록'이라고 명명한 대목에서 우리는 그의 의도와 지향을 읽어낼 수 있다. 그는 일발의 가풍을 평생 표방했고 그렇게 살아왔던 것으로 평가되기 때문이다.

이러한 점을 뒷받침하는 예는 여러 가지가 있다. 그는 원로이자 고승임에도 불구하고 여타의 고승처럼 독방살이를 하지 않고 평생을

19) 呑虛, 「現代佛敎의 巨人」『漢巖一鉢錄』(서울: 민족사, 1996), p.451.

대중방에서 대중들과 함께 생활하였다고 전한다. 이는 한암이 특히 강조한 참선(參禪), 염불(念佛), 간경(看經), 예식(禮式), 가람수호(伽藍守護)의 승가오칙(僧伽五則)과 선원규례(禪院規例)에도 잘 나타나 있다. 승가오칙은 승가를 유지하기 위한 가장 기본적인 준칙이며 선원 규례 역시 선원 운영과 유지에 대한 규범이다. 이 두 규칙은 지계정신과 공동체정신을 아우르고 있는 출가정신을 잘 담고 있다. 이 규칙을 몸소 제정한 한암은 중국 간화선의 정초자인 대혜 종고(大慧宗杲)처럼 '조석예불'과 '대중운력' 등을 대중들과 함께 하며 살았다.

또 봉은사 조실로 머물다가 오대산 상원사로 들어서면서 "차라리 천고에 자취를 감춘 학이 될지언정 삼춘에 말 잘하는 앵무새(의 재주는) 배우지 않겠다"[20]고 포효한 일할(一喝)에서도 잘 나타나고 있다. 이 포효는 언어의 세계를 넘어선 선법을 상징하는 '자취를 감춘[藏蹤] 천고의 학'과 언어의 세계로 드러낸 교법을 상징하는 '말 잘하는[巧語] 삼춘의 앵무새'와 함께 그가 평생 보여주었던 율사로서의 모습을 보여주고 있다. 제자 탄허와 함께 오대산 상원사에 강원도 삼본사 수련소를 건설하여 보여준 '수련'의 솔선수범과 마지막 상원사의 전소를 막기 위해 보여준 '좌탈입망'(坐脫入亡)의 위의 역시 그러했다.

그는 스승 경허의 평가대로 '질직한 성품'[性行質直] 그대로 살았고, '고명한 학문'[學問高明]의 분위기 속에서 평생을 살았다.[21] 이

---

20) 吞虛,「漢巖大宗師浮屠碑銘并序」앞의 책, p.442. "又自誓曰: 寧爲千古藏蹤鶴, 不學三春巧語鸚, 入于五臺山, 二十七年, 不出洞口而終焉, 享年七十六, 法臘五十四也."

21) 스승 경허는 제자 한암에 대해 "성품과 행동이 꾸밈없이 곧고 묻고 배움이 높고 밝았다. 일년을 같이 지내는 동안에도 평생에 처음 만난 사람같이 생각되었다"며 다음과 같은 餞別詩를 보내었다. 鏡虛,「與法子漢巖」『鏡虛集』(『韓佛

러한 한암의 가풍은 그의 문하에서 영향을 받은 수좌들에게서 '수졸'(守拙)의 살림살이로 평가되고 있다. 그것은 지나치거나 과장하지 않은 질박함[拙]이었으며 더 이상의 무엇을 바라지 않고 스스로 처해 있는 분복[分福]에 만족하는 것이었다. 스승 경허에 대한 세간의 평가에 대해 '비법'의 상대로서의 '법'을 넘어서 '묘법'으로 열어감으로써 살려내고 있는 대목에서도 그러했다.

> 법(法)에 의지한다는 것은 진정한 묘법(妙法)에 의지한다는 것이다. 사람에 의지하지 않는다는 것은 율의(律儀)와 비율의(非律儀)에 의지하지 않는다는 것이다. 또한 의지한다는 것은 스승으로 모시고 본받는 것이며, 의지하지 않는다는 것은 얻음[得]과 잃음[失], 옳음[是]과 그름[非]을 보지 않는 것이니 도를 배우는 사람은 필경에는 법도 능히 버리거늘 하물며 사람의 얻음과 잃음, 옳음과 그름이겠는가.[22]

'비법'의 상대로서의 '법'에 의지한다는 것을 넘어 '묘법'에 의지하는 것으로 돌파해 간 한암은 당시의 부정적 세평과 달리 법화와 행리의 기호를 통해 스승을 살려내고 있다. 즉 스승 경허 화상의 '깨친 진리'[法化]를 배우는 것은 옳지만, 화상의 '행한 자취'[行履]를 배우는 것은 옳지 않다'고 활로를 열고 있는 것이다. 다시 말해서 한암은 "사

全』제11책, p.639상). "북쪽 바라를 높이 나는 붕새 같은 포부[捲將窮髮垂天翼]/ 변변치 않은 데서 몇 해나 묻혔던가[謾向搶揄且幾時]/ 이별은 예사라야 어려운 게 아니지만[分離尙矣非難事]/ 뜬 생이 흩어지면 또 볼 기회 있으랴[所慮浮生渺後期]." 그러자 한암은 다음과 같은 화답시를 보내었다. 呑虛, 「漢巖大宗師浮屠碑銘幷序」 『漢巖一鉢錄』(서울: 민족사, 1995; 1996, 개정증보판). "서릿 국화 눈 속 매화 겨우 지나갔는데[霜菊雪梅纔過了]/ 어찌하여 오랫동안 모실 수가 없는지요[如何承侍不多時]/ 만고에 변치 않는 마음의 달 비치는데[萬古光明心上月]/ 뜬 세상 뒷날을 또 기약하여 무엇하리[一朝掃盡世間風]."

22) 漢巖, 「先師鏡虛和尙行狀」 『漢巖一鉢錄』(서울: 민족사, 1996), p.321.

람에 의지하지 않는다"는 것을 "율의와 비율의에 의지하지 않는 것"으로 해명함으로써 "스승 경허의 법화에 의지해야 할 것이지 율의와 비율의의 행리에 매이지 말 것"을 역설했던 것이다.

경봉 정석(鏡峰 靖錫, 1892~1982)과 서신을 교환하며 보여주었던 '흉금'(胸襟)과 '파예'(把拽)의 기호 역시 그러했다. 자신의 살림살이는 자신의 가슴(마음)에서 우러나오는 자기의 목소리로 나타나야만 하는 것이다. 그것은 오직 자신이 몸소 부딪치고 깨어지면서 터득한 것일 때 비로소 자신의 뼈가 되고 살이 되고 피가 되고 정신이 되는 것이다. 그렇지 못하면 평생 동안 남의 보배만 세거나 남의 가래침만 핥다가 세월을 죽이게 되고 마는 것이다.

경봉의 은사인 성해(聖海)사숙에 대한 찬에서 암두와 설봉의 대화를 인용하면서 한암은 자신의 가슴 속에서 우러나온 활발발한 언어를 보여주고 있다.

> 암두(巖頭)가 할을 하면서 말하였다: "그대는 듣지 못했는가. 문으로 좇아 들어오는 것은 집안의 보배가 아니니라." 설봉(雪峰)이 말하였다: "다음날 큰 교법을 퍼뜨리고자 한다면 일일이 자기의 가슴[胸襟]에서 나와야 나와 더불어 하늘과 땅을 덮으리라." 설봉이 이 말을 듣고 크게 깨달았다 한다.[23]

암두와 설봉의 거량은 단지 두 사람의 거량에만 그치지 않는다. '명월흉금'(明月胸襟)이란 문으로 좇아 들어오는 것이 아니라 자신의 가슴에서 우러나오는 밝은 달이다. 이러한 달일 때 비로소 자신의 보배가 되고 자신의 살림살이가 되는 것이다. 한암은 오대산에 들어가며

---

23) 釋明正 편, 『火中蓮花消息』(서울: 미진사, 1984), pp.37~40.

자신의 가슴 속에서 "차라리 천고에 자취를 감춘 학이 될지언정, 삼춘에 말 잘하는 앵무새의 재주는 배우지 않겠다"는 활발발한 언어를 토해 내었다. 이후 이 언표는 그의 '장종'과 '교어'를 아우르는 일반선의 가풍으로 자리잡았던 것이다. 또 파예의 기호도 같은 맥락 속에 있다.

> 석공(石鞏)화상이 마조(馬祖)화상에게 참례하여 법을 얻은 뒤 삭발을 하고 시봉할 때였다. 하루는 부엌에서 일을 하다가 문득 하던 일을 잊고 망연히 앉아 있었다. 마조가 물었다: "여기서 무엇을 하고 있는가?" (석공이 말하였다:) "소를 먹이고 있습니다." (마조가 물었다:) "소를 먹이는 일은 어떻게 하는가?" (석공이 말하였다:) "한 번이라도 소가 풀밭에 들어가면 고삐를 끌어당깁니다[把拽]." (마조가 말하였다:) "네가 소를 잘 먹일 줄 안다." 여기서 '파예' 두 글자를 자세히 알면 오후(悟後)의 생애를 남에게 물을 필요가 없습니다.

마조와 석공의 거량 역시 단지 두 사람의 거량에만 그치지 않는다. '파예'(把拽)란 소가 풀밭에 들어가면 고삐를 당기는 것을 말한다. 그래서 진정한 고수는 파예를 잘 알아야 소를 잘 먹일 줄 아는 것이다. 하여 이 뜻을 잘 알게 되면 깨달음 이후의 생애를 남에서 물을 필요가 없게 되는 것이다. 여기서 소가 풀밭에 들어갔을 때를 잘 알고 끌어당길 때를 잘 안다는 것은 자신의 마음자리를 자유자재로 부릴 줄 아는 것을 의미한다. 한암은 마조와 석공 사이에서 이루어진 '파예'를 통해 자신의 살림살이를 보여주었던 것이다.

그리고 자기의 가슴에서 우러나와야 하는 밝은 달빛 같은 '홍금'의 소식과 풀밭에 들어간 소의 고삐를 당기는 '파예'의 소식은 유수한 선사들의 일상을 말한다. 한암이 보여준 평생의 살림살이 역시 '자기의 가슴에서 우러나온' 활발발한 언어였다. 그가 나아가야 할 때와 물러나야 할 때를 정확히 알며 보여준 '고삐를 당기는 중도 지혜'는 그의 가풍을 명료하게 보여주고 있다. 그러므로 '흥금'과 '파예'는 그의 일발선풍을 떠받치고 있는 두 기호가 된다.

이 '흥금'과 '파예'의 기호를 통해 한암은 천고 속으로 '물러나며'[藏蹤] 참여할 수 있었고, 삼춘 밖으로 '나아가며'[巧語] 침묵할 수 있었다. 바로 이 흥금과 장종 및 파예와 교어를 아우르며 '침묵'과 '참여'로 나아간 살림살이를 우리는 한암의 일발선풍이라고 할 수 있을 것이다. 그는 무소유 혹은 불소유를 나타내는 '일발의 선풍'을 견지함으로써 나아가면서 물러갈 수 있었고, 물러나면서 나아갈 수 있었다.[24)]

그것은 한암이 나아감과 물러남이라는 것에 대해 실체적 형태로서 얽매이지 않았기에 가능했던 것이다. 한암의 역동적인 현실 인식은 나아감과 물러남을 이항 대립적으로 여기지 않았던 것에서도 확인할 수 있다. 오대산에 들어가서도 역사에 참여하기 위해 『불교』지 등에 글을 투고한 것이나, 한양의 봉은사에 있을 때도 참선 수행과 기근 구제의 교화를 놓지 않았던 것[25)]에도 확인된다.

이처럼 한암의 가풍은 물러나되 그것이 물러남으로 끝나지 않고 나아가며, 나아가되 그것이 나아감으로 끝나지 않고 물러나는 역동

---

24) 高榮燮, 「漢巖의 一鉢禪」앞의 책, p.103.

25) 한암이 봉은사 조실로 잠깐 있을 때에 홍수가 나서 수천 명의 이재민이 기근에 허덕이는 것을 보고 주지 羅晴湖 스님에서 지시하여 봉은사 식량으로 이들을 구하게 하였다. 또 봉은사를 떠나려 하자 나청호 주지가 머물러 줄 것을 간절히 청하자 다음과 같은 한 편의 시로서 화답하면서 오대산으로 들어가는 지점에서도 확인된다. 마음으론 북쪽 금강산을 생각하면서[回首北望金剛山]/ 몸은 지금 한양 한강 가에 있도다[身在當年漢水濱]/ 주장자에 눈이 있어 밝기가 태양 같아서[杖頭有限明如日]/ 천지에 싹 나기 이전을 비추어 깨뜨리네 [照破乾坤未萌前].

적인 일발의 선풍 위에서 응축되고 확산되었다. 이것은 '일발'이라는 무소주, 무집착, 무소유의 지향으로 생평을 살았기에 가능한 일이었다. 그런데 논자의 이러한 관점이 한암의 일발선풍이라면 그것은 '영악함이라고 오히려 되치기 당할지도 모르겠다'[26]는 평가가 있었다. 하지만 이렇게 평가하는 태도 역시 '물러남'과 '나아감'이라는 것을 실체시하기 때문에 생겨난 것으로 볼 수밖에 없다.

한암은 스승 경허와 헤어질 때와 오대산에 들어갈 때를 정확히 알았다. 아울러 교정과 종정으로 참여할 때와 상원사를 소각으로부터 구할 수 있는 때를 알았다. 그리하여 참여할 때와 침묵할 때를 안 그는 한국불교의 오대산의 기백을 살리고 한국불교의 자존을 살렸다. 그것은 오직 그가 '무소유' 혹은 '불소유'라 할 수 있는 '일발의 선풍'을 생평 내내 견지했기 때문에 가능했던 것이라고 할 수 있다.

이처럼 '가슴에서 우러나온 자기 집안의 보배'[胸襟]를 통해 '나아갈 때와 물러날 때를 정확히 안 지혜로운 한암의 걸음걸이'[把拽]에서 기백과 자존이 확보될 수 있었던 것이다.[27] 그리고 역사를 향한 참여와 수행을 향한 침묵의 역동적인 모습으로 표출된 한암의 일발(一鉢) 선풍은 탄허의 향상일로(向上一路) 선풍으로 이어졌다고 할 수 있을 것이다.

2. 탄허의 향상일로 선풍

탄허는 어린 시절부터 한학과 유학을 공부하기 시작하였고 스무

---

26) 박재현, 「한암의 일발선 논평」『한암사상』 제2집, p.109, 2007, 한암사상연구원.
27) 高榮燮, 「한암의 일발선」, p.103.

살이 되기 전에 이미 사서 삼경을 비롯한 여러 동양고전을 독파했다. 하지만 '문자 밖의 소식'인 도(道)의 본체를 얻고자 오대산 상원사에 주석하는 한암과 3년에 걸쳐 약 스무 차례의 서신을 보내면서 불교와 유교의 본질에 대한 질문을 주고 받았다.[28]

거기에서 탄허는 도는 주관과 객관의 차별을 떠나 있는 것이므로 취함과 버림[取捨], 얻음과 잃음[得失], 고요함과 시끄러움[靜閙], 진실과 방편[眞俗] 등에 얽매일 것이 없다는 한암의 가르침을 받았다. 나아가 한암의 "마음달이 서로 비추었으니 묵묵히 있음은 옳지 않기에 문장을 엮어 보내니 받아보고 한번 웃을지로다"[29]라는 답변은 탄허에게 큰 울림을 주었던 것으로 보인다.

그 뒤 탄허는 한암의 인품과 사상과 수행에 매료되어 오대산으로 출가하였다(1934.10.15). 출가 이후 그는 약 3~4년 동안 문자를 떠나 있었다. 오래지 않아 한암은 "도가 문자에 있는 것은 아니지만 글을

---

28) 한암문도회, 『한암일발록』(서울: 민족사, 1996), pp.217~218. "보내온 글을 자세히 읽어보니 족히 道에 향하는 정성을 보겠노라. 장년의 호걸스러운 기운이 넘쳐서 業을 지음에 좋은 일인지 나쁜 일인지도 모를 때에 능히 장부의 뜻을 세워 위없는 道를 배우고자 하니, 숙세에 심은 善根이 깊지 않으면 어찌 능히 이와 같으리요. 축하하고 축하하노라. 그러나 道가 본래 천진하면 方所가 없어서 실로 가히 배울 게 없다. 만일 道를 배운다는 생각이 있다면 문득 道에 迷함이 되나니, 다만 그 사람의 한 생각 진실됨에 있을 뿐이다. 또한 누가 道를 모르리오마는, 알고도 실천을 하지 않으므로 道에서 스스로 멀어지게 되나니라.……"
29) 한암문도회, 『한암일발록』(서울: 민족사, 1996), p.220. "보내온 글을 두 번 세 번 읽어보니 참으로 좋은 일단의 문장이요, 필법이라. 구학문이 파괴되는 때를 당해서 그 문장의 機權과 의미가 어찌나도 부처님 글처럼 매력이 넘치던지 먼저 보내온 글과 함께 산중의 寶藏으로 여기겠노라. 公의 재주와 덕행은 비록 옛 성현이 나오더라도 반드시 찬미하여 마지않을 것이니, 있어도 있는 듯하고 차 있어도 비어 있는 듯이 노력하니, 어느 누가 그 高風을 景仰하지 않겠는가. 衲子가 평소에 吟詠은 하지 않지만 이미 마음달이 서로 비추었으니 묵묵히 있음은 옳지 않기에 문장을 엮어 보내니, 받아보고 한 번 웃을지로다."

아는 사람은 일단 경을 보아야 한다"[30]며 몇 번인가 경전을 보도록 권고하였다. 한암은 탄허의 성장을 위해서 반드시 부처님의 경교와 조사의 말씀을 볼 것을 권하였다. 이후 탄허는 불도유 삼교의 전 분야를 넘나들며 자유롭게 '강론'(講論)하고 '역경'(譯經)하면서 한암의 가풍을 이었다.

탄허의 『방산굴법어』에는 그 자신만의 독자적 가풍이 드러나 있다. 그것은 그가 즐겨 쓴 휘호이자 자신의 주석처인 방산굴에 걸어 놓은 '향상일로'(向上一路)라는 일구로 표현된다. 이 구절은 탄허의 살림살이를 보여주는 기호이며 그의 법어에서 또렷하게 드러나는 목소리이다. 그는 '향상일로'(向上一路)의 선풍으로 자신의 살림살이를 지속적으로 보여주었다.

또 탄허는 자신의 주석처를 '방산굴'이라 했고, 문도들이 그의 법어집을 '방산굴법어'라고 붙인 것 역시 평소 화엄의 대의를 가장 잘 드러내었다고 평가받는 이통현(李通玄, 635~730, 646~740)의 화엄사상을 잇겠다는 탄허의 의지를 존중하여 그렇게 한 것으로 보인다. 일찍이 보조 지눌은 『서장』을 벗을 삼고 통현의 『신화엄경론』을 스승 삼더니 결국 이를 요약하여 『화엄론절요』를 펴내며 선교일원을 도모했었다.

한암 역시 보조의 가풍을 존중하여 『금강경』과 『육조단경』 및 『보조법어』(상원사판) 등의 현토본을 간행해 내었다. 탄허 역시 선법과 교법을 둘로 보지 않으려 했던 한암의 지향과 일치된다. 탄허가 한암의 부촉을 받아 『신화엄합론』(47책)을 비롯하여 선교 전적 총 16부

---

30) 한암문도회·김광식, 「事理에 밝으신, 전무후무한 스님」『그리운 스승님』(서울: 민족사, 2006), p.73.

75책(권)을 번역한 것도 같은 맥락에서 이해할 수 있다. 그리고 바로 이 지점이 한암의 일발 선풍과 탄허의 향상일로 선풍이 만나는 접점이 된다.

달마대사가 소림사에 주석하고 있을 때, 그의 제자들에게 말하였다: "너희들은 각자가 체득한 불법의 경지를 말해 보도록 하라!"

도부(道副)가 말하였다: "제가 체득한 깨달음의 경지는 문자를 세우지 않으나, 또한 문자를 여의지 않는 것으로써 불도의 방편적인 지혜의 작용을 삼고자 합니다."

달마대사가 말하였다: "그대는 나의 가죽을 얻었도다."

총지(總持)비구니가 말하였다: "저의 견해는 마치 아난이 아촉불의 나라를 한 번 본 뒤에는 두 번 다시 보지 않은 것과 같습니다."

달마대사가 말하였다: "그대는 나의 살을 얻었도다."

도육(道育)이 말하였다: "사대가 본래 공하고 오음이 있는 것이 아닙니다. 저의 견해를 볼 때 한 법도 얻을 것이 없나이다."

달마대사가 말하였다: "그대는 나의 뼈를 얻었도다."

마지막으로 혜가(慧可)가 달마대사 앞으로 나와서 절을 세 번 하고서 물러갔다.

달마대사가 말하였다: "그대는 나의 골수를 얻었도다."

오늘 이 자리에 모인 사람 가운데 설령 어떤 이가 앞으로 나와서 30번 절을 한다 할지라도 감히 말하건대 오히려 달마의 골수를 얻지 못했다고 할 것이다. 어째서인가. 그때나 지금이나 같구나. 한 번 말해 보라. 예전과 지금이 같은가? 다른가? 같고 다른 것은 그만두고 어떤 것이 달마의 참다운 면목인가? (한참 후 이르시기를)

몇 가닥 푸른 물이 바위 앞으로 흘러가고
한 조각 흰 구름이 산 밖으로 난다
쯧! 쯧! (주장자를 던지고 법상에서 내려가셨다.)[31]

이 상당법어에서처럼 탄허의 법어에는 역대 전등 제대 조사들의 법어들이 거량되고 있다. 가죽과 살과 뼈와 골수로 증폭되는 이들 선종의 키워드는 달마 선법의 클라이막스라 할 수 있다. 그런데 탄허의 상당법어는 달마 선법의 클라이막스에서 '한 걸음을 더 나아가고' 있다. 탄허는 달마 선법의 메시지에 머물 것이 아니라 바로 지금 여기 자기 자신의 목소리를 열어젖혀야 함을 역설하고 있다.

탄허는 먼저 대중들에게 해당 거량을 소개한 뒤에 언제나 그들의 이야기에 떨어지거나 안주하여 지금의 수행자들이 자신의 지혜 작용을 상실하는 일이 없어야 한다며 철저한 향상일로의 교육정신을 제시하고 있다. 탄허의 상당법어와 대중법어는 한결같이 수행자들에게 어떠한 부처나 조사의 설법이라도 법문의 내용이나 언어 문자, 그리고 부처나 조사의 권위에 떨어지지 말고, 항상 지금 여기서 자기 향상(向上)을 이루는 깨달음의 생활이 되도록 설하고 있다.[32]

바로 이와 같은 탄허의 향상일로의 법문은 수행자들 각자가 깨달음의 지혜와 안목으로 자기 향상을 이루는 상구보리의 실천이며,『반야경』에서 설하는 무주(無住)와 무상(無相)의 사상을 지금 여기 자기 자신의 보살도를 구체적으로 실천하는 일과 하나가 된 경지[三昧]에서 실행하는 선의 생활[33]이라고 할 수 있다. 이는 곧 백척간두에서도 한 걸음을 더 나아가는 향상일로의 선풍이며 탄허 살림살이의 백미라고 할 수 있다.

탄허의 법어에서 강조되고 있는 것은 선의 본령인 바로 '지금 여기'

---

31) 呑虛,『方山窟法語』(평창: 월정사, 2003), pp.26~28
32) 鄭性本,「呑虛禪師의 禪思想 考察」『呑虛禪師의 禪敎觀』(서울: 민족사, 2004), p.72.
33) 鄭性本, 위의 글, 위의 책, p.72.

이다. 시간과 공간을 넘어선 불법은 언제나 지금 여기 자신의 일심에서 전개되고 있는 것이다. 본래심인 일심은 달마의 골수를 대상화하여 얻겠다고 하는 것과는 다른 것이다. 그러한 차별과 분별을 넘어선 본래자리가 바로 '지금 여기'인 것이다. 탄허는 달마가 설법하고 있는 시공과 자신이 설법하고 있는 시공이 같은지 다른지는 '그만두고' 바로 '어떤 것이 달마의 참다운 면목인가'를 묻고 있는 것이다. 바로 남의 언어가 아니라 '자기 자신의 언어'를 묻고 있는 것이다.

이처럼 탄허는 각자가 언제나 불법의 근본문제인 본분사를 체득하고 있는지 되묻고 있다. 그리고 불법의 지혜 작용은 언제나 현실 생활 속에서 실행되어야 함을 역설하고 있다. 생사를 벗어나 해탈에 이르는 길을 제시하는 불법은 언제 어디서나 '지금 여기'에서 자신의 일을 통해서 실행되어야 하기 때문이다. 그것은 이전보다 '향상'된 단계로 나아가는 '일로'(一路)의 선풍으로 표출되고 있다. 한암의 '참여'와 '침묵'이 만날 수 있는 길이 '일발'(一鉢)에 있었듯이 탄허에게는 '지금'과 '여기'가 만날 수 있는 길은 '향상일로'에 있었다

이 모두가 '일발' 정신의 깨어있음과 '향상일로' 정신의 깨어있음에서 만날 수 있었던 것이다. 따라서 향상일로를 역설하는 탄허의 선풍은 불소유 혹은 무소유에 기초한 한암의 활발발한 일발 선풍을 잇고 있다고 할 수 있다.

IV. 한암과 탄허 가풍의 부동처

앞에서 살펴온 것처럼 불교의 궁극적 지향은 무명으로부터 비롯

된 업식과 그것으로 인한 고통을 벗어나는 것이다. 때문에 생사관과 해탈관은 곧 불교 세계관의 다른 이름이라고 할 수 있다. 하여 한암과 탄허의 해탈관과 생사관의 부동처에서 이들 두 사람의 가풍의 독자성이 드러나게 될 것이다.

1. 한암의 해탈관

삶과 죽음을 바라보는 생사관은 삶과 죽음의 과정을 벗어나는 해탈관이기도 하다. 해탈은 생사가 있기에 가능하며 생사는 해탈이 있기에 의미 있는 것이다. 때문에 생사와 해탈은 서로의 통로를 통해 하나의 지평이 될 수 있는 것이다. 붓다 역시 생사관을 해탈관으로 열어젖히기 위해 출가하여 성불한 존재이다. 따라서 붓다의 제자들인 우리 역시도 붓다의 해탈관과 생사관을 기초로 우리의 삶을 일구어갈 수밖에 없다.

불제자인 한암 역시 자신의 생사관 혹은 해탈관을 자신의 글 속에서 보여주고 있다. 한암의 대표적 시가인 「참선곡」에는 삶과 육신에 대한 그의 인식이 투영되어 있다.

> 몸뚱이는 송장이오/ 망상번뇌 본래 없네/ …… 홀연히 깨달으면/ 본래 생긴 나의 부처/ 천진면목 절묘하다/ 희도 않고 검도 않고/ 늙도 않고 젊도 않고/ 크도 않고 적도 않고/ 나도 않고 죽도 않고/ 일체 名相 다 여의어/ 활짝 열려 막힘 없네…… 시간이 무상하여/ 늙는 것만 재촉하니/ 서산 해 다 저문 때/ 후회한들 무엇하나/ 푸줏간에 가는 소가/ 자욱자욱 / 死地로세/ 세월이 무정하여/ 백년이 잠시로다/…… 참선 잘한 저 도인은/ 앉아 죽고 서서 죽고/ 마음대로 자재하니/ 나도 어서 정

진하여/ 섣달 그믐 당하거든/ 극락왕생 하여보세/[34]

신해년 건봉사 만일암의 선원에서 지전(持殿) 소임을 맡고 있던 하담(河談)의 요청에 의해 지은 「참선곡」에는 한암의 수행과 제접의 진면목이 깊이 반영되어 있다. 지수화풍 사대(四大)와 그것들의 화합으로 이루어진 우리 몸뚱이[四大所造色]는 인연이 다 하면 해체되어 송장이 되어 버린다. 때문에 모든 존재는 뭇 인연의 화합에 의해 이루어지고[衆緣和合所生] 그 인연의 해체에 의해 사라지기에 실체적인 것이 아닌 것이다. 망상 번뇌 역시 실체가 아니며 본래부터 있던 것이 아니듯이 태어나고 늙고 병들고 죽는 유기체의 일상적 삶 역시 실체가 아닌 것이다.

때문에 생로병사하는 우리의 현실에 대한 정확한 자각과 대비가 없으면 필경 후회하게 되며 그 후회는 돌이킬 수 없는 결과를 가져오게 되는 것이다. 한암은 존재에 대한 무상과 무아의 분명한 인식 위에서 우리들이 할 일은 참선이며 참선을 잘하는 도인이 되어야만 생사로부터 자유자재 할 수 있다고 말하고 있다. 한암은 이 「참선곡」에서 참선수행만이 우리들의 일대사 숙제인 생사로부터 벗어나 깨달음에 도달할 수 있는 지름길임을 강조하고 있다.

육신을 송장이라고 여겨 크게 집착하지 않았던 한암의 인식은 상원사에서 보여준 좌탈입망의 모습에서 잘 드러나고 있다. 한암이 보여준 이 같은 생사 일여의 경계는 평소 선사와 율사의 모습으로서 마음의 생멸에 대해 단호하게 언급한 대목에서도 확인되고 있다.[35] 탄

---

34) 漢巖, 「參禪曲」『漢巖一鉢錄』(서울: 민족사, 1995, 수정판 1996). pp.163~177.
35) 이재창, 「오대산의 맑은 연꽃」『漢巖一鉢錄』(서울: 민족사, 1995, 수정판 1996), p.471. 漢巖門徒會.

570

허는 6·25 전년인 기축년에 난리가 일어날 것이라며 며칠째 상원사에서 이사 가자는 운동을 벌였지만 한암은 못 가겠다고 했다. 그러면서 한암은 농담삼아 탄허에게 이렇게 얘기했다.

> 야, 옛날 말에도 있지 않나. 일지 일지 글이나 읽지, 이지 이지 집이나 이지, 삼지 삼지 신이나 삼지, 사지 사지 사는데 사지.[36]

'사지 사지 사는데 사지'라는 이 말은 한암이 남행을 거부하기 위해 한 이야기로 읽힌다. 하지만 이 말을 하는 한암의 내면 속에는 이미 남행을 하지 않겠다는 확고한 마음이 있었던 것임을 알 수 있다. 결국 6·25 전쟁이 일어났고 한암은 포화가 휘몰아치던 상원사에서 '앉아서 죽겠다'[坐而當死]는 자세로 상원사의 전소를 온몸으로 막아내었다. 죽음 앞에서 이렇게 단호하게 처신한 한암의 생사 이해는 자기가 배운 역학의 원리에 의거하여 곧 난리가 날 것을 예감하고 자신이 번역한 원고를 삼척의 영은사로 옮기고 스스로 통도사 백련암으로 남하한 탄허와는 대비된다.

물론 한암은 이미 80을 바라보는 노화상이고 아직 탄허는 이제 갓 마흔을 바라보는 살 날이 많고 할 일이 많은 중년의 출가수행자인 점은 충분히 고려해야 될 것이다. 하지만 탄허는 두 차례의 남행을 실행했고 오대산의 비구-대처 분쟁 직전에도 영은사로 원고를 옮기고 몸을 옮겨갔었다. 다행히 원고는 화재를 면할 수 있었고 분쟁이 끝나자 탄허는 오대산으로 복귀했다. 이와 달리 한암은 철저히 오대산과 생사고락을 함께 했다.

---

36) 탄허, 『피안으로 이끄는 사자후』, pp.161~162.

나는 숨만 붙어 있는 송장과 껍데기이니, 차라리 나와 건물을 함께 불질러라.[37]

이는 당시 제1군단과 경찰들이 한암을 다른 곳으로 옮기고, 상원사를 전소시킬 계획으로 세 차례나 가마를 보냈을 때 한암이 이를 거부하면서 남긴 말이다. 당시 군과 경찰은 상원사 문짝 120여개를 뜯어서 불을 지르고, 상원사 전체도 전소시켜 인민군의 근거지가 되는 것을 차단하기 위한 대책을 강구하려 했으나 뜻을 이루지 못하였다. 이러한 정황에 대한 또 다른 기록은 당시 상원사 소각의 책임 소대장이었던 소설가 선우휘(鮮于煇, 1922~1986)의 『상원사』라는 소설에도 잘 나타나 있다.

해방이 되고 1950년 6·25사변이 났다. (그 뒤 1951년) 1·4후퇴 때였다. 오대산 내의 모든 승려는 남쪽으로 피난을 떠났다. 그러나 한암만은 시자 두세 명과 함께 상원사에서 한 발짝도 움직이지 않았다. 1·4후퇴 직전 월정사와 상원사를 포함한 오대산 내의 모든 사암과 민가들이 우리 국군의 작전상 소각의 대상이 되었다. 적군이 머무를 수가 있기 때문이었다. 당시의 이야기, 야밤에 대원들을 이끌고 상원사를 찾아온 장교는 "절을 소각한다"고 알렸다. 한암은 "잠깐 기다리"라 이르고 방에 들어가 가사와 장삼으로 갈아입고 나와 법당으로 들어가 불상 앞에 정좌하고 난 뒤 합장하며, 장교에게 "이제 불을 질러도 좋다"고 말하였다. 장교는 놀라면서 "스님 이러시면 어떡합니까?"라고 말하자, 한암은 "나는 부처님의 제자요. 부처님은 이런 경우 이렇게 하라고 말씀하셨소. 당신은 어서 불을 지르시오"라며 조금도 자세를 흐트러트리지 않았다. 그 장교는 한암의 인격과 거룩한 모습에 압도되고 감동이

---

37) 탄허와 함께 재차 한암을 남쪽으로 모시러 갔던 김희태의 증언이다. 김광식, 앞의 글, 앞의 책, p.280, 주79) 참고.

되어 한참을 생각하다가 제 나름으로 결단을 내렸다. 그는 부하들에게 명령하여 법당의 문짝만을 떼어내 마당에서 불사르게 하고는 그대로 돌아가 버린 것이다. 이로 인해 상원사는 소실을 면했고, 가장 오래된 동종인 국보 36호인 상원사 동종도 살아남을 수 있었던 것이다.[38]

당시의 정황을 정확히 전하는 기록이 많지 않다. 하지만 위의 대목에는 불제자가 죽음 앞에서 어떻게 하는 것이 불자의 길인지에 대한 한암의 생사 이해와 해탈 인식이 투영되어 있다. 여기에는 한암이 몸소 보여준 '나는 "부처님의 제자"라는 투철한 인식, 그리고 "부처님은 이런 경우 이렇게 하라"고 말씀하셨다는 불교에 대한 철저한 신뢰, "당신은 어서 불을 지르시오"라는 생사일여의 자세가 드러나 있다.

여기에서 우리는 한암의 해탈관 혹은 생사관을 읽어낼 수 있다. 실제적인 죽음의 상황 앞에서도 당당했던 한암의 태도는 비실체적 세계관을 제시하고 있는 불교의 가르침을 온몸으로 체화하여 사는 이였기에 가능한 것이었다. 그런데 이것은 죽음을 옷을 갈아입는 것으로 여기고 떠날 때를 알고 기꺼이 맞이하는 선사들과는 또 다른 것이다. 즉 아직 살아있을 수 있는 상황임에도 불구하고 이러한 선택을 스스로 하였다는 것이 중요한 것이다. 이것은 삶과 죽음이 둘이 아니라는 투철한 체득을 거치지 않고서는 표출해 낼 수 없는 자세라고 할 수 있다.

결국 죽음 앞에서 기꺼이 한 몸뚱이를 버리겠다는 한암의 자세가 상원사와 자신의 육신을 되살리는 결과를 가져왔다. 하지만 선사라 해서 아무나 이러한 경계를 보여줄 수 있는 것은 아니다. 죽음과 삶

---

38) 이재창, 「오대산의 맑은 연꽃」 앞의 책, pp.470~471. ; 홍신선, 『할: 마음의 문을 여는 한암대종사설법』(서울: Human&Books, 2003), pp.12~13.

의 경계에서 자유 자재했던 한암이었기에 생사 일여한 세계관과 해탈관을 보여줄 수 있었던 것이다.

2. 탄허의 생사관

대승 이전 불교에서는 일체가 '있으며' 생로병사의 '고통이 있다'고 가르친다. 즉 내가 있다는 상정 아래 고(苦)의 존재를 전제하고 있다. 이것은 자기의 육체에 감지되는 지극히 작은[小我的] 고통을 말한다. 때문에 무엇이 있다는 생각이 고통의 원인이 된다. 하지만 대승불교에서는 일체는 실체가 아니며 생로병사는 본래 없는 것이라고 가르친다. 하여 고통이 없고 고집멸도의 사제도 없다고 말한다. 뿐만 아니라 보살도를 지향하는 대승불교에서는 생사가 본래 없으니 고통이 있을 수 없다고 주장한다. 생사는 본디 바다에 일어나는 물거품과 같은 것인데 중생은 바다를 보지 않고 물거품만 보고 생멸이 있다고 한다는 것이다.

생사를 벗어나기 위해서 탄허는 "마음을 반조하지 않으면 경을 보아도 이익이 없고, 바른 법을 믿지 않으면 고행해도 아무런 이익이 없다"[心不返照, 看經無益, 不信正法, 苦行無益]는 고인의 훈화를 들면서 "한 생각이 어디서 일어났는가, 일어나는 생각 자체가 없는 것으로 보아 버리면 바로 그 자리가 3천 년 전 석가모니 부처님하고 벗하는 자리"[39]라고 강조하고 있다. 하여 "일어나는 생각 자체가 없는 것으로 보아 버리기" 위해서는 교학 뿐만 아니라 마음의 반조를 위해 참선공부를 해야 한다며 자신의 선교(禪敎)관을 보여주고 있다.

39) 탄허, 『부처님이 계신다면』(서울: 교림, 1980), pp.18~28.

불교는 생사의 끝이 해탈이고 해탈의 끝이 생사의 시작이라고 가르치고 있다. 그런데 이와 달리 현실적 인간들은 자신의 삶을 너무 가볍게 인식하고 있는 이들이 적지 않다. 즉 대학 입시로 인한 비관 자살로부터 사업 실패와 실연 및 각종 이유로 인한 죽음의 선택 등은 생사로부터의 도피일 뿐 생사의 초극인 해탈과는 다른 것이다. 뿐만 아니라 나의 육체에 대한 집착을 넘어 남의 구제를 위해 스스로의 삶을 온전히 던지는 보살행과는 다른 것이다.

탄허는 「불교의 생사관」[40]이란 글에서 자신의 생사관을 보여주고 있다. 그는 "마음에는 생사가 없으니 마음이란 나온 곳이 없기 때문에 죽는 것 또한 없다"고 했다. 그는 이러한 사실을 확실히 갈파한 것을 '도통(道通)했다'고 말하고 있다. 또 "도인에게는 생사가 없다"고 했다. 왜냐하면 도인은 낡은 옷을 벗는 것일 뿐 죽는다고 할 수 없다는 것이다. 이는 생사가 본래 없다는 대승불교의 지향과 상통하는 것이다.

탄허는 "도인이나 성인은 몸 밖의 몸, 육신 밖의 육체를 지배하는 정신, 시공이 끊어진 자리를 자기 몸으로 알기에 죽으나 사나 똑같은 자리, 이 몸을 벗으나 안 벗으나 똑같은 자리, 우주 생기기 전의 시공이 똑같은 자리, 생사가 붙지 않는 자리를 가르쳐 주기 위해 오셨으며, 이 세상의 삶이 꿈이란 걸 가르쳐 주기 위해서 오신 것"[41]이라고 했다.

이런 맥락에서 보면 생사가 붙지 않는 자리에 이르는 생사의 초극

---

40) 탄허, 「불교의 生死觀」 『방산굴법어: 탄허대선사법어집』(평창: 오대산 월정사, 2003), pp.101~104.
41) 탄허, 위의 글, 위의 책, p.103.

은 붓다의 탄생으로 이어진다. 붓다는 남이 없는 생인 영원무궁한 생을 살아가는 존재이기 때문이다.

> 불교에서 보는 궁극적인 생은 영원무궁한 생이지 백년 미만의 생이 아닙니다. 영원무궁한 생이라는 것은 남이 없는 생[無生之生]입니다. 이 것은 언제나 도, 즉 성(聖)자리와 결부되어야 이뤄질 수 있는 생입니다. 시공이 끊어진 자리가 바로 무생의 생, 즉 영원한 생이지요. 따라서 불교의 생의 의미는 한 마디로 말해서 무생의 생, 즉 영원한 생이라고 하겠습니다. 무생의 생을 타파하고 나면 죽음의 길도 없습니다. 본래 생사는 둘이 없는 자리로 나는 것이기 때문에 죽는 것이 있게 되고 나는 것이 없으면 죽음도 없는 것입니다.[42]

대승불교에서는 남이 없는 생을 타파하고 나면 죽음의 길도 없다고 가르친다. 본래 생사는 둘이 없는 자리에 태어나는 것이기 때문이다. 하여 무생의 생이란 곧 생과 사가 없는 자리에 나는 것이며 죽고 사는 문제는 옷 입고 버리는 것과 같다. 이처럼 경전은 생사가 본래 없다는 것을 수 없이 강조하고 있다. 탄허는 생사가 둘이 아닌 경지 즉 이 몸을 벗으나 안 벗으나 마찬가지인 경지를 타파한 이로 육조 혜능을 들면서 그의 게송을 인용하여 자신의 생사관을 해명하고 있다.

> 겁 불이 바다 밑을 태우고
> 바람이 고동쳐 산이 서로 부딪치는 때는
> 진실하고 참된 모습은 적멸의 즐거움이니
> 열반의 모습이 이와 같다.[43]

---

42) 탄허, 『부처님이 계신다면』(서울: 교림, 1980), pp.262~263.
43) 탄허, 『부처님이 계신다면』(서울: 교림, 1980), p.263. "劫火燒海底, 風鼓山上 擊, 眞常寂滅樂 涅槃相如是."

영원무궁한 생은 남이 없는 생이다. 겁 불이 바다 밑을 태우고 바람이 고동쳐 산이 서로 부딪치는 때는 우주가 무너질 때를 가리킨다. 백년 내외를 사는 현실적 인간의 시간인식으로는 헤아리기 어려운 것이지만 인간의 윤회하는 업식을 생각해 보면 상상하지 못할 것도 없다. 생사를 쉼 없이 윤회하는 현실적 인간들은 생사의 현장은 단지 순간순간 느껴질 뿐이다. 때문에 이곳이 지옥인지 천당인지 여부는 저울대의 눈금을 인식하듯이 감각적으로 파악될 뿐이다.

> 불교에서의 삼세윤회설은 눈금이 있는 저울대처럼 체계가 서 있습니다. 그러므로 지옥도 18등급의 지옥이 있어 어느 죄를 지으면 어느 지옥으로 간다는 것이 있고, 천당도 28천당이 있어서 어느 착한 일을 하면 어느 천당에 간다는 것이 분명하게 규정되어 있습니다. 결론적으로 불교의 내세관은 부정적이면서 긍정적이요, 긍정적이면서 부정적이라고 할 수 있습니다.[44]

불교의 생사관 혹은 내세관은 철저히 인과법을 따르고 있다. 원인과 조건과 결과로 이어지는 인과법은 선과 악, 지옥과 천당, 부정과 긍정의 두 측면을 아우르고 있다. 둘 사이의 개념적 경계가 없지 않지만 비실체적 인식에 근거하기에 거기에 매이지 않는다. 탄허는 삼세윤회설로 대표되는 불교 내세관의 역동성을 역설하고 있다.

> 그 해 기축년인 1949년에 나는 한암스님에게 오대산을 떠나 남행할 것을 말씀드렸습니다. 어떤 정확한 예시가 있었던 것은 아니지만 그동안의 공부를 통하여 얻은 역학 원리에 의한 해석이 곧 발생될 난을 피하려는 의도를 나타냈습니다. 한암스님은 30년 가까이 지낸 상원사를 떠날 수 없다며 남행을 완강히 거절하였습니다. 당시 37살이었던 나의

---

44) 탄허, 앞의 책, p.291.

왕성한 혈기는 내 주장을 관철하려고 남행의 결심을 비쳤고 더욱이 대개가 23, 4세의 젊은 상좌들의 장래를 위해서라도 앞으로 올 이 난을 피하여 오대산을 떠나기로 결심을 굳혔습니다. 내 결의가 이렇게 강하게 굳혀진 것을 한암스님이 알고 나에게 남행할 것을 허락해 주셨고 양산 통도사의 백련암으로 가서 먼저 자리를 잡고 연락해 달라고 하셨습니다. 그때 한암스님의 연세는 80(이 다 된) 고령이었고 30년 가까이 오대산에 머무르셨으니 움직이지 않겠다고 하던 그분의 결의도 대단했지만 불자로서의 용기 또한 지금까지 잊을 수 없는 위대한 것이었습니다.[45]

한암은 탄허의 남행길을 인정하면서도 남행의 권유를 거부했다. 그는 통도사의 백련암으로 가서 자리를 잡고 연락을 하면 남행을 생각해 보겠다는 여운만 남겼지만 끝내 상원사를 떠나지 않았다. 전쟁이 주는 죽음이라는 위기 상황에서 보여지는 한암과 탄허 두 사람의 현실 인식 차이를 애써 강조할 필요는 없을 것이다. 다만 두 사람이 처한 상황은 동일했지만 대처하는 방식에는 차이가 있었다.

결국 '80이 다 된'(70대 중반) 한암은 남았고 '23~24세의 젊은 상좌들의 장래를 위해서' '37세의 왕성한 혈기'를 지닌 탄허는 상원사를 떠났다. 남쪽 지방으로 내려온 탄허는 여러 곳을 전전하면서도 한암의 건강이 염려되어 1950년 9·28 서울 수복 이후 상원사로 돌아왔다. 하지만 중공군의 개입으로 인한 1·4후퇴 때 다시 남쪽으로 내려왔다. 탄허는 그 당시의 상황을 죽을 고생을 다하였다고 회고하고 있다.[46]

상원사와 함께 '앉아서 죽겠다'는 한암의 '좌이당사'를 모든 사람들에게 적용시켜 일반화시킬 수는 없다. 그것은 한암의 독자적 가풍이

45) 탄허, 『부처님이 계신다면』(서울: 교림, 1980), p.113.
46) 탄허, 『피안으로 이끄는 사자후』(서울: 교림, 1997; 2000), p.162.

요 살림살이이기 때문이다. 하지만 원고와 몸을 남쪽으로 옮겨간 탄허와는 분명히 다른 생사관을 보여주고 있다. 바로 이 지점이 한암과 탄허의 부동처라 할 수 있다. 탄허는 이후에도 원고와 몸을 옮기는 행보를 보여주었다.

> 수년 전 동해안을 통해서 울진 삼척 지방에 공비 120명이 침투한 사실이 있습니다. 이때 저는 월정사의 한 암자에서 『신화엄경』을 번역하고 있었는데 공비 침투가 있기 일 개월 전에 나의 장서와 번역 원고들을 모두 삼척 영은사로 옮기게 되었습니다. 갑자기 내가 짐을 옮기자 산에서는 웬일이냐고 소동이 났습니다. 그래서 나는 내가 몸은 떠나지만 마음은 여기 있으니 안심하라고 타이르면서 아버지는 아버지의 일을 하고 자식은 자식의 일을 해야만 한다고 말하면서 그곳을 떠났습니다. 내가 『신화엄경』 번역 원고들을 옮기고 난 후 15일 만에 울진 삼척의 공비 침투 사건이 발생하였습니다. …… 만일 내가 그때 내 필생의 노력을 기울이고 있는 『신화엄경』 번역 원고들을 옮겨 놓지 않았더라면 오늘까지 『신화엄경』 번역은 빛을 보내 못했을 것입니다. 당시 강원도 지방의 여러 유지들은 내가 어떤 이해 못할 선견지명이 있는 것 같다고 말했습니다.[47]

평소에 탄허가 빌려가 보던 한암의 『일발록』은 1947년에 일어난 상원사의 화재로 타 버렸다. 하지만 평소 기록 남기는 것을 좋아하지 않았다는 한암은 크게 개의치 않았던 것으로 보인다. 현재의 『한암일발록』을 이룬 대부분의 글들은 불이 난 이후 탄허가 그 내용을 대강 외워서 전한 글들이라고 한다.[48] 자신의 생평과 가풍을 담은 기록의 전소에 대한 반응에서처럼 한암은 문자를 떠나지 않으려는 학승

---

47) 탄허, 『부처님이 계신다면』(서울: 교림, 1980), p.114.
48) 한암문도회·김광식, 앞의 책, p.85.

의 모습보다는 문자에 대한 집착을 떠난 선승의 모습을 강하게 보여
주었다.

　이와 달리 탄허는 자신이 배운 역학의 원리에 의거하여 울진 삼척
공비 침투 사건에 대비하여 『신화엄경』 번역 원고들을 옮겼고 몸을 옮
겼다. 이처럼 탄허는 문자로부터 자유로운 선승의 모습보다는 문자를
떠나지 않으려는 학승의 모습을 강하게 보여주었다. 바로 이러한 지점
이 한암과 탄허의 부동처의 면목이라고 할 수 있다. 이 원고는 한암의
부촉[49]에 의해 시작된 일이지만 탄허는 이것을 위해 전심전력했고 끝
내 완성시켰다. 따라서 한암의 해탈관과 탄허의 생사관의 부동처는
'지금 여기'를 우선시 하는 탄허의 관점과 보다 '근본정신의 지향'을
우선시 하는 한암의 관점의 분기점이며 단절점이라고 할 수 있다.

V. 오대산문의 살림살이

　신라의 통도 자장(通度 慈藏, 607?~676?)에 의해 불사리(佛舍利)
를 봉안한 이래 오대산은 '오대 성산'(聖山) 혹은 '오대 성지'(聖地)의
명성을 획득해 왔다. 문수신앙처로 널리 알려진 오대산은 자장의 후
견인이었던 선덕여왕의 승하 이후 자장의 말년이 이루어졌던 무대였
다. 태종 무열왕 이후 분황 원효(芬皇 元曉, 617~686)와 부석 의상

---

49) 탄허, 「화엄경의 世界」『方山窟法語』(월정사, 2004), p.77. "그때 한암스님께
　　서 나에게 말씀하시기를 '꼭 이『화엄경합론』을 다 달아서 출판 보급했으면
　　좋겠다'는 말씀이었다. 또 스님께서는 '『화엄론』은 참선하는 사람이 아니면 볼
　　근기가 못 된다'고 말씀하셨다. 40년이 지난 근년에 내가『화엄경』 번역을 완료
　　한 것은 그때의 우리 스님의 부촉이 종자가 되었던 것이다. 결국 나는 스님의
　　부촉에 몇 배를 더해서 완성한 셈이다."

(浮石 義湘, 625~702)이 전국의 산과 사암에 널리 알려지기 시작하면서 이 산은 오랫동안 사람들에게 잊혀져 왔다.[50]

오대산이 성산의 위상을 회복한 것은 지난 세기에 한암과 탄허 두 사람을 품어 '산문'(山門)에 필적하는 이름을 획득하면서부터라고 할 수 있다. 이들 두 사람은 지난 세기 전반기와 후반기를 대표하는 한국불교의 선승이자 학승으로서 이 산문의 이름을 널리 알렸다. 하여 오대산문은 교정과 종정을 각기 두 차례나 역임한 한암과 역경과 강론으로 동양철학계에 많은 영향을 끼친 탄허에 의해 한국불교의 중심무대가 되었다.

스스로 '금강산인'(金剛山人) 혹은 '봉래산인'(蓬萊山人)이라고 자호했던 한암과 '오대산인'(五臺山人) 혹은 '청량산인'(淸凉山人)이라고 자호했던 탄허[51] 두 사람은 사제지간이면서도 동지며 도반이었다.

---

50) 물론 원효와 의상 이후 잠시 오대산 화엄신앙을 완성시킨 寶川 태자와 孝明 (성덕왕) 태자에 의해 다시 역사의 전면에 등장한 적이 있었다.

51) 呑虛, 「漢巖大宗師浮屠碑銘幷書」『漢巖一鉢錄』(서울: 민족사, 1996), p.442. 탄허는 "선사의 법을 얻는 제자가 몇 사람 있으나 오직 普門(요절)과 暖庵(일본 거주)이 志行이 超絕하여 자못 宗風을 떨쳤으나, 보문은 불행히도 일찍 별세하였고, 나는 비록 20여 년을 모시고 참예하였으나 오히려 그 문에 들지 못하였다"는 謙辭를 적어 놓고 있다. 이 때문에 탄허는 초기에 '門人'이란 말을 피했으나 나중에는 '漢巖門人' 또는 '門人'이라고 쓰기 시작했다. 이러한 謙辭는 스승 한암이 자신의 스승인 「先師鏡虛和尙行狀」을 쓸 때 "법을 받은 제자가 네 사람이니 枕雲 玄住는 영남 표충사에서 道를 펴다가 임종시에 범어사에서 설법을 하고 임종게를 쓰고 입적하였으며, 慧月 慧明과 滿空 月面 두 禪伯은 어릴 때부터 모시고 깊이 화상의 종지를 얻어서 각각 걸출한 사표가 되어 찾아오는 이들을 제접하여 교화를 크게 떨치었고, 나는 不敏하지만 일찍부터 친견하여 玄旨를 들었으나 더욱 先師를 존중하는 것은 나를 위하여 설파해 주지 않으셨기 때문이다. 그러므로 감히 법의 은혜를 저버릴 수 없으니 이렇게 해서 넷이 된다."라고 한 것처럼 자신이 글을 쓰는 필자여서 그렇기도 하겠지만 스스로 스승을 닮지 못했다[不肖]는 겸손한 마음속에서 마지못해 자신을 넣을 수밖에 없는 謙讓之辭를 보여주고 있다. 이러한 겸사는 전통적인 글쓰기에서 보이는 공통적인 것이기도 하지만 탄허 역시도 한암의 겸양의 가

탄허는 한암 정신의 계승자이면서 오대산인으로서 오대산문의 정체성을 확립한 인물이었다. 두 사람 모두 '산인'으로서 자호한 것처럼 산처럼 살았고 숲의 사자처럼 포효했다. 그 살림살이와 포효는 이 산문의 전통이 되었고 올곧은 수행가풍으로 자리잡아 왔다. 때문에 오대산문은 한암의 정신을 이어 선과 교, 계와 율을 모두 강조하는 가풍을 강조해 오고 있다.

두 사람이 상원사에 머물면서 강독할 때면 언제나 열기가 일어났다. 탄허가 먼저 강독을 하고 한암이 나중에 해설하는 형식으로 진행된 강론시간에는 두 사람의 이견이 속출되었다. 탄허는 먼저 "한문의 문리에 합당한 현토여야 한다"고 자신의 의견을 제시하였다. 이에 대해 한암은 "불교 경전은 인도에서 시작되어 중국을 거쳐서 한문으로 번역되었기에 유교의 사서 삼경과는 다르다"고 하면서 각종의 경전의 실례를 제시하였다. 결국 탄허는 한암의 의견을 취하면서 다음으로 넘어갔다.

> 한암스님과 탄허스님은 사제지간이지만 학문에 있어서는 결코 양보가 없으셨습니다. 그러나 이것은 싸움이 아니라 불법과 학문에 대한 열정이었습니다. 간혹 경전을 읽다가 토 때문에 이견이 맞서곤 했는데 한암스님은 부처님 경전은 글 경위만 따져서는 안 된다고 주장하신 반면 탄허스님은 글 경위를 따져 자신의 주장이 맞다며 하루종일 갑론을박을 벌이시곤 했습니다. 이런 모습은 그대로 살아있는 교훈이요 공부였습니다.[52]

풍에 깊이 훈도된 것으로 보인다. 漢巖, 「先師鏡虛和尙行狀」『漢巖一鉢錄』(서울: 민족사, 1996), p.320.
52) 「수행한담, 보경스님」『현대불교』1997. 9. 10.

이러한 공부 방식은 사제지간은 물론 동학들에게도 공부에 대한 열정을 불사르게 했다. 탄허 밑에서 배출된 여러 강백들은 이러한 가풍에 훈습된 제자들이었다. 제자가 떳떳하게 자신의 생각을 피력하고 스승은 불전의 지식을 총동원하여 자신의 생각을 제시하였다. 그 뒤에 제자가 다시 스승의 가르침을 받아들이는 모습은 오늘날 현대학문 연구에서 이루어지는 세미나 방식과 다름이 없다.

서로 인정하고 배려하고 대화하고 소통해야 건강하고 행복한 삶이 이루어질 수 있는 것처럼 서로의 차이를 인정하는 태도는 세미나에서 가장 중요한 전제라고 할 수 있다. 한암은 강독 시간 내내 제자인 탄허와 갑론을박을 벌였지만 탄허의 실력과 열정은 크게 인정하였다. 1949년 통도사의 경봉 정석이 한암에게 통도사 해동수도원의 조실을 청하는 편지를 보내오자 사양하면서 보낸 서간에는 이러한 태도가 드러나 있다.

> 탄허가 학식과 문필이 나보다 천만 억 배나 낫고 또 16~7년간 나와 함께 정진을 하였으니, 수도원(修道院)에 임시로 수좌(首座)를 두어 주시면, 좋을 일이 있을 듯합니다. 그리 알아 처리하여 주십시오. 종주(宗主)는 언제라도 스님께서 적임자이니, 다른 생각은 마십시오. 다만 피로하여 이만 줄입니다.[53]

이 서간에서 알 수 있는 것처럼 한암은 불보종찰 통도사의 수도원의 조실로 자신을 청하는 경봉의 서간에 대해 오히려 자신의 제자를 수도원에 임시 수좌로 천거하고 있다. 그리고 종주는 여전히 경봉 당신이 적임자이니 다른 생각하지 말라며 사양하고 있다. 이 서간에는

---

53) 한암문도회, 『漢巖一鉢錄』(서울: 민족사, 1996), p.262.

선후배 사이인 한암과 경봉의 아름다운 모습과 탄허를 인정하고 배려하는 한암의 애틋한 정이 스며들어 있다. 이처럼 오대산문의 전통은 한암과 탄허에 의해 이루어졌고 그 전통이 오늘에도 계승되고 있다.

하지만 한때이기는 하지만 1954년 불교 정화로 인해 비구와 대처승간의 분쟁이 있어 한암과 탄허로부터 시작된 오대산의 아름다운 전통은 무너지고 끊어져 버렸다. 이 와중에서 탄허는 오대산을 떠나 삼척 영은사로 주석처를 옮겼다가 분쟁이 끝나자 다시 오대산으로 돌아왔다. 이후 오대산은 탄허에 의해 새로운 사격을 갖추면서 산문으로의 위상을 회복해 왔다. 수련과 수도를 강조했던 한암과 탄허의 전통은 오늘에도 이어져 한 달 기간의 단기출가 프로그램(어린이, 어른, 2004~)과 탄허대종사 선서[54] 함양 전국휘호대회(2005~)로 이어지면서 교육도량과 문화도량으로서의 면모를 회복해 가고 있다. 아울러 한암과 탄허의 선양을 위해 정기적인 학술대회(2006~)를 개최하고 그 결과물들[55]을 간행해 가고 있다. 이 모두가 발의하고 추진하는 '사람'이 있기에 가능한 일이다.

---

54) 탄허는 평소 "자아를 상실해 가는 현대인류에게 희망을 안겨줄 수 있는 가장 필요한 사상은 화엄사상"이라고 역설하였다. 이러한 사상을 펴기 위해 그가 본격적으로 붓을 잡게된 것은 입산 30년 수행이 지난 1960년대 중반(53세)부터였다. 흔히 '탄허체'로 불리는 자신의 글씨를 그는 "30년 수행을 한 이후 붓을 잡으니 거리낌이 없었다"고 평가했다.

55) 이미 두어 차례 열렸던 탄허대종사 열반 20주기 기념 학술대회 발표논문들은 『呑虛禪師의 禪教觀』(월정사, 2004)으로 간행되었고, 2006년부터 한암선사 관련 구술기록을 펴낸 『그리운 스승님』(월정사, 2006)과 『한암사상연구』(2006)와 『한암사상』(2007)이란 학술논문집으로 담아가고 있다. 2012년부터는 한국불교학회와 함께 한암과 탄허의 살림살이와 사고방식에 대한 논구를 하고 있다. 오대산 월정사 편, 『되돌아본 100년, 탄허』(조계종출판사, 2013); 『미래를 향한 100년, 탄허』(조계종출판사, 2013); 『석전과 한암, 한국불교의 시대정신을 말하다』(조계종출판사, 2015) 등이 간행되었다.

VI. 정리와 맺음

오대산문은 통일신라 전후기에 살았던 황룡 자장의 개산 이래 오랫동안 잊혀져 있었다. 하지만 지난 세기 한암과 탄허라는 출중한 고승들을 품음으로써 전통적 산문의 위상을 세워가고 있다. 한암과 탄허는 이 산문의 중흥을 위해 평생을 다 보낸 사제지간이자 도반이며 동지였다. 이들은 각기 자신의 독자적인 가풍을 열었고 그것을 계승시켰다. 한때 독신승(비구, 정법중)과 유처승(대처, 교화중)의 분쟁을 통해 이 산문은 많은 어려움을 겪었지만 이후 탄허의 본격적인 사격(寺格) 선양으로 본래의 면모를 회복하기 시작했다.

불교의 궁극적 지향은 생사의 윤회로부터 벗어나 해탈의 열반으로 나아가는 것이다. 이러한 모습은 한암과 탄허의 생사관과 해탈관에서도 확인해 볼 수 있다. 한암의 일발선풍과 탄허의 향상일로 선풍은 지향에 있어서는 차이가 없었지만, 해탈관과 생사관에서는 드러내는 방식에서 차이를 보여주었다. 이는 상대적인 것이기는 하지만 선승으로서의 이미지가 강한 한암과 학승으로서의 이미지가 강한 탄허 두 사람의 가풍 차이이기도 했다. 지금까지 논의된 한암과 탄허의 살림살이를 정리해 보면 다음과 같다.

첫째, 오대산문을 새롭게 중흥시킨 한암의 일발선풍과 탄허의 향상일로 선풍은 동처와 부동처가 있다. 즉 흥금(藏跡)과 파예(巧語)의 두 기호를 통해 일발의 선풍으로 드러낸 한암의 가풍과 종래 당송 시대 선사들의 법문 내용이나 언어 문자 및 권위에 떨어지지 말고 항상 지금 여기에서 자기 향상을 이루는 깨달음의 생활을 강조하여 본분사를 일깨워준 탄허의 가풍은 서로 소통되고 있다. 그리하여 나아가는 침묵과 물러서는 참여의 행보를 통해서 한암이 보여준 가풍은 역동적인 불교인식의 모습으로 드러나고 있다. 동시에 수행자들의 불성을 일깨워 주고 일상생활에서 보살도를 실천하는 선의 생활화를 강조하는 탄허의 가풍은 자기 향상을 이루는 상구보리의 실천으로 반추되고 있다.

둘째, 불교관의 다른 이름인 한암의 해탈관과 탄허의 생사관은 동처와 부동처의 지평이 있다. 상대적으로 선승의 면모를 강하게 보여준 한암은 생사일여의 모습을 강하게 보여주면서 보이지 않는 정신의 사리를 지키기 위해 온몸을 던졌고, 상대적으로 학승의 면모를 강하게 보여준 탄허는 문자로 이루어진 형상의 원고를 지키기 위해 온몸을 던졌다. 70대 중반의 한암과 30대 후반의 왕성한 혈기를 지닌 탄허가 보여준 생사관과 해탈관은 이 지점에서 상통점과 상이점이 있다. 이것은 세계관의 차이이자 문자관의 차이이며 생사 해탈관의 차이라고도 할 수 있다. 아울러 이것은 두 사람의 현실 인식의 차이이기도 하다.

셋째, 오대산문의 가풍은 황룡 자장의 개산 이래 문수신앙의 성지로서 그리고 한암과 탄허의 선풍과 교풍 및 계풍과 율풍이 종합된 수행처의 면모를 계승해 오고 있다. 특히 탄허대종사 선서함양 전국휘호대회와 단기 출가학교 및 한암-탄허사상 연구 학술대회 등을 통해 수행과 문화의 도량으로서 새로운 사격(寺格)을 만들어가고 있다. 이러한 노력은 오대산문이 우리 역사 속에 또렷이 참여해 왔던 산문으로서의 위상을 재확립해 가는 노력이라고 할 수 있다.

절은 산에 있어야 제맛이 나고, 산은 절을 품어야 제멋이 나는 법이다. 아울러 절에는 '사람'이 있어야 절 맛이 나고 사람은 절을 '품어야' 사람 맛이 나는 법이다. 불교인들은 지금 오대산문에서 한암과 탄허에 필적하는 새로운 사람이 탄생되기를 기대하고 있다. 논자 역시 강원도 삼본사 수련소와 오대산 수련원을 열었던 한암과 탄허의 정신을 계승하려는 노력과 새로운 교육 결사와 지속적인 역경 불사를 통하여 이들 두 사람에 필적하는 새로운 '사람'의 탄생을 기다려 보고 싶다. 그것은 곧 생사와 윤회를 넘어 환생과 해탈을 성취하려는 불교인들의 열망과도 상통하는 것이다.

불교적 인간상은 아라한상과 보살상을 한 몸둥어리에 온전히 육화시킨 존재라고 할 수 있다. 즉 윤회와 환생을 넘어서는 생사관과 해탈관에 기초한 불교적 인간은 아라한상[小乘]과 보살상[大乘]을 온전히 한 몸 속에 육화시킨 붓다상[一佛乘]에게서 확보될 수 있다. 자신의 현실적 고통을 뛰어넘으려고 출가 수행하였던 붓다에게서 볼 수 있었던 것처럼 불교의 출발점은 생사 윤회를 벗어나 해탈 열반으로 나아가는 것이다.

따라서 불교의 궁극적인 지향은 불교 세계관을 체득한 사람들을 탄생시키는 것이며 그것은 곧 새로운 붓다들의 출현을 의미하는 것이기도 하다. 생사에서 벗어나 생사를 자유롭게 선택할 수 있는 존재가 붓다이듯이 우리의 삶 속에서 이루어지는 해탈관과 생사관은 불교의 '구심'(깨침의 추구)과 불교의 '원심'(나눔의 실천)의 다른 표현이라고 할 수 있다. 그리고 한암과 탄허는 하나의 원 속에서 이루어지는 삶과 죽음 그리고 생사와 해탈의 문제를 자신의 것으로 껴안고 살았던 선승이자 학승이었다고 할 수 있다.

[참고문헌]

『雜阿含經』제12권(『大正藏』제2책).

『雜阿含經』제13권, 335경『大正藏』제2책).

『雜阿含經』제21권, 568경『大正藏』제2책).

李礎 편찬, 『漢巖禪師法語』(고성: 건봉사, 1922)

漢巖, 『一鉢錄』(1947년 상원사 화재와 함께 全燒).

明正 집성, 『漢巖集』(양산: 통도사 극락선원, 1990).

한암문도회, 『漢巖一鉢錄』(서울: 민족사, 1995; 수정증보판, 1996).

漢巖, 『一生敗闕』(서울: 불교평론, 2004).

釋明正 편, 『火中蓮花消息』(서울: 미진사, 1984).

呑虛, 「現代佛敎의 巨人」『漢巖一鉢錄』(서울: 민족사, 1996).

呑虛, 「漢巖大宗師浮屠碑銘并序」『漢巖一鉢錄』(서울: 민족사, 1996).

월정사 간행, 『方山窟法語』(평창: 월정사, 2003).

탄허, 『부처님이 계신다면』(서울: 교림, 1980).

탄허문도회, 『피안으로 이끄는 사자후』(서울: 교림, 1997).

탄허, 『탄허록』(휴, 2011).

모로하시 데츠지, 심우성 역, 『공자 노자 석가』(서울: 동아시아, 2001).

박종열, 『車天子의 꿈』(서울: 장문산, 2002).

이재창, 「오대산의 맑은 연꽃」『漢巖一鉢錄』(서울: 민족사, 1995; 수정증보판, 1996).

홍신선, 『할: 마음의 문을 여는 한암대종사설법』(서울: Human&Books, 2003).

김광식, 「呑虛스님의 생애와 교화활동」『呑虛禪師의 禪敎觀』(서울: 민족사, 2004).

한암문도회·김광식, 「事理에 밝으신, 전무후무한 스님」『그리운 스승님』(서울: 민족사, 2006).

김광식, 『기록으로 본 탄허대종사』(탄허불교문화재단, 2010).

高榮燮, 『한국불학사: 조선·대한시대편』(서울: 연기사, 2005).

곽만연 외, 「뇌사·안락사·장기기증」『현대사회와 불교생명윤리』(서울: 조계종출판사, 2006).

박재현, 「한암의 일발선 논평」『한암사상』제2집, 2007, 한암사상연구원.

高榮燮, 「윤회」, 이동철 외, 『우리시대의 동양철학』(서울: 을유문화사, 2006).

高榮燮, 「불교의 낙태관」『한국불교학』제45집, 2006년 하계, 한국불교학회.

高榮燮, 「경허의 尾塗禪: 法化와 行履의 마찰과 윤활」『불교학보』제40집, 2003, 동국대학교 불교문화연구원.

高榮燮, 「경허의 照心學: 중세선의 낙조와 근세선의 개안」, 제1회 조계종 근현대사상 학술세미나 – 해방 이전의 선사상을 중심으로」, 2004, 조계종 불학연구소.

高榮燮, 「경허의 照心學: 중세선의 낙조와 근세선의 개안」『선문화연구』제8집, 2009, 한국선리연구원.

高榮燮, 「漢巖의 一鉢禪: 胸襟(藏蹤)과 把拽(巧語)의 응축과 확산」『한암사상』제2집, 2007, 한암사상연구원.

高榮燮, 「탄허 택성의 생애와 사상」『한국불교학』제63집, 2012, 한국불교학회.

高榮燮, 「탄허 택성의 삼현관과 불교관」『한국불교학』제66집, 2013, 한국불교학회.

高榮燮, 「탄허 택성의 노장관과 불교관」『문학 사학 철학』제33호, 2013, 대발해동양학한국학연구원 한국불교사연구소.

필자 소개

윤창화(尹暢和)

도서출판 민족사 대표. 논문으로는 「해방 이후 譯經의 성격과 意義」(『대각사상』5집, 2002, 대각사상연구원), 「漢岩의 자전적 구도기 一生敗闕」(《한암사상연구》제1집, 2006, 월정사), 「경허의 지음자 한암」(『한암사상』4집, 2011, 월정사), 「한암스님과 呑虛스님의 동이점 고찰」(『한국불교학』63집, 2012, 한국불교학회), 「呑虛스님의 경전번역의 意義와 강원교육에 끼친 영향」(『한국불교학』66집, 2013, 8월, 한국불교학회) 등이 있고, 저서로는 『근현대한국불교명저 58선』 등이 있다.

김광식(金光植)

건국대 사학과 대학원에서 박사학위를 취득하였다. 독립기념관 책임연구원, 부천대 초빙교수, 조계종단 불교사 연구위원, 만해마을 연구실장 등을 역임했고, 현재는 대각사상연구원 연구부장과 동국대 특임교수로 있다. 연구 업적으로는 『한국 근대불교사 연구』, 『한국 현대불교사 연구』, 『그리운 스승 한암스님』, 『한국 현대선의 지성사 탐구』, 『불교와 국가』, 『불교 근대화의 이상과 현실』 등 30여 권의 책과 200여 편의 한국불교사 논고가 있다.

김호성(金浩星)

동국대 불교대학 인도철학과 학사, 석사, 박사. 두 차례 일본의 대학에서 연구하였다. 저서로는 『대승경전과 禪』, 『천수경의 새로운 연구』, 『불교해석학 연구』, 『경허의 얼굴』 등의 학술서가 있고, 일반교양서로는 『방한암선사』, 『천수경의 비밀』 등이 있다. 현재, 동국대 불교대학 불교학부 및 대학원 인도철학과 교수. 과외로 일본불교사독서회를 이끌고 있다.

고영섭(高榮燮)

동국대학교 불교학과 졸업. 동국대학교 대학원 불교학과 석박사 졸업(한국불교사 및 한국불교사상). 고려대학교 대학원 철학과 박사과정 수료(동양철학 및 한국철학), 고려대학교 민족문화연구원 연구교수. 동국대, 서울대, 서울대학원, 서울시립대, 한림대, 강원대 등 강의. 일본 용곡대학 한국불교 교환 강의(2006; 2012), 미국 하버드대학 아시아센터 한국학연구소 연구학자(2010~2011), 한국불교학회 〈한국불교학〉 편집위원장, 인문학 계간지 〈문학 사학 철학〉 편집주간, 〈한국불교사연구〉 편집위원장 겸 한국불교사연구소 소장. 동국대학교 불교대학 불교학과 교수. 한국불교사 및 동아시아불교사상사 연구 논저 다수.

인경(印鏡)스님

조계산 송광사에서 출가하여 송광사 전통강원을 졸업하고 중강을 역임하였으며, 동국대학교 대학원에서 석·박사학위를 취득하였다. 현재 한국명상심리상담교육원 원장, 동방문화대학원대학교 자연치유학과 상담심리치유 교수이다. 저서로『명상심리치료: 불교명상과 심리치료의 통합적 연구』,『쟁점으로 살펴보는 간화선』,『현재 이 순간에 머물기』,『불교수행의 이론과 실제, 염지관명상』,『몽산덕이와 고려후기 선사상연구』,『화엄교학과 간화선의 만남』,『불교학의 해석과 실천』(공저),『위빠사나 명상, 단지 바라보기만 하라』(역서)와「공안선과 간화선」,「간화선과 돈점문제」,「대혜간화선의 특질」,「견성에 관한 하택신회의 해명」 외 50여 편의 논문 다수가 있다.

김종진(金鍾眞)

동국대학교 국어국문학과와 동 대학원 석박사과정을 수료하였다. 현재는 동국대학교 불교학술원 조교수로 재직 중이다. 한국의 고전시가와 불교문학에 관심을 두고 있으며 최근에는 한국의 불교문학 연구를 동아시아 비교문학 연구로 확장하는 과제에 정진하고 있다.『불교가사의 유통연구』로 박사학위를 취득하였고, 저서로『불교가사의 연행과 전승』,『불교가사의 계보학, 그 문화사적 탐색』,『한국불교시가의 동아시아적 맥락과 근대성』(근간)이 있다. 역서로『정토보서』,『백암정토찬』,『염불보권문』 등이 있다.

이상하(李相夏)

고려대학교 국문학과 한문학전공 박사. 조선대학교 한문학과 교수 역임. 현재 한국고전번역원(전 민추) 부설 고전번역교육원 교수. 주요 저서로는『한주 이진상의 主理論 연구』(경인문화사, 2007),『主理철학의 절정-한주 이진상』(2008) 등이 있고, 주요 역서로는『읍취헌유고』,『월사집』,『용재집』,『아계유고』,『석주집』,『경허집』(근간) 등이 있음.

변희욱(卞熙郁)

서울대 철학사상연구소 연구원, 간화선 전공. 서울대학교 치과대학 치의학과 졸업. 서울대학교 대학원 철학과 박사과정 졸업(철학박사). 현재 서울대 철학사상연구소 연구원. 대표논문으로는「大慧 看話禪 연구」(서울대 박사학위 논문, 2005),「看話의 철학: 실제와 원리」(『보조사상』 33, 보조사상원구원, 2010.2),「간화선 연구의 현황과 과제」(『불교평론』 45, 만해사상실천선양회, 2010)가 있다. 대표저서로는『경허·만공의 선풍과 법맥』(공저, 서울: 조계종출판사, 2009),『고려시대의 불교사상(Buddhism of Goryeo)』(편역, 서울: 서울대학교 출판사, 2006)이 있음.

한암선사연구

초판 1쇄 인쇄 | 2015년 5월 15일
초판 1쇄 발행 | 2015년 5월 25일

편   자 | 한암사상연구원
필   자 | 윤창화, 김광식, 김호성, 고영섭, 인경, 김종진, 이상하, 변희욱
펴낸이 | 윤재승
펴낸곳 | 민족사

주간 | 사기순
기획편집팀 | 사기순, 최윤영
영업관리팀 | 이승순, 공진회

출판등록 | 1980년 5월 9일 제1-149호
주소 | 서울 종로구 삼봉로 81 두산위브파빌리온 1131호
전화 | 02)732-2403, 2404 팩스 | 02)739-7565
홈페이지 | www.minjoksa.org
페이스북 | www.facebook.com/minjoksa
이메일 | minjoksabook@naver.com

ⓒ 한암사상연구원, 2015

ISBN 978-89-98742-48-5 94220
ISBN 978-89-7009-057-3 (세트)